丰顺年鉴

Fengshun Yearbook

2021

丰顺年鉴编纂委员会 编

方志出版社
Publishing House of Local Records

图书在版编目（CIP）数据

丰顺年鉴.2021 / 丰顺年鉴编纂委员会编. -- 北京 : 方志出版社, 2021.11
ISBN 978-7-5144-4828-3

Ⅰ. ①丰… Ⅱ. ①丰… Ⅲ. ①丰顺县—2021—年鉴 Ⅳ. ①Z526.54

中国版本图书馆CIP数据核字(2021)第244558号

丰顺年鉴（2021）

编　　者：丰顺年鉴编纂委员会
责任编辑：罗　滔
出 版 者：方志出版社
地址　北京市朝阳区潘家园东里9号（国家方志馆4层）
邮编　100021
网址　http://www.fzph.org
发　　行：方志出版社图书经销中心
电话（010）67110500
经　　销：各地新华书店
印　　刷：揭阳市榕城区榕文印刷厂
开　　本：787×1092　1/16
印　　张：25
字　　数：564千字
版　　次：2021年11月第1版　2021年11月第1次印刷
印　　数：0001～1000册
ISBN 978-7-5144-4828-3　定价：188.00元

丰顺年鉴编纂委员会

顾　问： 张志锋

主　任： 罗达祥

副主任： 石远平　谢定雄

委　员： 马扬闲　张良生　朱传讯　徐柳明　陈奕鹏
傅丽文　李　威　李显益　张加钦　罗勇胜
朱德平　卢胜文　张世奖　王凌凌　罗丽娜
王象山　张武珍　刘震辉　朱耀辉　赖建军
杨永亮　林延钊　蔡　君　杨家业　王　超

丰顺年鉴编辑室

总　审： 石远平（兼）　谢定雄（兼）

主　编： 卢胜文（兼）

副主编： 简光瑞　曾杏美

编　辑： 张国强　黄喜勤　文会玲　曾　波　谢定锋
叶铭杰　肖晓春　陈志纯

编辑说明

一、《丰顺年鉴(2021)》（以下简称本年鉴）以马克思列宁主义、毛泽东思想、邓小平理论、“三个代表”重要思想、科学发展观、习近平新时代中国特色社会主义思想为指导，坚持辩证唯物主义和历史唯物主义的立场、观点和方法，主要记述2020年全县的政治、经济、文化和社会发展情况，汇集各行业最具代表性的重要信息，为各级领导决策提供依据，为海内外各界人士、各部门了解与研究丰顺提供服务，同时也为续修《丰顺县志》积累史料。

二、本年鉴设特辑、大事记、概览、党政机关、群众团体、法治、军事、经济、教科文卫、社会生活、镇（场）建设、名录12个类目，约60万字。为便于检索，不同层次的标题和字体、字号以及版式设计，都有明显的区别，其中条目一级的标题统一用黑体字加【】号表示。

三、本年鉴有计划地选登一些具有典型意义，能体现时代特色、地方特色、行业特色和年度特点的彩照图片，图文并茂、形象直观地反映丰顺各方面的发展变化。

四、本年鉴数字用法、标点符号、计量单位分别执行国家标准《出版物上数字用法》(GB/T 15835—2011)、《标点符号用法》(GB/T 15834—2011)、《国际单位制及其应用》(GB 3100—1993）和《有关量、单位和符号的一般原则》(GB 3101—1993)。

五、本年鉴资料来源于全县各有关单位，并经各组稿单位领导把关，由年鉴编辑室修改、校核，再送总审审定。文中的主要数据由组稿单位提供，但由于统计口径不尽相同，个别数据可能与县统计局公布的不一致，使用时以县统计局公布的数据为准。

六、为保存各部门的人事资料，本年鉴收录相关部门、单位负责人名录。

丰顺县国土资源局 广东省地图

审图号：粤S（2014）097号 2014年11月

丰顺县中心城区图

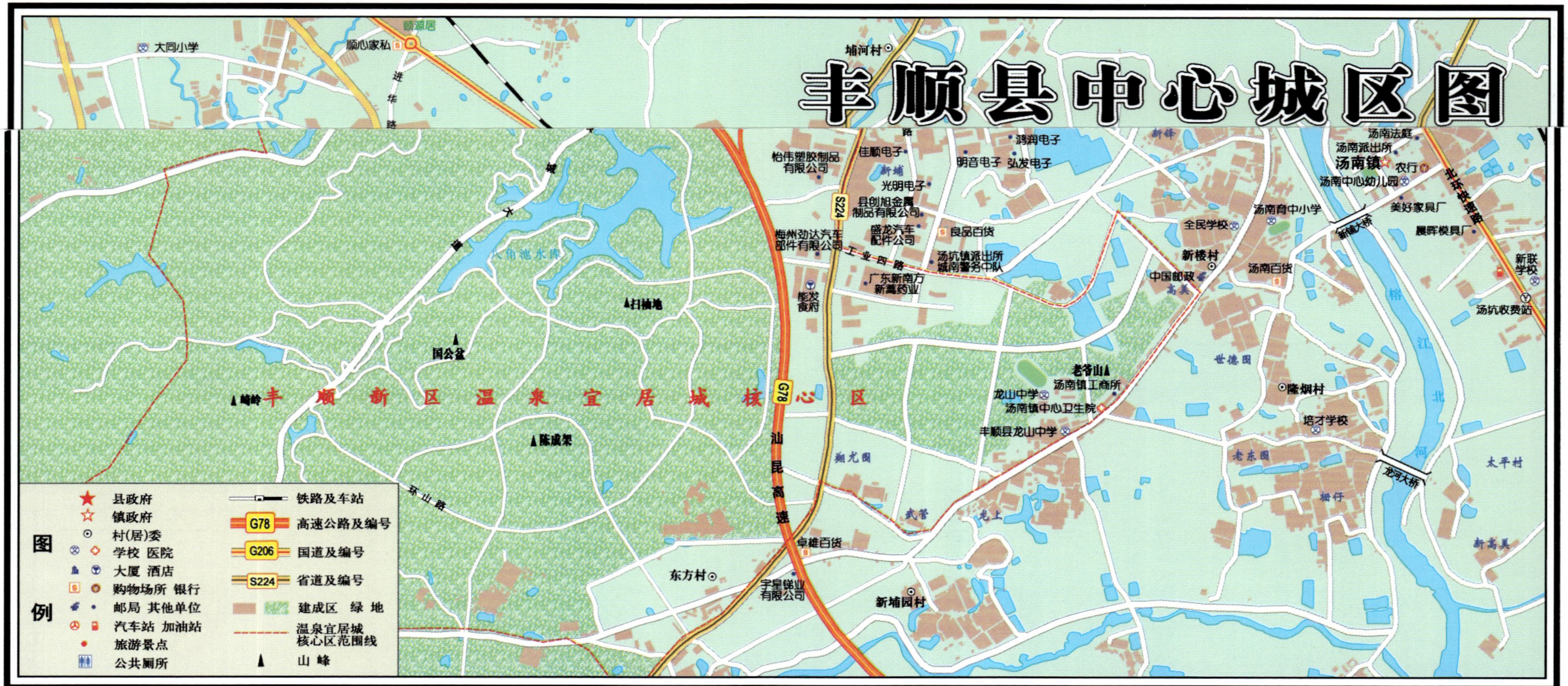

图例

★	县政府		铁路及车站
☆	镇政府	G78	高速公路及编号
⊙	村(居)委	G206	国道及编号
	学校　医院	S224	省道及编号
	大厦　酒店		建成区　绿地
	购物场所　银行		温泉宜居城核心区范围线
	邮局　其他单位	▲	山峰
	汽车站　加油站		
	旅游景点		
	公共厕所		

审图号：粤S（2014）097号　　2014年11月

▲ 2020年4月4日，丰顺县在县迎宾馆举行援鄂医疗队返回丰顺座谈会（县委办新闻组提供）

▲ 2020年4月18日，丰顺县人民政府在海珠（丰顺）产业园与万洋集团就建设梅州丰顺万洋众创城项目签订合作协议（胡金辉 摄）

▲ 2020年5月21日，2020梅州丰顺网络高山茶文化节在韩山举行
（县委办新闻组提供）

▲ 2020年6月5日，广东省政协副主席、省住建厅厅长张少康（右五）一行到北斗镇拾荷村调研
（县委办新闻组提供）

▲ 2020年6月15日，梅州市委书记陈敏（右三）到丰顺县汤坑镇金瓯寨地质灾害防治点检查 （县委办新闻组提供）

▲ 2020年6月24日，丰顺县新区供水工程（一期工程）项目动工仪式在汤西镇大罗举行 （县委办新闻组提供）

▲2020年7月17日，乡贤许应裘（左）向丰顺县捐赠坚真大湖天池项目启动资金1.8亿元，县委书记曾永祥（右）代表丰顺县接受捐赠

（县委办新闻组提供）

▲2020年7月27日，丰顺县在海珠（丰顺）产业园举行先进制造业“三个一批”项目现场会

（县委办新闻组提供）

▲ 2020年7月29日，丰顺县被全国爱国卫生运动委员会命名为“国家卫生县城”（叶铭杰 摄）

▲ 2020年8月14日，广东省老促会会长陈开枝（右四）一行到梅汕高铁丰顺东站调研（县委办新闻组提供）

▲ 2020年9月3日，广东省政协原副主席、机关老干部党总支部书记唐国忠（右三）一行到丰顺县汤西镇新岭村入户看望慰问贫困户

（县委办新闻组提供）

▲ 2020年9月8日，县委书记曾永祥（右一），县委副书记、县长廖茂忠（前排左一）到县实验小学看望慰问教师 （县委办新闻组提供）

▲ 2020年9月22日，梅州市丰顺县庆祝2020中国农民丰收节暨梅州丰顺农民直播节在砂田镇黄花村举行（县委办新闻组提供）

▲ 2020年10月10日，第四届民族地区文旅产业发展论坛暨非物质文化遗产创新与发展大会在丰顺县举行（县委办新闻组提供）

▲ 2020年10月24日，梅州市委副书记、市长张爱军（左五）到丰顺县坚真文体中心调研 （县委办新闻组提供）

▲ 2020年10月26日，广东省政协主席王荣（左五）在市、县领导陪同下到丰顺县汤西镇新岭村调研 （县委办新闻组提供）

▲2020年11月5日，县委书记曾永祥（前排中），县委副书记、县长廖茂忠（前排右一）率队到海珠（丰顺）产业园调研梅州丰顺国际声谷小镇项目规划建设情况，参观梅州丰顺国际声谷总部大厦（县委办新闻组提供）

▲2020年12月9日，在2018—2020年度广东省精神文明建设评选表彰活动中，丰顺县被广东省精神文明建设指导委员会授予“广东省县级文明城市”荣誉称号。县委书记曾永祥（前排左二）上台领奖

（县委办新闻组提供）

◀ 2020 年 11 月 20 日，广东省委党史研究室主任杨建伟在纪念东江苏维埃政府暨中国工农红军第十一军成立90周年活动中致辞

（胡金辉　摄）

▶ 2020 年 11 月 20 日，“东江革命根据地史料陈列馆”在八乡山镇滩良村庄屋坪开馆揭幕

（胡金辉　摄）

▲ 2020年11月20日，纪念东江苏维埃政府暨中国工农红军第十一军成立90周年活动在八乡山镇滩良村庄屋坪举行　　（胡金辉　摄）

▲ 2020年12月15日，广东坚真大湖天池项目捐建暨丰顺县坚真文体中心室内装饰施工工程协议签订仪式在留隍镇溪南村站口举行

（县委办新闻组提供）

▲ 2020年12月17日，广东省政协副主席林雄（前排右三）一行到汤西镇新岭村莲塘古里调研

（县委办新闻组提供）

记中国好人、慈善家、广东省客属海外联谊会常务副会长——巫金星

右为中央军委二部原主任宁志荣将军

左为广东省人大常委会原副主任张汉青

巫金星，广东丰顺人、广东省第九届、第十届侨代会代表、第十一届侨代会特邀代表，广东省侨界仁爱基金会副会长、海内外巫氏宗亲联谊总会名誉会长和文化研究会名誉会长、广东省客属海外联谊会常务副会长兼联络交际委员会主任、广州市乐善关爱老年人协会永久荣誉会长，丰顺县侨联、工商联、总商会荣誉主席，丰顺县博爱慈善协会、丰顺县助学会永远名誉会长、丰顺县平阳学校、丰顺合山希望学校、丰顺县老干部（老年）大学名誉校长、中华爱国国典理事会副理事长。获中国教育慈善人物、中华爱国慈善家奖、首届华人华商十大慈善爱心大使、感动中国十大慈善人物、中国诚信楷模人物、第九届中国公益慈善人物、梅州市道德模范和梅州市十大公益人物、丰顺县首届道德模范，2016年中国关心下一代十大爱心人物、2017年广东第二季度广东好人、全国归国侨眷先进个人、中国诚信慈善家、2018年中国改革开放40年十大慈善人物、中国当代十大公益先锋人物、2019年度慈善行业卓越管理奖和社会责任慈善家奖、中国好人榜“助人为乐”好人、2020年广东省客属海外联谊会颁发杰出贡献奖等荣誉称号，同时被聘为中国管理科学研究院学术委特约研究员。曾入编《中华人民共和国年鉴》《中华慈善大典》及中央党校出版社出版的《中国道路中国梦》人物篇。

巫金星自2004年任广东省客属海外联谊会副会长至今，从未用过客联会一分公款，也没有报销过一分公款，做公益从来没有等价交换、没有任何回报、没有抵过一分钱税、没有吃过别人一分不义之财，同时为增加资金做善事，宁愿自己勤俭节约，清贫朴素地生活，如出门办事坐公交车，一切开销求实惠，尽量减少一切不必要的开支。这样的生活虽然苦了自己，但他把幸福献给了他人，他在社会公益事业上共捐赠金额超过1000多万元，近三十年来年年月月不间断做善事。“选择了慈善，就是选择了幸福，我是一名共产党员，就是要坚持党性，全心全意为人民服务！”巫金星的誓言掷地有声！

右为叶剑英元帅原秘书屈干臣，左为广州市乐善关爱老年人协会会长吴小青

左为广西军区原副司令员李立成

右为驻港部队原首任参谋长蔡家作

目　录

特　辑

▲曾永祥同志在县委十三届十一次全会第一、二次全体会议上的讲话 ………1
▲政府工作报告………………………………18

大事记

▲1月 ……………………………………32
▲2月 ……………………………………33
▲3月 ……………………………………34
▲4月 ……………………………………35
▲5月 ……………………………………37
▲6月 ……………………………………38
▲7月 ……………………………………40
▲8月 ……………………………………40
▲9月 ……………………………………42
▲10月 …………………………………43
▲11月 …………………………………45
▲12月 …………………………………46

概　览

▲基本情况………………………………48
·位置面积……………………………48
·自然条件……………………………48
·丰顺名人……………………………48
▲经济发展………………………………49
·概况…………………………………49
·农业…………………………………49
·工业和建筑业………………………49
·固定资产投资………………………49
·交通和邮电业………………………49
·国内贸易……………………………50
·对外经济贸易和旅游业……………50
·金融和保险业………………………50
·科学技术和教育……………………50
·文化、卫生和体育…………………50
·人口、人民生活和社会保障………50
·资源和环境…………………………50
▲党的建设………………………………51
·概况…………………………………51
·党的政治建设………………………51
·党的思想建设………………………52
·党的组织建设………………………52

党政机关

▲中共丰顺县委…………………………54
·2020年丰顺县委主要事项、重要会议概况……………………………54
·县委办公室工作……………………86
·机关事务管理工作…………………89
·组织工作……………………………89
·宣传工作……………………………92
·直工委工作…………………………96
·机构编制工作………………………97
·统战工作 …………………………101
·政策研究室 ………………………105

·党校工作 ……………………………106
·保密工作 ……………………………107
·关心下一代工作 ……………………108
·老促会工作 …………………………111
·丰顺县坚真老干部（老年）大学
……………………………………………113
▲丰顺县人民代表大会 ……………114
·举行县十五届人大五次会议 ……114
·中心工作 ……………………………115
·监督工作 ……………………………116
·履职工作 ……………………………116
·自身建设 ……………………………117
▲丰顺县人民政府 ……………………117
·县政府主要工作 ……………………117
·县人民政府办公室工作 …………119
·县政务服务数据管理工作 ………121
·应急管理工作 ………………………123
▲县政协 ………………………………124
·履职方向 ……………………………124
·政治协商 ……………………………125
·民主监督 ……………………………125
·参政议政 ……………………………125
·履职为民 ……………………………125
·团结联谊 ……………………………125
·自身建设 ……………………………126
▲纪检监察 ……………………………126
·概况 …………………………………126
·县纪委十三届五次全会 …………126
·疫情防控 ……………………………127
·践行“两个维护” …………………127
·日常监督 ……………………………129
·专项整治 ……………………………129
·审查调查 ……………………………130
·作风建设 ……………………………131
·政治巡察 ……………………………131
·体制改革 ……………………………132
·队伍建设 ……………………………133

群众团体

▲总工会 ………………………………135
·概况 …………………………………135
·疫情防控和支持企业复工复产 …135
·思想建设 ……………………………135
·组织建设 ……………………………136
·文体活动 ……………………………136
·评优评先 ……………………………136
·困难帮扶 ……………………………136
·维权维稳 ……………………………137
·其他工作 ……………………………137
▲共青团 ………………………………137
·概况 …………………………………137
·思想政治建设 ………………………137
·“命脉工程”工作……………………138
·服务青年工作 ………………………138
·志愿服务工作 ………………………138
·全面从严治团 ………………………138
▲妇联 …………………………………139
·概况 …………………………………139
·思想政治建设 ………………………139
·同心抗疫 ……………………………139
·巾帼建功行动 ………………………140
·维护妇女儿童合法权益 …………140
·关爱帮扶困难妇女儿童 …………141
·家庭文明建设 ………………………141
·队伍组织能力建设 …………………142
▲科协 …………………………………142
·概况 …………………………………142
·思想政治建设 ………………………142
·疫情防控 ……………………………143
·开展丰顺县2020年“全国科技工作者日”宣传活动 ……………143
·开展“科技为民、奋斗有我”宣传活动 ………………………………143
·开展“健康素养”进校园暨“青少年预防近视”健康科普知识讲座
……………………………………………143
·开展志愿服务活动 …………………143
·举办蜂场管理和蜂产品技术培训班
……………………………………………143
·召开县科协第五次代表大会 ……143
▲侨联 …………………………………144

· 概况 ……………………………………144
· 思想政治建设 ……………………………144
· 队伍建设 ………………………………144
· 疫情防控 ………………………………144
· 联谊交流 ………………………………144
· 侨界帮扶 ………………………………145
· 维权宣传 ………………………………145
· 其他工作 ………………………………145
▲工商联 ……………………………………145
· 概况 ……………………………………145
· 理想信念教育 ……………………………145
· 商（协）会建设 …………………………146
· 参政议政 ………………………………146
· 服务民营企业 ……………………………146
· 光彩事业 ………………………………146
▲文联 ………………………………………146
· 作协 ……………………………………146
· 美协 ……………………………………147
· 书协 ……………………………………147
· 摄协 ……………………………………148
· 音协 ……………………………………148
· 舞协 ……………………………………148
· 灯谜协会 ………………………………148
· 石协 ……………………………………148
· 楹联学会 ………………………………148
▲残联 ………………………………………148
· 概况 ……………………………………148
· 康复服务 ………………………………149
· 社会保障 ………………………………149
· 特殊教育 ………………………………149
· 就业扶贫 ………………………………149
· 专项调查 ………………………………150
· 组织建设 ………………………………150
· 信访维权 ………………………………150
· 扶残助残 ………………………………150
· 宣传文体 ………………………………151
· 服务设施 ………………………………151

法　治

▲政法 ………………………………………152
· 概况 ……………………………………152
· 政治思想建设 ……………………………152
· 疫情防控 ………………………………152
· 维护国家安全和社会稳定 ………………152
· 扫黑除恶 ………………………………153
· 矛盾纠纷化解机制 ………………………153
· “中心+网格化+信息化”建设 ……………153
· 市域社会治理现代化试点工作 …………153
· 推进专项工作常态化 ……………………154
· 法治丰顺建设 ……………………………154
· 政法队伍形象建设 ………………………154
▲公安 ………………………………………155
· 概况 ……………………………………155
· 严厉打击刑事犯罪活动 …………………155
· 治安管理 ………………………………155
· 户政管理 ………………………………155
· 专项行动 ………………………………156
· 出入境与往来港澳台管理 ………………156
· 道路交通管理 ……………………………156
· 调研宣传与信息 …………………………156
· 智慧新警务 ……………………………157
· 疫情防控 ………………………………157
· 森林公安 ………………………………157
▲检察 ………………………………………158
· 概况 ……………………………………158
· 服务大局 ………………………………158
· 刑事检察 ………………………………159
· 民事、行政检察 …………………………159
· 公益诉讼检察 ……………………………159
· 参与社会治理 ……………………………159
· 队伍建设 ………………………………160
▲法院 ………………………………………160
· 概况 ……………………………………160
· 审判执行质效取得“四升一降”成效 ……160
· 司法为民 ………………………………160
· 司法改革 ………………………………161
· 队伍建设 ………………………………161
▲司法行政 …………………………………161

·概况 ……………………………161
·疫情防控工作 ……………………161
·依法治县工作 ……………………161
·依法行政工作 ……………………162
·行政复议与应诉工作 ………………162
·法制审核工作 ……………………162
·公共法律服务工作 …………………162
·法律援助工作 ……………………162
·公证工作 …………………………163
·普法宣传工作 ……………………163
·社区矫区帮教工作 …………………163
·人民调解工作 ……………………164

军 事

▲人民武装 …………………………165
·概况 ……………………………165
·思想建设 …………………………165
·战备训练 …………………………165
·兵役征集 …………………………166
·安全管理 …………………………166
·双拥共建 …………………………166
▲消防救援 …………………………167
·概况 ……………………………167
·政治思想建设 ……………………167
·纪律严明 …………………………167
·攻坚克难 …………………………167
·竭诚为民 …………………………167
▲武警 ………………………………168
·概况 ……………………………168
·抓班子强组织 ……………………168
·抓教育红思想 ……………………168
·抓纪律正风气 ……………………168
·抓备战谋打赢 ……………………168
·抓后勤强保障 ……………………168
▲退役军人事务 ……………………168
·概况 ……………………………168
·疫情防控工作 ……………………168
·优抚安置工作 ……………………169
·双拥工作 …………………………169
·退役军人服务中心工作 ……………170

经 济

▲经济管理 …………………………171
·发展和改革工作 …………………171
·充分发挥统筹职能 ………………171
·项目审批服务 ……………………171
·推进重点项目建设 ………………171
·争取项目资金 ……………………171
·粮食和物资储备 …………………172
·物价调控管理 ……………………172
·推动牵头工作 ……………………172
·疫情防控 …………………………172
▲市场监督管理 ……………………172
·疫情防控 …………………………172
·安全监管 …………………………173
·商事制度改革 ……………………175
·品牌战略 …………………………175
·维护市场秩序 ……………………175
·聚焦民生工程 ……………………176
·队伍建设 …………………………176
▲经济开发区 ………………………177
·概况 ……………………………177
·“三个一批”项目现场推进会 ……177
·重点项目落地 ……………………177
·园区道路 …………………………177
·污水处理厂 ………………………177
·绿色饲料园 ………………………177
·国际声谷项目 ……………………177
·梅州丰顺万洋众创城项目 …………177
·丰顺县标准化厂房建设 ……………177
·公共服务 …………………………177
▲审计 ………………………………178
·概况 ……………………………178
·政治思想建设 ……………………178
·聚焦主责主业 ……………………179
·创建文明城市 ……………………179
▲统计 ………………………………180
·思想政治教育 ……………………180
·机关党建规范化 …………………180
·党风廉政建设 ……………………180

·履行“一岗双责” ………………180
·疫情防控工作 ……………………181
·统计法治宣传 ……………………181
·统计调查分析 ……………………181
·第七次全国人口普查工作 ………181
·绩效考核群众满意度调查工作 …181
·省委巡视整改落实工作 …………181
▲农业　林业　水利　气象 …………181
·农业农村工作 ……………………181
·林业 ………………………………187
·水务 ………………………………189
·气象 ………………………………192
▲工业 ……………………………………193
·科工商务 …………………………193
·国有资产投资 ……………………197
·供电 ………………………………198
·招商和企业服务 …………………199
▲交通　通信 ……………………………200
·交通运输工作 ……………………200
·公路事务 …………………………204
·电信通信 …………………………206
·邮政通信 …………………………208
·移动通信 …………………………209
·联通通信 …………………………210
▲城乡建设　环境保护 …………………211
·住房和城乡建设 …………………211
·城市供排水 ………………………214
·自然资源管理 ……………………215
·环境保护 …………………………217
·市政公用事业管理 ………………220
·住房公积金管理 …………………221
▲商品流通 ………………………………222
·供销 ………………………………222
·烟草 ………………………………224
·金叶发展公司 ……………………226
▲财税　金融 ……………………………227
·财政 ………………………………227
·税务 ………………………………230
·中国人民银行丰顺县支行 ………232
·中国工商银行丰顺支行 …………233
·中国银行丰顺支行 ………………234
·中国建设银行丰顺支行 …………235
·中国农业银行丰顺县支行 ………236
·中国农业发展银行丰顺县支行
…………………………………………238
·丰顺农商银行 ……………………239
·中国人民财产保险股份有限公司
丰顺支公司 …………………………241
·中国人寿保险股份有限公司丰顺县
支公司 ………………………………241

教科文卫

▲教育 ……………………………………243
·概况 ………………………………243
·丰顺开放大学 ……………………247
·丰顺县教师发展中心 ……………248
·丰顺中学 …………………………251
·华侨中学 …………………………251
·实验中学 …………………………253
·东海中学 …………………………254
·丰顺县第一中学 …………………255
·球山中学 …………………………257
·龙山中学 …………………………258
·龙泉中学 …………………………259
·丰顺县职业技术学校 ……………260
·汤西中学 …………………………261
·汤坑中学 …………………………262
·黄金中学 …………………………264
▲社会科学　文化 ………………………265
·文化旅游体育 ……………………265
·史志工作 …………………………268
·档案工作 …………………………271
·广播电视 …………………………272
▲医疗卫生健康 …………………………275
·概况 ………………………………275
·政治思想建设 ……………………275
·疫情防控 …………………………275
·精准扶贫 …………………………276
·重点工程建设 ……………………276
·医共体建设 ………………………276
·各项工作 …………………………277

· 县人民医院 ······278
· 县中医院 ······281
· 卫生防疫 ······282
· 县慢性病防治院 ······284

社会生活

▲人力资源和社会保障 ······288
· 概况 ······288
· 就业局势稳定 ······288
· 社会保障工作 ······290
· 人事人才工作 ······291
· 力构和谐劳动关系 ······291
· 推进行风建设 ······291
· 社会保险基金管理 ······292
▲社会保障 ······293
· 民政 ······293
· 医疗保障 ······295

镇（场）建设

▲汤坑镇 ······297
· 概况 ······297
· 疫情防控 ······297
· 经济建设 ······297
· 党的建设 ······298
· 城乡建设 ······298
· 环境整治 ······299
· 脱贫攻坚 ······299
· 民生工作 ······299
▲北斗镇 ······300
· 概况 ······300
· 疫情防控 ······301
· 改革提效 ······301
· 乡村振兴 ······301
· 三大攻坚战 ······302
· 社会民生 ······302
▲汤西镇 ······303
· 概况 ······303
· 经济情况 ······303
· 党建工作 ······303
· 重点项目建设 ······303
· 基础设施建设 ······303
· 美丽乡村建设 ······304
· 脱贫攻坚 ······304
· 环境卫生整治 ······304
· 生态环境保护 ······304
· 社会治理 ······305
· 民生保障 ······305
▲汤南镇 ······305
· 概况 ······305
· 党的建设 ······305
· 疫情防控 ······306
· 项目建设 ······306
· 人居环境 ······306
· 生态保护 ······306
· 脱贫攻坚 ······307
· 民生保障 ······307
· 安全稳定 ······307
▲埔寨镇 ······307
· 概况 ······307
· 党的建设 ······308
· 基础设施 ······308
· 园区建设 ······308
· 民生保障 ······308
· 扶贫开发 ······308
· 科教文卫 ······309
· 农业农村 ······309
· 生态保护 ······309
· 社会治理 ······309
· 安全生产 ······310
· 作风建设 ······310
▲埔寨农场 ······310
· 概况 ······310
· 党的建设 ······310
· 疫情防控工作 ······311
· 绿色产业饲料园征地工作 ······311
· 巡察巡视整改工作 ······312
· 脱贫攻坚工作 ······312
· 乡村振兴发展工作 ······312
· 安全生产、森林防灭火工作 ······312
· 意识形态工作 ······312

· 文明创建工作 ······313
· 经济建设与社会发展 ······313
▲八乡山镇 ······313
· 概况 ······313
· 生态资源 ······314
· 红色热土 ······314
· 农业农村 ······314
· 疫情防控 ······315
· 全域旅游 ······315
· 脱贫攻坚 ······315
· 环境治理 ······315
· 精神文明 ······316
· 社会民生 ······316
· 社会治理 ······316
· 巡察整改 ······316
· 党的建设 ······316
· 党管武装 ······317
▲丰良镇 ······317
· 概况 ······317
· 基础建设 ······317
· 社会保障建设 ······318
· 社会事业发展 ······318
· 科教文卫 ······319
· 综治维稳 ······320
· 脱贫攻坚 ······320
· 旅游开发 ······320
· 党的建设 ······320
▲建桥镇 ······322
· 概况 ······322
· 自然环境 ······322
· 政区人口 ······322
· 经济概况 ······322
· 农业 ······322
· 林业 ······322
· 水利交通 ······322
· 计划生育 ······323
· 文教卫生 ······323
· 社会保障 ······323
· 脱贫攻坚 ······323
· 乡村振兴 ······323
· 综合治理 ······324
· 党的建设 ······324
▲龙岗镇 ······325
· 概况 ······325
· 自然资源 ······325
· 全面抗疫振兴乡村 ······325
· 党建工作 ······326
· 基础设施 ······326
· 文化惠民 ······327
· 民生建设 ······328
▲潘田镇 ······330
· 概况 ······330
· 自然资源 ······330
· 政区人口 ······330
· 发展思路 ······330
· 经济概况 ······330
· 农业生产 ······330
· 人居环境 ······331
· 脱贫攻坚 ······331
· 乡村振兴 ······331
· 社会保障 ······331
· 公共事业 ······331
· 社会治理 ······332
· 意识形态 ······332
· 党的建设 ······332
· 政治生态 ······332
· 疫情防控 ······333
▲大龙华镇 ······333
· 概况 ······333
· 经济 ······333
· 产业 ······333
· 脱贫攻坚 ······333
· 人居环境 ······333
· 基础建设 ······333
· 民生保障 ······334
· 亮点工作 ······334
· 社会治理 ······334
· 基层党建 ······334
▲黄金镇 ······334
· 位置面积 ······334
· 自然环境 ······334
· 经济概况 ······334

·辖区人口 ……335
·交通通信 ……335
·市政建设 ……335
·扶贫开发 ……335
·旅游产业 ……335
·文化教育 ……335
·党建工作 ……336
·综治维稳 ……336
·农业种植 ……336
·林业资源 ……336
·水利河道 ……336
·圩日贸易 ……336
·名优特产 ……336
▲留隍镇 ……337
·概况 ……337
·资源优势 ……337
·经济社会发展 ……337
·党建工作 ……337
·机构改革试点 ……338
·强农惠农 ……339
·基础设施 ……339
·重点项目建设 ……339
·城乡风貌 ……340
·脱贫攻坚 ……340
·特色小镇 ……341
·社会保障 ……341
·平安留隍 ……341
▲潭江镇 ……342
·位置面积 ……342
·经济发展 ……342
·农业发展 ……342
·工业发展情况 ……342
·文教事业建设情况 ……343
·城乡建设 ……343
·社会事业建设 ……344
·党的建设 ……344
▲砂田镇 ……345
·位置面积 ……345
·旅游景区 ……346
·经济状况 ……346
·交通公路 ……346
·精准扶贫 ……346
·社会保障 ……347
·旅游发展 ……347
·精神文明建设 ……347
·生态环境 ……348
·新农村建设 ……348
·基层治理 ……349
·党的建设 ……349
·荣誉 ……351
▲小胜镇 ……351
·概况 ……351
·经济概况 ……351
·自然资源 ……351
·脱贫攻坚 ……351
·美丽乡村建设 ……352
·人居环境 ……352
·社会民生 ……352
·精神文明建设 ……352
·党建工作 ……352

名　录

▲组织机构及负责人 ……354
▲2020年度获国家、省、市级表彰的先进单位和先进个人名录 ……365

▲主题索引 ……370

特　辑

曾永祥同志在县委十三届十一次全会第一、二次全体会议上的讲话

在第一次全体会议上的讲话

（2021年1月26日）

这次全会的主要任务是，以习近平新时代中国特色社会主义思想为指导，深入贯彻落实习近平总书记出席深圳经济特区建立40周年庆祝大会和视察广东重要讲话重要指示精神，深入学习贯彻中共十九届五中全会、中央经济工作会议精神，认真落实省委十二届十一次、十二次、十三次全会和市委七届九次、十次全会部署，总结丰顺县2020年工作，谋划“十四五”时期全县经济社会发展，审议《中共丰顺县委关于制定国民经济和社会发展第十四个五年规划和二〇三五年远景目标的建议》，部署2021年工作，奋力推动丰顺苏区高质量振兴发展，加快打造梅州融入沿海经济带建设之星、生态发展区建设示范县，为梅州打造“绿水青山就是金山银山”的广东样本，为广东在全面建设社会主义现代化国家新征程中走在全国前列、创造新的辉煌做出丰顺应有贡献！

一、2020年主要工作：在全力克服特殊困难挑战中实现经济社会发展稳中有进、进中向好

2020年是极不平凡的一年，世纪罕见的新冠肺炎疫情发生、世界经济衰退伴随需求萎缩等严重冲击叠加来袭。在习近平总书记、党中央坚强领导下，我们坚持以总书记思想统领一切工作，坚决遵循党中央决策部署，认真贯彻省委、市委工作要求，大力实施乡村振兴战略，着力推动

有效投资和产业培育“十个百亿”工程，积极服务融入“双区”建设，做好“六稳”工作、落实“六保”任务，抓好“双统筹”、夺取“双胜利”，决战脱贫攻坚、决胜全面小康，在全力克服特殊困难挑战中推动各项事业取得新的进步。

（一）以大学习强化理论武装。坚持把学习贯彻总书记思想作为头等大事和首要政治任务，落实“第一议题”“常设议题”制度，完善政治要件闭环落实机制，召开县委常委会会议51次、中心组学习会12次，适时召开县委十三届九次、十次全会，开展大规模宣传宣讲培训，抓好《习近平谈治国理政》、总书记出席深圳经济特区建立40周年庆祝大会、视察广东重要讲话重要指示精神和党的十九届五中全会精神等的学习，开展新一轮“大学习、深调研、真落实”，县领导牵头开展17个重大课题调研，全覆盖培训792名科级以上干部、2376名公务员和2万多名党员，深化“1333”和“八个争先”工作部署，不断形成推进丰顺苏区高质量振兴发展的行动方案。

（二）以抗疫情守护人民安康。面对突如其来的新冠肺炎疫情，我们坚决响应总书记的号召，坚决遵循“坚定信心、同舟共济、科学防治、精准施策”的总要求，坚决落实省委、市委的工作部署，闻令而动、顽强坚守，统筹协调、立体防控，守望相助、逆行出征，以非常之举应对非常之事，迅速打响疫情防控的人民战争、总体战、阻击战，构筑起守护生命的铜墙铁壁，实现并保持全市唯一零确诊县。以人民至上、生命至上诠释了人间大爱，以众志成城、拼搏奉献换来了百姓安康，以敢于斗争、敢于胜利展示了丰顺人民不怕苦难、不惧牺牲的时代风采。

（三）以稳增长推动经济复苏。深入开展“暖企”行动，有力有序复工复产，奋力把失去的时间抢回来、把疫情造成的损失补回来，“双统筹”取得重大成果。主要经济指标逆势上扬，至第三季度全县GDP增速实现由负转正；全年一般公共预算收入、固定资产投资分别比增4.3%、5.1%，增速位居全市前列；金融机构各项存贷款余额分别比增4.3%、14.1%，存贷比提高至53.7%。坚持每月“走出去”、每季“请进来”，大项目引进落地位居全市第一，万洋众创城同步建设招商，国际声谷小镇推介中心建成开放，高端院士生物制药项目如期开工，华于科技成功挂牌科技创新专版，粤东最大的绿色饲料生产基地基本建成，电声产业基地获批“国家外贸转型升级基地”。坚持推动农旅、文旅、养旅融合发展，成功创建省全域旅游示范区，坚真大湖天池文旅项目正式签约，韩山、御逸温泉、八乡山大峡谷获评国家AAA级景区，韩山岩露茶、顺兴满堂香、凤畲高山茶获评2020年度“广东十大好春茶”。

（四）以打基础优化发展平台。着力夯实交通基础，470.6公里“四好农村路”建设位居全市第二，206、235国道改造全线通车，丰华高速建设胜利在望。着力巩固生态基础，打好污染防治攻坚战，空气质量优良率稳定提高，水环境质量达标率保持100%，2个省考国考断面水质持续达标，镇级污水处理厂全部建成运营，行政村基本达到干净整洁村标准，新世纪片区截污改造工程全面完工，成功创建国家卫生县城；全县森林覆盖率达78.69%，超出全市4.21个百分点，县域排名全市第三、全省第八。着力打好乡村振兴基础，以留隍五村连片、汤坑“两区三村”、汤西新岭大罗、砂田六村连片和潭江凤坪官下等示范项目为重点，推动

132个美丽宜居村扎实建设；留隍镇入选省旅游风情小镇、潮客小镇荣获省创建工作优秀小镇称号，砂田黄花村入选省文化和旅游特色村。着力提升文明基础，深化拓展新时代文明实践中心全国试点建设，扎实开展三级文明联创，成功获评省文明城市，砂田黄花村、建桥郑屋村分别获评全国、全省文明村；深入实施“三好一正”，推动创演《千年火龙》实景剧，成功举办纪念东江苏维埃政府暨红十一军成立90周年、第四届民族地区文旅产业发展论坛暨非物质文化遗产创新与发展大会、“讯源杯”中国山地自行车联赛总决赛等重大活动，推动丰顺高山茶、旅游等优势产业发展。

（五）以“放管服”提升改革效能。大力弘扬崇商重企时代理念，持续深化营商环境改革和“数字政府”建设。“粤省事”“粤政易”“粤商通”注册数稳步上升，政务服务大厅“一窗受理”“一日办结”改革成效显著，电子证照、电子印章逐步推广。新增各类市场主体3742户、增长8.7%，新申请专利537个、增长27.7%，营商环境持续优化。乡镇管理体制改革取得阶段性成效，下放镇级实施政务服务事项506项，基本实现“一支队伍管执法”，基层活力进一步释放。

（六）以总攻坚实现精准脱贫。突出产业扶贫、就业扶贫、消费扶贫，建立实施防止返贫帮扶机制，全县5253户14451名建档立卡相对贫困人口100%脱贫，61个省定贫困村全部退出，在全市率先实现行政村集体经济年收入全部超过5万元。广泛发动乡贤参与扶贫济困活动，全年募集扶贫捐资4亿多元，约占全市总捐资额的七成。乡贤企业珠江集团、杰出乡贤许应裘、汤西大罗驻村队员钟奕苑分别入选全国脱贫攻坚先进集体和先进个人。

（七）以纾民困筑牢民生底线。贯彻以人民为中心的发展思想，做好普惠性、基础性、兜底性民生建设，十件民生实事圆满完成。深入实施文化惠民工程，坚真文体中心主楼提前封顶，刷新了“丰顺速度”。扎实创建省卫生强县，县人民医院、中医院、妇幼保健院升级改造主体工程如期完成，县第二人民医院搬迁启用并委托市人民医院管理，创建全国基层中医药工作先进单位取得决定性成效。努力办好人民满意的教育，深化“县管校聘”改革，省教育研究院教育现代化实验区建设扎实推进，实验小学及附属幼儿园、平阳小学顺利建成开学，新增优质学位4140个。嘉应学院紫琳学院征地拆迁取得重要进展，一期工程加快建设。新区供水工程如期开工。“粤菜师傅”“广东技工”“南粤家政”同步推进，完成培训1.4万余人次。城镇新增就业年度任务超额完成，登记失业率控制在2.55%。社保扩面征缴任务全面完成，减免企业社保8410.3万元。中国畲族故里项目获评2020年度“中国民生示范工程”。

（八）以优治理建设平安丰顺。坚持统筹发展和安全，突出抓好维护政治安全专项行动和社会矛盾问题专项治理，全力确保政治安全、经济安全、生产安全和人民群众安全，努力建设“平安之乡”。落实市域社会治理现代化试点任务，“综治中心+网格化+信息化”作用凸显，基层治理效能进一步提升。深入开展“六清”行动，坚决依法打击突出违法犯罪，扫黑除恶专项斗争成效明显。从严落实安全生产责任制，加强公共安全隐患排查治理，安全生产持续稳定。持续推动创建全省第一批食品安全示范县，顺利通过中期评估。

（九）以强党建涵养政治生态。坚持

以政治建设为统领，推动全面从严治党向纵深发展。巩固深化主题教育成果，严格执行省委“两个维护”十项制度机制，坚决全面彻底肃清李嘉、万庆良恶劣影响，全县党员干部“四个意识”明显增强、“四个自信”更加坚定、“两个维护”更加自觉。落实意识形态工作责任制，守牢意识形态安全“南大门”。认真实施加强党的基层组织建设三年行动计划，精心组织村（社区）“两委”换届工作，村党组织书记年龄偏大、学历偏低、能力偏弱、“一肩挑”比例垫底等长期困扰问题得到根本扭转。坚持正确选人用人导向和新时期好干部标准，提拔（重用）科级干部63人。落实“三个区分开来”，激励党员干部担当作为、干事创业。持续推进正风肃纪反腐，高质量提前实现十三届县委巡察全覆盖，主动配合十二届省委第六轮巡视工作，不折不扣抓好27个巡视反馈问题整改，支持县纪委监委立案187件，查处违反中央八项规定精神和“四风”问题87起，党纪政纪处分87人，风清气正的政治生态得到进一步巩固提升。

过去一年，我们坚定不移发展社会主义民主政治，加强和改善党委对人大、政协工作的领导，积极支持人大、政协依法依章程履职。持续构建“大统战”工作格局，切实做好民族宗教工作，进一步发挥工会、共青团、妇联等人民团体作用，推动党管武装、全民国防教育发展取得新成果。当前，丰顺大地天时、地利、人和，广大党员干部群众激情满怀、热情高涨、倾情奉献，只争朝夕、创新创造，呈现一派团结和谐、生机勃勃的喜人景象。

二、“十三五”振兴发展：在全面奔康路上精准脱贫、绿色发展

“十三五”时期，在以习近平同志为核心的党中央举旗定向、掌舵领航下，县委紧紧围绕省委“1+1+9”工作部署和市委“123456”思路举措，立足生态发展区的定位，紧扣“1333”工作思路和“八个争先”目标任务，大力实施“五大百亿”投资工程，积极培育“五个百亿”重点产业，加快打造梅州融入沿海经济带建设之星，全力建设宜居、宜业、宜游、宜乐的和顺之城，奋力推动丰顺苏区振兴发展，为“十四五”开好局、起好步奠定坚实基础。

（一）*发展质量日益提升*。坚持完整、准确、全面贯彻新发展理念，坚定不移走生态优先、绿色发展之路，推动经济社会高质量可持续发展。“十三五”期间，地区生产总值年均增长2.7%，人均生产总值年均增长1.9%，预计全体居民人均可支配收入年均增长8.4%，其中农村居民年均增长8.3%。丰顺县一、二、三产业全面融合发展，电声产业年产值在全市率先迈上百亿元台阶，连续两年获评省旅游创新发展“十强”县，乡村振兴实现“三年取得重大进展”。丰顺茶叶产业园入选首批省级现代农业产业园，丰顺高山茶获评“中国气候生态优品”，被国际茶叶委员会授予“国际茶叶魅力之乡”称号，人民生活水平更高，全面小康成色更足。

（二）*改革开放日益深入*。县、镇机构改革圆满完成，营商环境改革、乡村振兴综合改革、基层社会治理创新、医共体改革全国试点和供销社综合改革全省试点卓有成效，入选国家级电子商务进农村综合改革示范县。主动融入“双区”“双城”建设，丰顺食用菌基地入选大湾区“菜篮子”生产基地。落实“三进一出”要求，韩山场馆建设、深圳双十科技项目落户园区同时获评2019年十大“梅州速度”，成功举办首届中国梅州国际茶业精英峰会、中医药传承创新发展（留隍）峰会、中国山地自行车联赛、“喜德盛杯”国际自行车邀请赛等一批具有重大影响力的活动，展示了多彩丰顺的魅力。

（三）基础环境日益优化。以“两高双十”为重点的交通基础设施建设扎实推进，投资力度前所未有，梅汕客专顺利开通，国省道改造、重点经济线路、站场连接线、“四好农村路”多点开花，交通网络全面升级。坚持城区、园区、景区联动发展，推动县城提质扩容、海珠园扩能增效、旅游景区全域打造，发展承载力越来越强，助推房地产业健康发展、工业经济快速发展、特色旅游蓬勃发展。市政、水利、能源、通信、环保等基础设施加快完善，发展基础更加夯实。碧水“蓝天”净土“三大保卫战”持续推进，韩江入选全国“最美家乡河”，榕江北河水质持续达标，城区环境空气质量优良率巩固提高，森林覆盖率位居全市、全省前列。

（四）民生事业日益改善。每年统筹八成以上财力，扎实办好十件民生实事。脱贫攻坚任务全面完成。5年新增城镇就业人数1.46万人，基本建成覆盖全县人口的社会保障体系，基本医疗保险实现全覆盖，基本养老保险覆盖25.5万人。坚持补短板、强弱项，积极动员乡贤捐资捐建，教育“创强”成果进一步巩固，提前两年实现创建省推进教育现代化先进县目标，在县级率先规划建设高职本科院校，高起点建设“六馆六中心”。

（五）社会治理日益创新。坚持和完善共建共治共享的社会治理制度，整合基层网格管理和指挥平台，逐步完善“全科网络”，加快推进市域社会治理现代化试点工作，受理信访案件持续下降，矛盾纠纷成功调处率不断攀升，有望连续五年获评全国信访工作“三无县”。加快建设平安丰顺、法治丰顺。扫黑除恶专项斗争常态化推进，“七五”普法成效显著，刑事警情逐年减少，社会治安秩序良好，防范和处置非法集资综治考评有望连续4年全市第一，人民安全感持续增强。

（六）党的建设日益加强。坚决贯彻落实新时代党的建设总要求和党的组织路线，党的全面领导和党的建设不断强化。“两学一做”学习教育、“不忘初心、牢记使命”主题教育常态化、制度化开展，基层党组织创造力、凝聚力、战斗力不断增强。落实严的主基调，压实主体责任，坚决全面彻底肃清李嘉、万庆良恶劣影响，政治生态持续向好。实施“三好一正”工程，意识形态主阵地更加牢固，被中宣部、中央文明办列为新时代文明实践中心建设全国试点。驰而不息正风肃纪反腐，重点整治群众身边的不正之风和腐败问题，反腐败斗争取得压倒性胜利。推进纪检监察和巡察体制改革，率先探索建立巡察质量考核评估机制，得到省、市纪委监委充分肯定。

艰难方显勇毅，磨砺始得玉成。“十三五”以来，特别是过去一年，我们有效应对各种风险挑战，圆满完成“十三五”规划目标任务，全面建成小康社会胜利在望，为新发展阶段开创苏区高质量振兴发展新局面奠定了坚实基础。回顾过去五年的奋斗历程，丰顺之所以能够战胜一个又一个风险挑战，办成了一件又一件好事、实事、大事，归根到底靠的是总书记、党中央的坚强领导，靠的是总书记思想的科学指引，靠的是省委省政府、市委市政府正确领导和关心支持，也凝聚着全县党员干部群众团结奋斗、艰苦创业的智慧和汗水。在此，我代表县委常委会，向全县广大工人、农民、知识分子、干部、驻丰顺部队官兵和公安干警，向各人民团体和各界爱国、爱乡人士，向关心支持丰顺发展的港澳台同胞、海外侨胞及外国朋友，表示衷心的感谢并致以崇高的敬意！

三、"十四五"目标任务：在推动高质量发展中奋力打造梅州融入沿海经济带建设之星、"绿水青山就是金山银山"的广东样本

"十四五"时期是我国全面建成小康社会、实现第一个百年奋斗目标之后，乘势而上开启全面建设社会主义现代化国家新征程、向第二个百年奋斗目标进军的第一个五年。我们要继续保持"十三五"时期的良好发展态势，积极抢抓"十四五"时期的重大发展机遇，不忘初心、牢记使命、接续奋斗，与全国全省全市一道开启全面建设社会主义现代化国家的新征程。

（一）把握好县情的"变"与不变。我们要深入学习贯彻党的十九届五中全会精神，深刻领会总书记对国际国内形势的重大判断、我国进入新发展阶段的科学分析、贯彻新发展理念的重要意义、构建新发展格局的关键所在、"十四五"时期发展的重点任务。观察分析形势问题要从政治上把握，谋划推动经济工作要落实政治要求，处理解决经济问题要防范政治风险，胸怀"两个大局"，牢记总书记赋予广东的总定位总目标，把握广东历史方位和梅州发展定位，深化对丰顺县情的认识，顺应发展趋势，开局"十四五"、开启新征程。我们要深刻认识到经济欠发达的县情尚未根本改变，不变的是发展，变的是发展方式。我们要深刻认识到丰顺交通区位条件尚未根本改变，变的是要融入"双循环"新发展格局，融入"双区""双城"建设大局。我们要深刻认识到文化、生态、侨乡等传统优势没有变，变的是我们要打开山门迎客来、激活资源富山寨，赋予新的时代价值，把传统优势转化为发展内生动力，推动产业和开发向差异化、特色化转变，形成参与区域发展的综合竞争力。我们要深刻认识到苏区精神没有变，但时代内涵、工作要求变了，要实现"十四五"的历史宏愿，绝不是轻轻松松、敲锣打鼓就能做到的，必须艰苦奋斗，感恩总书记对老区苏区的深情大爱与特殊关怀，传承红色基因，发扬苏区精神，带着责任、带着感情，奋力推动丰顺苏区高质量振兴发展。

（二）把握好基本思路和远景目标。党的十九届五中全会对"十四五"规划和二〇三五远景目标作出战略谋划，省委十二届十二次、十三次全会描绘了广东"十四五"发展新蓝图，市委七届十次全会吹响了梅州"十四五"的奋进号角，我们要认真学习贯彻，把党中央决策部署和省委、市委工作要求，全面贯彻到丰顺各项工作之中。

一要明确方向。要时刻牢记总书记赋予广东新发展阶段的使命任务，围绕中国式现代化"五大特征"，认真对照省委"1+1+9"工作部署和努力把广东打造成为新发展格局战略支点的目标要求，以及市委提出奋力打造"绿水青山就是金山银山"广东样本的具体要求，进行前瞻性思考、全局性谋划，找准丰顺的历史方位和发展方向，优化落实"1333"和"八个争先"思路举措，在推动高质量发展中奋力打造梅州融入沿海经济带建设之星、生态发展区建设示范县，为梅州打造"绿水青山就是金山银山"的广东样本、为广东在新征程中走在全国前列、创造新的辉煌贡献丰顺力量。

二要坚持原则。党的十九届五中全会提出，"十四五"时期我们的经济社会发展必须遵循五条原则，即坚持党的领导，坚持以人民为中心，坚持新发展理念，坚持深化改革开放，坚持系统观念。丰顺作为欠发达地区，要在这“五个坚持”的基础上，还要按照市委七届十次全会部署，坚持“发展是第一要务”的原则，走生态优先、绿色发展新路，推动产业生态化、生态产业化，更好地实现美丽与发展共赢。

三要坚定目标。根据中央和省、市的远景目标安排，科学展望到2035年，国家将基本实现社会主义现代化、进入发达国家行列，广东将进一步走在全国前列，梅州将基本实现“三大五化”目标。综合考虑县内外发展趋势和发展条件，全县的经济实力、综合竞争力将大幅提升，城乡居民人均收入显著增加、城乡发展差距显著缩小、平等发展权利得到充分保障，基本实现新型工业化、信息化、城镇化、农业现代化、治理体系和治理能力现代化，平安法治环境、生态发展水平和社会文明程度达到新高度；人的全面发展、全体人民共同富裕取得实质性进展，党全面领导各领域各方面的高效执行体系全面形成。锚定2035年远景目标，今后五年要努力实现发展质效年年好，人均主要经济指标力争走在全市前列。一是经济发展取得新成效，二是改革开放达到新高度，三是社会文明焕发新气象，四是绿色生态获得新发展，五是社会民生得到新改善，六是治理效能实现新进步。

（三）把握好“十四五”的重点任务。总书记强调，“十四五”时期要以推动高质量发展为主题，经济、社会、文化、生态等各领域都要体现高质量发展的要求。省委书记李希要求，要把新发展阶段的重点任务理清楚，咬定青山不放松，以扎实的步伐迈向社会主义现代化。市委书记陈敏指出，对于梅州来说，推动“十四五”时期发展，必须围绕建设现代化，把握好、解决好事关高质量发展的突出问题，努力实现更高质量、更有效率、更加公平、更可持续、更为安全的发展。我们要深刻领会总书记关于“新发展阶段、新发展理念、新发展格局”的重要论述精神，落实党中央决策部署和省、市工作要求，立足丰顺实际，认真谋划推动“十四五”高质量发展，展自己所长、扬自身优势，赛龙夺锦、勇当先锋。

一是坚持立足区域功能定位，开辟发展新路径。要认真贯彻落实中央和省委关于推动老区苏区振兴发展的新部署，全面增强苏区振兴的内生动力；要按照省委高质量构建“一核一带一区”区域发展格局和市委争当生态发展区建设先行示范市的新要求，深化建设生态发展区的内涵，更加突出生态优先、绿色发展，着力构建先进制造业、现代服务业、特色现代农业协调发展的现代产业体系，加强与“核”“带”的融合对接，立足梅州、面向潮汕、融入湾区，加快打造梅州融入沿海经济带建设之星、生态发展区建设示范县，高质量推动丰顺红色土地绿色发展。

二是坚持畅通内外循环渠道，构建经济新体系。围绕广东打造新发展格局的战略支点，着力打造接受支点辐射、服务支点建设、参与“双循环”的现代经济体系。要完善推动高质量发展的体制机制，推进资源高效配置的改革，推动人才、信息、资金、技术等优质要素在丰顺有效集聚。要培育发展参与“双循环”的市场体系，壮大市场主体规模，激发市场主体特别是中小微企业和个体工商户的活力，推动要素、商品、服务等循环流转畅通无阻。要形成更高水平的开放格局，发挥“华侨之乡”的优势，擦亮“国家外贸转型升级基地”的金字招牌，进一步提升营商环境水平，打造立足周边、面向全球的开放窗口。

三是坚持服务融入“双区”“双城”，拓宽发展新空间。围绕双区建设“五大效应”，高水平实施“三进一出”工程，持续打造“双区”最美后花园、最佳康养地、最优体验场和后方大农场。要以交通对接为先导，全力配合推进大丰华高速、梅潮高速规划建设和梅汕高速扩宽改造，谋划实施环城、汤留快速干线等重大交通项目，加快构建快速通达大湾区的交通格局。要以产业承接为重点，拓展海珠丰顺产业对口帮扶机制，启动海珠（丰顺）产业园二期规划建设，引进更多创新企业、创新平台、创新成果，推动产业合作转型升级，着力强链、延链、补链。要以人才引进为保障，实施更加开放的人才政策，借助大湾区科研人才优势，凸显丰顺侨乡特色，引进培育各类专业技术人才、高技能人才、创新创业人才和创新科研团队，通过专业人才带动项目建设、推进产业发展。要加强职业技能培训，拓宽劳务交流合作。

四是坚持推进乡村振兴战略，强化发展新支撑。把解决好“三农”问题作为重中之重，以工补农、以城带乡、城乡融合，推进脱贫攻坚与乡村振兴有效衔接，全面实施乡村振兴战略，大力实施乡村建设行动，促进农业高质高效、乡村宜居宜业、农民富裕富足，加快农业农村现代化。要以创建全国文明城市为契机，推进以人为核心的新型城镇化，抓好县城品质提升工程，带动中心镇、特色小镇和美丽乡村建设，努力建设美丽丰顺美好家园。

五是坚持改善人民生活品质，共创美好新生活。把实现好、维护好、发展好最广大人民的根本利益作为发展的出发点和落脚点，加强普惠性、基础性、兜底性民生建设，实施好民心工程，办好民生实事，扎实推动共同富裕，打造更具获得感、幸福感、安全感的城市。强化就业优先政策，鼓励创业带动就业，充分发挥市场在人力资源配置和促进创业中的决定性作用，推动实现更加充分和更高质量的就业。统筹构建更加优质均衡的公共服务体系和社会保障体系，优化教育、文化、体育、卫生等社会事业供给，解决群众在住房、医疗、社保、就学等方面的实际困难。推动嘉应学院紫琳学院建成招生，新区供水工程竣工运营，县人民医院达到“三甲”标准。总结推广疫情防控群防群治经验，完善网格化社会治理体系，打造共建共治共享的社会治理共同体。

六是坚持办好发展安全两件大事，筑牢发展新基础。坚持总体国家安全观，把安全发展贯穿发展各领域和全过程，提高重点领域防范抵御风险能力，确保人民安居乐业、社会安定有序。深入抓好政治安全风险隐患排查化解，严密防范和严厉打击敌对势力渗透、破坏、颠覆、分裂活动，严格落实党委（党组）意识形态工作责任制，加强网络舆论阵地建设和管理。加强经济安全风险预警、防控机制和能力建设，着力防范化解金融、债务领域风险。坚决维护粮食安全，全面加强粮食生产、储备和流通能力建设。完善和落实安全生产责任制，全面提高公共安全保障能力，有效防范和坚决遏制较大及以上安全事故发生。努力建设更高水平的平安丰顺、法治丰顺，加强社会治安防控体系建设，推动扫黑除恶常治常效，防范和打击暴力恐怖、黑恶势力、新型网络犯罪和毒品犯罪，营造安全稳定的社会环境。

四、2021年工作安排：在全面建设社会主义现代化国家新征程中开好局、起好步

今年是我们党成立100周年，是实施

“十四五”规划、开启全面建设社会主义现代化国家新征程的第一年，做好今年工作意义重大、影响深远。

今年工作的总体要求是以习近平新时代中国特色社会主义思想为指导，全面贯彻中共十九大和十九届二中、三中、四中、五中全会以及中央经济工作会议精神，按照省委十二届十一次、十二次、十三次全会和市委七届九次、十次全会的部署要求，认真落实省委“1+1+9”工作部署和市委“123456”思路举措，坚持稳中求进工作总基调，立足新发展阶段，贯彻新发展理念，构建新发展格局，以推动高质量发展为主题，以深化供给侧结构性改革为主线，以改革创新为根本动力，以满足人民日益增长的美好生活需要为根本目的，坚持系统观念，巩固拓展疫情防控和经济社会发展成果，更好统筹发展和安全。扎实做好“六稳”工作、全面落实“六保”任务，优化“1333”和“八个争先”思路举措，全力实施有效投资和产业培育“十个百亿”工程，打造生态经济发展新标杆、梅州融入沿海经济带建设之星和“绿水青山就是金山银山”的广东样本。争当生态发展区建设示范县，建设“四宜”城市，奋力推动丰顺苏区高质量振兴发展，确保“十四五”开好局、起好步，以优异成绩庆祝建党100周年。

在“深调研”的基础上，深化完善全县工作总抓手，就是要奋力在实体经济、生态文明、乡村振兴、文化强县、社会治理、安全发展、基层党建、乡贤回归等八个方面走在全市前列。县委考虑，今年发展的主要目标，就是地区生产总值增长5%左右，一般公共预算收入增长5%左右，全体居民人均可支配收入增速高于经济增速。确定这些工作重点和经济指标，是为了引导各方面把精力集中到深化供给侧结构性改革、推动高质量发展上来。我们要同心同德、努力奋斗，确保全面完成任务，力争完成得更好。要抓好以下九项重点工作。

（一）着力抓好疫情防控。当前，疫情仍在全球蔓延，国内局部出现严峻形势，夺取抗疫斗争的全面胜利还需要付出持续努力。要慎终如始、再接再厉，不麻痹、不松懈、不厌战，全面做好外防输入、内防反弹工作，毫不放松抓好常态化疫情防控，决不能让来之不易的疫情防控成果前功尽弃。春节将至，要引导人员合理有序出行，尽可能减少聚集，确保不出现规模性输入。要坚决担当起“一把手一肩挑”的疫情防控政治责任，层层抓落实，以疫情防控的实际效果体现“两个维护”。要切实加强疫情监控，及时发现上报突发异常情况，做到第一时间反应处置、第一时间切断传染链条。要加强县内隔离场所建设，做好卫生应急物资储备，尤其要加强基层社区和广大农村的疫情防控工作领导，防止出现宽、松、软的问题，切实筑牢疫情防控的坚固防线。

（二）着力壮大实体经济。坚持制造业立县不动摇，深入实施“六大工程”，鼓励引导乡贤企业家回乡投资兴业，加快培育发展“五个百亿”重点产业，加快建设现代绿色产业体系。一是依托国际声谷小镇和万洋众创城等创新创业平台，大力引进一批绿色、健康的先进制造业企业，推动智能制造产业链向上下游延伸，力争五年左右时间实现智能制造产值超百亿元。完善产业共建机制，切实把海珠（丰顺）产业园建成产业转移示范园区。二是加快电声电子产业转型升级、集聚发展，扶持培英、泰昌、万圣、双十科技等龙头企业早日迈上总资产达10亿元的行列，加快打造“中国电声之都”。三是努力构建生产管理先进、产品优质安全、资源利用高效的现代饲料生产经营体系，力争年内8家绿色饲料企业全部建成投产，五年内实现产值超百亿元，打造全省规模最大、最集聚的绿色饲料生产基地。四是以创建国家级全域旅游示范区为抓手，加快打造留隍国家级旅游度假区、八乡山五星级旅游名镇，推动文旅、农旅、养旅、体旅深度融合，力争年内基本恢复疫前水平，三年内全县旅游人次超千万、旅游收入上百亿元。五是积极发展南药种植，大力推动中医药大健康产业发展。引进院士团队的优势项目，支持新南方加快标准厂房规划建设，力争今年第三季度生物制药项目正式投产，两年内实现产值上百亿元，打造经济高质量发展新引擎。六是加强"以商招商、提智促质"，谋划推动紫琳学院高端产业配套区智慧生态康养小镇建设，进一步吸引更多更好的产业和科技资源，培育新业态、新产业。七是以省级现代农业产业园为龙头，用好国家级电子商务进农村综合示范县平台，做大做强茶叶、水果、食用菌、蔬菜、红薯和水产养殖等特色种养业，积极发展林下经济和林业产业，适度发展柚类种植，努力打造"茶罐子、菜篮子、果盘子、水缸子、米袋子"五子登科，力争在国家级农业产业化龙头企业申报上有新突破。依托丰顺传统粮油龙头企业，培育并引进优质粮油食品研发加工项目，推动规划建设粮油食品产业集聚基地。

（三）着力优化基础条件。大力实施"五大百亿"投资工程，进一步补短板、强弱项、破难点、优环境。统筹抓好交通公路项目建设，力争丰华高速下半年竣工通车，大丰高速年底动工，推进梅汕高速改扩建工程，配合做好梅潮、丰揭高速前期工作，抓好235国道升级改造，做好西环及县城至留隍快速干线等项目前期工作，加快创建全省"四好农村路"示范县，进一步完善覆盖全县的交通网络。深入推进县城提质扩容，加快推进新区供水、碧桂园二期等一批城建项目建设，持续改善县城人居环境。加快完善206国道附属配套工程，全力打造"百里绿道"。深入实施榕江北河"百里碧道"示范工程，努力打造水清、岸绿、景美、河畅的良好生态环境。加快推进留隍镇国家特色小城镇和广东潮客小镇、汤南文创小镇等重点区域建设，以点带面推进城乡各美其美、美美与共。大力实施自然村庄集中供水、堤路建设、中小河流治理等水利基础设施建设，推动丰良镇级饮用水工程加快建设。加快智慧城市建设，系统布局新型基础设施，加快推进5G基站、数据中心、工业互联网、物联网、新能源汽车充电桩、智能交通指挥系统建设，助力数字经济发展。

（四）着力提升民生福祉。下大力气改善重点民生，持续办好十件民生实事，着力解决"三就一保"等重点问题，进一步促进基本公共服务均等化。一是坚持教育优先战略，深化与省教育研究院合作，推动教育现代化。大力实施奖教工程，着力培育一批名师、名校长。加大县城公办园建设，增加公办学位供给，提升学前教育办学水平。全力创建全国义务教育优质均衡县，推动丰顺中学向区域性名校转变，加快推进丰顺一中迁建和紫琳学院附属学校、韩江学校建设，新增一批优质学位。深化职普融通、产教融合、校企合作，提升职业教育办学质量。加快推进嘉应学院紫琳学院建设，同步推动道路、供水、供电等配套建设，力争2022年9月实现首批招生。二是健全公共卫生服务体系，深入推进医共体试点建设，加快县人民医院创“三甲”步伐，推动县中医院完成整体迁建，持续提升医疗水平，力争今年成功创建全国基层中医药工作先进单位。三是坚持把稳就业摆在突出位置，健全就业促进机制，确保失业率控制在3%以内。深入实施“粤菜（客家菜）师傅”“广东技工”“南粤家政”三项工程，完成职业技能培训1300人以上，新增城镇就业2200人以上。四是落实养老保险、医疗保险、失业和工伤保险、社会救助制度，提升社会保障能力。五是深化精神文明创建九大行动，加快形成适应新时代要求的思想观念、精神面貌、文明风尚、行为规范。持续推进三级文明联创，坚持系统创文、精准创文、惠民创文、常态创文，全县动员、全民参与，全面推进全国文明城市创建，力争三年获得提名城市资格。着力抓好李坚真故居、蓝田书院等保护修缮工作，推动坚真文体中心年内全面建成使用，打造丰顺文化发展新名片。继续办好“喜德盛杯”国际自行车邀请赛、中国山地自行车联赛、国际茶业精英峰会等重大活动，积极申评国家自行车训练比赛基地和中国武术之乡，进一步提高丰顺知名度。六是落实“四个最严”要求，加大食品药品监管力度，确保通过省食品安全示范县验收。

（五）着力增强生态优势。持续打好污染防治攻坚战，构建“三线一单”分区管控体系，深入开展蓝天、碧水、净土保卫战。深入推进大气污染防治工作，实施工业源、移动源、面源治污减排，确保空气优良率持续达标；深化落实河长制，推进主要江河的生态修复和中小河流治理工程，重点整治城乡污水排放，确保省考国考断面100%达标。科学高质量编制全县国土空间总体规划。推进城乡垃圾分类，加强固体废弃物处置，积极创建“无废城市”。实施新一轮“绿满丰顺”行动，加快推行林长制，强化森林资源培育和管护，严防森林火灾，谋划启动国家森林城市创建工作，争取创建更多“国家森林乡村”。抓好崩岗、水土流失等灾害治理，提升生态安全保障水平。

（六）着力推进乡村振兴。真抓实干做好新阶段“三农”工作，以更有力举措、汇聚更强大力量全面推进乡村振兴。一要突出高质高效深化农村供给侧结构性改革，坚持科技兴农、质量兴农、品牌兴农，高水平打造“跨县集群、一县一园、一镇一业、一村一品”现代农业产业体系。实行粮食安全党政同责，严守耕地保护红线，以超常规力度抓好耕地恢复、补充耕地和撂荒地复耕复种，大力推进新一轮高标准农田建设和垦造水田，加大乱占耕地建房治理，坚决遏制耕地“非农化”、防止“非粮化”。二要突出宜居宜业大力实施乡村建设行动。启动实施农村人居环境综合整治提升五年行动，优化乡村规划编制，全面推进农房管控和风貌提升，统筹推进厕所、污水、垃圾、自来水“四大革命”，加强农村文明创建，深入推进平安乡村建设。三要突出富裕富足推动农户与现代农业有机衔接，完善利益联结机制，让农民更好嵌入现代化农业产业体系、更多分享产业增值收益。坚持既“富口袋”、又“富脑袋”，全面实施高素质农民培育工程。要做好巩固拓展脱贫攻坚成果同乡村振兴有效衔接，深入实施“百企帮百村”行动，加快从驻村帮扶向驻镇帮镇扶村、从帮扶脱贫向帮扶全面振兴、从实现全面小康向迈向现代化转变。

（七）着力创新社会治理。统筹发展和安全，坚持系统治理、依法治理、综合治理、源头治理相结合，不断提升社会治理水平，建设更高水平的平安丰顺、法治丰顺。要始终把维护稳定作为第一责任，坚持以大概率思维应对小概率事件，把打好建党100周年安保维稳主动仗作为全年防风险工作的主线，落细落小防风险、保安全、护稳定各项措施，全面推进依法治县，加快把丰顺建设成为最安全稳定、最公平正义、法治环境最好的地区之一。要持续推进维护国家政治安全专项行动，坚决防止思想渗透、人员渗透、活动渗透、资金渗透。要加强经济安全风险预警、防控机制和能力建设，坚决确保经济安全。要落实好市域社会治理现代化试点工作，建设法治政府，深化司法改革，深入推进扫黑除恶常态化、制度化，全面开展政法队伍教育整顿工作，严格落实安全生产责任制，坚决维护社会稳定和安全。

（八）着力推动科技创新。深入实施创新驱动发展战略，确定科技创新方向和重点，优化创新资源，力促动能转换、经济转型。一是加快构建创新体系。推进工业园区扩能增效，复制推广改革创新经验，承接产业转移，延伸产业链条。强化知识产权保护，健全知识产权服务体系，加大对创新成果知识产权化的扶持力度。深入推进科技体制改革，完善科技创新治理体系。二是提升企业技术创新能力。强化企业创新主体地位，加快培育以电声电子、生物制药、智能制造为主的高新技术企业，促进各类创新要素向企业集聚。支持规模以上企业设立科技创新平台及新型研发机构，鼓励组建产业技术创新联盟、产业共性技术研发基地。推动企业联合高校、科研院所，建设研发和技术转移机构，加强研发创新成果应用与推广。三是加强人才培养和引入。落实“省科创12条”和“市科创20条”，推动科技与金融结合，加大科技研发投入，积极对接“珠江人才计划”“广东特支计划”“扬帆计划”，大力引进和培育高层次科技人才、高技能人才、创新创业人才和创新科研团队。

（九）着力深化改革开放。坚定不移推进改革和扩大开放，破除制约高质量发展、高品质生活的体制机制障碍，持续增强发展动力和活力。深化简政放权、放管结合、优化服务改革，全面实行政府权责清单制度。加快“数字政府”建设，优化政务服务，全面推行“不见面”审批，让数据多跑路、群众少跑腿。注重改革的系统性、整体性、协同性，在新时代文明实践中心全国试点、农村集体产权制度改革、中医药综合改革、营商环境综合改革、统筹全域山水林田湖草治理等重点领域改革上持续发力，形成一批可复制可推广的制度创新成果。面向“双区”“双城”，全面探索“企业总部在湾区、生产基地在丰顺”“研发孵化在湾区、成果转化在丰顺”“生产在丰顺、消费在湾区”的产业产品共建模式。加强与“一带一路”沿线国家和地区在进出口贸易、公共卫生、绿色发展、科技教育等方面的务实合作，促进共同发展。利用海外客属、潮属华侨同宗同源、血脉情深的优势，提升客潮文化的影响力和传播力，增强侨二代、侨三代对祖国的认同，引导海外华侨积极参与家乡建设。

五、政治组织保证：坚定不移加强党的全面领导和党的建设

做好“十四五”发展和今年工作，关键在党、关键在人。必须更加坚定自觉地坚持和加强党对社会主义现代化建设的全面领导，把全县各级党组织锻造得更加坚强有力，更好地团结带领广大党员干部群众推动丰顺苏区高质量振兴发展。

（一）坚定不移强化思想理论武装。坚持把学习贯彻总书记思想作为头等大事和首要政治任务，切实用以武装头脑、指导实践、推动工作。要持续深入抓学习，全面落实第一议题等学习制度，不断提高理论素养、政治素养。要持续巩固“不忘初心、牢记使命”主题教育成果，围绕庆祝建党100周年，深入进行理想信念教育、爱国主义教育，引导广大党员干部坚定理想信念、践行初心使命。要持续深化“大学习、深调研、真落实”，把总书记重要指示要求转化为振兴发展的具体举措和扎实成效，推动总书记重要思想在丰顺大地落地生根、结出丰硕成果。

（二）坚定不移加强党的政治建设。要旗帜鲜明讲政治抓政治，进一步增强“四个意识”、坚定“四个自信”、做到“两个维护”。要严格执行省委坚决落实“两个维护”十项制度机制，坚决按照总书记的重要指示要求办事，切实把总书记、党中央集中统一领导落到丰顺工作各方面、全过程。要深入实施一把手政治能力提升计划，加强对党忠诚教育和政治历练，推动领导干部特别是一把手不断提高政治判断力、政治领悟力、政治执行力。要严明政治纪律和政治规矩，严守“五个必须”，杜绝“七个有之”，巩固深化肃清李嘉、万庆良恶劣影响成果。要严肃党内政治生活，严格执行民主集中制，要加强党内政治文化建设，依托坚真文体中心、马图村、滩良村等红色教育资源，深入开展红色革命教育活动，大力弘扬苏区精神，营造风清气正的政治生态。要深化“三好一正”工程，持续拓展新时代文明实践中心全国试点建设。要牢牢把握正确的舆论导向，加强对思想理论、新闻媒体、互联网、文化、宗教等阵地管理，突出抓好网络意识形态工作，把党的声音和主张传播好。

（三）坚定不移加强党的基层组织建设。全面落实省委新一轮加强基层党组织建设三年行动计划，加强党建工作考核评议，打造基层党建工作品牌。持续加强基层党组织规范化建设，更高标准更大力度推进农村、社区、机关事业单位、国有企业、学校、“两新”组织等各领域基层党组织建设，不断扩大基层党的组织覆盖和工作覆盖，推动基层党组织全面进步全面过硬。要继续抓好“头雁”工程，力争村党组织书记“三个一肩挑”比例达到100%。要抓好村级换届工作，加强督查指导，确保如期选出让党放心、人民满意的村级班子。要深入实施党员先锋工程，深入推行党员网格化和评星定级量化管理，高效开展“我为乡村振兴添光彩”“定期返乡、反哺家乡”“双报到”等活动，引导党员积极投身乡村振兴、基层社会治理等工作，在服务群众、引导群众的实践中当先锋、作表率。要增强农村基层党组织的领导力和组织力，在村党组织的领导下推进村民自治和基层治理，着力以党建引领集体经济发展壮大，推动乡村产业振兴和乡村建设行动。

（四）坚定不移建设高素质干部队伍。要坚持好干部标准，把政治标准放在第一位，认真谋划做好县镇领导班子换届工作，严明换届纪律和组织人事纪律，确保绘出好蓝图、选出好干部、配出好班子、树立好导向、形成好气象。要面向现代化加强干部教育培养，强化思想淬炼、政治历练、实践锻炼、专业训练，不断提高把握新发展阶段、贯彻新发展理念、构建新发展格局的政治能力、战略眼光、专业水平。要认真落实中央关于激励广大干部新时代新担当新作为的意见，落实“三个区分开来”，要注重在基层一线、艰苦地区、吃劲岗位培养选拔干部，大胆启用敢于改革、敢于担当的干部，让想干事、能干事、干成事的干部有舞台、受褒奖，让不作为、慢作为、乱作为的干部受警醒、让位子。要坚持党管人才原则，落实县人才新政，实施好重大人才工程，广聚天下英才而用之。

（五）坚定不移推进正风肃纪反腐。要深入贯彻全面从严治党方针，充分发挥全面从严治党引领保障作用，把严的主基调长期坚持下去，以坚如磐石的决心，以永远在路上的执着，做到态度不能变、决心不能减、尺度不能松，纵深推进党风廉政建设和反腐败斗争。要严格落实中央八项规定及其实施细则精神，持之以恒纠治四风，深化整治形式主义、官僚主义顽瘴痼疾，持续为基层松绑减负。加大警示教育力度，加强廉洁文化和家风建设，构建亲清政商关系。要紧盯事关丰顺发展全局的重大工程、重点领域、关键岗位，深化运用监督执纪“四种形态”，用好监督执纪“七个看”和问责“六字诀”，推动纪律监督、监察监督、派驻监督、巡察监督统筹衔接，强化对公权力运行的制约和监督。要坚持反腐败无禁区、全覆盖、零容忍，保持高压态势，严肃坚决查处违纪违法问题。强化制度约束，一体推进不敢腐、不能腐、不想腐。要深入推进巡视整改和审计整改工作，把解决问题和制度建设结合起来，做到巡视、审计有完结，查摆问题与整改落实不停步，使巡视、审计成果更好地转化成为推动丰顺经济社会发展的强大动力。

（六）坚定不移加强党对各项工作的领导。党政军民学，东西南北中，党是领导一切的。要从体制机制上落实党委领导经济社会发展的职责，做到把方向、管大局、作决策、保落实。要加强党对武装工作的领导，确保武装工作顺利开展。要进一步发挥人大的监督职能作用，支持政协开展民主监督，加强同各民主党派、工商联、无党派人士合作共事，支持司法机关依法独立行使职权，发挥工青妇等人民团体的桥梁纽带作用。要做好统战、民族、宗教、外事、侨务、台港澳等工作，团结一切可以团结的力量，共推丰顺苏区高质量发展。

同志们！没有等出来的成功，只有干出来的精彩。让我们更加紧密地团结在以习近平同志为核心的党中央周围，高举习近平新时代中国特色社会主义思想伟大旗帜，以一往无前的奋斗姿态、风雨无阻的精神状态，推动丰顺全面建设社会主义现代化。为梅州打造“绿水青山就是金山银山”的广东样本，为广东在新征程中走在全国前列、创造新的辉煌，续写丰顺苏区高质量振兴发展新篇章，以优异的成绩庆祝建党100周年！

在第二次全体会议上的讲话

（2021年1月26日）

这次县委全会，是在我县即将全面建成小康社会、迈入全面建设社会主义现代化新征程关键时刻召开的一次重要会议。全会以习近平新时代中国特色社会主义思想为指导，深入贯彻落实总书记出席深圳经济特区建立40周年庆祝大会和视察广东重要讲话、重要指示精神，深入学习贯彻中共十九届五中全会、中央经济工作会议精神，认真落实省委十二届十一次、十二次、十三次全会和市委七届九次、十次全会部署，谋划“十四五”时期我县经济社会发展，审议通过《中共丰顺县委关于制定国民经济和社会发展第十四个五年规划和二〇三五年远景目标的建议》。大家一致认为，县委提出的工作思路、工作重点、工作任务、工作举措，符合总书记重要讲话精神和五中全会精神，符合省委全会、市委全会部署，切合丰顺实际。在大家的共同努力下，会议取得圆满成功。

全面建设社会主义现代化是一项全新的伟大实践。在以习近平同志为核心的党中央带领下，全面小康胜利在望，丰顺将和全国全省全市一道迈入现代化新征程。“十四五”是开启新征程的第一个五年，站在“两个一百年”奋斗目标的历史交汇点上，我们倍感责任重大、使命光荣。实现“十四五”开好局、起好步，关键在党，关键在人，关键要坚定不移加强党的全面领导和党的建设，旗帜鲜明讲政治、抓政治。

最近一段时间，习近平总书记从党和国家事业发展全局的高度，多次就旗帜鲜明讲政治进行系统阐述，强调要加强党对社会主义现代化建设的全面领导，强调必须增强政治意识，善于从政治上看问题，善于把握政治大局，不断提高政治判断力、政治领悟力、政治执行力。省委书记李希在省委十二届十三次全会上提出五个要求：一是必须坚定不移践行“两个维护”；二是必须切实提高政治判断力；三是必须切实提高政治领悟力；四是必须切实提高政治执行力；五是必须涵养良好政治生态。市委陈敏书记在市委七届十次全会上提出：一要深刻把握新发展阶段；二要坚定践行新发展理念；三要参与构建新发展格局；四要全面焕发新工作活力。我们要深入学习贯彻总书记重要论述，贯彻落实省委书记李希、市委书记陈敏的具体要求，切实增强政治意识，把握政治方向，提高政治能力，在新征程中沿着总书记指引的方向奋勇向前。下面，我强调几点意见。

一、以“两个维护”贯穿“十四五”。时代是思想之母，实践是理论之源，伟大实践离不开伟大思想的引领。党的十八大以来，在风险挑战日益增多的形势下，党和国家事业再创辉煌，取得全方位、开创性、历史性成就。2020年，世界阴云密布，中国雨过天晴，率先控制住疫情、率先复工复产、率先实现经济增长由负转正！这一切最根本在于有总书记这个党中央核心、全党核心的领航掌舵，有习近平新时代中国特色社会主义思想的科学指引，有党团结带领全国各族人民团结一心、顽强奋斗。我们要在新征程中破浪前行、行稳致远，必须坚决做到“两个维护”，更加坚定自觉地把“两个维护”贯彻落实到丰顺现代化建设全过程各方面。一要进一步增强思想自觉。我们要持续学懂弄通做实总书记思想，深刻领悟人民领袖的非凡理论勇气、卓越政治智慧、强烈使命担当、深厚人民情怀、崇高领袖风范，进一步深化对“两个维护”的自觉认同，把“两个维护”作为思想上、认识上的政治态度、政治信条。把总书记关于现代化建设的重要论述放在总书记思想的科学体系中去领会和把握，从中汲取强大真理力量、思想力量、实践力量，全面焕发向第二个百年奋斗目标进军的壮志豪情。二要进一步增强政治自觉。面对新冠肺炎疫情、经济下行压力等严重冲击，总书记权威、党中央权威始终是我们最可信赖的主心骨、定盘星。我们要把“两个维护”作为一切实践活动的政治原则、政治保障，时时处处事事向总书记看齐，一切行动听党话、跟党走。三要进一步增强行动自觉。总书记对广东一直寄予厚望，对广东提出一系列重要指示批示。我们践行“两个维护”，就是要把总书记赋予广东的使命任务一步步变成美好现实。要贯彻执行好党内法规制度，严格执行省委坚决落实“两个维护”十项制度机制，对总书记重要讲话、重要指示和党中央决策部署迅速跟进、贯彻到底，确保项项抓到位、件件落到底。

二、以政治定力护航“十四五”。我们处在“两个前沿”，面对两种意识形态、两种社会制度的激烈较量，要在新征程中行稳致远，必须提高政治判断力，不畏浮云遮望眼，善于从政治上分析研判问题，确保政治立场不移、政治方向不偏。一要把握形势变化。深刻认识“东升西降”的大趋势不可逆转，时与势在我们一边，切实增强应对风险、化危为机的定力和底气。深刻认识我国发展的历史方位，深刻把握进入新发展阶段、贯彻新发展理念、构建新发展格局对我们的政治能力、战略眼光、专业水平提出的全新要求，为实现丰顺苏区高质量振兴发展做好充分准备。二要看清是非曲直。要始终保持政治敏锐性和鉴别力，善于从一般事物中发现政治问题，对大是大非立场坚定、敢于斗争。凡是危害党的领导和社会主义制度的，凡是危害我国主权、安全、发展利益的，凡是危害我国核心利益和重大原则的，凡是危害我国人民根本利益的，凡是危害我国实现“两个一百年”奋斗目标、实现中华民族伟大复兴的各种风险挑战，就必须坚决斗争、善于斗争。三要抵御政治风险。统筹发展和安全，切实把维护国家政治安全特别是政权安全、制度安全放在第一位，深入实施维护国家政治安全专项行动，压实意识形态工作责任，全面加强网络安全保障体系和能力建设，坚决防止一般风险演化为政治风险。全县各级党员干部要树立底线思维，对各类风险高度警惕，宁可信其有、不可信其无，宁可信其大、不可信其小，把问题解决在萌芽之时、成灾之前，努力营造安全稳定的社会环境。

三、以明确目标奋进“十四五”。总书记、党中央运筹帷幄、总揽全局，每一个重大决策部署背后都有深远的政治考量和战略意图。省委、市委从政治和大局高度，做了相应的部署，我们要从政治上把党中央精神领会好、领会透，把省委、市委工作要求执行好、贯彻好，把新时代改革发展之路走对走实走好。一要明晰大局大势。我们要对国之大局、国之大要、国之大事、国之大计心中有数，时刻关注总书记、党中央在关心什么、强调什么。贯彻新发展理念、构建新发展格局是总书记的重要指示要求，我们要在构建新发展格局这个主战场中选准自己的定位，积极助推和参与打造新发展格局战略支点。二要明晰职责任务。“1+1+9”是省委省政府贯彻落实总书记系列重要讲话和重要指示批示精神、推进现代化建设的具体行动方案，“123456”是市委市政府落实省委“1+1+9”工作部署的施工图。我们要提高政治站位，围绕落实总书记、党中央决策部署和省委、市委工作要求，提高从政治上谋思路、想问题、作决策、抓工作的能力，全面贯彻、精准发力，打好特色牌、优势仗，用实实在在的工作成效体现丰顺担当、丰顺作为。三要明晰群众愿望。民心是最大的政治。进入新发展阶段，人民群众对美好生活有新期盼，对促进人的全面发展和共同富裕提出了新的更高要求。我们要牢记初心使命，坚定践行党的群众路线，坚持以人民为中心，体现人民立场，做到一切为了人民、一切依靠人民、一切成果为人民共享。要完善和落实县领导同志定点联系镇村、干部驻点直接联系服务群众、“小切口大变化”等服务群众制度，把老百姓最关心最直接最现实的利益问题一个一个解决好，暖民心、解民忧，不断夯实党的执政根基。

四、以高效执行落实“十四五”。要在新征程中为梅州打造“绿水青山就是金山银山”的广东样本、为广东在全面建设社会主义现代化国家新征程中走在全国前列、创造新的辉煌贡献丰顺力量，必须提高政治执行力。一要对标对表。要自觉同总书记、党中央部署要求对标对表，做到党中央提倡的坚决响应、党中央决定的坚决执行、党中央禁止的坚决不做。二要强化担当。要知责于心、担责于身、履职于行，练就担当作为的硬脊梁、铁肩膀、真本事，直面问题、解决问题，敢于斗争、善于斗争，在实施乡村振兴战略、落实总体国家安全观、培育壮大实体经济等工作中不断开创新局面。三要实事求是。坚持一切从实际出发，把党中央决策部署以及省委、市委工作要求与丰顺实际结合起来，深入调查研究，与时俱进完善工作思路、工作方法、工作举措，创造性抓好落实。推进工作要实打实、硬碰硬，一件接着一件办、积小胜为大胜，坚决破除形式主义、官僚主义，绝不能做自以为领导满意却让群众失望的蠢事。

五、以清明政治保障“十四五”。政治生态好，人心就齐，正气就足。面向现代化新征程，必须持续用力、久久为功，既要实现自然生态山清水秀，更要实现政治生态风清气正。一要严于律已当好表率。全县领导干部特别是一把手必须在政治上、工作上、履行党建职责上更好地作表率，在新征程中展现新风貌，以“关键少数”带动“绝大多数”。各级党员干部要自重、自省、自警、自励，慎独、慎初、慎微、慎友，时刻对照党章、对照初心使命严格要求自己，不被围猎、不被诱惑、不被腐蚀，始终保持一身正气、两袖清风。二要严明政治纪律和政治规矩。牢记“五个必须”，严防“七个有之”，做到“三个决不允许”。要大力弘扬忠诚老实、公道正派、实事求是、清正廉洁等价值观，涵养积极健康党内政治文化，培厚良好政治生态土壤，形成清清爽爽的同志关系、规规矩矩的上下级关系、干干净净的政商关系，让正气充盈丰顺大地。三要严肃纪律抓好换届工作。县镇村领导班子换届是全县的大事。要高度重视、提前谋划、精心组织好换届各项工作。要严明换届纪律和组织人事纪律，加强对党员干部特别是领导干部的教育引导，正确对待自己的进退留转，确保换届换出风清气正、换出人心干劲。

年关将近，正是干事创业、迎接丰收的好时机，各级各部门要切实抓好岁末年初各项工作。要结合春运抓好冬春季疫情防控，引导职工群众尽量在梅州过年，减少不必要出行，减少人员聚集，减少旅途风险。要扎实做好“六稳”工作，全面落实“六保”任务，抓紧推进一季度经济工作，为圆满完成今年目标任务开好局。要铁腕抓好森林防火工作，切实保护好我们的“金山银山”。要全面开展交通安全、食品药品安全、生产安全等隐患排查整治，确保各类物资供应，让人民群众过一个平安祥和的春节。

同志们，胸怀千秋伟业，恰是百年风华。让我们更加紧密地团结在以习近平同志为核心的党中央周围，高举习近平新时代中国特色社会主义思想伟大旗帜，不忘初心、牢记使命、接续奋斗，以一往无前的奋斗姿态、风雨无阻的精神状态，推动丰顺苏区高质量振兴发展，以优异的成绩庆祝建党100周年！

政府工作报告

——2021年2月4日在丰顺县第十五届人民代表大会第六次会议上

丰顺县人民政府县长　廖茂忠

一、2020年工作回顾

2020年是极不平凡的一年。一年来，我们在市委、市政府和县委的坚强领导下，在县人大、县政协的监督支持下，坚持以习近平新时代中国特色社会主义思想为指导，紧密团结和依靠全县人民，认真贯彻落实省市和县委的工作部署，科学统筹疫情防控和经济社会发展，扎实做好“六稳”工作、落实“六保”任务，打好三大攻坚战，着力推动有效投资和产业培育“十个百亿”工程，全力恢复经济增长，努力夺取“双统筹、双胜利”。

这一年，我们勠力同心，取得疫情防控重大胜利。年初，面对突如其来的新冠肺炎疫情，在以习近平同志为核心的党中央坚强领导下，我们坚持人民至上、生命至上，全面贯彻“坚定信心、同舟共济、科学防治、精准施策”要求，第一时间启用战时机制，运用“大数据+网格化”精准摸排，全县动员、全民行动、全面防控，取得了疫情防控重大成果，实现并保持全市唯一“零疫情”。在疫情发生初期，我们万众一心、众志成城，广大医务人员、镇村（社区）干部、志愿者以及公安、交通、科工商务等各条战线履职尽责，筑牢严密防线。4名白衣战士逆行出征，圆满完成驰援武汉任务。港澳同胞、海外侨胞以及社会各界爱心人士、企业捐资捐物，全力保障疫情防控物资供应。在常态化疫情防控阶段，我们慎终如始落实疫情防控各项措施，全力推进复工复产，经济社会步入正常轨道，切实保障人民群众生命安全和身体健康。

这一年，我们克难攻坚，推动经济质量再提高。全面落实中央和省市为企业纾难解困系列政策，累计减税降费1.5亿元，减免社保8410万元。全力稳企业、保市场主体，新增各类市场主体3742户，同比增长8.7%。制定援企稳岗措施，推动全县经济稳步回暖，地区生产总值在第三季度由负转正，全年实现110.23亿元、增长0.4%。实现一般公共预算收入7.36亿元，同比增长4.3%，增速全市第三。推动金融更好地服务实体经济，发放“抗疫贷”“复工贷”4.49亿元。积极对接中央和省的支持政策，争取抗疫特别国债1.67亿元，新增地方政府债券8.52亿元，超额完成45个重点项目投资任务，推动固定资产投资增长5.1%，增速全市第三，其中工业投资14.8亿元，超额完成市下达目标任务。招商引资工作成绩突出，签约项目21个，协议总投资81亿元，其中亿元以上项目17个，超10亿元项目3个，意向签约项目11家，在全市招商引资排名中名列前茅。

这一年，我们砥砺奋进，推动产业体系再优化。大力推进产业平台建设，海珠（丰顺）产业园基础设施日益完善，承载能力不断增强。坚持创新驱动战略，完成工业技改企业13家，新增高新技术企业6家，新上规工业企业9家。电声产业基地被认定为“国家外贸转型升级基地”，国际声谷小镇被纳入广东省级特色小镇培育库入库名单（第三批）。万洋众创城同步建设招商，国际声谷小镇推介中心建成开放。双十科技、铭海车业等智能制造业项目顺利投产。绿色饲料产业达产企业6家，产值逆势增长61.2%。创新文化旅游新业态，实现文旅产业新突破，推动国家非物质文化遗产埔寨火龙与生态旅游有机融合，坚真大湖天池文旅项目正式签约，新增韩山、八乡山大峡谷、御逸温泉3个国家AAA级景区，成功创建省全域旅游示范区。留隍镇入选第二批广东省旅游风情小镇，潮客小镇获评省创建工作优秀小镇。

这一年，我们日夜兼程，推动发展环境再提升。不断加强基础设施建设，补齐发展短板。扎实推进交通公路项目建设，完成206国道兴宁松陂至北斗段、235国道三合至潘田段和潘田至县城段等国省道升级改造工程，其他在建项目有序推进。顺利通过国家“十三五”干线公路验收。汤坑至留隍快速干线、235国道（埔寨）至206国道（东里）连接线工程、学院路、紫琳大道等一批项目前期工作取得新突破。丰华高速丰顺段取得阶段性重大成果，预计今年全线通车。稳步推进20宗中小河流治理、崩岗连片综合治理、小流域综合治理等水利基础设施建设。新建成潘田南溪水、汤西南礤水碧道共2.8公里。建成开通162个5G站点，城区主要区域覆盖率不断提升。坚真文体中心主楼提前封顶，嘉应学院紫琳学院首栋实验楼顺利封顶，新区供水等一批重大项目加速建设。新世纪片区截污改造工程全面完成，老城区（汤湖沟）污水截污改造工程、新城区沿江路雨污分流工程有序推进。投入9000多万元，实施市政建设工程15个，城市功能配套不断完善。成功创建国家卫生县城、省文明城市，砂田黄花村、建桥郑屋村分别获评全国、全省文明村。

这一年，我们开拓创新，推动改革开放再出发。全面完成乡镇体制改革和县直公益三类事业单位改革，下放实施县级权责清单事项1025项。农村集体产权制度改革试点工作成为全省典型。“数字政府”建设加快推进，梳理公布“免证办”政务服务事项85项。“粤省事”“粤商通”“粤政易”应用面不断扩大。梳理优化“四办”集成服务目录，电子证照、电子印章逐步推广。整合优化工程建设项目审批服务窗口，实现工程建设项目审批“一表一窗”快速办理。坚持全方位对外开放，深入实施“三好一正”工程，成功举办“讯源杯”中国山地自行车联赛总决赛等一批重大活动，山地自行车大赛升级为国家赛事，进一步展示了丰顺多彩魅力。

这一年，我们乘势而上，推动乡村振兴再出彩。如期完成新时代脱贫攻坚目标任务，全县5253户14451名贫困人口全部实现脱贫、61个省定贫困村全部实现退出，在全市率先实现行政村村集体经济年收入全部超过5万元。乡贤企业珠江集团、杰出乡贤许应裘、汤西大罗驻村队员钟奕苑分别入选全国脱贫攻坚先进集体和先进个人。省级现代农业茶叶产业园全面建成。新增4家“菜篮子”基地。留隍橄榄成为我县第三个入选国家地理标志的农产品。全面完成助农服务平台（中心）建设。电子商务进农村综合示范县项目扎实推进，建成111个镇村电子商务服务站点。深入实施“百村示范、千村整治”工程，完成252.6公里村道路面硬底化和470.6公里“四好农村路”建设，全域自然村集中供水等基础设施短板加快补齐，所有行政村均达到干净整洁村标准，建成美丽宜居村132个。留隍五村连片、汤坑“两区三村”、砂田六村连片、汤西新岭村、北斗拾荷村等美丽乡村示范项目建设扎实推进，砂田黄花村入选省文化和旅游特色村。“打造中国畲族故里振兴民族乡村”案例获评2020年度“中国民生示范工程”。

这一年，我们久久为功，推动生态建设再突破。全面打好蓝天、碧水、净土保卫战，城区空气质量优良率达98.9%。全面落实“河长制”工作，榕江北河龙溪（省考）断面年均水质达到Ⅲ类标准。国土空间规划编制取得阶段性成果。整合优化自然保护地，造林绿化成果显著。完成矿山生态修复治理118.8亩、水土流失治理6.71万亩。建设沿海防护林1.49亩，抚育中央财政森林15万亩。13座镇级污水处理厂全部建成运营，五斗种建筑垃圾消纳场投入使用，资源热力电厂项目前期工作有序推进。

这一年，我们凝心聚力，推动民生福祉再增进。八成以上财力用于民生领域，基本完成十件民生实事。开展“粤菜（客家菜）师傅”“广东技工”“南粤家政”工程人才技能培训5221人，城镇新增就业2283人，城镇登记失业率2.55%。加快推进教育振兴，新增3所、改扩建5所幼儿园、中小学校，新增学位4140个。“县管校聘”管理改革初见成效，义务教育消除大班额工作取得突破性进展，丰顺中学高考成绩取得新突破，全市排名实现质的提升。稳步推动健康丰顺建设，县人民医院综合大楼进入收尾阶段。建成县中医院、县第二人民医院、县妇幼保健院综合楼。镇卫生院、村卫生站标准化建设项目全面完成。医保普通门诊镇村一体化试点扎实开展。公共文化服务水平不断提升，建成开放261个行政村综合文化服务中心和东江苏维埃政府暨红十一军陈列馆。新时代文明实践阵地实现县、镇、村三级全覆盖。基本完成文化馆、图书馆总分馆制建设。大力开展李坚真、他信、英拉等19处名人故居保护利用工作。完成第七次全国人口普查阶段性任务。扫黑除恶专项斗争成效位居全市前列。禁毒、信访、电信诈骗等专项治理成效明显。严格落实“四个最严”要求，食品药品安全工作得到加强，顺利通过省级食品安全示范县中期评估。全县安全生产形势持续稳定。全面推进退役军人服务保障、双拥、国防和征兵工作。民族宗教、档案、史志、工会、共青团、妇女儿童、外事、人防、供销、气象等各项工作取得新进展。

这一年，我们笃行致远，推动自身建设再加强。坚持把政治建设摆在首位，加强党风廉政建设，持续纠正“四风”。从严从实抓好省委巡视反馈的27个问题整改和省审计发现问题整改工作。坚持把法治建设贯彻政府工作全过程，深化政务公开，加强行政监督、审计监督。着力防范化解政府债务、金融等风险，从严从紧财政开支，“三公”经费支出下降3.85%。坚持向县委、县人大及其常委会报告工作，向县政协通报情况，认真办理人大代表建议26件、政协委员提案30件，满意率达100%。

二、“十三五”时期工作回顾

各位代表，2020年各项工作任务基本完成，标志着我县“十三五”规划胜利收官。经过五年的奋斗，我县经济社会发展取得了新的历史性成就。

——这是综合实力稳步提升的五年。全县地区生产总值从“十二五”末97.3亿元增加到110.23亿元，年均增长2.7%(下同)。预计全体居民人均可支配收入年均增长8.4%，其中农村居民年均增长8.3%。五年来，固定资产投资累计超过300多亿元，年均增长13.4%。社会消费品零售总额年均增长6.5%。积极争取老区苏区振兴发展、对口帮扶等政策，共获得中央和省转移支付资金169.8亿元，政府债券资金22.15亿元。产业结构不断优化，三产比重为24：35.7：40.3，其中第三产业比重上升了6.7个百分点。

——这是产业发展加速转型升级的五年。狠抓实体经济发展，逐步构建起电声电子、绿色饲料、智能制造、康养旅游、生物制药五大绿色产业体系。现代农业平稳发展，茶园面积、产值居全市第一，农业增加值年均增长2.8%，丰顺高山茶获评中国气候生态优品，被国际茶叶委员会授予“国际茶叶魅力之乡”。工业逐步向绿色化、智能化、高端化转型，电声电子产业在全市率先突破百亿产值。园区产业平台承载力不断加强，绿色饲料产业迅速发展，3年时间实现从无到有，建成粤东最大绿色饲料基地。智能制造业加速兴起，一批优质企业落户丰顺，双十科技项目跑出了2019年十大“梅州速度”。康养旅游产业蓬勃发展，旅游总人数、总收入连续四年保持两位数增长，排在全市前列。突出创新驱动，累计投入技改补助资金8400多万元，高新技术企业达到29家，规模以上工业企业建立研发平台比例达到46%。

——这是基础设施短板加速补齐的五年。累计完成交通投资50.85亿元，比“十二五”时期增长382.6%，年均增长30.8%。梅汕客专开通运营，圆了丰顺人民翘首以盼的“高铁梦”。系统推进总里程218.1公里的9个国、省道升级改造项目及总里程808.2公里的428个县道、重点经济网络线路、农村公路硬底化项目，新建改建桥梁12座，对内畅通、对外联通交通网络逐步形成。全县公路通车总里程达到2603.8公里，五年增加175.6公里。城乡供水、堤防加固、灌区改造等一大批水利工程系统推进。电力、燃气、通信、雨污管网、市政道路等配套设施全面提档升级。

——这是城乡面貌深刻变化的五年。县城提质扩容成效显著，城区面积由10.5平方公里扩大到16.3平方公里。城镇化率由49.65%提升到54.54%。建成一批高质量住宅小区，城市综合体、商业街区等高端业态涌现。产城融合加速推进，海珠·丰顺产业共建成果丰硕，引进产业项目46个，园区产值达到54.72亿元。统筹推进城乡“绿化、美化、净化、亮化”四大工程。农村饮水工程全覆盖。“三清、三拆、三整治”完成率、村庄保洁覆盖面和行政村垃圾处理率均达100%，乡村振兴实现“三年取得重大进展”。圆满完成脱贫攻坚战目标任务。

——这是生态环境持续改善的五年。完成中央环保督察及“回头看”、省级环保督察问题整改，坚决守好两条底线。生态底色更加突显，绿化造林15.09万亩，森林覆盖率78.69%，超出全市4.21个百分点，县域排名全市第三、全省第八。坚决打赢污染防治攻坚战，榕江北河龙溪断面连续三年平均水质达到Ⅲ类水标准。水环境质量达标率保持100%，城区空气质量持续保持优良。农业、工业面源污染治理得到加强，五年建成镇级污水处理厂13座，村级污水处理设施101套，新增污水处理能力4.4万吨/日，新建镇村污水管网144.24公里，新建、改造县级污水管网28.27公里。完成25宗302.1公里中小河流治理任务。韩江获评全国首批“最美家乡河”。

——这是发展活力不断增强的五年。顺利完成新一轮政府机构改革、事业单位和乡镇体制改革，留隍镇作为行政管理体制改革试点成效显著。乡村振兴综合改革、基层社会治理创新、医共体改革全国试点和供销社综合改革全省试点卓有成效。大力推进“放管服”改革与“数字政府”建设，政务服务智慧化、整体化和便民化进一步凸显，梳理政务服务事项“网上办”634项、“一次办”672项、“马上办”316项、“就近办”103项。营商环境日益优化，发展活力不断迸发，市场主体扩容至2.68万户，增长2.09倍。深入推进“三好一正”“三进一出”工作，成功举办首届中国梅州国际茶业精英峰会等一批具有重大影响力的活动和赛事。

——这是人民生活不断改善的五年。坚持每年办好十件民生实事。五年新增城镇就业1.46万人。城乡低保等6项底线民生保障水平逐年提高，基本养老保险覆盖25.5万人，基本医疗保险实现全覆盖。成功创建“广东省推进教育现代化先进县”，新建、改扩建中小学、幼儿园30所，增加学位9840个。加快健康丰顺建设，新建、改扩建县级医院5间、镇级卫生院9间、村级卫生站254个、中医馆17个，基层医疗服务体系与服务项目进一步完善。公共文化服务体系基本建成，新时代文明实践中心建设入选全国试点。群众体育蓬勃发展，体育进社区、进农村活动覆盖面超过80%，常年参加体育锻炼人口达40.6%。“七五”普法、扫黑除恶专项斗争圆满收官，平安丰顺、法治丰顺建设深入推进，有望在全省率先实现连续五年获评全国信访工作“三无”县，防范和处置非法集资综治考评有望连续四年全市第一。

各位代表！五年的不懈努力，五年的探索实践，为丰顺乘势而上、加快振兴发展奠定了坚实的基础。五年的发展实践，让我们深刻认识到，做好政府工作，必须坚持把党的领导贯穿工作全过程，才能始终保持正确的方向；必须坚持以新发展理念引领发展全局，才能推动经济社会高质量发展、可持续发展；必须坚持以人民为中心共建共享，才能最大限度凝聚建设财丰人顺的磅礴力量；必须坚持把维护稳定作为重要责任，才能为加快振兴发展创造公平公正的环境；必须坚持把改革开放作为发展的根本动力，才能充分激发市场活力、增强内生动力；必须坚持以法治思维科学理政，才能确保政府工作行稳致远！

各位代表！五年的奋斗历程充满艰辛，发展成绩来之不易。这是习近平新时代中国特色社会主义思想科学引领的成果，是市委、市政府和县委正确领导的成果，是全县上下共克时艰、奋力拼搏的成果。在此，谨代表县政府向全县广大干部群众，人大代表、政协委员，工商联、无党派人士、各人民团体、离退休老同志，向中央和省市属驻丰顺单位、驻丰顺部队、武警官兵，向所有关心、支持、参与丰顺发展建设的海内外乡亲和社会各界朋友，表示衷心的感谢并致以崇高的敬意！

在总结回顾成绩的同时，我们也清醒地看到经济社会发展仍存在不少困难和不足，一是外部不稳定因素仍然较多，经济持续发展的基础还不够牢固；二是发展的质量不高，经济总量小，支柱型的企业少，企业的整体盈利和创税能力仍处在低位，缺乏高成长性的先进制造业、新兴产业，推进新动能成长和传统产业创新升级仍需加强；三是教育、医疗、文化等民生领域还存在不少薄弱环节，推动城乡平衡发展、协调发展仍需持续发力；四是财政收支矛盾突出，税源型企业少，财政造血能力不足，减税降费等减收因素增多，“三保”刚性支出不断增加，收支矛盾增大；五是政府建设和干部作风与人民群众期盼还有差距，改革意识、创新意识、服务意识等仍需提升。因此，我们必须进一步增强责任意识，主动担当作为，全力办好自己的事，把工作做得更好。

三、“十四五”时期主要目标任务

“十四五”时期，是我国乘势而上开启全面建设社会主义现代化国家新征程、向第二个百年奋斗目标进军的第一个五年。精心谋划好用心落实好“十四五”时期各项工作，极其重要。纵观大势，我们有“双循环”发展格局积蓄的强劲势能，有“双区”建设带来的重大机遇；审视自身，我们有区位优势放大、生态优势增大、后发优势壮大等“三大发展潜力”；着眼当前，我们仍面临宏观经济下行、区域发展不平衡不协调、产业基础薄弱等“三大发展压力”。机遇千载难逢，挑战前所未有，但总体上机遇大于挑战，我们处在大有可为的重要战略机遇期，必须准确把握大势，保持战略定力，抢抓发展新机遇，积极应对新挑战，在危机中育先机、于变局中开新局，努力开创现代化建设新局面。

按照《中共丰顺县委关于制定国民经济和社会发展第十四个五年规划和二〇三五年远景目标的建议》，县政府编制了《丰顺县国民经济和社会发展第十四个五年规划和二〇三五年远景目标纲要（草案）》，细化了目标要求，提请本次大会审议通过后实施。

“十四五”时期经济社会发展的指导思想是：坚持以习近平新时代中国特色社会主义思想为指导，深入贯彻党的十九大和十九届二中、三中、四中、五中全会精神，深入贯彻习近平总书记对广东系列重要讲话和重要指示批示精神，统筹推进“五位一体”总体布局，协调推进“四个全面”战略布局，全面落实省委十二届十一次、十二次、十三次全会精神和“1+1+9”工作部署，市委七届九次、十次全会精神和“123456”思路举措，坚持稳中求进工作总基调，坚持系统观念，把握新发展阶段，贯彻新发展理念，构建新发展格局，以推动高质量发展为主题，以深化供给侧结构性改革为主线，以改革创新为根本动力，以满足人民日益增长的美好生活需要为根本目的，落实县委十三届十一次全会精神和“1333”工作思路，扭住“八个争先”工作总抓手，统筹稳增长、促改革、调结构、惠民生、防风险、保稳定各项工作，全力实施有效投资和产业培育“十个百亿”工程，努力打造生态经济发展新标杆、梅州融入沿海经济带建设之星和“绿水青山就是金山银山”的广东样本，争当生态发展区建设示范县，建设“四宜”城市，实现经济稳步提质增效、社会安定和谐，为开启第二个百年奋斗目标奠定坚实基础。

“十四五”时期我县经济社会发展主

要目标是：至2025年力争地区生产总值达到160亿元，年均增长6.5%左右；地方一般公共预算收入达到10亿元，年均增长5%左右；社会消费品零售总额达到83亿元，年均增长7%左右；固定资产投资年均增长10%以上；居民人均可支配收入增长率与经济增长基本同步。

为实现“十四五”发展目标，今后五年将重点推进七大战略任务。

（一）加快构建现代产业体系，推动经济发展再上新台阶。坚持产业兴县、项目为王、企业第一，把发展经济着力点放在实体经济上，做大做强优势特色产业，提升产业集聚发展水平，加快构建现代产业体系。大力培育发展电声电子、绿色饲料、智能制造三大产业集群，加快发展生物制药产业，加速康养旅游产业发展，到2025年，力争五大产业均实现百亿目标，其中电声电子产值超200亿元，打造名副其实的“中国电声之都”。建设电声电子创新创业园和电声配套产业园，推动电声电子上下游配套产业集聚发展，打造新型电子元器件产业集聚区。依托丰顺传统粮油龙头企业，培育并引进优质粮油食品研发加工项目，推动规划建设粮油食品产业集聚基地。更高水平推动海珠·丰顺产业共建，扩大海珠（丰顺）产业园开发范围，加快万洋众创城、国际声谷小镇、高端智能制造标准厂房等产业平台建设。积极发展电子商务、现代物流、服务外贸、金融等现代服务业。实施“互联网+”行动和大数据战略，挖掘和培育新的经济增长点。

（二）稳步提升科技创新能力，加快打造高质量发展新动能。深入实施创新驱动发展战略，加大创新扶持力度，为企业创新创业发展营造更好的环境。强化企业创新主体地位，加大科技创新投入，促进各类创新要素向企业集聚，推动产学研深度融合、传统特色产业转型升级。大力实施人才发展战略，加大创新人才引进和培育，健全创新人才激励和保障机制，逐步完善以企业为主体，学校教育与企业培养紧密联系、政府推动与社会支持相结合的高技能人才培养体系。深化创新平台合作，支持在丰研发平台发展壮大。推进工业园区扩能增效，打造创新产业转化基地，全力创建国家级高新区。力争到2025年，高新技术企业达到33家，地方财政科技投入占本级财政支出达2%以上，科技经费投入占地区生产总值的比重达1.35%以上。

（三）坚定实施扩大内需战略，着力培育经济增长新引擎。坚持扩大内需这个战略基点，主动融入强大的国内市场，推进供给侧结构性改革。深化与“双区”的区域合作，密切与汕潮揭等沿海经济带城市的联动互动，发挥自身优势，畅通区域的要素流动，推进产业循环、市场循环和经济社会循环。加大投资力度，加快补齐基础设施、民生保障等领域短板，推进一批重大项目、重大工程建设。拓展投资空间，发挥乡贤优势，激发民间投资活力。顺应消费升级变化新趋势，推动消费扩容提质，提升住房、汽车、建材、家电等传统消费。激发文旅、康养、餐饮、体育、家政等新型消费，挖掘农村消费潜力，打造多层级消费体系。

（四）统筹协调推进城乡建设，积极探索乡村振兴新路径。深入实施新型城镇化战略，加快城乡一体化发展，打造梅州融入沿海经济带建设之星。高质量推进县城中心城区提质扩容，强化城区功能配套，打造“四宜”城市范例。加快补齐农村基础设施短板，推进一批特色城镇和美丽乡村建设，打造幸福美丽家园。坚持农业农村优先发展，大力实施乡村振兴战略，巩固脱贫攻坚成果，推进全面脱贫与乡村振兴有效衔接。坚决夯实粮食安全底线，抓好重要农产品稳产保供。深化发展“一镇一业”“一村一品”，加强农业质量安全和品牌建设，建设更多的“五子登科”生产基地。深化农村体制改革，增强农业农村发展活力。统筹推进交通、水利、新型基础设施等项目建设，加快补齐发展短板。加快建设高速公路、国省道、快速干线以及“四好农村路”，计划未来五年推进总投资318.5亿元的综合交通项目建设，构建功能完备、覆盖全面的现代化综合交通网络。加快完善水利基础设施网络，提升水环境和水安全。加快建设5G网络、云平台、充电站等，推进智慧丰顺建设。精细化管理城市，注入文明力量，全力创建全国文明城市。

（五）深入践行生态文明思想，全面开创美丽丰顺新气象。深入贯彻落实“两山”理念，落实好“林业四大重点生态工程”项目，打好生态文明建设持久战。强化国土空间规划和用途管控，严格执行永久基本农田保护制度。用好“三线一单”绿色标尺，统筹山水林田湖草综合治理，深化大气、水、土壤、固体废弃物等污染防治，强化工业污水处理，发挥生活污水处理设施及配套管网效能，保持榕江、韩江以及地表水水质稳定达标。全面推进垃圾分类和减量化、资源化，大力发展绿色、循环、低碳经济，加快创建“无废城市”。到2025年，将PM2.5浓度控制在30微克/立方米以内，城市空气质量优良率达到100%。

（六）坚定不移深化改革开放，不断增强内生发展新动力。全面深化“放管服”，推进“数字政府”建设，加快转变政府职能。持续优化营商环境，提升政府服务效能。深化财税体制、投融资体制、国资国企等重点领域改革，完善现代市场体系，激发各类市场主体活力。主动对接融入“双区”建设，积极响应国家“一带一路”建设，加强对外交流合作，大力推动“三进一出”工程，畅通内外循环发展，力争进出口总额年均增长13%左右。借力中国（梅州）跨境电子商务综合试验区、梅州综合保税区，巩固电声电子等外贸产业在欧美、东盟等传统市场，积极开拓“一带一路”沿线国家新兴市场。

（七）用心用力增进民生福祉，顺应人民美好生活新期待。坚持以人民为中心，拿出更多有力举措保障和改善民生，不断完善“小切口大变化”民生实事办理制度。千方百计稳定和扩大就业，提高城乡居民收入。健全多层次社会保障体系，加强普惠性、基础性、兜底性民生建设。持续推进“公建民营”养老机构供给侧改革，健全基本养老服务体系，提高社会救助和社会福利水平，保障妇女儿童合法权益。加大教育投入，推动各类教育高质量发展，办好人民满意的教育，通过5年的努力，推动教育整体水平提档进位，跨入全市先进行列。高质量建设健康丰顺，扩大优质医疗卫生资源供给，健全公共卫生服务及应急体系。大力发展中医药事业和产业，推进中医药综合改革试验。坚决守好意识形态安全阵地，高质量推进新时代文明实践中心国家试点工作。全面提升公共文化服务水平。统筹发展和安全，把安全发展贯穿全县发展各领域和全过程，加快建设法治丰顺、法治政府、法治社会。加强和创新社会治理，有效防范和化解各种风险，建设更高水平的平安丰顺。

四、2021年工作安排

2021年是中国共产党成立100周年，是“十四五”开局之年，也是开启全面建设社会主义现代化国家新征程的起步之年，做好今年政府工作意义重大，必须迈好第一步，见到新气象。今年经济社会发展的主要预期目标是：地区生产总值增长5%左右，一般公共预算收入增长5%左右，固定资产投资增长8%左右，规模以上工业增加值增长4%左右，社会消费品零售总额增长7%左右，外贸进出口总额增长5%左右，居民人均可支配收入增速与经济增长基本同步，节能减排约束性指标完成市下达年度计划。

为实现上述目标，重点抓好以下六方面工作：

（一）聚焦扩大内需，持续推动经济运行稳定向好

强化项目建设。围绕实施“五大百亿”投资工程，积极争取专项债券等资金支持，全力推进40项年度投资约40亿元的重大项目建设。坚持交通先行，全力配合推进大丰华高速丰顺至大埔段建设，确保丰华高速年内竣工通车，力争大丰高速早日开工建设。推进汕梅高速扩建、梅潮、丰揭等高速项目相关工作取得实质性进展。狠抓总里程448.2公里、年度总投资40.35亿元的国省道和旅游路、产业路、资源路以及“四好农村路”等项目建设，确保年内开工建设235国道砂田丰埔桥至三合段公路、学院路、紫琳大道线等项目。扎实开展好国省道提档升级、美丽公路、5G智慧公路等工作，提升公路安全等级和服务品质。扎实做好水利项目建设和规划，加快推进全域农村供水、山区中小河流治理、堤防加固和碧道工程等项目建设。做好丰良镇教堂水库项目前期工作，力促项目早日动工。完善城乡电网规划配套，持续推进新一轮农村电网升级改造，打通服务群众“最后一公里”电力需求。加快推进5G基站、新能源汽车充电桩等新型基础设施建设，进一步提升5G网络、充电桩等设施覆盖面。

激活消费潜力。落实国家和省促消费措施，畅通家电、家具等大宗商品消费链条，持续推动消费回升。大力培育客潮美食经济，促进餐饮休闲、旅游、体育等接触型、聚集型服务行业线上线下融合发展。加大农村互联网基础设施投入，发挥好国家电子商务进农村综合示范项目效应，激活下沉市场的消费潜力。畅通本地农产品线上线下展销渠道，大力实施消费扶贫，拓展农村地区消费。完善社会信用体系和市场监督体系，持续优化消费环境，维护好消费者权益，为持续释放居民消费需求创造条件。

（二）突出产业兴县，持续做大做强实体经济

发展壮大产业集群。加快培育发展“五大百亿”重点产业，努力构建现代绿色产业体系。大力发展先进制造业，加快推进培英电声、深华药业等20个在建项目建设、年内竣工投产。强化要素保障，力促3C智能制造基地、美丽加科技等9家签约供地项目动工建设。大力支持11家企业实施技术改造和扩产增效，培育壮大电声百亿产业集群，力争年内成功申报“中国电声之都”。加快推进绿色饲料园建设，力促旺海精品生物、海大集团等项目动工建设。大力培育发展高端生物制药产业，力争新冠疫苗生产基地项目年内落地并投产。发挥新南方青蒿药业、深华药业等企业龙头作用，大力推动医药健康产业发展。培育壮大文旅体产业，全力补齐旅游公共服务基础设施短板，推动文旅、农旅、养旅、体旅融合发展，提升服务品质，全力创建国家全域旅游示范区。

推进产业平台建设。加快推进海珠（丰顺）产业园、国际声谷、万洋众创城

等三大平台型项目建设，进一步提升产业发展承载能力。深入实施产业园区提质增效“个十百千万”工程，完善园区标准化建设，补齐园区供电、供水、交通、环保等基础设施短板。大力推动国际声谷平台建设，依托创建电声科技小镇，加快电声产业转型升级。加快建设万洋众创城，推动高端智能制造标准厂房动工建设，支持中小企业、初创企业发展。加大土地收储，力争今年完成海珠（丰顺）产业园300多亩土地征收和平整工作。完善园区绩效评价，促进低效产业用地再利用，提高项目亩均效益。

加大引资引智力度。主动对接融入“双区”建设，积极承接“双区”高新技术产业、现代服务业等产业溢出转移，力促威富智能制造、海新厨具等一批重大招商项目签约落地，不断引进高端增量。强化驻外招商队“前哨+大本营”协同合作，争取全年引进亿元以上项目12个。用好商会、乡贤、行业机构等资源，突出产业链招商和以商招商。深入实施“乡贤回乡投资兴业工程”，拓展“总部+基地”招商引资模式。抓好县人才新政落实，完善人才服务保障体系，加强产业工人培训，助力制造业高质量发展。充分发挥人才驿站平台作用，积极引进一批专业技术人才、高技能人才和创新科研团队，服务企业自主创新。

提升企业创新能力。深入实施高新技术企业树标提质行动，力争培育高新技术企业2家以上、入库科技型中小企业20家。依托国际声谷项目申报广东省科学院梅州产业技术研究院丰顺工作站，依托万洋众创城项目申报省级企业创业创新示范基地。加强培育科技型企业，大力支持企业技术创新和科研投入，继续深化与工信部电子五所等科研院校合作开展技术攻关，深化与广州大学、嘉应学院共建产学研科技创新基地合作。加大科研投入，争取科技经费投入占地区生产总值比重提高到1.2%。

（三）统筹城乡发展，持续提高发展协调性平衡性

致力提升县城品质。推进一批重大城市提质工程取得重大进展，力争坚真文体中心7月建成使用、紫琳学院一期工程部分楼体封顶、新区供水工程完成控制性工程引水隧洞贯通。加快截污改造、雨污分流、生活垃圾分类等项目建设，确保老城区（汤湖沟）和新城区沿江路项目7月完工，力争老城区和湖下片区雨污分流改造工程下半年动工。加快推进碧桂园二期、誉华郡府及商业综合体等一批城建项目建设，大力实施10个老旧小区改造，着力提升市民生活品质。持续开展“两美”行动，系统治理交通拥堵，停车难等“城市病”，优化提升一批国有农贸市场、市政道路、生态小公园、公共停车场等基础设施，推动全国文明城市创建工作起好步、开好局。

合力推进镇村建设。全面推进乡村振兴，持续深入开展“百村示范、千村整治”工程，建立生活污水、垃圾、厕所及公共配套设施常态化长效管护机制。深入推进农村厕所革命，力争新（改）建公厕500座以上，农村无害化户厕普及率达到100%。大力推进城乡生活垃圾转运一体化PPP项目建设，推动农村生活垃圾收集处理市场化运作，实现常态化、制度化、科学化管理。聚力新型城镇化发展，完善乡村水、电、路、通信等基础设施，加快推进留隍国家特色小城镇，以及广东潮客小镇、汤南文创小镇等一批特色小镇建设。加强农房管控和乡村风貌提升，着力培育文明新风，力促农村精神文明建设向

高质量迈进。强化涉农资金统筹使用，推进涉农项目加快实施、加快支出，发挥效益。顺利完成村（社区）“两委”换届选举。

大力发展现代农业。以深化农业供给侧结构性改革为主线，高质量推进现代农业茶叶产业园、“一村一品”产业基地和标准化示范园建设。突出“产业化、品牌化、市场化”的发展思路，做强做优茶叶、食用菌等特色产业。筹备组织申报油茶、蔬菜两个省级现代农业产业园。以食用菌基地为龙头，着力培育更多更优质的粤港澳大湾区“五子登科”生产基地。严格落实粮食安全责任制，稳定粮食生产，推动生猪稳产保供，确保市场供应平稳有序。继续抓好高标准农田建设和水田垦造、拆旧复垦工作，坚决遏制耕地“非农化”“非粮化”。加快推进广东供销（丰顺）天业冷链物流产业园建设。注重农业品质建设，加快构建农产品质量安全检验检测体系和追溯体系，提升农产品质量安全水平。

巩固拓展脱贫成果。严格落实“四个不摘”要求，建立防止返贫监测机制，持续跟踪脱贫户、边缘户收入变化和“两不愁三保障”巩固情况，继续推广扶贫返贫救助责任保险。持续发挥扶贫项目和扶贫产业效益，做好脱贫人口稳岗就业，解决好弱劳力就业问题。深入推进扶持村级集体经济发展试点工作，发展壮大村级集体经济，促进农民增收，实现巩固拓展脱贫攻坚成果与乡村振兴有效衔接。

（四）坚持绿色发展，持续厚植生态文明底色

守护好生态屏障。加快推进全县国土空间总规以及控规、专项规划编制，形成国土空间开发利用保护“一张图”。严格执行“三线一单”生态空间管制制度，严查严惩破坏生态环境和自然资源的违法行为。落实森林火源管理条例，探索实施林长制，严防森林火灾。加快推进国家储备林项目、碳汇林造林、沿海防护林和封山育林等工作，持续巩固提升造林绿化成果。持续抓好崩岗、水土流失等地质灾害治理。强化土地管理，严格土地管理责任追究制度，加大乱占耕地建房治理，坚决守住耕地保护红线。

开展好环境保护。加强环保督察反馈问题整改，持续打好污染防治攻坚战，完善大气污染联防联控机制，加强土壤污染风险监测和管控，强化农业和工业面源污染综合治理，优化畜禽养殖废弃物资源化利用，巩固环境保护各项整治成果。统筹推进山水林田湖系统治理和生态修复，严格落实河长制责任，做好水土保持、河道清理疏浚和沿河排污口等治理工作，确保韩江赤凤（国考）断面、榕江北河龙溪（省考）断面年均水质全面达标。全面开展全民节能活动，营造绿色低碳、勤俭节约、健康文明的社会氛围。

（五）深化改革攻坚，持续增添振兴发展活力

优化营商环境建设。深化“放管服”改革，持续推进“一网通办”“掌上办”“一次办好”，让“只进一扇门”“最多跑一次”成为常态，不断满足企业和群众个性化、多元化办事需求。聚焦投融资体制、商事制度、工程项目审批改革，完善“多证合一”“证照分离”机制，营造更加公开透明便利的准入环境。优化法治服务环境，强化各类市场主体平等保护，规范项目落地优惠政策，实现亲商、暖商、悦商，激发各类市场主体活力。

深化重点领域改革。深化县镇机构体制改革，持续完善党政机构职能体系，打造留隍镇放权强镇改革提升示范样板。实

行镇域综合行政执法，细化权责下放清单，激发镇域发展活力。深化事业单位改革，推进政事分开、政企分开、管办分离。继续推进农村集体产权制度改革，引导规范农村土地经营权依法有序健康流转。深化财政预算编制执行监督管理改革，抓好绩效预算管理，推进结构性减税和普遍性降费。统筹推进国企、教育、医疗、文化等领域改革。

拓展对外开放空间。主动对接融入“双区”“双城”，推动更多的优势产能“走出去”和高端资源“引进来”。依托梅州综合保税区、中国（梅州）跨境电子商务综合试验区等平台，大力发展跨境电商，积极组织企业参加广交会、进博会等展会，扩大“丰顺制造”出口份额。加强与“一带一路”沿线国家和地区在进出口贸易、公共卫生、绿色发展、科技教育等方面的务实合作，促进共同发展。

（六）对标民生需求，持续补齐社会事业短板

提升社会保障水平。坚持就业优先，落实稳就业和创业优惠政策，新增就业2200人以上。深入实施“粤菜（客家菜）师傅”“广东技工”“南粤家政”工程，开展各类职业技能培训1300人以上。全力抓好劳资纠纷预防处置和矛盾化解工作。全力做好医保、社保扩面征缴工作，做到全民参保。全面落实困难群众兜底保障扩面提标工作，扩大低保保障范围，对城乡困难家庭应保尽保、动态管理，扎牢民生兜底保障防线。做好农村留守儿童和妇女、老年人、残疾人的关爱服务。

优化公共服务供给。坚持教育优先，持续扩大教育投入，改善学校办学条件，完善普惠性学前教育和特殊教育，推动普通高中优质发展，努力推动丰顺中学高考成绩实现再突破，达到全市中等水平。巩固提升“县管校聘”改革成果，发挥好奖教奖学激励作用，大力培育一批名师、名校长，提升教学研究和教育管理水平，助力推进广东省教育研究院教育现代化实验区建设。大力实施医疗卫生固本强基工程，加快推进县第二人民医院二期工程、中医院康复综合大楼等项目以及乡镇卫生院改造提升工程建设。高质量推进医共体建设，加快县人民医院创“三甲”、县妇幼保健院创“二甲”步伐。推动中医药传承创新发展，力争年内成功创建全国基层中医药工作先进单位。持续补齐公共文化服务体系短板，提高文化惠民水平。探索可复制、可推广、低成本的新时代文明实践新模式。加快推进李坚真故居、他信英拉祖居、蓝田书院保护修缮工作。开展庆祝中国共产党成立100周年系列活动，继续办好一批重大赛事、重大活动。

创新推进社会治理。统筹抓好发展和安全，健全金融风险防控机制，有效防范化解各类经济社会风险。深入推进安全生产专项整治三年行动，巩固提升道路、房屋、消防、危化品等重点领域整治成效，坚决遏制较大及以上事故发生。加强社会治理创新，完善各类调解联动工作体系，推动基层矛盾源头化解。健全扫黑除恶长效机制，加大涉毒、涉赌、涉黑以及电信诈骗等违法犯罪行为打击力度，建设更高水平的平安丰顺、法治丰顺。健全完善食品、药品安全溯源体系，加强食品药品安全监管基础建设，确保年内成功创建省级食品安全示范县。

办好十件民生实事。根据省市十件民生实事的安排，结合丰顺民生实际需要，我们拟定了2021年县政府十件民生实事候选项目，包括促进普惠性学前教育扩学位、提质量等12项，今年首次实行人大

代表票决制，请大家予以审议。我们将把更多财力用于保障民生，保障基本公共服务，既量力而行、又尽力而为，每年办好十件民生实事，以“小切口、大变化”切实增强群众的获得感、幸福感。

此外，要持续做好第七次全国人口普查、国防、人防、信访、双拥共建和退役军人优抚安置等工作。支持总工会、团县委、妇联、科协、工商联、文联、侨联、残联和红十字会等群团组织发挥作用，提升供销、气象、史志、统计、审计、民宗、档案、外事等工作水平。

各位代表！当前新冠肺炎疫情防控形势仍然复杂严峻，我们要发扬伟大抗疫精神，强化常态化疫情防控措施，毫不放松抓好外防输入、内防反弹工作，确保不出现规模性输入和反弹。春节即将来临，我们要带动身边人，自觉响应国家号召，减少出行、减少聚集，加强个人防护，落实各项防治管控措施，确保全县平安顺利通过今冬明春疫情防控风险期、考验期，牢牢守住“零疫情”成果。

各位代表！一分部署，九分落实。“十四五”的新征程已经开启，我们将牢记初心使命，坚持以人民为中心的发展思想，全面加强政府自身建设，全面提高政府履职水平。

我们将一以贯之坚持党的全面领导，把政治建设摆在首位，进一步增强“四个意识”、坚定“四个自信”、做到“两个维护”，不打折扣贯彻执行市委、市政府和县委的决策部署，持续开展“大学习、深调研、真落实”。

我们将一以贯之全面贯彻落实习近平法治思想，自觉运用法治思维和法治方式推动工作，完善重大行政决策制度，积极推进政务公开，做到法定职责必须为、法无授权不可为。严格执行县人大及其常委会各项决定，自觉接受依法监督和民主监督。

我们将一以贯之大力弘扬苏区精神和特区精神，以务实高效展现政府作为。建立完善容错纠错机制，发挥绩效考核指挥棒作用，激励干部竞当丰顺干事先锋，营造干事创业浓厚氛围。

我们将持之以恒正风肃纪，持续纠正“四风”，特别是力戒形式主义、官僚主义，深入推进党风廉政建设和反腐败工作，强化重点领域、关键环节监管。从严从紧控制“三公”经费和一般性支出，强化审计整改，全力构建“亲”“清”政商关系，树立良好的政府形象。

各位代表！蓝图已绘就，扬帆正当时。让我们更加紧密团结在以习近平同志为核心的党中央周围，在市委、市政府和县委的坚强领导下，乘势而上、真抓实干，全面做好2021年的工作，努力在新发展阶段推进丰顺现代化建设新征程中取得更大进步，以优异成绩庆祝建党100周年！

名词解释

1.“1+1+9”：两个“1”分别指的是坚定不移加强党的领导和党的建设以及以新担当新作为不断把改革开放推向深入；一个“9”指的是举全省之力推进粤港澳大湾区建设，加快建设科技创新强省，扎实推进高质量发展，加快建设现代化经济体系，坚决打好三大攻坚战，实施乡村振兴战略，构建“一核一带一区”区域发展新格局，加快文化强省建设，营造共建共治共享社会治理格局。

2.“123456”：定好一条绿色发展之路，推动经济“换道超车”；深化“两带”建设，推动实体经济发展壮大；建设

“三宜”城市，推动城乡一体化发展；改善四个重点民生，推动幸福梅州建设；构建“五星争辉”格局，推动区域协调发展；突出六个方面，全面加强党的建设。

3. “1333”：走好走实一条绿色发展之路，突出抓好交通公路、美丽乡村、生态环境三大建设，着力打造城区、园区、景区三大平台，以及大力培育电声电子、绿色饲料、康养旅游三大百亿产业。

4. “六稳”“六保”：稳就业、稳金融、稳外贸、稳外资、稳投资、稳预期，保居民就业、保基本民生、保市场主体、保粮食能源安全、保产业链供应链稳定、保基层运转。

5. “五大百亿”投资工程：交通公路基础设施建设、园区扩能增效、城区提质扩容、美丽乡村建设和全域旅游、特色小镇。

6. “五大百亿”重点产业：电声电子、绿色饲料、温泉康养、生物制药、高端智能制造。

7.一核一带一区：一核指的是指珠三角地区引领全省发展的核心区和主引擎，一带指的是沿海经济带，一区指的是北部生态发展区。

8.四个不摘：摘帽不摘责任、摘帽不摘政策、摘帽不摘帮扶、摘帽不摘监管。

9. “三好一正”工程：讲述梅州好故事、传播梅州好声音、树立梅州好形象，传递梅州正能量。

10.三进一出：人要进来、新产业要进来、龙头企业要进来、货要出去。

11.食品安全“四个最严”：最严谨的标准、最严格的监管、最严厉的处罚、最严肃的问责。

12.双循环：以国内循环为主体，国内国际双循环相互促进。

13.双区：粤港澳大湾区、深圳中国特色社会主义先行示范区。

14.四宜城市：宜居、宜业、宜游、宜乐城市。

15.三线一单：生态保护红线、环境质量底线、资源利用上线和生态环境准入清单。

16.林业四大重点生态工程：生态景观林带、森林碳汇、森林进城围城和乡村绿化美。

17.五子登科：指菜篮子、果盘子、米袋子、茶罐子和水缸子。

18. “两不愁三保障”：不愁吃、不愁穿，义务教育、基本医疗、住房安全有保障。

19.招商“个十百千万”工程：每年召开一次招商推介会、投入一个亿的财政资金；每年新入园10个项目，固投实现10%以上增长；每年收储土地100亩以上，早日达到百亿工业产值；每个园区达到几千亩总规模，每年增加税收1000万元以上；每个园区建成一万平方米以上的标准厂房，实现万人以上的就业。

大事记

1月

2日 县委书记曾永祥，县委副书记、县长廖茂忠率队调研督导嘉应学院紫琳学院建设工作。

3日 县委书记、县委“不忘初心、牢记使命”主题教育领导小组组长曾永祥主持召开县委主题教育领导小组第六次会议，传达学习省委书记李希批示精神和省委主题教育领导小组有关文件精神，审议主题教育工作总结、自查自纠工作情况等文件稿。

10日 丰顺县组织收听收看全市“不忘初心、牢记使命”主题教育总结会议。

13日 丰顺县召开宣布人武部领导班子调整命令大会，任命许孝忠为县人武部政委。梅州军分区司令员杨芝春，县委书记、县人武部党委第一书记曾永祥出席会议，县委常委、武装部部长罗小平主持会议。

是日 乡贤、广州凯源房地产实业有限公司、深圳凯南房地产开发有限公司董事长许应裘率队到留隍镇考察坚真大湖天池项目规划建设并举行座谈会。县领导曾永祥、廖茂忠、石远平、吴伟明、罗小天、钟凌玮，以及县直相关单位、留隍镇负责人等参加相关活动。

14日 县委书记曾永祥，县委副书记、县长廖茂忠率队到丰顺县实验中学检查校园安全工作。

是日 县委书记曾永祥率队慰问部分重点纳税企业，代表县委、县政府向为丰顺县经济社会发展做出贡献的各企业表示衷心感谢，并为他们送上新春祝福。

15日 丰顺县“不忘初心、牢记使命”主题教育总结会议召开。县委书记曾永祥，市委主题教育指导组第七组组长李志新出席会议并讲话，县委副书记、县长廖茂忠主持会议，县领导邱翠茂、黄建斐、黄纯忠出席会议。

16日 中共丰顺县委十三届九次全会第一次全体会议在县会展中心召开。会议总结2019年工作，部署2020年工作。会议以举手表决的方式通过《中共丰顺县委贯彻落实〈中共中央关于坚持和完善中国特色社会主义制度、推进国家治理体系和治理能力现代化若干重大问题的决定〉的行动方案》《丰顺县委支持深圳建设中国特色社会主义先行示范区的行动方案》《丰顺县支持广州市推动“四个出新出彩”若干措施》和《中国共产党丰顺县第十三届委员会第九次全体会议决议》。

17日 丰顺县召开2020年老干部迎春茶话会。

是日 县委书记曾永祥率队到县福利院和汤南镇开展系列走访慰问活动。

19日 2019十大“梅州速度”项目颁奖仪式在广东梅县东山中学体育馆举行。丰顺县“2019年第二届中国农民丰收节暨首届中国梅州国际茶业精英峰会”项目、“深圳双十科技项目”获评2019年度十大“梅州速度”项目。

21日 县委副书记、县长廖茂忠率拥军慰问团，到梅州军分区开展春节慰问活动。梅州军分区司令员杨芝春等领导参加会见。

是日 丰顺县召开大宝山试营业筹备工作会议，协调解决遇到的困难问题。

22日 首场大型6D视觉民俗山水实景演艺剧目《千年火龙》在丰顺县大宝山生态旅游养生度假区的“火龙剧场”上演。2000多名群众游客观看演出。

是日 县委书记曾永祥、县委副书记、县长廖茂忠率队开展迎新春大扫除活动。

23日 梅州市新冠疫情防控工作会议结束后，丰顺县委书记曾永祥、县长廖茂忠立即组织专题研究，迅速部署贯彻落实工作。

26日 丰顺县防控新型冠状病毒感染的肺炎疫情工作领导小组召开会议，深入学习贯彻习近平总书记对新型冠状病毒感染的肺炎疫情作出的重要指示精神、中央和省、市的部署要求，对丰顺县疫情防控工作进行再研究、再部署、再动员。县委书记、县防控工作领导小组组长曾永祥主持会议并讲话，县委副书记、县长、县防控工作领导小组常务副组长廖茂忠具体部署疫情防控工作。

27日 县委书记、县防控工作领导小组组长曾永祥，县委副书记、县长、县防控工作领导小组常务副组长廖茂忠率队督导新型冠状病毒感染的肺炎疫情防控工作，看望慰问奋战在一线的工作人员。

31日 县委书记曾永祥、县长廖茂忠带队检查疫情防控及物资储备保障工作。

2月

1日 县委书记曾永祥率队到汤坑镇社区、汤南镇村委、埔寨镇基层党委，就发挥基层党组织和党员干部在疫情防控斗争中的积极作用开展专题督导。

2日 丰顺县召开防控新型冠状病毒感染的肺炎疫情工作会议，传达中央应对新型冠状病毒感染的肺炎疫情工作领导小组会议和省防疫工作领导小组会及市委常委会会议精神，通报近期丰顺县防控工作情况，部署下一步工作。县委书记、县防控工作领导小组组长曾永祥主持会议并讲话，县长、县防控工作领导小组常务副组长廖茂忠，县委副书记、政法委书记黄纯忠出席会议。

是日 市委副书记、市长张爱军到丰顺县，深入乡村社区、商场工厂和防疫一线，看望慰问坚守在一线的工作人员，就基层疫情防控、集中留观点建设和粮食、商品供应等情况进行督导检查。

3日 市委常委、政法委书记陈俊钦到丰顺县调研督导新型冠状病毒感染的肺炎疫情防控工作。

5日　县委书记、县防控工作领导小组组长曾永祥，县长、县防控工作领导小组常务副组长廖茂忠率队到一线察访疫情防控工作，先后到汤坑镇汤泉社区、城南社区、湖下金盘市场、锦江美景城B区等地，就社区、市场、小区疫情防控工作进行再督导、再检查。

6日　市委书记陈敏到丰顺县检查疫情防控工作。

7日　县防控新型冠状病毒感染的肺炎疫情工作领导小组（指挥部）召开会议，学习各级新冠疫情防控会议主要精神；听取丰顺县疫情防控工作情况汇报，研究部署丰顺县新型冠状病毒感染的肺炎疫情防控工作以及企业复工复产相关工作。县委书记、县防控工作领导小组组长曾永祥主持会议并讲话。会议以视频会议的形式开至各镇（场）。

10日　县委书记、县防控工作领导小组组长曾永祥率队到汤西镇、八乡山镇等地察访农村疫情防控工作，看望慰问坚守和奋战在疫情防控一线的工作人员。

13日　县委书记曾永祥率队检查企业复工复产防疫和安全生产工作情况。

16日　县委书记曾永祥，县委副书记、县长廖茂忠率队看望慰问医务人员、环卫工人、公安干警和征地一线工作人员，并代表县委、县政府向所有默默坚守岗位、奋战在一线的工作人员致以亲切的问候和崇高的敬意。

18日　市委副书记王庆利到丰顺县检查疫情防控工作。

19日　县委书记曾永祥主持召开专题会议，研究部署丰顺县精准扶贫和农业农村发展、文化旅游产业发展、房地产发展和市政建设以及工业实体经济发展和园区建设等重点工作。

20日　县委书记曾永祥主持召开专题会议，研究部署丰顺县交通公路、能源建设以及城乡基本公共服务建设等重点工作。

26日　县委书记曾永祥，县委副书记、县长廖茂忠率队深入到梅州荣军医院、汤坑镇敬老院、县看守所等地，督导检查重点机构场所疫情防控工作。

27日　市委书记陈敏到丰顺县调研检查疫情防控、重点项目建设和企业复工复产工作。

28日　省退役军人事务厅厅长陈小山到丰顺检查指导重点机构场所疫情防控和退役军人事务工作。副市长曾尚忠，县委书记曾永祥参加检查。

3月

2日　县委书记曾永祥率队到潘田镇、黄金镇、砂田镇检查春耕备耕和新农村建设工作。

3日　丰顺县召开扫黑除恶专项斗争工作会议暨领导小组会议，传达贯彻中央和省委、市委2020年扫黑除恶专项斗争工作要求，研究部署迎接市扫黑除恶专项斗争领导小组对丰顺县“重点整治把持基层政权、操纵破坏基层换届选举的黑恶势力问题”考核验收摘牌工作和2020年的工作任务。县委书记曾永祥出席会议并讲话。

4日　县委书记曾永祥率队调研督导国际声谷等重点项目建设推进情况。

5日　县委书记曾永祥，县委副书记、县长廖茂忠率队到汤坑镇调研新农村连线连片示范工程规划建设情况。

6日　丰顺县召开2019年度土地矿产卫片违法图斑整改工作推进会，传达学习梅州市2019年卫片执法工作推进会议精神，安排部署2020年工作。县委书记曾永祥出席并讲话，县委副书记、县长廖茂忠主持会议。

是日 市委常委、宣传部部长陈晓建到丰顺县调研宣传思想文化工作和重点企业复工复产工作。

12日 县委书记曾永祥率队到县林业局调研。

13日 丰顺县组织收听收看全省决战决胜脱贫攻坚推进会电视电话会议。会议结束后，丰顺县召开全县决战决胜脱贫攻坚推进会，认真学习贯彻习近平总书记在决战决胜脱贫攻坚座谈会上的重要讲话精神和省委书记李希在全省决战决胜脱贫攻坚推进会上的讲话要求。县委书记曾永祥出席会议并讲话，县委副书记、县长廖茂忠主持会议。

17日 县委书记曾永祥率队调研嘉应学院紫琳学院项目建设，听取情况汇报，研究部署2020年各项工作。

是日 县委书记曾永祥率队调研卫生健康和医疗保障工作。

18日 市政协主席陈建青率队到丰顺县调研重点项目建设、委员企业疫情防控和复工复产，以及委员工作室情况。

19日 丰顺县召开2020年重点项目建设工作推进会，统筹推动疫情防控和全县重点项目建设。县委书记曾永祥主持会议并讲话。

20日 县委书记曾永祥，县委副书记、县长廖茂忠率队到丰良镇、大龙华镇和砂田镇调研脱贫攻坚和新农村六村连片示范工程建设工作情况。

23—24日 市委书记陈敏到丰顺县多个镇、村，调研检查基层党建、脱贫攻坚、乡村振兴等工作。

24日 丰顺县召开留隍镇国家特色小镇和特色小城镇建设工作座谈会。县委书记曾永祥出席会议并讲话。

25日 县委书记曾永祥率队到丰顺县多个镇、村，调研检查基层党建、脱贫攻坚、乡村振兴等工作。

29日 丰顺县组织收听收看省、市清明期间疫情防控和安全防护工作视频会议。会后，县委书记曾永祥随即主持召开会议贯彻落实全省、全市会议精神，对全县相关工作进行再动员、再部署。

30日 市委常委、市纪委书记、市监委主任黄建固到丰顺县调研复工复产和脱贫攻坚工作。县委书记曾永祥参加调研。

31日 丰顺县召开全县宣传工作会议暨深化拓展新时代文明实践中心建设试点工作推进会，传达学习贯彻全国、全省、全市宣传部部长会议精神和全国、全省深化拓展新时代文明实践中心建设试点工作电视电话会议精神，总结2019年丰顺县宣传工作，安排部署2020年工作。县委书记曾永祥出席会议并讲话，县委副书记、县长廖茂忠主持会议。

4月

1日 中国共产党丰顺县第十三届纪律检查委员会第五次全体会议在县会展中心召开。

是日 县委书记曾永祥率队督导检查清明期间疫情防控和安全防护工作。

2日 广州凯源房地产实业有限公司、深圳凯南房地产开发有限公司董事长许应裘率队回乡考察丰顺县坚真文体中心（六馆六中心）建设情况。县委书记曾永祥一同考察。

3日 县委书记曾永祥，县委副书记、县长廖茂忠率队到砂田镇、潭江镇调研督导基层党建、乡村振兴和脱贫攻坚等工作。

4日 丰顺县援鄂医疗队4位医务人员结束为期两周的集中休整期返回丰顺。

7日 县委书记曾永祥率队调研督查榕江北河堤围建设和防汛等工作。

8日 丰顺县组织收听收看全省实施乡村振兴战略工作推进会。会后，丰顺县随即召开会议，贯彻落实会议精神，谋划做好全县乡村振兴工作。县委书记曾永祥主持会议并作讲话。

9日 县委书记曾永祥，县委副书记、县长廖茂忠率队参加全民义务植树活动。

10日 县委书记曾永祥率队到县住建局、县自然资源局调研。

11日 丰顺县新区供水工程项目合作协议签约仪式顺利举行，广东粤海水务股份有限公司党委书记、董事长谭奇峰，总经理郑航桅，县领导曾永祥、廖茂忠、石远平、钟凌玮以及粤海水务集团代表，县直相关单位、各镇（场）负责人等出席签约仪式。

13日 丰顺县组织收听收看全省打赢污染防治攻坚战工作推进会电视电话会议。视频会议结束后，丰顺县迅速召开全县打赢污染防治攻坚战工作推进会。县委书记曾永祥主持会议并讲话，县委副书记、县长廖茂忠出席会议。

是日 县委书记曾永祥，县委副书记、县长廖茂忠率队调研2020年春季学期开学准备情况。

13—14日 省政协常委、省政协农业农村委员会主任陈祖煌率队深入到汤西镇新岭村，调研督导对口帮扶村脱贫攻坚和新农村示范村建设情况。省政协农业农村委员会办公室主任陈玉强，省政协机关党委办公室副主任王冠东，县委书记曾永祥，县政协党组书记黄建斐，县政协副主席郭春山等参加调研。

16日 全县落实加强党的基层组织建设三年行动计划推进会召开。县委书记曾永祥出席会议并讲话。县委副书记、政法委书记黄纯忠主持会议。

18日 丰顺县人民政府与万洋集团就建设梅州丰顺万洋众创城项目签订合作协议。市领导张爱军、吴晓晖、陈亮，万洋集团总裁吴建明，县领导曾永祥、廖茂忠、石远平、陈少洲、罗裕权、李吉祥等参加签约仪式。

20日 丰顺县召开2020年全县全面推行河长制工作领导小组会议，传达省全面推行河长制工作领导小组第二次会议及有关领导讲话精神、省政协调研河长制报告，总结2019年全县全面推行河长制工作情况，部署2020年重点工作。县委书记、县全面推行河长制工作领导小组组长曾永祥主持会议并讲话，县长、县全面推行河长制工作领导小组常务副组长廖茂忠，县委副书记、县全面推行河长制工作领导小组副组长黄纯忠出席会议。

20—21日 花都区委书记黄伟林率队到丰顺县调研脱贫攻坚工作，花都区委常委、区委办主任程学晋，花都区人大常委会副主任汤浩昌，县领导曾永祥、廖茂忠、石远平、朱报正参加相关活动。

21日 丰顺县组织收听收看全省统筹推进新冠肺炎疫情防控和经济社会发展工作电视电话会议。

22日 县委书记曾永祥率队到汤西镇、汤南镇调研督导脱贫攻坚、新农村建设等工作，贯彻落实习近平总书记重要讲话精神，以及全国、全省、全市决战决胜脱贫攻坚和实施乡村振兴战略部署要求。

26日 广东讯源实业集团有限公司董事长王来胜、深圳双十科技有限公司董事长王仕初一行到丰顺县考察，县委书记曾永祥，县委副书记、县长廖茂忠参加会见会谈。

28日 县委书记、县委网络安全和信息化委员会主任曾永祥主持召开县委网络安全和信息化委员会第一次全体会议，深入学习贯彻习近平总书记关于网信工作的重要论述精神，传达省委、市委相关会议精神，审议有关文件稿，研究部署丰顺县网信工作。县委副书记、政法委书记黄纯忠出席会议。

5月

6日 丰顺县新岭村创建美丽宜居示范村推进会召开，县委书记曾永祥出席会议并讲话。县委常委、办公室主任石远平主持会议。

是日 县委书记曾永祥主持召开名人故居（旧居）保护修缮工作专题会。

7日 全县党管武装工作会议召开，会议总结2019年全县党管武装工作情况，部署2020年全县党管武装工作；宣读表彰通报，并为获奖的先进单位和个人进行颁奖。县委书记曾永祥出席会议并讲话。

是日 县召开精神文明建设委员会第一次全体（扩大）会议暨创建广东省县级文明城市工作推进会。会上，传达学习上级有关文件精神，总结2019年全县精神文明建设工作，部署2020年工作。汤坑镇、县教育局、县交警大队、县市政公用事业管理中心分别围绕社区创文工作、学校未成年人思想道德建设工作、营造良好的交通秩序工作、提升城市环境工作作交流发言。县委书记曾永祥出席会议并讲话。

8日 县委书记曾永祥率队调研村党组织书记“三个一肩挑”工作，强调要压实主体责任，围绕时间节点，确保完成目标任务。

11—12日 省政协副秘书长、机关党委书记杨细平率调研组到汤西镇新岭村开展乡村振兴专题调研活动，省政协二级巡视员李纪云，省政协机关党委办公室副主任王冠东，县领导曾永祥、黄建斐、石远平、郭春山及相关单位负责人参加调研。

13日 丰顺县召开创建广东省全域旅游示范区工作推进会，全面总结创建工作情况，围绕创建目标部署下一阶段工作任务，全力推动创建工作，确保顺利通过验收。市文化广电旅游局局长朱瑛，县委书记曾永祥，嘉应学院地理科学与旅游学院教授、梅州市城乡规划委员会专家委员俞万源，市文化广电旅游局资源开发科科长卓杰出席会议。会议由县委副书记、县长廖茂忠主持。

14日 县委书记曾永祥率队到北斗镇下溪村、建桥镇新和村、丰良镇莘桥村等地调研督导基层党建工作。

18日 县委书记曾永祥率队到砂田镇、小胜镇、黄金镇、大龙华镇、龙岗镇、潘田镇等地调研基层党建和乡村振兴工作。

21日 2020国际茶日广东云活动正式启动。启动仪式上，英德主会场与广东东西部扶贫协作产品交易市场、梅州市丰顺县分会场、江门市新会区分会场、湛江市廉江市分会场五地连线，云端共商广东茶产业发展大计。活动中，广东省农业农村厅总农艺师郑宏宣现场连线，县委书记曾永祥就丰顺县高山茶的发展进行交流讨论。

是日 县委书记曾永祥走进拼多多直播间领衔代言，向网友推介丰顺高山茶，说茶史，品茶味，谈茶业，为丰顺县的高山生态茶园培育的高品质茶叶“打

call”，吸引66万名观众围观，助力梅州市丰顺高山茶电商化发展。

是日 “2020梅州丰顺网络高山茶文化节”在韩山生态茶园启动。

22日 县委书记、县委党的建设工作领导小组组长曾永祥主持召开县委党的建设工作领导小组会议，会议传达学习省委、市委党的建设工作领导小组会议精神，审议《丰顺县加强党的基层组织建设三年行动计划2020年工作要点（稿）》《2020年县委常委会“一月一研判”基层党建工作安排（稿）》以及《县委党的建设工作领导小组2020年工作要点（稿）》，部署推进全县党的建设工作。县委副书记、县长廖茂忠，县委副书记、县委党的建设工作领导小组常务副组长黄纯忠出席会议。

25日 省委第四巡视组巡视丰顺县工作动员会召开。动员会前，省委第四巡视组组长阙定胜，副组长张耀斌与县委书记曾永祥，县委副书记、县长廖茂忠举行见面沟通会。动员会上，阙定胜就开展巡视工作进行安排部署、提出具体要求。市委副书记王庆利出席动员会并代表市委作表态讲话，曾永祥主持会议并作表态发言。

6月

2日 中国人民政治协商会议第十届丰顺县委员会第五次会议在会展中心开幕。县领导曾永祥、廖茂忠、徐庆青等到会祝贺，县政协主席邱翠茂作县政协常委会工作报告，县政协副主席郭春山作提案工作情况报告。

3日 丰顺县第十五届人民代表大会第五次会议在县会展中心开幕。县委书记曾永祥出席会议，县委副书记、县长廖茂忠向大会作政府工作报告，县人大常委会主任徐庆青主持会议。会议应到会代表253人，实到会代表236人，符合法定人数。会议书面报告《丰顺县2019年国民经济和社会发展计划执行情况与2020年计划草案》《丰顺县2019年预算执行情况与2020年预算草案》。

是日 县委书记曾永祥看望参加县政协十届五次会议的经济界委员并参加讨论，听取意见和建议。

4日 中国人民政治协商会议第十届丰顺县委员会第五次会议完成各项议程后，在县会展中心闭幕。县委书记曾永祥出席会议并讲话，新当选的县政协主席黄建斐主持会议。该次会议应出席委员258名，实到会委员218名，符合政协章程有关规定。会议宣布闭幕大会之前举行的选举大会的投票选举结果和当选人名单：黄建斐当选为县政协十届委员会主席，陈美琼当选为县政协十届委员会副主席，傅伟芳当选为县政协十届委员会常务委员。会议以举手表决的方式通过《政协第十届丰顺县委员会第五次会议决议》。

4—5日 省政协副主席、省住建厅厅长张少康率省政协和省住建厅调研组到梅州，就乡村振兴和精准脱贫工作开展专题调研。调研组一行首先来到丰顺县汤西镇新岭村，实地查看村容村貌、“三清三拆”情况及帮扶项目建设情况。随后，调研组前往北斗镇拾荷村，入户慰问贫困户，实地查看新农村建设情况，并召开座谈会，听取梅州市乡村振兴和精准脱贫等工作情况汇报。会上还举行碧桂园集团捐赠乡村振兴基金、省城乡规划设计院捐赠工作经费仪式。省政协副秘书长杨细平，省扶贫办扶贫开发指导处处长林主伟，省住建厅有关部门负责同志参加相关活动。市领导张爱军、黄文沐、陈志宁，县领导曾永祥、石远平、钟凌玮、郭春山以及相关部门负责人参加调研或会见。

5日 丰顺县第十五届人民代表大会第五次会议在圆满完成各项议程后，在县会展中心大会堂胜利闭幕。会议由县人大常委会副主任、总工会主席陈诺文主持。该次大会应到会代表253人，实际到会代表233人，符合法定人数。大会以无记名投票表决的方式，选举邱翠茂为县人大常委会主任，凌晓文为县监察委员会主任，刘超平、刘雪峰为县人大常委会副主任，补选7位县人大常委会委员，表决通过关于丰顺县人民政府工作报告的决议、关于丰顺县2019年国民经济和社会发展计划执行情况与2020年计划的决议、关于丰顺县2019年预算执行情况和2020年预算的决议、关于丰顺县人大常委会工作报告的决议、关于丰顺县人民法院工作报告的决议、关于丰顺县人民检察院工作报告的决议。

9日 省委党校常务副校长张广宁、副校长方真率调研组到丰顺县开展县委党校建设情况专题调研。县委书记曾永祥，市委党校常务副校长丘炀，县委常委、县委办主任石远平，县委党校负责人等参加调研。

是日 县委书记曾永祥率队调研督导汤坑镇新农村连线连片示范工程建设。

13日 丰顺县组织收听收看全省、全市“三防”工作视频会议。会后丰顺县迅速召开会议，传达贯彻会议精神，部署全县“三防”工作。县委书记曾永祥主持会议并讲话。

15日 市委书记陈敏到丰顺县调研检查防汛减灾和河长制工作。

17日 丰顺召开县委常委会会议暨县新冠肺炎防控领导小组（指挥部）会议，深入学习贯彻习近平总书记重要讲话和重要指示精神，传达学习省委常委会暨省新冠肺炎防控领导小组（指挥部）会议、市委常委会暨市新冠肺炎防控领导小组（指挥部）会议精神，听取全县疫情防控工作情况汇报，对全县疫情防控工作再部署、再推进、再落实。县委书记、县防控工作领导小组组长曾永祥主持会议并讲话。县长、县防控工作领导小组常务副组长廖茂忠等出席会议。

18日 全省林业产业大会在梅州丰顺韩山召开，学习贯彻第四届全国林业产业大会精神，总结全省林业产业发展经验，部署推动林业一、二、三产业融合创新发展，加快推进广东林业高质量发展，助力脱贫攻坚和乡村振兴。省林业局党组书记、局长陈俊光出席会议并讲话，市委书记陈敏致辞。

19日 县委书记曾永祥，县委副书记、县长廖茂忠率队调研高考备考和学校疫情防控工作。

22日 县委书记曾永祥，县委副书记、县长廖茂忠率队调研县城周边重点交通公路项目建设情况。

24日 丰顺县新区供水工程项目动工。市委常委、副市长霍阳出席活动并讲话，粤海水务集团副总经理刘梅盛，中建三局集团有限公司南方分局常务副局长仲崇涛，县委书记曾永祥，市水务局副局长张世俭，市城市供排水中心主任罗文斌、梅州粤海水务有限公司董事长钟荣炎、梅州粤海水务有限公司总经理黄永丰以及项目参建单位等参加活动。动工仪式由县委副书记、县长廖茂忠主持。

28日 丰顺县举行留隍镇上湾至站口“四好农村路”竣工通车仪式。乡贤、广州凯源房地产实业有限公司和深圳凯南房地产开发有限公司董事长许应裘，县委书记曾永祥，县委副书记、县长廖茂忠等参加仪式。县委副书记、政法委书记黄纯忠主持仪式。

29日 丰顺县2020年“广东扶贫济困日”活动启动仪式在会展中心举行。活动现场共筹得善款（含认捐）4.03亿元。

30日 县委书记曾永祥率队到基层开展“七一”走访慰问活动。

7月

3日 市委书记陈敏在丰顺会见到梅州考察的澳门科技大学校长刘良，双方就深化校地合作，做大做强中医药大健康产业等事宜进行交流探讨。

是日 县委书记曾永祥率队开展“党群齐参与共建丰顺美”全民两美志愿服务活动。活动当天，全县共有5600多人参加志愿服务活动。

9日 县委书记曾永祥，县委副书记、县长廖茂忠率队到海珠（丰顺）产业园督导重点项目推进情况和“三个一批”活动筹备情况。

14日 省政协办公厅携手碧桂园集团共建美丽乡村建设项目启动仪式在汤西镇新岭村举行。省政协农业农村委主任陈祖煌，省政协机关二级巡视员李纪云，碧桂园集团副总裁、梅河区域总裁姚舒扬，碧桂园集团助理总裁、国强公益基金会副理事长兼秘书长罗劲荣，县领导曾永祥、石远平、林楚辉、郭春山、朱报正出席启动仪式。

17日 县委书记曾永祥率队赴广州参加杰出乡贤许应裘扶贫济困捐款活动。曾永祥为许应裘颁发2019年度丰顺扶贫济困特别爱心奖杯和荣誉证书，随后，许应裘向丰顺县捐赠坚真大湖天池项目启动资金1.8亿元，曾永祥代表丰顺县接受捐赠。

22日 丰顺县召开中国山地自行车联赛总决赛暨广东省青少年公路自行车锦标赛、喜德盛国际自行车邀请赛工作筹备会，县委书记曾永祥主持会议并讲话。

24日 县委书记曾永祥率队调研督导汤西镇新岭村美丽乡村建设。

27日 丰顺县在海珠（丰顺）产业园举行先进制造业“三个一批”项目现场会。该次现场会共涉及23个项目，总投资额达85.6亿元。

29日 丰顺召开精神文明建设工作推进会暨创建省级文明城市誓师大会。会议的主要任务是，学习全省精神文明建设工作推进会精神，以及2020年梅州市文明委第一次会议暨精神文明建设和创建全国文明城市工作推进会精神，部署丰顺县创建省级文明城市主要任务，对创建工作进行再动员、再加压、再鼓劲、再推进，确保圆满完成创建目标任务，为丰顺苏区振兴发展提供强大的精神动力。

是日 丰顺县被全国爱卫会评为“国家卫生县城”。

31日 受县委书记曾永祥、县长廖茂忠委托，县委副书记、政法委书记黄纯忠率拥军慰问团到梅州军分区开展“八一”慰问活动。梅州军分区司令员杨芝春等领导参加会见。

8月

10日 县委书记曾永祥率队调研督导创建省级文明城市和省食品安全示范县工作。

11日 县委书记曾永祥率队检查2020年广东省青少年自行车（公路）锦标赛赛道筹备情况，随后召开筹备工作会议，听取活动筹备工作情况汇报，研究部署赛前相关准备工作。

是日 丰顺县召开创建食品安全示范县中期评估会议，县委副书记、县长廖茂忠出席会议并作讲话。

12日 县委书记曾永祥率队到埔寨镇塔下村调研名人故居（旧居）等历史文化建筑修缮保护利用工作。

是日 县委书记曾永祥主持召开县委深化乡镇体制改革完善基层治理体系工作领导小组第一次会议，深入贯彻落实省委、市委关于深化乡镇街道体制改革完善基层治理体系工作部署要求，扎实做好丰顺县乡镇体制改革工作。

13—14日 省老促会会长陈开枝一行率队到丰顺县调研苏区振兴发展。省老促会常务副会长兼秘书长姚泽源，副秘书长丁小伦，理事刘飚，县领导曾永祥、曹志辉、梁玉辉、石远平、朱报正，市直相关单位负责人，县直相关单位主要负责人等参加活动。

14日 县委书记曾永祥率队调研督导创建省级文明城市和省食品安全示范县工作。

是日 县委副书记、县长廖茂忠率队检查创建省级食品安全示范县实地迎检点准备情况。

是日 中山市梅州商会会长李向党一行到丰顺县开展经济社会建设和投资环境考察。县领导廖茂忠、陈少洲、罗裕权等参加活动。

17日 县新冠肺炎疫情防控领导小组（指挥部）召开会议，深入学习贯彻习近平总书记重要讲话和重要指示批示精神，认真贯彻落实省委书记李希关于疫情防控工作的批示和省、市有关会议精神，对全县疫情防控工作进行再部署、再推进、再落实。县委书记、县防控工作领导小组组长曾永祥主持会议并讲话，县长、县防控工作领导小组常务副组长廖茂忠出席会议。

是日 丰顺县召开2020年中国农民丰收节暨梅州丰顺农民直播节筹备工作会。

是日 县委书记曾永祥率队到汤西镇新岭村调研督导美丽乡村建设推进情况。

17—19日 省市场监管局二级调研员张晖率队到丰顺县开展创建省级食品安全示范县中期评估工作。梅州市市场监管局局长罗颖安，县委书记曾永祥，县委副书记、县长廖茂忠等参加汇报会及反馈会。

18日 省住房和城乡建设厅党组书记赵坤率队到丰顺县调研对口扶贫工作，市委常委、市政府党组副书记黄文沐，县委书记曾永祥，副县长钟凌玮，以及市、县相关单位负责人等参加调研。

19日 丰顺县召开深化乡镇体制改革动员大会，深入学习贯彻习近平总书记关于党和国家机构改革的重要论述，认真贯彻落实党中央关于构建简约高效基层管理体制的决策部署和省委、市委关于深化乡镇街道体制改革完善基层治理体系的部署要求，对丰顺县深化乡镇改革工作进行动员部署。县委书记曾永祥出席会议并讲话，县委副书记、县长廖茂忠主持会议。

20日 丰顺县召开加快推进市域社会治理现代化工作会议，深入学习贯彻习近平总书记关于社会治理现代化重要论述，认真贯彻落实中央和省委关于社会治理现代化的部署要求，以及全市加快推进市域社会治理现代化试点工作会议精神，总结丰顺县社会治理工作经验，部署加快推进市域社会治理现代化工作。县委书记曾永祥，市委政法委副书记陈万年出席会议并讲话。

25日 县委副书记、县长廖茂忠率队督导汤坑镇新农村连线连片示范工程建设工作。

26日 县委书记曾永祥率队调研督导创建省级文明城市工作。

是日 县委书记、县委教育工作领导小组组长曾永祥主持召开2020年县委教育工作领导小组工作会议。

9月

1日 县委书记曾永祥率队到汤西镇新岭村调研督导新农村建设工作。

2—4日 省政协原副主席、机关老干部党总支部书记唐国忠率队到丰顺县开展慰问和考察活动，省政协原副秘书长赵福来，市政协副主席周秋明，市政协秘书长孙秋珍，五粮液集团公司大区总监左鉴，县领导曾永祥、黄建斐、石远平、吴伟明以及市、县相关单位负责人等参加活动。

4日 县委书记曾永祥主持召开县领导同志集中学习研讨《习近平谈治国理政》第三卷开班动员会并作动员讲话。

7日 丰顺县举行《习近平谈治国理政》第三卷宣讲报告会，邀请嘉应学院党委副书记、教授罗任权作专题辅导报告。县委书记曾永祥主持报告会。

8日 县委书记曾永祥，县委副书记、县长廖茂忠率队开展教师节看望慰问和专题调研活动。

14日 丰顺县召开创建广东省县级文明城市工作推进会，对创文工作进行再次部署。县委副书记、县长廖茂忠出席会议并讲话。

15日 县委书记曾永祥，县委副书记、县长廖茂忠率队督导创建省级文明城市工作。

17日 县委书记曾永祥率队到汤西镇调研督导文明镇村创建工作。

21日 省政协副秘书长、机关党委书记杨细平率队到丰顺县汤西镇新岭村开展乡村振兴工作专题调研。省政协二级巡视员李纪云，县委书记曾永祥，县政协主席黄建斐，碧桂园集团助理总裁、国强公益基金会副理事长兼秘书长罗劲荣参加活动。

22日 梅州市丰顺县庆祝2020中国农民丰收节暨梅州丰顺农民直播节在砂田镇黄花村举行。活动以“庆丰收、迎小康”为主题，重点体现农耕文化场景、民间民俗庆丰收文化展演、农特产品展示、民间美食、“非遗”文化展示。该活动由广东省农业农村厅、梅州市人民政府指导，南方报业传媒集团、丰顺县人民政府主办，南方农村报社、丰顺县农业农村局、丰顺县砂田镇人民政府承办。丰顺县委、县人大常委会、县政府、县政协和县纪委监委等单位的领导同志；丰顺县知名企业家、商会、乡贤代表；县直有关单位主要负责人；各镇（场）党委书记、分管农业工作的负责人以及农民代表；参加表演、展览人员和新闻媒体记者近300人参加活动。

是日 河源市政协党组成员、副主席刘振林率考察组到丰顺县调研考察茶叶产业发展情况，市政协党组成员、副主席刘耿灵，全国政协委员、国众联集团董事长黄西勤，县委书记曾永祥，县政协主席黄建斐参加活动。

23日 梅州市委常委、兴宁市委书记余其豹，兴宁市委副书记、市长洪国华率兴宁考察团到丰顺县考察乡村振兴工作，县委书记曾永祥，县委副书记、县长廖茂忠参加考察活动。

27日 五华县委书记吴晖，县委副书记、县长朱少辉率五华考察团到丰顺县考察乡村振兴、重点项目建设等工作，丰顺县委书记曾永祥，五华县人大常委会主任邓伯锦，丰顺县委副书记、政法委书记黄纯忠参加考察活动。

30日 县委、县政府在东山公园革命烈士纪念碑举行烈士公祭活动。

是日 县委书记曾永祥，县委副书记、县长廖茂忠带队督导检查丰顺县疫情防控工作并召开县新冠肺炎疫情防控领导小组（指挥部）专班会议。

10月

5日 县委书记曾永祥率队到汤西镇新岭村调研督导美丽乡村建设，看望慰问国庆、中秋“双节”长假期间坚守岗位、奋斗在一线的工作人员。

7日 广州凯源房地产实业有限公司、深圳凯南房地产开发有限公司董事长许应裘率队回乡考察丰顺县坚真文体中心（六馆六中心）建设情况。县领导曾永祥、黄纯忠、石远平、吴伟明，相关单位主要负责人、项目施工有关负责人等一同考察。

9日 全县推进省委巡视整改工作动员会议召开。会议深入学习贯彻习近平总书记关于巡视工作的重要论述，按照省委第四巡视组反馈意见以及市委书记陈敏对丰顺县抓好巡视整改工作的要求，认真贯彻落实中央、省委和市委的各项决策部署，坚持目标导向、问题导向、结果导向相统一，以更高的政治站位、更坚决的态度、更有力的举措、更务实的作风，全面抓好巡视整改工作，努力把巡视整改工作转化为打造苏区振兴发展“丰顺样本”的强大动力。县委书记曾永祥出席会议并讲话，县委副书记、县长廖茂忠主持会议。

是日 丰顺县召开第七次全国人口普查工作动员会。县委副书记、县长廖茂忠出席会议并讲话，副县长罗裕权主持会议。

是日 第四届民族地区文旅产业发展论坛暨非物质文化遗产创新与发展大会在丰顺县举行。大会由中国社会科学院民族学与人类学研究所、中国人类学民族学研究会丝绸之路文化产业专委会和中共丰顺县委、县人民政府联合主办，丰顺县文化广电旅游体育局、中国社会科学院民族学与人类学研究所民族文化室、民族经济室、广州壹点文化发展有限公司承办。大会旨在深入学习贯彻习近平总书记关于民族地区发展和文化与旅游工作的重要论述和重要指示精神，全面贯彻落实广东省推动民族地区加快高质量发展工作现场会部署要求，加快推进民族文化与旅游深度融合发展，奋力开创民族地区繁荣发展新局面。

10日 丰顺县举办全县领导干部党章党规党纪教育培训班，深入学习贯彻习近平新时代中国特色社会主义思想，教育引导党员领导干部增强“四个意识”、坚定“四个自信”、做到“两个维护”，严守政治纪律和政治规矩，切实履行全面从严治党的政治责任。县委书记曾永祥出席会议并作专题辅导。

是日 县委书记曾永祥率队到汤坑镇调研督导“两区三村”新农村连线连片示范工程建设情况。

14日 丰顺县召开国家电子商务进农村综合示范工作推进会，县委副书记、县长廖茂忠参加会议并讲话，副县长罗裕权主持会议。

是日 丰顺县新的社会阶层人士联合会成立大会召开，县委书记曾永祥，市委统战部副部长、市工商联党组书记罗桂芳，梅州客家村镇银行董事长李东强，市新阶联会长刘榆厚、县新阶联会长徐云海出席会议，县委常委、统战部部长梁玉辉主持会议。

17日 丰顺县招商引资“每季请进来”企业恳谈会暨丰顺万洋众创城招商中心开放活动在丰顺县举行。市委副书记、市长张爱军，万洋集团总裁吴建明，市政府秘书长、办公室主任陈亮，县委书记曾永祥、县长廖茂忠，县人大常委会主任邱翠茂，万洋集团广东区域公司常务副总经理、英德（东华）项目总经理林开足，梅州浙江商会会长黄瑞招，丰顺万洋众创城科技有限公司总经理李国力，以及市商务局、丰顺县有关负责人，丰顺县主要银行机构负责人，梅州浙江商会、揭阳浙江商会、潮汕浙江商会、丰顺电声协会的领导及会员，梅州市各县区、揭阳市、潮汕市及其他地区的企业家等参加活动。

是日 市委副书记、市长张爱军到丰顺县调研丰顺县海珠（丰顺）产业园工业实体经济发展和嘉应学院紫琳学院建设推进情况。

19日 县委书记曾永祥率队督导省委巡视反馈意见整改落实工作。

20日 市委常委、副市长孙春明到丰顺县调研客家文化（梅州）生态保护实验区建设、国家全域旅游示范区创建工作。

22日 县委书记曾永祥率队到县农业农村局调研脱贫攻坚和乡村振兴工作。

24日 市委副书记、市长张爱军到丰顺县，就认真学习贯彻习近平总书记出席深圳经济特区建立40周年庆祝大会和视察广东重要讲话、重要指示精神，加快推动重点项目建设进行调研。

26日 省政协主席王荣率队到梅州开展专题调研。其间到丰顺县汤西镇新岭村调研，调研组详细察看新岭村人居环境整治和扶贫产业项目建设情况，听取脱贫攻坚的情况介绍。省政协秘书长吴伟鹏、农业和农村委员会主任陈祖煌；梅州市委书记陈敏、市政协主席陈建青，丰顺县委书记曾永祥，碧桂园集团助理总裁、国强公益基金会副理事长兼秘书长罗劲荣以及市县相关负责人参加相关调研。

是日 市委书记陈敏到丰顺县调研嘉应学院紫琳学院项目建设情况，市政协主席陈建青参加调研。

27日 县委书记曾永祥率队到八乡山镇、汤西镇调研督导巡视整改落实、脱贫攻坚、红色村建设和村（社区）“两委”换届等工作，检查纪念东江苏维埃政府暨中国工农红军第十一军成立90周年活动准备情况。

是日 县委副书记、县长廖茂忠率队调研督导国道235线巡视整改工作落实情况和“四好农村路”攻坚任务推进情况。

28日 中共丰顺县委十三届十次全会在县会展中心召开。会议传达学习习近平总书记出席深圳经济特区建立40周年庆祝大会和视察广东重要讲话、重要指示精神；书面传达学习省委十二届十次全会、全省干部大会和省委书记李希到梅州调研讲话精神、省委有关通知精神，市委七届九次全会、全市干部大会精神；县委书记曾永祥代表县委常委会向全会作报告；县委副书记、县长廖茂忠就经济工作作专题讲话。

28日 丰顺县召开2020年中国山地自行车联赛总决赛（丰顺站）筹备协调会。县委书记曾永祥主持会议并讲话。

29日 县委书记曾永祥率队到县纪委监委机关、县委组织部督导巡视整改落实工作。

30日 市委副书记王庆利率队到丰顺县调研新时代文明实践中心建设工作。

11月

2日 广州凯源房地产实业有限公司、深圳凯南房地产开发有限公司董事长许应裘率队回乡考察丰顺县坚真文体中心（六馆六中心）建设情况。县委书记曾永祥，县委副书记、县长廖茂忠一同考察。

是日 县委书记曾永祥率队到县委政法委督导巡视整改落实工作。

5日 县委书记曾永祥，县委副书记、县长廖茂忠率队到海珠（丰顺）产业园区调研梅州丰顺国际声谷小镇项目规划建设情况，同时召开项目建设指挥部第三次会议。

是日 县委书记曾永祥率队到县委统战部、县委宣传部看望慰问干部职工，督导意识形态工作责任制等方面巡视整改落实工作。

6日 县委书记曾永祥率队到北斗镇调研脱贫攻坚、新农村建设等方面巡视整改落实工作。

是日 县委书记曾永祥率队到汤坑镇调研督导“两区三村”连线连片示范工程建设进展情况。

8日 丰顺县组织收看收听在广州举行的中央宣讲团党的十九届五中全会精神宣讲报告会。

10日 县委书记曾永祥率队到汤南镇调研督导重点交通项目建设等工作。

是日 县委书记曾永祥到汤南镇新楼村上党课并作专题辅导报告。

12日 县委副书记、县长廖茂忠率队督导省委巡视反馈意见教育领域整改落实工作。

13日 全县涉摩托车电动自行车专项整治行动工作会议召开，县委副书记、县长、县涉摩托车电动自行车专项整治行动领导小组组长廖茂忠出席会议并讲话。

是日 丰顺县妇女第十四次代表大会召开。县委书记曾永祥，市妇联主席蔡雪嫦出席大会开幕式并讲话。县委常委、组织部部长曹志辉主持会议。县总工会代表各人民团体向大会致贺词。

16日 县委书记曾永祥率队到潘田镇督导巡视整改、农村人居环境综合整治、村“两委”换届、脱贫攻坚和乡村振兴工作发现问题整改落实等工作。

17日 县委书记曾永祥率队到县公安局督导巡视整改落实工作。

18日 县委书记曾永祥主持召开学习贯彻习近平总书记出席深圳经济特区建立40周年庆祝大会和视察广东重要讲话重要指示精神分组研讨会。

是日 县委书记曾永祥主持召开县委“十四五”规划建议文件起草组第一次会议。会议传达学习习近平总书记系列重要讲话重要指示精神、中共十九届五中全会精神、《中共中央关于制定国民经济和社会发展第十四个五年规划和二〇三五年远景目标的建议》等。会上，郑春鹏、石远平、钟凌玮等县领导分别就丰顺县“十四五”规划建议作发言；县委“十四五”规划建议文件起草组成员作书面发言。县委政研室、县发展改革局就县委“十四五”规划建议文件起草工作提出意见和建议。

19日 丰顺县召开丰顺县城乡规划委员会会议，研究部署城市规划工作。县委副书记、县长廖茂忠参加会议。

20日 由中共梅州市委党史研究室、中共丰顺县委、丰顺县人民政府主办的纪念东江苏维埃政府暨中国工农红军第十一军成立90周年活动在梅州丰顺八乡山镇举行。活动还举行“东江革命根据地史料陈列馆”开馆揭幕仪式。其间，有关领导嘉宾参观东江革命根据地史料陈列馆、中国工农红军第十一军军部旧址和八乡山镇滩良村红色建设。

27日 丰顺县科级干部学习贯彻习近平总书记出席深圳经济特区建立40周年庆祝大会和视察广东重要讲话、重要指示精神专题研讨班在县会展中心举行专题辅导报告会，邀请市委宣讲团成员、市委党校副教授郭鸿炜作专题辅导报告。县委书记曾永祥，县人大常委会主任邱翠茂出席报告会。县委常委、宣传部部长林剑主持报告会。

是日 县委书记曾永祥率队到汤坑镇调研丁日昌故居和“两区三村”连线连片美丽乡村示范工程建设。

28日 丰顺县国家级电子商务进农村综合示范项目——丰顺县农特工业产品消费扶贫品牌促销暨直播带货比赛活动在丰顺县城新世纪广场举办。22家丰顺本土龙头企业参加该活动。

12月

1日 县村（社区）“两委”换届工作领导小组会议召开，深入学习贯彻习近平总书记系列重要讲话、重要批示精神，落实中央、省委、市委关于村（社区）“两委”换届工作的安排部署，进一步分析形势、明确职责。县委书记、县村（社区）“两委”换届工作领导小组组长曾永祥出席会议并讲话。

7日 县委书记曾永祥主持召开2020年“讯源杯”中国山地自行车联赛总决赛（广东·梅州丰顺）暨中国青少年自行车U系列赛工作筹备会。

9日 省委、省政府在广州召开广东省精神文明建设表彰大会。丰顺县被表彰为广东省县级文明城市。

10日 全县村（社区）“两委”换届工作会议召开，会议深入学习贯彻习近平总书记关于基层党建重要论述和对广东重要讲话、重要指示批示精神，贯彻落实党中央决策部署，以及省委、市委工作安排，对全县村（社区）“两委”换届工作进行动员部署。县委书记、县换届工作领导小组组长曾永祥主持会议并讲话。

12日上午 2020年“讯源杯”中国山地自行车联赛总决赛（广东·梅州丰顺）暨青少年自行车U系列赛在丰顺县大宝山景区举行。

15日 广东坚真大湖天池项目捐建暨丰顺县坚真文体中心室内装饰施工工程协议签订仪式在留隍镇溪南村站口举行。乡贤、广州凯源房地产实业有限公司、深圳凯南房地产开发有限公司董事长许应裘，县委书记曾永祥，县委副书记、县长廖茂忠，县人大常委会主任邱翠茂出席活动。

17日 省政协副主席林雄率队到丰顺县围绕“贯彻落实中央和省委政协工作会议精神，更好发挥界别作用”开展专题调研。省政协副秘书长肖航夫，省政协港澳台委员会专职副主任覃大可，市政协副主席曾祥海，市政协秘书长孙秋珍，县领导曾永祥、石远平、陈新化，以及市、县有关负责人等参加调研。

是日 县委书记曾永祥率队到汤南镇调研督导村（社区）“两委”换届、脱贫攻坚、乡村振兴、森林防火等工作。

21日 全县实施乡村振兴战略工作会议召开。县委书记曾永祥出席会议并讲话，县委副书记、县长廖茂忠主持会议。

23日 县委书记曾永祥率队到埔寨镇调研火灾高风险区域整治、村（社区）“两委”换届、美丽乡村建设和名人旧居（祖居）修缮等工作。

25日 丰顺县科学技术协会第五次

代表大会在县会展中心召开。县委书记曾永祥、市科协副主席钟立强出席开幕式并讲话，县委常委、组织部部长曹志辉主持开幕式。县领导廖茂忠、邱翠茂、黄建斐、陈诺文、罗裕权，以及来自全县各条科协战线的84名代表等参加会议。

29日 县委书记曾永祥率队检查元旦前安全生产消防工作。

是日 县委书记曾永祥，县委副书记、县长廖茂忠率队调研丰顺县城重点市政项目“十四五”规划建设工作。

31日 县委常委会会议暨县新冠肺炎疫情防控领导小组（指挥部）会议召开，传达学习贯彻习近平总书记在中共中央政治局民主生活会上的重要讲话精神和省委、市委有关会议精神，研究部署丰顺县常态化疫情防控及元旦、春节期间有关工作。县委书记曾永祥主持会议。

是日 县委书记、县委全面深化改革委员会主任曾永祥主持召开县委全面深化改革委员会第四次会议，传达学习中央、省、市全面深化改革委员会会议精神，听取重点领域改革工作汇报，研究部署有关事项。县长、县委全面深化改革委员会副主任廖茂忠，县人大常委会主任邱翠茂，县政协主席黄建斐出席会议。

是日 县委书记曾永祥率队到汤坑镇第一中心小学讲思想政治理论课。

是日 县委召开议军会议，深入学习习近平强军思想，认真学习习近平总书记关于国防和军队建设重要讲话和重要指示批示精神以及市委常委会会议精神，听取丰顺县武装工作情况汇报，研究部署有关工作。县委书记曾永祥主持会议。

概　览

基本情况

【位置面积】　丰顺县位于广东省东部、梅州市南端，属南亚热带季风气候区，辖16个镇、1家国有农场，行政区域面积2710.22平方千米。2020年年末，全县户籍人口730389人，旅外华人华侨和港澳台同胞40多万人。2019年，梅汕高铁建成通车，在丰顺县境内设有丰顺东站和建桥站两个站。梅汕高速公路穿境而过，并在县城设立两个出入口，广梅汕铁路横贯县城中部，县通镇公路全部实现水泥硬底化，国道206线、235线，省道228线、224线、334线贯穿而过。

【自然条件】　丰顺县是全国地热资源最丰富的县份，素有“九汤十八礤”之称，是著名的温泉之城。地热活动区遍布8个镇、24处，日动储量2.2万立方米，最高水温达92℃，硅、氟、氡等元素含量符合医疗用热矿水标准，具有分布广、储量大、水温高、水质好、高端开发价值高等特点，主要用于发电、旅游服务业、养殖业、公共汤湖洗浴、家庭洗浴等方面。中华人民共和国第一座地热发电站——邓屋地热电站建立在丰顺县汤坑镇。重要矿产资源有铁、钨、铅、锌、钼、锡、铜、金和稀土等金属矿，花岗岩、高岭土、钾长石、叶蜡石、水晶、石墨、云母等非金属矿。铁矿储量在2000万吨以上，属中型矿。

丰顺县旅游资源丰富，有众多的温泉、瀑布、奇峰异石、文物古迹，主要旅游景点有大宝山旅游度假区、千江温泉度假区、龙鲸河漂流、龙归飞瀑、揭岭飞泉、铜鼓峰高山旅游区、黄花村乡村游景区、八乡山大峡谷、韩山生态旅游区及太平寺、济公殿、西岩寺、丰顺公园、坚真公园，有国家级非物质文化遗产“埔寨火龙”和省内独特的畲族风情。保留着水乳交融的潮客文化、历史悠久的宗教文化和红色激扬的老区文化。

【丰顺名人】　丰顺县著名人物有晚清洋务运动领袖丁日昌，民族英雄徐名鸿，华夏女杰李坚真，数学大师李国平，国民革命军中将吴逸志、少将陈勉吾等，中国人民解放军将军胡军、黄锦容、林才文，爱国侨领丁家骏、何侨生、郑明如、陈修试、罗锦碟、徐廷侨等，国内实业家有地产大王朱拉伊、朱孟依和朱庆伊兄弟，中南五省糖王冯小华、李国辉，自行车大王谭伟龙等。

（史志办）

经济发展

【概况】 2020年，面对严峻复杂的外部环境和新冠肺炎疫情的严重冲击，丰顺县坚持以习近平新时代中国特色社会主义思想为指导，全面贯彻中共十九大和十九届二中、三中、四中、五中全会精神，科学统筹疫情防控和经济社会发展，扎实做好“六稳”“六保”工作，全县经济运行稳步恢复向好，各项社会事业持续进步，民生福祉更加殷实。

根据地区生产总值统一核算，2020年丰顺县实现地区生产总值（初步核算数）1102260万元，同比增长0.4%。其中：第一产业增加值263995万元，增长1.2%，对地区生产总值增长的贡献率为68.2%；第二产业增加值393349万元，同比下降1.7%，对地区生产总值增长的贡献率为-164.8%；第三产业增加值444916万元，同比增长2.1%，对地区生产总值增长的贡献率为196.6%；三次产业结构比重为24：35.6：40.4。

全年城镇新增就业2283人，城镇失业人员实现再就业1871人。年末城镇登记失业率为2.55%，比上年增加0.08%。

全年一般公共财政预算收入完成73593万元，同比增长4.3%。其中税收收入完成39934万元，同比下降14%。全年一般公共预算支出完成545735万元，比上年增长5.2%。

【农业】 全年粮食作物种植面积2.29万公顷，同比增长0.1%；粮食总产量119039吨，同比增长0.1%。

主要经济作物产量中，全年花生总产量4926吨，增长1.0%；蔬菜总产量217259吨，增长2.3%；园林水果总产量64218吨，增长2.4%；茶叶总产量3882吨，增长18.8%。

全年肉类总产量48405吨，下降2.9%。其中，猪肉产量12616吨，下降11.9%；禽肉产量34360吨，增长0.5%。全年水产品总产量13384吨，下降2.1%。

【工业和建筑业】 全年完成工业增加值164412万元，同比下降5.9%，其中规模以上工业完成113312万元，同比下降10.3%。全年实现工业总产值869288万元，同比下降26.7%，其中规模以上工业总产值完成681288万元，同比下降10.5%。全年规模以上工业企业实现主营业务收入699368万元，同比下降4.1%；实现利税29414万元，同比下降22.4%；实现利润总额17616万元，同比下降15.9%。全年规模以上工业企业完成出口交货值95895万元，同比下降43.3%。全年完成建筑业增加值224286万元，同比增长3.8%。建筑业总产值1229862万元，同比增长7.0%。

【固定资产投资】 全年完成固定资产投资同比增长5.1%，其中，工业投资同比增长24.2%，工业投资中技改投资同比下降10.4%；房地产开发投资222484万元，同比增长7.9%。商品房销售面积367036平方米，同比增长57.7%；销售总额228771万元，同比增长56.4%。

【交通和邮电业】 全年旅客周转量6504万人公里，同比下降80.9%；货物周转量

58336万吨公里，同比下降55.4%。全年完成邮政业务总量4949万元，同比下降0.9%。

【国内贸易】 全年实现社会消费品零售总额553425万元，同比下降8.4%。按地区分，城镇实现社会消费418943万元，同比下降9.1%；乡村实现社会消费134482万元，同比下降6.2%。按行业分，商品零售业实现525121万元，同比下降3.8%；住宿餐饮业实现28304万元，同比下降51.4%。

【对外经济贸易和旅游业】 2020年全年外贸进出口总额15308万美元，同比下降44.6%。其中，出口14643万美元，同比下降38.6%；进口665万美元，同比下降82.4%。全年实际利用外资492万美元，同比增长2360%。全年接待游客624.57万人次，同比下降25.4%。全年旅游营业收入34.46亿元，同比下降56.0%。

【金融和保险业】 年末全县各项贷款余额1097921万元，同比增长14.6%；各项存款余额2044245万元，同比增长4.3%。其中，住户存款余额1662130万元，同比增长8.3%。全年保费收入24211万元，同比下降4%。其中，人寿险保费收入10021万元，同比下降19.0%；财产险保费收入14190万元，同比增长10.6%。全年保险赔款支出6541万元，同比增长20.2%，其中人寿险赔款支出1089万元，同比增长4.2%；财产险赔款支出5452万元，同比增长24.0%。

【科学技术和教育】 年末全县事业单位和抽样企业各类专业技术人员7517人。其中，正高级专业技术人员13人，副高级专业技术人员1487人，中级专业技术人员3289人，初级专业技术人员2728人。全县有幼儿园119所，在园幼儿17701人；小学172所（含小学教学点），在校学生45150人；初中学校26所，在校学生20833人；高中学校7所，在校学生9102人；职业技术学校1所，在校学生1353人；特殊教育学校1所，在校学生30人。

【文化、卫生和体育】 年末全县有文体服务中心16个，文化馆、图书馆、纪念馆各1个，博物馆2个，电影院3家；有广播电视台1座，播映内容丰富、节目多彩。全县年末有卫生机构339个，实有床位2046张，在职人员2802人，其中卫生技术人员2237人。其中，医院5个，实有床位1428张，卫生技术人员1077人；基层医疗卫生机构中镇级卫生院16个，实有床位534张，卫生技术人员880人，村卫生站264个，卫生技术人员334人；专业公共卫生机构21个，床位84张，卫生技术人员239人；其他卫生机构1个，卫生技术人员0人。年末全县有面积大小不等的体育活动场所1089个。全年组织镇以上体育活动竞赛22次。

【人口、人民生活和社会保障】 2020年年末全县户籍人口730389人，比上年年末减少5.6‰。据住户抽样调查结果显示，全年全县常住居民人均可支配收入21848元，比上年增长6.4%；全年农村常住居民人均可支配收入15626元，比上年增长7.5%；全年城镇常住居民人均可支配收入27033元，比上年增长4.4%。2020年城乡居民医疗保险参合率100%。

【资源和环境】 2020年年末，全县共有环境监测站1个。共有城市（县城）生活污水处理厂1座，城市（县城）生活污水处理能力达到4万吨/日，城市（县城）生活污水集中处理率达到100%。城市生活垃圾无害化处理率达到100%。全年规模以上工业综合能源消费量7.72万吨标准煤，比上年下降7.7%。单位工业增加值能耗上升1.3%。全社会用电14.40亿千瓦时，增长2.3%，其中工业用电量8.01亿千瓦时，下降6%。

注：1.以上2020年数据为初步统计数。

2.从2011年起，规模以上工业统计口径由年主营业务收入500万元调整为2000万元及以上；固定资产投资项目统计起点由计划总投资50万元提高到500万元，增速为可比口径。限额以上批发和零售业统计标准为：批发业年主营业务收入2000万元及以上；零售业年主营业务收入500万元及以上。2012年第四季度，国家统计局实施了城乡一体化住户调查改革。自2013年起，按照新的调查口径对外发布全体居民可支配收入和按常住地区分的城乡居民人均可支配收入数据。由于新老调查方法，在调查范围、调查对象、城乡划分标准、样本抽选、计算和汇总方式、指标口径等方面变化较大，改革后新口径数据和旧口径数据存在不可比的差异。自2015年起，“地方公共财政预算收入”更名为“地方一般公共预算收入”；各项金融机构存款余额中，“储蓄存款”更名为“住户存款”。

3.地区生产总值、三次产业及相关行业增加值、人均地区生产总值绝对数按现价计算，增长速度按可比价计算。

4.地区生产总值、社会消费品零售总额等相关历史数据已根据第四次全国经济普查结果进行修订，农业相关历史数据已根据第三次全国农业普查结果进行修订。

5.资料来源：统计公报中城镇新增就业、登记失业率、社会保障、机关企事业专业技术人员等数据来自县人力资源和社会保障局；财政数据来自县财政局；货物周转量数据来自县交通运输局；户籍人口数据来自县公安局；进出口、实际利用外资等数据来自县科工商务局；邮政业务总量等数据来自县邮政部门（单位）；货币金融数据来自县人民银行；保险数据来自县保险部门；教育数据来自县教育局和县开放大学；旅游数据、体育数据、博物馆、公共图书馆、文化馆、影院数据来自县文化广电旅游体育局；卫生数据来自县卫生健康局；用电数据来自县供电部门；其他数据来自县统计局。

党的建设

【概况】 2020年，丰顺县党的建设工作坚持以习近平新时代中国特色社会主义思想为指导，全面贯彻落实中共十九大和十九届二中、三中、四中、五中全会精神，深入学习贯彻习近平总书记出席深圳经济特区建立40周年庆祝大会和视察广东的重要讲话、重要指示精神，以及省委十二届九次、十次、十一次、十二次全会和市委七届八次、九次全会精神，认真贯彻新时代党的建设总要求，坚持和加强党的全面领导，扎实推动全面从严治党向纵深发展、向基层延伸，为丰顺统筹推进疫情防控和经济社会发展工作，全面建成小康社会和“十三五”规划圆满收官提供了坚强政治保证和组织保证。截至2020年年底，丰顺县共有基层党（工）委37个、党组39个、党总支部35个、党支部684个，党员22312人。

【党的政治建设】 坚持以党的政治建设为统领，坚决把“两个维护”贯彻到县委工作全过程，以高度的政治站位狠抓省委第四巡视组巡视反馈意见整改工作，教育引导全县党员干部提高政治站位、坚定维护核心，不断增强“四个意识”、坚定

“四个自信”、做到“两个维护”，以过硬的政治建设推动良好政治生态形成。强化各级领导班子政治建设，加强政治忠诚教育，严肃党内政治生活，强化政治监督，提高政治能力，严格执行省委坚决落实“两个维护”十项制度机制。坚持把政治建设放在大局中谋划推动，基层党建强化政治功能，人才工作注重政治引领，选人用人坚持政治标准，考察先考政治素质，任职谈话先谈政治纪律、政治规矩。

【党的思想建设】 坚持把学习贯彻习近平新时代中国特色社会主义思想作为头等大事和首要政治任务，落实“第一议题”“常设议题”制度，完善政治要件闭环落实机制，认真组织抓好《习近平谈治国理政》、习近平总书记出席深圳经济特区建立40周年庆祝大会、视察广东重要讲话、重要指示精神和中共十九届五中全会精神等学习贯彻，适时召开县委十三届九次、十次全会，迅速开展新一轮“大学习、深调研、真落实”工作，持之以恒用习近平新时代中国特色社会主义思想武装全县党员干部。充分发挥县、镇两级党校教育培训党员“主阵地”作用，举办各领域基层党组织书记培训9期657人（次），对全县2万多名党员进行全覆盖集中轮训。巩固和扩展“不忘初心、牢记使命”主题教育成果，依托党员教育基地、“红色村”等平台加强党员干部革命传统教育和爱国主义教育。“红色村”滩良村成功举办纪念东江苏维埃政府暨中国工农红军第十一军成立90周年活动，坚真纪念馆被评选为首批市级党员教育基地。

【党的组织建设】 认真组织实施加强党的基层组织建设三年行动计划，落实县委常委会研究“一月一研判”基层党建工作制度，建立党委（党组）书记及班子成员党支部工作联系点和基层组织向党组织报告制度，健全完善各级党委负总责、书记亲自抓、班子成员驻点抓的服务群众工作机制，抓好各领域基层党组织书记抓党建工作述职评议考核。深化“头雁”工程，开展村（社区）党组织书记“三个一肩挑”百日攻坚行动，精心组织村（社区）“两委”换届工作，村（社区）党组织书记年龄偏大、学历偏低、能力偏弱等问题得到根本扭转。组织开展机关党建“灯下黑”“两张皮”问题专项治理，完善县委“两新”工委党建工作联席机制，持续巩固公立医院、中小学校等领域基层党建工作。抓党建促脱贫攻坚、乡村振兴和基层治理取得实实在在的成效，全县61个省定贫困村全部如期脱贫，71个集体经济薄弱村全面消除，20个软弱涣散基层党组织实现“摘帽”。高标准打造八乡山镇滩良村、龙岗镇马图村“红色村”党建示范工程以及2个首批市级镇街党校示范点。建立并推行党员网格化和评星定级量化管理制度，“我为乡村振兴添光彩”“定期返乡、反哺家乡”“双报到”等活动扎实开展，有力引领全县700多个基层党组织、1万多名党员奋战在抗击新冠肺炎疫情各战线，涌现出一批先进集体和先进个人，实现并保持全市唯一“零疫情”。其中，获省抗击新冠肺炎疫情先进个人1人、市抗击新冠肺炎疫情先进个人18人，先进集体7个、先进基层党组织3个，优秀共产党员4人。全年新发展党员319人。坚持党管干部，坚持正确选人用人导向和新时期好干部标准，突出一线历练，选拔善于推动产业发展、脱贫攻坚、乡村振兴等工作的优秀干部进入领导班子，全年提拔（重用）科级干部63人。落实严管厚爱和“三个区分开来”（把干部在推进改革中因缺乏经验、先行先试出现的失误和错误，同明知故犯的违纪违法行为区分开来；把上级尚无明确限制的探索性试验中的失误和错误，同上级明令禁止后依然我行我素的违纪违法行为区分开来；把为推动发展的无意过失，同为谋取私利的违纪违法行为区分开来），积极稳妥实施公务员职务与职级并行制度，激励党员干部担当作为、干事创业。坚持党管人才，抓好市、县人才新政落地落实，及时奖励各类人才，加大人才引进和服务管理力度，完成县人才驿站建设并正常运营，为高层次人才提供政策咨询和便利服务。

（县委组织部）

党政机关

中共丰顺县委

【2020年丰顺县委主要事项、重要会议概况】

曾永祥、廖茂忠率队调研督导嘉应学院紫琳学院建设工作　1月2日下午，丰顺县委书记曾永祥，县委副书记、县长廖茂忠率队调研督导嘉应学院紫琳学院建设工作，强调要深入学习贯彻习近平新时代中国特色社会主义思想和中共十九届四中全会精神，“只争朝夕，不负韶华”，继续全力以赴为学院建设提供用地保障，为无障碍施工打下坚实基础。

县委常委会召开会议，传达贯彻省委十二届九次全会和市委七届八次全会精神　1月10日，县委常委会召开会议，传达贯彻省委十二届九次全会和市委七届八次全会精神。县委书记曾永祥主持会议，强调坚持以习近平新时代中国特色社会主义思想为指导，深入学习贯彻落实中共十九届四中全会和中央经济工作会议精神，坚决贯彻省委“1+1+9”工作部署和李希书记到梅州调研讲话精神，按照省委十二届九次全会、市委七届八次全会部署要求，落实市委“123456”思路举措，不忘初心、牢记使命，努力实现丰顺苏区经济社会发展年年好，为梅州实现苏区振兴发展步步高做出丰顺应有的贡献和努力。

丰顺县召开“不忘初心、牢记使命”主题教育总结会议　1月15日，丰顺县召开“不忘初心、牢记使命”主题教育总结会议。会议坚持以习近平新时代中国特色社会主义思想为指导，深入学习贯彻习近平总书记关于主题教育的重要讲话和重要指示批示精神，学习贯彻中共十九届四中全会及省委十二届九次全会、市委七届八次全会精神，对全县主题教育工作进行全面客观总结，巩固拓展主题教育成果。县委书记曾永祥、市委主题教育指导组第七组组长李志新出席会议并讲话，县委副书记、县长廖茂忠主持会议。

曾永祥率队开展节前安全生产检查，强调从严从实从细抓好保安全、保畅通、保供应、保稳定各项工作　1月22日，县委书记曾永祥率队开展春节前安全生产检查工作，强调要深入贯彻落实习近平总书记关于安全生产的重要论述，树牢以人民为中心的发展思想，加大各种安全隐患排查力度，从严、从实、从细抓好保安全、保畅通、保供应、保稳定各项工作，确保让人民群众过一个平安、祥和、欢乐的新春佳节。

曾永祥主持召开县委常委会会议，强调要切实保障人民群众健康安全　1月22日，县委书记曾永祥主持召开县委常委会会议，传达学习贯彻习近平总书记关于新型冠状病毒感染的肺炎疫情的重要指示精神、李克强总理批示要求，以及省、市的部署要求，强调要做好防护物资等应急储备，强化督查，确保丰顺县各项防控措施落实到位，切实保障人民群众健康安全。

丰顺县召开防控新型冠状病毒感染的肺炎疫情工作领导小组会议　1月26日上午，丰顺县召开防控新型冠状病毒感染的肺炎疫情工作领导小组会议，深入学习贯彻习近平总书记对新型冠状病毒感染的肺炎疫情作出的重要指示精神、1月25日中央政治局常委会会议精神和省、市的部署要求，对全县疫情防控工作进行再研究、再部署、再动员。县委书记、县防控工作领导小组组长曾永祥主持会议并讲话，县委副书记、县长、县防控工作领导小组常务副组长廖茂忠出席会议。

曾永祥、廖茂忠率队督导疫情防控工作，强调要把防控疫情工作作为当前头等大事来抓　1月27日，县委书记、县防控工作领导小组组长曾永祥，县委副书记、县长、县防控工作领导小组常务副组长廖茂忠率队到汤坑镇督导新型冠状病毒感染的肺炎疫情防控工作，看望慰问奋战在一线的工作人员，强调要深入学习贯彻习近平总书记关于做好疫情防控工作的重要讲话精神和“生命重于泰山，疫情就是命令，防控就是责任”的重要指示批示精神，以及省委、市委相关会议精神，按照1月26日省、市防控领导小组电视电话会议精神，采取更严的措施，拿出最好的状态，坚定信心、保持定力，不计代价、扎紧口子，把防控疫情工作作为当前头等大事来抓，全面落实联防联控机制，举全县之力进一步做好疫情防控工作，众志成城坚决打赢疫情防控阻击战。

曾永祥主持召开县委常委会（扩大）会议暨县防控工作领导小组会议，强调要把握窗口期，抓住关键点，持续细致做好疫情防控工作　1月30日上午，县委书记、县防控工作领导小组组长曾永祥主持召开县委常委会（扩大）会议暨县防控工作领导小组会议，深入学习贯彻习近平总书记对当前新型冠状病毒感染肺炎防控工作作出的重要指示批示精神，中央、省委有关通知精神以及1月29日下午梅州市疫情防控工作视频会议精神，强调要坚决贯彻落实“坚定信心、同舟共济、科学防控、精准施策”的要求，加强党的领导，坚持外防输入、内防扩散，把握窗口期，抓住关键点，构筑群防群治严密防线，持续细致做好疫情防控工作。县长、县防控工作领导小组常务副组长廖茂忠，县人大常委会党组书记邱翠茂，县政协党组书记黄建斐出席会议。

曾永祥、廖茂忠不打招呼不定线路到一线察访疫情防控　2月5日上午，丰顺县委书记、县防控工作领导小组组长曾永祥，县长、县防控工作领导小组常务副组长廖茂忠率队不打招呼不定线路直奔一线察访疫情防控工作，先后到汤坑镇汤泉社区、城南社区、湖下金盘市场、锦江美景城B区等地，就社区、市场、小区疫情防控工作进行再督导、再检查。

曾永祥率队检查企业复工复产防疫和安全生产工作情况，强调努力把疫情带来的不利影响降到最低　2月13日，县委书记曾永祥率队到丰顺县培英电声有限公司、广东汇威高科技有限公司检查企业复工复产防疫和安全生产工作情况，强调要深入学习贯彻习近平总书记关于疫情防控工作的重要讲话和重要指示精神，认真落实党中央的决策部署和省委省政府、市委市政府的工作要求，严防控、强服务、促生产、保安全，在确保做好疫情防控的基础上，有序开展各类企业复工复产，尤其要推动工业实体经济稳中求进、高质量发展，努力把疫情带来的不利影响降到最低，努力实现全年经济社会发展预期目标，为梅州实现苏区振兴发展步步高做出丰顺的努力和贡献。

曾永祥主持召开县委常委会会议暨县防控工作领导小组（指挥部）会议，强调要坚持做好疫情防控工作，全力推动经济社会发展　2月20日，县委书记曾永祥主持召开县委常委会会议暨县防控工作领导小组（指挥部）会议，学习贯彻习近平总书记在中央政治局常委会会议和中央全面深化改革委员会第十二次会议上的重要讲话精神，及省委书记李希在省委常委会会议、省新冠肺炎防控领导小组（指挥部）视频会议上的讲话精神，传达贯彻省推动企业复工复产工作暨重大工程建设项目总指挥部第二次全体会议精神及市委常委会会议精神、市政府有关会议精神，研究部署丰顺县疫情防控和经济社会发展工作，并强调各级各部门要坚持做好疫情防控工作，全力推动经济社会发展。

曾永祥、廖茂忠率队督导重点机构场所疫情防控工作，强调全力保障特殊群体身体健康和生命安全　2月26日，县委书记曾永祥，县委副书记、县长廖茂忠率队深入梅州荣军医院、汤坑镇敬老院、县看守所等地，督导检查重点机构场所疫情防控工作，强调要认真学习贯彻习近平总书记的重要讲话精神，贯彻落实党中央、国务院的决策部署和省委省政府、市委市政府的工作要求，坚持以人民为中心的理念，以对人民群众生命安全和身体健康高度负责的态度，全面落实防控主体责任，全力保障特殊群体身体健康和生命安全。

市委书记陈敏到丰顺县调研检查疫情防控、重点项目建设和企业复工复产工作　2月27日，市委书记陈敏到丰顺县调研检查疫情防控、重点项目建设和企业复工复产工作，强调要认真贯彻习近平总书记在中央政治局常委会会议上的重要讲话精神，加强疫情防控这根弦不能松，精准稳妥推进重点项目和企业复工复产，努力完成全年经济社会发展目标任务。

曾永祥率队调研督导国际声谷等重点项目建设推进情况，强调努力建设制造业强县　3月4日上午，县委书记曾永祥率队调研督导国际声谷等重点项目建设推进情况，强调要在全力抓好疫情防控的同时，更大力度推动园区建设、项目落地、重点产业培育，努力建设制造业强县，在绿色发展、高质量发展的征程上，体现丰顺先进制造业应有的地位和作用。

丰顺县委退役军人事务工作领导小组召开第二次全体会议　3月4日下午，丰顺县委退役军人事务工作领导小组召开第二次全体会议，深入学习贯彻习近平总书记关于退役军人工作的重要指示批示精神，传达学习省委、省政府、省军区有关文件以及省退役军人事务厅厅长陈小山到丰顺调研主要精神，总结全县2019年退役军人事务工作有关情况，部署2020年退役军人事务工作。丰顺县委书记、县委退役军人事务工作领导小组组长曾永祥主持会议并讲话，县长、县委退役军人事务工作领导小组常务副组长廖茂忠出席会议。

曾永祥、廖茂忠率队调研汤坑镇新农村连线连片示范工程规划建设，强调坚持规划先行，努力打造山清水秀、业旺人和的美丽乡村·幸福家园 3月5日下午，县委书记曾永祥，县委副书记、县长廖茂忠率队到汤坑镇金贵大道大宝山路口、横东村碇下桥调研新农村连线连片示范工程规划建设情况，强调要深入学习贯彻习近平生态文明思想，贯彻落实中央和省委省政府、市委市政府的部署要求，按照市委书记陈敏的指示要求，把新农村连线连片示范工程建设作为全县乡村振兴的切入点和突破口，坚持规划先行，努力打造山清水秀、业旺人和的美丽乡村·幸福家园。县委副书记、政法委书记黄纯忠参加调研。

曾永祥主持召开县委常委会会议，强调要决战决胜脱贫攻坚，全面建成小康社会 3月10日上午，县委书记曾永祥主持召开县委常委会会议，学习贯彻习近平总书记在北京考察新冠肺炎防控科研攻关工作时的重要讲话精神、在中央政治局常委会会议上和在决战决胜脱贫攻坚座谈会上的重要讲话精神，以及省委、市委常委会会议精神，研究丰顺县贯彻落实意见。

丰顺县召开全县决战决胜脱贫攻坚推进会，传达中央、省委有关会议精神 3月13日上午，丰顺县召开全县决战决胜脱贫攻坚推进会，认真学习贯彻习近平总书记在决战决胜脱贫攻坚座谈会上的重要讲话精神和省委书记李希在全省决战决胜脱贫攻坚推进会上的讲话要求，强调要按照习近平总书记的重要指示精神、党中央的决策部署和省委、市委的工作要求，咬定目标、攻坚克难、压实责任，坚决打赢脱贫攻坚战。县委书记曾永祥出席会议并讲话，县委副书记、县长廖茂忠主持会议，县委副书记、政法委书记黄纯忠出席会议。

曾永祥率队调研嘉应学院紫琳学院项目建设，强调要攻坚克难，努力完成全年目标任务 3月17日，县委书记曾永祥率队调研嘉应学院紫琳学院项目建设，听取情况汇报，研究部署2020年各项工作，并强调要认真贯彻落实好2020年2月27日市委书记陈敏现场调研时的讲话要求，乘势而上，攻坚克难，努力完成全年目标任务。

市政协主席陈建青到丰顺县调研重点项目建设、委员企业疫情防控和复工复产 3月18日上午，市政协主席陈建青率队到丰顺县调研重点项目建设、委员企业疫情防控和复工复产，以及委员工作室情况。市政协副主席周秋明、马志元，县委书记曾永祥，县人大常委会党组书记邱翠茂，县政协党组书记黄建斐，县领导梁玉辉、石远平以及相关单位负责人参加相关活动。

曾永祥主持召开丰顺县2020年重点项目建设工作推进会 3月19日上午，县委书记曾永祥主持召开丰顺县2020年重点项目建设工作推进会，通报2020年以来全县重点项目推进情况及接下来工作计划，统筹推动疫情防控和全县重点项目建设。县委副书记、县长廖茂忠，县委副书记、政法委书记黄纯忠出席会议。

县委常委会召开会议，传达学习习近平总书记重要讲话精神 3月20日上午，县委常委会召开会议，传达学习3月18日中共中央政治局常委会会议和省疫情防控指挥部有关文件精神，传达贯彻省、市决战决胜脱贫攻坚推进会精神，研究部署丰顺县疫情防控和经济社会发展等各项工作。县委书记曾永祥主持会议。

曾永祥、廖茂忠率队调研国道改造工程等交通公路项目建设情况，强调要努力

建设“畅安舒美”的出行环境　3月20日，县委书记曾永祥，县委副书记、县长廖茂忠率队调研国道改造工程项目建设情况，强调要深入学习贯彻习近平总书记的重要讲话精神，贯彻落实省市的工作部署，严格按照时间节点及工程进度，按时按质按量做好国道改造工程建设，努力打造“畅、安、舒、美”的出行环境。

曾永祥、廖茂忠率队调研脱贫攻坚和新农村六村连片示范工程建设工作情况　3月20日，县委书记曾永祥，县委副书记、县长廖茂忠率队到丰良镇、大龙华镇和砂田镇调研脱贫攻坚和新农村六村连片示范工程建设工作情况，强调要深入学习贯彻习近平总书记在决战决胜脱贫攻坚座谈会上重要讲话精神，落实全省、全市决战决胜脱贫攻坚推进会精神，坚持以党建为引领，以人居环境整治提升为重点，以发展壮大乡村产业为抓手，全面推进乡村振兴，确保如期高质量完成脱贫攻坚目标任务，努力打造山清水秀、业旺人和的美丽乡村。县委副书记、政法委书记黄纯忠等领导参加调研。

丰顺县召开留隍镇国家特色小镇和特色小城镇建设工作座谈会　3月24日，丰顺县召开留隍镇国家特色小镇和特色小城镇建设工作座谈会。县委书记曾永祥出席会议并强调，要认真贯彻落实好1月21日市委书记陈敏、市长张爱军到丰顺调研讲话精神，在做好疫情防控工作的同时，做好谋划策划、做细群众工作、做实各项任务，用心用情推动留隍镇国家特色小镇建设。县委副书记、政法委书记黄纯忠主持座谈会。

曾永祥率队到汤坑镇和汤西镇调研检查基层党建、脱贫攻坚、乡村振兴等工作　3月25日下午，县委书记曾永祥率队深入汤坑镇东里村、汤西镇左岭村，调研检查基层党建、脱贫攻坚、乡村振兴等工作，强调要深入学习贯彻习近平总书记在决战决胜脱贫攻坚座谈会上重要讲话精神，贯彻落实中央和省委、市委决策部署，以及市委书记陈敏到丰顺调研检查工作时的部署要求，咬定目标、攻坚克难，坚决打赢脱贫攻坚战，不断提升人民群众的获得感、幸福感、安全感。

曾永祥主持召开全县清明期间疫情防控和安全防护工作会议，强调坚决打好疫情防控和安全防护硬仗　3月29日下午，县委书记曾永祥主持召开全县清明期间疫情防控和安全防护工作会议，贯彻落实全省、全市会议精神，对全县相关工作进行再动员、再部署，强调要按照中央、省委、市委部署要求，切实增强清明期间做好疫情防控与安全防护工作的政治自觉、思想自觉和行动自觉，清醒认识当前面临的严峻形势，分兵把守、协调作战，坚决打好疫情防控和安全防护硬仗。县委副书记、县长廖茂忠，县委副书记、政法委书记黄纯忠出席会议。

市委常委、市纪委书记、市监委主任黄建固到丰顺县调研复工复产和脱贫攻坚工作　3月30日，市委常委、市纪委书记、市监委主任黄建固到丰顺县嘉应学院紫琳学院建设现场、丰顺县培英电声有限公司、汤西镇新岭村等地调研复工复产和脱贫攻坚工作，强调要深入学习贯彻习近平总书记关于统筹推进疫情防控和经济社会发展的一系列重要讲话和重要指示精神，认真贯彻落实省委、市委部署要求和市纪委七届六次全会工作部署，科学精准稳慎有效实施监督，把统筹推进疫情防控和经济社会发展各项具体任务抓到位抓到底，促进经济平稳运行和社会和谐稳定。县委书记曾永祥参加调研。

中国共产党丰顺县第十三届纪律检查

委员会第五次全体会议召开　4月1日，中国共产党丰顺县第十三届纪律检查委员会第五次全体会议召开。会议坚持以习近平新时代中国特色社会主义思想为指导，全面贯彻落实习近平总书记在十九届中央纪委四次全会上的重要讲话精神，深入落实十二届省纪委五次全会和七届市纪委六次全会精神，研究部署丰顺县贯彻落实工作。县委书记曾永祥出席会议并讲话，县委副书记、县长廖茂忠传达十九届中央纪委四次全会、十二届省纪委五次全会、市纪委七届六次全会精神，县人大常委会党组书记邱翠茂，县政协党组书记黄建斐，县委副书记、政法委书记黄纯忠出席会议，县委常委、县纪委书记、县监委代主任凌晓文主持会议。

曾永祥率队督导检查清明节期间疫情防控和安全防护工作　4月1日，县委书记曾永祥率队到佳丰科技口罩生产基地、汤南镇政府、埔寨镇加油站等地督导检查清明节期间疫情防控和安全防护工作，强调要深入学习贯彻习近平总书记重要讲话和指示批示精神，认真贯彻落实党中央的决策部署和省、市的工作安排，做好清明节期间疫情防控和安全防护等工作。

曾永祥、廖茂忠率队到砂田镇潭江镇调研督导乡村振兴等工作　4月3日，县委书记曾永祥，县委副书记、县长廖茂忠率队到砂田镇、潭江镇调研督导基层党建、乡村振兴和脱贫攻坚等工作，强调要深入学习贯彻习近平总书记在决战决胜脱贫攻坚座谈会上重要讲话精神，贯彻落实中央和省、市决策部署，尤其是市委书记陈敏到丰顺调研时的指示要求，坚持文旅、农旅、茶旅、养旅融合发展，大力推进圩镇升级改造和农村人居环境整治，软硬结合、内外兼修提升乡村品位，扎实打造生态美、产业强、农民富的特色精品村。

丰顺县召开援鄂医疗队员返丰座谈会　4月4日上午，丰顺县召开援鄂医疗队员返丰座谈会。县委书记曾永祥代表县委、县政府和75万丰顺人民向四名援鄂医疗队队员表示崇高的敬意和热烈的欢迎，向四名队员的家属以及抗击新冠肺炎疫情的所有工作人员做出的努力和贡献表示衷心感谢。县委副书记、县长廖茂忠主持会议，县人大常委会党组书记、县政协主席邱翠茂，县政协党组书记黄建斐，县领导林剑、石远平参加会议。

曾永祥主持召开中共丰顺县委实施乡村振兴战略领导小组工作会议　4月8日上午，县委书记曾永祥主持召开中共丰顺县委实施乡村振兴战略领导小组工作会议，要求全县上下要深入学习贯彻习近平总书记对广东重要讲话和重要指示批示精神、习近平总书记关于“三农”工作的重要论述和重要指示批示精神，认真学习贯彻省委书记李希在全省实施乡村振兴战略工作推进会上的讲话精神，按照党中央、国务院对实施乡村振兴战略的决策部署，以及省委、市委的工作要求，聚焦攻克脱贫攻坚最后堡垒，加快补上全面小康“三农”领域短板，持续提升群众获得感、幸福感、安全感，用心、用情、用功推动乡村振兴取得重大进展。

县委常委会召开扩大会议，听取并评议各镇（场）党委书记及县直有关党（工）委书记抓基层党建工作述职　4月8日下午，县委常委会召开扩大会议，听取各镇（场）党委书记及县直有关党（工）委书记2019年度抓基层党建工作述职并进行评议。县委书记曾永祥主持会议，强调要深入学习贯彻习近平总书记关于全面加强党的领导和党的建设重要论述精神，按照中央、省委决策部署以及市委书记陈敏在市委常委会扩大会议上提出的“八个抓”工作要求，巩固深化拓展“不忘初心、牢记使命”主题教育成果，持续实施基层党建三年行动计划，深入开展“基层党建质量提升年”活动，全面提升基层党建工作水平。

曾永祥主持召开县委全面依法治县委员会第二次会议 4月10日，县委书记、县委全面依法治县委员会主任曾永祥主持召开县委全面依法治县委员会第二次会议，传达学习贯彻习近平总书记在中央全面依法治国委员会第三次会议上的重要讲话和省委全面依法治省委员会第三次会议精神以及梅州市委全面依法治市委员会第二次会议精神，进一步推动落实依法防控新冠肺炎疫情工作，研究部署2020年丰顺县全面依法治县工作。

曾永祥主持召开县委常委会会议，传达学习贯彻习近平总书记重要讲话和重要指示精神 4月10日下午，曾永祥主持召开县委常委会会议，传达贯彻习近平总书记在中央政治局常委会会议、二十国集团领导人应对新冠肺炎特别峰会和在浙江考察调研时的重要讲话精神，及中央、省、市有关会议和文件精神，研究部署丰顺县贯彻落实意见，强调全县各级各部门要从严控疫情、抢抓机遇、协调发展、强化党建四方面，认真学习领会，全面贯彻落实。

丰顺县新区供水工程项目合作协议签约仪式顺利举行 4月11日，丰顺县新区供水工程项目合作协议签约仪式在丰顺县顺利举行。广东粤海水务股份有限公司党委书记、董事长谭奇峰，总经理郑航桅，县委书记曾永祥，县委副书记、县长廖茂忠，县委常委、办公室主任石远平，副县长钟凌玮以及粤海水务集团代表，县直相关单位、各镇场负责人等出席签约仪式。

丰顺县召开全县打赢污染防治攻坚战工作推进会 4月13日上午，丰顺县召开全县打赢污染防治攻坚战工作推进会。县委书记曾永祥主持会议并讲话，强调要深入学习贯彻习近平生态文明思想和省委书记李希在全省打赢污染防治攻坚战工作推进会上的讲话要求，按照党中央的决策部署和省、市的工作要求，不断增强责任感和紧迫感，坚决完成硬指标、硬任务，坚决打赢污染防治攻坚战，扎实推动丰顺生态环境建设工作再上新台阶。

曾永祥、廖茂忠率队调研2020年春季学期开学准备情况 4月13日，县委书记曾永祥，县委副书记、县长廖茂忠率队调研2020年春季学期开学准备情况，强调要深入贯彻落实习近平总书记关于疫情防控工作的重要讲话和重要指示批示精神，严格按照中央和省、市关于做好开学复课工作的各项要求，始终把全县师生的生命安全和身体健康放在首位，科学合理有序制定防控预案，抓紧抓实抓细校园疫情防控措施，确保全县所有学校顺利有序开学复课。

省政协常委、省政协农业农村委员会主任陈祖煌率队到汤西镇新岭村调研省定贫困村脱贫攻坚和新农村建设 4月13日至14日，省政协常委、省政协农业农村委员会主任陈祖煌率队深入汤西镇新岭村，调研督导对口帮扶村脱贫攻坚和新农村示范村建设情况，充分肯定新岭村在脱贫攻坚工作和新农村建设工作中所付出的努力和所取得的成效。省政协农业农村委员会办公室主任陈玉强，省政协机关党委办公室副主任王冠东，县委书记曾永祥，县政协党组书记黄建斐，县政协副主席郭春山等参加调研。

丰顺县召开落实加强党的基层组织建设三年行动计划推进会 4月16日，丰顺县落实加强党的基层组织建设三年行动计划推进会召开。县委书记曾永祥出席会议并讲话，强调全县各级党组织要坚持以习近平新时代中国特色社会主义思想为指导，全面贯彻落实新时代党的建设总要求，按照省委“1+1+9”工作部署、市委“六争六补”和县委“1333”工作要求，坚持问题导向、目标导向、结果导向相统一，坚持补短板、强弱项，攻难点、创亮点，努力推动全县基层党建全面进步、全面过硬。

曾永祥主持召开县委常委会会议　4月17日，县委书记曾永祥主持召开县委常委会会议，传达学习贯彻习近平总书记关于安全生产重要指示批示精神、全国安全生产电视电话会议和省、市有关会议精神，研究丰顺县贯彻落实意见。

曾永祥主持召开2020年全县全面推行河长制工作领导小组会议　4月17日，县委书记曾永祥主持召开2020年全县全面推行河长制工作领导小组会议，传达省全面推行河长制工作领导小组第二次会议及有关领导讲话精神、省政协调研河长制报告，总结2019年全县全面推行河长制工作情况，部署2020年重点工作。

市委副书记、市长张爱军，市委常委、常务副市长吴晓晖参加梅州丰顺万洋众创城项目签约仪式　4月18日上午，丰顺县人民政府与万洋集团就建设梅州丰顺万洋众创城项目签订合作协议。市委副书记、市长张爱军，市委常委、常务副市长吴晓晖，万洋集团总裁吴建明，市政府秘书长、办公室主任陈亮，县委书记曾永祥，县委副书记、县长廖茂忠，县领导石远平、陈少洲、罗裕权、李吉祥等参加签约仪式。

丰顺县召开全县决战决胜脱贫攻坚推进会　4月20日下午，丰顺县召开全县决战决胜脱贫攻坚推进会，认真学习贯彻习近平总书记在决战决胜脱贫攻坚座谈会上的重要讲话精神和省委书记李希在全省决战决胜脱贫攻坚推进会上的讲话要求，强调要按照习近平总书记的重要指示精神，党中央的决策部署和省委、市委的工作要求，咬定目标、攻坚克难、压实责任，坚决打赢脱贫攻坚战。丰顺县委书记曾永祥出席会议并讲话，县委副书记、县长廖茂忠主持会议，县委副书记、政法委书记黄纯忠等领导出席会议。

曾永祥率队到汤西镇汤南镇调研督导脱贫攻坚、新农村建设等工作　4月22日，县委书记曾永祥率队到汤西镇、汤南镇调研督导脱贫攻坚、新农村建设等工作，贯彻落实习近平总书记重要讲话精神，以及全国、全省、全市决战决胜脱贫攻坚和实施乡村振兴战略部署要求，要求全县动员、全民参与，确保如期完成脱贫攻坚任务，努力建设美丽宜居乡村。

曾永祥主持召开县委网络安全和信息化委员会第一次会议　4月28日，县委书记、县委网络安全和信息化委员会主任曾永祥主持召开县委网络安全和信息化委员会第一次全体会议，深入学习贯彻习近平总书记关于网信工作的重要论述精神，传达省委、市委相关会议精神，研究部署丰顺县当前和今后一个时期的网信工作。

曾永祥、廖茂忠勉励全县广大青年为丰顺苏区振兴发展贡献青春和智慧　4月29日，在第101个“五四”青年节即将到来之际，县委书记曾永祥，县委副书记、县长廖茂忠带队到团县委开展走访慰问活动，并与丰顺县青年代表亲切座谈，共同庆祝青年朋友的节日，并通过他们向全县青年朋友致以节日的祝贺。

县委常委会召开会议认真学习贯彻习近平总书记重要讲话精神　4月30日，县委书记曾永祥主持召开县委常委会会议，认真学习习近平总书记在陕西考察调研时和在中央全面深化改革委员会第十三次会议、中央政治局常务委员会会议上的重要讲话精神，传达省委常委会会议精神、市委常委会会议精神以及市委书记陈敏到丰顺调研讲话精神，研究丰顺县贯彻落实意见。

丰顺县召开全县党管武装工作会议　5月7日，全县党管武装工作会议召开，县委书记曾永祥出席会议并讲话，强调要以强烈的政治责任感、现实紧迫感和历史使命感，保持只争朝夕、不负韶华的奋斗姿态，以钉钉子精神抓工作落实，努力推进丰顺党管武装工作再创佳绩。

丰顺县召开精神文明建设委员会第一次全体（扩大）会议暨创建广东省县级文明城市工作推进会　5月7日，丰顺县召开精神文明建设委员会第一次全体（扩大）会议暨创建广东省县级文明城市工作推进会。县委书记曾永祥出席会议，强调要坚持以习近平新时代中国特色社会主义思想为指导，深入学习贯彻习近平总书记关于精神文明建设的重要论述，树牢“四个意识”、坚定“四个自信”、做到“两个维护”，紧扣“决胜全面小康、决战脱贫攻坚、推动振兴发展”目标任务，大力培养时代新人、着力弘扬共筑美好生活梦想的时代新风，扎实做好各项宣传思想工作，推动丰顺县精神文明建设和创文工作迈向新台阶，更好地坚定主心骨、凝聚正能量、振奋精气神，为丰顺打造梅州融入沿海经济带建设之星、构建“财丰人顺·幸福丰顺”提供坚强的思想保证和强大的精神动力。

曾永祥率队调研村党组织书记“三个一肩挑”工作，压实主体责任，按照时间节点，确保完成目标任务　5月8日，县委书记曾永祥率队先后深入到埔寨镇埔北村、汤南镇东方村、汤坑镇金湖村等地调研村党组织书记“三个一肩挑”工作，强调要压实主体责任，围绕时间节点，确保完成目标任务。

曾永祥、廖茂忠率队调研2020年春季学期开学准备情况，确保学校顺利有序开学复课　5月9日，县委书记曾永祥，县委副书记、县长廖茂忠率队调研2020年春季学期开学准备情况，强调要深入贯彻落实习近平总书记重要讲话精神，严格按照中央和省、市关于做好开学复课工作的各项要求，严防范、管过程、压责任，筑牢广大师生生命健康安全防线，确保学校顺利有序开学复课。

曾永祥主持召开县委常委会会议，强调努力从“双统筹”实现“双胜利”　5月9日，县委书记曾永祥主持召开县委常委会会议，认真学习贯彻中央政治局常务委员会和省委常委会暨省新冠肺炎防控领导小组（指挥部）会议等会议精神，强调各级各部门要切实按照党中央的决策部署和省委、市委的工作要求，压实工作责任，强化主动作为，慎终如始抓紧抓实疫情防控工作，努力从“双统筹”实现“双胜利”，为决战脱贫攻坚、决胜全面建成小康社会提供坚强政治保证和组织保证。

省政协副秘书长、机关党委书记杨细平率队到汤西镇新岭村开展乡村振兴专题调研　5月11日至12日，省政协副秘书长、机关党委书记杨细平率调研组到汤西镇新岭村开展乡村振兴专题调研活动，省政协二级巡视员李纪云，省政协机关党委办公室副主任王冠东，县委书记曾永祥，县政协党组书记黄建斐，县领导石远平、郭春山及相关单位负责人参加调研。

丰顺县召开创建广东省全域旅游示范区工作推进会　5月13日，丰顺县召开创建广东省全域旅游示范区工作推进会，全面总结创建工作情况，围绕创建目标，部署下一阶段工作任务，全力推动创建工作，确保顺利通过验收。市文化广电旅游局局长朱瑛，县委书记曾永祥，县委副书记、县长廖茂忠，嘉应学院地理科学与旅游学院教授、梅州市城乡规划委员会专家委员俞万源，市文化广电旅游局资源开发科科长卓杰等出席会议。

曾永祥率队调研督导基层党建工作，努力推动基层党组织全面进步全面过硬　5月14日，县委书记曾永祥率队先后深入到北斗镇下溪村、建桥镇新和村、丰良镇莘桥村等地调研督导基层党建工作，强调要坚持以习近平新时代中国特色社会主义思想为指导，全面贯彻落实新时代党的建设总要求，补短板、强弱项，攻难点、做亮点，努力推动全县基层党建全面进步、全面过硬，让党旗在乡村振兴一线高高飘扬。

曾永祥率队调研206国道改造工程进展情况，强调努力确保2020年国庆节前全面竣工顺利通车　5月14日，县委书记曾永祥率队调研206国道改造工程进展情况，听取项目建设进展情况汇报，研究解决项目推进过程中存在的困难和问题，安排部署下阶段工作。县领导曹志辉、梁玉辉、石远平，以及县直相关单位主要负责同志等参加调研。

曾永祥率队调研基层党建和乡村振兴工作，坚持党建引领助推乡村振兴　5月18日，县委书记曾永祥率队到砂田镇、小胜镇、黄金镇、大龙华镇、龙岗镇、潘田镇等地调研基层党建和乡村振兴工作，强调要坚持以习近平新时代中国特色社会主义思想为指导，全面贯彻习近平总书记的重要指示批示精神，按照党中央的决策部署和省委、市委的工作要求，深入贯彻新时代党的建设总要求和党的组织路线，充分发挥基层党组织战斗堡垒作用，扎实推动村党组织书记“三个一肩挑”，通过抓好基层党组织建设，助推乡村振兴工作。

2020年梅州丰顺网络高山茶文化节隆重举行　5月21日，“2020梅州丰顺网络高山茶文化节”在韩山生态茶园正式启动，着力进一步加快运用创新思维进行农业供给侧结构性改革，通过直播带货、短视频等手段推动丰顺高山茶销售，进一步扩大丰顺高山茶品牌知名度和市场竞争力，助推梅州嘉应茶品牌建设。南方报业传媒集团副总编辑王更辉，广东茶产业联盟理事长、广东省农业科学院茶叶研究所所长操君喜，梅州市农业农村局总农艺师古广文，《南方农村报》副主编胡念飞，县领导曾永祥、黄纯忠、林剑、石远平，以及各镇（场）党政主要领导、县直相关单位主要负责人、丰顺茶业界知名企业家、商会、乡贤代表，茶企主要负责人等参加活动。

曾永祥主持召开县委常委会会议　5月22日，县委书记曾永祥主持召开县委常委会会议，传达学习习近平总书记在山西考察、在中央政治局常委会会议上的重要讲话精神及省、市有关会议精神，研究丰顺县贯彻落实意见。

曾永祥主持召开县委党的建设工作领导小组会议　5月22日，县委书记、县委党的建设工作领导小组组长曾永祥主持召开县委党的建设工作领导小组会议，传达学习省委、市委党建工作领导小组会议精神，审议有关文件稿，部署推进全县党的建设工作 。

丰顺县召开省委第四巡视组巡视丰顺县工作动员会　5月25日下午，省委第四巡视组巡视丰顺县工作动员会召开。省委第四巡视组组长阙定胜就开展巡视工作进行安排部署、提出具体要求。市委副书记王庆利出席动员会并代表市委作表态讲话，曾永祥主持会议并作表态发言。

曾永祥主持召开县委常委会会议，强调落实“六稳”“六保”，推动乡村振兴　6月1日上午，曾永祥主持召开县委常委会会议，传达学习贯彻习近平总书记重要讲话精神和全国两会精神、2020年全市农村工作暨实施乡村振兴战略和决战决胜脱贫攻坚现场推进会精神，研究丰顺县贯彻落实意见，强调各级各部门要把学习贯彻习近平总书记重要讲话和全国两会精神作为当前和今后一段时期的重要政治任务，深入学习领会，把握核心要义，切实增强贯彻落实的政治自觉、思想自觉和行动自觉，落实“六稳”“六保”，推动乡村振兴。

中国人民政治协商会议第十届丰顺县委员会第五次会议开幕　6月2日，中国人民政治协商会议第十届丰顺县委员会第五次会议在会展中心开幕。县委书记曾永祥，县委副书记、县长廖茂忠，县人大常委会主任徐庆青到会祝贺。县政协主席邱翠茂代表政协第十届丰顺县委员会常委会作工作报告，县政协副主席郭春山受政协第十届丰顺县委员会常务委员会的委托，向大会报告十届四次会议以来提案工作情况。

丰顺县第十五届人民代表大会第五次会议开幕　6月3日上午，丰顺县第十五届人民代表大会第五次会议在县会展中心开幕。县委书记曾永祥出席会议，县委副书记、县长廖茂忠向大会作政府工作报告，县人大常委会主任徐庆青主持会议。会议还书面报告《丰顺县2019年国民经济和社会发展计划执行情况与2020年计划草案》《丰顺县2019年预算执行情况与2020年预算草案》。

省政协副主席、省住建厅厅长张少康到梅州调研乡村振兴和精准脱贫工作　6月4日至5日，省政协副主席、省住建厅厅长张少康调研组一行先后到梅州市丰顺县汤西镇新岭村、北斗镇拾荷村实地查看村容村貌、“三清三拆”情况及帮扶项目建设情况，就乡村振兴和精准脱贫工作开展专题调研。张少康对梅州市乡村振兴和精准脱贫工作取得的成效给予充分肯定，强调要凝心聚力打赢脱贫攻坚战，确保如期完成脱贫攻坚目标任务。省政协副秘书长杨细平，省扶贫办扶贫开发指导处处长林主伟，省住建厅有关部门负责同志参加相关活动。市委副书记、市长张爱军，市委常委、市政府党组副书记黄文沐，市政协党组成员陈志宁，县委书记曾永祥等县领导及有关部门负责人参加调研或会见。

曾永祥率队调研督导汤坑镇新农村连线连片示范工程建设，强调努力打造“特色明、品位高、产业旺”的精美乡村　6月9日，县委书记曾永祥率队到汤坑镇调研督导新农村连线连片示范工程建设情况，强调要深入学习贯彻习近平总书记重要讲话精神和全国两会精神，按照全省实施乡村振兴战略工作推进会和全市农村工作暨实施乡村振兴战略和决战决胜脱贫攻坚现场会精神，围绕“出手必出彩、完成并完美”的目标要求，努力打造“特色明、品位高、产业旺”的精美乡村。县委副书记、政法委书记黄纯忠一同调研督导。

省委党校调研组到丰顺县开展县级党校建设专题调研　6月9日，省委党校常务副校长张广宁、副校长方真率调研组到丰顺县开展县委党校建设情况专题调研。张广宁对丰顺县委抓好党校硬件打造、班子队伍建设、红色文化建设、信息化建设、教学科研成果等方面取得的成绩给予肯定，希望丰顺县委要切实履行好主体责任，始终把党的政治建设摆在首位，坚持党委办党校、党委管党校、党委建党校，聚焦主业主课，坚持改革创新，把阵地建设好。市委党校常务副校长丘炀、县委书记曾永祥，县委常委、县委办主任石远平、县委党校负责人等参加调研。

曾永祥主持召开县委常委会会议，强调推动高质量发展　6月12日，曾永祥主持召开县委常委会会议，认真学习贯彻习近平总书记在中央政治局第二十次集体学习时的重要讲话精神、习近平总书记赴宁夏考察调研重要讲话精神等上级有关文件、会议精神，强调要深入学习贯彻习近平总书记重要讲话精神，全面落实党中央的决策部署，紧紧围绕省委、市委和县委的工作要求，统筹推进常态化疫情防控和经济社会发展工作，扎实做好“六稳”工作，全面落实“六保”任务，推动高质量发展，确保完成决战决胜脱贫攻坚目标任务，全面建成小康社会和“十三五”规划圆满收官。

丰顺县召开“三防”工作会议　6月13日，丰顺县召开“三防”工作会议，传达贯彻会议精神，部署全县“三防”工作。县委书记曾永祥主持会议并讲话，强调要深入贯彻落实习近平总书记关于防灾减灾工作的重要指示批示精神，认真贯彻省、市“三防”工作视频会议精神，按照省委书记李希以及市委书记陈敏的讲话要求，更加扎实有效做好丰顺县“三防”工作，打好主动战，确保人民群众生命财产安全。

市委书记陈敏到丰顺调研检查防汛减灾和河长制工作　6月15日，市委书记陈敏先后来到丰顺县榕江北河左岸罗湖桥至金河大桥段堤防工程、金瓯寨地质灾害点、丰顺县应急管理局指挥中心等地，就深入贯彻落实习近平总书记关于防灾减灾救灾工作的重要指示精神，进一步落细落实防汛减灾和河长制工作举措进行调研检查，强调各级各部门要深入学习贯彻习近平总书记关于防灾、减灾、救灾工作的重要指示精神，践行以人民为中心的发展思想，始终把人民群众生命安全放在首位，全面落实省、市“三防”工作部署要求，有力有序有效做好防汛减灾工作。市领导温向芳，市委秘书长张运全，市委副秘书长刘裕君，市直相关部门主要负责人，丰顺县委书记曾永祥，县领导黄纯忠、郑春鹏、石远平等参加活动。

县委常委会暨县新冠肺炎防控领导小组（指挥部）召开会议，慎终如始抓好疫情防控，努力从“双统筹”实现“双胜利”　6月17日，丰顺召开县委常委会会议暨县新冠肺炎防控领导小组（指挥部）会议，深入学习贯彻习近平总书记重要讲话和重要指示精神，传达学习省委常委会暨省新冠肺炎防控领导小组（指挥部）会议、市委常委会暨市新冠肺炎防控领导小组（指挥部）会议精神，听取全县疫情防控工作情况汇报，对全县疫情防控工作再部署、再推进、再落实。县委书记、县防控工作领导小组组长曾永祥主持会议并讲话。县长、县防控工作领导小组常务副组长廖茂忠等出席会议。

曾永祥、廖茂忠率队调研高考备考和学校疫情防控工作，确保广大考生以最好的状态考出最好的成绩　6月17日，县委书记曾永祥，县委副书记、县长廖茂忠率队到县实验中学、丰顺中学等地调研高考备考和学校疫情防控工作，勉励学校和教师要全力以赴，扎实做好高考备考各项工作，慎终如始抓好疫情防控，确保广大考生以最好的状态考出最好的成绩。县委副书记、政法委书记黄纯忠等参加活动。

全省林业产业大会在梅州丰顺韩山召开 6月18日上午，全省林业产业大会在梅州丰顺韩山召开。会议学习贯彻第四届全国林业产业大会精神，总结全省林业产业发展经验，部署推动林业一、二、三产业融合创新发展，加快推进广东林业高质量发展，助力脱贫攻坚和乡村振兴。省林业局党组书记、局长陈俊光出席会议并讲话，市委书记陈敏致辞。市委常委、市政府党组副书记黄文沐，丰顺县委书记曾永祥以及全省各市林业部门主要负责人等参加会议。

曾永祥、廖茂忠率队调研县城周边重点交通公路项目建设情况，强调要加快项目建设进度打造"四宜"城市范例 6月22日，县委书记曾永祥，县委副书记、县长廖茂忠率队先后深入到汤坑镇第二中学路口、碧桂园二期项目现场、丰达路与海沟路交界处、翡翠东方路口、段桥路口等地，实地调研县城周边重点交通公路项目建设情况，强调要坚持以人民为中心的发展理念，落实巡视整改，解决群众关切问题，在确保质量和安全的前提下，加快项目建设进度，确保如期高质量完成各项交通公路项目建设目标任务，为打造宜居、宜业、宜游、宜乐的城市范例做出积极贡献。

丰顺新区供水工程项目正式开工 6月24日上午，丰顺县新区供水工程项目动工。市委常委、副市长霍阳出席活动并讲话，粤海水务集团副总经理刘梅盛，中建三局集团有限公司南方分局常务副局长仲崇涛，县委书记曾永祥，县委副书记、县长廖茂忠，市水务局副局长张世俭，市城市供排水中心主任罗文斌、梅州粤海水务有限公司董事长钟荣炎、梅州粤海水务有限公司总经理黄永丰以及项目参建单位等参加活动。

曾永祥主持召开县委常委会会议 6月24日，曾永祥主持召开县委常委会会议，深入贯彻习近平总书记重要讲话精神，认真学习上级有关文件精神，传达贯彻全省林业产业大会精神、市委书记陈敏6月15日到丰顺检查防汛减灾和河长制工作讲话精神，研究部署贯彻落实意见。

丰顺县举行留隍镇上湾至站口"四好农村路"竣工通车仪式 6月28日上午，丰顺县举行留隍镇上湾至站口"四好农村路"竣工通车仪式。杰出乡贤、广州凯源房地产实业有限公司、深圳凯南房地产开发有限公司董事长许应裘，县委书记曾永祥，县委副书记、县长廖茂忠，广州凯源房地产实业有限公司副总经理许桦女士，县人大常委会主任邱翠茂，广州万江文化公益促进会会长曾加勤，县领导梁玉辉、石远平、张晓山、吴伟明、罗小天、郭春山等参加仪式。县委副书记、政法委书记黄纯忠主持仪式。

丰顺县举行2020年"广东扶贫济困日"活动启动仪式 6月29日下午，丰顺县2020年"广东扶贫济困日"活动启动仪式在会展中心举行。活动号召全县上下和社会各界人士积极参与扶贫济困活动，支持丰顺县决战决胜脱贫攻坚、决胜全面建成小康社会、助力乡村振兴。县委书记曾永祥，县委副书记、县长廖茂忠，杰出乡贤、广州凯源房地产实业有限公司、深圳凯南房地产开发有限公司董事长许应裘，广东珠江投资股份有限公司代表、广东省合生教育发展基金理事秘书长龚鸣，县人大常委会主任邱翠茂，县政协主席黄建斐等出席活动。活动现场共筹得善款（含认捐）4.03亿元。

曾永祥率队到基层开展"七一"走访慰问活动 6月30日上午，县委书记曾永祥率队到基层开展“七一”走访慰问活动，感谢基层党员为党的事业和丰顺经济社会振兴发展所付出的努力，并通过他们向全县广大党员致以亲切的问候和崇高的敬意。

曾永祥主持召开县委常委会会议，强调努力把丰顺县各级党组织锻造得更加坚强有力　7月7日，县委书记曾永祥主持召开县委常委会会议，传达学习贯彻习近平总书记在中央政治局第二十一次集体学习时的重要讲话精神以及上级有关会议精神，研究丰顺县贯彻落实意见，强调要坚决贯彻落实习近平总书记重要讲话精神、党中央的决策部署，贯彻落实好新时代党的组织路线，努力把丰顺县各级党组织锻造得更加坚强有力。

曾永祥、廖茂忠率队督导园区重点项目推进情况和“三个一批”活动筹备情况，强调要为产业兴旺、企业发展做好服务，扎实推动经济高质量发展　7月9日上午，县委书记曾永祥，县委副书记、县长廖茂忠率队到海珠（丰顺）产业园督导重点项目推进情况和“三个一批”活动筹备情况，强调要深入学习贯彻习近平总书记关于统筹推进疫情防控和经济社会发展的一系列重要讲话、重要指示批示精神，紧紧围绕中央的决策部署和省、市的工作要求，坚持工业兴县、制造业立县不动摇，大力发展实体经济，以“闻鸡起舞、日夜兼程、风雨无阻”的奋斗姿态，当好“店小二”，工作“天天抓”，为产业兴旺、企业发展做好服务，扎实推动经济高质量发展。

曾永祥率队调研新农村建设工作，强调要着力打造美丽宜居新农村示范村　7月9日下午，县委书记曾永祥率队到汤西镇、北斗镇调研新农村建设工作，强调各级各部门要珍惜机会、全面参与、全面发力、共建共享，扎实开展“五新五美”行动，着力打造美丽宜居新农村示范村，切实提升群众的幸福感、获得感。县领导石远平、朱报正以及相关单位主要负责人等参加调研。

省政协办公厅携手碧桂园集团共建新岭村美丽乡村建设项目启动　7月14日上午，省政协办公厅携手碧桂园集团共建美丽乡村建设项目启动仪式在汤西镇新岭村举行。省政协农业农村委主任陈祖煌，省政协机关二级巡视员李纪云，县委书记曾永祥，碧桂园集团副总裁、梅河区域总裁姚舒扬，碧桂园集团助理总裁、国强公益基金会副理事长兼秘书长罗劲荣，县领导石远平、林楚辉、郭春山、朱报正等出席启动仪式。

曾永祥主持召开县委常委会会议　7月20日，县委书记曾永祥主持召开县委常委会会议，深入学习贯彻习近平总书记在中央政治局常委会会议上关于防汛救灾工作的重要讲话精神以及习近平总书记关于防汛救灾工作、禁毒工作作出的重要指示批示精神和省委、市委有关会议精神，研究丰顺县贯彻落实意见。

曾永祥率队调研督导汤西镇新岭村美丽乡村建设，强调共建共治共享美丽新农村　7月24日，县委书记曾永祥率队调研督导汤西镇新岭村美丽乡村建设，强调要切实增强工作的紧迫感和责任感，扎实开展“五新五美”行动，扮靓“美丽庭院”，不断刷新乡村“颜值气质”和提升群众“幸福指数”，共建共治共享美丽新农村。

丰顺县举行先进制造业“三个一批”项目现场会　7月27日，丰顺县在海珠（丰顺）产业园举行先进制造业“三个一批”项目现场会。梅州市委书记陈敏、梅州市市长张爱军、广州市海珠区委副书记马红安；梅州市委常委、常务副市长吴晓晖，梅州市委常委、政法委书记陈俊钦，梅州市委常委、副市长、梅州高新技术产业园区党工委书记、管委会主任霍阳；县委书记曾永祥，县长廖茂忠，市有关单位主要负责同志；万洋集团董事长苏孝锋、广东讯源实业集团总经理罗雄彬、广东双十智能科技董事长王仕初、丰顺新希望生物科技总经理赵红开，"三个一批"有关企业代表和有关商（协）会嘉宾；县委、县人大常委会、县政府、县政协全体领导，县法院院长、县检察院检察长，县纪委监委副书记（副主任），各镇（场）党政主要负责同志，县直和中央、省、市属驻丰相关单位主要负责同志等共同见证一批优质项目投产、动工、签约。

曾永祥主持召开县委常委会会议，强调要推动企业发挥更大作用、实现更大发展 7月29日，曾永祥主持召开县委常委会会议，传达学习习近平总书记在企业家座谈会上的重要讲话精神以及省、市有关会议精神，传达贯彻丰顺县先进制造业"三个一批"项目现场会有关精神，研究部署统筹推进丰顺县经济社会发展工作，并强调要深入学习领会习近平总书记重要讲话精神，认真抓好贯彻落实，千方百计把市场主体保护好，推动企业发挥更大作用、实现更大发展，努力完成全年发展目标任务。

丰顺县召开县委政协工作会议 7月29日，丰顺县召开县委政协工作会议。会议的主要任务是，深入学习贯彻习近平总书记在中央政协工作会议暨庆祝中国人民政治协商会议成立70周年大会上的重要讲话精神，认真落实全国政协十三届三次会议和省委、市委政协工作会议精神，总结部署丰顺政协工作，激励广大政协委员，在推动丰顺振兴发展的征程中，彰显政协担当、贡献政协力量、谱写政协篇章，团结一切可以团结的力量，调动一切可以调动的有利因素，凝聚推动丰顺苏区振兴发展的强大力量。县委书记曾永祥出席会议并讲话，县委副书记、县长廖茂忠主持会议，县人大常委会主任邱翠茂，县政协主席黄建斐，县委副书记、政法委书记黄纯忠等出席会议。

丰顺召开精神文明建设工作推进会暨创建省级文明城市誓师大会 7月29日，丰顺召开精神文明建设工作推进会暨创建省级文明城市誓师大会。会议的主要任务是，学习全省精神文明建设工作推进会精神，以及2020年梅州市文明委第一次会议暨精神文明建设和创建全国文明城市工作推进会精神，部署丰顺县创建省级文明城市主要任务，对创建工作进行再动员、再加压、再鼓劲、再推进，确保圆满完成创建目标任务，为丰顺苏区振兴发展提供强大的精神动力。县委书记曾永祥出席会议并讲话，县委副书记、县长廖茂忠主持会议，县人大常委会主任邱翠茂，县委副书记、政法委书记黄纯忠等出席会议。

曾永祥率队调研督导"三创"工作，强调全县动员、全民参与，为打造宜居宜业宜游宜乐"四宜"城市范例注入强大动力 8月10日下午，县委书记曾永祥率队到盛世名园农贸市场、湖下开发区市场、南市场等地调研督导创建国家卫生县城、省级文明城市和省食品安全示范县工作，强调要紧紧围绕上级有关创建工作的部署要求，始终坚持问题导向、目标导向、结果导向相统一，全县动员、全民参与，确保圆满完成创建目标任务，为打造宜居宜业宜游宜乐"四宜"城市范例注入强大动力。

**曾永祥率队调研汤坑镇"两区三村"连线连片示范工程建设，强调全力打造山清水秀、村美民富的美丽幸福家园 8月11日，县委书记曾永祥率队到汤坑镇金贵大道县公安局路口、大宝山旅游度假区路口、东秀村李屋楼桥、横东村委、横东村孔下等地调研“两区三村”新农村连线连片示范工程建设情况，强调要深入学习贯彻落实习近平总书记的重要讲话精神，贯彻落实党中央的决策部署和省、市的工作要求，认真按照“产业兴旺、生态宜居、乡风文明、治理有效、生活富裕”的总要求，连线连片打造山清水秀、村美民富的生态宜居美丽乡村。

丰顺县召开创建食品安全示范县中期评估会议 8月11日上午，丰顺县召开创建食品安全示范县中期评估会议，学习贯彻了习近平总书记关于食品安全的重要指示批示精神，总结丰顺县前期创建工作成效，分析当前形势和存在的问题，并安排部署中期迎检工作的相关事项。县委副书记、县长廖茂忠出席会议并作讲话，强调要强化大局意识、健全各项制度、创造工作亮点，确保丰顺县创建工作顺利通过中期评估。

曾永祥率队调研名人故居（旧居）等历史文化建筑修缮保护利用工作，强调在保护中发展、在发展中保护 8月12日，县委书记曾永祥率队到埔寨镇塔下村调研名人故居（旧居）等历史文化建筑修缮保护利用工作，强调要深入学习贯彻近日市委书记陈敏调研名人故居（旧居）保护修缮工作时的讲话精神，落实“三好一正”“三进一出”工程，深入挖掘和系统阐述名人故居（旧居）所蕴含的文化内涵和时代价值，把名人故居（旧居）等历史文化建筑的修缮保护利用与推进乡村振兴、脱贫攻坚、红色旅游、文化旅游等工作结合起来，切实做到在保护中发展、在发展中保护，走上可持续发展的良性轨道，助推丰顺苏区振兴发展。县委副书记、政法委书记黄纯忠等参加活动。

曾永祥主持召开县委常委会会议，强调要深入学习领会习近平总书记重要讲话精神，抓好贯彻落实 8月12日，县委常委会召开会议，传达学习习近平总书记在中央政治局会议、党外人士座谈会、在吉林考察调研时的重要讲话精神和致信中国少年先锋队第八次全国代表大会召开主要精神，以及省委、市委有关会议精神，强调习近平总书记的重要讲话，深入分析当前经济形势和经济工作，深刻阐明当前形势怎么看、各项工作怎么干的重大问题，为丰顺县做好当前和今后一个时期的经济工作指明了前进方向、提供了根本遵循，各级各部门要深入学习领会，抓好贯彻落实。

省老促会会长陈开枝一行到丰顺县调研，强调要高举苏区旗帜、助推振兴发展 8月13日至14日，省老促会会长陈开枝一行率队先后深入到丰顺县龙岗镇马图村、韩山生态茶园、广东代米生物科技有限公司等地，对丰顺县贯彻落实全省推动老区苏区振兴发展工作现场会精神和省委、省政府《关于进一步推动我省革命老区和原中央苏区振兴发展的意见》进行专题调研，详细了解丰顺县经济社会发展情况，并对丰顺县经济社会发展所取得的成效和在老区建设所做的努力给予充分肯定。省老促会常务副会长兼秘书长姚泽源，省老促会副秘书长丁小伦，省老促会理事刘飚，县委书记曾永祥，县领导曹志辉、梁玉辉、石远平、朱报正，市直相关单位负责人，县直相关单位主要负责人等参加活动。

中山市梅州商会到丰顺县考察经济社会建设情况和投资环境 8月14日，中山市梅州商会会长李向党一行到丰顺县园区综合服务中心、万洋众创城项目现场、双十科技项目现场等地开展经济社会建设和投资环境考察，详细了解丰顺县资源优势、产业转型、园区建设和发展前景等情况，并对丰顺县深厚的文化底蕴和优越的投资环境给予高度赞誉，表示会进一步加强沟通交流，寻求投资契合点，共同推动丰顺经济社会高质量发展。县委副书记、县长廖茂忠，县委常委、副县长陈少洲，副县长罗裕权等参加活动。

曾永祥率队调研督导“三创”工作，强调要让群众在创建中感受到幸福 8月14日下午，县委书记曾永祥率队调研督导创建国家卫生县城、省级文明城市和省食品安全示范县工作，强调要深入学习贯彻习近平总书记关于精神文明建设的重要论述，认真学习贯彻市委书记陈敏近期到梅州城区检查创文和老旧小区改造工作时的部署要求，对标对表有关创建标准和要求，再动员、再加压、再鼓劲、再推进，继续攻坚、全力冲刺，让群众在创建中感受到幸福。

丰顺县召开深化乡镇体制改革工作动员会 8月14日，丰顺县在会展中心310会议室召开深化乡镇体制改革动员大会，深入学习贯彻习近平总书记关于党和国家机构改革的重要论述，认真贯彻落实党中央关于构建简约高效基层管理体制的决策部署和省委、市委关于深化乡镇街道体制改革完善基层治理体系的部署要求，对丰顺县深化乡镇改革工作进行动员部署。县委书记曾永祥出席会议并讲话，县委副书记、县长廖茂忠主持会议。

省住房和城乡建设厅领导一行到丰顺县调研脱贫攻坚和乡村振兴 8月18日，省住房和城乡建设厅党组书记赵坤率队到丰顺县调研对口扶贫工作。调研组一行先后到北斗镇拾荷村，实地查看省住房和城乡建设厅自筹资金捐建的太阳能路灯，捐建大桥及在建的文体公园项目。同时举行碧桂园集团为128乡道拾荷段道路和桥梁建设工程捐赠600万元的捐赠仪式。市委常委、市政府党组副书记黄文沐，县委书记曾永祥，副县长钟凌玮，以及市、县相关单位负责人等参加调研。

曾永祥率队到汤西镇新岭村调研督导美丽乡村建设推进情况，强调全力打造干净整洁、宜居美丽的新农村 8月17日，县委书记曾永祥率队到汤西镇新岭村项目建设现场调研督导美丽乡村建设推进情况，强调要加快推进美丽乡村建设工作，扎实开展“五新五美”行动，切实提升乡村风貌的“颜值”和“内涵”，奋战20天展现第一期效果，全力打造干净整洁、宜居美丽的新农村。

曾永祥率队调研督导省级文明城市和省食品安全示范县创建工作，强调要以志在必得的决心和扎实有效的举措做好创建工作 8月18日下午，县委书记曾永祥率队到五一社区、顺达路河滨熟食市场、新邮路、人民社区、金大小区、进华路等地调研督导省级文明城市和省食品安全示范县创建工作，强调要深入学习贯彻习近平总书记关于精神文明建设的重要论述，紧紧围绕省、市有关创建工作的部署要求，以志在必得的决心和扎实有效的举措做好创建工作。

省评估组到丰顺县开展创建省级食品安全示范县中期评估工作 8月17日至19日，省市场监管局二级调研员张晖率队到丰顺县开展创建省级食品安全示范县中期评估工作，并对丰顺县党政同责、部门联动、创新监管等方面做出的工作给予充分肯定，希望丰顺县要坚持问题导向，对照任务清单和创建要求，继续做好创建工作，确保广大人民群众舌尖上的安全。梅

州市市场监管局局长罗颖安，县委书记曾永祥，县委副书记、县长廖茂忠等参加汇报会及反馈会。

丰顺县召开加快推进市域社会治理现代化工作会议　8月20日，丰顺县召开加快推进市域社会治理现代化工作会议，深入学习贯彻习近平总书记关于社会治理现代化重要论述，认真贯彻落实中央和省委、市委关于社会治理现代化的部署要求，部署加快推进市域社会治理现代化工作。市委政法委副书记陈万年出席会议并对丰顺县推进市域社会治理现代化工作给予充分肯定，强调要提高政治站位，聚焦目标任务，强化组织领导，为加快推进市域社会治理现代化提供坚强保障。县委书记曾永祥，县人大常委会主任邱翠茂，县政协主席黄建斐，县委副书记、政法委书记黄纯忠等出席会议。

曾永祥主持召开2020年县委教育工作领导小组工作会议，强调努力办好让人民满意的教育　8月26日上午，县委书记、县委教育工作领导小组组长曾永祥主持召开2020年县委教育工作领导小组工作会议，深入贯彻习近平总书记关于教育工作的重要论述以及全国、全省、全市教育大会精神，传达贯彻近日市委书记陈敏、市长张爱军有关教育工作的指示要求，听取丰顺县2019—2020学年度中、高考情况分析及2020年秋季返校准备工作情况汇报，对以后一段时间教育工作进行再研究、再部署、再落实，强调要努力办好让人民满意的教育。县长、县委教育工作领导小组副组长廖茂忠，县委副书记、政法委书记黄纯忠等领导出席会议。

曾永祥主持召开县委常委会议，强调要高质量建设“富美强”幸福丰顺　8月27日，县委书记曾永祥主持召开县委常委会议，深入学习贯彻习近平总书记对“十四五”规划编制工作、制止餐饮浪费行为作出的重要指示精神，在经济社会领域专家座谈会和安徽考察时的重要讲话精神，以及省委、市委有关会议精神，强调要高起点抓好“十四五”规划编制，高效率落实“双统筹”决策部署，高质量建设“富、美、强”的幸福丰顺。

曾永祥、廖茂忠率队开展教师节看望慰问和专题调研活动　9月8日，县委书记曾永祥，县委副书记、县长廖茂忠率队开展教师节看望慰问和专题调研活动，代表县委、县政府向全县广大教师和教育工作者致以节日的热烈祝贺和诚挚的问候，强调要深入学习贯彻习近平总书记关于教育工作的重要论述，贯彻落实全国、全省、全市教育大会精神，研究部署丰顺县新时代教育改革发展各项工作，大力弘扬尊师重教风尚，努力办好人民满意教育。

丰顺县召开创建广东省县级文明城市工作推进会　9月14日上午，丰顺县召开创建广东省县级文明城市工作推进会，对创文工作进行再一次部署。县委副书记、县长廖茂忠出席会议并讲话，强调要进一步肯定整改成绩，进一步看清当前形势，进一步强化责任意识，增强主人翁的使命感和责任感，增强信心和决心，切实按照县委、县政府的安排部署，凝心聚力、协同配合，积极投身到创建活动中去。县人大常委会主任邱翠茂，县政协主席黄建斐等领导出席会议，县委副书记、政法委书记黄纯忠主持会议。

省委第四巡视组向丰顺县委反馈巡视情况　9月16日上午，省委第四巡视组向丰顺县委反馈巡视情况。会上，省委第四巡视组组长阙定胜传达省委书记李希在十二届省委第六轮巡视情况专题汇报会上的讲话精神，代表巡视组反馈2020年5月23日至7月10日期间第四巡视组对丰顺县开展巡视的情况，并提出整改意见。市委常委、市纪委书记、监委代主任蒋万军出席会议并代表市委提出要求，要求丰顺县委要深刻领会、认真研究、全面贯彻巡视反馈意见和省委、市委提出的工作要求，切实扛牢政治责任，从严从实、扎扎实实抓好整改落实。县委书记曾永祥主持会议并作表态发言。

曾永祥率队到汤西镇调研督导文明镇村创建工作，努力打造美丽宜居、幸福和谐的文明镇村 9月17日，县委书记曾永祥率队到汤西镇调研督导文明镇村创建工作，强调要扎实细致做好创建各项工作，推进镇村文明程度全面提升，深入开展爱国卫生运动，全力打造干净整洁、美丽宜居、幸福和谐的文明镇村，构建共建共治共享的基层治理新格局。县政协主席黄建斐等参加活动。

曾永祥主持召开县委常委会会议 9月18日，县委书记曾永祥主持召开县委常委会会议，传达贯彻省第十九期领导干部党纪政纪法纪教育培训班精神和省委第四巡视组巡视丰顺县情况反馈意见，研究巡视整改有关工作。

省政协副秘书长、机关党委杨细平率队到汤西镇新岭村开展乡村振兴工作专题调研 9月21日，省政协副秘书长、机关党委书记杨细平率队到丰顺县汤西镇新岭村开展乡村振兴工作专题调研，并对新岭村在乡村振兴方面做出的努力及成效给予充分肯定，对碧桂园集团在各项目建设方面的大力支持表示感谢，强调要以只争朝夕的精神状态和稳中求进的工作举措，扎实开展“五新五美”行动，精心打造，把乡村振兴的美好蓝图一步步变为现实。省政协二级巡视员李纪云，县委书记曾永祥，县政协主席黄建斐，碧桂园集团助理总裁、国强公益基金会副理事长兼秘书长罗劲荣等参加活动。

丰顺县举行庆祝2020中国农民丰收节暨梅州丰顺农民直播节 9月22日，丰顺县在砂田镇黄花村举行庆祝2020中国农民丰收节暨梅州丰顺农民直播节。活动以“庆丰收、迎小康”为主题，重点体现农耕文化场景、民间民俗庆丰收文化展演、农特产品展示、民间美食、“非遗”文化展示，旨在通过全方位、多角度的直播推介及媒体宣传，进一步提高丰顺各镇产品知名度，支持和鼓励广大农民群众积极通过直播带货这一形式触网销售，为丰顺农产品市场营销工作迈出坚实的一步。南方报业传媒集团副总编辑王更辉，梅州市农业农村局二级调研员利宝然，丰顺县委书记曾永祥，县长廖茂忠等出席活动，县委副书记、政法委书记黄纯忠主持。

河源市政协考察组到丰顺调研考察茶叶产业发展情况 9月22日，河源市政协党组成员、副主席刘振林率考察组到丰顺县韩山生态茶园调研考察茶叶产业发展情况，表示丰顺县委县政府做大、做精、做强茶产业的好经验和好做法，很值得学习借鉴，希望梅州、河源两地进一步加强沟通交流，共同推进茶产业发展。市政协党组成员、副主席刘耿灵，全国政协委员、国众联集团董事长黄西勤，县委书记曾永祥，县政协主席黄建斐等领导参加活动。

梅州市委常委、兴宁市委书记余其豹率兴宁考察团到丰顺县考察乡村振兴工作 9月23日，梅州市委常委、兴宁市委书记余其豹，兴宁市委副书记、市长洪国华率兴宁考察团先后到丰顺县砂田镇占中村、黄花村，潭江镇官下村、凤坪畲族村、凤坪畲族村茶园观景台考察乡村振兴工作。余其豹、洪国华表示，丰顺县着力构建现代化产业体系，高质量发展亮点频现，涌现出很多好经验好做法，将认真学习丰顺的好经验、好做法，注重与五华实际相结合，将五华乡村振兴、重点项目建设工作做实做细做精，希望以后进一步加强沟通联系，常来常往，增进了解，相互学习借鉴，共同促进两地经济社会建设再上新台阶。县委书记曾永祥，县委副书记、县长廖茂忠等领导参加考察活动。

五华县考察团到丰顺考察　9月27日，五华县委书记吴晖，县委副书记、县长朱少辉率五华考察团到丰顺县海珠（丰顺）产业转移工业园、培英公司电声有限公司、丰顺县坚真文体中心、梅汕高铁丰顺东站、广东代米生物科技有限公司、留隍镇、潭江镇等地考察乡村振兴、重点项目建设等工作，并对丰顺县实施“五个百亿”投资工程，培育“五大百亿”重点产业所取得的成效和带来的变化给予高度评价。丰顺县委书记曾永祥，五华县人大常委会主任邓伯锦，丰顺县委副书记、政法委书记黄纯忠等领导参加考察活动。

曾永祥主持召开全县第三季度经济形势分析会议　9月28日下午，县委书记曾永祥主持召开全县第三季度经济形势分析会议，分析前三季度丰顺县经济运行情况，研究解决当前经济运行中面临的突出问题，部署做好下一步经济工作，全力冲刺全年各项目标任务，并强调要深入贯彻落实习近平总书记对广东重要讲话精神和重要指示批示精神，深入学习贯彻党中央上半年经济形势分析会、全省上半年经济形势研判会和全市1—7月经济形势分析会议精神，坚定信心、攻坚克难、创新举措，确保全县经济社会平稳健康发展。县委副书记、县长廖茂忠，县委副书记、政法委书记黄纯忠等出席会议。

县委常委会召开会议，学习贯彻习近平总书记重要讲话和重要指示批示精神　9月29日，县委常委会召开会议，传达学习贯彻习近平总书记在第三次中央新疆工作座谈会的重要讲话精神和对供销合作社工作作出的重要指示批示精神，部署丰顺县贯彻落实意见。县委书记曾永祥主持会议。

丰顺县召开推进省委巡视整改工作动员会议　9月29日，丰顺县召开推进省委巡视整改工作动员会议。县委书记曾永祥出席会议并讲话，强调要深入学习贯彻习近平总书记关于巡视工作的重要论述，按照省委第四巡视组反馈意见以及市委书记陈敏对丰顺抓好巡视整改工作的要求，认真贯彻落实中央、省委和市委的各项决策部署，坚持目标导向、问题导向、结果导向相统一，以更高的政治站位、更坚决的态度、更有力的举措、更务实的作风，全面抓好巡视整改工作，努力把巡视整改工作转化为打造苏区振兴发展“丰顺样本”的强大动力。县委副书记、县长廖茂忠主持会议。县人大常委会主任邱翠茂，县政协主席黄建斐，县委副书记、政法委书记黄纯忠等领导出席。

丰顺县举办领导干部党章党规党纪教育培训班　9月29日下午，丰顺县举办全县领导干部党章党规党纪教育培训班，深入学习贯彻习近平新时代中国特色社会主义思想，教育引导党员领导干部增强“四个意识”、坚定“四个自信”、做到“两个维护”，严守政治纪律和政治规矩，切实履行全面从严治党政治责任。县委书记曾永祥出席会议并作专题辅导，县委副书记、县长廖茂忠，县人大常委会主任邱翠茂，县政协主席黄建斐等领导出席会议。

曾永祥率队到汤西镇新岭村调研督导美丽乡村建设，强调要精心打造美丽新岭·幸福家园　10月5日，县委书记曾永祥率队到汤西镇新岭村调研督导美丽乡村建设，看望慰问国庆、中秋“双节”长假期间坚守岗位、奋斗在一线的工作人员，强调要坚持党建引领，扎实开展“五新五美”行动，内外兼修，精心打造美丽新岭·幸福家园。

第四届民族地区文旅产业发展论坛暨非物质文化遗产创新与发展大会在丰顺圆满举行　10月9日至11日，第四届民族地区文旅产业发展论坛暨非物质文化遗产创新与发展大会在丰顺县举行。大会旨在深入学习贯彻习近平总书记关于民族地区发展和文化与旅游工作的重要论述和重要指示精神，全面贯彻落实广东省推动民族地区加快高质量发展工作现场会部署要求，加快推进民族文化与旅游深度融合发展，奋力开创民族地区繁荣发展新局面。大会由中国社会科学院民族学与人类学研究所、中国人类学民族学研究会丝绸之路文化产业专委会和中共丰顺县委、县人民政府联合主办，丰顺县文化广电旅游体育局、中国社会科学院民族学与人类学研究所民族文化室、民族经济室、广州壹点文化发展有限公司承办。国家民委民族理论政策研究室一级巡视员沈林，中国社会科学院新闻所党委书记、中国人类学民族学研究会丝绸之路文化产业专业委员会主任方勇，国家民宗委政研室处长陈晓嫚，中国社会科学院民族学与人类学研究所副所长、研究员丁赛，广东省民族宗教委员会副主任黄忠幸，市委常委、政法委书记陈俊钦，县委书记曾永祥等领导嘉宾，来自云南、贵州、湖南、广西、河北、内蒙古等多省市党政领导，国内知名专家学者，中国社会科学院民族所以及民族地区县市文旅局局长和相关领导，媒体记者等出席大会。县委副书记、政法委书记黄纯忠主持会议。

丰顺县召开新的社会阶层人士联合会成立大会　10月14日，丰顺县召开新的社会阶层人士联合会成立大会。县委书记曾永祥，市委统战部副部长、市工商联党组书记罗桂芳，梅州客家村镇银行董事长李东强，市新阶联会长刘榆厚、县新阶联会长徐云海等出席会议，县委常委、统战部部长梁玉辉主持会议。

曾永祥主持召开县委常委会会议，强调迅速掀起学习宣传贯彻热潮　10月16日，县委书记曾永祥主持召开县委常委会会议，传达学习习近平总书记出席深圳经济特区建立40周年庆祝大会和视察广东重要讲话、重要指示精神，强调要把学习宣传贯彻习近平总书记出席深圳经济特区建立40周年庆祝大会和视察广东重要讲话、重要指示精神作为当前和今后一个时期全县的头等大事和首要政治任务，迅速掀起学习宣传贯彻热潮，推动习近平总书记重要讲话、重要指示精神家喻户晓、深入人心、落地落实。

丰顺县举行招商引资“每季请进来”企业恳谈会暨丰顺万洋众创城招商中心开放活动　10月17日，丰顺县招商引资“每季请进来”企业恳谈会暨丰顺万洋众创城招商中心开放活动在丰顺县举行。市委副书记、市长张爱军，万洋集团总裁吴建明，市政府秘书长、办公室主任陈亮，丰顺县委书记曾永祥、县长廖茂忠，县人大常委会主任邱翠茂，万洋集团广东区域公司常务副总经理、英德/东华项目总经理林开足，梅州浙江商会会长黄瑞招，丰顺万洋众创城科技有限公司总经理李国力，以及市商务局、丰顺县有关负责人，丰顺县主要银行机构负责人，梅州浙江商会、揭阳浙江商会、潮汕浙江商会、丰顺电声协会的领导及会员，梅州市各县区、揭阳市、潮汕市及其他地区的企业家等参加活动。

市委副书记、市长张爱军到丰顺县调

研园工业实体经济发展和嘉应学院紫琳学院建设推进情况 10月17日，市委副书记、市长张爱军到丰顺县调研海珠（丰顺）产业园工业实体经济发展和嘉应学院紫琳学院建设推进情况，强调各级各部门要深入学习贯彻习近平总书记在深圳经济特区建立40周年庆祝大会和视察广东重要讲话重要指示精神，树牢“产业兴市、项目为王、企业第一”理念，务实高效推动项目加快落地建设，做好做实做细群众思想工作，科学有序安全推进嘉应学院紫琳学院工程建设。市政府秘书长、办公室主任陈亮，丰顺县委书记曾永祥、县长廖茂忠，以及市、县、相关企业负责人等参加相关活动。

曾永祥率队督导巡视整改落实工作，强调要坚决打好污染防治攻坚战 10月19日，县委书记曾永祥率队到沿江路锦江老售楼部、新世纪片区截污改造工程现场、河堤改造项目现场、北斗镇污水处理厂督导巡视整改落实工作，强调要深入学习贯彻习近平生态文明思想、习近平总书记出席深圳经济特区建立40周年庆祝大会和视察广东重要讲话、重要指示精神，认真落实好省委巡视反馈意见整改要求，做到真抓实改、整改到位、坚定信心、志在必得，坚决打好污染防治攻坚战。

曾永祥率队到汤南镇督导巡视整改落实工作，加快补齐民生事业发展短板 10月20日，县委书记曾永祥率队到汤南镇带头督导巡视整改落实工作，强调要深入学习贯彻习近平总书记出席深圳经济特区建立40周年庆祝大会和视察广东重要讲话、重要指示精神，牢固树立以人民为中心的发展理念，认真落实好省委巡视反馈意见整改要求以及近日市政府市长张爱军到丰顺调研时的部署要求，做到真改实改，确保整改到位，加快补齐民生事业发展短板。

市委常委、副市长孙春明到丰顺县调研文旅工作，强调要提升文化自信，铸魂全域旅游 10月20日，市委常委、副市长孙春明到丰顺县龙归寨瀑布景区、坚真文体中心、坚真纪念馆、县文化馆、韩山历史文化生态区等地调研客家文化（梅州）生态保护实验区建设和国家全域旅游示范区创建工作，强调要提升文化自信，因地制宜用好用活人文历史、自然生态等优势资源，以文化为旅游铸魂，以旅游为文化添彩。县委副书记、县长廖茂忠，县委副书记、政法委书记黄纯忠等陪同调研。

曾永祥率队到埔寨镇调研督导脱贫攻坚、乡村振兴和村（社区）“两委”换届等工作 10月22日，县委书记曾永祥率队到埔寨镇调研督导脱贫攻坚、乡村振兴和村（社区）“两委”换届等工作，强调要深入学习贯彻习近平总书记出席深圳经济特区建立40周年庆祝大会和视察广东重要讲话、重要指示精神，认真落实好省委巡视反馈意见整改要求，多了解群众诉求，多谋民生之利、多解民生之忧，做到真改实改，确保整改到位，继续推进巩固拓展攻坚成果同乡村振兴有效衔接，抓好村（社区）“两委”换届等工作，巩固脱贫成果，推动乡村振兴。县人大常委会主任邱翠茂等参加活动。

曾永祥率队到县农业农村局调研督导脱贫攻坚和乡村振兴工作，强调要确保高质量全面完成脱贫攻坚目标任务 10月22日下午，县委书记曾永祥率队到县农业农村局调研脱贫攻坚和乡村振兴工作，强调要深入学习贯彻习近平总书记在第七个国家扶贫日对脱贫攻坚工作的重要指示精神，深刻把握习近平总书记“善始善终，善作善成，不获全胜决不收兵”的重要指示，满怀信心不动摇，坚定决心不松劲，保持恒心不懈怠，集中优势力量，发起最后总攻，确保高质量全面完成脱贫攻坚目标任务。

市委副书记、市长张爱军到丰顺县调研 10月24日，市委副书记、市长张爱军到丰顺县，就认真学习贯彻习近平总书记出席深圳经济特区建立40周年庆祝大会和视察广东重要讲话、重要指示精神，加快推动重点项目建设进行调研。广东讯源实业集团有限公司董事长王来胜，市政府秘书长、办公室主任陈亮，县委书记曾永祥，县委副书记、县长廖茂忠，深圳双十科技有限公司董事长王仕初，县领导石远平、吴伟明、罗裕权、李吉祥以及项目施工有关负责人等参加相关活动。

市委书记陈敏到丰顺县调研嘉应学院紫琳学院项目建设情况，强调要把紫琳学院作为丰顺头号工程全力推进 10月26日，市委书记陈敏到丰顺县调研嘉应学院紫琳学院项目建设情况，强调要深入贯彻落实习近平总书记重要讲话、重要指示精神，切实增强紧迫感、责任感和使命感，把紫琳学院作为丰顺县头号工程全力推进，确保项目如期投入使用。市政协主席陈建青参加调研。副市长张晨，市委秘书长、办公室主任张运全，县委书记曾永祥，县委副书记、县长廖茂忠，县领导梁玉辉、石远平，以及市、县相关部门负责人等参加活动。

省政协主席王荣到丰顺县开展专题调研 10月26日，省政协主席王荣率队到丰顺县就深入学习贯彻习近平总书记出席深圳经济特区建立40周年庆祝大会和视察广东重要讲话、重要指示精神，决战脱贫攻坚、推进乡村振兴开展调研。省政协秘书长吴伟鹏、农业和农村委员会主任陈祖煌；梅州市委书记陈敏、市政协主席陈建青，丰顺县委书记曾永祥，碧桂园集团助理总裁、国强公益基金会副理事长兼秘书长罗劲荣以及市县相关负责人参加相关调研。

曾永祥率队督导巡视整改落实工作，传承红色基因建设美丽乡村 10月27日，县委书记曾永祥率队到八乡山镇、汤西镇调研督导巡视整改落实、脱贫攻坚、红色村建设和村（社区）“两委”换届等工作，检查纪念东江苏维埃政府暨中国工农红军第十一军成立90周年活动准备情况，强调要深入学习贯彻习近平总书记出席深圳经济特区建立40周年庆祝大会和视察广东重要讲话、重要指示精神，以及省委书记李希到梅州调研讲话精神，认真落实省委巡视反馈意见整改要求，按照省委省政府、市委市政府的决策部署，以及市委书记陈敏到八乡山镇调研的讲话要求，传承红色基因，讲好红色故事，建设美丽乡村，把八乡山打造成为五星级的旅游名镇，探索实现绿水青山向金山银山转化的有效路径。

丰顺县召开中共丰顺县委十三届十次全会举行第一次全体会议 10月28日上午，中共丰顺县委十三届十次全会在县会展中心召开，全会的主要任务是坚持以习近平新时代中国特色社会主义思想为指导，深入贯彻落实习近平总书记关于促进区域协调发展，加快形成以国内大循环为主体、国内国际双循环相互促进的新发展格局的重要论述和出席深圳经济特区建立40周年庆祝大会、视察广东重要讲话、重要指示精神，认真贯彻落实省委十二届十次全会关于高质量构建“一核一带一区”区域发展格局、省委书记李希到梅州调研讲话精神，传达学习省委有关通知精神以及市委七届九次全会关于争当生态发展区建设先行示范市的新部署，深入践行新发展理念，发挥主体功能区作用，坚持生态优先、绿色发展，筑牢粤北生态屏障，打造生态经济发展新标杆和梅州融入沿海经济带建设之星，争当生态发展区建设示范县。县委书记曾永祥代表县委常委会向全会作报告；县委副书记、县长廖茂忠就经济工作作专题讲话。

中共丰顺县第十三届委员会第十次全体会议顺利闭幕　10月28日，中共丰顺县第十三届委员会第十次全体会议在圆满完成各项议程后顺利闭幕。县委书记曾永祥主持召开第二次会议并代表县委常委会作总结讲话，强调要坚持以习近平新时代中国特色社会主义思想为指引，深入贯彻新发展理念，立足生态功能区定位，厚植绿色优势，筑牢发展基础，就一定能行稳致远，打造生态经济发展新标杆和梅州融入沿海经济带建设之星，争当生态发展区建设示范县。

市委副书记王庆利率队到丰顺县调研新时代文明实践中心建设工作　10月30日，市委副书记王庆利率队到丰顺县调研新时代文明实践中心建设工作。县委书记曾永祥，市委副秘书长邓冠明，市委宣传部副部长、市文明办主任刘建丰，市文化广电旅游局局长谢钦文，市文联主席陈锐锋，梅州日报社总编辑黄山松，市广播电视台总编辑赖志侃等参加调研活动。

曾永祥主持召开县委常委会会议，传达学习贯彻上级领导调研讲话精神　10月30日，县委书记曾永祥主持召开县委常委会会议，深入学习领会习近平总书记关于深化改革、扩大开放的重要论述，习近平总书记出席深圳经济特区建立40周年庆祝大会和视察广东重要讲话、重要指示精神，学习宣传贯彻中共十九届五中全会精神，传达学习贯彻省政协主席王荣到梅州调研讲话精神，以及市委书记陈敏、市长张爱军、市委副书记王庆利到丰顺调研讲话精神，研究部署丰顺县贯彻落实意见。

曾永祥率队到县委政法委督导巡视整改落实工作，强调要建设更高水平的平安丰顺、法治丰顺　11月2日，县委书记曾永祥率队到县委政法委督导巡视整改落实工作，强调要认真学习贯彻中共十九届五中全会精神，深入学习贯彻习近平总书记对政法工作作出的重要指示精神，认真落实省委巡视反馈意见整改要求，增强“四个意识”、坚定“四个自信”、做到“两个维护”，发扬斗争精神，着力推进政法领域全面深化改革，建设更高水平的平安丰顺、法治丰顺。县委副书记、政法委书记黄纯忠等参加活动。

曾永祥、廖茂忠调研梅州丰顺国际声谷规划建设同时召开项目建设指挥部第三次会议　11月5日，县委书记曾永祥，县委副书记、县长廖茂忠率队到海珠（丰顺）产业园区调研梅州丰顺国际声谷小镇项目规划建设情况。同时召开项目建设指挥部第三次会议，强调要深入学习贯彻中共十九届五中全会精神、习近平总书记出席深圳经济特区建立40周年庆祝大会和视察广东重要讲话、重要指示精神，认真贯彻落实好市委书记陈敏、市长张爱军到丰顺调研讲话指示精神，坚持高起点规划、高标准建设，抢抓发展机遇，强化组织领导，提供要素保障，全力推动梅州丰顺国际声谷规划建设，努力打造具有国家示范效应的中国声光电之都，着力打造制造业高质量发展新引擎。

曾永祥带队到县委统战部、县委宣传部督导巡视整改落实工作，切实守好意识形态安全“南大门”　11月5日下午，县委书记曾永祥率队到县委统战部、县委宣传部看望慰问干部职工，督导意识形态工作责任制等方面巡视整改落实工作，强调要认真学习贯彻中共十九届五中全会精神以及习近平总书记出席深圳经济特区建立40周年庆祝大会和视察广东重要讲话、重要指示精神，认真落实省委巡视组反馈意见整改要求，统一思想和行动，真改实改，确保整改到位，切实守好意识形态安全"南大门"。

曾永祥率队到北斗镇督导巡视整改落实工作，强调要让绿水青山铺就发展最美底色 11月6日下午，县委书记曾永祥率队到北斗镇调研脱贫攻坚、新农村建设等方面巡视整改落实工作，强调要深入学习贯彻中共十九届五中全会精神、习近平总书记出席深圳经济特区建立40周年庆祝大会和视察广东重要讲话、重要指示精神，认真落实省委巡视反馈意见整改要求，加快补齐突出民生短板，深入开展"两美"行动，接续推进巩固拓展脱贫攻坚成果同乡村振兴有效衔接，让绿水青山铺就发展最美底色。

曾永祥率队调研督导汤坑镇"两区三村"连线连片示范工程建设 11月6日，县委书记曾永祥率队到汤坑镇调研督导"两区三村"连线连片示范工程建设进展情况，强调要深入学习贯彻中共十九届五中全会精神、习近平总书记出席深圳经济特区建立40周年庆祝大会和视察广东重要讲话、重要指示精神，按照党中央的决策部署和省、市的工作要求，推动乡村振兴，不断提升文化内涵，推动产业发展，打造山清水秀特色精品路线，建设生态宜居美丽幸福家园。

曾永祥率队到汤南镇调研督导重点交通项目建设等工作 11月10日，县委书记曾永祥率队到汤南镇调研督导重点交通项目建设等工作。他强调，要深入学习宣传贯彻习近平总书记出席深圳经济特区建立40周年庆祝大会和视察广东重要讲话重要指示精神、中共十九届五中全会精神，按照省委巡视反馈意见整改要求，补齐民生短板，坚持以人民为中心的发展理念，加快推进重点交通基础设施建设等工作，做到真改实改，确保整改到位，努力为丰顺打造生态经济发展新标杆和梅州融入沿海经济带建设之星做出新的更大贡献。

曾永祥到汤南镇新楼村作专题辅导报告 11月10日，县委书记曾永祥到汤南镇新楼村上党课并作专题辅导报告，强调要坚持以习近平新时代中国特色社会主义思想为指导，认真贯彻落实习近平总书记出席深圳经济特区建立40周年庆祝大会和视察广东重要讲话重要指示精神、中共十九届五中全会精神，省委全会、省委书记李希到梅州调研讲话精神和省委巡视组反馈意见整改要求，以及市委全会部署，按照市委书记陈敏、市长张爱军到丰顺调研讲话精神，坚持生态优先、绿色发展，推动重点项目建设，补齐民生事业短板，努力把汤南建设成为名副其实的文教名镇、产业重镇、幸福小镇。

曾永祥主持召开县委常委会会议 11月12日，县委书记曾永祥主持召开县委常委会会议，深入学习贯彻习近平总书记对推进农村土地制度改革、做好农村承包地管理工作作出的重要指示精神和在第三届中国国际进口博览会开幕式上的重要讲话精神以及中央宣讲团党的十九届五中全会精神宣讲报告会和上级有关文件精神，研究部署丰顺县贯彻落实意见。

丰顺县妇女第十四次代表大会召开 11月13日上午，丰顺县妇女第十四次代表大会召开。县委书记曾永祥，市妇联主席蔡雪嫦出席大会开幕式并讲话，县委副书记、县长廖茂忠，县人大常委会主任邱翠茂，县政协主席黄建斐，副县长廖月芝，县政协副主席陈美琼、陈春妮等出席会议，县委常委、组织部部长曹志辉主持会议。县总工会代表各人民团体向大会致贺词。

曾永祥率队到潘田镇督导巡视整改、农村人居环境综合整治等工作 11月16日，县委书记曾永祥率队到潘田镇督导巡视整改、农村人居环境综合整治、村“两委”换届、脱贫攻坚和乡村振兴工作发现问题整改落实等工作，强调要深入学习贯彻中共十九届五中全会精神，以及习近平总书记出席深圳经济特区建立40周年庆祝大会和视察广东重要讲话、重要指示精神，习近平总书记关于“三农”工作的重要论述精神，认真落实省委巡视反馈意见整改要求，立行立改，真改实改，补齐民生事业短板，全县总动员、户户搞卫生，干干净净迎小康，继续推进巩固拓展脱贫攻坚成果同乡村振兴有效衔接。

曾永祥率队到县公安局督导巡视整改落实工作，强调要坚持政治建警、改革强警、科技兴警、从严治警 11月17日，县委书记曾永祥率队到县公安局督导巡视整改落实工作，强调要深入学习贯彻中共十九届五中全会精神，以及习近平总书记关于加强新时代公安工作的重要论述，认真落实省委巡视反馈意见整改要求，增强“四个意识”、坚定“四个自信”、做到“两个维护”，坚持政治建警、改革强警、科技兴警、从严治警，努力锻造一支党和人民信得过、靠得住、能放心的公安铁军。

曾永祥主持召开学习贯彻习近平总书记出席深圳经济特区建立40周年庆祝大会和视察广东重要讲话重要指示精神分组研讨会 11月18日下午，县委书记曾永祥主持召开学习贯彻习近平总书记出席深圳经济特区建立40周年庆祝大会和视察广东重要讲话重要指示精神分组研讨会，强调要深入学习习近平总书记重要讲话精神，增强做好丰顺苏区振兴发展工作的信心决心，以一往无前的奋斗姿态、风雨无阻的精神状态，在更高起点上推进改革开放，推动全县各项工作开创新局面，努力打造生态经济发展新标杆和梅州融入沿海经济带建设之星。县委副书记、县长廖茂忠等参加研讨会。

曾永祥主持召开县委“十四五”规划建议文件起草组第一次会议 11月18日下午，县委书记、县委“十四五”规划建议文件起草组组长曾永祥主持召开县委“十四五”规划建议文件起草组第一次会议并讲话，强调要坚持以习近平新时代中国特色社会主义思想为指导，通过三个月努力，起草一份符合中央精神、体现丰顺特色、顺应人民期盼、引领振兴发展的高质量建议文件稿，为努力打造生态经济发展新标杆和梅州融入沿海经济带建设之星，争当生态发展区示范县提供重要支撑。县委副书记、县长、县委“十四五”规划建议文件起草组副组长廖茂忠等领导参加会议。

梅州丰顺举行纪念东江苏维埃政府暨中国工农红军第十一军成立90周年活动 11月20日上午，由中共梅州市委党史研究室、中共丰顺县委、丰顺县人民政府主办的纪念东江苏维埃政府暨中国工农红军第十一军成立90周年活动在梅州丰顺八乡山镇举行。广东省委党史研究室主任杨建伟，丰顺县委书记曾永祥，梅州市委党史研究室主任邓文庆，东江工农兵第一次代表大会召开的见证者、童子团团员、原闽粤赣边纵队二支五团战士、百岁老人曾略，彭湃孙女彭伊娜，彭湃孙女婿顾志杰，古大存之孙古汉援，古大存侄孙

古汉强，以及汕尾市、潮州市、揭阳市和揭西县、揭东区党史部门有关代表，梅州市各县党史研究室主要负责同志，丰顺县直有关单位主要负责同志，八乡山镇、龙岗镇主要负责同志和八乡山镇、村干部等共150多人参加活动。

曾永祥率队调研丁日昌故居和“两区三村”连线连片美丽乡村示范工程建设 11月27日，县委书记曾永祥率队到汤坑镇调研丁日昌故居和“两区三村”连线连片美丽乡村示范工程建设，强调要以创建国家级全域旅游示范县为抓手，坚持农旅、文旅、养旅相结合，统筹抓好历史文化遗产保护、传承和开发利用，讲好丰顺历史故事，深挖丰顺历史文化价值，打造特色浓、乡村美、产业旺的丰顺文化旅游新标杆。

县委常委会召开扩大会议 12月1日，县委常委会召开扩大会议，传达学习贯彻习近平总书记在中央军委军事训练会议上、在全国劳动模范和先进工作者表彰大会上、在中央全面依法治国工作会议上、在全面推动长江经济带发展座谈会上、在浦东开发开放30周年庆祝大会上、在江苏考察时的重要讲话精神，以及致世界互联网大会·互联网发展论坛、致2020中国5G+工业互联网大会的贺信精神。对做好关心下一代工作、对川藏铁路开工建设、对平安中国建设作出的重要指示精神，传达学习省委十二届十一次全会精神以及市委常委会会议精神，研究丰顺县贯彻落实意见。会议由县委书记曾永祥主持。

丰顺县喜获“广东省县级文明城市”称号 12月9日上午，省委、省政府在广州召开广东省精神文明建设表彰大会。丰顺县被表彰为广东省县级文明城市。广东省文明城市获奖单位代表、县委书记曾永祥上台领奖。

曾永祥主持召开县委常委会会议 12月10日，县委书记曾永祥主持召开县委常委会会议，传达学习贯彻习近平总书记在12月3日中共中央政治局常务委员会会议和11月30日中共中央政治局会议、中共中央政治局第二十五次集体学习会上的重要讲话精神以及省委常委会会议、市委常委会会议等有关会议精神，研究丰顺县贯彻落实意见。

丰顺县召开全县村（社区）“两委”换届工作会议 12月10日，丰顺县召开全县村（社区）“两委”换届工作会议，会议深入学习贯彻习近平总书记关于基层党建重要论述和对广东重要讲话、重要指示批示精神，贯彻落实党中央决策部署，以及省委、市委工作安排，对丰顺县村（社区）“两委”换届工作进行动员部署。县委书记、县换届工作领导小组组长曾永祥主持会议并讲话。

丰顺县举行广东坚真大湖天池项目捐建暨丰顺县坚真文体中心室内装饰施工工程协议签订仪式 12月15日上午，广东坚真大湖天池项目捐建暨丰顺县坚真文体中心室内装饰施工工程协议签订仪式在丰顺县留隍镇溪南村站口举行。杰出乡贤、广州凯源房地产实业有限公司、深圳凯南房地产开发有限公司董事长许应裘，县委书记曾永祥，县委副书记、县长廖茂忠，县人大常委会主任邱翠茂等领导出席活动。

省政协副主席林雄率队到丰顺县开展专题调研活动 12月17日，省政协副主席林雄率队到丰顺县围绕“贯彻落实中央和省委政协工作会议精神，更好发挥界别作用”开展专题调研。省政协副秘书长肖航夫，省政协港澳台委员会专职副主任覃大可，市政协副主席曾祥海，县委书记曾永祥，市政协秘书长孙秋珍，县领导石远平、陈新化，以及市、县有关负责人等参加调研。

曾永祥率队调研督导村（社区）“两委”换届工作，强调要确保选出让党放心、让人民满意的“两委”班子　12月17日下午，县委书记曾永祥率队到汤南镇调研督导村（社区）“两委”换届、脱贫攻坚、乡村振兴、森林防火等工作，强调要深入学习贯彻中共十九届五中全会精神和习近平总书记重要讲话、重要指示精神，以及落实好中央、省委、市委关于村（社区）“两委”换届工作的安排部署，齐心协力，坚持把政治标准摆在首位，确保选出让党放心、让人民满意的“两委”班子。

曾永祥主持召开县委常委会会议，传达学习贯彻习近平总书记重要讲话精神　12月18日，县委书记曾永祥主持召开县委常委会会议，传达学习贯彻习近平总书记在中央政治局会议、党外人士座谈会上和中央政治局第二十六次集体学习时的重要讲话精神和致首届全国职业技能大赛的贺信精神，传达省委十二届十二次全会精神，研究丰顺县贯彻落实意见。

曾永祥率队到埔寨镇调研督导，强调要确保顺利圆满完成换届选举工作　12月23日，县委书记曾永祥率队到埔寨镇调研火灾高风险区域整治、村（社区）“两委”换届、美丽乡村建设和名人旧居（祖居）修缮等工作，强调要深入贯彻习近平总书记重要讲话重要指示精神，按照党中央决策部署，省、市的工作要求，坚持人民至上、生命至上，全面抓好消防隐患排查整治，确保人民群众的生命财产安全，全力以赴抓好岁末年初各项工作，营造风清气正的换届选举氛围，为“十四五”开局起步以及丰顺振兴发展提供坚强有力的政治和组织保证。县人大常委会主任邱翠茂等参加调研。

曾永祥主持召开县委常委会会议　12月24日，县委书记曾永祥主持召开县委常委会会议，传达学习贯彻习近平总书记在中央经济工作会议上的重要讲话精神、省委常委会（扩大）会议精神以及市委有关会议精神，研究丰顺县贯彻落实意见。

丰顺县召开科学技术协会第五次代表大会　12月25日，丰顺县科学技术协会第五次代表大会在县会展中心召开。县委书记曾永祥、市科协副主席钟立强出席开幕式并讲话，县委副书记、县长廖茂忠，县人大常委会主任邱翠茂，县政协主席黄建斐出席开幕式。县委常委、组织部部长曹志辉主持开幕式。县领导陈诺文、罗裕权，以及来自全县各条科协战线的84名代表等参加会议。

曾永祥率队检查元旦前安全生产消防工作，除隐患、防事故、保安全，确保社会大局平安稳定　12月29日，县委书记曾永祥率队检查元旦前安全生产消防工作，强调要深入学习贯彻习近平总书记关于安全生产工作的重要讲话和重要指示批示精神，认真贯彻落实上级有关安全生产工作的决策部署，持之以恒抓实抓细安全生产、森林防灭火、消防和道路交通安全各项工作，除隐患、防事故、保安全，确保社会大局平安稳定。

曾永祥、廖茂忠率队调研县城重点市政项目“十四五”规划建设工作，强调要努力打造宜居宜业宜游宜乐幸福家园　12月29日，县委书记曾永祥，县委副书记、县长廖茂忠率队调研县城重点市政项目“十四五”规划建设工作，强调要深入学习贯彻中共十九届五中全会精神和习近平总书记出席深圳经济特区建立40周年庆祝大会、视察广东重要讲话重要指示精神，牢固树立以人民为中心的发展思想，加快推进县城各项市政基础设施建设，持续改善城市环境和秩序，认真谋划推动“十四五”重点项目建设，不断完善城市功能、提升城市品质，努力打造宜居、宜业、宜游、宜乐的幸福家园，切实增强人民群众的获得感、幸福感、安全感。

曾永祥主持召开县委常委会会议暨县新冠肺炎疫情防控领导小组（指挥部）会议，传达学习贯彻习近平总书记重要讲话精神　12月31日，县委书记曾永祥主持召开县委常委会会议暨县新冠肺炎疫情防控领导小组（指挥部）会议，传达学习贯彻习近平总书记在中共中央政治局民主生活会上的重要讲话精神和省委、市委有关会议精神，研究部署丰顺县常态化疫情防控及元旦、春节期间有关工作。

曾永祥率队到汤坑镇第一中心小学上思想政治理论课　12月31日，县委书记曾永祥率队到汤坑镇第一中心小学讲思想政治理论课，强调要深入贯彻落实习近平总书记关于思政教育的重要讲话精神，进一步做好立德树人的根本任务，办好人民满意的教育，让同学们能够健康快乐地成长、学习，将来做合格的社会主义建设者、接班人。

县委召开议军会议，持续巩固深化军民团结大好局面　12月31日，县委召开议军会议，深入学习习近平强军思想，认真学习习近平总书记关于国防和军队建设重要讲话和重要指示批示精神以及市委常委会会议精神，听取丰顺县武装工作情况汇报，研究部署有关工作。县委书记曾永祥主持会议，县委副书记、县长廖茂忠，县人大常委会主任邱翠茂，县政协主席黄建斐等出席会议。

附：2020年度丰顺县委、县委办主要文件目录

（一）2020年度丰顺县委（丰发）发布文件目录

丰发〔2020〕1号　中共丰顺县委关于县委常委会分工调整的通知

丰发〔2020〕2号　中共丰顺县委关于印发《中共丰顺县委贯彻落实〈中共中央关于坚持和完善中国特色社会主义制度、推进国家治理体系和治理能力现代化若干重大问题的决定〉的行动方案》的通知

丰发〔2020〕3号　中共丰顺县委　丰顺县人民政府关于印发《丰顺县支持深圳建设中国特色社会主义先行示范区的行动方案》的通知

丰发〔2020〕4号　中共丰顺县委　丰顺县人民政府关于印发《丰顺县支持广州推动“四个出新出彩”的若干措施》的通知

丰发〔2020〕5号　关于陈少洲同志工作分工的通知

丰发〔2020〕7号　中共丰顺县委　丰顺县人民政府关于表彰丰顺县三八红旗手、三八红旗集体的决定

丰发〔2020〕8号　中共丰顺县委　丰顺县人民政府印发《关于加强乡村振兴重点工作决胜全面建成小康社会的实施意见》的通知

丰发〔2020〕10号　关于张晓山同志工作分工的通知

丰发〔2020〕11号　中共丰顺县委　丰顺县人民政府关于印发《丰顺县深化乡镇体制改革完善基层治理体系实施方案》的通知

丰发〔2020〕12号　中共丰顺县委关于县委领导分工调整的通知

（二）2020年度丰顺县委（丰委）发布文件目录

丰委〔2020〕1号　关于同意召开丰顺县第十五届人民代表大会第五次会议的批复

丰委〔2020〕2号　关于同意召开政协第十届丰顺县委员会第五次会议的批复

丰委〔2020〕4号　关于同意增补政协第十届丰顺县委员会委员和常委的批复

丰委〔2020〕5号　中共丰顺县委丰顺县人民政府丰顺县2019年扶贫开发工作自评报告

丰委〔2020〕6号　中共丰顺县委2019年工作情况报告

丰委〔2020〕7号　中共丰顺县委关于同意成立中共丰顺县政协十届五次会议临时党委的批复

丰委〔2020〕8号　关于同意推迟召开丰顺县第十五届人民代表大会第五次会议的批复

丰委〔2020〕9号　关于同意推迟召开政协第十届丰顺县委员会第五次会议的批复

丰委〔2020〕10号　中共丰顺县委2019年抓党建工作情况报告

丰委〔2020〕11号　关于报送《丰顺县深化乡镇体制改革完善基层治理体系实施方案（送审稿）》的请示

丰委〔2020〕12号　关于陈少洲同志挂任职务的通知

丰委〔2020〕13号　关于陈少洲同志挂任职务的通知

丰委〔2020〕14号　关于谢定雄同志任职的通知

丰委〔2020〕16号　关于同意召开丰顺县第十五届人民代表大会第五次会议的批复

丰委〔2020〕17号　关于同意召开政协第十届丰顺县委员会第五次会议的批复

丰委〔2020〕18号　中共丰顺县委关于同意成立中共丰顺县政协十届五次会议临时党委的批复

丰委〔2020〕19号　关于陈小刚同志挂任职务的通知

丰委〔2020〕20号　关于曾永祥同志任职的通知

丰委〔2020〕21号　关于黄纯忠、陈美琼同志任职的通知

丰委〔2020〕22号　关于张晓山、郑奕雄同志任职的通知

丰委〔2020〕23号　关于成立中共丰顺县第十五届人民代表大会第五次会议临时委员会和下设八个临时党支部的通知

丰委〔2020〕24号　中共丰顺县委关于同意县应急管理局党组改设党委的批复

丰委〔2020〕25号　关于梁玉辉、曾命城同志任职的通知

丰委〔2020〕27号　中共丰顺县委　丰顺县人民政府关于恳请批准同意市有关领导同志出席丰顺县先进制造业“三个一批”项目现场会的请示

丰委〔2020〕28号　关于申请参评2018—2020年度广东省县级文明城市的请示

丰委〔2020〕29号　关于谭杭免职的通知

丰委〔2020〕30号　关于同意设立中国共产党埔寨寨埔北村委员会的批复

丰委〔2020〕31号　中共丰顺县委批转县妇联党组《关于召开丰顺县妇女第十四次代表大会的请示》的通知

丰委〔2020〕32号　中共丰顺县委　丰顺县人民政府关于邀请市有关领导同志出席第四届民族地区文旅产业发展论坛暨非物质文化遗产创新与发展大会的请示

丰委〔2020〕34号　中共丰顺县委关于终止谭杭第十三届县委委员职务的报告

丰委〔2020〕35号　中共丰顺县委关于第十三届委员会委员请辞和递补的报告

丰委〔2020〕36号　中共丰顺县委十三届十次全会情况报告

丰委〔2020〕37号　关于黄纯忠同志免职的通知

丰委〔2020〕38号　关于黄纯忠同志免职的通知

丰委〔2020〕39号　关于林剑等同志任职的通知

丰委〔2020〕40号　关于恳请批准并安排市有关领导同志出席纪念东江苏维埃政府暨红十一军成立90周年活动的请示

丰委〔2020〕41号　关于同意《关于推进丰顺县民生实事项目人大代表票决制工作实施方案》的批复

丰委〔2020〕42号　中共丰顺县委　丰顺县人民政府关于丰顺县农村人居环境整治三年行动检查验收的自评报告

丰委〔2020〕43号　关于李炎飞、周福香职务调整的通知

丰委〔2020〕44号　关于周福香同志任职的通知

丰委〔2020〕45号　中共丰顺县委　丰顺县人民政府关于邀请市有关领导同志出席2020年“讯源杯”中国山地自行车联赛总决赛（广东·梅州丰顺）活动的请示

丰委〔2020〕46号　中共丰顺县委关于落实省委第四巡视组反馈意见整改情况的报告

丰委〔2020〕47号　中共丰顺县委关于落实省委第四巡视组选人用人专项检查组反馈意见整改情况的报告

丰委〔2020〕48号　中共丰顺县委关于落实省委第四巡视组意识形态专项检查组反馈意见整改情况的报告

丰委〔2020〕49号　中共丰顺县委关于省委第四巡视组巡察工作专项检查反馈问题整改落实情况的报告

丰委〔2020〕50号　关于廖月芝、郑春鹏同志职务任免的通知

丰委〔2020〕52号　关于梁玉辉等同志职务任免的通知

丰委〔2020〕53号　关于同意召开丰顺县科学技术协会第五次代表大会的批复

丰委〔2020〕54号　关于曾永祥同志任职的通知

丰委〔2020〕55号　关于廖月芝、梁玉辉同志职务任免的通知

丰委〔2020〕56号　关于同意召开丰顺县第十一次归侨侨眷代表大会的批复

（三）2020年度丰顺县委办公室（丰委办）发布文件目录

丰委办〔2020〕1号　关于调整丰顺县创建现代农业产业园工作领导小组的通知

丰委办〔2020〕2号　关于报送《丰顺县干部接待所（内所）体制改革方案》的通知

丰委办〔2020〕3号　中共丰顺县委办公室　丰顺县人民政府办公室关于成立丰顺县坚真大湖天池项目建设领导小组的通知

丰委办〔2020〕4号　关于调整县领导挂钩联系镇（场）的通知

丰委办〔2020〕5号　关于调整丰顺县扶贫开发领导小组的通知

丰委办〔2020〕6号　中共丰顺县委办公室关于成立县委平安丰顺建设领导小

组的通知

丰委办〔2020〕7号 关于中共丰顺县委办公室领导班子成员分工的通知

丰委办〔2020〕7号 关于成立县委宣传思想工作领导小组的通知

丰委办〔2020〕8号 中共丰顺县委办公室关于印发《丰顺县文联改革实施方案》的通知

丰委办〔2020〕9号 关于呈报《丰顺县会议服务中心机构编制方案》的请示

丰委办〔2020〕10号 关于印发《中共丰顺县汤坑镇委员会汤坑镇人民政府职能配置、内设机构和人员编制规定》的通知

丰委办〔2020〕11号 关于印发《中共丰顺县北斗镇委员会北斗镇人民政府职能配置、内设机构和人员编制规定》的通知

丰委办〔2020〕12号 关于印发《中共丰顺县汤西镇委员会汤西镇人民政府职能配置、内设机构和人员编制规定》的通知

丰委办〔2020〕13号 关于印发《中共丰顺县汤南镇委员会汤南镇人民政府职能配置、内设机构和人员编制规定》的通知

丰委办〔2020〕14号 关于印发《中共丰顺县埔寨镇委员会埔寨镇人民政府职能配置、内设机构和人员编制规定》的通知

丰委办〔2020〕15号 关于印发《中共丰顺县八乡山镇委员会八乡山镇人民政府职能配置、内设机构和人员编制规定》的通知

丰委办〔2020〕16号 关于印发《中共丰顺县丰良镇委员会丰良镇人民政府职能配置、内设机构和人员编制规定》的通知

丰委办〔2020〕17号 关于印发《中共丰顺县建桥镇委员会建桥镇人民政府职能配置、内设机构和人员编制规定》的通知

丰委办〔2020〕18号 关于印发《中共丰顺县龙岗镇委员会龙岗镇人民政府职能配置、内设机构和人员编制规定》的通知

丰委办〔2020〕19号 关于印发《中共丰顺县潘田镇委员会潘田镇人民政府职能配置、内设机构和人员编制规定》的通知

丰委办〔2020〕20号 关于印发《中共丰顺县大龙华镇委员会大龙华镇人民政府职能配置、内设机构和人员编制规定》的通知

丰委办〔2020〕21号 关于印发《中共丰顺县黄金镇委员会黄金镇人民政府职能配置、内设机构和人员编制规定》的通知

丰委办〔2020〕22号 关于印发《中共丰顺县留隍镇委员会留隍镇人民政府职能配置、内设机构和人员编制规定》的通知

丰委办〔2020〕23号 关于印发《中共丰顺县潭江镇委员会潭江镇人民政府职能配置、内设机构和人员编制规定》的通知

丰委办〔2020〕24号 关于印发《中共丰顺县砂田镇委员会砂田镇人民政府职能配置、内设机构和人员编制规定》的通知

丰委办〔2020〕25号 关于印发《中共丰顺县小胜镇委员会小胜镇人民政府职能配置、内设机构和人员编制规定》的通知

丰委办〔2020〕26号 关于罗琳同志任职定级的通知

丰委办〔2020〕27号　关于刘小玲同志等职务任免的通知

丰委办〔2020〕28号　关于调整丰顺县广东坚真大湖天池项目建设领导小组成员的通知

丰委办〔2020〕29号　关于调整丰顺县坚真文体中心项目建设工作领导小组的通知

丰委办〔2020〕30号　中共丰顺县委办公室　丰顺县人民政府办公室关于成立县生态环境保护委员会的通知

丰委办〔2020〕31号　关于印发《丰顺县推进乡镇派驻机构属地管理工作方案》的通知

丰委办〔2020〕32号　关于印发《丰顺县深化乡镇体制改革规范事业机构设置工作方案》的通知

丰委办〔2020〕33号　中共丰顺县委办公室　丰顺县人民政府办公室关于印发《丰顺县交通运输局职能配置内设机构和人员编制规定》的通知

丰委办〔2020〕34号　中共丰顺县委办公室　丰顺县人民政府办公室关于印发《丰顺县发展和改革局职能配置内设机构和人员编制规定》的通知

【县委办公室工作】　2020年，在县委的坚强领导下，县委办坚持以习近平新时代中国特色社会主义思想为指导，深入贯彻落实中共十九大和十九届二中、三中、四中、五中全会精神，坚定不移加强党的全面领导，紧扣全县中心、服务发展大局，主动谋划推动各项工作落到实处，为夺取疫情防控和经济社会发展“双胜利”、决战脱贫攻坚、决胜全面建成小康社会、“十三五”规划完美收官做出积极贡献。

落实从严治党要求，全面加强党的领导　（一）加强党的政治建设。深入学习贯彻习近平新时代中国特色社会主义思想和中共十九届五中全会精神、习近平总书记出席深圳经济特区建立40周年庆祝大会和视察广东重要讲话重要指示精神，坚持以政治建设为统领，不断增强“四个意识”、坚定“四个自信”、做到“两个维护”，始终在思想上政治上行动上同以习近平同志为核心的党中央保持高度一致。（二）加强党的组织建设。坚决贯彻落实新时代党的组织路线，督促各支部进行标准化建设，健全完善基本工作制度、基本工作程序和基础资料，特别是落实好“三会一课”制度，使基层党支部进一步制度化、规范化和标准化。做好党员的发展和培训工作，2020年县委办发展3名发展对象、2名预备党员。（三）加强党风廉政建设。高度重视党风廉政建设和反腐败工作，多次召开专题会议，研究部署党风廉政建设工作，全面落实党风廉政建设和反腐败工作责任，层层分解任务，层层签订责任书，并把个人廉政情况纳入党员干部年度考核和民主评议主要内容。全力支持和配合省委第四巡视组、县委第三巡察组开展工作，自觉接受县纪委派驻县委办纪检组的监督。

落实省委巡视整改，全面完善长效机制　根据省委巡视工作统一部署，省委第四巡视组从5月25日至7月下旬对丰顺县开展巡视。按照《关于做好十二届省委第六轮巡视整改工作有关要求》和《省委第四巡视组关于巡视丰顺的反馈意见》以及《中共丰顺县委关于落实省委第四巡视组反馈意见的整改落实工作方案》的要求，县委办涉及整改问题共四大方面，8个项目，15个分解内容。其中牵头落实整改任务1项，配合落实整改任务7项。为高

质量完成巡视整改落实工作，县委办多次召开会议研究部署相关整改任务，严格按照整改方案要求和时间节点，扎实推进巡视整改工作。（一）强化组织领导。成立以办公室主任为组长、4名副主任为副组长、其他班子成员为成员的中共丰顺县委办省委巡视反馈意见整改落实工作领导小组，并下设办公室，办公室主任由常务副主任担任，切实加强对巡视整改工作的组织领导。制订并印发《中共丰顺县委办关于落实省委第四巡视组反馈意见的整改落实工作方案》，结合单位实际，细化为15条内容，建立问题清单、责任清单、任务清单、整改台账和落实整改工作时间安排表，确保整改工作落到实处。（二）强化责任落实。印发《关于报送巡视整改工作台账的通知》，要求各责任部门就县委办牵头的“部分公务接待不规范”内容，按照县委办制订的整改时间进度表，将整改台账报送至县委办。同时，要求县委办各局、室、科、组、股、所对照巡视整改清单，每周报送整改进度，建立整改台账，收集佐证材料。县委办牵头或参与的8项整改任务基本完成，取得相应成效。（三）完善长效机制。对县委办所有规章制度进行全面梳理，对已经过时不适用的，进行修订完善，对每项拟完善的制度，明确牵头领导、责任部门和完成时限。已出台《丰顺县党政机关国内公务接待管理实施意见》，修订完善意识形态领域各项制度及《丰顺县机关事务管理局公务车辆管理制度》《县委办临时聘用人员管理制度》《中共丰顺县委办公室财务管理制度》等。

落实县委决策部署，全面提升“三服务”水平 （一）高质高效做好办文办会。按照《党政机关公文处理工作条例》规定，严格把好文件审核关，不断提高公文的准确性、时效性、合理性、规范性和科学性。2020年以来，共拟发县委（县政府）文件84号，拟发县委办（县府办）文件近200号，拟发县委常委会会议纪要68号、县委工作纪要31号、其他文件通知300多号，办理各种公文1000多件。印制各种领导讲话稿、资料等共约25万张。坚持早介入、早谋划、早准备，细致周密做好会议筹备和服务工作，增强工作预见性和计划性，圆满完成县委十三届九次、十次全会，第四届民族地区文旅产业发展论坛暨非物质文化遗产创新与发展大会，梅州市丰顺县庆祝2020中国农民丰收节暨梅州丰顺农民直播节等一系列重大会议活动。全年共承办（含协办）各类会议158场次。（二）认真细致做好人事工作。高质量完成选人用人和新招录人员的考察政审和转正工作；完成11人次调进调出人员的手续办理；完成23名职工档案审核工作；做好人员编制、工资变动手续、公务员信息采集、机关事业职工养老保险参保信息登记以及变更；做好公务员职务职级晋升，2020年县委办共有1名四级主任科员以及1名副科职晋升三级主任科员；完成股级干部任免、干部职工年度考核、绩效考核；根据《关于开展执行干部因私出国（境）管理规定不严问题专项整治工作的通知》，进一步完善干部出入境管理相关程序，下发《中共丰顺县委办公室关于执行干部因私出国（境）管理规定的通知》；为完善离退休人员的信息管理，根据《关于开展广东省离退休干部服务管理系统培训的通知》，指定专人录入离退休人员管理系统，确保做好老干部工作信息化精准化规范化建设工作。（三）广泛深入做好新闻报道。在中央、省、市级各类媒体发表的新闻取得新突破，共发表900多条，其中在《南方日报》等省级以上媒体发表300多条；《梅州日报》等市级媒体发表600多条，稿件数量和质量均位居全市八个县（市、区）第一。（四）有力有效做好督查工作。全年承接办理县委领导及上级督办事项28件，已全部落实交办，督办。对全县疫情防控工作、2019年绩效考核工作、县委县政府重点工作、紫琳职业学院建设项目、基层应急管理建设工作、政治要件台账工作、县巡视整改工作等决策事项的贯彻落实开展专项督查及调研共25场次；累计编发督查专报、通报共6期，报市专报材料12编次。对县委常委会会议纪要，县委工作纪要提出有明确时间节点要求的事项进行跟踪督查，较好地完成县委、县政府重大决策部署的督办落实工作。（五）扎实稳妥做好机要保密工作。理顺机构改革后保密工作的管理体系，扎实推进保密法制建设，提升保密科技水平，进一步夯实保密管理基础。全年共办理电报4632份。电报译传办均达到安全、快捷、准确、规范的要求，未出现失泄密、电报漏收、漏发、漏办和延误电报等责任事故，实现全年电报办理“无错情、无差错、无事故”的工作目标。组织开展全民国家安全教育日密码法治宣传教育活动和保密法宣传活动，增强党政机关、企事业单位和社会公众的密码、保密安全意识。（六）条而有序做好档案行政管理。在“两减一即”方面，档案行政许可和其他权力事项时限压减率96.67%，网上办理事项平均跑动次数0次，许可事项即办件占比100%，三项指标均高于省、市、县的平均水平。为强化村级示范档案室建设，到汤南镇新楼村、汤南镇汤光村、汤西镇新湖村、北斗镇北斗村等开展业务指导共30多人次。持续推动《中华人民共和国档案法》学习宣传贯彻向纵深发展，围绕“档案见证小康路、聚焦扶贫决胜期”主题，到汤西镇石江村开展系列宣传活动，共发放各类宣传资料400多份，营造了良好宣传氛围，进一步增强全县档案意识。（七）严谨规范做好行政财会。自觉遵守各项规章制度和财经纪律，做到小事讲风格、大事讲原则，严格按照财经制度规定执行费用的审核和支出工作，进一步细化会计核算，理顺账务科目，使得财务对业务活动的反映更为及时、合理、规范。（八）踏实负责做好后勤管理。全年共完成各类大、中、小型会议及其他活动任务400多场次，重点保障县里召开的人大、政协等重大会议的后勤保障工作，在疫情期间积极做好各类消杀物资的领用和发放，增加对各区域楼层公共卫生的保洁消杀次数，为机关公务提供强有力的后勤保障。在“创文”期间对广场、坚真公园等区域增加、改造广告宣传栏、改造无障碍公厕等。（九）体贴周到做好接待工作。严格执行《中央八项规定实施细则》和县委、县政府出台的关于一般公务活动全面禁酒的通知要求，力求“全面、细致、体贴、周到”，确保让客人满意、让领导放心。省委第四巡视组巡视丰顺县期间，县委办以高质量的接待服务，得到巡视组的表扬和肯定。全年共接待各级领导、海内外乡贤400多批次，1.1万多人次。其中省部级领导121批次，2586人次；国外嘉宾1批次，12人次；特别是2020年多项大型活动和重要会议的接待工作，得到国内外嘉宾和各级领导的一致好评。

（李逊浩）

【机关事务管理工作】

接待工作 接待部门严格执行《中央八项规定实施细则》和县委、县政府出台的关于一般公务活动全面禁酒的通知要求，本着“以人为本，和谐接待”的理念，以提高接待服务水平为目标，改进工作方法，规范接待工作程序，精心编制接待方案，力求“全面、细致、体贴、周到”，确保让客人满意、让领导放心。全年共接待各级领导、海内外乡贤550多批次，1.58万多人次。其中省部级领导165批次，3887人次；国外嘉宾1批次，12人次。机关事务局热情细致，全程跟踪接待，提前安排好食宿服务，力争做到零差错、零失误，得到国内外嘉宾和各级领导的一致好评。

后勤工作 严格执行消防安全工作责任制，经常开展消防安全生产隐患集中排查整治，及时发现整治隐患问题，确保办公楼和厨房电力、燃气及楼房建筑等基础设施的安全使用。对辖区内自来水、温泉管道和电力设施定期开展检查维修，老化破损的及时进行改造，及时有效地处理好机关大院临时性应急维修；严格按照创卫、创文的标准，对新世纪广场、坚真公园等的设施进行升级改造，做好日常保洁，办公区卫生每日两次清扫，垃圾日产日清，每月开展一次环境卫生集中整治工作，彻底消除卫生死角；抓好机关绿化、美化，指导、监督外协单位根据季节变化，及时对行政中心、会展中心办公区、顺景小区生活区绿化带进行管护，每月定时修剪，及时修除枯树残枝，定期划锄浇灌，确保植物健康茁壮生长；做好会务保障，后勤股、保卫股和迎宾馆等部门通力协作，圆满完成县委全会、县人大、县政协例会等重大会议的会务保障工作，全年保障会议约400多场次。

保卫工作 严格执行各项保卫制度，加强对外来人员和车辆的盘查登记，无证车辆一律不准进入，强化与信访、公安等部门的信息沟通和协调配合，做好对来访人员的劝导，合力维护机关大院正常的办公秩序。疫情期间，紧急组织干部职工做好卫生消毒和值班值守，认真排查人员进院情况，严格值守，严格出入，入院前必须测量体温并实名登记，确保大院安全。

食堂工作 遵循厉行节约原则，严格执行中央《厉行节约反对铺张浪费条例》和中央、省、市、县接待工作有关规定，做到勤俭节约、热情服务。强化食品安全卫生，严格执行食品“卫生条例”，加强对食品采购、储存、加工的管理、卫生和安全工作，狠抓各项制度的落实，确保食品安全。

公车管理 切实加强公车管理，做到工作零失误，首先保障县领导视察调研、县党代会、县人大、县政协例会、应急突发事件等重大活动后勤保障用车。其次，通过与相关部门进行友好互动，相互学习车队管理经验，提升车队管理水平和服务质量。加强驾驶员的管理，对车辆实行一车一档、一车一卡，公务用车资料系统化、数据化，车辆和驾驶员的管理都成效显著。

（黄敏超）

【组织工作】 2020年，全县组织部门坚持以习近平新时代中国特色社会主义思想为指导，深入学习贯彻中共十九届二中、三中、四中、五中全会精神以及习近平总书记视察广东重要讲话、重要指示精神，认真贯彻落实新时代党的建设总要求和新时代党的组织路线，始终坚持围绕中心、服务大局，担当作为、锐意进取，为丰顺决胜全面小康、建设生态发展区示范县提供了坚强的组织保证。

学习贯彻习近平新时代中国特色社会主义思想持续走深走实　严格落实第一议题学习制度，先后组织全县科级干部开展学习《习近平谈治国理政》第三卷、习近平总书记出席深圳经济特区建立40周年庆祝大会和视察广东重要讲话、重要指示精神暨学习贯彻中共十九届五中全会精神专题研讨班，并全覆盖至全县党员干部。扎实开展疫情防控常态化下的干部教育培训工作，举办基层党组织建设与治理现代化研讨班等专题班5场、培训学员650人（次），选派干部参加上级培训10期47人（次），举办各领域基层党组织书记培训9期657人（次）。围绕推动“不忘初心、牢记使命”主题教育常态化制度化，高质量打造2个省级红色村党建工程示范点和2个市级镇街党校示范点，依托党员教育基地、“红色村”等平台加强党员干部革命传统教育和爱国主义教育。

党建引领作用持续发挥彰显　坚持党建引领疫情防控，通过划拨专项党费、发动捐款、开展实地走访、电话慰问和专项考核等举措加强一线关怀和支持疫情防控工作，组织由1200多名党员组成的139支党员先锋队主动担当并积极参与村（社区）防控工作，引领全县700多个基层党组织、1万多名党员奋战在抗疫各战线。坚持党建引领乡村振兴和脱贫攻坚，61个省定贫困村全部达到退出标准，全面消除71个集体经济薄弱村，新增8个扶持壮大集体经济试点村。坚持党建引领基层治理，建立并全面推行党员网格化和评星定级量化管理制度，扎实开展“我为乡村振兴添光彩”主题实践和“定期返乡、反哺家乡”以及“双报到”活动，有力服务于各项中心工作。

基层党的建设和组织工作持续从严用力　深入贯彻落实新时代党的组织路线，全力以赴打好基层党建三年行动计划收官战。压实基层党建责任，落实“一月一研判”基层党建工作制度，抓好各领域基层党组织书记抓基层党建工作述职评议考核，建立党委（党组）书记及班子成员党支部工作联系点和基层组织向党组织报告制度，开设“镇党委书记谈党建”电视专栏。推进基层党组织达标创优，集中整顿20个软弱涣散基层党组织，全部实现“摘帽”。推动“头雁”作用发挥，开展村党组织书记“三个一肩挑”百日攻坚行动，全县村党组织书记“三个一肩挑”比例由2019年年底的24.9%提高到98.5%。平稳有序推进村级换届各项工作，积极稳妥推进“一肩挑”和“两委”班子成员“双向进入、交叉任职”，班子结构和干部素质整体提升，村党组织书记平均年龄由53岁下降至46岁，村“两委”班子平均年龄由52岁下降至45岁，大专以上学历比上届增加96人。持续强化党的全面领导，扎实推进机关党建“灯下黑”“两张皮”问题专项治理，全面加强教育工委、开发区党工委工作督促指导，进一步健全完善县委“两新”工委党建工作联席机制，推进“两新”组织党建摸排和组织建设“双同步”，2019年丰顺县新组建成立（调整）非公有制企业党组织8个，规范打造2个省、市级“两新”党组织示范点。

干部队伍建设持续优化加强　坚持立行立改，扎实做好省委第四巡视组选人用人专项检查反馈问题整改落实工作，结合县委巡察开展选人用人工作专项检查。坚持严格监督，用好提醒、函询、诫勉等措施，对干部及时“咬耳扯袖”，全年开展领导干部提醒谈话17人、约谈7人，对9名领导干部开展任期（中）经济责任审计。修订完善干部监督联席会议制度，先后组织开展《党委（党组）讨论决定干部任免事项守则》有关问题、“混编混岗”、执行回避制度不严和干部因私出国（境）等专项整治工作，开展干部人事档案专项审核“回头看”，妥善解决干部档案遗留问题。坚持好干部标准，突出一线历练，在三大攻坚战、疫情防控、创文创卫等中心工作和基层一线选用一批干部，全年共提任科级干部63人，交流轮岗74人。对2019年招录的选调生进行跟踪管理和培养考核，做好2020年选调生到村任职工作。坚持正向激励，积极稳妥实施公务员职务与职级并行制度，扎实做好公务员职级晋升工作，出台执行县机关单位绩效考核方案，常态化开展“向组织部长说句心里话”谈心谈话活动，有力发挥激励作用，推动干事创业。

人才新政持续落地落实　发挥牵头抓总作用，抓好县人才新政任务分工落实，印发执行人才津贴（补助、补贴）及奖励申报发放规程，全年对全县符合政策的教育、卫生和企业高职称高学历人才、名校长、名教师以及国家、省、市“非遗”传承人等46人按规定给予补助，对458名教育、医疗系统人才落实学历提升补助。举办“互联网+电子商务培训讲座”等培训会，组织基层农技推广员、农村实用人才、高素质农民培训，开展“粤菜（客家菜）师傅”人才培训。做好急需紧缺人才引进和管理服务工作，引进急需紧缺人才4名。完成县人才驿站建设并正常运营，配套制订《丰顺县人才驿站运行管理办法（试行）》，发挥县人才驿站柔性引才公共服务平台作用，为高层次人才在社会保障、户籍、就医等方面提供政策咨询和便利服务。

老干部服务管理持续落细落实　加强离退休干部党组织建设，通过送学上门、线上学习等灵活形式，引导离退休干部学思践悟、坚守初心使命。建立全县离退休干部服务管理档案，落实好老干部政治待遇和生活待遇，医疗保健工作得到进一步优化，离休干部护理费进一步提高。支持“一委五老”组织开展歌舞、书画展等有益身心健康、丰富多彩的文体活动，引导老同志在加强思想政治引领、青少年教育、农村青年创业等方面发挥积极作用，为丰顺苏区振兴发展建言献策，县关工委被评为全国先进单位，老干部（老年）大学校长卢广甜被评为省离退休干部先进个人。坚持走访联系和看望慰问，积极帮扶因病住院、生活困难的老干部，把党和政府的关心关爱落到实处。

机关自身建设持续从严锻造　扎实做好组织部门落实省委巡视反馈基层党建和选人用人工作方面问题整改，巩固整改成效。严格落实第一议题学习制度和“三会一课”制度，组织机关党员干部深入学习贯彻习近平新时代中国特色社会主义思想、中共十九届五中全会精神、习近平总书记出席深圳经济特区建立40周年庆祝大会和视察广东重要讲话重要指示精神等专题学习，用以武装思想、指导实践、推动工作。组织动员机关党员干部参与疫情防控和复工复产工作，到红旗居委开展创文创卫活动10余次。完成机关支部换届工作，全年培养2名入党积极分子，吸收1名预备党员，办理3名预备党员转正手续。认真开展纪律教育学习月活动，集中组织观看《走向牢狱的“涉土贪吏”》等警示教育片，到八乡山镇滩良村东江革命根据地史料陈列馆、建桥镇郑屋村“十里花溪”廉政长廊开展革命传统教育和党风廉政教育。坚持严管厚爱，落实“一岗双责”，全年开展日常谈话12次，提醒谈话1次。

（何夏生　丁伟倡）

【宣传工作】 2020年，丰顺县宣传思想文化战线在市委宣传部的关心指导和县委、县政府的正确领导下，坚持以习近平新时代中国特色社会主义思想为指导，全面贯彻中共十九大和十九届二中、三中、四中、五中全会精神，增强“四个意识”、坚定“四个自信”、做到“两个维护”，认真贯彻落实党中央和省委、市委、县委的决策部署，认真学习贯彻《中国共产党宣传工作条例》，牢牢扭住“一个高举、两个巩固、三个建设”的根本任务，牢牢把握举旗帜、聚民心、育新人、兴文化、展形象的使命任务，坚定主心骨、汇聚正能量、振奋精气神，扎实推进省委巡视整改工作，持续深化拓展新时代文明实践中心试点工作，推动理论武装、舆论宣传、精神文明、文化建设及意识形态、网络建设、出版版权等各项工作取得重大进展和良好成效。

理论武装　以落实第一议题制度为根本，推动理论武装更加走深、走实、走心。坚持马克思主义在意识形态领域指导地位的根本制度，始终聚焦学习习近平新时代中国特色社会主义思想这个“第一议题”，县委理论学习中心组召开12次集体学习会，切实用“关键少数”带动“绝大多数”。印发《2020年全县党委（党组）理论学习中心组学习计划暨学习型党组织建设工作计划》，全县党委（党组）理论学习中心组按照学习计划安排，有序有力推进中心组学习，开展专题研讨，把理论学习与统一思想、保持一致结合起来，与科学决策、解决问题结合起来，与深入基层、调查研究结合起来，推动学习往深里走、往实里走，切实发挥了理论学习中心组的“排头兵”作用。成立中共十九届五中全会精神、《习近平谈治国理政》第三卷、习近平总书记出席深圳经济特区建立40周年庆祝大会和视察广东重要讲话、重要指示精神、2020年全国两会精神县委宣讲团，在全县广泛开展巡回宣讲活动219场次。出台《全县理论惠民“一二三六”大宣讲活动实施方案》，结合新时代文明实践中心建设，培育“村（社区）党支部书记、驻村第一书记”为主体的基层宣讲“头雁”队伍，围绕“决胜全面建成小康社会”“中国之治”“疫情防控”等主题开展百姓宣讲活动1300多场次，着力打通理论宣讲“最后一公里”，推动习近平新时代中国特色社会主义思想更加深入人心。中共丰顺县委宣传部被评为2019—2020年全市百姓宣讲先进集体，汤坑中学新时代文明实践站信心德育宣讲团团长、教师刘慧慧被评为先进个人。扎实做好“学习强国”平台宣传推广及供稿工作，全县注册学员38205人，做到在职党员干部全覆盖，全年来供稿274条被“广东学习平台”采用。

舆论宣传　以建设融媒体中心为关键，推动新闻舆论宣传更具影响更有活力。以县广播电视台为主体，完成对广播、电视、《悦读丰顺》报、《丰顺发布》APP移动客户端、“财丰民顺”“丰顺电视新闻”微信公众号等县属媒体的整合，机构人员集中统一办公，初步实现了新闻“一次采集、多种生成、多元传播、全方位覆盖”。建成融媒体指挥调度中心并投入使用，采用高清采编播设备和全新运营模式，实现对县属媒体的统一调度管理，形成时效性强、公信力高的权威发声平台。围绕统筹疫情防控和经济社会发展、决战脱贫攻坚、决胜全面小康等中心工作，县融媒体中心采集新闻5500多条，制作发布各类专题片100多期，“丰顺电视新闻”“财丰民顺”微信公众号和“丰顺发布”APP的新闻发布量和网民阅读量显著上升，主流媒体受众基本做到全县人口全覆盖。扎实开展疫情防控舆论引导、新闻报道、社会宣传、文艺宣传等工作，发布相关讯息2.8万余条次，为夺取疫情防控和经济社会发展“双胜利”提供坚强舆论支撑。全年融媒体中心发布新闻被上级媒体平台采用1341条，同比增长10%，排在全市前列，有力讲好丰顺故事、传播丰顺声音。同时，不断深化融媒体“新闻+政务+服务”功能，《丰顺发布》APP与粤省事、政务服务平台、便民服务平台等进行信息对接，开通了便民惠民服务。与广东省广播电视网络股份有限公司签署了新时代文明实践进村入户合作协议，深化“一平台两中心”建设，推动建设高速数字骨干网络和光纤接入网络，实现文明实践进村入户。疫情期间，“丰顺发布”APP为全县中小学生开通线上教学平台，摄制编排专题视频2000多个，最高同时上线人数100多万，为“停课不停学”提供有力保障。2020年10月，丰顺县融媒体中心建设顺利通过省考核验收。

意识形态　以落实省委巡视整改为抓手，推动意识形态工作责任制落实更加规范长效。对省委第四巡视组反馈的意识形态领域7个方面问题照单全收，及时成立整改专项工作领导小组，梳理细化出16个具体问题，提出具体整改措施，落实整改责任，制定印发“整改方案”，及时召开专项整改推进会推动落实。整改工作实行“每周一报”整改台账，设立工作专班进行跟踪督促落实，推动各单位不断压实整改工作责任。出台《丰顺县党委（党组）意识形态工作学习研究实施方案》，制定《县委宣传部领导班子成员挂点联系各镇（场）意识形态工作方案》，县委书记与各镇（场）党委书记签订《丰顺县落实意识形态工作责任制责任书》，将意识形态工作纳入十三届丰顺县委第八轮、第九轮常规巡察的重要内容，县委宣传部选派专项小组进行检查。落实主管主办和属地管理责任，以更大力度严管学校、宗教和互联网等阵地，全年召开4次联席会议，分析研判并及时处置各类倾向性、苗头性问题，切实维护全县意识形态领域平稳可控。通过集中整改，反馈的7个方面问题已完成整改6个，阶段性完成1个，意识形态工作责任落实机制进一步完善，主要阵地管控力度进一步强化，基层意识形态工作及干部队伍得到有效加强，巡视整改工作取得实实在在的效果。

精神文明　以创建广东省县级文明城市为总揽，推动县镇村“三级联创”取得重大突破。突出领导带动、部门联动、社会互动，落实创建责任和县城市容环境网格管理责任，掀起共创共建文明县城的高潮，2020年12月成功创建“广东省县级文明城市”。以此为总揽，推动县镇村“三级联创”深入拓展，按时完成文明村镇达标创建目标。汤西镇南礤村（复评通过）、砂田镇黄花村获评“全国文明村”荣誉称号；汤南镇新楼村（复评通过）、建桥镇郑屋村获评“广东省文明村”荣誉称号。扎实推进精神文明创建“1+9+N”专项行动，深入开展群众性精神文明创建活动，县自然资源局（复评通过）、县税务局（复评通过）、县文化广电旅游体育局获评“广东省文明单位”荣誉称号；汤坑镇第一中心小学荣获“广东省文明校园”荣誉称号，6所学校被评为第四届梅州市“文明校园”；2个家庭荣获第四届梅州市“文明家庭”，1个家庭荣获梅州市“书香家庭”荣誉称号。全面贯彻《新时代公民道德建设实施纲要》《新时代爱国主义教育实施纲要》，广泛开展社会主义核心价值观进机关、进社区、进学校、进企业、进农村、进家庭“六进”活动，广泛组织开展“新时代好少年”“传承红色基因”“最美逆行者”等主题活动40多场次，强化未成年人思想道德建设和爱国主义教育。围绕疫情防控，大力开展“六送六促”“八项行动”等文明实践志愿服务，深入宣传丰顺4名医护人员支援武汉疫情防控的先进事迹，加强疫情防控精神文明教育，弘扬榜样力量；围绕弘扬时代新风，扎实推进“公筷公勺”“文明健康·有你有我”公益广告宣传及志愿服务行动；围绕提升文明素养，广泛开展倡导文明健康绿色环保生活方式行动。广泛开展各类先进典型评选宣传活动，2人获评第二届“客都好乡贤”，1人获评第九届梅州市道德模范提名奖，2人获评市“最美战疫天使”，6人获评市“最美教师”，8人获评市“梅州好人”，6人获评市“新时代好少年”；评选出县“新时代好少年”12人、县“最美家庭”15户、县“最美庭院”9户、县“好媳妇”12位、县“书香家庭”9户，营造“学先进、讲道德、做好人、树新风”的浓厚氛围。

文化建设　以传保并举、惠育并重为举措，推动文化文艺事业全面发展。深入推进公共文化服务体系建设，已完成全县261个行政村综合性文化服务中心全覆盖并免费开放；已建成文化馆1个总馆、16个分馆、50个服务点，图书馆1个总馆、16个分馆、48个服务点，总分馆制建设覆盖率100%；建成农村文化俱乐站30个、文化驿站10个、综合性文化活动广场示范点5个，公共文化服务能力得到有力提升。积极推动坚真文体中心项目建设，完成项目施工总进度的45%。建成坚真纪念馆教育阵地，培训60多名“小小讲解员”等义务讲解员，全年接待党员干部群众27万多人次。深入推进名人故居（旧居）保护工作，全县保存良好、具有历史价值的名人故居（旧居）19处，并先后投入40多万元完成“蓝田书院”“英拉他信祖居”的保护设计修缮方案，完成“埔河文庙”修缮工程，推动“吴逸志旧居”“冯剑南故居”“绍阳书室”“曾史文故居”等工程修缮施工。“中共丰顺县革命委员会旧址”成功申报市第七批文物保护单位。深入推进“非遗”传承保护工作，全县已建成非物质文化遗产展示馆1个及县综合性传习中心1个、传习所7个，新增县级“非遗”项目代表性传承人8人。举办2020年“文化和自然遗产日”市级“非遗”项目丰良山歌培训班（第一期），全年开展“非遗进校园、进乡村”图片巡回展9场、戏曲·非遗进校园、进乡村文化志愿活动15场、市级“非遗”项目丰良山歌展演13场，不断提高群众“非遗”保护意识。深入推进大宝山温泉旅游度假区“旅游景区+非遗传承”项目，推动“文化+旅游”深度互融，保护传承国家级非物质文化遗产“埔寨火龙”。聚焦疫情防控，全县文学爱好者创作出以丰顺版MV《逆风的你》为代表的各类文艺作品130多篇，有力宣传了疫情防控知识，振奋了精气神。成立全国首个县级漆画创作基地——丰顺漆画创作基地。结合新时代文明实践活动，各类文艺协会和文艺工作者组建文艺轻骑兵到基层开展各类文艺文化活动，丰富群众的精神文化生活。一批文艺作者潜心创作出一批优秀作品，跻身国家、省级报刊或展览评比活动，各类作品累计获奖126次，推动全县文艺事业繁荣发展。

文明实践　以探索新模式创造新经验为驱动，推动新时代文明实践中心建设试点工作深化拓展。年初召开全县宣传工作会议暨深化拓展新时代文明实践中心建设试点工作推进会，印发《全国试点工作任务清单（2020年度）》，结合新形势新变化新要求，站在全国试点的高度、在“一二三八”的“丰顺样式”基础上持续深化拓展，探索出“一三五九”的经验模式（坚持“一个理念”、聚焦“三大群体”、健全“五大机制”、打造“九大精品”）。始终聚焦学习宣传习近平新时代中国特色社会主义思想这个“第一主题”、核心任务，打造“十个一”标准实践所，建立起677个宣讲教学场所，培训“新时代宣讲师”队伍，构建“3+N”宣讲矩阵，开设农村广播“新时代文明实践之声”栏目，使习近平新时代中国特色社会主义思想不断深入群众心里，在基层开花结果。聚焦党员、未成年人、社会志愿者这“三大群体”，建起1支由县委书记担任总队长的新时代文明实践志愿服务总队、1支新时代文明实践党员志愿服务总队、30支由县直和镇（场）专业人员组成的志愿服务分队、282支村（社区）志愿服务小队以及若干支社会志愿服务队伍的“1+1+30+282+N”的志愿服务队伍体系，全县志愿服务队伍376支、志愿者3.8万多人。进一步健全组织领导机制、资源整合机制、供需对接机制、激励嘉许机制、经费保障机制这“五大机制”，推动文明实践活动常态长效开展。全年开展活动3200多场次，服务干部群众80多万人次，在宣传群众、教育群众、关心群众、服务群众上更加深入，取得了实实在在的效果。

网信、出版版权工作　以保障阵地安全为重点，推动互联网和文化出版阵地建章立制、严管严控。召开丰顺县委网信委第一次全体会议，出台《中共丰顺县委网络安全和信息化委员会工作规则》《中共丰顺县委网络安全和信息化委员会办公室工作细则》《丰顺县网络安全协调工作机制》《丰顺县网络安全信息报告和通报工作制度（试行）》等文件，进一步完善网信工作机制建设。2020年，县网信办报送《舆情简报》6期，转办网络舆情信息151条，约谈县内网络媒体5家（共7人），营造了县内清朗的网络空间。举办《网络信息内容生态治理规定》学习培训，对县委网信委成员单位负责同志、县内10多家新媒体负责人及业务骨干等进行教育培训。依法加强互联网新闻信息服务平台和从业人员的监管，推动互联网新闻信息服务平台和从业人员登记备案，已备案登记34家新媒体。召开全县有线电视“小片网”整治工作推进会，持续深入推进农村有线电视小前端和小片网整治行动，检查播出单位24次，暗访6次。加强了文化及出版市场的执法力度，县文化广电旅游体育局全年共出动执法人员1638人次，检查经营单位411家次。扎实开展扫黄打非“清源”“护苗”“净网”“秋风”“固边”专项行动，全年收缴涉赌非法出版物236册（份）、少儿非法读物20份（册）、盗版光碟（U盘）413份、涉黄音视频81份。完成“扫黄打非”进基层规范化标准化站点建设297个，实现全覆盖，打造15个重点单位、重点部位规范化标准化站点建设示范点。严格落实审批程序审核行政许可工作，全年审批颁发1家出版物经营许可证（网上销售），注销2家网上书店。

队伍建设　以加强党的领导增强“四力”为切入，推动干部队伍更有力量、更有作为。全面贯彻落实《中国共产党宣传工作条例》，修订完善《中共丰顺县委宣传部机关管理制度汇编》，在宣传文化各领域不折不扣执行法规制度。以政治建设为统领，深入开展模范机关创建活动，持续加强机关党员干部理论武装，教育引导宣传干部队伍增强“四个意识”、坚定“四个自信”、坚决做到“两个维护”。以落实省委巡视、县委巡察整改工作为抓手，严格落实“三会一课”等制度，规范党组织生活，加强财务内控管理，推动全县宣传文化系统党风廉政建设和反腐败斗争深入开展。突出政治标准，强化重实干重实绩的用人导向，持续选优配强宣传文化系统领导班子和关键岗位领导干部。在宣传战线深入开展增强“四力”教育实践，举行《中国共产党宣传工作条例》、意识形态、网络舆情管理、软件正版化等工作专题学习培训，不断增强宣传干部能力素质。

（陈　尚、黄为景）

【直工委工作】　2020年，以习近平新时代中国特色社会主义思想为指导，全面贯彻落实习近平总书记系列重要讲话和中共十九大和十九届二中、三中、四中、五中全会精神，以及县委十三届九次、十次全会精神。全面落实新时代党的建设总要求，统筹推进新冠肺炎疫情防控和单位各项工作，助推筑牢粤北生态屏障，打造生态经济发展新标杆，为梅州融入沿海经济带建设之星，争当生态发展区建设示范县贡献直工委力量。

提高政治站位，坚决做到“两个维护”　做到严格遵守政治纪律和政治规矩，增强“四个意识”，坚定“四个自信”，做到“两个维护”，牢记“五个必须”，坚决杜绝“七个有之”，自觉抵制“码头文化”“圈子文化”。把讲政治的要求贯彻全面从严治党全过程，把做到“两个维护”作为党建的首要任务。

深化理论武装，运用习近平新时代中国特色社会主义思想武装党员头脑　把学习习近平新时代中国特色社会主义思想作为班子会议“第一议题”和理论中心组常设议题，支委会、支部会的必学内容。制定党建工作要点，统筹规划全年党建工作，尤其要求县直单位党组织把学习贯彻习近平新时代中国特色社会主义思想作为首要政治任务，在学懂弄通做实上下功夫。对110名入党积极分子、发展对象进行培训，以及开办县直党支部书记（党务干部）培训班，学习《中国共产党党和国家机关基层组织工作条例》和《习近平谈治国理政》第三卷。

统筹新冠肺炎疫情防控各项工作，发挥党组织战斗堡垒作用　认真贯彻习近平总书记有关防控疫情重要讲话精神，以及党中央、县疫情防控指挥部的各项工作部署，指导督促县直党组织在疫情防控中充分发挥基层党组织战斗堡垒作用和党员先锋模范作用，让党旗在疫情防控的一线飘扬。按中央部署，发动县直机关党员3117人自愿捐款近31万元，支持新冠肺炎疫情防控工作。

精心组织，深入开展模范机关创建活动　大力开展模范机关创建，并列入县的重点工作之一。4月，印发《2020年开展模范机关创建活动工作清单》，明确县直单位党组织工作任务，落实模范机关创建“巩固提升”活动。结合绩效考核中落实党建工作责任情况，实地督查30个县直党组织模范机关创建活动开展情况。同时检查、督促各县直机关党组织做好“不忘初心、牢记使命”主题教育后续工作。

坚决支持配合，坚决贯彻落实省委巡视工作和县委巡察工作

一是认真做好省委巡视反馈意见整改落实。直工委10月9日召开班子会议，贯彻落实省巡视反馈意见要求，制定直工委整改落实工作方案。按工作部署做好整改工作。在开展党建工作机关党建“灯下黑”“两张皮”回头看和“三会一课”、组织生活会自查的基础上，10月26日至30日组织人员到机关事业单位进行党建工作专项检查。

二是认真做好县委巡察工作。直工委全力配合县委巡察组工作，认真召开巡察直工委的见面会、动员会和汇报会。10月21日，召开巡察直工委情况反馈会，直工委对巡察整改工作完全拥护、诚恳接受、照单全收、坚决整改。认真在整改上发力，做好巡察“后半篇文章”。直工委主要负责人切实担负整改落实第一责任人的责任，对重要工作亲自部署，领好班子、带好队伍。

扎实推进，全面完成党建三年行动计划

一是突出基层党组织全面进步这个主题。继续抓好《中国共产党支部工作条例（试行）》的学习贯彻，持续推进基层党组织示范点建设。要求县直党组织扎实推进基层组织建设三年行动计划中，突出党组织“全面进步，全面过硬”为主题开展“一活动三工程”（即开展基层党组织达标创优活动；实施基层党组织“头雁”工程，实施南粤党员先锋工程，实施基层基础保障工程），全面提高党支部规范建设水平。

二是严格落实党组织生活制度。坚持“三会一课”纪实管理制度，落实谈心谈话、主题党日等党的组织生活制度。结合实际开展“政治生日”活动，6月开展重温入党誓词和谈入党历程活动，实现“党员过生日，党员受教育”。继续开展党内关怀帮扶活动，全年帮扶13名较困难党员，资助2.7万元，让他们感受到党的温暖。

三是落实党建责任，开展党建工作绩效考核。4月，按照县委工作部署，组织县委党建领导小组有关成员单位领导和有关党务干部，成立6个实地核验组，对30个县直党组织开展绩效考核及党建工作责任制落实情况考核。

四是深入开展党员反哺家乡工程。组织第二批县直机关干部“定期返乡、反哺家乡”活动，组织101名县直干部成立49个“返乡”工作队，共办好事实事近380件，调解各类纠纷矛盾近58起，筹集投入资金1100万元用于民生工程。另外，完善和落实党员干部直接联系群众制度，要求县直党员全员参与，取得活动实效，让群众感到满意。

持之以恒正风肃纪，推动党风廉政建设

全面贯彻中央八项规定及其实施细则和中央、省、市、县纪委全会反腐倡廉工作部署。严格落实一把手党风廉政成员全面从严治党主体责任清单。自觉加强领导干部“八小时以外”活动情况的监督。严格执行个人有关事项报告制度。开展抓早抓小，党内谈话。积极推动县直单位党组织落实党风廉政建设工作。

此外，为纪念抗美援朝70周年，对9位志愿军老战士，开展走访慰问活动。直工委全员参与丰顺县创省级文明县城活动，其间每天到挂钩网格点红旗社区居委开展党员志愿服务。做好挂钩村龙岭村脱贫攻坚工作。派驻第一书记指导村党组织建设，帮助黄金镇深田村摘掉软弱涣散村的帽子。

（钟伟）

【机构编制工作】 2020年，县委编办在县委、县委编委的正确领导和市委编办的精心指导下，坚持以习近平新时代中国特色社会主义思想为指导，深入学习贯彻中共十九大及十九届三中、四中全会精神，巩固机构改革成果，做好改革“后半篇文章”。认真贯彻落实省、市、县委全会部署和县委编委工作要求，积极稳妥推进乡镇行政体制、县直事业单位改革，依法依规管住、管好、用活机构编制资源，统筹推进疫情常态化防控，努力克服新冠肺炎疫情不利影响，较好地完成县委和县委编委交办的各项工作任务，为全面加快丰顺苏区振兴发展，打造生态经济发展新标杆、争当生态发展区建设示范县提供有力的体制机制保障。

全县深化机构改革概况　县委编办聚焦深化机构改革任务要求，扎实推动县镇改革、事业单位改革落地生根，助推机构编制工作高质量发展。

（一）深化县镇改革。1.全面完成县级机构改革。全面完善32个行政机构“三定”规定和调整方案。市发展和改革局、市交通运输局“三定”规定下发后，丰顺县通过开展调研、制订方案、上报审查、完善修改等相关程序，于2020年12月28日印发县发展和改革局、县交通运输局“三定”规定。在乡镇派驻机构属地管理改革、事业编制置换行政执法专项编制等工作中调剂出11名行政编制、22名行政执法编制，用于满足13个党政机构在改革后工作任务增长的需要。2.推进乡镇体制改革。大力推进乡镇体制改革。一是规范设置党政机构。全县16个镇统一设置党政综合办公室等9个党政机构，并全面完成机构挂牌、人员转隶、职能调整等工作，各机构已经运行。二是推动职权下放。协调县府办、县司法局、县政务数据局等部门，梳理公布下放行政处罚职权519项，下放行政许可、公共服务事项506项。三是建立“5+1+1”工作运行机制。建立应急管理委员会等五大工作平台、党群服务中心和政务数据技术支撑保障机制。四是完善运行保障体系。下沉行政执法专项编制185名，用于充实加强乡镇执法力量。初步建立基层选人用人制度，加强财政事权划分和提供保障，强化基层技术服务数据支撑。支持乡镇用编需求，2020年招录公务员101名，2021年拟招录公务员83名。3.推进乡镇派驻机构属地管理改革工作。将县自然资源局派驻在乡镇的16个自然资源所、县市场监督管理局派驻在乡镇的7个市场监督管理所全面下放乡镇，与乡镇综合行政执法办公室（综合行政执法队）等党政机构整合设置。按照“编随事走、人随编走”的原则，重新调配行政执法专项编制，下沉人员114人。

（二）深入推进事业单位改革。一是同步推进县发展和改革局、县交通运输局所属事业单位改革。将县国民经济动员办公室、县交通战备办公室行政管理职责划归机关，撤销原有事业单位建制。将县交通运输管理局所属事业单位县地方道路站、县交通管理总站整合组建县交通运输服务中心。二是推进县直事业单位改革。以公益三类和经营服务类事业单位改革为契机，紧紧围绕“瘦身”“健身”“提质”的要求，采取不同措施进一步深化县直事业单位改革，完成转企改制2个、撤销或撤并23个、整合或调整优化35个、调整类别（变更经费形式）13个、更名6个，收回事业编制177名。三是推进乡镇事业单位改革。统一设置经济发展和财政服务中心等6个事业单位。全面完成机构挂牌、人员转隶、职能调整等工作，各机构已经运行。

统筹做好疫情防控和机构编制工作情况　疫情发生后，县委编办迅速把思想和行动统一到党中央疫情防控决策部署和省、市、县工作要求上来，在第一时间成立以主要领导为组长的疫情防控工作领导小组，制定出台疫情防控工作方案，签订责任书，转发倡议书，层层压实责任。按照县的要求，编办指派一位同志脱产到县新型冠状病毒感染肺炎疫情防控指挥部集中办公，负责防控疫情的资料、数据统计等工作。积极响应支援城乡社区一线疫情防控工作的号召，从2月9日起每天派5名党员干部到汤坑镇五一社区，配合协助社区抓细抓实联防联控工作，深入辖区内的居民小区、商户，发放宣传资料，签订承诺书，登记摸排外来人员，做到不漏一户、不漏一人。编办拨款1万元经费，支持五一社区疫情防控工作，发动党员干部自愿捐款1400元助力疫情防控。

留隍镇行政管理体制改革情况　总结推广留隍镇行政管理体制改革试点经验。留隍镇行政管理体制改革被市委作为中心镇改革的示范镇，通过落实改革举措，加强基层党组织功能，明确职责定位，理顺乡镇与县派驻机构关系，优化镇级党政机构和事业站所，整合基层审批服务执法力量，积极稳妥推进改革。同时，深化行政执法体制改革，抓好5个领域综合行政执法体制改革政策的贯彻实施，进一步整合行政执法队伍，推动执法重心下移，留隍镇行政体制更加顺畅，城镇建设水平不断提高，重点项目建设加快推进，社会治理更加和谐有序。此项工作也得到市委编办的充分肯定，并在全市总结推广。

学习贯彻《中国共产党机构编制工作条例》情况　县委编办坚持把学习好、宣传好、贯彻好《中国共产党机构编制工作条例》（以下简称《条例》）作为重要政治任务抓好落实，切实将《条例》贯彻执行到位。持续抓好《条例》学习解读，参照省、市做法，梳理形成机构编制审批业务流程，规范办理机构编制事项基本程序。组织召开5次县委编委会，研究45项议题。按照中央编办和省委、市委编办部署，进一步规范“三定”规定工作要求，召开县直部门“三定”方案备案审查完善工作会议，对32个单位存在的问题提出具体的完善审查意见，推进机构并职能、权限、程序、责任法定化。严格按照《条例》规定开展机构编制管理和问题整改。2019年年底，丰顺县存量问题29条，截至2020年年底，丰顺县存量问题11条，全年机构编制问题台账共销号18条。开展超审批权限设置机构等问题的自查自纠，对因机构改革暂时超职数配备领导的情况建立整改台账，配合组织部门研究制定整改计划，明确整改措施和消化期限（超职数配备副科级领导共29名，已整改消化3名）。

事业单位登记管理工作情况　县事登局密切配合，认真抓好机关群团统一社会信用代码赋码、事业单位法人登记管理工作。一是主动服务好涉改机关群团统一社会信用代码赋码、事业单位法人登记工作。主动跟进，完成机关群团统一社会信用代码初始赋码1个，变更信息赋码14个；深入到涉改事业单位，及时依法完成法人设立登记2个、拟注销登记11个、变更登记42个、拟注销公告10个。二是加强事业单位法人信用建设。及时印发《关于做好事业单位法人年度报告工作的通知》，采取多种渠道服务，发布填报过程中存在的共性问题及其解决方法，详细指导和解答申报流程、操作步骤、规范填报、保密要求。建立日清审核制度，充分利用省事业单位登记管理平台统计和信息通知功能，实行动态管理和一日一报制度。到3月27日，177个事业单位在全市率先完成事业单位法人年度报告提交并向社会公示工作，报送率和公示率100%。三是扎实推进事业单位法人登记政务服务工作。按照常用证照及重点证照清单、国家归集电子证照清单，认真梳理编办政务服务事项发证涉及的证照类型、代码、事项名称、实施编码、发证系统级别等内容，形成政务服务发证清单。核对电子证照质量问题清单20个，整改事业单位法定代表人身份证15位号码修改为18位号码，保证丰顺县“事业单位法人证书”的电子证照质量。四是贯彻落实事业单位法人简易注销登记工作。印发《关于做好事业单位法人简易注销登记工作的通知》，进一步优化事业单位登记管理服务，指导各部门及所属事业单位法人简易注销登记工作。采取事业单位法人简易注销登记4个。

党建工作和队伍自身建设　县委编办从严高质量推进党建工作，深入学习习近平新时代中国特色社会主义思想，深刻领会新时代机构编制部门的使命担当、职责定位和再立新功的战略举措，以党的建设统领和服务全县机构编制工作。一是加强思想理论武装。坚持第一议题制度，采取支部会、理论中心组学习会、主任办公会、集中学习研讨等形式，认真学习贯彻习近平新时代中国特色社会主义思想和中共十九大和历届全会精神，树牢“四个意识”，坚定“四个自信”，坚持做到“两个维护”。办领导班子发挥“头雁”效应，组织理论学习中心组集中学习12次，支部会集中学习6次，办领导集中上党课4次，组织举办2020年全国两会精神，习近平总书记出席深圳特区建立40周年及视察广东重要讲话、重要指示精神等专题辅导班和研讨会等，加深党员干部理解提升。二是严格落实意识形态工作责任制。深入学习贯彻习近平总书记关于意识形态工作的重要论述，坚持党管意识形态不动摇，牢牢把握意识形态工作领导权、主导权，办领导班子研究意识形态和宣传思想工作专题会议3次，理论中心组学习3次。三是切实抓好省委巡视、县委巡察整改落实。积极借助省委第四巡视组对丰顺县开展政治巡视和县委第四巡察组对编办巡察的良好时机，深入检查剖析问题，全面认领，对号入座，举一反三，坚决抓好省委巡视、县委巡察反馈问题整改落实工作，在省委巡视反馈问题中由编办牵头整改的临时聘用人员规范管理问题的整改工作中，以高度的政治自觉、强化责任担当，紧盯反馈问题，精准施策、真改实改，取得阶段性成效，全县共清退临聘人员321人，完善合同管理640人。同时完善制度，建立部门联动机制，为进一步完善临聘人员管理制度，加强对单位临聘人员聘用管理的监督，为确保临聘人员工作健康有序打下坚实基础。四是全面提升支部标准化建设水平。持续推进基层党组织加强党的建设三年行动计划，开展模范党支部创建，认真执行“双报到”方案，提升支部组织力。严格落实“三会一课”制度。办党支部召开党员大会5次、支委会12次，开展主题党日活动12次，参与“两美”“创文”活动113人次，预备党员转正1名。按时足额缴交党费，组织慰问困难党员、离退休党员、退伍军人。五是加强反腐倡廉建设。组织干部职工学习党风廉政建设专题会议、剖析典型案例、传达上级纪委重要文件精神6次。综合运用多种形式开展警示教育，让警示教育触及党员干部的心灵，做到早发现、早提醒、早纠正。六是加强机构编制队伍自身建设。坚持把政治建设摆在首位，实行全员培训。采取观看培训光盘、集中培训等多种方式，累计培训102人（次），进一步提高党员干部的能力本领，建设一支高素质专业化机构编制干部队伍。七是切实加强编办信息报送工作。严格落实信息工作制度，向市以上报送信息11篇，被省委编办采用刊登1篇，市采用刊登1篇，实现在省级网站采用新的突破，有效地提高编办人员的写作能力和业务水平。

（张荣楷）

【统战工作】 2020年，在县委、县政府正确领导和市委统战部具体指导下，县委统战部以习近平新时代中国特色社会主义思想为指导，紧紧围绕县委和县政府加快打造梅州融入沿海经济带建设之星，全力打造宜居宜业宜游宜乐的“和顺之城、长寿之乡”，凝聚团结统战力量，切实抓好疫情防控、巡视巡察整改、民族宗教、意识形态、脱贫攻坚等各项工作，为丰顺振兴发展做出应有的贡献。

汇聚各方力量，助力丰顺打好疫情防控战　疫情防控期间，县委统战部高度重视，迅速安排部署防控工作，制订工作方案，成立领导小组，采取各项防控措施，确保统战领域“零疫情”“零风险”。

一是凝聚抗疫共识。牵头组织县科工商务局、县文广旅体局、县卫生健康局、县红十字会等相关单位召开专题会议，研究部署丰顺县涉外疫情防控工作。通过电子显屏、微信工作群、宣传牌等多种方式，向广大统战成员、干部群众宣传党中央的有关决策部署和省委、市委、县委关于疫情防控的工作要求、权威报道、防治知识等，凝聚抗疫共识，增强抗疫必胜信念。严格落实24小时值班制度和日巡查、日上报制度，下发通知、树立告示牌，对外暂停开放宗教场所、民间信仰活动场所和华侨纪念馆，杜绝人群聚集传播风险。根据有关工作安排，宗教场所和华侨纪念馆已对外开放。二是汇聚各界力量。县委常委、县委统战部部长梁玉辉亲力亲为，靠前指挥，积极沟通联络陈修试、陈细金、李胜交等著名侨领和曾自香、钟奕玲等香港同胞，号召丰顺县非公有制经济人士、宗教界人士、港澳台同胞、海外侨胞等统战成员积极捐资捐物，踊跃参与丰顺县疫情防控工作。丰顺县广大统战对象捐资、捐物折合人民币共计约544.7万元。其中，捐款49.46万元，医用物资495.24万元［包含口罩75.6万个，医用手套7.39万副，防护服80套，测温仪350台，酒精消毒液（500毫升）1000支、消毒液100桶］。同时，县委统战部按照市委统一部署，为丰顺部分企业提供一批医用物资，用于疫情防控工作。三是组建党员突击队。联合县农业农村局、团县委、邮政储蓄银行丰顺支行、县烟草专卖局组织建立大山背村疫情防控党员突击队，积极协助该村做好疫情防控宣传、调度紧缺物资、开展“美好家园”大扫除活动等防控工作。组织大山背驻村干部、潘田镇潘田村第一书记、丰良镇三山村党建指导员积极做好疫情防控各项工作，充分发挥党员干部在防控期间的先锋模范作用。

提高政治站位，切实推进巡视巡察整改工作　一是针对省委第四巡视组反馈的问题开展整改。县委统战部高度重视，第一时间成立以常委、部长为组长，班子成员为副组长，各组（室/馆）成员的整改工作领导小组，制订“1+7”整改方案，明确责任领导、责任部门、整改清单和工作台账，至年底涉及整改问题都已整改完成。在全县统战工作暨宗教领域巡视整改工作推进会上，发放《民族宗教法规制度汇编》等，开展宗教政策法规宣传学习，在太平寺、万佛园、天主教汤坑总堂、基督教汤坑教堂等主要宗教场所悬挂“坚持宗教中国化方向”等宣传横幅，加强对宗教界人士和信教群众的爱国主义思想教育，引导其依法依规开展宗教活动。县教育局制定并印发《禁止宗教活动进校园工作制度》，在全县中小学校经常性开展形式多样的社会主义核心价值观教育，开展2020年“学习新思想，做好接班人”主题活动，及“我和我的祖国”中小学主题教育活动，保护青少年学生健康成长。县文广旅体局对非法宗教出版物进行排查清理，并将把执法巡查下放到各镇，抓好共性问题的整改工作。根据牵头部门的整改方案，结合统战部实际，制订选人用人、基层党建、贯彻落实党的路线方针政策和党中央重大决策部署等专门整改工作方案，并严格按照牵头部门要求，全面开展排查工作，切实抓好共性问题的整改。至年底，涉及县委统战部的各项共性问题都已经整改完成。二是针对县委第四巡察组反馈的问题开展整改。10月20日，召开中共丰顺县委第四巡察组巡察县委统战部反馈会。反馈会后，县委统战部高度重视，于2020年10月21日、12月9日召开领导班子会，11月10日召开巡察专题民主生活会，传达反馈会议精神，研究制订整改工作方案，切实推进整改落实事宜。整改已取得阶段性成果。

守好责任田，严格落实意识形态责任制　一是履行“一岗双责”。根据县委统战部人事变动，及时调整部领导班子分工安排，明确一名班子成员分管意识形态工作。县委常委、统战部部长积极履行“一岗双责”，4月和7月主持召开意识形态专题会议2次，制订意识形态工作年度计划和下半年工作部署，做到有的放矢，为做好统战领域的意识形态工作提供组织保障。二是加强思想引导。2020年1月17日和10月29日，召开县委十三届九次、十次全会精神党外人士通报会，引导非公有经济制人士、党外知识分子、宗教界人士、新的社会阶层人士等统战成员把思想和行动统一到县委、县政府的决策部署上来。同时，走访丰顺论坛、58同镇、潮客汇、逛丰顺等网络代表企业及其负责人，了解生产情况，开展网络人士专题调研，加强网络人士思想正确引导。9—12月，走访梅州市农工党丰顺党支部，丰顺县鸿润电子有限公司、丰顺县鑫润电子有限公司、丰顺正通高分子材料有限公司等侨资企业和丰顺源顺养鸽场、丰顺五昌种养合作社等台资企业，并通过微信、电话等方式，向农工党代表人士、港澳台同胞、海外侨胞宣传中共十九届五中全会精神和习近平总书记出席深圳经济特区成立40周年庆祝大会讲话，视察广东重要指示重要批示、精神以及在企业家座谈会上的讲话精神等，引导大家把思想和行动统一到党中央的决策部署上来，统一到县委全会的工作举措上来，激发大家参政议政热情，充分发挥自身联系广泛、智力密集等优势，为县委、县政府决策建言献策。三是开展宗教专项排查工作。联合公安、国安、教育、学校等相关单位，积极开展宗教渗透、非法传教排查工作。印制“坚决抵制境外宗教渗透”“坚持宗教中国化方向”“坚决打击非法宗教活动”宣传横幅，在万佛寺、太平寺、基督教汤坑教堂等场所悬挂，积极宣传党的宗教政策方针。

强化责任意识，全力推进统战重点任务　民族宗教事务方面。一方面，全力助推民族村寨经济社会发展。5月，协助县委办好2020年梅州丰顺网络高山茶文化节活动；8月，积极开展举行民族团结进步宣传月暨学习贯彻《广东省促进民族地区发展条例》活动；10月，协助县委开好第四届民族地区文旅产业发展论坛暨非物质文化遗产创新与发展大会；与中南民族大学方清云教授合作做好《凤凰山中的畲族故里》出版宣传工作，团结带领畲族人民推动“中国少数民族特色村寨”“中国畲族故里”项目工程，助力畲族村振兴发展。另一方面，依法管好宗教事务。7月，县委常委、统战部部长梁玉辉带队深入到天主教汤坑总堂、基督教汤坑教堂、观音堂等宗教活动场所，开展安全生产检查行动，部署宗教场所疫情防控工作，宣传新修订的《广东省宗教事务条例》《习近平总书记关于宗教问题和宗教工作系列重要论述摘编》《宗教政策法规应知应会手册》等宗教政策理论知识；11月，深入宗教场所宣传习近平总书记出席深圳经济特区建立40周年庆祝大会讲话，视察广东重要指示、重要批示精神；切实按照上级有关部署开展专项排查工作，做好宗教界人士思想引导工作，进一步维护宗教领域和谐稳定。新的社会阶层人士统战方面。10月14日，丰顺县新的社会阶层人士联合会成立大会胜利召开，县委书记曾永祥，市委统战部副部长、市工商联党组书记罗桂芳，县委常委、统战部部长梁玉辉到会祝贺。联合会的成立，为丰顺县新的社会阶层人士交流联谊、互相帮助提供一个崭新的平台，为县委、县政府加强与新的社会阶层人士联系提供桥梁和纽带，为丰顺县开展新的社会阶层人士统战工作提供有力抓手。非公有制经济工作方面。组织培英电声有限公司、金德宝投资有限公司、佳丰电子有限公司、梅州市四维蓝天投资有限公司等20家企业共捐资400多万元，通过助学、助力乡村振兴、扶贫济困等方式，开展“万企帮万村”活动；发动丰顺佳丰电子公司黄天生捐资30万元支持北斗镇公路建设项目，梅州民兴医药公司王吉欣捐资20万元支持丰良成西村美丽乡村建设，八乡贵人梯级电站总经理陈流明捐资8万元、英电声有限公司总经理邱俊旋捐资5万元支持八乡山镇贵人村桥梁修建工程，助力丰顺社会经济发展。协调梅州客家村镇银行给予工商联全体民营企业总受信融资额度5亿元，电声行业商会受信额度2亿元；给予丰顺县新的社会阶层人士组织和全体会员承诺银行授信3亿元。港澳台同胞、海外侨胞工作方面。受疫情影响，县委统战部采取电话、微信、信件等灵活多样的方式，联系港澳台同胞、海外侨胞，在积极引导其捐资捐物助力丰顺县疫情防控的同时，了解他们生产生活状况，收集需要帮助解决困难情况，及时上报上级有关部门。走访丰顺县鸿润电子有限公司、丰顺县鑫润电子有限公司、丰顺正通高分子材料有限公司、泰昌电声元件有限公司、培英电声有限公司等侨资企业，并送上《民法典》等书籍，了解其复工复产情况；热情接待美国、印尼国际日报报业集团总裁、熊氏集团总裁、印尼中华总商会主席熊德龙等50人次，积极推动做好泰国前总理他信和英拉兄妹的祖居地修缮与开发工作。加大人力、物力、财力投入，全力推进香港专项工作。做好第11届香港“摘星计划”励志助学金受助学生人选确定、核实考察工作，截至2020年，已有60名优秀学生（2020年7名）得到资助，资助资金达146万元（人民币），帮助贫困优秀大学生顺利完成学业。

突出“三会一课”，严格落实党建和党风廉政主体责任　一是组织过好政治生活。县委统战部机关党支部共召开支委（扩大）会议12次，支部会9次；上党课5次；组织主题党日活动12次。通过各种党内活动，组织机关党员干部积极参加党的政治生活，认真学习中共十九届五中全会精神和习近平总书记出席深圳经济特区成立40周年庆祝大会、视察广东、在中央政治局常委会议研究应对新冠肺炎疫情工作时的重要讲话、重要指示精神；认真学习《习近平谈治国理政》第三卷；认真学习中央八项规定及《党委（党组）落实全面从严治党主体责任规定》《党政领导干部选拔任用工作条例》等理论知识；制订县委统战部党风廉政工作计划；认真开展纪教月活动，组织观看《朽木浮沉》《走向牢狱的“涉土贪吏”》《林蠹的毁灭》，进一步提高党员干部思想政治认识，确实增强“四个意识”和“四个自信”，坚决做到“两个维护”。二是牵头抓好“双报到”活动。按照县直工委《关于开展机关党组织和在职党员到村（社区）“双报到”的活动方案》，牵头团县委党支部、县交通运输局党支部等3个党组织和96名在职党员干部到挂点大山背村报到，制订“一对一帮扶表”，确保大山背村34名党员干部帮扶全覆盖；组织党员志愿服务10余批次、300多人次，协助大山背村做好疫情防控、“创文”、宣传“垃圾分类”等工作，推动党组织的政治优势和组织优势在大山背展示，全力构建党建工作新格局。三是开展“党建‘灯下黑’‘两张皮’问题专项治理整”。按照《中共丰顺县委实施〈中国共产党党和国家机关基层组织工作条例〉重点工作任务分工》和县直工委《关于开展机关党建“灯下黑”“两张皮”问题专项治理的活动方案》，制订《丰顺县委统战部机关党建“灯下黑”“两张皮”问题专项治理整改方案》，成立支部书记陈奕鹏为组长，支部副书记高兴泰为副组长，各组（室/馆）、负责人为成员的工作领导小组，深入开展专项治理活动。通过加强中央八项规定等理论学习，整改“思想政治学习有待加强”的问题；通过会议学习，实地主题活动和新媒体微党课学习等方式，积极探索新方式、新形式，整改“对党员日常教育管理缺乏创新”问题，不断巩固扩大“不忘初心、牢记使命”主题教育活动成效，着力提升统战部机关党建规范化水平。同时，响应党中央的号召，积极动员全体党员干部职工捐款，为丰顺疫情防控工作作出应有贡献。

稳中求进，继续巩固脱贫攻坚果实 在完成9户贫困户脱贫任务的基础上，继续加大工作力度，巩固脱贫攻坚成果。在“6·30”扶贫济困日活动上，积极响应省委、市委和县委的号召，组织干部职工积极捐款给每户贫困户发放500元疫情生活补助；结合端午、中秋、国庆等节日，慰问贫困户，送上慰问金，帮助解决一些生活困难；继续梳理一户一档，完善扶贫工作台账，并根据县委统战部人事变动，及时调整“一对一”帮扶干部，及时跟踪贫困户生活状况，不断巩固脱贫攻坚成果。同时，结合“创文”工作，组织县交通运输局、团县委、县烟草局、邮政银行等环境整治网格化挂点单位筹资20多万元，助力重修大山背村村道，开展10多次（200多人次）的志愿服务活动，先后走访商铺和村民派发“创文”宣传资料1000多份，清运垃圾300多车共10多吨，清理卫生死角、小广告、乱张贴、乱涂写等共100多处，显著改善大山背村人居环境。此外，县委统战部下属事业单位丰顺县华侨纪念馆作为丰顺县重点“创文”点，在严格落实“创文”工作硬件要求的同时，注重软件的创新。在电子显示屏滚动播放“创文”宣传标语，向周边群众宣传“创文”工作；修订完善纪念馆管理制度，强化纪念馆文明服务行动；更换安全设施“消防栓”，设立志愿服务站台和增设“丰顺道德模范”展板，努力把华侨纪念馆打造成丰顺“创文”的示范点。突出保密工作的重要性，狠抓保密工作的落实。自查工作共检查计算机24台，其中涉密2台，非涉密1台；移动存储介质1个；涉密文件共76份，其中机密文件12份、秘密文件64份；涉密人员12人；互联网邮箱1个；办公自动化设备11台，2020年统战部未发生泄密现象。

（彭建斌）

【政策研究室】 2020年，政研室在县委、县政府的正确领导下，坚持以习近平新时代中国特色社会主义思想为指导，深入学习贯彻中共十九届五中全会精神和习近平总书记出席深圳经济特区建立40周年和视察广东重要讲话重要指示精神，深入贯彻落实党中央决策部署和省市工作要求，紧紧围绕县委“1333”和“八个争先”思路举措，恪尽职守、开拓进取，以文辅政、以智辅政功能进一步显现，参谋助手作用进一步发挥，各项工作取得长足发展。

调查研究　深入贯彻落实习近平总书记关于调查研究的重要论述，把调查研究当作开展工作、起草文稿的前提，聚焦县委、县政府中心工作一年来，组织开展专题调研4次，围绕乡村振兴、基层治理、传承发展红色文化等课题，先后到潭江镇、埔寨镇、八乡山镇、留隍镇等地取“真经”，形成《丰顺高山茶产业调研报告》《关于乡镇党校建设的调研报告》；完成领导交办调研课题1个，组织调研组到泰昌、佳丰、培英等24家代表性企业进行了专题调研并形成了《关于破解企业用工难的调研报告》；开展一般调研30余次，形成《加强意识形态阵地建设和管理专题调研报告》《关于对丰顺县乡村振兴发展主要情况的调研报告》《关于丰顺县推动制造业高质量发展的调研报告》等一批调研文章。

以文辅政　深入学习习近平总书记2020年以来重要讲话和《习近平谈治国理政》第三卷，学思践悟、知行合一，认真起草文稿资料，力争规范高效办文。一年来，政研室加强资料收集整理，实行研讨式写稿、改稿，负责县委十三届九次、十次全会的文稿起草，起草了《中共丰顺县委贯彻落实〈中共中央关于坚持和完善中国特色社会主义制度、推进国家治理体系和治理能力现代化若干重大问题的决定〉的行动方案》等一批重要文件稿，正在起草《中共丰顺县委关于制定国民经济和社会发展第十四个五年规划和二〇三五年远景目标的建议》稿；牵头负责省委第四巡视组巡视丰顺及落实巡视整改期间的主要文稿起草工作；政研室派出资料员承担县委、县政府部分领导的资料服务工作，整理和报送以县委、县政府和“两办”名义发出的重要文稿；编辑出版《丰顺调研》刊物4期，真正履行以文辅政的职责。

全面深化改革　在县委全面深化改革委员会的领导下，发挥县委改革办居中协调作用，对标对表上级部署，协调推动各领域改革不断向纵深发展。全年协调召开2次县委深改委会议，及时传达学习贯彻中央关于全面深化改革的部署精神和省市工作要求，起草并印发《县委全面深化改革委员会2020年重点改革工作安排》等重要文件3个，推动政法领域改革、农村集体产权制度改革、乡镇行政管理体制改革、新时代文明实践中心建设全国试点、纪检监察机关派驻机构改革等十个领域改革举措落地见效，切实为丰顺走好新时代改革发展之路贡献了政研力量。

自身建设　坚持用习近平新时代中国特色社会主义思想武装头脑、指导实践、推动工作，努力建设对党忠诚、能参善谋、创新有为、风清气正的工作部门，打造政治过硬、思想过硬、纪律过硬、素质过硬、作风过硬的政研干部队伍。一年来，政研室任命正股级干部1名，提拔正股级和副股级干部各2名，新调入和招录干部各2名，内设机构人秘组、党建和社会组、经济和农村组、丰顺县发展研究中心均已配齐部门正副职。不折不扣过好组织生活，一年来，组织召开班子会17次、干部大会5次、支部大会4次、支委会12次、中心组学习会13次、意识形态专题工作会议2次、党风廉政建设专题会议2次，落实第一议题25个。以刚性的制度规定和严格的制度执行，把政研室组建以来好的做法内化为信念、外化为习惯、固化为制度，完善已有制度、制定急需制度、建立管用制度，不断完善室内部管理，规范工作流程，做好制度上墙工作，确保机关高效运转和规范化建设。

（人秘组）

【党校工作】　2020年，在县委的正确领导和市委党校的精心指导下，丰顺县委党校坚持以习近平新时代中国特色社会主义思想为指导，大力实施“1、2、3”发展战略，“红色学府”品牌建设实现赋能升级，开创干部教育培训的新局面。2020年6月，省委党校常务副校长张广宁到校调研时对党校工作给予充分肯定。

疫情防控　坚持把新冠肺炎疫情防控作为头等大事和重大政治任务来抓，成立工作机构，制定工作方案，组建工作专班，建立信息报送机制，派出2个党员志愿服务队，全力以赴抓好党校疫情防控工作。同时，招待所作为全县疫情集中隔离点，党校卓有成效做好后勤保障工作，做到隔离人员有电视可看、有电话可打、有网络可联、有书籍可读、有医生可谈、有三餐可用、有安保可靠、有临时党支部可依的“八有经验”“丰顺模式”，并刊登在全市疫情防控《工作动态》中，为丰顺实现和保持全市唯一“零疫情”地区作出贡献。

组织人事　《中共丰顺县委党校机构编制方案》正式出台，县委党校加挂“丰顺县行政学校”牌子。首次明确实行校务委员会领导体制，增加副校长1名，新增专职校委委员2名，领导班子成员由原来的3人增加到6人。内设机构调整为办公室、教务部、教研部、信息部、培训部“一室四部”。

干部培训　面对突如其来的严重疫情，党校以“双统筹”夺取“双胜利”，在战胜疫情中全面完成干部教育培训年度任务。聚焦习近平新时代中国特色社会主义思想、党章党规党纪、《习近平谈治国理政》第三卷和中共十九届五中全会，以科级党员干部、县直单位党务干部、公务员、村级党支部书记和“两新”组织党支部书记为重点，持续深入开展党的理论教育、党性教育、能力培训和知识培训。2020年培训干部22期共2280人次，其中，主体班10期共1370人次；党的理论教育和党性教育课时占总课时的70%以上。

科研课题　组织5位教师积极开展基层党组织在疫情防控中发挥作用、意识形态教育、提升镇村干部党建工作能力等3个课题研究，形成调研报告或已结项。其中，《基层党组织在疫情防控中发挥作用的经验研究》被确定为2020年省、市党建研究会课题。《梅州乡村振兴的路径探索与政策选择——以丰顺县为例》课题研究成果得到县委主要领导的批示肯定。深入开展“大学习、深调研、真落实”活动，全年共有5位教师撰写和发表理论研讨文章11篇，其中国家级1篇、省级5篇、市级1篇、校级4篇。

队伍建设 2020年，提拔正股级干部3人、副股级干部1名；机构更名任职正股级干部1人，副股级干部1人；交流轮岗副股级干部2人。先后选派8名骨干教师参加面向党校（行政学院）系统教师的研修（培训）班培训和到省、市党校主体班次跟班培训。实施“名师培养工程”，在职教师考取硕士研究生1人，新招录硕士研究生1人，晋升高级讲师1人。选派骨干教师担任省定贫困村（汤坑镇东里村）党建指导员1人。组建党员教育培训志愿者教师队伍，全年开展“送课下乡”志愿服务活动61场次，受众达3144人次。与此同时，举办镇场党校骨干教师业务培训班2期，参训教师68人次。

基础设施 引进第三方进行开发建设和运营服务，将原有“智慧教务”“智慧党建”和学校门户网站升级建成智慧党校一体化云平台。完善校园安全防护设施，招待所客房窗户全部安装隐形防护网，校园网络提速、防雷设施、消防设施、监控设施完成升级改造，教工宿舍楼和档案室加装钢铜结构安全大门。新建一批红色文化标识标牌，校园红色文化更具党味和党性。

党的建设 坚持“三会一课”纪实管理，落实“一月一研判”例会制度，推进“不忘初心、牢记使命”主题教育和“两学一做”学习教育常态化制度化，深入开展“大学习、深调研、真落实”活动。深化拓展党的基层组织建设三年行动计划，深入整治“灯下黑”“两张皮”，巩固拓展模范机关创建成果。压实主办方、承办方、教师和学员四方责任，意识形态主阵地更加安全。认真落实“谁执法、谁普法”责任制，开展《中华人民共和国宪法》《中华人民共和国民法典》《中华人民共和国公职人员政务处分法》等法规教育培训，提升了党员干部的“红线”意识。查处违反廉洁纪律问题1起，党纪处分1人。全面完成省委巡视、县委巡察和审计对党校反馈问题整改，力戒形式主义、官僚主义，厉行节约、反对浪费，落实中央八项规定精神成为习惯。

（魏碧青）

【保密工作】 2020年，县保密部门以习近平新时代中国特色社会主义思想为指导，全面贯彻落实中共十九大和十九届二中、三中、四中、五中全会精神，深入贯彻落实习近平总书记关于保密工作的重要指示批示精神和党中央决策部署，增强“四个意识”、坚定“四个自信”、做到“两个维护”，坚持总体国家安全观，全面加强党管保密，理顺机构改革后保密工作的管理体系，扎实推进保密法制建设，提升保密科技水平，夯实保密管理基础，推进国家秘密治理体系和治理能力现代化，确保形成基本防控能力。

一是深入学习贯彻习近平新时代中国特色社会主义思想和党中央关于保密工作的决策部署；二是努力攻坚“三项重点”任务（完善党管保密的制度机制，加快推进涉密领域国产化替代工程，持续加强“数字政府”建设保密监督指导和服务保障）；三是持续提升保密科技能力；四是不断巩固保密管理基础。

（郑奕珠）

【关心下一代工作】 在县委、县政府的正确领导和省、市关工委的指导帮助下，县关工委深入学习贯彻中共十九大和十九届三中、四中、五中全会精神，学习贯彻习近平总书记系列重要讲话精神，坚持“急党政所急、想青少年所需、尽关工委所能”的工作方针。在2020年新冠疫情的特殊情况下，加强调研，敢于创新，大力发挥“五老”的优势作用，在加强和改进青少年思想道德教育，促进青少年健康成长等方面，做了深入而细致的工作，进一步推进丰顺县关心下一代工作的开展，取得可喜的成绩。在11月17—18日召开的庆祝中国关工委成立30周年暨全国关心下一代工作表彰大会上，丰顺县关工委被评为“全国关心下一代工作先进集体”。

深入学习中共十九届二中、三中、四中、五中会精神，用习近平新时代中国特色社会主义思想统领关心下一代工作　根据中国关工委和省、市关工委的通知和上级党委的统一部署，县关工委采取多种形式深入学习宣传中共十九届二中、三中、四中、五中全会精神，认真学习贯彻习近平总书记系列重要讲话精神和对关心下一代工作的重要指示精神，认真贯彻全国关工委工作会议和全省关工委工作会议精神，把学习教育活动引向深入。特别是习近平总书记在11月17—18日召开的庆祝中国关工委成立30周年暨全国关心下一代工作表彰大会上作出重要指示后，县关工委采取多种方式，认真组织常务班子成员和“五老”代表进行认真学习领会，以及在其他会议和举办农村创业青年培训班上，都进行多渠道、多层次的学习和贯彻。

其次是深入开展专题宣传活动，编印宣传材料下发至基层关工委，出版大型专题宣传栏，张贴挂图等，营造良好的宣传氛围，并继续大力抓好全县中小学生思想道德和法治教育，先后到汤西镇中心小学、丰良中学、汤坑镇第二中心小学等学校调研，指导各中小学校深入开展革命传统教育、德育和法治教育，积极组织和参与汤西镇中心小学、丰良中学等130多所中小学校德育、法治教育报告会及学习会，教育广大青少年学生从小学法懂法守法，受教育学生达7万多人（次）。

同时，县关工委积极动员各级关工委开展“大学习、深调研、真落实”活动，各级关工委积极响应，坚持以问题为导向，积极探索本区域工作特点。县关工委深入到有关学校、镇村和单位，采取看现场实地调研、会议座谈了解、信息网络调查等方式，多方面就开展创建“爱心之家”、农村青年创业以及开展多种主题教育活动等专题，进行调查研究，为开展实际工作找准切入点，提供明确的工作方向和目标，推动新形势下关工委工作不断创新发展。

深入开展“传承红色基因、争做时代新人”“中国梦、家风美”等主题教育活动　县关工委认真贯彻中国关工委、省市关工委有关文件精神，在丰顺县广大青少年中深入开展“传承红色基因、争做时代新人”以及“中华魂”主题教育等活动，并根据中国关工委开展“传承红色基因、争做时代新人”线上教育活动的部署，联合县教育局发出通知，扣紧活动的主题，紧密结合本地的实际，采取丰富多彩、形式多样的形式，将培育和践行社会主义核心价值观推向更深层次，教育广大青少年一起学习、宣传、传承党和国家的“红色基因”，听党话跟党走、担当起民族复兴的大任，争做一名时代新人。

一是召开多层次会议进行学习宣传贯彻落实。县关工委把开展“传承红色基因、争做时代新人”等活动作为工作的重中之重，首先在全县关心下一代工作会议上进行全面部署，同时在县关工委常务工作班子会议、“五老”座谈会以及联合县委老干部局召开学习贯彻中共十九届五中全会精神会议上进行认真的学习和部署。6月28日“七一”建党节前夕，县关工委召开迎“七一”学党史座谈会。县关工委常务工作班子成员和县委老干部局主要领导以及部分“五老”代表参加座谈会。会议组织学习《2020广东老干部政治理论读本》中习近平总书记的重要讲话精神，并讨论和研究如何进一步开展传承红色基因活动的思路和方法。

二是深入调研，明确开展活动的思路和方法。县关工委先后到八乡山东江苏维埃政府暨红十一军成立史料陈列馆和红十一军军部旧址、海丰县彭湃故居和红场红色教育基地、龙岗镇马图村“红四军”活动旧址以及华夏女杰李坚真纪念馆等红色教育基地参观学习，探寻革命先烈和前辈的革命足迹，瞻仰老一辈革命家的革命风采。通过调研，决定按照上级党委的文件精神，充分结合本地的红色基因特色，以学校、社区等为重点，深入开展学习教育活动。

三是精心组织，多层次多形式开展教育活动。首先，县关工委联合丰良镇关工委在丰良中学举行以“传承红色基因、争做时代新人”为主题的学习报告会；其次，指导配合各镇、单位、学校关工委开展教育活动，如汤坑、丰良、砂田、留隍等镇利用清明节、“五四”青年节、建党节等节日，组织青少年学生、党员干部到烈士纪念碑缅怀瞻仰革命烈士，到坚真纪念馆、马图和八乡山革命遗址、大埔三河坝革命旧址等参观学习，营造了浓厚的学习教育氛围。组织学生参加省关工委举办的“中国梦、家风美”征文活动，共收到征文作品160多篇，经初评报市关工委36篇。同时，利用日常工作、下乡调研期间以及到各镇中心小学开展创建农村留守儿童“爱心之家”活动期间，采取座谈、宣讲、组织学生读红色书籍、写心得体会文章等形式，开展灵活多样的教育活动。一年来丰顺县各级关工委开展活动场次160多场，其中县关工委直接组织参与开展的30多场，镇村、学校关工委组织的180多场，参与活动受教育青少年7.23万多人（次），参与活动“五老”500多人，编辑印刷专题学习资料、赠送丰顺红色党史、革命史学习资料1000多份、红色革命书籍如《李坚真的革命之路》《爱我中华》《科技托起强国梦》等书1000多本。

积极推进创建“五好基层关工委”建设，夯实工作基础 根据中国关工委、省关工委有关文件和梅州市关工委《关于深入开展创建“五好”基层关工委活动的意见》精神，县关工委以开展“党建带关建”活动为切入点，从抓基层、建制度方面下功夫，建立健全关心下一代工作长效机制，继续开展创建“五好”基层关工委活动。同时抓好部分县直单位、镇村、学校关工委成员班子，特别是抓好镇（场）关工委常务副主任的选任工作。为加强推进“五好基层关工委”创建活动，县关工委于7月2日和11月5日先后召开两次基层关工委工作会议，对创建“五好基层关工委”等工作进行全面部署。

大力开展关心下一代宣传工作 县关工委以宣传学习中共十九届三中、四中、五中全会精神以及习近平总书记系列重要讲话精神为契机，根据各时期的工作出版宣传栏，开设学习园地，悬挂宣传横额等，采取多种形式大力开展关心下一代宣传工作。由于2020年特殊疫情缩减会

议，2020年的宣传报道工作会议没有召开，但县关工委与县老干部局、老促会没有放松宣传报道工作，继续抓好通讯报道和报刊征订发行工作，2020年全体通讯员在《中国火炬》《秋光·关心下一代》等刊物、网站和中国关工委、省关工委微信公众号发表文章信息60多篇，在丰顺县电视台等媒体发表30多篇。同时，县关工委在2021年度订刊工作中，得到县财政局、县教育局、县卫生健康局、县农商银行和汤坑镇、丰良镇、留隍镇等单位的大力支持，完成订阅《中国火炬》312份、《秋光·关心下一代》316份，订刊数和宣传报道发稿数在全市名列前列，得到上级部门和县委的充分肯定，县关工委宣传工作2004—2020连续17年被中国关工委评为先进集体。

认真做好“叶剑英基金助学金”发放工作　县关工委在深入调研的基础上，争取上级部门的重视和社会各界热心人士的支持，共为1名贫困大学生、34名贫困高中生发放助学金共7.8万元。其中热心人士徐建斌连续第四年捐资1万元资助1名贫困大学生。同时，根据市关工委发放叶剑英基金助学金的工作部署，县关工委在深入调查核实、确定受助学生对象的基础上，在县关工委举行发放仪式，向34名家庭贫困的高中生发放助学金6.8万元，每名学生受助2000元。

加强完善创建农村留守儿童“爱心之家”工作　根据梅州市政府和丰顺县委办公室文件精神，在各级党委、政府和相关部门的重视下，县教育局、县民政局、县关工委通力合作，密切配合，于2018年12月底共18家镇级中心小学“爱心之家”全面挂牌成立，顺利完成上级的建“家”要求。为巩固办“家”成果，发挥它的应有作用，在全国疫情逐步稳定后，县关工委组织人力对全县“爱心之家”建设及开展活动情况进行调研，促使“爱心之家”活动常态化，真正把“爱心之家”办成幸福温暖、充满关爱的“心灵家园”。在2020年“六一”儿童节期间和其他重要节日期间，各镇中心小学“爱心之家”结合实际，开展丰富多彩的关爱留守儿童活动。5月29日“六一”儿童节前夕，县关工委常务班子成员一行到汤坑镇第二中心小学“爱心之家”慰问该校30名留守困境儿童代表，并召开座谈会与孩子们共度节日。

加强培训和帮扶力度，帮助农村青年创业上档次　2020年县关工委以普及农产品电子商务知识和打造特色品牌为重点，采取送学到村、面向群众的做法，于7月2日在县委党校举办“农村创业青年电子商务知识培训班”，11月26日在潭江镇凤坪畲族村举办“农村创业青年茶叶品牌知识培训班”，并先后组织创业学员到八乡山、潭江、北斗等镇创业学员的种养基地参观交流，取得较好的效果，一年来共培训创业青年学员206名。同时，按照省、市关工委的部署，推荐5名学员参加市关工委“提高班”、2名学员参加省关工委“高级班”的培训。至2020年，县关工委共组织2230名（次）农村青年分期参加省、市、县联办的“农村青年创业培训班”，其中有155名参加市关工委“提高班”、10名参加省关工委“高级班”学习。县关工委坚持在帮扶和跟踪服务中下功夫，注重引导农村青年打造特色品牌，增强社会影响力，学员中已涌现张细清、钟奕亩、何运新、陈斌、蔡宇文等一大批年收入100万元以上的成功典型，同时还有一大批学员被吸收为共产党员，当选为镇村干部、人大代表、政协委员等，有一部分成为企业或专业合作社的总经理、理事长，成为农村脱贫致富的生力军和带头人。特别是学员张细清于2020年1月被中国关工委授予“全国双带农村致富青年带头人”。

积极参与新冠疫情防控工作 2020年年初突如其来的新冠疫情发生后，丰顺县各级关工委深刻学习宣传贯彻习近平总书记的重要指示精神，做好政策、信息、措施的解读，营造打赢疫情防控阻击战的舆论氛围，并根据党委政府的部署积极投身抗疫工作，协助相关部门做好联防联控和新冠病毒知识宣传普及等工作。在学校、幼儿园陆续开学后，与有关部门联合，到学校、幼儿园和社区开展各种形式的防疫宣传，提倡形成良好的卫生习惯和文明风尚。2月22日，潘田镇创业学员刘兆林创办的“丰顺县兆本香硒农业有限公司”响应梅州市农业农村局的倡议，向湖北疫区捐赠价值3.5万多元的兆本香硒鸡蛋。3月8日，县关工委副主任黄晓阳陪同培英电子有限公司关工委主任黄光杰等一行前往汤西镇大罗村，慰问倒在防疫一线的模范共产党员黄伟楚家属，同时送上由培英公司出资的1万元对其家属表示诚挚的慰问。4月7日，县关工委副主任黄晓阳陪同丰顺江夏文化研究会黄光杰会长等一行前往北斗镇慰问参加湖北抗疫归来的县人民医院援鄂英雄黄敏，并送上丰顺黄氏热心人士捐赠的慰问金3万元。

认真做好县关工委成立20周年总结纪念活动 2020年是中国关工委成立30周年，也是省、市、县关工委成立20周年，中国关工委和省、市关工委都与同级文明办联合表彰一批关心下一代工作先进集体和先进个人。从4月以来，县关工委根据中国关工委和省、市关工委的文件精神，认真回顾和总结过去20年，特别是中共十八大以来丰顺县关心下一代工作的基本做法和基本经验，认真评选全国、省、市关心下一代先进集体和先进个人，并于10月18日向市关工委、文明办推荐先进集体5个，先进工作者8名，突出贡献奖1名。在11月17—18日召开的庆祝中国关工委成立30周年暨全国关心下一代工作表彰大会上，丰顺县关工委被评为“全国关心下一代工作先进集体”。为深入学习贯彻落实习近平新时代中国特色社会主义思想，激励全县各级关工委和广大“五老”、关工委干部进一步弘扬五老精神，更加努力做好关心下一代工作，经请示县委、县政府领导同意，县关工委已联合县文明办印发文件，决定评选一批全县关心下一代工作先进集体和先进个人，将适时召开会议进行表彰。同时，为全面总结丰顺县关工委成立20周年来取得的成绩和存在的薄弱环节，推进丰顺县关心下一代工作继续向前健康有序推进，县关工委从7月开始深入开展调查研究和关心下一代工作宣传教育活动，继续抓好各级关工委组织建设和制度建设。同时着手编辑出版一本纪念县关工委成立20周年的画册——《20年关爱情》（暂定名）。同时，根据市关工委的部署，县关工委认真总结20年来的工作经验、做法和“亮点”，于11月20日在《梅州日报》刊登半个版面的专题《关爱成长多措并举，重于实践力求实效》，该专题刊登后产生良好的影响，得到“百度”“澎湃”等网站的推送。

（江智强）

【老促会工作】 2020年，在县委、县政府的正确领导和重视下，老促会学习贯彻落实中共十九大精神，深入学习习近平老区思想，“不忘初心、牢记使命”，传承红色基因，讲好老区故事，讲好老区扶贫的故事，牢记老促会的立会初衷，履行工作职责，努力完成上级交办的各项工作任务。

组织学习　根据县老干部局的学习制度定期学习，参加老干部局组织的学习活动。学习习近平新时代中国特色社会主义思想，贯彻落实中共十九大五中全会精神。认真听取学习组织有关领导和辅导人员的发言，领会精神要点，注重学习效果。一年来，认真学习习近平总书记出席深圳经济特区建立40周年庆祝大会和视察广东重要讲话以及重要指示精神；学习习近平总书记在抗美援朝70周年的重要讲话，学习习近平总书记在浦东开发开放30周年的重要讲话等。同时学习领会习近平老区思想：不断增强自身工作的责任感和使命感，提高做好老区工作的自觉性和工作水平。学习省委李希书记在省老促会贯彻落实《关于进一步推动我省革命老区和原中央苏区振兴发展的意见的调研报告》的批示及相关的内容，学习党报、党刊、老区主流媒体的报道文章，学习老促会系统的材料简报。年底，学习梅州市人大通过的《梅州市红色资源保护条例》等。

新冠疫情防控　2020年春节以后，新冠疫情在一些地方暴发蔓延，形势严峻。在党中央的正确领导下，举国上下全面防疫、科学防疫。老促会成员，积极自觉动员亲属、家人响应各级党委、政府的要求，取消外出度假、探亲、聚餐等活动，服从居住地域的防疫措施管理，积极响应号召捐赠，同心同德支援疫情严重地区的抗疫斗争，直至疫情得到全面控制，经济社会生活恢复常态。

工作调研汇报　6月5日，梅州市委、市政府办公室发出通知，要求各县在规定的时间内做好《关于老区攻坚数字馆设计和制作项目》的汇报工作。丰顺县的受文单位中，有县委、县政府、县委政研室、县发改局、县民政局、统计局、扶贫局、史志办、老促会。县领导在拟办建议中指出："各受文单位与市直对应部门沟通落实"。对此，县老促会勇于承担老促会部门的责任，在市老促会的指导下，直接与北京的相关部门联系，完成60页4万多字的信息表，内含电子版、纸质版、信息光盘，按时按质完成这项工作任务。

出版《丰顺县革命老区发展史》　2020年7月17日，举行《丰顺县革命老区发展史》发行仪式。编纂《丰顺县革命老区发展史》，是中国老促会2017年提出的工作任务。相关文件要求是，全书版页小16开，200页、15万字以内，要体现老区人民在党领导下创建革命根据地的历史贡献和地位作用、革命斗争时期的重大事件、著名的革命遗址以及新中国成立以来特别是中共十八大以来取得的成就等四个方面的内容，2019年底前完成。在县委、县政府的重视关心下，工作从2017年11月起步。其间，编辑部成员多次集中讨论书稿。先后两次将书稿印发给编委和相关人员审阅，集合多方意见、建议，整合统改。最后请8位熟悉史志、文史、党史等方面的人员，对书稿进行严格审核后，于2018年12月12日移交广东人民出版社。书稿32页彩页，18万文字，符合中国老促会的基本要求。2019年8月20日，省指导小组在审读各地书稿后，对首批39个县（包括丰顺县）发出通知，要求编写人员及负责领导到省里培训，讨论学习提高书稿质量的事宜。丰顺县根据省指导小组领导和审阅专家提出的具体建议意见，修改充实部分内容，再次交付广东人民出版社。书稿于2020年3月间付梓，4月上旬运回丰顺县。7月17日在县委主管领导的组织下，举行有县相关部门领导、镇分管老区工作的领导出席的发行仪式，同时将《丰顺县革命老区发展史》分发到机关、学校和行政村（社区）。

调研乡村振兴、脱贫攻坚 2020年，先后到砂田、龙岗、八乡、留隍等地调研。砂田镇实施脱贫攻坚、乡村振兴战略以来，全镇贫困户128户324人，2019年7月全部达到脱贫标准，脱贫率100%；4个省定贫困村均退出贫困村行列。全镇4个省定贫困村及1个县重点帮扶村和2个面上村，开展了连片、连线美丽宜居乡村规划建设，镇内全域推进人居环境综合整治，成效斐然，得到了各界一致的点赞好评。

发放助学金 2020年，老促会为烈士后裔发放助学金、困难补助金总计14.5万元。其中，雁洋基金会10万元，省2.7万元，县配套1.85万元。为41位大专以上、6位中专学生、16位贫困户分别发放3500元、1500元数量不等的困难补助金。2020年8月，丰顺县廖金发被评为“全省工作先进个人”。

宣传建设老区的好人好事 2020年，丰顺县的杰出乡贤、广州凯源房地产实业有限公司、深圳凯南房地产开发有限公司董事长许应裘的事迹在《中国老区建设》第三期做了长篇报道，介绍许应裘一如既往宣传李坚真大姐革命精神，一如既往为丰顺家乡做实事、做好事的感人事迹。许应裘为家乡建设捐建的公益项目资金达几十亿元。其中有桥、路、公园、学校和县城的六馆一中心等。

征订杂志 完成《中国老区建设》、《源流》杂志的发行订阅任务。在政府重视支持下，2020年度，丰顺县订阅《中国老区建设》180份、《源流》300份，实现了老区学校、乡村全覆盖，获得《中国老区建设》《源流》授予的宣传工作三等奖。同时，组织通讯员队伍，积极主动向“两刊”上送信息。2020年的向上发稿，《中国老区建设》采用2篇（含1幅图片）；《源流》采用27篇（含16幅图片）稿件。

红色资源的保护、开发和使用工作 继李坚真的故居、龙岗马图见龙居得到重修保护以后，在马图建成红四军进驻马图的史料馆，中央苏区丰顺县史料馆。2020年10月，丰良镇九龙村开始红色革命遗址群的修复保护工作。其中有土地革命战争时期中共丰顺县成立旧址等5处。11月20日，丰顺县在八乡山滩良村举行纪念东江苏维埃政府暨中国工农红军第十一军成立90周年活动，举行东江革命根据地史料陈列馆开馆仪式。

（李少级）

【丰顺县坚真老干部（老年）大学】 2020年度，丰顺县坚真老干部（老年）大学在县委、县政府的正确领导下，在上级主管部门的大力支持下，坚持正确的办学方向，紧紧围绕党委和政府的工作中心，开展教学工作，取得一定的成绩。

坚持共产党的先进性。学校坚持政治思想学习教育作为办学之本，广搭助人为乐做好事善事的活动平台，广筑文体展演、比赛平台，让师生“有学有乐有为”，临时党支部活动正常，坚持带领党员和学校班队、室干部学习时政，学习英模，以演讲比赛形式，讲好中国故事，畅谈获得感、幸福感、安全感、开展助学扶贫救灾活动。

战胜疫情，按时复课 在党委政府的正确领导下，新冠肺炎疫情及时控制、防疫工作取得成效，按照防疫工作的要求，学校于6月9日已分班级分批返校上课，至10月中旬，全校11个班全面复课，报名学员累计408人、565科次。

充实学校各级领导班子 4月聘任丘满玉为学校文体办公室主任，9月聘任县文化馆黄姗为舞蹈二班教师；聘任陈汉华为弦乐初级班教师，徐位泰为班长。聘任陈君学为太极拳提高二班教师；10月聘任县文化馆谢广贤为音乐班教师。

举办庆祝教师节活动 9月5日在学校召开庆祝第36个教师节暨2020学年度第二学期教学工作会议，学校全体教师各班、队、室正职干部共48人出席会议。会上，副校长曾献跃致辞，校长卢广甜讲话，副校长蔡礼轩主持会议并部署下半年教学工作。

抓紧党员的学习教育活动 9月21日在坚真纪念馆党员活动室召开学校临时党支部党员会议，书记卢广甜主持会议，会上，增选了曾献跃、陈云祥、丘满玉为党支部委员，会议同意，杜益凡、曾玉明辞去支委的请求，增选结束后，组织党员学习有关文章，曾献跃作了学习辅导发言。10月22日召开支部会议，由曾献跃引领全体党员学习中共十九届五中全会精神。

举办重阳登高健身和文体联欢活动 10月24日，学校领导和全体师生380余人前往新世纪万佛园“清韵阁”举行重阳登高健身和文体联欢活动。会议由蔡礼轩常务副校长主持并讲话，联欢节目有舞蹈、太极拳、大合唱、独唱、表演唱等，节目由校务委员陈君学主持。此次活动，中山友好医院由郑金方院长助理带领医务人员全程为活动提供服务。

成功举办“庆祝2021年元旦文体汇报演出大会” 12月29日，学校在坚真公园文化广场举行“庆祝2021年元旦文体汇报演出大会”，有关单位和学校师生共400多人出席大会。大会由常务副校长蔡礼轩主持，局长马文腊讲话，副校长曾献跃宣布文体会演活动开始，会演节目由陈君学、严华松两位校务委员主持，会演节目有舞蹈节目3个，太极拳节目5个，大合唱，小组唱，独唱，弦乐演奏等节目7个，此次大会中山友好医院派出医务人员全程为活动提供服务，活动取得圆满成功。

（吴春海）

丰顺县人民代表大会

【举行县十五届人大五次会议】 2020年6月3日至5日，丰顺县举行第十五届人民代表大会第五次会议。这次会议应到会代表253人，实到会233人，符合法定人数。根据疫情防控指引要求，只邀请不是本届县人大代表的现职县领导、县武装部政委、市管四级调研员以上的同志和县纪委副书记（监委副主任）列席会议。

会议期间，代表们始终保持饱满的政治热情，认真履行宪法和法律所赋予的职责，听取和审议县长廖茂忠所作的政府工作报告，审查丰顺县2019年国民经济和社会发展计划执行情况与2020年计划草案的报告、丰顺县2019年预算执行情况与2020年预算草案的报告，听取和审议丰顺县人民代表大会常务委员会工作报告、丰顺县人民法院工作报告和丰顺县人民检察院工作报告。会议经过审议，采取无记名投票方式，表决通过以上6个报告，并作出相应的决议。

在审议各个工作报告过程中，代表们实事求是地肯定2019年丰顺县各个方面工作所取得的主要成绩和基本经验，同时结合实际，就进一步贯彻落实中共十九大精神和习近平总书记视察广东重要讲话精神，做好2020年工作，提出意见和建议。这次会议共收到代表10人以上联名提出的议案16件。经大会议案审查委员会初审并提交主席团审议决定，以上16件议案全部转为建议处理。另外，收到代表提出的建议10件，会后一并移送县政府及有关承办单位依法办理。

会议审议关于接受丰顺县第十五届人民代表大会常务委员会部分组成人员辞职请求的决定草案，决定接受徐庆青辞去丰顺县第十五届人民代表大会常务委员会主任，何火营、陈美琼辞去丰顺县第十五届人民代表大会常务委员会副主任。会议充分发扬民主，严格依法办事，选举邱翠茂为丰顺县第十五届人民代表大会常务委员会主任，刘超平、刘雪峰为丰顺县第十五届人民代表大会常务委员会副主任，黄忠明、徐柳明、刘钦泰、罗文畅、张武珍、蔡满文、黎绍庆为丰顺县第十五届人民代表大会常务委员会委员；选举凌晓文为丰顺县监察委员会主任。会上，新当选人员还进行了宪法宣誓。

【中心工作】 一是把准政治方向。坚持把学习贯彻习近平新时代中国特色社会主义思想作为首要政治任务，落实“第一议题”制度，全年共召开党组会议24次。以高度的政治自觉、思想自觉和行动自觉，将中共十九届四中、五中全会精神，习近平总书记关于坚持和完善人民代表大会制度的重要思想，习近平法治思想，习近平总书记出席深圳经济特区建立40周年庆祝大会和视察广东重要讲话重要指示精神，一体学习领会、整体贯彻落实。自觉用总书记赋予广东的总定位总目标统揽和推动人大工作，进一步增强“四个意识”、坚定“四个自信”、坚决做到“两个维护”。二是落实重大决定。把行使重大事项决定权作为落实县委决策部署的重要抓手，适时就财政预算决算、预算调整、政府债券用途调整以及重大建设项目等进行调研，并作出决议决定。审议通过关于丰顺县实施民生实事项目人大代表票决制的决定，推动重大决策民主化、科学化、法治化，督促政府办好群众关注度高、反映强烈的重点民生实事。一年来，共依法作出决议决定5项。三是依法任免干部。坚持党管干部和人大依法任免干部有机统一，及时把县委提名人选通过法定程序转变为国家机关工作人员。一年来，共依法任免国家工作人员35人次，接受辞职8人次。实行任前法律考试，坚持宪法宣誓制度，共进行宪法宣誓13人，有力提升被任命人员的宪法法律意识。认真贯彻落实《党政领导干部选拔任用工作条例》，严格核定职数配备干部，着力充实人大机关科级干部队伍力量，进一步激发队伍活力。四是服务中心工作。始终把围绕中心服务大局作为履职行权的出发点和落脚点，围绕全面脱贫、重点工程、乡镇人大规范化建设等工作，深入开展调研、视察31项，形成调研成果，为县委决策提供参考。配合省市人大开展少数民族、刑事诉讼制度、环境保护工作等视察调研10项，提交修改有关法规的建议意见20多项。积极参与扶贫、创文、创卫、乡村振兴等工作，圆满完成汤坑镇金汤村的扶贫工作任务，助推国家卫生县城、省文明城市成功创建，县人大办被县委、县政府授予创建省文明城市先进集体。积极做好新冠肺炎疫情防控工作，深入挂点镇指导疫情防控及发动各级人大代表、人大干部科学参与疫情防控和捐资捐物，深入企业指导复工复产，为全县的“双统筹、双胜利”做出积极贡献。

【监督工作】 一是抓好计划监督。围绕“替人民管好钱袋子”的目标，听取审议2019年度县级决算和本级预算执行情况以及其他财政收支的审计工作报告，推动县政府及各有关部门树立长期过“紧日子”的思想，进一步压缩一般性支出，保障重点民生支出。听取并审议县政府关于2020年上半年计划和预算执行情况报告，督促县政府及有关部门全力抓好“六稳”“六保”工作，推动全面建成小康社会和“十三五”规划圆满收官。根据公共财政收支预算、政府性基金收支预算出现的新变化，审议通过2020年提前批地方政府新增专项债券资金调整用途等议案，提高财政资金使用绩效，推动财政收支平衡。二是抓细民生监督。着眼利民惠民，高度关注事关群众切身利益的民生事项，加强对生态文明、学前教育、安全生产等工作的监督。听取并审议环境状况和环境保护目标完成情况的报告，推动环保及相关部门加大宣传力度，完善基础设施建设，强化监督管理，提升治理能力；听取并审议河长制工作情况的报告，推动“河长制”责任落实到位，提升河道水环境；听取并审议关于学前教育发展情况的报告，推动政府加大公办幼儿园建设力度，优化幼师队伍建设；听取并审议安全生产工作情况的报告，推动安全生产主体责任不断压实、形势持续稳定向好。三是抓实法律监督。紧扣法律执行、坚持问题导向，开展《中华人民共和国归侨侨眷权益保护法》《中华人民共和国森林法》等贯彻实施情况的执法检查，推进规范执法、严格执法。听取并审议县政府关于“谁执法谁普法”责任制落实工作情况的报告，推动政府部门加强普法宣传工作，加大普法经费投入，塑造“法治丰顺”品牌新高度。依法做好规范性文件的备案审查工作，确保法律法规得到全面的贯彻实施，切实维护国家法制统一。大力实施《中华人民共和国民法典》等法律法规的普法工作，推动法治丰顺的建设。

【履职工作】 一是搭建代表履职平台。认真落实省人大关于“推进县乡人大工作年”活动，加强对各镇人大规范化建设的督促指导，投入1000多万元，按照“六有”（有场地、有人员、有制度、有活动、有经费、有设备）要求，建成70个镇村代表联络站（室），配齐电脑、打印机等办公设备，制定完善各项规章制度，组织代表学习培训、视察调研，使代表联络站（室）真正成为代表履职的平台、联系群众的窗口、为民排忧解难的阵地。二是强化代表履职保障。充分尊重代表主体地位，坚持和完善“双联系”制度，接待走访人大代表，了解社情民意，回应群众关切。加强代表的教育培训，组织各级代表学习贯彻习近平总书记关于坚持和完善人民代表大会制度的重要思想，提高代表履职能力。组织举办人大规范化建设、民生实事项目票决制等内容的学习培训，提高人大干部工作水平。充分利用网站、电视台、微信群等媒体，发布重大决策、人大工作动态、代表履职信息，进一步拓宽代表知情悉政渠道。三是提升代表履职成效。围绕城乡人居环境整治开展“更好发挥人大代表作用”主题活动，其间共收集到群众提出的意见建议268条，全部交办转办，有力推动宜居宜业宜游宜乐的幸福家园建设。加强代表建议意见督办，县十五届人大五次会议期间收到的26件代表建议意见全部按时办理完结并答复代表，满意率100%。组织居住在丰顺的全国、省人大代表和部分市、县人大代表视察10件民生实事项目建设情况，推动有关部门全力做好民生项目建设的要素保障，加快项目建设进程，早日惠及人民群众。

【自身建设】 认真落实新时代党的建设总要求，狠抓思想政治建设，严格落实“三会一课”制度，努力做到学、思、用贯通、知信行统一，增强人大党组织的战斗力、凝聚力、创造力。巩固深化主题教育成果，努力营造风清气正的政治生态。狠抓机关效能提升，严格落实十二届省委第六轮巡视整改工作。狠抓纪律作风建设，常态化开展谈话提醒活动，制定完善公务用车、公务接待、临聘人员管理等规章制度，强化机关日常监督。加强人大干部履职能力的培训教育，增强履职本领，为丰顺苏区高质量振兴发展贡献人大智慧和力量。

（罗海滨）

丰顺县人民政府

【县政府主要工作】 2020年，县政府在市委、市政府和县委的坚强领导下，在县人大、县政协的监督支持下，坚持以习近平新时代中国特色社会主义思想为指导，紧密团结和依靠全县人民，认真贯彻落实省市和县委的工作部署，科学统筹疫情防控和经济社会发展，扎实做好“六稳”工作、落实“六保”任务，打好三大攻坚战，着力推动有效投资和产业培育“十个百亿”工程，全力恢复经济增长，努力夺取“双统筹、双胜利”。

勠力同心，取得疫情防控重大胜利 面对突如其来的新冠肺炎疫情，在以习近平同志为核心的党中央坚强领导下，县政府坚持人民至上、生命至上，全面贯彻“坚定信心、同舟共济、科学防治、精准施策”要求，第一时间启用战时机制，运用“大数据+网格化”精准摸排，全县动员、全民行动、全面防控，取得疫情防控重大成果，实现并保持全市唯一“零疫情”。在疫情暴发初期，万众一心、众志成城，广大医务人员、镇村（社区）干部、志愿者以及公安、交通、科工商务等各条战线履职尽责，筑牢严密防线。4名县人民医院医务人员，圆满完成驰援武汉任务。港澳同胞、海外侨胞以及社会各界爱心人士、企业捐资捐物，全力保障疫情防控物资供应。在常态化疫情防控阶段，县政府慎终如始落实疫情防控各项措施，全力推进复工复产，经济社会步入正常轨道，切实保障人民群众生命安全和身体健康。

攻坚克难，推动经济质量再提高 县政府全面落实中央和省市为企业纾难解困系列政策，全年累计减税降费1.5亿元，减免社保8410万元。全力稳企业、保市场主体，新增各类市场主体3742户，同比增长8.7%。制定援企稳岗措施，推动全县经济稳步回暖，地区生产总值在第三季度由负转正，全年实现110.23亿元，同比增长0.4%。实现一般公共预算收入7.36亿元，同比增长4.3%，增速全市第三。推动金融更好地服务实体经济，发放“抗疫贷”“复工贷”4.49亿元。积极对接中央和省的支持政策，争取抗疫特别国债1.67亿元，新增地方政府债券8.52亿元，超额完成45个重点项目投资任务，推动固定资产投资增长5.1%，增速全市第三，其中工业投资14.8亿元，超额完成市下达目标任务。招商引资工作成绩突出，签约项目21个，协议总投资81亿元，其中亿元以上项目17个、超10亿元项目3个，意向签约项目11家，在全市招商引资排名中名列前茅。

砥砺奋进，推动产业体系再优化 大

力推进产业平台建设，海珠（丰顺）产业园基础设施日益完善，承载能力不断增强。坚持创新驱动战略，完成工业技改企业13家，新增高新技术企业6家，新上规工业企业9家。电声产业基地被认定为“国家外贸转型升级基地”，国际声谷小镇被纳入广东省级特色小镇培育库入库名单（第三批）。万洋众创城同步建设招商，国际声谷小镇推介中心建成开放。双十科技、铭海车业等智能制造业项目顺利投产。绿色饲料产业达产企业6家，产值逆势增长61.2%。创新文化旅游新业态，实现文旅产业新突破，推动国家非物质文化遗产埔寨火龙与生态旅游有机融合，坚真大湖天池文旅项目正式签约，新增韩山、八乡山大峡谷、御逸温泉3个国家AAA级旅游景区，成功创建省全域旅游示范区。留隍镇入选第二批广东省旅游风情小镇，潮客小镇获评省创建工作优秀小镇。

日夜兼程，推动发展环境再提升　不断加强基础设施建设，补齐发展短板。扎实推进交通公路项目建设，完成206国道兴宁松陂至北斗段、235国道三合至潘田段和潘田至县城段等国省道升级改造工程，其他在建项目有序推进。顺利通过国家“十三五”干线公路验收。汤坑至留隍快速干线、235国道（埔寨）至206国道（东里）连接线工程、学院路、紫琳大道等一批项目前期工作取得新突破。丰华高速丰顺段取得阶段性重大成果，预计2021年全线通车。稳步推进20个中小河流治理、崩岗连片综合治理、小流域综合治理等水利基础设施建设。新建成潘田南溪水、汤西南礤水碧道共2.8千米。建成开通162个5G站点，城区主要区域覆盖率不断提升。坚真文体中心主楼提前封顶，嘉应学院紫琳学院首栋实验楼顺利封顶，新区供水等一批重大项目加速建设。新世纪片区截污改造工程全面完成，老城区（汤湖沟）污水截污改造工程、新城区沿江路雨污分流工程有序推进。投入9000多万元，实施市政建设工程15个，城市功能配套不断完善。成功创建国家卫生县城、省文明城市，砂田黄花村、建桥郑屋村分别获评全国、全省文明村。

开拓创新，推动改革开放再出发　全面完成乡镇体制改革和县直公益三类事业单位改革，下放实施县级权责清单事项1025项。农村集体产权制度改革试点工作成为全省典型。“数字政府”建设加快推进，梳理公布“免证办”政务服务事项85项。“粤省事”“粤商通”“粤政易”应用面不断扩大。梳理优化“四办”（马上办、网上办、就近办、一次办）集成服务目录，电子证照、电子印章逐步推广。整合优化工程建设项目审批服务窗口，实现工程建设项目审批“一表一窗”快速办理。坚持全方位对外开放，深入实施“三好一正”（讲述梅州好故事、传播梅州好声音、树立梅州好形象，传递梅州正能量）工程，成功举办“讯源杯”中国山地自行车联赛总决赛等一批重大活动。

乘势而上，推动乡村振兴再出彩　如期完成新时代脱贫攻坚目标任务，全县5253户14451名贫困人口全部实现脱贫，61个省定贫困村全部实现退出，在全市率先实现行政村村集体经济年收入全部超过5万元。乡贤企业珠江集团及杰出乡贤许应裘、汤西大罗驻村队员钟奕苑分别入选全国脱贫攻坚先进集体和先进个人。省级现代农业茶叶产业园全面建成。新增4家“菜篮子”基地。留隍橄榄成为丰顺县第三个入选国家地理标志农产品。全面完成助农服务平台（中心）建设。电子商务进农村综合示范县项目扎实推进，建成111个镇村电子商务服务站点。深入实施

“百村示范、千村整治”工程，完成252.6千米村道路面硬底化和470.6千米“四好农村路”建设，全域自然村集中供水等基础设施短板加快补齐，所有行政村均达到干净整洁村标准，建成美丽宜居村132个。留隍五村连片、汤坑“两区三村”、砂田六村连片、汤西新岭村、北斗拾荷村等美丽乡村示范项目建设扎实推进，砂田黄花村入选省文化和旅游特色村。“打造中国畲族故里振兴民族乡村”案例获评2020年度“中国民生示范工程”。

久久为功，推动生态建设再突破 全面打好蓝天、碧水、净土保卫战，城区空气质量优良率98.9%。全面落实“河长制”工作，榕江北河龙溪（省考）断面年均水质达到Ⅲ类标准。国土空间规划编制取得阶段性成果。整合优化自然保护地，造林绿化成果显著。完成矿山生态修复治理7.92公顷、水土流失治理0.45万公顷。建设沿海防护林0.1公顷，抚育中央财政森林1万公顷。13座镇级污水处理厂全部建成运营，五斗种建筑垃圾消纳场投入使用，资源热力电厂项目前期工作有序推进。

凝心聚力，推动民生福祉再增进 八成以上财力用于民生领域，基本完成十件民生实事。开展“粤菜（客家菜）师傅”“广东技工”“南粤家政”工程人才技能培训5221人，城镇新增就业2283人，城镇登记失业率2.55%。加快推进教育振兴，新增3所、改扩建5所幼儿园和中小学校，新增学位4140个。“县管校聘”管理改革初见成效，义务教育消除大班额工作取得突破性进展，丰顺中学高考成绩取得新突破，全市排名实现质的提升。稳步推动健康丰顺建设，县人民医院综合大楼进入收尾阶段。建成县中医院、县第二人民医院、县妇幼保健院综合楼。镇卫生院、村卫生站标准化建设项目全面完成。医保普通门诊镇村一体化试点扎实开展。公共文化服务水平不断提升，建成开放261个行政村综合文化服务中心和东江苏维埃政府暨红十一军陈列馆。新时代文明实践阵地实现县镇村三级全覆盖。基本完成文化馆、图书馆总分馆制建设。大力开展李坚真、他信英拉等19处名人故居保护利用工作。完成第七次全国人口普查阶段性任务，扫黑除恶专项斗争成效位居全市前列，禁毒、信访、电信诈骗等专项治理成效明显。严格落实“四个最严”（最严谨的标准、最严格的监管、最严厉的处罚、最严肃的问责）要求，食品药品安全工作得到加强，顺利通过省级食品安全示范县中期评估。全县安全生产形势持续稳定。全面推进退役军人服务保障、双拥、国防和征兵工作。民族宗教、档案、史志、工会、共青团、妇女儿童、外事、人防、供销、气象等工作取得新进展。

笃行致远，推动自身建设再加强 笃行致远，推动自身建设再加强。坚持把政治建设摆在首位，加强党风廉政建设，持续纠正“四风”。从严从实抓好省委巡视反馈的27个问题整改和省审计发现问题整改工作。坚持把法治建设贯彻政府工作全过程，深化政务公开，加强行政监督、审计监督。着力防范化解政府债务、金融等风险，从严从紧财政开支，“三公”经费支出下降3.85%。坚持向县委、县人大及其常委会报告工作，向县政协通报情况，认真办理人大代表建议26件、政协委员提案30件，满意率达100%。

（政府办综合股）

【县人民政府办公室工作】 2020年，县政府办公室深入学习贯彻习近平新时代中国特色社会主义思想，认真贯彻中共十九届五中全会精神和习近平总书记重要讲话精神，在县委、县政府的正确领导下，全面贯彻新发展理念，讲担当、抓落实，聚焦高质量发展要求，扎实做好“六稳”“六保”工作，为丰顺打好三大攻坚战、推动乡村振兴发展、全面建成小康社会和“十三五”规划圆满收官积极努力。

全面坚持党建引领　深入贯彻中共十九大和十九届二中、三中、四中、五中全会精神，结合“不忘初心、牢记使命”主题教育常态化要求，全面落实新时代党的建设总要求。一是落实主体责任。县府办党组牢固树立抓党建的“主体”意识，党组书记履行党建第一责任人职责，始终把党建工作抓紧抓牢抓实，确保党建工作各项任务落实到位。二是完善制度配套。制订年度党支部工作要点、领导班子理论学习中心组学习计划等，保障党建责任落实，促进党建工作质量不断提高。三是抓好意识形态。牢牢掌握意识形态工作的领导权、主动权和话语权，不断把党的理论、路线、方针、政策的宣传教育与县府办中心工作紧密结合起来，使意识形态的宣传教育工作做到入情入理、潜移默化。四是聚焦主题教育。全力推进“不忘初心、牢记使命”主题教育常态化，把主题教育中激发出来的政治热情，转化为攻坚克难的干事创业激情，融合到决策参谋、综合协调、督促检查和后勤保障等工作中。五是强化廉政建设。加强对全办党员干部的日常教育、监督和管理，规范开展党内谈话等工作，严格遵守党的各项工作纪律，进一步巩固良好政治生态。

抓实办文办会质量　严格把好收发文格式关，不断提高文电收办的精准度和发文办理的时效性，压缩发文数量、规范发文流程，做到精简行文、按需发文。2020年，已印发县府文件84件、丰府函文件173件、县府办文件21件、丰府办函文件249件，会议纪要65期。

抓实督办联络效果　2020年共发出书面督查办文件32份，电话督办千余次，组织现场督办95次，按期办结市政府交办件5件。将2020年十件民生实事作为重点工作全力推进，定期对推进情况进行督办，截至2020年12月底，县十件民生实事24个具体项目中，已完成19个项目任务，占任务总数的79.17%。建议提案处理坚持“认真负责、积极主动、实事求是、注重实效”的原则，督促办好人大代表建议和政协委员提案。2020年度，按时转派并督促落实人大代表建议26件、政协委员提案30件。

抓实综合协调保障　围绕县政府重点工作开展和日常工作运转，主动从全局谋划思路、安排工作和处理问题，确保了分工不分家，协调一致推进工作，凝聚全县工作合力，保证了政府工作的高效运转。自疫情发生以来，根据省、市关于疫情防控工作的部署，及时会同县委政研室、县卫生健康局等核心部门先后起草《关于成立县防控新型冠状病毒感染的肺炎疫情工作领导小组的通知》《丰顺县防控新型冠状病毒感染的肺炎疫情指挥部工作方案》等文件，确保全县疫情防控各项工作有序开展，建立健全疫情防控工作体制机制。

抓实政务公开成效　2020年共刊发各类动态344条、信息1839篇，共采集政务信息4300条，上报省市信息120条，县政府网站发布各类信息6400条，政务新媒体共发布信息600条，公开涉及公民、法人和其他组织切身利益、公共利益、需要广泛知晓的政务文件40件。

抓实职能转变协调　积极协调统筹全县政府职能转变和“放管服”改革工作。2020年9月，协调和督促相关职能单位，共梳理出下放政务服务类事项506项，行政处罚、行政检查、行政强制等行政执法事项共516项。

金融服务成效显著　防控金融风险工作得到新加强，金融运行总体平稳，维护好“中国金融生态县”的荣誉。推动金融机构支持实体经济取得新成效。疫情防控期间，联合人行丰顺支行督促驻丰金融机构迅速落实上级最新抗疫及复工政策，汇总整理向公众推出丰顺县金融“十二条”，推动新增抗疫贷、复工贷4.49亿元，有力推动全县企业复工复产工作顺利开展。聚焦“六稳”“六保”，推动金融更好地服务实体经济，全县存贷比53.6%，创近10年新高，推动丰顺金融4个案例入选全市金融支持实体经济十大典型案例。修订上市奖励办法，推动华于科技成功在广东股权交易中心科技创新专板挂牌展示。金融助力乡村振兴，推动完成全县“村居E支付”便民工作，推动留隍镇上围村精准扶贫光伏项目成为梅州地区首个上线广碳所生态补偿交易平台的光伏碳减排项目。

外事工作平稳推进　继续加强与县委统战部、县侨联等部门沟通合作，强化侨务资源共享。依托泰国丰顺会馆、新加坡丰顺会馆等海外侨团和其他专业协会，进一步搭建梅州和丰顺推进“一带一路”建设平台。积极协调处理新冠肺炎疫情防控的涉外事务，负责做好广东口岸入境丰顺县人员接收返回工作，共接收境外返回丰顺人员54人。

信访保障更加有效　群众到县以上机关走访382批次914人，网信233件（宗）649人，走访及网信批次均有所下降，案件及时受理率、答复率和群众满意率均有所提高。办理复查案件21宗，落实县领导包案化解信访积案30宗（含上级交办26宗、丰顺县梳理4宗），已申请办结12宗，超过2020年任务数5.2%，信访各项工作成效保持在全市靠前位置，信访总量呈大幅下降趋势，进京非法上访事件保持为零，连续五年获得创建全国信访工作“三无县”殊荣。

脱贫攻坚注重实效　作为汤南镇新铺村挂钩联系单位，积极联系帮扶单位，协调配合镇村干部，破解产业扶贫发展难题，截至2020年10月底，全村有劳动能力贫困户家庭人均可支配收入达到1万元。为建立健全扶贫长效机制，脱贫不脱钩，坚持消除贫困与防范返贫两手抓，坚决落实“四个不摘”要求，确保贫困群众脱贫不返贫，支持汤南镇新铺村精准扶贫精准脱贫工作资金8万元。

（综合股）

【县政务服务数据管理工作】　2020年，在县委县政府的正确领导下，坚持以习近平新时代中国特色社会主义思想为指导，深入贯彻落实中共十九大、十九届历次全会精神和习近平总书记系列重要讲话精神，以建设人民满意的服务型政府为目标，主动适应政府管理和服务现代化发展需要，深入推动“放管服”改革，大力推进“数字政府”建设，不断提升政务服务标准化、规范化、便利化水平。2020年，县综合政务服务中心窗口共受理业务事项51.69万件，办结率、群众评议满意率为100%；丰顺县在广东政务服务网和梅州市统一申办受理平台已受理办结业务13797件（其中县级8321件、镇级3590件、村级1886件）。

狠抓县综合政务服务中心疫情防控　坚决贯彻落实关于防控新型冠状病毒感染的肺炎疫情工作部署，积极做好防控工作，把疫情防控工作作为当前最重要、最紧迫的政治任务来抓。制定方案，成立专项工作领导小组，进一步强化组织领导和抓实防控举措，严格做好消毒杀菌、环境清洁、口罩发放及佩戴工作，将县综合政务服务中心的各项防控工作抓实抓细抓到位。

双线开展创建文明城市工作 加强创文宣传，营造浓厚的创建氛围。中心环境卫生整洁，各种便民服务设施齐全。开展各种创建活动，以创建为契机全力做好创文工作。积极参与挂点社区文明创建。政数局高标准高质量完成县文明办安排的各项工作，荣获2019—2020年度梅州市精神文明创建活动先进集体，创文分管领导荣获丰顺县创建省级文明城市工作先进个人。

大力推进“数字政府”建设 （一）推动电子证照和电子印章推广应用。一是梳理出县级政务服务事项发证清单306项，梳理公布第一批和第二批免证办事项清单共85项。二是加快推进丰顺县各部门政务服务领域电子印章的制章和备案工作，截至12月底，共申请制作69个电子印章。（二）推进“互联网+监管”数据治理。积极协调县直相关单位，开展“互联网+监管”系统录入工作。截至2020年12月底，丰顺县监管事项数量503项，实施清单数量607项，有监管行为事项450项，无监管行为事项53项，监管事项覆盖率为89.46%，为审批职能部门实现规范监管、精准监管、联合监管做好先导性和基础性工作。（三）推进政务服务“指尖办”。一是大力推广“粤省事”应用。“粤省事”梅州专区可办理842项民生服务事项，关联电子证照65个，丰顺县实名认证注册人数35.6万，实现群众少跑腿、数据多跑路。二是积极推广“粤商通”应用。“粤商通”覆盖梅州总上线事项数达到316项，梅州注册企业数突破10万，达到100970户（含丰顺），注册率33.64%。三是持续推广“粤政易”应用。丰顺县“粤政易”APP账号开通人数12087人，激活人数11553，激活率95.6%。

持续推动“放管服”改革 （一）梳理优化“四办”集成服务目录。推行审批服务“四办”，政数局协同县级相关职能部门，梳理优化政务服务事项。截至12月底，丰顺县政务服务事项“网上办”1050项、“一次办”891项、“马上办”705项、“就近办”1212项，并将丰顺县的“四办”集成服务目录在实体大厅LED屏上滚动播出。（二）持续推进乡镇体制改革。政数局紧紧抓住深化乡镇体制改革要求，着力提升“互联网+政务服务”水平，在推进乡镇体制改革中充分发挥自身职能，组织协调县相关单位梳理下放乡镇实施的政务服务事项，截至年底共梳理下放依申请类事项506项。12月22—23日召开丰顺县乡镇体制改革事项下放暨综合服务窗口业务培训班，确保下放的政务服务事项“接得住、管得好、用得活”。

着重提升实体政务服务水平 （一）推进政务服务改革。稳步推进“一门式、一网式”改革，在实体大厅推行“一门式”申请受理，坚持群众办事“只进一扇门，只上一张网”，严格实施“一次告知制”和受理单制度。（二）打造“一窗通办”专区。整合优化工程建设项目审批服务窗口，设立工程建设项目审批专窗，实现立项用地规划许可、工程建设许可、施工许可、竣工验收各审批阶段“一张申请表单、一套申报材料、完成多项审批”的目标要求。（三）做好县综合政务服务中心搬迁准备工作。为进一步提高县综合政务服务中心服务质量和效能，持续优化营商环境，按照县委、县政府的统一部署，为做好服务中心进驻县坚真文体中心准备工作，根据“应进必进”原则，政数局发文督促42家有关单位，按整体进驻和事项进驻两种形式，认真填写《进驻详细需求表》《进驻政务服务事项统计表》等，进行详细的摸底调查。

持续升级改造惠民信息平台　按照上级部署，政数局完成对惠民信息公开平台“第三期”升级改造，增加基层公开信息监察系统、惠民补贴资金监督管理系统、数据可视化分析展示系统等功能，并于10月26日开展全县惠民信息平台集中业务培训。截至12月底，惠民信息录入数据1176.15万条，网站登入332.73万次，网站查询37.20万次，APP下载28307次，APP查询4736次，短信查询8175次，终端机查询63.52万次，发送惠民补贴短信889096条。

健全公共服务评价机制　（一）12345政府服务热线共收到工单2682件，已全部答复归档，按时办结率和回访群众满意率均为100%。（二）丰顺县于2020年4月运行政务服务“好差评”系统，截至年底，办件数量24173件，有评价的办件数量3240件，差评工单数量2件，差评整改率为100%。

强化政府网站安全管理　进一步加强政府网站信息发布和意识形态工作，完善保密审查机制，规范发布内容，提高信息质量，坚决落实网站安全责任制，严格规范网站信息发布流程，建设政府网站云安全防护、服务器SSL证书服务，为丰顺县人民政府网站提供信息安全监测服务，保障政府网站的真实性和数据传输的安全性。2020年度丰顺县政府网站信息公开数量为2551条，访问量为213.36万次。

（李正彦）

【应急管理工作】　丰顺县应急管理局为县政府工作部门，正科级，设有应急管理局党委。内设机构有办公室、应急指挥股、综合协调股、风险监测和综合减灾股、火灾防治管理股、地震和地质灾害救援股、安全生产基础股、综合执法股。下属事业单位为丰顺县应急中心、丰顺县“三防”指挥部办公室、丰顺县森林防灭火指挥部办公室。全局共有干部职工31人。丰顺县人民政府成立“三部三委”议事协调机构，均设在应急局。“三委”为安全生产委员会、减灾委员会、县突发事件应急委员会，“三部”为森林防灭火指挥部、三防指挥部、抗震救灾指挥部。

安全情况　2020年，在县委、县政府的正确领导下，县应急管理局坚持以习近平新时代中国特色社会主义思想为指导，为深入学习贯彻习近平总书记对安全生产的有关重要指示批示和重要论述精神，推进落实安全生产专项整治三年行动和安全生产领域七大专项整治，深刻吸取事故教训，举一反三，从根本上消除事故隐患，严防发生生产安全事故，确保丰顺县安全生产和消防安全。1—12月，全县发生道路交通事故847起，死亡29人，受伤545人；工矿商贸生产安全责任事故3起，死亡4人，安全生产形势总体保持稳定；森林火情7起，未有人员伤亡。全县安全形势总体保持稳定，为丰顺县经济社会发展提供有力保障。

重点工作　2020年，在新冠肺炎疫情与应急管理工作交织叠加的形势下，县应急管理局在县委、县政府的坚强领导下，在市应急管理局的支持指导下，提高政治站位，加强领导、勇于担当、统筹兼顾、履职尽责，以党的建设为统领，切实抓好安全生产、防灾减灾救灾等工作。主要工作有：主动履职，全面落实工作职责；强化教育，狠抓廉政建设；加强领导，推进安全责任体系建设；部门联动，专项整治，确保安全生产领域持续稳定；强化基础，提升森林防灭火能力，时刻保持临战状态。

（范晓燕）

县政协

【全体委员会议】 中国人民政治协商会议第十届丰顺县委员会第五次会议，于2020年6月2日至4日在县城举行。

会议审议通过邱翠茂代表十届县政协常务委员会所作的工作报告、郭春山所作的提案工作情况报告；选举黄建斐为十届县政协主席，陈美琼为十届县政协副主席，傅伟芳为十届县政协常务委员。委员们列席丰顺县第十五届人民代表大会第五次会议开幕大会，听取并讨论县长廖茂忠所作的政府工作报告及其他报告。会议表彰县政协2019年优秀提案和承办提案先进单位。会议圆满完成各项议程，是一次高举旗帜、维护核心、凝聚共识的大会，一次牢记使命、共谋发展、团结奋进的大会。

县政协副主席刘超平、县政协主席黄建斐分别主持开幕大会和闭幕大会。中共丰顺县委、县人大常委会、县政府全体领导，定迎、扬闲同志，县武装部政委、县法院院长、县检察院检察长，市管四级调研员，县纪委监委副书记（副主任），全体政协委员出席开幕大会和闭幕大会。历届县政协主席，部分市政协委员，没有安排县政协委员的县直正局以上单位和省、市属驻丰单位主要负责同志，县委办、县府办、县纪委办、县纪委派驻县委办纪检组和县政协机关科室有关负责同志列席会议。

【县委政协工作会议】 7月29日，县委政协工作会议召开。会议的主要任务是，深入学习贯彻习近平总书记在中央政协工作会议暨庆祝中国人民政治协商会议成立70周年大会上的重要讲话精神，认真落实全国政协十三届三次会议和省委、市委政协工作会议精神，总结部署丰顺政协工作，激励广大政协委员，在推动丰顺振兴发展的征程中，彰显政协担当、贡献政协力量、谱写政协篇章，团结一切可以团结的力量，调动一切可以调动的有利因素，凝聚推动丰顺苏区振兴发展的强大力量。县委书记曾永祥出席会议并讲话，县委副书记、县长廖茂忠主持会议，县人大常委会主任邱翠茂，县政协主席黄建斐，县委副书记、县政法委书记黄纯忠出席会议。梁玉辉、石远平、张晓山等县委、县人大常委会、县政府相关领导同志，县政协全体班子成员，县法院、县检察院主要负责同志；县直有关单位主要负责同志；各镇（场）党委主要负责同志；县政协机关全体干部职工、县纪委监委派驻县委办纪检监察组组长等参加会议。

【履职方向】 坚持把党的领导贯穿政协工作全过程，强化思想政治引领，严格落实第一议题学习制度，全年组织开展理论中心组学习7次，召开党组会议26次、主席会议13次、常委会议6次，推动理论学习制度化、常态化，不断增强“四个意识”、坚定“四个自信”、做到“两个维护”，确保政协工作始终沿着正确的方向前进。坚持把学习习近平新时代中国特色社会主义思想，同发挥视察调研、协商议政等活动的思想政治引领作用结合起来，引导广大委员切实增进对中国共产党领导的政治优势和中国特色社会主义制度优势的理解和把握，进一步巩固团结奋斗的共同思想政治基础。自觉在县委领导下开展工作，积极谋划政协工作，及时报告党组重要工作、及时传达重要会议精神、及时请示重大工作事项，确保政协与县委同频共振、同向发力。充分发挥县政协党组把方向、管大局、保落实的核心作用，把县委决策部署贯彻落实到政协履职全过程各方面，转化为全体政协委员和社会各界人士的广泛共识和自觉行动，推动党的决策部署在政协组织中落地生根、开花结果。

【政治协商】 充分发挥政协专门协商机构作用，围绕统筹疫情防控和实体经济发展工作、推进坚真文体中心建设、加快交通基础设施建设、推进法治丰顺和青少年法治教育实践基地建设、食品安全创建示范、脱贫攻坚、乡村振兴和推进电声产业高质量发展等课题，组织开展全会协商1次、常委会会议协商3次、主席会议协商5次、对口协商7次，提出了许多专业性强、精准度高的意见建议，并转化成为解决问题、推动发展的有效对策。

【民主监督】 围绕事关全县经济社会发展中的重大问题和群众关心的热点难点问题，聚焦省级食品安全示范县创建工作、创文创卫、乡村振兴等，组织开展视察监督15次，参加委员324人次，实地查看点位40个，发现问题45个，提出对策建议48条，切实发挥民主监督在推动工作中的重要作用。强化督办跟踪问效，促进提案落地落实，十届五次会议以来审查立案的30件提案已全部办结，其中精选10件重点提案呈送县委、县政府领导阅批、领办，遴选8件作为政协主席、副主席等领衔督办，有力推动相关工作开展。组织委员参加县法院旁听案件庭审、县检察院“检察开放日”等活动，切实履行民主监督职能，努力把人民政协制度优势转化为社会治理效能。

【参政议政】 把调研视察作为履职的重要抓手，围绕实体经济、创新驱动、产业升级、乡村振兴和推动高质量发展等课题，先后开展21次专题调研、专题视察活动，推动形成履职成果26篇，许多重要建议得到吸纳，为全面建成小康社会取得决定性历史成就发挥了积极作用。大力抓好履职成果转化，主动加强与对口职能部门的联系，促进委员意见建议得到有效落实。

【履职为民】 深入践行以人民为中心的发展思想，把关注民生、促进和谐贯穿于履职全过程，聚焦群众最关切的就业、就医、就学和社会保障等问题，深入开展专题调研、专题视察和专项督办等活动，当好群众的“代言人”、关注民生的“有心人”，协助县委、县政府维护好、实现好、发展好人民群众的根本利益，促进解决了一批群众操心事、烦心事、揪心事，在奔向小康的道路上，他们有了更多的获得感、幸福感、安全感。积极投身创文工作，把创文工作融入日常调研视察、联络联谊和委员走访等活动中，支持和鼓励委员深入群众，了解社情民意，为创文工作积极建言献策。积极组织参与脱贫攻坚战，全力抓好县政协机关挂钩的埔寨镇埔北村脱贫攻坚工作，全村114户283名相对贫困群众全部脱贫，圆满完成了精准脱贫任务。

【团结联谊】 充分发挥政协联系广泛的优势，实施好“三好一正”工程，加强同各民主党派、工商联、无党派人士等联系沟通，加强与港澳台同胞、海外侨胞的联谊交流，积极为界别委员和各界人士知情明政、建言献策搭建更多平台、创造更好条件，努力营造合作共建、协商发展的良好氛围，为县委县政府改革发展提供参考、增添活力。深化对外交流，先后组织各专委会相关委员和机关干部赴兴宁、蕉岭、大埔、平远、五华等地，学习考察乡村振兴、红色文化资源保护利用、基层社会治理、优化营商环境等方面的先进经验，助推丰顺打造生态发展新标杆。做好对口联络和联谊服务工作，共接待17批次各级各地政协来丰开展活动。抓好宣传引导，通过微信、微博、网站、公众号、会议座谈和联络走访等方式，不定期向政协委员通报时政要闻、政策解读、政情发展、重点建设、政协动态、委员风采等内容，唱响团结歌，奏好奋进曲，汇聚正能量，助推苏区振兴。

【自身建设】 巩固深化“不忘初心、牢记使命”主题教育成果，坚决落实全面从严治党要求，深入开展模范机关创建活动，加强机关党支部和党员干部队伍建设，切实把政协机关党的组织生活、党员教育管理严起来、实起来，进一步发挥党组织战斗堡垒作用和党员先锋模范作用。注重完善制度，提升执行力，推动政协工作制度化、规范化、程序化。以提升履职能力为目的，搭平台、优服务、强管理，狠抓委员队伍建设，强化委员责任担当，不断提升委员“四种能力”，让委员履职更有方向、更有底气、更有成效。严格委员管理，依章程撤销1名县政协委员资格。支持派驻纪检监察组履行监督责任，大力抓好机关作风建设，驰而不息反对“四风”，激励机关干部担当作为，打造忠诚干净担当的干部队伍。坚定不移抓好省委巡视反馈问题整改，做到立行立改、真改实改，以政协履职成效检验整改实效。

（赖声洪）

纪检监察

【概况】 2020年，丰顺县纪委监委在市纪委监委和县委的正确领导及大力支持下，坚持以习近平新时代中国特色社会主义思想为指导，深入学习中共十九大和十九届二中、三中、四中、五中全会精神，认真贯彻落实各级纪委全会工作部署，不断增强“四个意识”、坚定“四个自信”、坚决做到“两个维护”忠实履行党章和宪法赋予的职责；紧紧围绕县委中心工作大局忠诚履职尽责，紧紧围绕党中央统筹推进疫情防控和经济社会发展重大部署跟进监督、精准监督、全程监督；全力保障脱贫攻坚决战决胜，全面清仓涉黑涉恶腐败和“保护伞”问题线索；积极协助县委推进全面从严治党，一体推进不敢腐、不能腐、不想腐，努力推动纪检监察工作高质量发展，为加快打造苏区振兴发展“丰顺样本”提供坚强保障。

【县纪委十三届五次全会】 中国共产党丰顺县第十三届纪律检查委员会第五次全体会议，于2020年4月1日在县城举行。县委书记曾永祥出席全会并讲话，县委副书记、县长廖茂忠传达习近平总书记在十九届中央纪委四次全会上的重要讲话及中央纪委全会精神、省委书记李希在省纪委十二届五次全会上的讲话和省纪委全会精神、市委书记陈敏在市纪委七届六次全会上的讲话和市纪委全会精神。全会审议通过县委常委、县纪委书记、县监委代主任凌晓文代表县纪委常委会所作的《坚决履行政治职责，深入推进正风反腐，为丰顺全面建成小康社会提供坚强保障》工作报告，组织8名乡镇和县直单位党委（党组）书记书面述责述廉并进行评议。

【疫情防控】 疫情就是命令，防控就是责任，县纪委监委与全国人民一起万众一心、众志成城、同舟共济，积极配合全县联防联控工作，主动投入这场没有硝烟的战争。“国有战、召必回、战必胜”，在县委的坚强领导下，以坚定的政治觉悟和牢固的宗旨意识，尽锐出战、忠诚履职、冲锋在前，全力以赴融入全县疫情防控主战场，忠诚守护党的纪律和人民群众的生命安全，以实际行动践行初心使命、诠释忠诚担当。

在疫情面前，县纪委监委坚守职责定位，科学精准稳慎有效开展监督，积极主动履行纪检监察职责，以监督实效保障疫情防控工作高效顺畅开展。印发《关于进一步严明新型冠状病毒感染的肺炎疫情防控工作纪律的通知》，划下“十严禁”的“铁规”；派出5个察访组，采取“四不两直”（不发通知、不打招呼、不听汇报、不用陪同接待，直奔基层、直奔现场）的方式，对全县17个镇（场）、县直重点单位和重要疫情防控点进行监督检查。截至3月初，共开展察访56场次，督查疫情防控点112个，电话督查42次，发出《提醒函》《建议函》4份，发现并督促整改问题81个，处置问题线索7条，给予党纪政务处分2人，为丰顺坚决打赢疫情防控阻击战、实现“零确诊”提供坚强纪法监督保障。各派驻纪检监察组挺身而出、主动作为，充分发挥“探头”“前哨”作用，深入相关职能部门、园区、企业一线，以“嵌入式”监督促真履职、优服务，重点聚焦发改、住建、交通、科工商务等部门落实防疫措施、助推企业复工复产、做实做细应急预案等情况进行监督检查，确保疫情防控各项措施落地落实，有力有序有效助力企业复工复产。同时，综合运用监督执纪“七个看”和问责“六字诀”，落实“三个区分开来”原则，激励防控一线干部敢担当、善作为。

疫情面前，县纪委监委守土有责、守土担责、守土尽责，牢牢守住纪检监察系统干部安全健康防线。采取有效措施，把好人员排查关、场所管控关、自身防护关，对全县纪检监察系统干部实行“零报告”“日报告”制度，坚持每天对机关办公场所进行全面消毒，对到机关工作办事的人员进行体温测量和登记，坚决守住守牢纪检监察系统防控阵地。全县纪检监察系统全体党员干部积极响应号召，主动请战、坚守一线，在抗疫一线践行初心使命、诠释忠诚担当。疫情不息，战斗不止。县纪委监委必须增强必胜之心、责任之心、仁爱之心、谨慎之心，以“咬定青山不放松”的韧劲、“不破楼兰终不还”的拼劲，继续履职尽责，继续冲锋在前，毫不放松、乘势而上，不断巩固成果、扩大战果，全面打赢疫情防控的人民战争、总体战、阻击战；把在这场战争中经受考验和锤炼的政治品格、斗争精神、顽强斗志作为推动工作的不竭动力，不断推进新时期纪检监察工作的高质量发展。

【践行“两个维护”】 强化政治学习。县纪委常委会坚持落实“第一议题”制度，通过理论学习中心组、党小组学习，特别是每周一常委会学习，不断强化班子成员及全体干部思想政治素质，确保思想和行动与党中央保持高度一致。重点深入学习《习近平谈治国理政》第三卷以及习近平总书记出席深圳经济特区建立40周年庆祝大会和视察广东重要讲话重要指示精神。2020年，县纪委常委会“第一议题”学习贯彻习近平总书记重要讲话、重要指示批示精神48场次，组织理论学习中心组学习6场次。

强化政治监督。切实把习近平总书记的重要指示、重要批示等政治要件和党中央重大决策部署在丰顺落地见效情况作为监督工作重中之重，重点围绕贯彻落实疫情联防联控、做好“六稳”工作、落实“六保”任务、打好三大攻坚战、推进乡村振兴战略等重大决策部署情况，专门制定印发监督工作措施方案，落实全程监督。一是全力抓好落实疫情防控情况的监督。全年共组织开展疫情防控工作察访70场次，督查疫情防控点126个，电话督查42次，发现并督促整改问题193个，发出《提醒函》《建议函》4份，处置问题线索7条，立案2件2人，给予党纪政务处分2人、诫勉1人、谈话提醒5人，为丰顺坚决打赢疫情防控阻击战、总体战，实现“零确诊”提供坚强保障。二是全力抓好违建别墅问题专项监督。严格对违建别墅、乱占耕地建房问题整治工作开展监督，督促县自然资源局落实好违建别墅整治主体责任，要求相关部门严格依法依规处置，既要查处违建也要保障业主合法权益，重点抓好粤东大峡谷景区、韩山历史文化风景区、鹿湖温泉度假村等共3处50栋违建别墅的问题进行整改。三是全力抓好乱占耕地建房问题专项监督。针对开展农村乱占耕地建房问题整治工作，及时向领导小组办公室发送《提醒函》，约谈县自然资源局“一把手”，并与该局相关领导干部座谈，压实牵头部门责任，督促加大工作力度、加快整治进度。

强化政治体检。积极配合省委巡视组系统检查，抽调精干力量，全程配合做好十二届省委第六轮巡视第四巡视组对丰顺县开展的巡视工作。同时，发挥职能作用，加强省委巡视期间全县纪律监督，确保全县各级各部门“及时、准确、全面”提供相关巡视检查材料、配合谈话，有力保障省委第四巡视组巡视丰顺期间各项工作顺利开展，按既定的工作计划、时间节点完成巡视工作。在省委巡视期间，县纪委监委按要求及时、准确、全面向巡视组提供报告及分析材料4份，其他相关检查材料共152份，快速圆满落实巡视组交办的6项群众举报线索核查任务。

强化整改提升。专门成立县纪委监委落实整改工作领导小组，把巡视整改落实工作作为重要政治任务，从严抓实抓好。一是严格落实县委整改办下发的整改任务分工。专门制定印发整改落实工作方案，明确牵头整改3项、配合整改5项整改任务的责任领导、责任部门和整改期限，指定办公室负责跟踪督办、台账收集管理，加强与上级和县整改办的联系沟通，及时做好整改情况报送工作，确保整改一项销号一项。整改期间，县纪委监委召开整改领导小组工作会议5场，专门召开牵头事项推进会1场，召开督查协调会议2场，落实整改措施25条，出台及修订完善制度机制4项，全部事项均在规定期限内落实整改。二是抓实对县委巡察工作专项检查反馈意见的整改落实。把省委第四巡视组对丰顺县委巡察工作专项检查反馈的四大类问题，分解细化成10项小问题，并制订13条整改措施扎实整改。各项整改任务均扎实整改并长期坚持，防止问题复发。三是认真做好省委巡视转信的核查处置工作。自巡视开展以来，县纪委监委受理或转办省委第四巡视组移交信件86件，均能及时处置，至2020年12月底全部办理完毕。四是积极协助县委督促全县落实整改。充分发挥职能职责作用，协助做好全县落实巡视反馈意见整改监督工作，压实各级党委（党组）主体责任。在落实巡视整改工作期间，对全县17个镇（场）和17个县直部门共34家责任单位开展了实地督查，发现问题8项并及时压实21家单位责任加强整改，较好地完成整改任务，如期向省委巡视办报送整改情况。

【日常监督】 用好“两书”监督。积极运用纪律检查建议书和监察建议书，督促相关单位（部门）压实党风廉政建设主体责任。自2020年以来，共向有关党组织和单位（部门）下发“两书”31份，规范和纠正违纪违规行为19次，督促建章立制12项。

压实派驻监督。印发《2020年丰顺县纪委监委派驻（出）机构监督清单（试行）》，引导派驻（出）机构落实精准监督、跟进监督、全程监督，特别是紧盯异常数据、异常现象开展监督。不定期对派驻（出）机构开展监督情况进行通报，推动更好地发挥监督“探头”作用。截至年底，12个纪检监察组累计开展监督937次，共发现问题230个，移送问题线索14条。

抓好巡察监督。在千方百计抓巡察质量的同时，重点抓好巡察整改后半篇文章，督促已巡单位落实整改。一是出台制度机制促整改。制定印发《关于加强巡视巡察整改日常监督实施办法（试行）》，统筹整合县纪委监委、县委组织部、县委巡察办监督力量，进一步规范巡察整改日常监督工作。二是组织开展回头看。县委根据巡察工作的实际，对汤西镇党委、县应急管理局党委进行了巡察“回头看”，发现县应急管理局落实巡察整改主体责任不到位、整改不力的情况，严格作为问题线索移送县纪委监委处置，立案追责2名领导干部。

强化对镇党委监督。以抓好《党委（党组）落实全面从严治党主体责任规定》落实为契机，制定出台《镇党委落实党风廉政建设主体责任清单及年度考核工作方案》，从四大方面19项内容，引导镇党委主动履职。

提升群众监督。一方面，进一步升级完善惠民信息公开平台，拓宽监督渠道。投入资金对县惠民信息公开平台进行了改造，完善丰富了平台功能，重点实现与市惠民资金补贴“一卡通”监督平台对接、联通。截至2020年12月底，丰顺县惠民信息平台公开事项87项，累计发布惠民补贴信息1176万条，监管资金额64.12亿元，发送惠民补贴短信66万条，借助惠民信息平台发现问题线索19条，立案查处38件38人，移送司法机关7人，挽回经济损失78.68万元，在平台运用、发挥平台作用方面，丰顺县走在全市前列。另一方面，进一步改善接访场所和设备条件，优化举报环境。对县纪委监委接访室进行改善，特别是为各镇纪委、机关各室、各派驻机构统一配齐检举举报平台所需硬件设施，畅通信件流转，提升受理效率。2020年，县纪检监察机关接收群众信访举报共474件，应核128件，100%转出办理。

【专项整治】 全力保障脱贫攻坚决战决胜。聚焦脱贫攻坚目标任务，坚持把纪律和监督挺在前面，专门印发《2020年全县扶贫领域监督执纪问责工作要点》，对扶贫领域腐败和作风问题线索进行全面盘点梳理并加大处置力度。2020年，立扶贫领域案件39件，查处37人，通报典型问题4起10人，圆满完成脱贫攻坚决战决胜之年线索清仓任务。

全力做好涉黑恶腐败和“保护伞”问题集中惩治收官工作。严格按照上级部署和县委扫黑除恶专项斗争工作进度要求，扎实做好涉黑恶腐败和“保护伞”问题线索处置的收官工作，重点高质高效完成“线索清仓”“案件清结”“伞网清除”等“六清”目标任务。自开展专项斗争以来，累计处置涉黑涉恶腐败和“保护伞”问题线索35条，立案34件34人，给予党纪政务处分33人，移送司法机关2人，发出并督促落实相关纪检监察建议书、提示提醒函9份，收到整改反馈9份。查处涉黑恶腐败和“保护伞”问题案件数量在全市各县（市、区）排名第二，被评为“2019年度梅州市扫黑除恶专项斗争先进单位”。

全力推进生态环保领域腐败和作风问题整治。紧盯丰顺榕江北河、地矿产卫片违法图斑整治和河道采砂管理中失职渎职行为，以砖厂环境污染问题查处为突破口，加大对生态环保领域腐败和作风问题的整治。2020年，查处生态环保领域腐败和作风问题案件9件9人，及时督促相关职能部门追缴“应收而未收”行政罚款共274.2万元，并形成1份详细的调查报告书面上报县委、县政府，得到县委、县政府的充分肯定。

全力抓好人防领域廉政问题专项整治。重点督促县住建、自然资源等职能部门进一步提高政治站位，扎实开展专项整治，对清查出的39项问题认真研判，严格按照时间节点抓好整改落实。在专项检查中，发现线索3条，并形成1份监督检查专报上报县委，得到县委主要领导的充分肯定。

全力压实村（社区）“两委”换届纪律。严格按照省、市、县委对村（社区）“两委”换届工作的部署和要求，制定《加强村（社区）“两委”换届监督工作方案》《换届腐败和作风问题线索处置工作预案》《丰顺县村（社区）“两委”换届巡察监督工作预案》以及《丰顺县纪委监委聚焦村（社区）“两委”换届落实“九看”“六类人员”察访指引》等制度机制，建立县纪委监委班子成员联系挂点乡镇工作机制，组织班子成员分赴17个镇（场）提醒镇（场）党政班子落实对“六类人员”的警示提醒，紧紧围绕“九看”开展监督，通报3起违反换届纪律典型问题，针对个别群众信访反映，及时启动检查，抓实抓细村（社区）“两委”换届纪律。

【审查调查】 保持反腐败高压态势。针对线索存量较大的情况，切实加大线索清理清查和处置力度，科学运用“四种形态”加快线索处置进度，对应核线索全面清减，落实“减存量”目标，积极为2021年轻装上阵、查办有影响力案件打好基础。2020年，全县纪检监察机关共处置线索521条，同比增长145.8%；立案187件187人，同比增长29.9%，其中，立科级以上党员干部21人、镇纪委立案75人、派驻（出）机构立案27人；结案192件192人，结案率96%，挽回经济损失485.4万元，移送司法机关10件10人。共运用“四种形态”批评教育帮助和处理517人次，其中，第一种形态333人次，占比64.4%；第二种形态145人次，占比28%；第三种形态21人次，占比4.1%；第四种形态18人次，占比3.5%。

筑牢审查调查安全防线。加大陪护队伍建设力度，升级改造县镇谈话点软硬件设备设施；扎实做好常态化疫情防控工作，落实安全责任制；制定出台《县纪委监委审查调查安全检查工作方案》，建立协作区内常态化自我检查、协作区之间定期交叉检查、委主要领导或委托副书记组织系统抽查等多种形式的审查调查安全工作检查机制，强化安全工作自我排查、整改，全年组织专职陪护人员开展法规学习和突发事件应急演练等培训6场（次）；通过协作区自查、交叉检查、系统抽查等共发现安全工作不规范、不严格问题隐患44个，全部严格督促落实整改，有力保障“双安全”和“零事故”。

严格案件监督办理。始终严抓案件质量关口，从问题线索处置到案件办结，严格对承办部门进行全程跟踪监督，对线索处置超期限未办理、“久立未结”等情况及时提醒、催办。同时，组织纪检干部深入学习领会监督执纪问责“六字诀”和查办案件“七个看”精神实质，严格落实“双报告”制度，确保线索处置、案件查办质量，保障审查调查工作的纪法效果、政治效果和社会效果相统一。2020年，案件监督管理部门对问题线索处置、案件办理情况催办37次，发出《提醒函》10份，对5宗“久立未结”案件进行催办审结，实现“久立未结”案件台账全部清零，线索处置“两报告”22条（次）、立案20人，保持零申诉。

【作风建设】 深化形式主义、官僚主义问题治理。认真学习贯彻粤委办文件精神，结合本县实际，制定并印发《全县纪检监察系统贯彻落实粤委办文具体措施和分工安排》，详细列明督促要求、具体任务、责任部门和完成时间，并制作进展情况统计表，严防形式主义、官僚主义问题反弹。2020年，查处形式主义、官僚主义问题案件58件58人，通报典型问题5起17人。

持之以恒纠“四风”树新风。紧盯疫情防控常态化和经济社会发展中的“四风”问题，一手抓查处，一手督促职能部门查找问题根源、完善制度机制、认真拉网履职。全年，立案查处享乐主义、奢靡之风问题42件42人，通报典型问题4起8人，重点督促相关职能部门修订完善公车管理和使用监督、村干部津贴补贴发放、公务接待、开会发文、调查研究、督查检查考核等制度机制。同时，加强廉政教育宣传，强化正面引导，编辑《追寻——李坚真廉洁事迹》丛书，制作坚真廉洁操行馆VR在线展馆，在建桥镇郑屋村建设一条由“作风篇”“清风篇”“家风篇”三大篇章组成的“十里花溪廉政文化长廊”，树立廉洁文化新风尚。

【政治巡察】 落实“全覆盖”，探索向中小学、卫生院延伸。严格按照《县委巡察工作规划（2017—2021年）》扎实稳步推进县委巡察工作，截至2020年年底共完成九轮常规巡察和七轮村级巡察，对全县83个副科以上单位党组织和282个村（社区）党组织开展巡察，两项覆盖率100%，提前完成县委一届任期内巡察全覆盖目标任务。同时，在第九轮常规巡察中，丰顺县选取2所中心小学和2家卫生院进行延伸巡察，力争通过巡察解决群众关切的热点、难点“小问题”，进一步赢得民心向背“大政治”。

落实“内外联动”，推动发现问题更加精准。一是认真学习上级好经验好做法。充分利用配合省委第四巡视组对丰顺县委开展巡视、市委第三巡察组对丰顺法院开展巡察的契机，积极学习省委巡视组、市委巡察组的工作精神、工作方式方法，不断提升县委巡察工作业务水平。二是严抓巡察质量考核评估。抓好《中共丰顺县委巡察组巡察质量考核评估实施办法（试行）》实施，取得较大成效，得到省、市纪委主要领导高度肯定。考评办法实施前的第五、六轮巡察上报县委专报5

份，向县纪委监委移送线索7条，成案率为42.8%；考评办法实施后的第七、八轮巡察上报县委专报11份，向县纪委监委移送线索16条，线索成案率提升至80%，工作质量明显提高。三是及时沟通会商巧借外力。印发《关于县委巡察机构与相关职能部门会商研判机制的意见》，对巡察过程中拿捏不准的问题，及时商请相关职能部门进行会商研判，或借助职能部门专业力量核实弄清有关情况，提高巡察发现问题的精准度。

落实“效果导向”，积极构建长效制度机制。从制定巡察方案，到开展巡察，直到抓好整改，建立覆盖全过程的制度机制，推动巡察工作制度化、规范化。近年来，重点制定出台《中共丰顺县委巡察组巡察质量考核评估实施办法（试行）》《关于进一步深化巡察整改工作的意见》《镇党委落实党风廉政建设主体责任清单及年度考核工作方案（试行）》等28项工作制度机制。同时，还专门编制《中共丰顺县委巡察工作实用手册》《十三届县委巡察工作综合资料汇编》《巡察工作流程》等多种巡察工具书，以提升巡察干部综合业务能力，力推巡察工作高质量发展。

【体制改革】 推动主体责任与监督责任贯通衔接。一方面，积极协助县委落实全面从严治党主体责任。全年，提交县委常委会会议学习研究党风廉政建设工作19场（次），及时传达上级典型案例通报11件、其他相关文件12件，解决工作中遇到的困难问题，审核通过工作方案或制度机制5件。另一方面，积极推动各级党委（党组）主体责任扛在肩上抓在手上。重点落实“三个抓”：一是抓关键、约谈“一把手”。全年，共约谈提醒“一把手”22人（次），其中新任党组织“一把手”谈话10人、运用“第一种形态”处置问题线索约谈“一把手”10人、述责述廉评议排名最后的党委（党组）书记2人，压实各级党委（党组）开展提醒谈话742人次，开展警诫谈话24人次。二是抓派驻监督考核。制定出台《2020年县纪委监委派驻（出）机构监督清单（试行）》，推动派驻派监督工作有目标、有抓手、有章可循；印发《丰顺县纪委监委派驻（出）机构年度考核工作方案》，推动派驻（出）机构真正沉下身子，主动嵌入监督、靠前监督，防止蜻蜓点水、浮于表面，避免干多干少、干好干坏一个样，倒逼所监督单位党组织主体责任落实。三是抓镇党委责任考核。出台《镇党委落实党风廉政建设主体责任清单及年度考核工作方案》，将对镇党委抓党风廉政建设工作进行考核，并将考核结果作为新一年度镇党政班子成员特别是“一把手”提拔重用廉政意见回复的重要依据，以此推动镇党委主体责任落实，与镇纪委监督责任协同贯通。

推动“四项监督”贯通衔接。切实加强本系统内部信息共享、资源整合、力量统筹，提升“四项监督”合力，确保监督实效。一是抓纪律、监察监督，为派驻、巡察监督提供有力依据和坚强后盾。加大审查调查力度，及时处置派驻机构、巡察机构移送的问题线索，为派驻机构、巡察机构排除监督过程中遇到的困难和阻力。通过审查调查、监督检查发现各级各部门系统性、制度漏洞等问题，及时提出纪律检查建议、监察建议，为派驻监督、巡察监督提供参考和抓手。二是抓派驻、巡察监督，为纪律、监察监督提供贴身服务和线索情报。充分发挥派驻机构派的权威、驻的优势，强化对所联系监督部门的贴身监督，确保纪委监委相关工作部署、纪律检查建议、监察建议、党纪政务处分决定等落到实处。同时，通过巡察进行系统检查，及时向纪检监察机关提供情报、移送问题线索，推动问题治理。三是抓派驻和巡察机构互相配合、互相监督。通过派驻机构为巡察组开展巡察工作提供信息，巡察进驻为派驻机构挖掘深层次问题，提升监督合力。同时，又通过派驻机构对巡察进驻期间的工作作风等进行跟进监督、全程监督，通过巡察发现部门存在问题情况检验派驻机构履职情况，实现派驻、巡察互相监督，以此不断推动“四个监督”协调联动、共同发力、互相依靠、互相监督、形成闭环。

推动职能部门和社会监督贯通衔接。积极推动党内监督与人大监督、民主监督、行政监督、司法监督、审计监督、统计监督和社会监督有机贯通、相互协调。一是压实职能部门履行监督责任。加强派驻日常监督、巡察政治监督，重点推动人大机关、组织、人社、审计、财政、农业农村、民政等职能部门发挥职能监督、拉网履职，出台《丰顺县行政事业单位国有资产管理暂行办法》《丰顺县行政事业单位和国有（集体）企业资产处置管理暂行办法（修订）》等多项制度。二是完善线索移送机制。加强与反腐败协调小组成员单位的沟通联系，定期召开县委反腐败协调小组会议，及时解决协作配合工作中遇到的困难问题，完善问题线索移送机制，规范问题线索移送。全年，公检法及环保等职能部门移送问题线索38条。三是畅通群众监督渠道。重点通过大力推广基层版网络举报平台、升级完善惠民信息公开平台、督促职能部门严格落实信息公开等，积极搭建畅通群众与纪检监察机关连接的桥梁，以此提升社会监督。

【队伍建设】 抓内控。严格落实请示报告制度，坚决杜绝在疫情防控关键阶段出乱子、掉链子、捅娄子；从严抓实干部内部管理，对巡察抽调人员和专职陪护人员在未开展巡察和审查调查期间，统筹安排到机关或派驻（出）机构协助工作，强化日常管理；在办公场所加装安全门禁系统，及时更换残旧车辆、办公办案设备等，做足机关安全、高效运转基础。

抓警示。及时传达姜某某、大埔县相关巡察组组长等纪检系统干部违纪违法典型案例通报，对纪检监察干部开展警示教育，督促干部按照“五个摆进去”要求，开展自查自纠；严防“灯下黑”，对反映纪检监察干部的信件、线索及时处置，对纪检干部违规违纪情况，坚决“小题大做”。全年，配合上级核查纪检监察干部问题线索2条，查处和调离纪检监察岗位各1人。

抓监管。全面建立干部廉政档案，重点将“重要社会关系”拓展至兄弟姐妹以及配偶的兄弟姐妹等，充分发挥廉政档案在年度考核、评先评优、提拔重用中的廉政“关口”作用，防止“带病上岗”“带病提拔”，并通过综合研判个人社会关系网络，实行执纪执法回避，严防“关系案”“人情案”发生。共建立纪检监察干部个人廉政档案125份，并逐一进行审核和分析。

重关怀。加强干部激励机制，做好“传帮带”，提拔重用敢担当、善作为的年轻干部，并努力用好工会福利制度及时帮助干部解决生活困难。全年，提拔任用（含职级晋升）和交流机关干部38人，提拔和调任镇纪委书记和专职副书记10人，帮助、慰问困难干部20人（次）。

强学习。通过业务培训班、每月知识测试等，特别是通过建立“青年论坛”干部交流平台，启动“青年论坛”活动，加强了干部业务交流，引导年轻干部修好理论武装必修课，掌握好看家本领。全年，举办“青年论坛”交流会2场（次），开展全员培训5批，组织优秀纪检监察干部到省、市纪委监委跟班学习8人，合计培训670人（次）。

（朱传讯　张焕拔）

群众团体

总工会

【概况】 2020年，丰顺县总工会在县委和上级工会的正确领导下，以习近平新时代中国特色社会主义思想为指导，全面贯彻中共十九大和十九届二中、三中、四中、五中全会精神，贯彻落实习近平总书记关于工人阶级和工会工作的重要论述，不忘初心、牢记使命，在服务中心大局和服务职工中积极展现工会作为，团结全县职工为实现丰顺振兴发展而不懈奋斗。

【疫情防控和支持企业复工复产】 自新冠肺炎疫情暴发以来，县总工会迅速响应，成立县总工会应对新型冠状病毒感染肺炎疫情工作领导小组。充分发挥工会职能，设立疫情防控专项资金，累计支持丰顺县有关单位开展疫情防控和复工复产工作经费超30万元。同时开展全方位、多层次的慰问活动，多次向丰顺县4名驰援湖北医护人员及家庭送上慰问金和慰问品，在疫情期间向困难职工发放困难补助，让他们感受到来自“娘家人”的关怀，为共同为打赢疫情防控阻击战贡献工会力量。

【思想建设】 一是加强政治理论学习。积极组织全县各级工会坚持深入学习贯彻中共十九大精神和习近平新时代中国特色社会主义思想，学习习近平总书记系列重要讲话特别是关于工人阶级和工会工作的重要讲话和批示精神，引导职工牢固树立“四个意识”，坚定“四个自信”，践行“两个维护”。年内共组织理论中心组学习13次；支部开展主题党日活动12场次；领导干部带头讲党课5场次；组织全体党员集中学习17次，参学人员100多人次。二是强化管党治党政治责任。严格按照县委统一部署，全力配合做好巡视巡察工作，在省委第四巡视组进驻丰顺和县委第一巡察组进驻县总巡视巡察期间，县总班子带领全体干部职工以高度的政治责任感和使命感，严肃认真对待巡视巡察工作，坚持以问题为导向，认真制定一系列工作方案，明确责任分工，深刻剖析原因，细化整改措施，按时报送巡视巡察有关材料，切实把巡视巡察整改当作一次自我净化、自我完善、自我提升的良好契机。三是强化思想政治引领，坚决夯实意识形态工作责任制。大力弘扬劳模精神，在丰顺电视台等新闻媒体平台继续推出各类劳模先进事迹系列报道。

【组织建设】 一是做好工会组建。切实抓好25人以上未建会非公有制企业民主建会工作，年内民主建会11家，发展会员2044人，其中农民工会员1899人。非公有制企业民主换届4个；抓好机关事业单位组织建设工作，建立健全机关事业单位工会18个。二是继续做好工会会员实名制工作。印发《关于进一步做好丰顺县工会会员实名制管理暨“粤工惠”APP推广工作的通知》，要求各镇（场）工委会、开发区工委会深入开展工会会员实名制管理暨“粤工惠”APP推广工作，扎实推进本辖区基层工会登记和会员数据批量导入及会员实名认证。全县基层工会及基层以上工会组织登记审核通过233个，会员实名认证达15727人，会员数据批量导入18932人。三是加强基层工会干部培训。举办1期工会经审干部培训班，共有20多名基层财务人员参加培训；组织工会干部参加市总培训班16人次。四是进一步充实工会工作力量。按照省总、市总工作部署，招聘乡镇社会化工会工作者11名。

【文体活动】 与县文化广电旅游体育局和县广播电视台成功举办丰顺县首届“工会杯”羽毛球俱乐部联赛暨青少年分组总决赛；组织动员全县干部职工参加梅州市总工会“奋斗新时代·劳动最光荣”征文活动，丰顺县实验中学纪露露获得一等奖，球山中学孙仲华获得三等奖，砂田镇人民政府秦聪、县委政研室黄裕钦获得优秀奖；开发区职工之家积极动员企业和职工，各级工会因地制宜，县自然资源局、县招商和企业服务中心、汤坑中学、石江中学、深华药业有限公司、培英电声有限公司等基层工会结合传统节日和职工需求开展形式多样的文体活动，极大地丰富职工的精神文化生活。

【评优评先】 推荐评选省劳模2名、市先进集体3个、市劳模5名。推荐评选2015—2019年广东省工会女职工工作先进集体1个、2015—2019年广东省工会女职工先进个人1名、广东省优秀女职工之友1名、全国模范职工之家2个、全国模范职工小家1个、全国优秀工会工作者1名。申报创建爱心妈妈小屋1个、女职工创新工作室1个、职工书屋1个、爱心驿站1个。

【困难帮扶】 一是困难职工解困脱困工作取得实效。2020年脱困16户（含注销1户），解困13户；全县建档全国级困难职工128户已全部实现解困脱困。在坚持遵循专款专用的原则下，使用中央财政、省财政帮扶资金、县级帮扶资金和省级工会经费帮扶救助96人（次），帮扶金额20.84万元，生活救助88人（次），医疗救助8人（次），有效帮助解决了困难职工医疗、生活困难等方面的困境。二是深化工会“品牌”帮扶活动，切实做好送温暖、送清凉、金秋助学、医疗救助等帮扶活动。共筹集送温暖资金50万元，慰问困难企业25家；困难职工（含农民工）877户；开展“夏送清凉”活动，总计为环卫工人、公安交警等一线职工共18家单位送去价值超4万元的防暑降温清凉饮品慰问物资；开展金秋助学活动，为15名受助学生发放9.7万元，有效缓解困难职工家庭子女上学问题。三是推进“职工互助保障”活动。新参加互助保障计划22家，续保99家，共有121个单位参加职工互助保障计划，覆盖会员18674人/次；申请理赔报案692例，赔付总金额807216元。有效帮助患病住院职工解决个人自付医疗费用过高的困难，减轻职工的经济负担，解除职工的后顾之忧。

【维权维稳】 一是做好预防和调处劳资纠纷工作。及时解决丰顺县第二建筑工程公司、中科光大建筑安装工程有限公司等6宗有关劳资纠纷的舆情事件，一定程度上预防和化解劳资纠纷舆情事件的再次发生。二是构建和谐劳动关系。着力把握劳动关系领域新情况、新问题，深入推进工资集体协商，全县集体协议单独新签2份、续签16份，截至至2020年年底存续有效集体协议16份，共34份，覆盖企业969家，覆盖职工35787人。2020年申报广东穗丰食品有限公司和广东天亿实业有限公司两家非公有制企业作为集体协商的典型企业。三是各级工会积极维护职工安全健康权益，职工安全意识、安全技能明显提升。联合有关部门开展安全生产、职业卫生、消防安全、劳动安全等专项检查，积极参与重大生产事故调查处理，维护职工合法权益，促进企业安全发展。

【其他工作】 进一步加强对基层工会年度工会经费预算的指导，向全县各基层工会印发《年度工会经费收支预算表（模板）》。认真落实中小微企业工会经费优惠政策，向困难中小微工会经费返拨补助共6.7万元，退回不足25人未建会企业5家0.7万元。扎实做好挂钩贫困村中联村帮扶工作，在春节前夕慰问村2户五保户，在新冠肺炎疫情发生后，主动询问中联村疫情防控情况及当前存在哪些困难，为下一步精准帮扶打好基础。

（郑　锐）

共　青　团

【概况】 2020年，团县委在县委、县政府的坚强领导下，坚持以习近平新时代中国特色社会主义思想统领全局，全面贯彻落实县委十三届九次、十次全会精神，始终抓住围绕中心、服务大局这一工作主线，主动作为，有序有力推动各项工作取得新进展。

【思想政治建设】 （一）始终坚持把学习贯彻习近平总书记关于青年工作的重要思想、视察广东重要讲话重要指示精神作为第一要务，通过“三会两制一课”、主题团日、“团干讲党团课”等组织生活和学习载体，推动“青年大学习”系列活动，教育引导广大青年切实把习近平总书记的重要讲话精神入脑入心，做好广大青年的理想信念教育工作。（二）组织开展“绽放战疫青春·坚定制度自信”五四主题宣传教育实践活动，纪念五四运动101周年，以及通过开展集中入团仪式、榜样分享会等活动，在实践中引领团员青年进一步坚定制度自信。开展“五四”青年座谈会，深入学习贯彻习近平总书记系列重要讲话，特别是关于加强对广大团员青年政治引领的重要要求，切实增强“四个意识”，坚定“四个自信”，做到“两个维护”。（三）表彰“五四先进集体和优秀个人”“向上向善好青年”“优秀战疫志愿服务典型”等一批青少年榜样，充分发挥好榜样的示范引领作用，传播积极向上的青年精神，引导广大青年培育和践行社会主义核心价值观。

【“命脉工程”工作】 始终坚持以“党建带团建”为思想引领，以“智慧团建”为总抓手，扎实推进基层团组织建设。截至2020年12月，在“智慧团建”系统上录入系统组织883个，其中建立支部数830个，“两新”团组织数11个，无空心团委空心团支部；已在系统报到的团员总数13635名，录入团干863人；2020年度团员报到率100%、处理团员组织关系转接及时响应率100%、团费缴纳率77.8%；组织召开全县团干部发展团员管理、“命脉工程”工作推进会等业务培训，认真传达学习上级团委对做好基层团建工作的各项部署，切实提高基层团干部对贯彻落实好“命脉工程”工作要求的政治意识；加强村（社区）团组织建设，至年底，全县261个村、19个社区均已建立团支部，并全部入驻“智慧团建”系统；大力推动“两新”团组织建设，推动10家规模以上非公有制企业、1家社会组织建立团组织并入驻“智慧团建”系统，完成率为111.11%。

【服务青年工作】 （一）推进青少年活动阵地的建设，至2020年年底，全县16个乡镇均已建立1个青少年综合服务平台，提供法律援助、心理辅导、困难救助、就业服务等；以“青年之家”为网上青年活动平台，大力动员团员青年参与“青字号”活动，进一步团结凝聚青年。（二）深入推进“圆梦计划”，支持鼓励新生代产业工人通过“圆梦计划”就读大学。持续开展“展翅计划”，共为返乡大学生提供200多个实习岗位，提高大学生社会实践本领，增强创业就业能力，推动青年创业就业。（三）服务青年婚恋交友工作，组织开展“我们的节日·七夕”青年联谊交友活动，努力帮助青年解决婚恋交友难题。（四）推进预防青少年违法犯罪工作，进一步提升法治宣传实效，广泛开展“法治进校园”、禁毒宣传、安全自护等宣传教育活动60余场次，覆盖近2万名青少年，青少年学法用法的能力进一步提高。

【志愿服务工作】 （一）全力做好乡村振兴和脱贫攻坚工作。组织开展“健康直通车”助力文明实践活动12场次，为数千贫困村村民送医送药助力健康扶贫。持续做好“扶助特困学生上大学活动”，共筹集19.8万元资金帮助33名特困学生顺利进入大学。（二）全力做好志愿服务工作。大力开展“创文·志愿者在行动”，发动全县各级志愿组织行动起来投身到“创文”行列，开展以“保护母亲河、争当河小青”、“拾分美丽”垃圾分类、“党群齐参与、共建丰顺美”全民两美、“青少年自行车赛”等主题志愿服务活动350场次，共出动志愿者1600多人次，志愿服务时间8000小时，营造浓厚的“全民志愿”氛围。常态化开展文明交通志愿服务活动，累计组织600名志愿者在县城10个主要交通路口，常态化开展文明交通宣传劝导活动，积极营造安全、畅通、和谐、有序、文明的交通环境。（三）大力开展疫情防控志愿服务行动。通过开展防疫知识宣传、入户排查登记、爱国卫生运动、关怀隔离人员等形式，积极参与疫情防控工作。在疫情防控期间，开展防疫志愿服务600多场，参与志愿者超3000人次，发放宣传单34.5万张，开展城乡环境综合整治80次，为坚决打赢疫情防控阻击战贡献志愿力量。

【全面从严治团】 （一）坚持全面从严治团原则。贯彻落实全面从严治党，大力推进从严治团，根据《团中央关于新形势下推进从严治团的规定》《广东共青团改革方案》《广东共青团贯彻落实全面从严治党推进从严治团的实施意见》等有关要求，深入推进从严治团工作，从严落实中央八项规定精神，严格规范“三会两制一课”制度，切实打牢从严治团基础。（二）扎实推进少先队改革。认真贯彻落实团省委关于学校少工委工作指引，全力推动丰顺县111所中、小学实现100%建立学校少工委，进一步规范全县少先队组织工作，提高各中小学少先队组织建设水平。（三）规范团员发展管理。坚决认真执行团员发展调控的统一部署，严格执行团员发展调控计划，2020年全县计划发展1450名团员，实际发展1450名，已发展的团员编号录入率100%。（四）着力破解乡镇共青团经费难题。在县委、县政府的高度重视下，得到财政部门的大力支持，丰顺县乡镇团的工作经费预算按照每年32万元（共16个乡镇，每个乡镇2万元）纳入县级财政预算，有力地推动乡镇共青团各项工作顺利开展。

（办公室）

妇　联

【概况】　2020年，在县委县政府和市妇联的坚强领导下，全县妇联组织坚持以习近平新时代中国特色社会主义思想为指导，全面贯彻中共十九大和十九届二中、三中、四中、五中全会精神，贯彻落实县委县政府和市妇联的部署要求，围绕中心、服务大局，团结带领全县广大妇女坚定不移听党话、跟党走，为助力统筹新冠肺炎疫情防控和经济社会发展工作积极作为，在大战大考中展现担当，推动全县妇女事业高质量发展。

【思想政治建设】　各级妇联组织矢志不渝坚持党的领导，始终用习近平新时代中国特色社会主义思想武装头脑、指导实践、推动工作，坚持将深入学习贯彻中共十九大精神，与学习贯彻《习近平谈治国理政》，贯彻落实习近平总书记出席深圳经济特区建立40周年庆祝大会和视察广东重要讲话、重要指示精神以及总书记在联合国大会纪念北京世界妇女大会25周年高级别会议上的重要讲话精神，一体学习领会，整体贯彻落实。坚持以党的政治建设为统领，全面贯彻“党建带妇建”“妇建服务党建”原则，把全面从严治党融入妇联工作各个方面。各级妇联上下联动，立足妇女儿童之家、微课堂等载体，开展“巾帼心向党·奋进新时代”主题宣传群众性教育活动，把思想引领的大道理讲进妇女群众的心坎里。持续开展“巾帼大宣讲”活动，组织学习贯彻习近平总书记重要讲话精神报告会，掀起学习贯彻省、市妇代会精神的热潮，引领全县各级妇女组织和广大妇女当好巾帼心向党的思想引航者，带头宣讲习近平总书记重要讲话精神，宣讲好客都巾帼感人事迹，用大众语言讲好百姓故事，鼓舞广大妇女进一步坚定信念，不忘初心、牢记使命，砥砺前行。

【同心抗疫】　认真学习贯彻习近平总书记关于疫情防控工作的重要讲话和重要指示精神，坚决贯彻县委县政府和上级妇联关于疫情防控的各项决策部署，把积极投身疫情防控工作作为增强“四个意识”、坚定“四个自信”、做到“两个维护”的实际行动。在全社会大力弘扬伟大抗疫精神，凝聚妇女共识，丰顺县2名援鄂女医护人员被评为梅州市“我心中的三八红旗手”，全县150个文字滚动屏和4个户外海报展示屏统一亮灯，同步展示致敬巾帼最美她力量，用妇女先进典型激发奋进力量。新冠肺炎疫情暴发以来，全县各级妇女组织上下联动，及时向全县广大妇女和家庭、各级妇联执委发出《为打赢疫情防控阻击战贡献“半边天”力量!》的倡议书和公开信，发挥妇联执委、巾帼志愿者、女企业家、文明岗等作用，积极参与到疫情防控中。通过上门宣传、路口站岗宣传、电子显屏、微信工作群、宣传牌等多种方式，用女性独有的细腻和耐心，切实把一级响应的动员力、执行力转化为强大的防控工作效能，引领妇女积极参与、主动战疫。同时因地制宜为丰顺县援鄂医护人员家庭开展“您家的菜我来送”“您家的活我来干”等关爱服务活动，助推丰顺县成为2020年全市唯一“零疑似”“零感染”“零病例”的县。

【巾帼建功行动】 利用春季采茶的有利时机，以梅州市巾帼创业基地为依托，开展“乡村振兴巾帼在行动”“妇女创业就业技能（茶叶制作）提升”等主题培训共8场次，培训人数200多人，解决妇女就业创业100多人。联合开展南粤家政工程培训活动5期，培训学员并获得上岗证书300多人，其中贫困劳动力117人。开展丰顺县妇女创业小额担保贷款贴息项目，扶持带动妇女创业。推进电商扶贫试点，积极探索“妇联+电商（微商）企业+农户”模式，引领妇女增强勤劳致富观念，助力脱贫攻坚和乡村振兴发展。利用国家电子商务进农村的契机，深入各镇针对有意愿成为农村电商发展的宣传者和实践者的相关人员开展国家电子商务进农村综合示范项目普及培训16场次，共培训党政妇女干部、驻村妇女干部村妇联主席、村妇联执委、农村妇女等500多人。择优挖掘“丰顺县三八红旗手”10名，“丰顺县三八红旗集体”10个，由县委、县政府统一表彰授予荣誉称号。成功申报评选广东省“巾帼文明岗”1个、梅州市“我心中的巾帼文明岗”2个、“我心中的三八红旗集体”1个、“我心中的三八红旗手”2名、最美妇联执委1名。挖掘各行各业客都巾帼典型4名，参加市“客都巾帼全媒体采风行”大型采风活动。选送“小康路上她力量”短视频《女鞋首席设计师华丽转身成为“猪司令”》参加南方网展播，荣获三等奖。成立梅州市女企业家协会丰顺小组。号召全县广大妇女在创业创新中展现巾帼新担当，在促进乡村振兴中展示巾帼新风采，在推进改革发展中彰显巾帼新力量。紧紧围绕县委县政府和县创文办安排部署，结合新时代文明实践活动，将创建工作与妇女儿童工作紧密结合，对标创文办任务分工，深入广泛地开展创建服务活动。积极筹资1.5万元支持金湖村创文工作，常态化开展“双报到”服务活动23人次。

【维护妇女儿童合法权益】 加强有关妇女权益的法律、法规和男女平等基本国策的宣传教育。畅通“12338”热线服务，围绕“倾听妇女心声　关护妇女权益”的主题，开展县妇联主席接听“12338”热线活动和主题民生座谈会，切实发挥服务妇女、服务群众的积极作用。畅通妇联信访窗口，2020年度共接待来信来访来电案件30宗，协调处理率100%。完善基层妇女儿童维权服务站等维权网络建设，提高维权实效。开展《中华人民共和国民法典》和《广东省实施〈中华人民共和国反家庭暴力法〉办法》专题讲座培训18场次，培训妇联干部、执委1000多人，增强相关妇女法律法规在工作和生活中的运用能力，提升妇联干部的法律素养和依法履职的水平。落实未成年人合法权益保护机制。对孤儿（留守、困境、残疾）儿童等特殊群体的生活、学习、家庭情况等进行全面调查摸底，做好建档立卡。完善妇联执委普遍联系群众制度，把《中华人民共和国未成年人保护法》及关爱女童、预防女童性侵纳入县妇联的普法规划中，建立预防性侵未成年人、维护女童人身权益工作机制，在日常维权工作中及时介入女童遭受性侵案件，帮助女童反映诉求。在全县范围内开展预防性侵女童专题宣传教育活动24场次，增强女童预防性侵意识，提高家长保护女童能力。进一步提升“两规划”统计监测效能，做好统计监测年报数据收集、审核、整理、分析和报送工作，细化“两规划”分性别统计监测指标，为政府提供真实可靠的监测数据，使政府及时掌握规划实施进展情况，同时做好《丰顺县妇女儿童发展规划（2011—2020年）》终期督导资料整理工作。

【关爱帮扶困难妇女儿童】 利用春节、“六一”等节日契机，入村入户慰问重大疾病妇女、单亲特困母亲家庭、困境儿童、留守儿童、女军属、先进典型生活困难妇女、挂钩村扶贫户等共700多户，为他们送上慰问金和慰问品共计30多万元，让他们深切感受到党和政府以及社会各界的关怀和温暖。开展“弘扬敬老、养老、助老传统美德”主题的新时代文明实践卫生健康“敬老月”志愿服务活动。通过义诊、医疗咨询、健康检查、维权宣传、健康素养、走访慰问等敬老为老的巾帼志愿服务活动，为老年人办实事，做好事。广泛招募机关、事业单位、企业、社会组织等集体和各界热心人士，加入“爱心父母牵手困境儿童大联盟”行动，2020年，筹集善款1.68万元，资助困境儿童48名；争取省妇女儿童基金会陈绍常慈善基金5万元，帮扶孤贫儿童50名；争取市叶剑英儿童基金会7.9万元，帮扶孤贫儿童79名。联合县卫健局出台《丰顺县城乡妇女“两癌”免费检查项目实施方案（2020—2022）年》，2020年全县完成城乡妇女“两癌”免费检查2978人，争取并得到省专项资金救助患“两癌”困难妇女6名，救助金5.1万元。

【家庭文明建设】 联合县教育局、县新华书店举办“看见幸福，‘阅’出梦想”亲子阅读打卡活动，为期21天的亲子阅读打卡活动吸引60多户家庭参与，31户家庭受到表彰，此项活动简讯被“学习强国平台”采用。以基层妇联为依托，开展“小家传大爱，共筑家国梦”等主题系列家风家教活动。创建命名梅州市家教家风实践基地1个、丰顺县家风家教实践基地3个。发挥基地示范引领作用，通过开展好家风故事分享会、事迹展览等活动，传承和弘扬爱国爱家、相亲相爱、向上向善、共建共享的社会主义家庭文明新风尚，凝聚家庭力量为推动丰顺县新农村建设、实施乡村振兴提供强大精神动力。组织领导干部配偶举行“树清廉家风·创最美家庭”主题廉洁教育活动，使领导干部家属认识到助廉、促廉的责任和义务，不断提升个人自省意识、自律意识，为家庭助廉质量的进一步提高打下坚实的基础。联合县农业农村局、县委宣传部、县电视台挖掘一批家庭文明建设先进典型，表彰“最美家庭”15户，“美丽庭院”9户，书香家庭9户，“好媳妇”12名，全县获评全国“最美家庭”1户、广东省“五好家庭”1户，梅州市“十大最美家庭”1户、“十大优秀书香家庭”1户、“美丽家园”示范村1个、“美丽家园”示范户1户、第五届梅州市“自强不息好少年”3名，“孝老敬亲好媳妇”4名。积极宣传，组织选送征文参加省妇联“粒粒珍惜 节俭最美”——晒晒我家的“光盘”故事征文活动，其中县集瑞博物馆黄和祥馆长的《老伴生日的一顿饭》征文荣获三等奖。启动实施绿色家庭创建行动，通过宣传绿色环保理念，普及绿色环保知识，启动实施绿色家庭创建行动，动员广大巾帼志愿者开展“垃圾分类巾帼先行”志愿活动，促进丰顺县生态文明建设和“无废城市”的创建。

【队伍组织能力建设】 认真筹划并顺利召开丰顺县第十四次妇女代表大会，全面总结五年工作成效，科学谋划部署往后五年工作。全县妇联组织围绕丰顺妇女十四大确定的五年任务，上下同心、目标同向、行动同力、落实同步，妇女工作稳步发展、可圈可点。树立全县上下“一盘棋”思想，全面推进深化妇联组织改革“破难行动”，制定实施方案，常态化开展“深调研”，推动落实执委普遍联系妇女群众制度。新一届县妇联领导班子，以打造专挂兼相结合的妇联干部队伍为目标，在县妇联现有职数内，增设1名挂职副主席、2名兼职副主席。同时注重优化执委结构，改革换届后，县妇联执委31人，打破年龄、学历、身份的壁垒，注重基层一线工作经历、群众工作经历，不拘一格从基层、各个领域选用优秀人才，建设一支理想信念坚定、勤政务实清廉、充满生机活力的妇联干部队伍。加强组织覆盖，成功申报第四期省“妇女之家”示范点3个，在“四新”领域建立妇女组织2个。全县共开展组织举行“领头雁”培训、讲座等34场次，培训各级妇联干部、执委1500人次。把妇联改革主动融入党建工作总体格局，坚持和完善党组理论中心组、党组会议第一议题以及各层级学习制度，注重联系妇联工作实际，推进理论学习全覆盖、常态化、务实效。扎实开展模范机关创建活动，坚持机关党建和业务工作融合，推动机关党组织全面进步、全面过硬。坚持强“三性”、去“四化”，加强作风建设，坚决反对“四风”，坚定不移正风肃纪。主动积极配合做好省委对县委的巡察整改工作，强化政治意识，严抓整改，坚持立足长远，把整改落实与制度建设紧密结合，努力以巡察整改的新成效推动丰顺妇女工作有新作为。

（杨藤花）

科 协

【概况】 2020年，县科协坚持以习近平新时代中国特色社会主义思想为指导，全面贯彻落实习近平总书记对广东重要讲话和重要指示批示精神，认真分析面临的机遇与挑战，更好地服务县委、县政府的中心工作，全面深入实施《广东省全民科学素质行动计划纲要实施方案（2016—2020年）》，扎实工作，为推动丰顺社会和经济发展做出应有的贡献。2020年丰顺县气象局被命名为广东省科普教育基地。

【思想政治建设】 一是严格落实理论学习制度。健全干部政治理论学习制度，确定党组理论学习中心组学习每月至少1次，党支部每月至少集中学习一次。二是转变学习方式提升学习效果。以领导带头学、干部集中学、专题党课学、讨论交流学、参加培训班等方式。三是开展党员教育活动。通过定期召开党支部会议、观看警示教育片、先进模范人物事迹以及参加

党员志愿者 等活动，增强党员的党性意识。四是切实加强组织领导，贯彻落实上级党委关于意识形态工作的决策部署级指导精神，加强重点领域的意识形态工作。

【疫情防控】 一是加强宣传引导，及时回应社会关切、帮助群众科学认识疫情，充分利用报刊、广播、电视、网络等媒体加强政策措施宣传解读，广泛宣传疫情防护知识，提高公众自我保护意识和能力。同时，在河滨科普宣传栏、实验中学等多个公众场所张贴宣传挂图、张贴防控抗疫公益普法宣传资料，对群众发放防疫小手册1000余本。二是充分发挥党员先锋模范带头作用，党员们主动报名参加汤坑镇金汤村疫情防控消杀工作。

【开展丰顺县2020年“全国科技工作者日”宣传活动】 6月4日，县科协联合县卫健局在丰顺中学为医务和教务工作代表者献上2020年“全国科技工作者日”节日诚挚问候。增强科技工作者自豪感、获得感、认同感，感谢科技工作者在建设创新型国家征程中争先创新，为经济社会高质量发展做出突出贡献。特别是在这次新冠疫情防控战争中，科技工作者默默付出，让科技发挥了重要的支撑作用。

【开展“科技为民、奋斗有我”宣传活动】 活动中，县科协充分发挥“科普志愿者”的宣传功能，深入到校园向学生发放《校园传染病防治知识》《交通安全宣传册》和《新冠肺炎防控校园科普知识手册》等科普宣传资料500余份。现场为学生讲解疾病防治知识、急救知识，提高学生安全意识和自救互救能力。

【开展“健康素养”进校园暨“青少年预防近视”健康科普知识讲座】 活动邀请了丰顺县中医院主任医师授课，他围绕近视数据比例、近视的表现、近视的危害和近视预防等方面的内容进行宣讲，提升学生们正确用眼的意识。在授课过程中，医生不时提出问题，学生积极举手回答，现场氛围热烈。为加强儿童青少年近视防控工作，县科协计划开展系列儿童青少年预防近视校园宣传教育活动，指导学校卫生工作人员开展中小学生近视防控工作，提高丰顺县儿童青少年预防近视的健康素养水平。

【开展志愿服务活动】 6月16日，县科协在潭江镇凤坪村开展“农业安全生产月暨农业科普宣传咨询”志愿服务活动。活动主要以农产品质量安全宣传咨询活动为主题，向当地农户普及开展茶叶种植技术、茶园绿色防控、茶区农机安全知识等。活动中共有200余名群众参与咨询，派发宣传资料近千份。

【举办蜂场管理和蜂产品技术培训班】 10月16日县科协会同有关单位在汤西镇大罗村举办蜂场管理和蜂产品技术宣传培训。培训班上，国家蜂产品技术体系武汉实验站站长，葆春蜂王浆有限公司董事长朱黎、省高级工程师罗岳雄分别就“蜂场管理与蜂产品营销”和“蜜蜂营养、中蜂生产存在的问题”向蜂农进行讲解。通过培训，帮助蜂农增产增收。

【召开县科协第五次代表大会】 丰顺县科学技术协会第五次代表大会于2020年12月24日至25日在县会展中心召开，经代表们充分酝酿，采用无记名投票和等额选举的方法，选举产生丰顺县科学技术协会第五届委员会委员、常务委员、主席、副主席、兼职副主席和秘书长。

（办公室）

侨　联

【概况】　2020年，是极不平凡的一年。面对新冠肺炎疫情的重大挑战和考验，丰顺县侨联在县委和市侨联的领导下，坚持以习近平新时代中国特色社会主义思想为指导，紧紧围绕全县中心工作大局，坚持务实清廉工作作风，推动各项工作有序开展，取得较好的成效。

【思想政治建设】　（一）全面加强党的建设工作，始终把深入学习贯彻习近平新时代中国特色社会主义思想作为头等大事和首要政治任务，筑牢意识形态领域主阵地，扎实推进“两学一做”学习教育常态化，推动党员干部增强“四个意识”、坚定“四个自信”，坚决做到“两个维护”。（二）加强政治引领，牢牢把握侨联工作正确的政治方向，学习宣传贯彻习近平总书记视察广东时的重要讲话、重要指示精神和有关侨务工作的重要论述，及时做好重要节点的舆论监管，引领广大归侨侨眷、海外侨胞听党话、跟党走，凝心聚力，同圆共享“中国梦”。（三）纪念中国共产党建党99周年，组织党员干部赴五华县奥体中心红色体验馆、竹山阻击战纪念园和梅林古大存故居开展革命传统教育，传承苏区精神；邀请县委宣讲团成员、县委政法委专职委员黄梦瑶作中共十九届五中全会精神专题宣讲，推动政治学习入心入脑；开展“严守政治纪律，践行‘两个维护’”为主题的纪律教育学习月活动，观看从严治党警示教育片；利用好“学习强国”APP抓好党员干部零散时间学习，推动理想信念教育常态化。

【队伍建设】　（一）进一步推进基层组织建设。抓好“党建带侨建”工作，大力推进“侨胞之家”建设，在原有试点汤西镇新湖村的基础上，通过调研选定汤坑镇埔河村作为新的建设点，充分利用好基层建设专项资金，强化阵地建设，务实组织基础。（二）加强侨联干部队伍培训。积极选派干部参与省侨联举办的培训班和市侨联举办的学习座谈会等各类学习培训，不断提升业务能力，做好新时代侨联工作。（三）加强组织作风建设。持续推进模范机关创建活动，坚持抓早抓小，强化日常监督管理，进行经常性的党风党纪和廉政教育，增强干部职工拒腐防变能力。

【疫情防控】　2月中旬，选派党员深入汤坑镇向群社区参与防控工作，挨家挨户进行疫情防控知识宣传和摸排等行动，凝聚抗疫共识。积极发挥侨联组织优势作用。号召海外侨界力量奉献爱心，据不完全统计，丰顺县接收来自旅泰侨领陈修试、陈细金，亚泰经济交流总商会会长李胜交等捐赠的多批次防疫物资，让家乡人民感受到海外侨胞的爱心。同时县侨联加强涉侨工作，为回报真情，在海外疫情期间，也回赠马来西亚侨团1000个口罩，侨联的桥梁纽带作用得到充分彰显。

【联谊交流】　（一）做好联谊接待工作。10月，热情接待美国、印尼国际日报报业集团总裁、熊氏集团总裁、印尼中华总商会主席熊德龙一行，“以侨为桥”，激发乡贤、企业家回乡投资兴业的热情。（二）做好沟通联络工作。一是加强与市侨联、兄弟县侨联的交流，不断创新工作理念，切实改进工作作风，努力打造业务精通、求真务实、团结协作、廉洁奉公的侨联干部队伍。二是加强与县直有关部门的联系，大力挖掘客侨文化资源，积极推动做好泰国前总理他信和英拉兄妹的祖居地的修缮和开发工作等，在保护的基础上活化利用名人故居（旧居）资源传承，发展文化旅游，助力乡村振兴发展。

【侨界帮扶】 联系侨界爱心人士，持续开展“侨界扶贫济困”行动，为丰顺县的民生改善做出侨联应有的贡献。一是开展“侨界助学行动”。继续做好王俊宏教育助学活动，持续为3名侨界贫困大学生提供每人每年3000元助学金，直至大学毕业。二是开展“侨界关爱行动”。一方面积极开展“送温暖、献爱心”活动，春节期间慰问困难归侨16人，共发放1万元慰问金和9套棉大衣；疫情期间走访慰问困难归侨侨眷共40户，每户发放价值380元的慰问品。另一方面遵循专款专用原则，用足用好贫困归侨扶贫救助补助专项资金，开展17个镇（场）全覆盖的困难归侨的入户调查工作，全年发放救助补助金25.28万元，帮扶困难归侨177人次。三是开展“慈爱基金·侨界奖教奖学金”活动。根据广东省侨界仁爱基金会的活动安排，经与教育局共同推荐申报，华侨中学老师冯春清获得优秀侨界教师称号和奖励金2000元。

【维权宣传】 坚持以侨为本，通过举办培训班、派发宣传资料等形式宣传贯彻《中华人民共和国归侨侨眷权益保护法》等各项侨务政策，做好日常侨益维权工作。7月，走访调研侨资企业丰顺正通高分子材料有限公司，切实为侨企排忧解难。以传承客家文化为理念，充分利用省、市侨联等网站和各类新闻媒体，编写侨联活动信息，讲好丰顺故事，传递丰顺声音，提高侨联组织的社会能见度，凝聚侨界力量。

【其他工作】 一是做好基层帮扶。春节期间慰问丰良镇敬老院、成东村五保户共5600元；2月下旬采购300个口罩送至丰良镇成东村党群服务中心应急，助力疫情防控工作。二是助推创文创卫工作。认真贯彻县委关于丰顺县创建广东省县级文明城市的决策部署，组织党员干部全力以赴做好挂点社区“两美”志愿服务行动、文明交通等志愿服务活动等。

（徐梦琳）

工 商 联

【概况】 2020年，丰顺县工商联坚持以习近平新时代中国特色社会主义思想为指导，认真贯彻中共十九大和十九届二中、三中、四中、五中全会精神，落实习近平总书记在民营企业座谈会的重要讲话精神，切实发挥工商联统战性、经济性、民间性的优势和桥梁、纽带、助手的作用，提高商会协会的执行力和凝聚力，进一步发挥挖潜工商联的促进作用，推动丰顺县非公有制经济“两个健康”发展。

【理想信念教育】 工商联党组坚持党建引领非公有制经济建设，加强丰顺非公有制经济人士理想信念教育，组织举办中共十九届五中全会精神、《中华人民共和国民法典》、《习近平谈治国理政》第三卷宣讲会等，引导丰顺非公有制经济人士践行新发展理念，筑牢意识形态，发扬工匠精神，做大做强实体经济，积极融入粤港澳大湾区建设。

【商（协）会建设】 2020年县工商联有副主席39人、副会长27人、常委40人，基层商会6个，行业协会5个，工商联队伍不断壮大。为加强友好商会的建立和交流，工商联先后与23个市县工商联缔结友好商会。2020年，梅州市工商联、兴宁市工商联、珠海斗门区工商联分别赴丰顺开展创新发展考察调研活动，双方就商会如何进一步加强自身建设、服务会员企业、增强商会凝聚力等问题进行深入探讨。县工商联以加强基层商会、行业商会组织建设为抓手，指导电声行业协会创建"四好"商会，打造丰顺示范品牌，引领丰顺电声行业高质量发展，2019年，电声行业商会被评为全省"四好"商会；2020年被评为全国"四好"商会。通过指导成立餐饮行业协会、青年企业家协会以及新的社会阶层人士联合会，为丰顺民营企业搭建健康发展平台。

【参政议政】 工商联积极发挥参政议政职能，带领广大非公有制经济人士积极建言献策，2020年工商界人士向县政协会议递交较高质量的团体提案5件，委员提案17件，评为优秀提案的8件。

【服务民营企业】 工商联自行制作印发《疫情期间法律解答》和《疫情防控工作指引》等宣传册200份，引导企业正确理解、积极配合、科学参与疫情防控；根据《丰顺县财政局关于印发应对新冠肺炎疫情支持企业复工复产若干措施实施细则的通知》的要求，对受疫情影响较大不能正常经营的企业承租国有资产类经营用房免收1个月租金，减半收取2个月租金，并鼓励其他物业持有人根据实际情况，适当减免租金；加强银企合作，在2020年新阶联成立大会上，给予丰顺县新的社会阶层人士组织和全体会员承诺银行授信3亿元。为了更好地服务企业，2020年，工商联向县委争取设立丰顺县民营企业权益服务中心机构，加强企业维权工作，维护企业合法权益，为民营企业实现依法维权提出解决办法和宝贵意见。

【光彩事业】 工商联积极发动倡议广大民营企业参与光彩事业，弘扬企业家精神，2020年疫情期间，工商联大力弘扬"一方有难、八方支援"的精神和企业家责任担当精神，积极引导动员民营企业行善举、献大爱。工商联引导发动民营企业和爱心人士共捐款184052元，捐赠口罩16.1万个、测温仪150个、防护服和消毒用品等一批（总折合人民币314万元）。广大民营企业家为丰顺县打赢疫情防控攻坚战贡献一分力量，极大地缓解全县疫情防控工作的压力，体现民营企业的担当精神。2020年以来，工商联认真开展"万企帮万村"精准扶贫行动，积极引导企业结对帮扶，如梅州民兴医药公司王吉欣捐资20万元支持丰良成西村美丽乡村建设；丰顺佳丰电子公司黄天生捐资30多万元支持北斗下溪村美丽乡村建设。在2020年"广东扶贫济困日"活动中，鼓励引导会员企业"以购代捐""以买代帮"促进消费扶贫，采取线上订购与线下直采相结合，定点采购等多种方式，采购贫困地区农产品共合计人民币300多万元，帮助贫困地区解决农产品销售问题，用实际行动助力脱贫攻坚。

（王燕媚）

文　联

【作协】 （一）开展新时代文明实践活动。2020年，主办或与其他单位合办多场次的“新时代文明实践活动”。丰顺县抗疫文学作品集《我们在一起》首发式暨阅读分享会、“丰顺作家老区行”走进砂田采风活动、“寓言伴我成长”悦读分享会、“诗韵中秋礼赞祖国”诗词音乐会、吉坪村白泥湖油茶基地采风、“追寻红色足迹，传承革命精神”走进革命老区黄金镇三合村采风活动等。（二）努力打造亮点项目。2020年悦读会不定期举行悦读分享活动，进一步推升影响力。一位会员的长篇小说《流年河》被列入2020年梅州市重点文艺创作项目。8月19日，丰顺县作协成立“儿童文学创作小组”，举办“寓言伴我成长”悦读分享会、儿童文学创作座谈会。（三）作品发表数量质量不断提高。2020年，县作协通过集体推荐和个人投稿相结合的方式，大力鼓励会员积极创作。一批会员的多篇作品在《学习强国》《广东作家网》《广东散文诗》《南方日报》《羊城晚报》《广东农村报》《中国寓言网》《梅州日报》《泉乡文艺》《丰顺商人》等报纸杂志、媒体微信平台上发表。全年共有约300多篇作品在国家、省市县级主流报刊发表并有部分作品在征文比赛中喜获奖项。会刊创刊号《泉韵》于2020年出版，选刊部分名家精品和会员文学原创作品近100篇。会员的诗集《时光安暖》由团结出版社正式出版发行。2020年有一批会员加入上级有关协会。此外，还积极开展采风活动和学习交流活动。

【美协】 切实把文艺工作抓实抓出成效。1月3日，参观纪念林风眠120周年诞辰“客都梅州·风眠故里”全国中国画（山水·花鸟）作品展览。1月14—16日，协会组织会员在东海中学美术苑举行清华大学美术学院程向君教授学术专题讲座。1月22日，在坚真纪念馆四楼举行“和顺之城·大美丰顺”采风写生作品展开幕仪式。举行“风的来处——蓝晓辉水彩·作品展”开幕仪式。3月26日，朱建进老师带领留隍画友参观“风的来处——蓝晓辉水彩写生作品展”。6月6日，丰顺美协11件漆画作品参加广东省首届青年漆画作品展初评入围。6月16日，广东省首届青年漆画作品展。丰顺美协4件作品优秀奖，11件作品入选。6月21日，丰顺县美术家协会漆画艺委会成立大会暨丰顺漆画创作基地揭牌仪式在丰顺县青少年宫隆重举行。8月15日，参加“阜熙·新光——梅州市脱贫攻坚、美丽乡村、全面小康主题美术书法摄影展”在中国客家博物馆开幕，丰顺三幅漆画作品入选展览。10月27日，“美好生活——广东省美术作品展”有三位作者的作品入围。其中漆画作品《月色》入选。11月30日，参加“广东省第七届漆画作品展”丰顺县美术家协会初评入围的学员有12名。12月13日，“纪念黎雄才110周年诞辰——广东省中国画作品展”一位会员的作品《新绿》入选省展。12月13日，参加广东省第七届漆画作品展入选5人，其中优秀奖1人（最高奖）。

【书协】 积极开展文艺活动。1月7日上午，开展“红色文艺轻骑兵走进丰顺县北斗镇拾荷村”，共有30多位市及丰顺县书协优秀会员组成文艺志愿者，为当地群众现场免费挥写春联。1月15日上午，举办“2020年丰顺县‘我们的中国梦·文化进万家’送春联活动”。10月7日上午，主办“庆国庆，文化进乡村”活动。16位书协骨干共同创作几十幅作品，赠送给留隍镇37个村（居）委会。

【摄协】 11月14日组织30多名会员到八乡山庄屋原东江苏维埃政府纪念馆、滩良村、八乡三级电站水库采风活动。协办丰顺县“美丽丰顺，美丽家园”摄影大赛。引导会员外出创作交流。一年来以不同的形式，组织、引导会员到四川、西藏、新疆、福建、北京、河北、内蒙古等地摄影创作活动，向外地名家学习交流。加强与周边如广州、深圳、潮州、汕头、揭阳、赣州、龙岩、河源、梅江、梅县、霞浦、石狮等协会的学习交流。一年有3人加入省协，会员作品在国际、全国、省、市摄影大赛获奖。

【音协】 11月30日下午，汕头市音乐爱好者与丰顺县音乐家协会进行交流联谊活动。2020年12月4日下午，召开年度总结会，部署2021年工作。

【舞协】 协助大丰华高速公路录制小品《特殊的日子》。协助司法局编排原创专题音乐快板《民法“典”亮新生活》创作的畲族舞蹈《风坪茶歌》，送市文化馆群文作品参评。协同丰顺县文化馆开展“弘扬民族文化　展现国粹精华　美丽丰顺　客风潮韵　丰顺县戏曲·非遗进校园、进乡村”活动。

【灯谜协会】 灯谜协会在2020年灯谜活动中，配合县、镇和有关部门在重大节日（如元旦、国庆、创卫创文等等）开展灯谜竞猜晚会，利用晚会文艺谜条宣传党和国家相关政策，丰富群众的节庆日娱乐活动，又宣传国家有关时事、政策，全年共举办晚会6场，灯谜爱好者约2000人次。加强灯谜协会与外地灯谜协会积极开展联谊活动。与揭阳市灯谜协会，揭阳市职工灯谜协会、潮安县庵埠谜协、揭阳市仙桥镇灯谜协会开展交流学习，通过参加外地赛事，“走出去、请进来”，学习各地宝贵经验，传承发展灯谜艺术。

【石协】 发动会员为武汉新冠疫情捐资捐物，共渡难关，其捐得善款6000多元。参加“匠心筑梦”工节精品展。7月1日至20日，石协组织部分会员参选加梅州“匠心筑梦”献礼建国大业民间工艺精品展，2幅作品被评为佳作。为“丰顺石”办理国家性地理标志。注册“丰顺石”国家地理标志筹备启动工作。积极参加全国各地石友交流。组织石友到河源、江西等地寻宝取经，河源、浙江、大埔等地石友也纷纷到丰顺县购石交流。

【楹联学会】 举办2020年金鼠贺岁送春联活动。创作抗击疫情主题文学作品。县楹联学会积极响应上级的工作部署和号召，投身于抗击疫情主题文学创作。2月2日，创作《抗击新冠肺炎，中国加油！（三句半）》。2月11日，通过丰顺楹联学会（实名制）微信工作群进行丰顺楹联抗击新冠肺炎征联活动，共创作以抗击新冠肺炎为主题的楹联近100副。进行丰顺地名趣对专题活动。3月，开展2期以丰顺的地名趣对为主题的专题活动，共计创作61副丰顺地名趣对。大力开展楹联进校园活动。12月25日下午，组织11位会员，到埔寨镇丰顺县龙泉中学，开展“非遗传万代·楹联进校园”活动。

（徐东霞）

残　联

【概况】 2020年，丰顺县残联以习近平新时代中国特色社会主义思想为指导，深入贯彻中共十九大和十九届二中、三中、四中、五中全会精神，深入学习贯彻习近平总书记出席深圳经济特区建立40周年庆祝大会、视察广东重要讲话重要指示精神，按照省、市残联工作部署，以组织实施惠及残疾人民生实事为抓手，不断创新工作机制，真抓实干，精准服务，加快推进残疾人康复、教育、就业扶贫、社会保障、组织建设和综合服务设施等各项工作，全县的残疾人事业取得新进展。

【康复服务】 有效推进各项残疾人康复项目，进一步完善县残疾人康复中心、县残疾人辅助器具服务站和17个镇社区残疾人康园中心。残疾人康复训练项目顺利开展，2020年康复中心共收训18名脑瘫残疾儿童在进行免费康复训练；开展市残联组织的“集善工程——（奥智·悠济）助听行动”救助，为9名听力残疾人士提供高质量助听器适配；配合市残联开展金龙鱼复明工程帮助190名贫困白内障患者实施复明手术，减免手术患者的进口硬晶体费、手术费、一般检查费；辅助器具服务站共为520多人次免费配发轮椅、拐杖、盲杖、护理床、读书机、助听器等残疾人辅助器具730多件；社区残疾人康园中心共为320名残疾人提供康复训练和日间照料；共为544名精神残疾人提供每人450元的医疗救助（服药）补贴；开展多项残疾人康复核查，与县卫健局联合对丰顺县持证残疾人家庭医生签约和康复服务进行全面核查，残疾人家庭医生签约人数共10416人，签约率76.48%；分别对83名0—6周岁持证残疾儿童康复训练情况进行摸查核查、对3117名严重精神障碍患者在新冠肺炎疫情期间治疗管理进行核查、对3名建档立卡贫困残疾儿童接受康复救助服务情况进行核查、对214名智力残疾和精神残疾女童进行康复救助核查、对56名农村留守残疾儿童和669名困境残疾儿童进行康复救助核查。

【社会保障】 2020年共为584名残疾人核发“中华人民共和国残疾人证”，对637名残疾人证到期的残疾人进行换证；按照文件要求，继续做好“津补贴”对象的筛查登记和资格审核，配合民政部门做好补贴资金发放工作，截至2020年12月，丰顺县共有14719人申请并受理残疾人两项补贴，其中申请并受理护理补贴9749人，申请并受理生活补贴4970人；切实做好丰顺县城乡重度残疾人基本医疗保险参保工作，资助“5056”重度残疾人购买2021年度城乡居民基本医疗保险，共1415680元；积极配合县人社部门，认真做好16周岁以上的重度、精神和智力残疾人摸底筛查、数据传送及资金落实工作，共投入资金785460元，资助6102名“三类”残疾人购买城乡居民养老保险，保障其基本生活。同时，继续加强与县民政部门沟通协调，优先保障残疾人，切实将符合条件的贫困残疾人纳入最低生活保障线，给予定期救济。

【特殊教育】 2020年，县残联对5名高三残疾学生进行慰问关爱，了解考生们的实际困难，并送上慰问金和慰问品。为5名2020年考上全日制大专本科以上的残疾学生申请南粤扶残助学工程资金5.5万元；与县教育局联合发文《关于做好2020年残疾人事业专项彩票公益金残疾儿童学前教育助学项目工作的通知》，对21名学前儿童进行信息录入及收集，并发放2.1万元助学资金。

【就业扶贫】 县残联积极向未达到按比例安排残疾人就业比例的用人单位宣传残

疾人就业政策，收集残疾人就业岗位信息；对适合就业并未就业的残疾人，把他们的求职信息通过人社局推送给相关企业，促进残疾人新增就业43人；借助新平台帮助残疾人就业，与人社局联合开展网络招聘活动，惠及残疾人群众2人次，推送残疾人的产品到抖音直播平台，直接帮助残疾人实现产品销售、扩大销售渠道，实现创收，对4家自主创业的残疾人进行2020年的众创杯残疾人公益赛项目进行指导报名参加，对3名入围的残疾人进行资金奖励；扶持残疾人就业机构，对2家符合条件的盲人按摩机构进行疫情防控期间稳就业专项补贴进行资料收集、校验，沟通人社、财政部门拨付专项补贴资金7000元/家；对79家企事业单位进行就业保障金的年审，共审核135名残疾人；开展残疾人就业技能培训，组织82　名残疾人参加农村残疾人种植、养殖、电商等项目技能培训；17个镇级社区残疾人康园中心为374名残疾人提供辅助性就业。在残疾人扶贫方面，每月按时上传最新残疾人数据到扶贫管理系统，并对9名异地持证的建档立卡残疾人进行核实；将推进残疾人脱贫工作与“精准扶贫”工作有机结合起来，深入到全县各省定贫困村宣传，动员符合办证条件而未办证的残障人士到医院评定并办理残疾人证；动员各级各部门采取“帮、包、带、扶”多种形式重点扶持贫困残疾人家庭脱贫，全县共有2215名建档立卡残疾人在精准扶贫中得到扶持。

【专项调查】　2020年，县残联精心组织实施全国残疾人基本服务状况和需求信息数据动态更新工作，共培训341名调查员，对丰顺县282个村社区和14327名持证残疾人进行入户调查，准确采取2019年10月1日至2020年9月30日有关残疾人信息动态更新数据，为政府制定残疾人优惠政策提供科学依据。

【组织建设】　认真开展业务培训，以健全规范基层残疾人组织建设为重点，全面加强县、镇残联和村社区残疾人协会建设，切实发挥县、镇、村残疾人组织作用，逐步规范基层残疾人组织制度化建设，着力提高为残疾人服务的水平。积极动员和组织全体残联干部职工和专职委员参加“心悦普法”微信小程序学习与考试，建设一支“人道、廉洁、服务、奉献”的高素质残疾人工作人才队伍，为加快推进丰顺县残疾人工作提供组织保障和人才支撑。

【信访维权】　通过公开招投标，广东大洋医疗科技股份有限公司完成八乡山镇、汤南镇、北斗镇和黄金镇120户贫困重度残疾人居家无障碍改造工作；为103肢体残疾人发放残疾人机动轮椅车燃油补贴资金26780元；认真做好残疾人来信来访工作，及时回复民生热线、丰顺县惠民信息平台咨询信箱群众反映个案及咨询相关问题，共答复6件。各类信访件办结率100%，做到事事有着落、件件有回音，没有发生残疾人越级上访、集体上访和恶性上访事件。

【扶残助残】　抗击新冠肺炎疫情期间，康复中心对8名贫困残疾儿童提供上门“一对一”康复训练指导，并为他们送上慰问金和慰问品。2021年春节前夕，县残联购买大米、食用油、棉被等物资一批下拨至各镇（场），组织各镇（场）残联到贫困残疾人家中进行走访慰问，帮助他们解决在生活生产方面碰到的实际困难，使困难残疾人和全县人民一道过一个欢乐、祥和、安宁的节日。

【宣传文体】 充分利用助残日“助残脱贫 决胜小康”宣传主题，采取网站、横幅、宣传单等宣传形式，广泛深入宣传残疾人事业的法律法规、康复知识、党政领导走访慰问残疾人活动、自强模范先进事迹、志愿者助残活动等，通过发放残疾人办事指南、康复手册和宣传单等，充分利用各种社区资源帮助残疾人参加各种文体活动，丰富残疾人的文体生活，营造全社会关心支持残疾人事业的浓厚氛围，社会扶残助残风尚蔚然成风。

【服务设施】 通过“公建民营”的模式，采取招投标方式遴选有资质的社会技术力量进行合作，借助社会技术力量在新建的县残疾人康复中心开展残疾人康复服务，将为丰顺县有康复需求的残疾人提供康复、医疗、托养等多项服务，逐步实现残疾人“人人享有康复服务”目标。

（蔡　婷）

法 治

政 法

【概况】 2020年，全县政法工作坚持以习近平新时代中国特色社会主义思想为指导，把握新时代政法工作实践要求，围绕县委、县政府中心工作，忠诚践行使命，奋力担当作为，履行维护国家政治安全、确保社会大局稳定、促进社会公平正义、保障人民安居乐业的职责任务，为丰顺苏区振兴发展提供安全的政治环境、稳定的社会环境、公正的法治环境、优质的服务环境。

【政治思想建设】 全县政法干警深入学习领会习近平总书记在中央政法工作会议上重要讲话及关于政法工作系列讲话精神，增强“四个意识”、坚定“四个自信”、做到“两个维护”，坚持用习近平新时代中国特色社会主义思想武装头脑、指导实践、推动工作，把智慧和力量凝聚到落实中共十八大以来确定的各项任务以及中共十九大、十九届二中、三中、四中、五中全会提出的新任务、新目标上来。结合丰顺县政法工作实际，明确新目标，落实新举措，争取新成效，奋力开创新时代丰顺政法事业新局面。

【疫情防控】 疫情期间，全县政法部门坚持人民群众生命健康安全至上总方针，政法干警全警全力投入疫情防控工作。全力配合做好“外防输入、内防扩散”各项工作，严密织牢联防联控和群防群控两张网，落实好“四个一”应急处置和“网格化”防控机制。加强涉疫情矛盾排查化解，妥善化解因防治措施可能引发的矛盾纠纷，落地查处造谣传谣网民，确保社会大局稳定。坚持依法防疫抗疫，政法部门严厉查处打击利用疫情扰乱社会秩序、破坏疫情防控的违法犯罪行为，建立完善快侦快捕快诉快判机制，在法治轨道上统筹推进各项防控工作。加强工作场所安全防护工作，强化内部安全防护措施，增强自身防护能力。

【维护国家安全和社会稳定】 （一）牢固树立总体国家安全观。始终坚持把维护国家政治安全特别是政权安全、制度安全放在第一位，进一步提高政治警觉性、政治鉴别力，增强风险意识、忧患意识，不断提高防范和抵御“颜色革命”的能力和水平，坚决打好防范化解重大风险攻坚战。

（二）坚决维护社会和谐稳定。坚持定期排查各镇（场）不稳定因素，如实排查、全面摸底。针对全国两会、经济特区建立40周年、中共十九届五中全会的召开等一系列重大活动，认真贯彻落实上级各项工作部署，确保各个重要节点期间的社会大局和谐稳定，确保2020年丰顺县社会大局和谐稳定，实现“四个不发生”。

【扫黑除恶】　（一）以打促安，以严打高压巩固平安态势。县政法部门对准群众反映强烈的突出社会治安问题，深入开展“飓风2020”等专项行动。自2020年以来，全县共立刑事案件726宗，破获刑事案件432宗（命案发2宗破2宗），刑拘325人，逮捕193人，抓获在逃人员45名；查处治安（行政）案件621宗。自2020年以来，共打掉涉恶团伙7个，立涉黑恶刑事案件33宗，破案23宗，刑拘142人，逮捕87人，扣押冻结资金3127.79万元。自2020年以来，县人民检察院受理公安机关提请逮捕案件125宗238人，经审查批准逮捕90宗162人；县人民法院受理刑事案件171宗，审结147宗，结案率84.48%。

（二）推动扫黑除恶取得全面胜利。2020年是扫黑除恶三年计划的最后一年，也是决胜之年。丰顺县快速推进“六清”行动并取得实效。一是“线索清仓”按时完成。全县共受理线索390条，100%办结。二是“逃犯清零”提前完成。8名涉恶团伙犯罪在逃人员全部成功抓获。三是“案件清结”高效完成。县公安局成功打掉徐某妹“肉霸”涉恶团伙、罗某福非法放贷、暴力讨债的涉恶团伙，群众拍手称快，反响强烈。四是“伞网清除”不断深入。共立“保护伞”案件34宗34人，给予党纪政务处分33人，移送司法机关2人。五是“黑财清底”执行到位。县人民法院判处财产刑37.5万元，全部执行到位。六是“行业清源”成效明显。道路交通安全、食品安全、安全生产、拆除违建、河沙整治、电信诈骗、涉黄赌毒等行业治理有序加快推进，有力铲除黑恶势力滋生土壤。

【矛盾纠纷化解机制】　积极学习借鉴“枫桥经验”，积极拓展行业性专业性人民调解组织和个人品牌调解工作室，形成访调对接、诉调对接、警调对接联动的调解工作链条，依托全县各级公共法律服务平台把群众矛盾纠纷一站式接收、一揽子调处、全链条解决，努力实现小事不出村、大事不出镇、矛盾不上交。丰顺县自2016年以来连续4年获评“全国信访工作三无县”。

【“中心+网格化+信息化”建设】　采用日常督促、通报督促、重点督促三结合的工作机制，不断压实各镇信息员、网格员工作责任，进一步激发信息员、网格员工作积极性，不断提升丰顺县网格账号活跃度、网格事件登录效率、特殊人群记录录入人数。丰顺县网格事件登录件18270件，办结18234件，办结率99.80%；特殊人群服务记录录入4607条，每月的账号活跃度90%以上；矛盾纠纷录入4395件，结案4378件，化解率99.61%；抗击新冠肺炎事件录入数787件。

【市域社会治理现代化试点工作】　积极

贯彻市委政法委关于创建全国市域社会治理现代化试点工作的要求及制定三年工作方案，立足丰顺县实际，积极探索“县综治中心+县融媒体中心+县新时代文明实践中心”的模式，形成“构建‘三员’（综治网格员、文明实践员、百姓通讯员）一体的多功能网格管理丰顺模式”的实践创新项目。

【专项工作常态化】 一是深入开展“平安校园”创建活动。积极参与幼儿园校车行驶路线现场的勘察，认真履行组织协调指导校园及周边环境的综合整治活动。二是认真做好铁路沿线安全隐患排查整治工作。积极开展进企业、进校园、进社区、进家庭、进公共场所等形式多样的铁路护路宣传活动，切实提高铁路沿线广大人民群众遵纪守法意识。三是社矫帮教方面。累计接收社区矫正对象679人，累计衔接刑满释放人员691人，安置率100%，帮教率100%。四是多举措抓好严重精神障碍患者管控工作。加强特殊人群服务管理，充分发挥网格作为综治工作“底座”的作用。发挥网格员对严重精神障碍患者的排查管理作用，做好严重精神障碍患者服务管理工作。五是做好未成年人检察工作。制定《丰顺县人民检察院创新“1234”机制，护航未成年人健康成长实践方案》，明确领导责任，落实部门工作任务。不断丰富工作内容，扩大项目成效，着力护航未成年人健康成长。

【法治丰顺建设】 （一）稳步推进依法治县工作。坚持法治国家、法治政府、法治社会一体建设，全面推行行政执法“三项制度”，严格执行规范性文件“三统一”制度，认真贯彻落实《重大行政决策程序暂行条例》，全面落实党委法律顾问制度、公职律师制度，重新聘请县政府法律顾问4名。领导干部积极发挥“领头雁”作用，在全县范围内树立起尊法学法守法用法的标杆。以“七五”普法规划为纲，把宣传实施《中华人民共和国民法典》作为普法工作的重中之重，坚持普治并举，推动丰顺县普法宣传推陈出新、百花齐放。

（二）大力完善法律服务体系。县司法局打造标准法律援助中心和规范化社区矫正中心，开通“12348”法律援助咨询热线和电话专线，建成标准规范的县镇村三级公共法律服务平台，重点打造7个省级示范性公共法律服务工作站和35个公共法律服务工作室，助力丰顺县打造自治、法治、德治“三治融合”善治格局，努力为群众提供优质精准、便捷高效的公共法律服务。县法院推行线上诉讼服务、启用新诉讼服务中心，以满足群众多元司法需求，同时完善司法公开四大平台建设，升级立案查询系统、执行信息查询系统、法院门户网站、庭审直播系统，不断提升司法公信力和群众满意度。

【政法队伍形象建设】 （一）加强党对政法工作的绝对领导。积极推进县委政法委自身建设，发挥好县委政法委的政治引领和保障作用，明确职能定位，议大事、抓大事，履行好领导、统筹、协调等职能作用，确保政法工作的正确政治方向。建立完善县委政法委员会会议规则，认真贯彻执行民主集中制，推动形成在县委领导下政法单位相互制约、相互配合、共同发展的“大政法”工作格局。

（二）扎实做好巡察整改落实。根据市委和市委巡察工作领导小组的统一部署，2020年6月3日至7月31日，梅州市县级交叉巡察第一组对中共丰顺县委政法委员会开展巡察，市委第三巡察组从6月3日至7月31日对丰顺法院党组开展巡察，并于2020年9月2日向县委政法委反馈巡察情况，于9月28日向丰顺法院党组反馈巡察情况。对巡察组的意见建议，县委政法委、丰顺法院党组诚恳接受、照单全收、坚决整改。深刻反思、认真剖析存在问题的原因，迅速部署落实整改工作。县委政法委、县法院已经全部整改完毕。

（三）持续深入开展作风建设专项整治行动。切实提高政治站位，增强改进作风、狠抓落实的自觉性。牢固树立正确的政绩观，把反对形式主义、官僚主义体现在每一项工作中，既雷厉风行，又久久为功，以“功成不必在我”的精神境界和“功成必定有我”的历史担当，推动政法工作创新发展。坚决惩治党员干部违法违纪。建立谈话函询和约谈提醒制度，建立纪律作风督查巡查机制，完善人民群众反映问题及时核查度，坚持惩治党员干部违法违纪无禁区、全覆盖、零容忍，切实提升政法队伍公信力。

（综合调研室）

公　安

【概况】　2020年，丰顺县公安机关在县委、县政府和上级公安机关的正确领导下，以习近平新时代中国特色社会主义思想，中共十九大，十九届二中、三中、四中、五中全会以及习近平总书记对广东重要讲话和重要指示、批示精神为指导，牢固树立“四个意识”、坚定“四个自信”、做到“两个维护”，大力深化平安丰顺建设，强力开展扫黑除恶专项斗争和“飓风2020”等专项打击行动。全力做好疫情防控工作，深入开展“坚持政治建警全面从严治警”教育整顿活动。圆满完成全国两会、广东省青少年自行车锦标赛、2020年中国农民丰收节暨梅州丰顺农民直播节、2020年国庆和中秋双节、深圳经济特区建立40周年活动、中共十九届五中全会和2020年“讯源杯”中国山地车联谊赛、梅州马拉松赛等重大活动安保维稳任务，有力确保了全县政治、治安持续稳定。

【严厉打击刑事犯罪活动】　县公安局根据上级公安机关的统一部署，突出重点，集中力量，精心组织开展扫黑除恶专项斗争和“飓风2020”“梅安”专项打击行动，精心组织部署，强力开展破案战役，成功侦破一批大案，有力地打击各类违法犯罪分子的嚣张气焰，确保全县社会治安的持续稳定。2020年，全县共立刑事案件726宗，破获刑事案件432宗（命案发2宗破2宗），同比上升3.1%，刑拘325人，提请逮捕193人，抓获各类在逃人员45名。通过一系列的严打整治行动，打出声威，确保丰顺社会治安的持续稳定。

【治安管理】　县公安局狠抓治安管理工作，深入开展严厉打击“胡豆子”“鱼虾蟹”“押大小”以及扫除“黄赌毒”等专项行动。2020年，破涉赌博案件44宗，提请逮捕53人；破涉黄案件5宗，提请逮捕16人；破涉毒刑事案件7宗，刑拘11人，提请逮捕4人，查处吸毒人员44人，强制戒毒19人；通过有力的打击整治，全县辖区内的“黄赌毒”等违法犯罪活动得到有效遏制，营造良好的社会风气。

【户政管理】　县公安局户政部门认真抓好人口信息系统建设等工作，加强户政业务建设，为领导决策提供人口信息依据，为人民群众提供优质服务。2020年，共受理居民身份证36467张，审核上传居民身份证39862张（其中省内异地3395张）；受理、制作临时身份证4256张；审核、签发准迁561张；审核、审批出生入户1097人、漏录补录22人、恢复户口71人、项目变更661人、注销虚假（双重）户口165人、大中专学生毕业迁入30人。

【专项行动】 县公安局根据省、市开展扫黑除恶专项斗争和“飓风2019”“梅安”专项打击行动的统一部署，结合丰顺实际，精心组织部署，狠狠打击各类违法犯罪活动，取得显著工作成效，有力确保全县社会治安持续和谐稳定。2020年，共摸排涉黑恶线索38条，打掉黑社会性质组织1个、涉恶集团2个、涉恶团伙7个，立涉黑恶刑事案件33宗，破案23宗，刑拘142人，提请逮捕87人，扣押冻结资金3127.79万元；侦破涉盗抢案件90宗，刑拘31人，提请逮捕24人，打掉团伙5个；侦破涉电诈案件166宗，刑拘56人，提请逮捕21人，打掉团伙4个；侦破涉食药环节案件12宗，提请逮捕11人。

【出入境与往来港澳台管理】 县公安局出入境管理部门深化“放管服”改革，继续落实便民利民措施，提升了服务质量和管理水平。2019年，共受理各类申请2160多人（次），其中因私护照757人（次）、港澳个人游1172人（次）、港澳双程探亲通行证141人（次）、赴台申请60人（次）、受理港澳单程申请18人（次）、面见港方关系人22人、台胞延期5人（次），自助办证一体机办理港澳证续签311份，录入国家工作人员登记备案信息9580多条；查处涉“三非”外国人案10宗，其中立刑事案1宗，逮捕1人，收审20人，市局累计25人；处罚非法雇用外国人2人，罚款2万元，处罚非法容留外国人2人，罚款5500元。2020年度共遣送“三非”人员到广西5次，共16人。

【道路交通管理】 采取强力措施，在全县范围内开展交通安全整治行动，全县道路交通安全形势平稳向好。2020年，共查处各类交通违法行为26485起；查处（含移交交通运输执法局）违法大货车389辆次，卸载超载货物6235.42吨，超载罚款54.25万元，对驾驶人记分1989分，查处涉牌涉证违法行为3678起，查处酒醉驾373起（比2019年同期的355起增加5%），查扣机动车6654辆，其中摩托车5472辆、汽车1182辆，受理新车入户4890辆（含摩托车）、换证9241人、补证291人；处理各类交通事故2510宗（比2019年同期的2592宗减少3.2%），交通事故死亡27人（与2019年同期的39人减少30.8%），受伤904人，直接经济损失约400多万元，立危险驾驶案41宗、交通肇事案6宗，刑事拘留8人，行政拘留37人。

【调研宣传与信息】 县公安局指挥中心结合公安工作中心任务，充分发挥指挥中枢和桥梁纽带作用，扎实开展调研活动，及时为领导决策提供参谋服务，实现调研工作新突破；强化宣传舆论引导工作，拓宽宣传渠道，积极发挥宣传工作在打击犯罪、教育群众、弘扬正气、树立公安新形象等方面的作用。2020年，指挥中心共撰写各类简报、快讯、论文、讲话稿件等300余篇。全年各类宣传稿件被中央、省、市各级主流媒体采用报道300多篇次。其中，中央级媒体5篇，省媒《南方日报》新媒体平台“南方+”约140篇，“平安丰顺”微信公众号关注用户数5.8万人，共推送859篇内容，总阅读量达317万次。

【智慧新警务】 县公安局按照上级公安机关下发的建设实施方案，认真抓好智慧新警务建设工作任务的推进。视频监控一类点已经建成900多个，15个卡口任务已完成，30个人脸卡口、330个警用WiFi、非经营场所WiFi采集2012个，44个电子围栏、2206套门禁视频系统、1个智感小区、471部移动警务终端及一批人证核验设备，日均智能化采集数据超过1亿条。县局围绕“怎样在全市领先、怎样超越自己”的问题，深化完善“全警大数据联动指挥平台”创新亮点，累计录入公安、社会类数据资源21亿多条，并按照统一的标准进行整合、存储，为各功能模块应用提供数据支撑。

【疫情防控】 县公安局针对疫情防控工作特点，成立“疫情防控专班”和“大数据专班”，创新从采集汇聚、线索分析、情报研判、目标锁定到落地查核、随访监测全流程工作机制，有力确保疫情数据全闭环；积极获取镇街、村居、社区、单位、药店、商铺等管理数据，重点加强人员出入、体温检测、“一人一档”、家庭成员、异地往来等数据采集汇聚，并从“亲友往来、交通往来、通信往来”多维度进行研判，截至12月30日，成功剥离出涉重点地区人员预警数据3580条，再逐一下发给“三人小组”排查反馈，使全县网格管理更细致、精确，精准制导整个疫情防控工作，助力全县疫情防控工作，始终保持“零疫情”局面，成为梅州唯一、全省少有的最安全县区。在全国各地企业复工复产、学校复学复课之际，县公安局毫不放松抓好疫情防控各项工作，组织18个基层派出所及1个警务中队，积极配合丰顺县各镇各相关部门，常态化运作“三人小组”，对辖区企业、厂家等的外地返丰人员进行核查检测，对旅馆业等重点场所进行检查管控，县公安局各相关警种同步做好维护稳定、打击犯罪和交通保障等各项工作，助力企业安全、顺利复工。

（徐俊轩　吴志欣）

【森林公安】 丰顺县共有林业用地22.26万公顷，其中生态公益林8.73万公顷、商品林等13.53万公顷。丰顺县森林公安机关编制30人，2020年有民警29人、辅警10人，内设政秘股、治安股、法制股、刑警队4个股（队），下设汤坑、丰良、留隍3个森林派出所。2020年12月31日挂牌转制为“丰顺县公安局森林警察大队”，职责为：在辖区内负责林区治安秩序，保护生态安全，依法打击各类破坏森林资源违法犯罪活动，组织清查发生在本辖区内的森林刑事、治安、林业行政案件。

2020年，森林公安局共受理涉林涉野案件共367宗，其中，立刑事案件19宗（涉林地图斑案件10宗、滥伐林木1宗、森林火灾3宗、非法狩猎2宗、非法交易野生动物3宗），破案15宗，采取强制措施12人，移送起诉10人。立案查处行政案件57宗（涉林案件48宗、涉野生动物案件9宗），协助县林政部门及各镇执法95起，放生、救助野生动物182条（只）（其中蟒蛇扰民救助占80%以上），处置信访案件9宗，2020年报送扫黑除恶有关线索5条，对每条线索进行侦查甄别。

疫情防控，打击涉野生动物方面

2020年，为配合2020年全面新冠肺炎疫情防控，打击涉野生动物交易等成为2020年的主要工作之一，森林公安以

“飓风2020”专项行动为主线，按照上级部署，持续开展针对保护野生动物的巡防、检查、监管、宣传活动，对破坏野生动物资源违法犯罪行为保持高压打击态势，取得一定的成效。一年来，共出动警力1781人次，清查酒楼、饭店、市场等有关场所1777家，破获涉野生动物案件15宗，依法采取刑事强制措施8人，行政处罚9人；收缴放生野生动物200只，收缴野生动物制品约4.57公斤，收缴象牙制品70克，放生蛇类140余条，猫头鹰2只，穿山甲、燕隼、白鹭各1只。

侦查涉林地、林木图斑案件方面

2020年森林公安以广东省林业局下发的涉林图斑为线索，逐一侦查落实。查处林地图斑行政案件20宗，立林地刑事案件2宗；查处林木图斑立行政案件19宗，立林木刑事案件10宗。

查处森林火灾方面

年内立森林火灾刑事案件3宗，破2宗，刑事拘留1人。立行政案件5宗，破5宗，教育群众50多人。2020年，森林火灾安全态势相对稳定。

开展普法宣传方面　一是通过各种媒体，以电视、微信公众号等形式广泛宣传打击涉林涉野违法犯罪真实案例和《中华人民共和国森林法》《中华人民共和国野生动物保护法》，将案例与法律相结合，提升广大民众对涉林涉野法律的认识和理解。二是对辖区饭馆、农庄、农贸市场等容易出现涉野违法犯罪的场所进行实地走访教育，发放并张贴各种有关野生动物保护的宣传资料和承诺书，进一步加强经营者对野生动物的保护意识。三是森林普法进校园，在丰顺县中小学开展“森林防火、保护野生动物人人有责”的宣讲活动，宣传“绿水青山就是金山银山”理念，呼吁学生们做保护森林、爱护动物的践行者和宣传者，形成尊重自然、热爱自然、善待自然的良好氛围。

森林公安转制情况方面　根据广东省委办公厅、省政府办公厅关于《广东省森林公安机关管理体制调整工作实施方案》通知精神，丰顺县已于2020年12月31日进行县森林公安挂牌转制，更名为丰顺县公安局森林警察大队，从县直副科级单位转制为县公安局内设机构，丰顺县公安局政委刘辉林、政工室主任罗欣参加挂牌仪式。

（彭世逊）

检　察

【概况】　2020年，县检察院在县委和上级检察机关的领导下，坚持以习近平新时代中国特色社会主义思想为指导，深入践行习近平法治思想，全面贯彻中共十九大和十九届四中、五中全会精神，牢固树立以人民为中心的司法理念，扎实做好各项检察工作，为助推丰顺高质量发展、决胜全面小康提供有力司法保障。

【服务大局】　坚决贯彻上级关于疫情防控的决策部署，主动服务疫情防控大局，做到战疫、办案两不误。从快从严依法办理“口罩诈骗”等涉疫犯罪案件5件5人。组织20多名党员干警进社区、进农村协助开展疫情联防联控，深入企业助力复工复产，彰显丰顺检察法与情相融的抗疫担当。严厉打击各类危害国家安全、非法传销、电信诈骗等涉众型经济犯罪。深入推进精准脱贫工作，结对帮扶18个贫困户全部达到脱贫标准；积极开展国家司法救助工作，向5名贫困的刑事被害人家属发放司法救助金8.5万元。全力护航民营经济健康发展，举办“服务‘六稳’

‘六保’护航民企发展”检察开放日活动。开展涉非公有制经济案件立案监督和羁押必要性审查专项活动。起诉侵犯知识产权和制售假冒伪劣商品犯罪7人，为民营企业发展营造良好法治环境。

【刑事检察】 全年共批捕各类刑事案件105件185人，提起公诉197件310人，对236名被告人依法适用认罪认罚从宽政策。依法受理监察委移送起诉案件9件9人，依法对7名村干部集体受贿案提起公诉，有力打击了扶贫领域的职务犯罪行为。全力打好扫黑除恶收官战，围绕长效常治目标，案件清结率达100%。着力推动“打伞破网”“打财断血”。严格核查涉恶财产刑判决案件及“保护伞”案件。对办案中发现的突出问题和管理漏洞，提出社会治理类检察建议11份，做到以案促治、以案促建。加强立案监督和侦查活动监督，推进“另案处理”监督。提前介入重特大案件10件。依法改变侦查机关定罪定性8件11人。依法监督立案2件，纠正漏捕1人，纠正侦查活动违法4件次。加强刑事审判监督，促进司法公正。运用“两法衔接”信息共享平台，对各行政执法部门录入系统的420件案件严格审查，对涉嫌犯罪的及时提出移送意见，促进依法行政。扎实开展驻所检察工作，办理在押人员控告申诉案件1件，办理刑事执行违法案件4件，发出纠正违法通知书4份并被采纳。办理羁押必要性审查变更强制措施案件15件。办理强制医疗检察监督案件2件。针对社区矫正、财产刑等刑罚执行发出纠正违法通知书15份并被采纳。

【民事、行政检察】 贯彻民法典精神，优化民事案件生效裁判结果监督工作，受理2宗民事生效判决监督案件。强化审判程序和对审判人员违法行为的监督。开展虚假诉讼领域深层次违法行为监督专项活动，加强对虚假诉讼的监督。积极推进民事执行监督，共同破解法院执行难问题。把行政检察作为新时代检察机关参与社会治理的重要途径，深化行政检察与行政执法衔接工作，共排查出行政非诉执行监督案件线索42件。经核实和调查取证后，对相关单位发出类案检察建议书12份，采纳率100%，追回国有财产78.66万元。

【公益诉讼检察】 坚持“双赢多赢共赢”理念，当好公共利益守护者。与县河长办、县消防救援大队分别会签《关于协同推进河长制工作的意见》《丰顺县消防安全公益诉讼专项行动方案》等文件。受理公益诉讼线索45件，立案38件，发出诉前检察建议书38份。其中，生态环境和资源保护领域16件、食品安全领域6件、国有财产保护领域1件、英烈保护领域8件、“等”外领域7件。积极开展“保障千家万户舌尖上的安全”检察公益诉讼专项监督活动，发出3份诉前检察建议，促进职能部门加强餐饮行业卫生管理。开展英烈保护专项监督活动，发出8份诉前检察建议推动加强英烈纪念设施的管理和保护。积极稳妥探索“等”外领域案件办理，针对校车存在的安全隐患，发出5份加强校车管理检察建议，督促开展校车整治。开展消防安全公益诉讼专项行动，向2家单位发出诉前检察建议，督促加强消防检查工作。

【参与社会治理】 积极推动保护未成年人法律法规落实，经审查批准逮捕涉未成年人犯罪案件14件29人，提起公诉22件47人，切实维护未成年人合法权益。在县实验中学建设青少年法治教育实践基地，打造办理未成年人案件良好的辅助帮教场所。按照最高检关于“群众信访件件有回复”的要求，全面做好及时反馈、释法说理工作，实现到期回复率、答复率、办结答复率“三个100%”。审查办理群众控告、申诉、举报等各类信访69件，接待群众来访41批55人，全部按时办结。积极开展“民有所呼、我有所应”新时代检察宣传周活动，严格落实检察长接访制度，组织检察干警进村入户开展送法下乡活动。完善“12309”检察服务中心实体、热线、网络三大平台，最大限度方便群众，以优质服务切实解决群众的操心事、烦心事、揪心事。认真开展形式多样的普法活动，开设以案释法栏目，积极落实“谁执法谁普法”责任制，在丰顺县2020年普法领导小组暨国家机关“谁执法谁普法”履职评议中获评优秀等次。

【队伍建设】 把增强“四个意识”、坚定“四个自信”、做到“两个维护”体现在履职尽责上，毫不动摇坚持党的绝对领导，以推动“五好”基层检察院创建活动深入开展为契机，促进检察队伍政治素质、业务素质和职业道德素质整体提升。通过纪念中国共产党成立99周年主题党日活动、“微党课”、重温入党誓词、党员志愿服务、打造党建文化墙等形式，激励党员不忘初心、牢记使命。定期召开业务数据分析研判会商会议，补短板、强弱项，持续强化高素质干部队伍建设。抓实严管厚爱，坚决执行中央八项规定，落实防止过问干预司法办案“三个规定”，加强检察人员“八小时外”监督管理，严守党纪国法检察纪律，依法依规行使检察权。自觉接受人大、政协和社会各界的监督，加强与代表委员、人民监督员的联络。邀请人大代表、政协委员、人民监督员参加召开多场检察业务公开听证会，全面提高检察机关执法公信力。

（罗伟坤）

法 院

【概况】 2020年，县法院坚持以习近平新时代中国特色社会主义思想为指导，围绕服务大局、司法为民、公正司法的工作主线，统筹推进常态化疫情防控和审判执行、司法改革、队伍建设、巡察整改等各项工作，为做好“六稳”工作，落实“六保”任务，为全县社会安全稳定、经济发展努力提供良好的司法保障和服务。

【审判执行质效取得“四升一降”成效】 共受理各类案件3635件，同比增长20.47%；结案3496件，同比增长20.68%；结案率96.18%，同比增长2.21%，法定审限内结案率100%；员额法官人均结案数194.22件/年，同比增加41.75件/年；存案数139件，同比下降22.04%。在案件大幅增长的情况下，取得了结案数增多、结案率提升、员额法官人均结案数提高、存案数下降“四升一降”的成效。

【司法为民】 建成新的诉讼服务中心，全面提升诉讼引导、立案登记、诉前调解、信访接待、缴费服务等“一站式”诉讼服务水平，减少当事人诉累。共在立案阶段调解结案246件案件，受理网上立案申请399件，网上跨域立案5件。以疫情防控为契机，及时转变审判工作方式，通过开通刑事视频提审系统、民事“云上法庭”系统，推进网上庭审，实现“零接触”，保障人民群众生命健康安全。2020年，共通过互联网开庭审理案件46件。

充分利用审判流程、执行信息、庭审直播、裁判文书上网等司法公开平台，以及官方网站、微信公众号、微博等自媒体平台，及时发布案件信息、法院工作动态以及普法宣传稿件，满足群众的多元司法需求。2020年，共在中国庭审公开网直播案件庭审557件，裁判文书上网1100份，认真落实“谁执法谁普法”责任制，开展民法典宣传、领导干部旁听庭审等普法活动3次，在各级主流媒体及新媒体发表宣传稿件152篇次。

【司法改革】 认真推行认罪认罚从宽制度，审结认罪认罚从宽案件178件258人，适用刑事速裁程序案件78件85人。推行执行案件繁简分流机制，2020年，在执行案件收案数同比增长32.04%的情况下，整体执结率同比上升6.39%，结案平均用时同比缩短22.2天/件，执行效率得到大幅提升。

【队伍建设】 深入开展“两个坚持”专题教育等三项队伍建设活动，切实强化政治机关意识。持续深化党风廉政建设，认真履行全面从严治党“两个责任”。2020年，开展审务督察30次，谈话提醒63人次。对照市委巡察反馈的问题和意见建议，严格落实整改责任，深刻查摆问题，认真分析原因，制定整改措施。经过整改，已建立健全完善37项制度，全面推进38项问题整改，整改完成率100%。

（谢碧娟）

司法行政

【概况】 自2020年以来，丰顺县司法局坚持以习近平新时代中国特色社会主义思想为指导，全面贯彻中共十九大和十九届二中、三中、四中、五中全会精神，深入贯彻习近平法治思想，认真学习贯彻习近平总书记出席深圳经济特区建立40周年庆祝大会和视察广东重要讲话、重要指示精神，围绕做好“六稳”工作，落实“六保”任务，统筹抓好疫情防控和高质量推进司法行政工作，为丰顺县加快建设名副其实、声名远扬的“平安之乡”和推进市域社会治理现代化试点，加快打造“生态经济发展新标杆”的目标提供坚实有力的法治保障和优质高效的法律服务。

【疫情防控工作】 新冠肺炎疫情暴发后，牢牢把握依法防控的主线，及时印发《丰顺县关于做好新冠肺炎疫情防控工作的法律指引》，编印《丰顺县新冠肺炎疫情防控典型违法案例》《防控新型冠状病毒感染肺炎疫情的相关法律知识》等宣传资料。其中，司法局报送的涉疫情违法典型案例中有2起入选广东省学法平台《广东省新冠肺炎疫情防控典型案例汇编》。综合运用融媒体手段进行全方位的宣传，发动社矫对象积极参与疫情防控宣传，推动形成群防群治、联防联控的疫情防控大格局。及时组建“助力企业复工复产公益法律服务团”，为企业战疫精心开出“法律良方”，以法战疫，用心暖企，迅速打响疫情防控公益普法宣传战，相关做法得到省司法厅的肯定，并在广东省司法厅官微上得到推介。

【依法治县工作】 印发《丰顺县贯彻落实党政主要负责人履行推进法治建设第一责任人职责情况列入年终述职内容试点工作实施方案》，全面落实党政主要负责人履行推进法治建设第一责任人职责述职报告制度。召开县委全面依法治县委员会第二次会议，制定印发《丰顺县2020年全面依法治县工作要点》《丰顺县2020年依法行政工作要点》。召开县委全面依法治县办扩大会议，学习贯彻中央全面依法治国工作会议精神，纵深推进全面依法治县各项工作。

【依法行政工作】 加快推进行政执法“三项制度”落实，分两期共组织540多名行政执法人员参加综合法律知识考试，实现全县16个乡镇行政执法人员执法资格培训全覆盖。组织开展2020年度行政执法案卷质量评查活动。对全县27家行政执法单位的95宗案卷进行抽查，检查中共发现各类不足300余处，并及时向相关单位反馈检查建议。2020年全县各级行政执法主体通过广东省行政执法公示平台共录入行政执法行为2911宗，共办理行政执法证件359份，促进严格规范、公正文明执法。

【行政复议与应诉工作】 2020年累计受理行政复议案件7宗，复议结果分别是：1宗经调解后主动撤回，4宗维持处理决定，2宗撤销处理决定，纠错率29%；累计受理行政诉讼案件4宗，行政负责人出庭应诉率100%。其中，运用调解手段在解决行政纠纷中的积极作用，成功化解1宗6年多的硬骨头积案。

【法制审核工作】 2020年全年累计完成法律事务和文件审查共89件，其中规范性文件8件，重要规划、重大实施方案等行政决策和政策性措施文件15件，公告类文件28件，合同协议12件，县政府批示其他文件26件。此外，审查各单位征求意见174件。深入开展规范性文件清理工作，按照“谁实施、谁负责”原则，重点清理涉民法典、机构改革综合行政执法等领域的规范性文件。制定《关于2020年度重大行政决策事项目录及听证事项目录》，按程序批准后向社会公布。

【公共法律服务工作】 在重点打造7个省级示范性公共法律服务工作站和35个公共法律服务工作室的基础上，结合乡村振兴对61个省定贫困村和34个面上村共95个村级公共法律服务工作站进行示范性创建，配备有专职人民调解员、法律明白人、法律顾问等，助力丰顺县打造自治、法治、德治“三治融合”的善治格局。积极发展“互联网+法律顾问”服务，充分利用微信服务群收集和挖掘法律服务需求，构建形成“线上1分钟、线下半小时”的公共法律服务生态圈。引导驻村法律顾问重点围绕宪法、民法典和依法抗疫、村“两委”换届等政策法规开展普法宣传活动。2020年，全县55名驻村法律顾问累计开展普法宣传和法律服务活动1328场次，服务覆盖群众12万余人，充分彰显广大驻村法律顾问的担当作为和社会效益。

【法律援助工作】 建立健全《丰顺县法律援助处案件审批制度》等7项制度。牵头建立“丰顺县刑事法律援助工作联席会议制度”，加强刑事法律援助工作的衔接和配合。在县退役军人事务局、县武装部新设立法律援助工作站，为军人军属提供全天候、全方位的优质法律服务。深入开展“法援惠民生　助力农民工”“法援惠民生　脱贫奔小康”“敬老爱老　情暖夕阳”“助力妇女维权　法律援助在行动”等法援服务品牌活动，有效扩大群众对法律援助服务的知晓率、首选率和满意度。2020年，丰顺县法律援助处累计办理民事案件63宗，刑事案件518宗（含认罪认罚、法律帮助、刑事辩护）。

【公证工作】 县公证处积极围绕丰顺县重点项目开展工作，全力配合做好嘉应学院紫琳学院项目建设，大力宣传普及有关征地工作的法律知识，做好征地提存工作，为嘉应学院紫琳学院如期建成开办保驾护航。持续深化“放管服”改革，推行公证事项证明材料清单制度，让“数据多跑路、群众少跑腿”。设置“党员示范岗”，积极发挥先进党员在服务群众上的示范引领作用。“公证助老 情暖夕阳”服务活动先后走进丰良敬老院、汤西镇新湖村等地，开展宣传服务活动，并向群众赠送民法典等书籍资料，受到当地群众的热情欢迎。2020年，公证处累计办理国内公证395件；同时深入企业开展法治宣传，助力企业复工复产，活动得到省公证协会的肯定和宣传。

【普法宣传工作】 印发《2020年丰顺县普法依法治理工作要点》《丰顺县落实普法责任制联席会议成员单位普法责任清单》《丰顺县民法典普法责任清单》等文件，共同奏响“法治丰顺”的协奏曲。牵头组织开展“七五”普法终期检查，全面回顾丰顺县“七五”普法的生动实践和良好成效。组织全县领导干部和国家工作人员约1.2万人参加学法考试，优秀率99.6%。开展第三届国家机关“谁执法谁普法”履职报告评议活动，县人民检察院、县文化广电旅游体育局、县应急管理局、汤南镇人民政府、埔寨镇人民政府5家单位参加2020年度现场评议活动均获评“优秀”等次。建成丰顺县青少年法治教育实践基地，是全市面积最大、功能最全、设备最先进的法治教育基地。激励引导穗丰、骏达、立讯精密3家企业申报创建“广东省法治文化建设示范企业”，累计创建数量位居全市第一。引导新楼村、大罗村、大胜村成功创建“广东省民主法治示范村”。

开展以民法典为主题的各类宣传活动，组建民法典律师宣讲团深入全县开展专题讲座；在街头巷尾张贴民法典宣传海报，向群众派发《中华人民共和国民法典》读本、《民法典和我们一生》等宣传资料；举办“学法典庆七一”民法典知识竞赛活动。此外，高质量承办“我与民法典有个约”全市演讲比赛、组织开展“民法典故事会”征文活动等，积极推动民法典走到群众身边、走进群众心里。以“深入学习宣传习近平法治思想，大力弘扬宪法精神”为主题，精心举办宪法宣传周系列活动。与丰顺供电局联合举办“学习贯彻习近平法治思想”主题法治文艺会演，通过丰富多彩的艺术形式生动宣传习近平法治思想。

【社区矫区帮教工作】 在册社区矫正对象148人，其中缓刑141人、假释7人，累计接收社区矫正对象1502人，累计解除社区矫正对象1354人。有在册刑释解教人员共有670人，2020年共接收刑满释放和解除社区矫正对象329名，其中重点人员16名，落实必接必送率100%，安置率100%，帮教率100%，重新犯罪率为零。

为认真做好社矫人员的疫情防控工作，部署开展拉网式、地毯式排查工作，共排查178名社区矫正对象，均无疑似、确诊病例，做到无一遗漏、无一死角。落实专人负责制，依托微信群进行每日健康“三询制”，严守社矫阵地安全关、严格外出请假审批关、严把解矫教育关，确保对全部社矫人员管得住、控得稳、底数清、情况明、零感染。全年累计开展远程会见120次，会见家属258人次，保障亲情联系不掉线，亲情帮教不受阻。自《中华人民共和国社区矫正法》正式实施后，推动监管矫治工作模式化被动为主动，要求社矫对象每天上午八点至九点、下午四点至五点的时间段内，通过司法E通拍照上传照片，确保社区矫正对象不脱管、不人机分离；同时加大电子定位抽查的力度，每日抽查在册社区矫正对象的20%，对违规行为进行及时处理，并建立相关的台账资料。

【人民调解工作】 积极学习借鉴“枫桥经验”，依托全县各级公共法律服务平台把群众矛盾纠纷一站式接收、一揽子调处、全链条解决，努力把各类矛盾纠纷化解在基层、化解于萌芽。2020年，全县各级调委会累计调处矛盾纠纷2937件，调解成功率98%。其中，医调委成功化解3宗医疗纠纷，交通事故一体化中心成功调处交通事故120多宗，充分彰显行业性专业性调解委员会在化解特定领域矛盾纠纷的独特作用。新成立丰顺县知识产权纠纷人民调解委员会，新设立爱帮调解工作室、称心调解工作室，个人品牌调解工作室数量全市最多。举办人民调解员和人民陪审员培训，加强学习交流，提升专业水平。

（蔡昌雄）

军 事

人民武装

【概况】 2020年，县武装工作在军分区党委和县委、县政府正确领导下，始终坚持以习近平新时代中国特色社会主义思想为指导，深入贯彻习近平强军思想，坚决落实省、市两级决策部署，按照“稳固根本、聚焦主业、夯实基础、守住底线”的工作思路，狠抓各项工作落实，工作总体形势稳步向上向好。

【思想建设】 深化习近平主席系列重要讲话精神的学习贯彻，始终坚持把思想政治建设摆在首要地位，着力打好举旗铸魂主动仗，纯洁维护核心忠诚度，确保听党指挥不含糊。一是坚持用党的创新理论武装头脑。高标准落实四个季度党委中心组理论学习，自觉紧跟党的创新理论步伐。深入学习习近平新时代中国特色社会主义思想和强军思想，不断坚定“两个维护”、增强“四个自信”。为进一步拓宽学习渠道，制作多期板报、墙报和灯箱宣传画，在潜移默化中巩固学习效果。二是借好重大教育活动的东风。组织深入开展“传承红色基因，担当强军重任”主题教育活动，突出领导干部这个少数关键。坚持理论灌注与实践锻炼、思想启悟与作风整顿、传统方法与创新方式相结合；坚持专题辅导与个人自学相结合，坚持讨论辨析与观点解读相结合，不断打牢“弘扬部队优良传统、做习主席的好战士”思想基础。结合中国共产党成立99周年，开展主题党日活动，参观坚真纪念馆，感悟红色文化，传承红色血脉。三是认真抓好巡视巡察反馈问题整改。突出教育预防，狠抓问题整改，强化重点监督，从严执纪问责。坚持严制度守规矩，认真贯彻民主集中制十六字方针，涉及人武部建设的重大问题坚持集体研究决定，以规章制度规范工作运行。

【战备训练】 紧盯应急应战职能使命，深化拓展军事斗争和动员准备。一是大力提升日常战备水平。依据上级部署要求，搞清任务定位，修改完善作战、应急处突、日常战备三类方案。严格落实各项战备制度，突出抓好值班执勤，加强反恐演练，始终保持正规战备秩序和良好戒备状态，随时做好应对突发事件准备。二是扎实打牢训练基础。牢固树立依法从严治训观念，确保训练落实到位。根据上级下达的年度任务，按纲施训，全年共组织7批基干民兵训练，通过训练，极大提升各支队伍的基本素质和遂行任务能力。三是积极推进国防动员和后备力量建设。坚决贯彻主席训令，大抓练兵备战，深耕动员主业，调整优化县国防动员委员会领导机构，强化保障措施，推进建设落实。

【兵役征集】 一是层层发动、宣传融入。融入校园课堂，澄清模糊认识、激发参军热情。融入乡镇街道，全方位宣传兵役政策，扩大影响面。融入网络媒体，与三大运营商合作，累计发送40余万条征兵宣传短信。协调县电视台、融媒体中心、微信公众号等平台发布征兵宣传文章10余篇。二是重点突出、扎实推进。把握征兵体检“两个严”（既要严防疫情，又要严把体检质量关）。按照疫情防控要求，体检站设置按照全封闭、分时段、低密度、多批次的方式组织，人员进站体检全程佩戴口罩，体检医生挂牌上岗，严格按照征兵体检标准，身体检测和心理测试同步进行。送兵前组织全员核酸检测，确保入伍青年身体合格。三是凝心聚力、统抓思想。针对预选青年心理特点，人武部在扎实抓好基本体能和队列训练的基础上，精心组织策划一系列教育训练活动的“组合拳”，深入了解掌握思想动态，帮助预选青年端正入伍动机，打牢青年思想基础。四是廉洁征兵全程贯穿，组织县、镇两级征兵工作人员专题学习廉洁征兵工作“十条禁令”和“阳光征兵”政策，着重强化各级征兵工作人员廉洁征兵意识，以案说法筑牢征兵人员思想防线。结合丰顺县实际，专门成立廉洁征兵监督员队伍，各乡镇抽调精干力量组织廉洁征兵监督员队伍，共计53人，并将人员名单在丰顺电视新闻公众号上公布，打通权力监督通道，接受群众监督。丰顺县未发生一件违反廉洁征兵纪律的事。

【安全管理】 一是注重法规学习教育。深刻领会习近平主席从严治党从严治军思想，深入学习共同条令和军委国防动员部“四个秩序”建设规定标准，转变治军方式，规范治军行为，树牢安全发展理念。持续抓好各项法规学习，确保内化于心、外化于行。加强干部文职人员职工对军事理论应知应会内容的学习，不断培树安全法规意识。二是完善制度设施建设。不断正规人武部战备、工作、训练、生活秩序，按照标准，协调政府抓好营院环境改造和各项硬件设施建设。结合疫情防控工作，严格值班执勤，落实值班室干部文职人员24小时值守，门岗落实双人双岗、晚上轮班执勤和登记、巡逻制度，对人员车辆进出监督登记、体温监测，外来车辆在登记后凭临时出入证进出。坚持安全管理工作形势分析会制度，梳理安全管理工作中存在的问题，拿出对策措施。三是突出安全隐患排查。

【双拥共建】 县人武部积极发挥桥梁纽带作用，推动双拥工作各项政策落到实处。一是帮扶脱贫攻坚。经过努力攻坚，县人武部扶贫帮扶村金溪村两年前成功实现脱贫目标。部领导继续帮扶村委抓党建，结合县“创文创卫”活动改善村民生活环境，努力实现脱贫攻坚与乡村振兴无缝衔接，共建美丽乡村。二是积极参与应急抢险任务。根据军分区、县委县政府要求，“龙舟水”期间，30名轻舟队员、3

艘冲锋舟、2艘橡皮艇时刻保持常态备勤。一年来，参加3起扑灭山火备勤任务。三是着力解决驻军实际问题。2020年安置随军家属1名。按政策调整提高重点优抚对象的抚恤和生活补助及优待金标准，100%发放医疗补助和落实医保参保，为3655名优抚对象发放抚恤补助金2206.7万元。协调县政府出台《丰顺籍现役军人立功受奖慰问标准》，为鼓励官兵建功军营营造良好氛围。解决好军人家庭面临的困难矛盾，让他们在军营安心服役。

（林敏彦）

消防救援

【概况】 2020年，是丰顺县消防救援大队齐心协力、拼搏奋进、跨越发展的一年。一年来，消防大队在市消防支队、县委县政府的坚强领导下，面对疫情挑战，始终以习近平新时代中国特色社会主义思想和训词精神为引领，强化改革创新，团结带领全体指战员坚持一手抓疫情防控、一手抓中心工作，经受住了任务与建设的双重考验，年度各项工作推进有序，中心任务完成圆满，队伍保持安全稳定，持续激发队伍建设活力，积蓄改革发展动能。

【政治思想建设】 扎实开展“践行训词精神、担当神圣使命，坚持五个不动摇”教育实践活动，深入开展党员“三亮一评”活动，举办学习贯彻授旗训词精神两周年系列活动；深挖丰顺苏区红色资源，依托坚真纪念馆建成全市消防救援队伍第一批思想政治教育基地，在全市率先出台消防救援队伍职业保障实施细则；2020年，1个集体获评“市五四红旗团支部”、1人获评“市优秀团员”，大队获评全市消防救援队伍练兵先进单位。

【纪律严明】 制定《全员岗位练兵奖惩办法》《日常量化考评办法》等规章制度，强化考评结果运用；认真开展“条令条例学习月”和“警示教育周”活动，大队获全市队列会操团体第一；建立完善大队、站两级安全管理体系，细致梳理安全管理风险清单，常态化开展“体检式”排查，实现安全工作目标。

【攻坚克难】 面对严峻的疫情和灾害形势，大队党委始终保持攻坚克难的精神状态，团结带领全体指战员克服了人少事多的主要矛盾，坚持全员练兵和每周、每月考核，组织政府专职消防队与微型消防站大轮训大比武；在支队半年、全年练兵比武考核中，团体总分均位列全市第一，成功处置以“12·20”火灾、“5·8”运载危化品货车侧翻为代表的一系列重大任务。

【竭诚为民】 始终把人民对美好生活的向往作为奋斗目标，不忘初心、牢记使命，提请县委常委会、县政府常务会6次研究解决消防难题；高标准建设消防科普教育基地，在马图村开展消防宣传进农村试点工作，探索农村宣传新路子，推动各乡镇设置大型固定消防宣传牌19个，辐射汕梅高速，205国道、235国道等主干道6条；省、市政府挂牌督办重大火灾隐患单位及火灾高风险区域整治工作取得明显成效，县政府挂牌督办工业园火灾高风险区域摘牌销案，解决一批人民群众身边的痛点和堵点，老百姓的消防获得感、安全感、满意度不断提升。

（李锐波）

武　警

【概况】 武警中队重新组建于1983年。2020年，中队明确勇争先进的目标，全面按纲抓建，谋求经常性基础性工作落实上质量。尤其在新冠肺炎疫情暴发、国际形势日趋复杂的特殊环境下，中队及时适应形势，努力转变观念，聚焦实效开展工作，任务完成比较顺利，全年安全无事故。

【抓班子强组织】 中队把搞好团结、落实组织生活制度、抓好学习摆在班子建设的首要位置来抓。通过制度落实，学习各项法规制度，有力提升支部党务素质和自主开展工作的能力。在支部带领下，两个群众组织发挥作用明显，改变以往“有组织、缺地位”的局面。

【抓教育红思想】 深入开展“传承红色基因，担当强军重任”主题教育，活用平板、电视等现代教学媒介实施授课引导，将年度主题教育内容梳理成册供官兵使用，积极引导全体官兵铸牢信仰进入战位奋进有为。

【抓纪律正风气】 中队坚持以上率下，干部带头严以律己、改进作风。在肃清流毒影响的清理清查工作上，中队坚持彻查彻改，不留死角，确保政治生态纯正。在事关官兵利益的敏感问题上，实施“阳光作业”，政务队务公开透明。

【抓备战谋打赢】 紧密结合时事政治，围绕国际大势开展教育，不断铸牢官兵“一声令下、敢打必胜”的忠诚信仰。

【抓后勤强保障】 坚持对经费开支先研究再使用，对经费一分一角花明白、开支一点一滴记清楚。在敏感问题上绝不逾越红线、底线。

（古竞发）

退役军人事务

【概况】 2020年，丰顺县退役军人事务局认真贯彻落实习近平总书记重要论述精神，深刻领会退役军人工作的地位作用、目标原则、职责任务和实践要求，进一步增强做好新时代退役军人工作的政治责任感和历史使命感，准确把握大局大势，聚焦重点任务，扎扎实实做好退役军人工作。

【疫情防控工作】 一是部署疫情防控工作到位。1月31日，成立丰顺县退役军人事务局新型冠状病毒感染肺炎防控工作领导小组，负责统一领导全局疫情防控工作，部署落实有关措施。2月2日，制定《丰顺县退役军人事务局新型冠状病毒感染肺炎疫情防控工作应急预案》。二是开展疫情联防联控、群防群治工作，在行动上充分发挥基层战斗堡垒作用。丰顺县退役军人事务局派驻丰良镇九龙村第一书记坚守农村疫情第一线，在打赢疫情防控阻击战中发挥驻村第一书记作用，做到守土有责、守土担责、守土尽责；丰顺县退役军人事务局挂钩留隍镇新铺村精准扶贫干部自疫情发生以来，一直致力于协助村“两委”开展防疫工作，加强对贫困户的“一对一”防疫宣传和帮扶工作，4月22日，丰顺县退役军人事务局组织全体干部职工上门为贫困户发放疫情补助，累计发放5万多元。三是向全县退役军人发出《发扬军人作风，共克时艰打赢疫情防控攻坚战》的倡议书，动员广大退役军人积极参与、配合做好疫情防控工作。此次疫情防控共收到退役军人捐款捐物价值累计348776.66元（其中物资284060元、现金64716.66元）。

【优抚安置工作】　（一）丰顺县退役军人事务局2020年共为优抚对象发放抚恤补助金2913万元，发放春节、“八一”慰问金110.55万元，为优抚对象发放医疗补助金29.32万元。为优抚对象提高优待金27.89万元，为义务兵家庭发放优待金279.5万元。为退役士兵发放自主就业一次性补助金310.8万元。为重点优抚对象发放2021年城乡合作医疗保险费63.3万元。为死亡重点优抚对象发放丧葬补助金45.56万元，追回多领取优待补助金21人4.02万元。（二）为军休干部发放退休金48万元；为无军籍职工发放退休金73.8万元；为困难企业军转干部发放生活补助金197.54万元，发放春节、“八一”、国庆慰问金19.98万元，发放体检费4.26万元。（三）退役士兵社保接续方面，做好咨询服务，办理缴交工作。（四）2020年度退役士兵安置任务有服役满12年以上退役士官，丰顺县严格执行《退役士兵安置条例》第50条规定、按时开出安置介绍信、按规定标准发放待安排工作期间生活补助，退役士官均已上岗。（五）2020年度接收自主就业退役士兵，并协助组织退役士兵参加市局开展全员适应性培训及现场招聘会。

【双拥工作】　（一）树立先进典型。2020年树立先进典型1人——徐名瑯，广东省丰顺县人，1976年入伍参军，2020年10月荣获广东省“爱国拥军模范”称号。新时代下，徐名瑯永葆军人本色，践行共产党员先锋使命，创立广东代米生物科技有限公司，致力于研究开发食用菌工厂化生产的核心技术，着力打造退役军人创业示范基地、双拥军地共建示范点。在疫情期间，该企业积极奉献爱心，向当地捐赠医用酒精1吨、鲜菇20万吨及现金2万元，总价值28.8万元，以实际行动践行社会责任和担当，为退役军人谋福祉，带动贫困户脱贫致富。

（二）积极开展“致敬·2020清明祭英烈”网上祭扫活动和“9·30”公祭活动。一是按照国家、省、市关于做好“致敬·2020清明祭英烈”网上祭扫活动的部署要求，结合丰顺县自身实际，积极开展清明祭英烈工作，充分保障群众和烈属等祭扫人群的身体健康，把疫情防控作为当前最重要的工作来抓，不组织、不接待聚集性祭扫纪念活动，积极引导祭扫群众到网络平台开展网上祭扫活动，引导社会各界“足不出户”瞻仰烈士陵园，全县人民特别是烈属反响热烈，取得较好成效，营造致敬英烈、缅怀英烈的浓厚氛围。二是2020年9月30日上午，县委、县政府组织县消防大队，烈属代表，老战士代表，学校师生代表，各界干部群众代表等参加在东山公园革命烈士纪念碑举行的烈士公祭活动。教育引导全县广大党员铭记烈士的丰功伟绩，传承红色基因，弘扬革命精神，坚定信念、砥砺前行，激发广大人民群众爱国热情，奋力推动丰顺老区苏区振兴发展。

（三）积极开展走访慰问拥军活动。2020年以来，县委、县政府主要领导在春节、“八一”建军节和部队的重大活动中，亲率拥军慰问团慰问驻军和参加军政座谈会，定期不定期走访部队，现场办公解决驻地部队遇到的困难问题。2020年春节、“八一”建军节，县财政拨出专项慰问金170余万元，走访慰问驻丰顺部队和全县优抚对象，使他们真切感受到党和政府的温暖，真切感受到全社会的关爱，增强荣誉感。2020年8月初以来，丰顺县退役军人事务局积极开展“情系边海防官兵”拥军优属系列活动，组织分管领导和砂田镇村干部上门走访慰问边海防官兵家庭，关心了解边海防家属的生活情况、并将慰问金交到边海防现役军人家属手中，送去党和政府的关怀。

（四）协作共建，促进军地同步发展。驻丰顺部队官兵牢记“全心全意为人民服务”的宗旨，以支持地方建设为己任，主动承担各种急、难、险、重任务。2020年来驻丰顺部队出动官兵，为新农村建设、重建家园、灾区、学校等项目保驾护航。在扶贫济困、抗灾救助活动中，先后共捐款2万多元；武警中队、建桥等部队，先后资助3名贫困学生完成学业，受到当地群众高度好评；军训学生、经警等3500多人次，协助公安机关打击违法犯罪活动2场次；抢险救灾150余人次，出动车辆30余台次。

【退役军人服务中心工作】 （一）2020年以来，县退役军人服务中心高度重视，精心部署，迅速行动，充分发挥退役军人服务中心的职能作用，把服务摆在突出首位，用心、用力、用情做好新时期退役军人服务管理工作。工作人员到岗率100%，建立县镇调度微信群1个、镇村调度微信群17个。现场接待咨询及来访共1320人，其中咨询1265人、诉求55人；来电接访686人，其中咨询650人、诉求36人。

（二）为进一步维护退役军人合法权益，为退役军人提供优质高效的法律服务。6月19日，县司法局、县退役军人事务局共同举行“丰顺县法律援助处驻退役军人事务局工作站”揭牌仪式。

（三）应急救助资金方面。服务中心积极组织干部职工认真学习好政策内容、法律程序，正确了解应急救助资金的来源，真正地负起责任，敢于担当，依法推进工作的开展；加大宣传力度，将《广东省退役军人应急救助资金管理暂行办法》宣传到每一位退役军人，使工作深入农村，家喻户晓；及时帮助退役军人解决合理需求和困难，让退役军人真正感受到党的温暖。共收到6名困难退役军人申请应急救助资金，已提交上级并审核通过5名，合计10.63万元。

（四）从2020年1月中旬开始，对辖区内户籍的退役军人及其他优抚对象，采取登门入户、寄送生日卡片以及集体团拜、茶话会、座谈会等方式进行慰问，共走访10545人。同时，丰顺县退役军人事务局建立常态化联系退役军人制度，领导班子和全体干部职工与退役军人“结对子”，实行联系对象“一人一档”，保持全年联系工作不间断。镇（场）、村（社区）退役军人服务站工作人员对辖区内退役军人实行普遍联系，实行联系对象“一人一档”，实行联系服务全覆盖。

（张　炼）

经　济

经济管理

【发展和改革工作】　2020年，丰顺县发展改革工作坚持以习近平新时代中国特色社会主义思想为指导，深入贯彻中共十九大和十九届二中、三中、四中全会及中央经济工作会议精神，紧紧围绕县委、县政府的工作部署，全力做好“六稳”“六保”工作，坚定不移推动高质量发展，积极为丰顺县夺取疫情防控和经济社会发展“双胜利”、全面建成小康社会做出应有的贡献。

【充分发挥统筹职能】　加强全县经济运行情况分析，认真分析全县主要经济指标完成情况、经济运行存在主要困难和问题等情况，形成2020年《丰顺县国民经济和社会发展计划执行情况报告》。同时，在认真组织开展“十四五”规划前期调研的基础上，委托省社科院编制丰顺县“十四五”规划，于12月底形成《丰顺县国民经济和社会发展“十四五”规划纲要（送审稿）》，上报县委、县政府审定后，将提交县十五届人大六次会议审议。

【项目审批服务】　积极做好服务窗口和网上办理行政审批工作，进一步提高行政审批工作效率，将项目立项审批工作分解到相关职能股室办理，积极为企业和群众提供优质高效的审批服务。全年共办理审批、核准项目155项，总投资额31.99亿元；项目备案75项，总投资额33.43亿元。

【推进重点项目建设】　2020年列入市重点项目45项，年度投资计划44.43亿元，全年完成投资44.55亿元，占年度任务的100.26%。其中省重点项目5项，年度投资计划9.3亿元，全年完成投资9.81亿元，占年度任务的105.45%。

【争取项目资金】　加强项目谋划，及时组织做好项目资金申报工作，争取丰顺县更多项目列入中央和省资金配套，支持丰顺县项目建设。2020年争取到地方专项债券9个项目共7.1亿元。申请上报2021年中央投资项目9个，可申请资金3.2亿元；申请上报地方专项债券项目15个，可申请资金16.87亿元。

【粮食和物资储备】　认真开展粮油库存检查，做好县级储备粮到期轮换销售工作，全面完成2020年到期轮换县级储备粮稻谷6693吨的工作任务，为丰顺县粮食安全打下坚实基础。定期开展安全生产和储粮安全检查行动，有效促进企业安全生产主体责任的落实。抓好粮食安全责任考核工作，2019年度粮食安全责任考核丰顺县被评为全市前3名。做好物资储备工作，按县采购计划认真做好物资的入库接收，2020年完成第一批物资接收入库工作，共计1980件。

【物价调控管理】　继续加强市场价格监测，及时掌握市场价格情况，为新冠肺炎疫情期间政府加强市场调控提供价格依据。召开丰顺县城区生活垃圾处理费改革听证会，拟定生活垃圾处理费改革实施方案，上报县政府批准于6月1日起施行。认真落实降本减费政策，及时将省、市关于贯彻落实阶段性用水、用电、用气价格的文件转发到相关企业执行。2—6月，全县共减免用水户水费支出18.83万元，惠及用户15903户；2—6月共减免用气户气费支出17.84万元，惠及用气户114户；2—8月，共为相关用户减少电费支出约714万元，惠及全县用户1.9万户。同时，认真做好涉案物价格认定工作，积极为公安司法部门、行政执法机关办理案件提供价格依据。全年共受理涉案物价格认定232宗，认定金额169.62万元。

【推动牵头工作】　一是做好梅汕高铁项目建设收尾工作。二是推动特色小镇的创建工作。按省、市特色小镇创建导则，推进丰顺县国际声谷小镇的创建工作。经省评审，丰顺国际声谷小镇入选省级特色小镇培育库（第三批）。同时，丰顺县留隍潮客特色小镇的创建工作正在有序推进，2019年被省发改委评为创建工作优秀小镇，省发改委区域经济处到梅州市开展专项检查时，对留隍潮客特色小镇的创建工作给予充分肯定。三是推进县社会信用体系建设。2020年，丰顺县在双公示信息公开平台已收录行政许可6531条，收录行政处罚574条。同时，积极协助县武装部做好国民经济动员相关工作。

【疫情防控】　认真落实市场日监测、信息日报告制度，加强粮食巡查监测，及时准确掌握粮油市场质量安全舆情和供需走势，保障丰顺县粮食供应安全。加强救灾物资使用管理，共调拨各镇和相关单位使用帐篷、棉被、毛毯、折叠床等应急物资共计383件。积极推动企业复工复产，协助项目单位购买口罩1.98万个，为项目复工做好服务指导，推动重点项目、能源企业有序复工复产。同时，加强能源企业防控工作情况督促检查。认真落实重点扶持政策，积极组织申报广东省疫情防控重点保障企业和重点保障物资生产企业。同时，按政策要求落实对发改局代管国有资产经营用房减免租金，共减免租金61.05万元，惠及商户32户。

（李依蓉）

市场监督管理

【疫情防控】　为做好市场监管领域疫情防控工作，保障人民群众的生命安全和身体健康。县市场监督管理局落实县委、县政府和上级部门有关疫情防控的要求，把疫情防控作为一项重要政治任务来抓，成立了以分管副县长为组长的丰顺县市场监管领域疫情防控工作领导小组，同时印发了《丰顺县市场监督管理局关于按照广东省重大突发公共卫生事件I级响应部署全力做好市场监管系统疫情防控工作的紧急通知》，重点抓好活禽、野生动物、进口冷链食品经营市场监管工作，全力支持企业复工复产复市，守好全县市场监管领域疫情防控安全大门。

抓实抓细疫情防控市场监管工作　一是成立由市场监管、农业农村局、卫健局等单位组成的农贸市场专班，共出动执法人员7376人次，检查农贸市场等冷冻潮湿密闭场所23811家次。对967名相关从业人员进行了核酸检测，检测结果均为阴性，同时对关键场所和重点产品开展核酸检测，抽取环境样本663份、产品样本396份，结果全部为阴性。二是推动溯源系统“冷库通”小程序应用，共为全县12个有贮存进口冷链食品的冷库申请“冷库通”账号，并指导冷库经营者完善冷库基本信息及贮存的产品信息，切实做好冷链食品追溯管理工作。三是对购买发热、咳嗽药品人员实行信息登记报告制度。共上传购药信息约5.3万条，其中发热、咳嗽登记约1347份，所有“疫情线索”人员信息推送社区“三人小组”落地排查，并将全部核查回馈形成“闭环”。

提供优质特色服务，助力企业复工复产　一是对防疫物品生产企业开通绿色通道，当场受理办结、出照，对材料不全者预先登记审批，材料后补，办理完毕后实行免费快递送达。二是实施包容审慎监管，延长证照有效期，个体户受疫情影响未能按时办理营业执照等各类行政许可变更、延期、年审的，在疫情解除后30日补办相关手续，在此期间相关证照继续有效；对个体户的年报时间延长到12月底；推行柔性执法，对个体户的轻微违法行为，对社会危害不大的，依法不予处罚或从轻、减轻处罚。三是利用计量、检验检测等服务平台为企业提供服务，共出动计量检定人员138人次，服务复工复产企业63家，检定校准计量器具706台件，减免检定校准费用11.65万元。四是加大资金纾困力度，与梅县客家村镇银行丰顺县支行推出“复工贷”产品，共受理230笔，成功发放167笔，合计金额1098万元。五是落实“免费”预防性健康体检实施方案，联合卫生健康局推出“健康合格证明”免费办理服务，共为企业减免1028人次，合计22.6万元。

【安全监管】　严守食品安全底线，保障群众舌尖上的安全。一是加大食品抽检力度，完成千人5批次食品抽样2506批次，完成率100.24%，不合格发现率1.64%。二是加强农贸市场食用农产品检测，实现农贸市场快检全覆盖，共完成17346批次，整体完成率105.13%。合格17228批次，不合格118批次，合格率为99.32%。三是深入开展食品生产安全隐患排查治理，对食品生产企业和小作坊开展日常监督检查，组织开展固体饮料、压片糖果、代用茶等食品专项整治、开展“吸食（固体）”类食品专项整治、广东省食品行业规范专项整治、“湿粉统一查”、食品生产环节标签标识等专项整治，共检查食品生产单位175家次，要求6家企业限期整改并提交书面整改报告。四是加快小作坊提质行动，推动小作坊转型升级，引导传承发展。加快推进丰顺县糕点、米粉、白酒、腐竹、薯粉条、茶叶等传统食品小作坊的清理整顿提质工作，2020年新增小作坊31家，其中干米粉新增15家（含1家正在办理中），扭转丰顺县米制品行业的“三无”乱象。通过帮扶指导食品生产者厂房的改造升级，提升生产场地环境卫生条件。加大食品小作坊治理的宣传力度，引导传统特色食品小作坊由“小散低、脏乱差”向“小而精、名特优”转型升级。五是督促食品生产企业开展自查工作，共收到食品生产企业自查报告31份（两家停产），食品生产企业自查报告率达100%，食品小作坊自查报告52份（截至10月底前取证），自查报告率达100%。落实食品生产企业食品安全管理人员主体责任，现场抽查考核率100%。六是深入开展食品安全示范县创建工作，创建工作成效显著，顺利通过省食安办中期评估，如期达到了创建目标。七是强化网络订餐专项整治，规范网络餐饮服务经营行为。共出动执法人员3836人次，检查网络订餐平台2家，网络订餐服务单位959家，对检查发现的问题当场责令当事人进行整改，并组织实施跟踪复检。八是进一步加强集体聚餐食品安全监管，共监督农村集体聚餐24场次，圆满完成“训源杯”山地自行车联赛等重大活动餐饮保障任务19场次。

强化药化械监管，构筑“两品一械”安全屏障　一是认真做好药化械不良反应上报工作，截至12月，全县消除“零报告”单位，共完成药品不良反应（ADR）检测报告上报314例，医疗器械不良事件（MDR）上报289例，化妆品不良反应上报60例。二是强化药化械监督抽检工作。完成药品抽检50批，化妆品6批，医疗器械5批，合格率100%。三是大力开展中药饮片质量集中整治、药品网络销售违法违规行为专项整治、第二类精神药品专项检查、零售企业执业药师“挂证”行为专项整治等工作。

加强特种设备监察力度，及时排除风险隐患　一是开展气瓶安全监管改革工作，推进气瓶信息电子登记和瓶体涂覆，2020年以来，丰顺县已录入云数据库气瓶信息数量60813条，已涂敷液化石油气瓶51653只。二是开展专项整治，检查特种设备使用单位182家次，排查隐患33宗，发出安全监察指令书33份，已完成整改33起，完成闭环管理33宗，移送稽查大队处理案件4宗。三是组织开展“电梯应急演练暨安全知识进社区”活动，向群众宣传安全乘坐电梯、电梯事故发生的求救常识和技巧，共发放宣传资料578份。

强化工业产品质量监管　一是开展质量提升行动。2020年5月以“丰顺电声产品”向省市场监管局申报重点产品质量提升项目。针对近年来丰顺电声器材产品抽查中发现的不合格指标，制订《丰顺县电声产品质量专项整治提升工作方案》，分步推进电声产品质量提升工作。二是制定产品质量监督抽查计划，2020年共协助省市抽检6场次，全年抽检各类产品共103批次，其中生产领域抽检39批次、流通领域抽检64批次。三是对县内铸轧钢企业、电子行业、砂轮厂、口罩厂等企业开展巡查监管，促进企业提升产品质量管理水平，截至年底共出动巡查人员50多人次，检查企业30多家次。四是加强流通领域质量风险排查。开展危险化学品、学生用品、电线电缆、防爆电气、电动自行车等产品流通领域产品质量安全排查，确保流通领域产品安全稳定。截至年底，出动执法人员51人次，检查商户30多家次。五是积极开展质量认证与检验检测机构的巡查工作，对机动车检测站、建设工程检测站、疾病防控中心、环境监测站、综检站进行全覆盖巡查监管。严厉打击盗用、冒用等认证标识的违法行为。六是深入开展产品质量监管系统的录入工作，举办培训提升基层所工作人员录入水平，超额完成录入工作。

【商事制度改革】 一是优化市场准入环境，推进全程电子化登记，进一步压缩企业开办时间，自2020年4月14日起全县开办企业压缩在1个工作日办结，不断提升开办企业便利度。全县各类市场主体共27061户，新增各类市场主体3742户，同比增加8.7%。其中，新增企业555户，专业合作社61户，个体户3126户。二是落实无费市政策，提供免费复印刻章服务。至12月底，为企业免费刻章约500户，共减免7.5万元，实现企业开办全过程零成本。三是积极开展2019年“守合同重信用”企业公示活动工作，共有70家企业参加申报，其中有68家企业获得2019年“广东省守合同重信用企业”称号，新增申报企业26家。四是严把制度审核，深入推进公平竞争审查。共出动执法人员214人次，检查经营户256户次，暂未发现违法行为。五是积极做好动产抵押登记工作。共办理动产抵押登记21宗，主债权17248万元。注销登记17宗，主债权金额6394万元。六是联合政数局等部门推广“粤商通”平台注册，全县共完成14494商户注册工作。

【品牌战略】 *加强商标、知识产权保护* 建立健全知识产权保护工作机制，持续加大对“马图绿茶”“八乡山番薯”地标产品的宣传使用、保护工作。持续跟进“留隍橄榄”地理标志产品申报，加强对特殊标志、官方标志的保护。积极主动协助丰顺县开发区开展国家知识产权试点示范园区申报工作。采取现场走访企业等方式开展知识产权指导服务工作，通过“走访+服务+解困”的方式帮助企业排忧解难。2020年1—10月丰顺县共申请专利467件，获授权专利411件，比增35.2%。加大对专利、商标、侵权假冒行为的检查，共查处商标侵权案件14宗，罚没款2.79万元，假冒专利案件2宗，有序推进丰顺县专利、商标风险排查和净化整治工作。

加强标准化建设工作 稳步推进“客家菜师傅”工作开展。优先指导6家口罩等疫情防护物资的标准化工作，协调上级标准化部门对企业进行出口和技术知识培训，及时公开口罩等产品标准和服务标准自我声明公开。截至年底，丰顺县企业产品和服务标准自我声明已有30家企业公开42项标准。协助企业做好条码管理工作，2020年新注册商品条码企业12家，到期续展企业14家，制作胶片76张。

【维护市场秩序】 *建立健全信用监管机制* 一是强化落实“双随机一公开”，制定2020年“双随机一公开”抽查工作计划，制订了35条抽查任务，共抽查788户市场主体。二是积极推动市场主体年报公示工作，年报公示率为98.26%，比2019年同期增长3.8%。对未按规定参加年报公示的市场主体立案查处，立案127宗、罚没入库13.31万元、公示行政处罚信息127条。三是完善市场主体退出机制。共清理吊销企业58户、吊销农合社29户，注销企业203户、个体工商户2497户、农民专业合作社25户。四是开展无证无照经营专项整治，查处无照经营案件24户，罚没入库5.295万元。

加大案件查处力度，严厉打击违法违规行为 疫情防控期间，重点围绕防控物资、野生动物交易等做好执法工作，严厉打击非法交易野生动物行为和非法制售侵权假冒（伪劣）口罩等阻碍疫情防控的相

关违法行为，截至11月，全系统共立案287宗，罚没金额51.14万元。牵头推进“双打”工作，召开全县“双打”工作会议，进一步加大对侵权假冒违法犯罪活动的打击力度。全力开展扫黑除恶专项斗争行动。结合疫情防控和“六清”专项行动，积极落实扫黑除恶专项斗争，共出动执法人员3253人次，共检查检查商贸集市、批发市场416个次，摸排市场主体4782个次，查处涉防疫物资案件2宗，罚没0.2万元，协助公安机关和其他部门开展扫黑除恶工作7次。

加强价格、网络交易监管　一是开展价格监督专项检查行动，组织实施价格收费监督检查，加大重点民生商品和防疫物资价格的监管力度，打击捏造、散布涨价信息、抬高价格等价格违法行为。截至年底，共出动执法人员986人次，检查药品、口罩、消毒杀菌用品、粮油食品等经营户506家次，发现问题11个，已全部完成整改。二是打击非法传销和加强直销监管。截至年底，县市场监督管理局共出动执法人员78人次，出动执法车辆25车次，检查相关经营户143户次。三是加强对房地产、旅游业等行业的日常合同监管，共出动执法人员118人次，检查经营单位48家，合同30份，责令整改1家，纠正涉嫌违法违规格式条款1家。四是建立完善网络市场监管体系，出动执法人员32人次，共巡查网站网店257户次，实地检查企业自建网站和网店14个次，责令经营者删除网络违法宣传信息8条。

严查广告媒体，规范广告市场秩序　加强户外广告巡视和互联网监测，重点打击捕获野生动物工具广告等行为。共查处房地产广告案件1宗，罚没款0.5万元；查处互联网广告案件1宗，罚没款0.3万元；其他类广告案件1宗，罚没款0.1万元。

【聚焦民生工程】　畅通“12315”热线，为消费者提供便捷高效服务　全年共受理消费者投诉案件219件、举报案件86件，共计305件（与疫情相关31件）；咨询服务390件，为消费者挽回经济损失14.65万元，办结率100%，调解成功率93%。

开展集贸市场、基层医疗卫生机构免费检定工作　全年共检定/校准各类计量器具4581台（套），其中强制检定4423台（套），非强制检定为158台（套），免收集贸市场医疗卫生单位检定费用约17.50万元，免收企业检定计量收费约51.39万元。

开展免费快检活动每周一次到校园周边大型商场超市、临时市场等开展免费快检活动，共开展46场次，免费为市民开展食用农产品快检925批次，发现问题2批次，并及时销毁处理问题产品。

全力推进学校食堂“互联网+明厨亮灶”工作　提升学校食品安全智慧化、信息化管理水平，已完成143家学校食堂“互联网+明厨亮灶”建设工作，建成覆盖率100%，有力保障师生舌尖上的安全。

【队伍建设】　一是坚持把政治建设放在首位，制定党组理论学习中心组学习计划暨学习型党组织建设工作计划，深入学习习近平新时代中国特色社会主义思想，坚持把学习习近平总书记重要讲话精神作为党组会议、中心组理论学习第一议题。二是坚持全面从严治党，严格落实中央八项规定精神，持续整治“四风”问题。认真履行“一岗双责”，进一步压实党风廉政建设责任，加大对重点岗位、重点部位和重点环节的风险防控力度，始终保持正风肃纪高压态势。三是严格落实“三会一课”制度，2020年以来，受新冠肺炎疫情影响，理论学习方面减少了集体学习的次数，主要以个人自学为主。共召开机关党支部党员大会5场次，上党课4次，召开支委会8次，支部7个党小组共召开学习会80余次。四是持之以恒正风肃纪，深入推进党风廉政建设和反腐败斗争，严格落实党风廉政建设工作“一岗双责”责任制，严抓纪律作风建设，把谈话提醒和抓早抓小工作作为落实党风廉政建设主体责任和监督责任的重要抓手和规定动作，2020年共开展谈话提醒75人次，开展纪律督察6次。

（陈　韵）

经济开发区

【概况】　一年来，园区以习近平新时代中国特色社会主义思想为指导，认真学习中共十九大和十九届二中、三中、四中、五中全会精神及中央经济工作会议精神，全面贯彻落实习近平总书记对疫情防控工作的重要讲话和重要指示精神。严格按照党中央的决策部署和省委、市委、县委的工作要求，扎实做好“六稳”工作，全面落实“六保”任务，持续有力推动经济发展。在园区疫情防控、复工复产、招商引资、重点项目推进落实、基础设施建设等方面取得一定的成绩。截至2020年12月，园区实现工业总产值53.59亿元，规上企业工业增加值7.87亿元，全口径税收2.4亿元，固定资产投资累计50.53亿元。

【“三个一批”项目现场推进会】　园区贯彻落实省、市、县招商引资相关优惠政策，以重点产业、重点区域、重要客商为主线，整合资源、创新方式，大力推动专业、精准招商。2020年7月，园区举办丰顺县先进制造业“三个一批”项目现场会，现场会涉及23个项目，总投资额达85.6亿元。其中，13个项目集中动工建设，计划投资总额达34.9亿元；5个项目竣工投产，投资总额达11.5亿元；5个项目集中签约落地，预计投资总额达39.2亿元。

【重点项目落地】　2020年，园区通过召开联席会议、现场调研等方式，强化保障，加紧调度，加快项目落地建设。至2020年12月，园区成功引进双十科技、万洋众创城、立盛高科技有限公司等45个工业项目，计划总投资约153亿元，其中：已投产项目14家，投资总额34.99亿元；在建企业有20家，投资总额50.2亿元；已供地未开工项目8个，投资总额45亿元；新签约项目3个家，预计总投资23亿元。

【园区道路】　园区已形成“三纵三横”园区道路网络布局，建成工业大道、茅园路、横一路、2号地块园区大道等约6.2公里公路。

【污水处理厂】　园区污水处理厂一期工程已竣工验收，于2020年1月正式投入使用，并加快园区供水供电管网施工建设，完善园区水电管网设施建设。

【绿色饲料园】　饲料园已完成基础设施建设，有7家企业入驻，其中有6家已投产，为解决绿色饲料园用水问题，由园区建设的绿色饲料园自来水供水工程已完工并实现供水。

【国际声谷项目】　该项目计划投资100亿元，总规划用地3.46平方公里，建设面积1500平方米国际声谷小镇展厅已投入使用，并且完成北部首期66.67公顷规划布局完善，现在正在积极筹备丰顺国际声谷小镇的前期规划与设计工作，首期建设7.27公顷。

【梅州丰顺万洋众创城项目】 为引导中小微制造业企业入园集聚，进一步完善园区产业链布局，梅州丰顺万洋众创城项目落户园区，旨在为中小微企业提供标准化厂房服务，现万洋众创城招商中心已投入使用，正扎实推进招商引资、项目建设工作，该项目一期标准化厂房正在建设中。

【丰顺县标准化厂房建设】 为了吸引国内外高端智能制造业企业到丰顺投资，打造丰顺未来高端制造业聚集地，占地约20公顷，投资11.37亿元的高端智能制造基地标准厂房已完成一期用地的招拍挂，正在前期地勘与规划设计阶段，用地正在进行场地平整工作。

【公共服务】 一是不定期举办企业座谈会，通过加大对园区各项优惠政策的宣传，及时了解企业在建和发展过程中遇到各种问题，为企业提供强有力的帮助。二是正式启用丰顺县人才驿站，致力于为企业发展引才纳智、培训提升、信息交流等，推进丰顺县人才队伍的建设。三是加快推进工业园智慧园区项目建设，已签订合同，准备下一步的建设工作。四是提供3条线路、3台运营车辆接送员工往返汤坑至埔寨车辆服务，并根据企业需要，灵活调整发车时间及途经站点。五是园区加挂丰顺产业园知识产权保护中心牌子，为企业提供知识产权咨询、版权注册、专利申请及快速维权等服务。六是完善园区企业管理制度，园区制定《丰顺县工业园区入园企业（项目）及其投资管理办法》。

（柯达雄）

审 计

【概况】 2020年丰顺县审计局坚持以习近平新时代中国特色社会主义思想为指导，围绕中心，服务大局，充分履职尽责，发挥审计保障和监督作用，较好地完成既定目标。

【政治思想建设】 （一）压实管党治党政治责任。扎实开展机关党建“灯下黑”“两张皮”问题专项治理行动，出台整改方案，压实整改责任，提升机关党建规范化水平。严格落实“三会一课”制度和理论学习中心组制度，持续深化政治理论学习，坚持推进支部规范化建设，营造良好政治氛围。全年召开理论学习中心组会议13次，支部大会10次，主题党日9次，支部委员会12次，党课5次。

（二）坚持加强意识形态教育。认真贯彻落实习近平总书记关于意识形态工作的系列重要讲话精神，出台《丰顺县审计局2020年意识形态工作计划》，努力抓好党员干部思想政治教育工作。传达学习贯彻《习近平谈治国理政》第三卷、全国两会精神、中共十九届五中全会精神、习近平总书记出席深圳经济特区建立40周年庆祝大会和视察广东重要讲话重要指示精神等内容，不断强化党员干部职工理论武装，筑牢意识形态阵地。

（三）持续推进党风廉政建设。一是出台《丰顺县审计局2020年党风廉政建设工作计划》，强调严格执行中央八项规定及其实施细则精神和审计“四严禁、八不准”工作纪律，突出全面从严治党。二是扎实开展纪律教育学习月、“十问”对照检视加强纪律作风专项教育活动，推动全体审计干部严守政治纪律和政治规矩，进一步改进工作作风。三是严格落实《丰顺县审计局谈话提醒制度》，紧紧围绕六项纪律，定期开展谈话提醒，遏制不良苗头现象，促进党员干部遵纪守法、严于律己。四是开展警示教育。通过观看警示教育纪录片、参观革命教育基地等形式，培养党员干部职工廉洁奉公意识，推进党风廉政建设。

（四）切实做好巡视巡察各项工作。提高政治站位，深入贯彻落实习近平总书记关于巡视巡察工作的重要论述精神，把做好巡视巡察各项工作作为一项重要政治任务来抓，认真组织召开动员会、反馈会、工作会等，提高全体干部职工政治认识，科学部署工作任务，全力抓好整改落实。成立落实整改工作领导小组，全面统筹、扎实推进整改工作。对巡视巡察反馈的问题，制定整改方案，细化整改措施，明确整改责任，共制定5个整改方案，梳理52个问题，截至12月底，已完成51个问题的整改任务，共建立健全完善9项制度、规定、计划、方案等。

【聚焦主责主业】 （一）扎实推进年度审计项目计划。2020年，县审计局共完成审计（调查）项目21个，审计查出主要问题金额22.62亿元，出具审计报告和专项审计调查报告36篇，提出审计建议50条，移送处理事项6件。

（二）开展应对新冠肺炎疫情防控资金和捐赠款物专项审计。县审计局紧紧围绕上级机关防疫工作部署，在做好自身防控工作的同时，选派5名审计人员组成专项审计组，开展应对疫情防控资金和捐赠款物专项审计。审计查出疫情防控财政专项资金、捐赠款物、重点保障企业贴息贷款、防疫物资生产保障等4方面的问题共2条，涉及问题金额5.54万元。至7月，问题均已整改完毕。切实促进丰顺县采购流程的规范管理和应急物资的高效使用，保障疫情防控财政资金和捐赠款物落地落实。

（三）全面开展村（社区）“两委”换届审计工作。根据省、市主管部门的文件精神和县委、县政府的统一部署，县审计局于10月起，组织指导全县各镇对本镇所在村（社区）“两委”主要负责人及其他班子成员任期所有重大经济事项和财务收支情况进行就地审计。同时抽调16名审计人员组成专项督查小组，深入各镇村进行现场指导、督促检查，为党委和政府科学决策、加强村干部管理监督提供依据。

【创建文明城市】 县审计局紧紧围绕县委关于创建广东省县级文明城市的决策部署，扎实开展相关工作。一是深入社区基层，派遣干部职工作为创文志愿者到汤泉社区开展工作，引导居民积极参与创文，营造良好创文氛围；整治网格点乱摆卖、占道经营等问题，促进商铺规范经营、整洁有序。二是认真落实县创文领导小组安排的工作任务。在创文实地测评期间，前往指定负责区域，清扫垃圾、引导群众、规范车辆停放，整顿城市仪容，保持干净整洁。三是坚持党的建设和创文活动相结合，把规范守则教育实践活动融入支部组织生活，积极创建模范机关。召开会议传达《关于开展低碳绿色出行志愿行动的通知》以及《关于制止餐饮浪费，培养节约习惯的工作方案》等文件精神。积极组织干部职工参与低碳绿色出行志愿活动，促进节能减排，保护环境。同时坚决制止餐饮浪费行为切实培养节约习惯，当好文明节俭风尚的宣传者、践行者、引领者，推动营造浪费可耻、节约为荣的氛围。

（郑　坚）

统　计

【思想政治教育】　县统计局坚持把思想政治教育作为一项常抓不懈的重要政治任务，认真组织学习《中国共产党章程》《习近平新时代中国特色社会主义思想学习纲要》、《习近平谈治国理政》第三卷、中共十九届五中全会精神、习近平总书记在全国两会上的重要讲话精神和习近平总书记关于各项工作的重要论述等党的政治理论知识。开展中国共产党成立99周年系列活动，通过组织党员干部学党史，重温入党誓词，到红色教育基地红宫红场和澎湃故居参观学习等多种形式开展学习教育，丰富学习内容，进一步提高学习成效。切实加强统计法律法规和统计业务知识学习。干部充分利用“学习强国”APP、广东省干部教育网络学院、国家统计局在线学习中心等进一步加强学习，自觉加强政治理论、统计法律法规和统计业务知识学习，主动适应新形势下统计工作的新要求。

【机关党建规范化】　县统计局年初研究制定《2020年丰顺县统计局党建工作计划》，明确2020年党建工作重点，并认真贯彻执行。认真开展“三会一课”，不断提高全体党员干部党性意识和责任担当意识，进一步提升县统计局局党支部规范化建设工作水平。积极开展机关党建“灯下黑”“两张皮”问题专项治理工作，深入查摆县统计局党建工作中存在的突出问题，认真分析问题根源，制定整改措施，并抓好落实整改。结合机关党组织和在职党员到村（社区）“双报到”活动和创建文明城市志愿服务活动，多次组织党员干部到网格责任区汤坑镇金溪村通过亮身份、亮承诺，开展志愿服务活动，充分发挥党员模范先锋作用。

【党风廉政建设】　县统计局坚持党要管党、从严治党，推动党风廉政建设责任制落实，完善《丰顺县统计局2020年党风廉政和惩防体系建设实施方案》，按照“谁主管、谁负责”原则分解任务，层层签订党风廉政建设责任书，抓好党风廉政建设和反腐败工作。积极开展纪律教育学习月活动，筑牢干部思想底线。认真开展党内谈话，加强对干部的日常管理和监督管理，把抓早抓小、动辄以咎、全面从严治党的要求落到实处。

【履行“一岗双责”】　县统计局严格按照守土有责、守土负责、守土尽责的要求，认真组织召开意识形态专题会议，对做好意识形态工作进行部署，不断增强领导干部的责任意识，全力抓好意识形态领域工作。局党组书记对本单位意识形态工作进行专题调研，并形成调研报告。意识形态工作分管领导以“加强意识形态工作，提升化解风险能力”为主题，给全体党员干部上党课，强调意识形态工作的重要性、当前意识形态领域亟待破解的主要问题和新时代如何牢牢掌握意识形态工作领导权进行讲解，切实提升党员干部化解风险的能力。

【疫情防控工作】　县统计局高度重视新型冠状病毒感染的防控工作，充分认识疫情的严峻性和复杂性，加强防控的健康宣传，认真做好防疫期间值班值守工作，严格落实重大事项请示报告制度，认真做好日常疫情防控工作，县统计局主要负责同志和党员志愿者充分发挥模范先锋作用，积极主动参与基层一线防疫工作。

【统计法治宣传】 县统计局始终把学习贯彻《意见》《办法》《规定》作为统计法治建设的首要任务来抓，积极开展统计普法宣传教育，进一步增强统计工作者的统计法治意识。按照“谁执法谁普法”的要求，结合“七人普”宣传月和“统计开放日”等重要时间节点，组织开展统计法宣传活动，营造依法统计依法调查的良好氛围，提升全民统计法治意识。同时，把统计执法检查作为净化统计环境、保障统计数据质量的有效手段，2020年来共开展2次“双随机”统计执法检查，努力提高统计基础数据质量。

【统计调查分析】 县统计局深入贯彻落实中央《关于深化统计管理体制改革提高统计数据真实性的意见》，认真做好各行业各指标统计数据采集和上报工作，深入企业开展统计调研工作，充分掌握企业生产经营情况对企业的发展趋势进行分析预判，进一步把握丰顺县经济发展形势，加强统计调查分析，为县委、县政府决策部署提供有力的数据支撑，当好参谋助手，切实提高统计服务水平。

【第七次全国人口普查工作】 县统计局作为人口普查工作牵头单位，积极协调各相关单位，抓好普查机构组建、大力落实经费保障、认真做好人员招聘、切实落实普查场地、严格按照《丰顺县第七次全国人口普查工作进度安排》和上级有关工作部署，顺利完成人口普查各个阶段工作任务等工作。

【绩效考核群众满意度调查工作】 根据《丰顺县机关绩效考核方案（试行）》和《丰顺县事业单位绩效考核方案（试行）》，县统计局为县机关事业单位群众满意度调查工作牵头单位，为切实抓好该项工作，确保调查工作公平公正，县统计局多次组织相关人员认真解读文件，对具体工作细则开展研究讨论，对各个环节工作进行详细安排，明确各个工作环节完成时间节点和人员分工，按时按质地完成了全县机关事业单位群众满意度调查工作。

【省委巡视整改落实工作】 县统计局认真对照省委第四巡视组反馈意见，研究制定《中共丰顺县统计局党组关于省委第四巡视组反馈意见的整改落实工作方案》《中共丰顺县统计局关于落实省委第四巡视组选人用人专项检查反馈问题的整改工作方案》等整改落实工作方案，并积极落实整改。同时，按上级党组织要求，认真开展机关党建“灯下黑”“两张皮”问题专项治理、执行干部因私出国（境）管理规定　不严问题专项整治、执行《党委（党组）讨论决定干部任免事项守则》有关问题专项治理等工作，整改落实工作取得较好的成效。

（吴颖霞）

农业　林业　水利　气象

【农业农村工作】 2020年，丰顺县农业农村局认真贯彻落实习近平新时代中国特色社会主义思想和党十九届五中全会精神，深刻领会习近平关于“三农”工作的重要论述，按照中央和省、市、县关于“三农”工作统一部署，全面实施乡村振兴战略，加快推进脱贫攻坚步伐，着力发展特色现代农业，促进农业增效、农民增收、农村繁荣稳定，圆满完成县委县政府年初提出的目标任务。预计2020年实现农业总产值70亿元，农村居民人均可支配收入1.6万元，分别比上年增长15%、12%。

种植业结构日趋合理　2020年，全县农作物总播种面积4.25万公顷；粮食作物种植面积2.29万公顷，粮食总产量11.9万吨，均比上年略增；农作物良种覆盖率达90%以上。主要经济作物（主导产业）有茶叶、甘薯、食用菌、水果、蔬菜等。其中茶叶面积7200公顷，干毛茶产量5100吨，总产值13.8亿元，约占全县农业总产值20%；甘薯种植面积6886.67公顷、产量3.7万吨，产值3.7亿元；食用菌生产取得显著效益，预计全年总产值12亿元；水果面积7666.67公顷，总产量7.5万吨；蔬菜种植面积0.8万公顷，总产23.5万吨。

脱贫攻坚工作成效显著　全县5253户14451名贫困人口全部实现脱贫、61个省定贫困村全部实现退出。全县共筹集“631”资金19991.7万元，其中省级资金10516万元，广州市级资金7139.4万元，梅州市级资金1166.9万元，丰顺县级资金1169.4万元，资金使用率100%。带动贫困劳动力就业4493人，实现有劳力贫困户人均可支配收入达到16710元，贫困人口人均可支配收入增长14.68%。2020年，丰顺县脱贫攻坚工作顺利通过国检、省检和市级第三方考核验收，受到好评。

乡村振兴工作全面推进　美丽乡村建设方面，全面完成“三清三拆三整治”任务，农村生活垃圾收运处理体系完成率100%，农村卫生户厕、无害化卫生户厕普及率99.9%，基本建成干净整洁村263个，达到美丽宜居标准村132个。积极开展“百村示范、千村整治”工程，61个省定贫困村和连线连片生态宜居美丽乡村建设加快推进，留隍省级新农村五村连片、汤坑“两区三村”、汤西新岭村等美丽乡村示范项目建设取得阶段性成效。农村人居环境整治方面，已常态化保洁的行政村数258个，清理村庄生活垃圾3万吨，清理畜禽养殖粪污约1715吨，镇容村貌得到有效改善。推进农村“厕所革命”方面，各镇（场）累计改成卫生户厕、无害化卫生户厕户数113025户，仍需改建47户（现全部在建设中），12月底前全面完成，农村卫生户厕、无害化卫生户厕普及率年底100%；扎实推进年农村公共厕所新建（改造），经相关部门多次摸底调查后，确定2020年农村公共厕所新建（改造）任务441个。生态宜居环境方面，打好污染防治攻坚战，扎实推进河（湖）长制工作，推进巡河、清淤、拆违行动，生态宜居环境持续好转。韩江获评全国首批“最美家乡河”；榕江北河揭丰交界断面连续3年平均水质达到Ⅲ类标准；城区环境空气质量优良率99.4%；5个村获评全省首批“国家森林乡村”；引进粤海水务集团投资7亿元建设日产15万立方米的新区供水工程正式动工。

畜牧水产养殖业健康发展　2020年生猪出栏15.2万头，存栏肉猪10.2万头，能繁母猪9400头；家禽出栏2720万羽，存栏家禽730万羽；加快建设粤东最大的绿色饲料生产基地，入园企业7家、预计产能200万吨；全县优质水产品养殖面积933.3公顷，总产量1.36万吨，总产值1.2亿元。全县水产养殖面积1466.7公顷，水产品总产量1.8万吨，产值2亿元。抓好畜牧养殖污染整治，局领导班子带领党员干部致力打好全省重点国考断面水质达标攻坚战取得显著成效，受到上级领导和人民群众好评，农业农村局局长杨永亮荣获“广东省重点国考断面水质达标攻坚工作中表现突出的先进个人”称号，获省政府表彰。

农业经营主体发展壮大　积极培育新型农业经营主体，助推乡村振兴。2020年，全县有省、市重点农业龙头企业30家，其中省级9家，市级21家；全县农民专业合作社559家，合作社成员3.7万人；家庭农场40家，示范带动农户6.2万户。

现代农业产业园建设全面铺开　认真落实茶叶产业园建设项目，高标准打造茶叶产业园，产业园项目实施主体共10家企业，带动参与主体19家，总投入2亿元，成为富民强县支柱产业。2020年10月，“2020广东十大好春茶获奖名单”公布，丰顺县有3家企业3个品牌获奖，即广东天亿实业有限公司（韩山岩露茶）、梅州市顺兴茶业发展有限公司（顺兴满堂红）、丰顺县凤畲茶业发展有限公司（凤畲茶叶）荣获“2020年广东十大好春茶”称号。

第二届农民丰收节暨丰顺农民直播节成功举办　2020年丰顺县成功举办第二届中国农民丰收节暨丰顺农民直播节，吸引大批国内、国际嘉宾游客前来参观；与此同时，积极组织企业和特色农产品参加各类农产品展会，均取得显著效果。

农村综合体制改革持续深化　抓好农村集体产权制度改革工作，全县共成立股份经济合作联合社263个，股份经济合作社3174个，确认集体成员身份132119户、643997人，完成股份量化的农村集体经济组织有5个，经营性资产1970.41万元，份额量化的有31个，经营性资产2574.45万元，份额配置的有3401个，完成登记赋码数3437个；组织开展扶持壮大村集体经济工作，督促2019年12个扶持村级集体经济发展试点村实施进展，依法依规根据实施方案进行；根据中共梅州市委组织部、市财政局、市农业农村局《关于开展扶持村级集体经济试点工作壮大村级集体经济的通知》精神，丰顺县2020年选定8个村作为试点开展扶持村级集体经济试点工作；推进农村承包土地经营权流转工作，完成全镇农村土地承包地流转达133.33公顷、比试点前增加57.7公顷的目标，为发展多种形式的农业适度规模经营做好充足准备；按照2019年农村土地承包经营纠纷调解仲裁考评扣分理由，完善乡镇农村土地承包调解委员会配备调解员情况、固定仲裁场所建设、仲裁章程和工作规范以及开展调解仲裁法律宣传情况的相关材料，做好仲裁材料和卷宗归档；指导发展农村新型农业经营主体和多种形式适度规模经营，2020年家庭农场新增备案数4家，共有40家家庭农场在农业农村局备案，共有1056家符合条件的规模经营户进入家庭农场名录系统。

科技教育培育工作成效显著　认真实施2018年度、2019年度基层农技推广体系改革与建设补助项目，成立专家组，遴选技术指导员、科技示范户、示范基地，按要求落实“三牌二册”，加强技术指导员、科技示范户的培训和管理，确保技术指导员入户、技术指导、农业信息、示范手册填写、物质补贴及时到位，发挥示范户的示范带动作用，同时严格做好项目资金的报账和管理，确保各项经费足额到位，保障项目顺利实施。完成有关数据信息的收集和录入工作，依时完成基层农技推广体系改革与建设项目和基层农技推广服务体系建设项目各项目系统数据、信息的收集和录入。组织实施丰顺县2018年度新型职业农民培育，2020年，培育新型农业经营主体带头人共100名（其中青年农场主4人）。加强农业转基因生物安全管理，重点是组织农业转基因生物知识宣传培训和种子市场监管。严格检查农资市场，对种子市场、经营门店开展转基因成分抽检，严查转基因种子非法销售。对水稻、玉米等种子进行抽样监测，坚决防止非法转基因水稻、玉米种子流入市场。

强农惠农政策全面落实 落实惠农政策激励农业生产，全面完成2020年度各镇场农户耕地地力补贴资金发放工作，补贴面积13472.57公顷，发放金额17756954.96元；农机部门把落实农机购置补贴政策，推动农业机械化工作牢牢抓在手中，全年共受理农户农机购置补贴申请108份，补贴机具110台，受益农户107户，发放补贴资金10.36万元，国家惠农补贴项目的扩大和补贴资金的及时发放进一步激励了农民的生产积极性。抓好涉农惠民平台的管理，落实专人负责对涉农各项补贴资金的核实、数据录入、公示和发布工作，从源头上防止涉农领域腐败现象的发生。

农产品品牌建设和农产品质量安全监管全面落实 抓好农产品品牌建设，全县有11家企业12个农产品获省名牌产品；有31个农产品获“三品一标”认证，其中无公害农产品7个、绿色食品12个、有机食品9个、国家地理标志农产品3个；有10家企业获评“菜篮子”基地；有67家农产品企业注册溯源系统，纳入追溯管理。一是抓好疫情防控期间农产品质量安全监管工作。种植业方面，累计出动41车次，159人次，对县域内主要蔬菜基地、草莓、枇杷等应季水果和乡镇开展农产品质量安全巡查监管，并抽检805个蔬菜样品、6个水果样品进行定性检测，合格率99.2%。此外，积极发动丰顺县辖区内农业企业捐赠，广东代米生物科技有限公司捐赠医用酒精1吨、鲜菇20吨，总价值26.8万元。强化监管力度，创新工作形式，指导、协助农产品产地检测站针对县域内蔬菜、水果开展好农产品质量安全例行监测工作，确保完成每月200个样品，年不低于2400个样品定性检测的任务，并指导好各镇级农产品产地检测站开展速测工作。根据《丰顺县2020年食品检验量“每千人5批次”的工作实施方案》和《丰顺县农业农村局落实县2020年食品检验量“每千人5批次”中的产地食用农产品抽样的实施方案》的工作部署，围绕重点时间、重点品种、重点区域分别组织开展了茶叶产业园茶叶质量安全专项行动、“五一”期间农产品质量安全专项行动、水产品质量安全专项行动以及“千人5批次”5—11月农产品质量安全专项行动等，覆盖种植业、水产及畜牧业，逐步形成“月月有检测，乡镇皆覆盖”的长效、持续监管机制。已完成464批次的样品抽检工作，不合格样品2批次，合格率99.6%。2020年顺利完成500批次的工作。二是配合好国家、省、市上级部门开展抽样等农产品质量安全相关工作。此外，通过下乡监管、台账指导、限期整改等方式积极推进省级食品安全示范县创建工作，助推丰顺县成功通过中期评估。已开展4次行政检查。同时，在下乡进企业调研、考察、指导，时刻不忘对农产品质量安全进行宣传，叮嘱丰顺县种养殖生产主体做好记录表，并加强对种养殖企业农药肥料仓库的检查监管力度。三是在区域公用品牌建设方面，以“丰顺高山绿茶”“丰顺单丛茶”丰顺县两大优势产品申报全国名特优新农产品。“丰顺高山绿茶”省级已审核通过，待国家级评审；“丰顺单丛茶”正在进行营养品质鉴定。已有1家企业认证粤港澳大湾区“菜篮子”生产基地，同时发动丰顺县符合条件的农特产品企业入驻粤港澳大湾区“菜篮子”产品梅州配送中心。积极配合好“粤菜——客

家菜师傅”工程建设，遴选优质食材供应基地，做好农产品质量安全保障工作。全国绿色食品原料标准化生产基地（甘薯、茶叶）建设相关工作已逐步开展起来。有3家企业申报“三农”领域补短板—农产品仓储保鲜冷链物流设施建设工程项目并成功入库。四是开展国家溯源平台实施，推动省合格证制度落地。国家溯源平台方面，为解决企业前期实施溯源标识的难点，购置24万张追溯标识标签支持农业企业，引导、带动农业企业开展溯源工作，丰顺县已有67家农产品生产企业进行溯源系统注册，纳入追溯管理，100%覆盖“三品一标”企业。广东省食用农产品合格证制度方面，通过微信群等线上途径发送培训文件和操作指南，宣传发动全县各农业生产经营主体、监管人员积极参加广东省食用农产品合格证网络直播培训，及时解答相关企业疑问，并梳理统计县域内种养殖生产者名录数据库。落地措施方面，依托每千人5批次定量检测抽样工作，到各农企开展宣传发动及操作培训，印发宣传资料，协助企业批量开通电子印章，向市局争取6万张电子合格证标签发放给相关企业，推进该项工作，丰顺县共有52个主体开展应用，出具合格证4639张，用证产品重量45721吨，相关工作稳步推进。加强宣传培训，提升生产经营主体意识。举办5场专题培训和宣传警示活动，不断提升监管人员及经营主体的安全意识。此外，还完成丰顺县剩余51个行政村的益农信息社申报建设任务，实现覆盖全部行政村的目标。

农业生产条件逐步改善　认真实施高标准基本农田建设项目，2020年度丰顺县高标准农田建设项目826.67公顷，总投资人1860万元，工程于2020年7月底开工，预计2021年1月完工。认真组织开展化肥使用量零增长行动实施工作，包括加强测土配方施肥技术推广，推进耕地土壤有机质提升，积极开展新型肥料的试验示范工作。继续做好耕地地力监测工作，更好地掌握全县不同种植结构区域及不同类型土壤的耕地地力变化状况。扎实推进农机化管理工作，全县拥有农业机械总动力13.6万千瓦；拖拉机拥有量345台（套）、耕整地机械5120台、排灌机械4105台、谷物联合收割机55台、电动脱粒机4850台、农产品初加工机械2813台、畜牧机械2428台、水产机械2188台；完成农作物机耕4.17万公顷、机播1120公顷、机收1.35万公顷、机电灌溉1.74万公顷、机械植保1.31万公顷。全县农机户达5520户，从业人员6736人，其中农机大户18户；全县拥有农机具1万多台（套）。

农业综合执法全面提升　紧紧围绕省、市、县的工作部署，精心组织开展农资打假保春耕生产（春雷）专项执法行动、渔业资源保护、水生野生动物专项执法、农产品质量安全执法、扫黑除恶线索核查、协调做好农业安全生产等工作，共出动执法车辆192辆次，执法船艇83次，执法人员1550人次，处罚1宗销售兽用原料药和假兽药案件，移送公安机关1宗生产销售含国家禁用兽药鸡蛋案，正在查处1宗涉嫌生产、销售不合格豆芽案，缴获电鱼、非法捕捞船舶共7艘，没收电鱼设备8套、网具800余米，核查办结涉农扫黑除恶线索6宗。一是开展农资打假保春耕夏种生产专项执法行动。2月下旬，按照市局关于开展春季农资打假保春耕生产专项执法的统一部署，综合执法股积极开展相关执法检查工作，印发“战疫情、保春耕、稳供给”倡议书200多份，同时请电视台参与宣传。加强农药、兽药、肥料、种子监管执法力度，通过双随机抽取农药、兽药、种子、肥料经营门店共39家，立案处罚1宗经营销售兽用原料药和假兽药案，处罚和没收违法所得金额34934元。做好渔业资源保护工作。开展形式多样的禁渔执法和打击非法“电、毒、炸”鱼工作，从3月1日0时起拉开为期4个月的禁渔执法监督工作序幕，至12月25日在潭江召开水上交通和渔业船舶安全生产专项整治三年行动工作推进会，先后共组织各级执法人员在禁渔期间和非禁渔期共巡逻执法79次，出动执法车辆96次，执法船艇63次，执法人员660人次。重拳出击，联合执法，有效震慑违法人员，丰顺县禁渔期间，加大禁渔执法监督力度，加强巡逻检查和夜间突击检查，坚持从快从重处理渔事案件，加强与公安、市局、大埔县农业农村局、留隍镇综合执法大队联合执法，巡查过程采用执法人员现场检查和无人机空中侦察等手段。通过案件曝光、宣传说法及群众举报制度等措施，有效遏制禁渔期间违法案件的发生，较好地实现禁渔期间江内无渔船、水中无网具的目标，一年来收缴塑料快艇1艘、铁质船4艘、充气艇4条、渔（网）具约800米，电鱼工具8套、蓄电池5个。严厉打击违法电鱼、捕鱼行为，切实维护好渔业资源，但由于违法人员每次被执法人员发现后都弃船或弃电鱼设备逃逸，尚未有立案查处的案件。坚持渔业资源保护实行群众举报制度，为切实抓好渔业资源保护工作，确保丰顺县水域渔业资源的可持续利用和渔业资源的增殖，农业农村局设立、公布24小时开通的举报电话，接到举报，以最快的速度赶到现场。加大宣传和执法力度，禁渔期间执法人员利用宣传车深入潭江、留隍、小胜等重点水域，进行有效宣传，派发宣传资料800余份，并在小胜镇珠坑村、小石溪村、留隍镇东山水电站、留隍镇万江古庙旁、留隍大桥留隍码头、潭江码头、潭江大桥等醒目处张贴各种宣传标语、横幅50多份。县电视台连播禁渔通告1周，各镇利用微信群、公众号进行有效宣传。积极开展水生野生动物保护专项执法行动。一年来，县农业农村局共出动水生野生动物专项执法车辆共25辆次、执法船艇20艘次、执法人员125人次。由于丰顺县尚未有水生野生动物饲养繁育场，执法主要是配合森林公安、市场监管等部门进行联合执法；对辖区内的韩江进行巡查执法。积极做好农产品质量安全执法工作。积极配合农产品质量安全与市场信息化股做好每千人“五批次”的农产品质量安全抽检工作，对抽检不合格的农产品坚决进行查处。立案2宗，结案1宗。积极开展扫黑除恶线索核查工作，2020年农业农村局共核查办结主办和协办线索9宗，其中2019年余留的3宗、2020年6宗。积极协调各部门做好安全生产工作。年初疫情期间，综合执法股积极配合上级部门有序地对全县的农业企业进行复工复产工作；印发《丰顺县农业农村局安全生产责任清单》，明确各部门的安全生产职责；积极开展形式多样的安全生产月宣传活动；积极开展丰顺县安全生产专项整治三年行动工作。积极推进丰顺县潭江渔政码头建设项目。依法依规取得码头建设审批，码头建设先后取得县发展和改革局的立项，环境审批、防洪审批、通航条件影响审批及用地审批，工程招投标工作已完成，施工单位已进驻建设现场；积极筹取建设资金，积极争取2021年的涉农资金，通过多渠道共筹集资金980万元，筹集资金已满足码头建设需要。

（杨步云　刘　钊）

【林业】　2020年，林业局坚持以习近平新时代中国特色社会主义思想为指引，全面贯彻中共十九大和十九届二中、三中、四中、五中全会精神，围绕县委、县政府中心工作，充分履职尽责、努力奋进，不断加强党建工作，做好省委第四巡视组反馈意见整改落实工作，进一步落实意识形态责任制，强化纪律教育，深入开展党章党规党纪教育培训工作，并做好高质量森林培育、强化森林资源保护、推动生态富民产业三大任务。到2020年年底，丰顺县森林覆盖率78.69%，高于全省平均水平20.08个百分点，名列全省第八、全市第三，林业用地22.12万公顷（占国土面积83.5%），其中商品林地10万公顷（占44.92%），生态公益林12.59万公顷（占55.07%）；林木活立木总蓄积量743.2万立方米；市、县级自然保护区6个，森林公园13个，占林地面积22.14%。

森林资源培育

1.完成2019年省级森林碳汇林抚育项目。根据《梅州市林业局关于下达2019年营造林生产任务的通知》精神，经局党组研究同意，对丰顺县2017年造林3066.67公顷，2018年造林1066.67公顷，共4133.33公顷未成林地实施森林抚育。项目经前置设计、上级批复、公开招标后，于2020年1月21日和中标施工企业签订施工合同，因受新冠肺炎疫情影响，延迟到3月底开工，于9月完成总体施工，在部分施工质量不合格小班完成整改后，已完成自查验收。

2.2018年中央财政森林抚育项目(2.2万公顷)。根据《关于下达2018年中央林业改革发展资金的通知》《关于下达2019年省级涉农转移支付（生态林业建设类）资金任务清单的通知》和《关于下达2019年省级涉农资金（第一批）的通知》精神，本项目分11个标段，于2020年4月17日公开招标确定施工企业，2020年5月18日与各中标企业签订施工合同后开工建设，已完成自查验收。

3.完成2018年结转2019年实施碳汇林造林项目。本项目于去冬完成所有0.2万公顷的备耕工作，为保证成活率，延迟到2020年春季种植苗木，主要苗木有红椎、黑木相思、枫香、樟树、山杜英、木荷等，下半年完成当年抚育工作。

4.完成绿美古树乡村建设项目。根据《梅州市林业局关于下达2019年营造林生产任务的通知》精神，丰顺县建设绿美古树乡村1个。2020年1月16日，《梅州市丰顺县大龙华镇大田村绿美古树乡村建设实施方案》获市林业局批复同意。项目于10月中旬竣工。

5.2020年已完成992.733公顷沿海防护林建设、666.47公顷封山育林、1万公顷中央财政森林抚育任务，造林绿化成果显著。

森林资源管护

1.严格规范使用林地定额管理和用途管制。规范征占用林地审核审批程序，2020年共审核（报批）林地36宗139.91公顷；

2.严格执行限额采伐制度。2020年共审批127宗采伐，采伐面积1967公顷，采伐蓄积146902.45立方米，材积101692.91立方米。

3.严厉打击盗砍滥伐、毁林开垦、非法占用林地等破坏林地、林木及涉野生动物的违法犯罪行为。2020年，林业局共受理涉林涉野案件共367起，其中，立刑事案件19宗（其中涉林地图斑案件10宗、滥伐林木1宗、森林火灾3宗、非法狩猎2宗、非法交易野生动物3宗），破15宗，采取强制措施12人，移送起诉10

人。立案查处行政案件57宗（其中涉林案件48宗、涉野生动物案件9宗）。

4.基本完成2019年森林督查整改工作。对国家林草局移交的卫星遥感数据疑似图斑进行全面核查和实施整改。2019年，国家共下发丰顺县森林督查图斑520个。2020年7月，国家林业和草原局森林资源管理司下发到丰顺县2019年森林督查整改问题图斑有139个，其中林地图斑65个，涉及林地面积40.47公顷，林地图斑主要涉及交通公路建设、农村道路林道修整、农民建坟及农民养殖用地。林木图斑74个，涉及林木面积318.46公顷，蓄积16044.5立方米，林木图斑主要是桉树林采伐。接上级整改通知后，林业局再次组织技术力量进行核查，并加快案件查处。国家下发森林督查整改问题图斑139个，已完成整改及查处图斑139个，整改率100%。

5.加强森林防火宣传和防控工作。2020年加大宣传力度，印制森林防火标语、制订宣传物品等共投入50多万元，全县共聘请499名护林员，分山头进行网格化管理，在重点区域设立132个临时检查站，杜绝火种进山。

6. 完成松材线虫病防治任务。根据《广东省林业局关于开展松材线虫病防治“百日攻坚战”的通知》《广东省林业局关于下达2019年度松材线虫病防治任务的通知》，林业局组织技术人员制定《丰顺县2019年度松材线虫病应急除治实施方案》并经市林业局审核批准。于2020年4月1日开标，由广东兴源农林有限公司中标承建，于4月7日签订施工合同，实施期限为4月至11月。项目一是对丰顺县发生松材线虫病疫情的汤西镇、汤坑镇、北斗镇、留隍镇、丰良镇和汤南镇病死、枯死松树进行清理；二是在疫区松林内挂设438套松墨天牛诱捕器。此外，由于2020年松材线虫病爆发，面积不断扩大，由原来的0.28万公顷扩大到0.82万公顷，林业局急忙筹措590多万元资金进行处置，11月在大宝山片区再次投入75万元资金进行处置病死松树。

7.实施完成66.67公顷薇甘菊防治。为贯彻落实全国、全省林业有害生物防治工作会议精神，落实好丰顺县薇甘菊防控任务目标，有效降低薇甘菊覆危害面积，对丰顺县五斗种、金贵大道两旁、丰顺公园、黎峰山地段近高速、国道、省道沿线和县城周边林地边缘的66.67公顷薇甘菊危害地点进行药物防治，项目已完成。

林下经济产业

积极引导农民发展林下经济，通过政策指引、资金扶持、示范带动、加强服务等措施，推进林下经济产业发展，掀起科学耕山致富，大力培育建设可持续发展的林业产业，尤其是林下示范基地和林业龙头企业。2020年有林下经济示范基地6个，其中国家级2个，省级4个，其中：广东龙岗马山茶业股份有限公司和龙丰农业综合开发有限公司为国家级示范基地，丰顺县龙丰农业综合开发有限公司、梅州福稻生态科技有限公司、丰顺县福康农科有限公司、嘉洪农林有限公司为省级示范基地。林下经济示范基地经营总面积1533.33公顷，辐射带动农户1.34万多户，实现林业产业年产值1.3亿元以上。现有广东省林业龙头企业的单位有6个：林海实业有限公司、广东福康农科有限公司，龙丰农业综合开发有限公司，广东泰源农科有限公司，梅州福稻生态科技有限公司和丰顺县嘉洪农林实业有限公司，其中丰顺县嘉洪农林实业有限公司为2020年新增的广东省龙头企业。此外，2020年还新增1个省级林业专业合作社示范社

——嘉宝果农业种植合作社。

党风廉政建设

1.继续做好省委第四巡视组反馈意见整改落实工作，加强督促检查，强化纪律教育，重点加强建章立制，抓好制度执行力。

2.继续深入开展党章党规党纪教育培训工作。不断增强党员领导干部党性观念，强化规矩意识，严守党的纪律。把全面从严治党不断推向深入，努力营造风清气正的政治生态，为新时代丰顺改革发展提供坚强政治保证。

3.结合“两学一做”学习教育常态化制度化、模范机关创建、巩固深化“不忘初心、牢记使命”主题教育成果，继续深入学习贯彻习近平新时代中国特色社会主义思想。着重开展《习近平谈治国理政》第三卷、中共十九届五中全会精神、习近平总书记视察广东重要讲话精神的学习。读原著、学原文、悟原理，结合林业工作实际，做到有机融合。不断深入贯彻落实《中国共产党党员教育管理工作条例》，加强党员干部的学习教育管理，培育健康向上的党内政治文化，坚持用习近平新时代中国特色社会主义思想武装头脑，不断深化中国特色社会主义和中国梦宣传教育。

4.深入学习贯彻《中国共产党党和国家机关基层组织工作条例》《中国共产党支部工作条例》，切实加强和改进机关党的工作，充分发挥机关基层党组织作用，进一步提高基层党组织的领导组织能力，真正发挥基层党支部战斗堡垒作用，推动林业局机关治理和各项事业发展。

落实惠民政策

继续做好生态公益林补偿资金发放，2020年度安排的省级以上生态公益林效益补偿资金共计6243.07万元（其中中央资金196.90万元、省级资金6046.17万元），补偿资金直接拨付到各镇场9.3万多户补偿对象银行账户。

（李向炬）

【水务】 2020年，县水务局坚持以习近平新时代中国特色社会主义思想为指导，坚决按照中央、省、市、县的决策部署，主动服务融入粤港澳大湾区、深圳先行示范区建设，贯彻落实省委“1+1+9”的工作部署以及市委“六争六补”和县委“123456”的思路举措，上下一心、真抓实干，切实加强依法治水管水，全力推进中小河流治理、村村通自来水等民生水利工程建设，更好地发挥水利对经济社会发展的重要作用，助力决战决胜脱贫攻坚，助推乡村振兴战略发展。

真抓实干，有序推进重点水利工程建设 2020年丰顺县在建水利项目共20宗（其中：中小河流治理工程5宗，崩岗连片综合治理工程1宗，小流域综合治理工程3宗，河道清淤工程1宗，县城堤路工程1宗，排洪涵工程1宗，病险水库除险加固工程3宗，堤围抢险加固工程2宗，河道试点船舶停泊区1宗，碧道工程2宗），总投资约2.28亿元，完成投资约1.98亿元。

投资9132.92万元实施完成中小河流治理工程5宗，治理河长53.72公里。投资2888.49万元推进实施丰顺县潘田镇、砂田镇、潭江镇等镇周边崩岗连片综合治理试点工程，治理崩岗60处，防治水土流失面积59.52平方千米。投资5100.29万元实施生态清洁型小流域治理工程3宗，防治水土流失79.76平方千米。投资900万元推进实施碧道工程2宗，建设碧道4公里。投资3741.38万元实施丰顺县榕江北河左岸罗湖桥至金河大桥堤路建设工程，建设堤长707米。完成3宗列入防汛抗旱提升工程中待实施的病险水库除险加固设计审批，投资197.75万元完成丰良河黄金镇段河道清理疏浚项目，投资88.27万元完成丰顺县汤西镇双湖村排洪涵工程，投资245.69完成潭江镇堤围护脚及留隍镇葛布堤围（铺路头段）2宗抢险加固工程。投资465.8万元实施韩江干流河道试点船舶停泊区建设工程。

多措并举，有效落实河（湖）长制工作　一是强化河长巡河履职。2020年县级河长累计巡河47人次，镇级河长累计巡河4218人次，村级河长累计巡河8680人次，各级河长巡河及日常巡查发现问题共832宗，完成省市检查督办、河长巡河发现问题、群众举报投诉各类问题整改832宗。二是完善工作机制，制发《丰顺县全面推行河长制工作领导小组关于建立河长制工作述职机制的通知》，建立健全河长履职与行政执法、刑事司法有效衔接工作机制，推动“河长+检长”“河长+警长”履职尽责。三是继续开展河长制互联网+河长制信息管理平台二期建设，丰顺县四级河长入驻省、市智慧河长企业微信人数已达925人，上线率96%。四是扎实开展专项行动。投入228.95万元全面开展水面漂浮物清理专项行动，清理河流长度254.84千米，清理水面漂浮物面积达4.31平方千米。大力开展河湖“清四乱”专项行动，全面查清侵占河湖违法违规建设问题，全年共发现“四乱”问题44个，销号42个，销号率95.5%。五是河道管护有效落实。通过“以奖代补”形式，落实河道管护资金1164.08万元，对农村河道长护管护予以补助，确保各级河道有人问、有人管，进一步推动河道长效管护落到实处。

依法行政，大力强化水资源与水政执法工作　一是坚持依法行政，严格水资源论证。全年年共组织完成83宗取水项目水资源论证审查，受理完成新发、变更和延续取水许可业务154宗。二是依法依规征收水资源费。共征收水资源费652.86万元（其中：小水电站水资源费247.7万元，地热水资源费126.78万元，自来水水资源费252.13万元，水土保持费26.24万元，行政处罚10.5万元）。三是大力推进节水型城市建设工作。以县水务局为试点，率先带动实施水利行业节水机关建设，不断提高水资源安全保障能力。四是加强河道采砂巡查监管，依法打击非法采砂行为。一年来，水政执法巡查共计1263次，出动执法车1674车次，出动执法人员3502人次，配合整治非法采砂、石、涉河违章建筑57次。查处水事违法案件3宗，整治非法取用地热水3宗。同时办理答复扫黑除恶专项斗争信访投诉件18宗，办理上级扫黑除恶转交线索2宗，有力打击了黑恶势力的嚣张气焰，维护人民群众的利益。六是强化水土保持监管理。2020年共审批水土保持方案22宗，报告表1宗；同时完成2019年17个扰动图斑和3个省加密图斑的复核工作。

稳扎稳打，有序推进农村饮水安全工作　一是扎实推进全域自然村集中供水全覆盖工作，投资2607.82万元实施2019年度项目52宗，已完成初步设计报告编制工作；投资5710万元实施2020年度项目80宗，完成勘察设计招投标和初步设计报告编制工作。二是推进农村饮水安全运行管护。设立丰顺县农村饮水安全管理中心，全年共投入171.55万元实施完成农村饮水安全维修养护工程共23处，涉及人口16.6万人。全面落实农村饮水安全管理“三个责任”，强化饮水安全监管。

脚踏实地，扎实做好水电建设管理工

作　一是农村水电站本年建设完成投资507.6万元，全县农村小水电发电设备拥有量286处20.94万千瓦，发电量达2.54亿千瓦时，总收入约11095万元。二是开展小水电清理整改核查评估工作，共完成小水电清理整改核查评估工作286处，完成退出小水电站试点2处。

质量为本，严格落实水库安全鉴定及维修养护工作　一是开展水库安全鉴定工作，完成2019年两批8宗小型水库安全鉴定评审及2020年两批16宗小型水库大坝安全鉴定。二是开展小型水库维修养护工作。投资约180万元采取物业化专业管理、政府购买服务的方式，实施完成24宗小型水库工程设施维修养护，促进小型水库管理标准化建设，提升小型水库安全运行管理水平。

科学防治，全力抓好水旱灾害防御调度工作　一是开展地毯式安全大检查。2020年共检查各类防洪工程375宗，自查发现存在安全隐患问题11宗，对发现存在安全隐患的工程已及时组织进行整改。二是全面落实防汛工作责任制，层层签订水利工程防汛安全责任书。认真制定超标准防洪预案，完成《梅州市丰顺县城区超标准洪水防御预案（初稿）》和虎局水库、八乡水库《水库防洪抢险应急预案（初稿）》的编制工作。三是提升应急抢险能力。选派14名干部参加防汛抗洪应急演练，增强抢险救灾队伍应急反应能力。拨付40万元资金购置更换防汛器材及物料，不断提高基层抗洪抢险水平。四是加强山洪灾害防治非工程项目工作。投入50万元实施建设10个镇级远程视频监控站点，3个水位、雨量自动监测站点，有效提高水雨情信息采集、防洪调度分析的准确度和工作效率。五是加强防御知识宣传，发放宣传横幅30幅、明白卡1.5万份，制作户外宣传牌8块，转移路线牌50块，进一步提升干群防灾减灾意识和自救互救能力。

双管齐下，全面抓好水库移民后扶工作　一是完善制度建设。顺利完成《丰顺县大中型水库移民后扶项目的管理办法实施细则》的编制工作，为丰顺县水库移民工作提供了科学的制度保障。二是抓好后期扶持资金使用管理，2020年度共投入后扶资金1039万元，其中：发放大中型水库移民直补到人资金906户3705人，资金222.3万元。小型水库发展生产项目补助711户3136人，发放补助资金188.16万元。投入625.54万元实施移民安置区和库区美丽家园基础设施建设项目共13宗，不断改善移民村宜居环境条件。

攻坚克难，奋力抓好疫情防控工作　一是坚决支持配合县委、县政府的疫情防控工作，成立以局党组书记、局长为组长的疫情防控领导小组，统一部署开展疫情防控工作。二是严格落实应急值守，疫情期间局领导班子、局股室及下属单位负责人全部回到工作岗位，坚持24小时领导带班和值班值守，并做好在建水利工程节后复工疫情统计。同时，抽调14名党员干部参与高速路口体温检测工作，切实发挥党员先锋模范作用。三是严格落实疫情防控工作日报送和“零报告”制度，每日定时上报疫情排查情况。四是加强宣传教育，做好网格化责任村居疫情防控宣传工作，组建党员志愿队到城西社区协助落实疫情防控任务。引导干部职工做好个人防护工作，带头签订承诺书，切实配合做好疫情防控工作。

凝神聚力，积极抓好新时代机关党建工作　一是加强党风廉政建设。调整县水务局党风廉政建设和反腐败工作领导小组，研究制定2020年党风廉政建设和反

腐败工作计划，组织干部职工和部门股室签订责任书、承诺书。二是持续推进意识形态建设。积极组织开展集体学习，加强对学习强国、政务微信、微信公众号等平台的监督管理，切实维护网络意识形态的安全。三是推进学习型党组织建设。组织党组理论学习中心组学习，开展“三会一课”、领导上党课、主题党日活动、“两学一做”学习教育常态化制度化等活动，不断提高干部职工党性修养。2020年共组织支部大会13次、支委会22次、主题党日活动24次、党课12次、理论学习中心组集中学习20次、宣讲报告会3次、职工大会学习4次，专题学习研究意识形态工作2次、专题部署意识形态工作5次、专题调研意识形态工作2次。四是做好组织人事工作。开展干部任免有关问题专项治理工作，全面复核干部人事档案，加强专业技术人员网上培训学习，建立健全带薪年休假的规范管理制度，开展执行干部因私出国（境）管理规定不严问题专项整治，不断规范水务局出国（境）监督管理工作。

务实作风，不断强化机关效能建设　2020年局办公室、规划计划和财务审计、人事等部门团结协作积极发挥重要作用，认真贯彻落实局党组的安排部署，真抓实干、奋力攻坚，推动各项水务工作任务落实，确保局领导、机关干部职工的服务水平得到全面提高。严格落实综治信访、安全生产和工程质量监督管理方面的工作责任，完善各项规章制度的建设，并取得一定的实效，实现本系统全年整体工作运行平稳，无任何重大事件和安全事故发生。

（办公室）

【气象】　2020年，丰顺县气象局认真贯彻落实县委、县政府和上级业务主管部门的工作安排和决策部署，以气象现代化为抓手，不断提升业务能力，牢守防灾减灾“第一道防线”，努力提高防灾减灾水平，较好地推动各项工作开展。

2020年气候特点　气温偏高、日照偏多、雨量偏少。热带气旋影响弱；年内冷空气影响偏弱，春季无低温阴雨天气过程，秋季无寒露风天气和霜降风天气过程。2020年平均气温23.1℃，较常年平均偏高1.4℃；年总降水量1362.5毫米，较常年偏少26.97%；年日照时数为1874.7小时，与常年比较偏多58.4小时。年内影响丰顺县的冷空气偏弱，春季无低温阴雨天气过程，秋季无寒露风天气过程，无霜降风天气。“龙舟水”天气：年景中级。年内所受热带气旋影响均为外围环流影响，对丰顺县无明显风雨影响。

气象服务　2020年，丰顺县汛期开汛晚，降水少，龙舟水重，台风个数少，气温高，高温天气多，气象局及时发布各类气象服务信息，年内向县委、县政府和有关部门发布《重大气象信息快报》38期、发布《重大气象信息专报》11期和发布《天气报告》15期。各类灾害性天气预警信号共102次，其中发布37次雷雨大风预警信号；26次暴雨预警信号（2次暴雨红色预警）；森林火险预警信号18期（4次森林火险红色预警）；13次高温预警信号（2次高温红色预警）；寒冷预警信号7期，大雾预警信号1期，联合自然资源局发布地质灾害预警短信6次，发布各类气象服务短信共近74万条。

气象生态文明建设　2020年，气象服务为当地建设、重大节假日及活动提供全方位、全程性和精细化的气象保障，公众服务和新媒体运营成效显著，取得良好的社会反响。5月，抓住丰顺县列入2020年全国气象“三农”服务专项建设的契机，完成龙岗、韩山生态园2个特色农业气象监测站建设，有力提高特色农业气象监测、试验能力，为开展富有区域特色的现代农业气象服务奠定坚实基础。7月，县气象局领导班子率队深入广州海珠（丰顺）产业转移园，与园区管委会洽谈区域气候可行性评价、雷电灾害风险评估以及气象服务保障等有关工作。10月，县气象局完成2020年丰顺县气象灾害防御重点单位专家组评审会，并由县政府发文向社会公布。2020年，县气象局开展人工影响天气作业共2次，发射火箭弹8枚，在自然降水和人工降雨的共同作用下，影响区域普降大到暴雨，对缓解县城供水压力、降低森林火险等级发挥积极作用。

气象灾害防御及宣传 充分利用“3·23”气象开放日、“5·12”防灾减灾日、“安全生产月”等活动，组织部分学校师生参观气象科普、积极参加新时代文明实践中心建设、组织开展乡镇气象信息员气象灾害防御知识讲座及安全知识宣传活动等；7月，县气象局、县教育局联合召开2020年部门联席会议，共商加强学校气象灾害防御和安全保障服务工作；9月，县应急管理局到气象局调研，共商做好2020年乡镇机构改革中应急与气象灾害防御管理职能相融合、乡镇气象应急平台建设等工作；10月，召开2020年丰顺县气象灾害防御重点单位专家组评审会，进一步贯彻落实《广东省气象灾害防御重点单位气象安全管理办法》相关要求；12月底，联合应急管理局举办安全监管干部业务培训班，进一步提升丰顺县安全监管干部在安全管理过程中应急管理、气象灾害防御管理、隐患排查治理等职能作用。

气象灾害监测 新增茜坑水库、洋坑水库区域气象自动站，进一步提高丰顺县气象预报精准性和气象灾害预警能力，满足丰顺县气象服务的特殊需要，切实发挥好防灾减灾第一道防线作用。

（何剑钳）

工 业

【科工商务】 丰顺县科工商务局以习近平新时代中国特色社会主义思想和中共十九大精神为指导，认真贯彻中共十九届四中全会和省委十二届九次全会、市委七届八次全会、县委十三届九次全会的统一决策部署，紧紧围绕推动制造业高质量发展和“六稳”“六保”等工作要求，紧扣省“1+1+9”、制造业“十九条”、实体经济“十条” 和梅州市加快构建“5311”绿色产业体系实施方案及县“1333”和“八个争先”等措施，坚持疫情防控和经济社会发展两手抓两促进，依托广州海珠（丰顺）产业转移园，以打造“中国电声之都”、梅州丰顺“国际声谷”为目标，积极培育县域先进制造业集群，不断加大招商引资力度，深入实施制造业高质量发展战略，强化工业制造能力提升，全力推动丰顺县经济高质量发展。

“十三五”时期总结 （一）经济总量稳步攀升。“十三五”期间，丰顺县经济总量保持稳定，基本实现主要经济指标。全县电声产业逐步做大做强，加快工业企业高质量发展，为经济发展做出贡献，电声产业产值于2017年首次突破百亿，成为梅州市首个县级百亿产业，连续3年达到超百亿元的好成绩。（二）产业结构逐步优化。“十三五”期间，丰顺县积极推进产业结构调整，加速转型升级，加快电声产业转型升级、集聚发展。重点培育电声电子、绿色饲料、智能制造等百亿产业。成功举办“三个一批”项目推进会，“五个百亿”重点产业发展格局渐次成型，广东省梅州市丰顺县国家外贸转型升级基地（电声产业）获得公示，国际声谷小镇与中国电子信息行业联合会达成战略合作意向。通过制定广东省《扬声器生产工艺规范》技术标准，进一步促进产业转型升级，减少对美市场的比重，转出口为内销。万洋众创城项目实现当年签约、当年动工，万洋招商中心和国际声谷指挥部建成开放。大力发展智能制造业，双十科技、铭海车业等项目顺利投产。绿色饲料产业共6家企业已全面投产，产值逆势增长67.7%。（三）加强政策扶持，优化营商环境。一是先后出台《丰顺县支持实体经济高质量发展若干措施（试行）》《丰顺新区生态工业区招商引资若干规定》《关于促进丰顺县电声产业发展的若干意见》《丰顺电声产业发展规划》等文件措施，大力推动和引导电声产业发展，积极发展绿色饲料等农副产品精深加工，加快推进生物制药产业和智能制造业发展。二是丰顺县先后被认定为“全国产业集群区域品牌建设试点地区”“全国电声产业知名品牌创建示范区”“国家级出口电声产品质量安全示范区”“中国电声出口共建基地”等荣誉称号，以广州海珠（丰顺）产业转移工业园为载体，坚持产业为先，稳推基础设施建设，优化园区投资环境，推动园区扩能增效，加快新产业集聚发展，打造经济发展新引擎。

工业经济　（一）工业经济发展基本情况。2020年丰顺县县实现工业产值86.93亿元，其中全县完成规模以上工业总产值68.12亿元，同比下降11.4%，其中：规模以上工业企业有61家；规下企业工业总产值18.81亿元，同比下降约49%。1—12月份全县实现工业增加值16.44亿元，其中：1—12月完成规模以上工业增加值11.33亿元，规模以下工业增加值5.11亿元；1—12月全县规模以上工业用电量8.01亿千瓦时，同比下降6%。（二）主导产业。第一主导产业是电声行业，规上企业共27家，1—12月累计产值16.37亿元，同比减少34.5%，占全县1—12月规上企业生产总值的25%，同比2019年减少8.87亿元，2020年上半年丰顺县电声行业受新冠疫情和中美贸易战冲击影响较大，工业产值呈现负增长，下半年有所回暖，比上半年增长137%，下半年电声企业订单数增多，转出口为内销，经济增长明显；第二主导产业是钢铁行业，规上企业共6家，1—12月累计产值24.59亿元，同比下降12.6%，占全县1—12月规上企业生产总值的35%；第三主导产业是饲料制造业，规上企业共6家，1—12月累计产值9.1亿元，增长较为明显，同比增长59.6%，占全县1—12月规上企业生产总值的13.2%；第四主导产业是农副产品加工、食品制造业，规上企业共5家，1—12月累计产值7.2亿元，同比上升3.7%，占全县1—12月规上企业生产总值的10.8%。此外，建材制造行业2020年累计产值3.14亿元，共5家规上企业，同比增长12.7%。其他行业中共9家规上企业，1—12月累计产值6.88亿元，占全县1—12月规上企业生产总值的10.2%，其中广东华于科技股份有限公司、广东省双十智能科技有限公司、广东新南方青蒿药业股份有限公司、丰顺县泰雅达实业有限公司和梅州华立风实业有限公司增长明显，同比增长均在20%以上。

技改节能　（一）工业投资情况。2020年全县工业投资完成14.77亿元，比增24.2%。工业技术改造投资完成2.6亿元，同比下降10.4%。（二）加强政策扶持。由县科工商务局负责起草，由县政府印发《丰顺县支持实体经济高质量发展若干措施（试行）》，科工商务局以规上企业、重点商贸企业、农业龙头企业、先进制造企业等为重点，不断加强发展实体经济的资金统筹安排，落实外商投资奖励政策，鼓励企业做大做强、开拓市场、“上网触电”、技术改造、创新发展和建设服务平台。（三）开展企业绩效评价，鼓励企业参赛。组织大北农、新南方、代米等6家企业开展绩效评价工作，加强项目监督管理，确保项目发挥应有的经济和社会效益。做好2007年—2013年9家企业省级技术改造专项资金项目验收工作，共3家企业资料报市局审定。此外，2020年梅州市第二届工业设计大赛丰顺县共6家企业的18件作品代表参赛，其中培英、汇威、东源、泰雅达4家企业共4件作品进入复赛，培英公司荣获第三名。（四）企业技术改造投资奖励。积极组织企业开展企业技术改造资金项目申报工作，经专家组核定符合相关评审条件，广东代米生物科技有限公司、广东汇威高科技有限公司、丰顺英维营养科技有限公司3家企业总计获得梅州市2020年省级促进经济高质量发展专项（工业企业转型升级）支持企业技术改造资金1531.19万元、梅州市2020年实施设备更新叠加奖励资金408.31万元，丰顺县根据《丰顺县工业企业技术改造奖励方案》，给予获得县级技术改造奖励资金185.3万元。此外，广东华于科技股份有限公司、丰顺县培英电声有限公司等9家公司获得2020年抗议特别国债资金（企业技术改造）总计672.04万元，丰顺县玖丰实业有限公司和丰顺县佳丰科技有限公司获得梅州市省级新冠肺炎疫情防控物资生产企业技改扩大生产奖励资金总计100.91万元。

信息化工作　加快推进信息新基建工程，加强互联网信息化与制造业融合发展。（一）加快智慧城市建设进程。围绕“资源整合、资源共享”开展丰顺“智慧城市”一期项目建设，建设主要内容包括：1个中心（智慧城市综合管理中心）+1个平台（智慧城市综合管理平台）+N个智慧应用（智慧城管、综合执法、智慧旅游、综治视频联网、学校安防等智慧应用系统），形成丰顺县“一级监督、二级指挥、平战结合”的城市运行新模式。（二）大力实施5G网络等信息基础设施建设。2020年共开通162个5G基站，主要针对城区重要商业区，党政机关，城区主要工业园区等区域进行覆盖，预计城区覆盖率75%以上。通过建设及完善NB IoT网络覆盖及国标小区通信线路标准建设，推进物联网及智慧小区建设。丰顺县辖区内1418个20户以上自然村实现光纤网络覆盖。1418个20户以上自然村实现4G网络覆盖，光纤通信及4G网络覆盖率100%。（三）协助企业推动工业互联网接入。与梅州市久泰科技公司助力丰顺县鸿润电子公司和丰顺县华于科技有限公司接入梅州市工业互联网二级节点，其中鸿润电子为梅州市首家接入单位。此外，协助深华药业公司完善“基于药业大数据的现代药业物联网生态圈建设——广东深华药业物联网产业园”项目验收资料，通过市专家组验收。

民营经济　深入推进市场主体保障工作，积极推动中小企业民营经济发展。（一）扩宽中小企业融资渠道。组织13家新冠肺炎疫情防控重点保障企业申报，共4家企业获得2.73亿元重点保障企业银行贷款。积极举办“中银中小‘专精特新’企业融资服务专场”融资交流活动、促进中小企业民营经济发展惠企政策巡回宣讲会等活动，为中小企业做好支持中小企业民营经济发展的融资、用工、用地、创新、知识产权等政策宣讲。开展“政银企”融资交流对接活动，发动15家企业进行市融资对接活动，积极推动中小企业直接融资，不断增强对市场主体的流动性支持，缓解企业的现金流压力。（二）做好“小升规”计划，加快中小微企业培育，加快培育“专特精新”中小微企业步伐。2020年丰顺县组织培育海新饲料、新希望生物科技等9家企业实现“小升规”。组织华于科技和泰雅达实业两家公司申报“专特精新”中小企业项目，已获省工信厅公示，骏达电子获得2020年省级促进经济高质量发展专项资金的54.59万元中小微企业贷款补贴。鼓励企业做好中小微企业服务券申领工作，2020年共6家企业获得服务券，总计12万元奖励资金。

招商引资　加大招商引资力度，全力确保经济社会行稳致远。2020年丰顺县共签约项目17个，其中投资额超10亿元项目3个，3亿元以上工业项目共3个，亿元以上项目14个，亿元以下项目3个；签约项目计划投资总额达69.18亿元。动工建设项目有3个包括广东丰顺万洋众创城一期项目、碧桂园二期滨江时代项目、代米食品食用菌生产基地项目。2020年累计完成投资额约6.2亿元。在海珠（丰顺）产业园举行的先进制造业“三个一批”项目现场会，深入贯彻落实习近平总书记关于统筹推进疫情防控和经济社会发展的系列重要讲话和重要指示批示精神以及在企业家座谈会上的重要讲话精神。涉及23个项目，总投资额85.6亿元。

外资外贸　加强统筹布局，以稳外贸、稳外资引领经济高质量发展。受疫情影响，2020年丰顺县进出口总额1.53亿美元，同比下降约44.6%。其中：出口总额1.46亿美元，同比减少38%，进口总额665万美元，同比下降82.4%。电声产品年出口额1.27亿美元，占全县出口总额的86.8%以上。（一）深入开展暖企行动，助力企业复工复产。制定印发《丰顺县进一步推动企业复工复产暖企工作方案》、金融“十二条”等措施，“一对一”开展“四到”暖企行动，指导企业用足用好补助、减免等措施，协调解决企业防疫物资紧缺、融资贷款等问题，为外贸企业全面复工、高效复工提供支持。（二）加强因势利导，支持开拓国内市场。引导、支持外贸企业开拓国内市场，转出口为内销，努力开拓国内市场。积极组织企业参加网上广交会等线上展会，通过网上展示、推介、直播营销、在线洽谈，形成一站式全天候网上举办新模式。丰顺县共9家企业27个展位参加第127届广交会。（三）推进稳外资工作，降低外贸订单风险。2020年丰顺县外资企业丰顺县粤海水务集团有限公司新增合同外资8897.1万元，完成市下达任务目标278%，折合美元1311.5万美元，为全市完成年度实际利用外资任务目标做出重大贡献。（四）积极申报“国家外贸转型升级基地”。认真贯彻落实省委“1+1+9”工作部署和市委“123456”的思路举措，坚持新发展理念，主动适应新定位新要求，立足丰顺电声特色产业，努力在服务推动构建以国内大循环为主体、国内国际双循环相互促进的新发展格局中做出丰顺贡献。在上级相关部门的大力支持下，2020年丰顺电声产业基地被成功认定为“国家外贸转型升级基地”，为丰顺县外贸高质量发展和转型升级注入新动能。

商贸流通市场建设　巩固商贸市场平稳运行，深入推进2019年国家级电子商务进农村综合示范工作。（一）优化营商环境，加强市场主体保护。2020年社会消费品零售总额完成55.34亿元，同比下降8.4%。从经营地看：城镇消费41.4亿元，同比下降9.1%；乡村消费13.94亿元，同比下降6.2%。从消费类型看：商品零售消费52.51亿元，同比下降3.8%，餐饮收入2.83亿元，同比下降51.4%。（二）制定《丰顺县2019年国家电子商务进农村综合示范项目工作实施方案》等文件措施，成立专班工作小组，邀请省、市专家指导电子商务进农村创建工作。预付资金853.54万元，完成公共服务中心建设，共开展电商培训83场，累计培训3651人次，各包组工作平稳有序开展。（三）积极做好推动农商互联完善农产品供应链等项目申报计划——广东代米生物科技有限公司申报的“代米食用菌产后商品化处理”项目的跟踪管理，督促项目承担单位做好项目实施工作，确保完成地区绩效目标；完成“梅州市2019年省级促进经济发展专项资金（重要产品流通追溯体系建设）”项目计划丰顺县福到家商贸有限公司申报的“丰顺县福到家商贸有限公司追溯系统建设项目”的追溯体系建设项目。（四）贯彻落实省市县“广东技工”“南粤家政”“粤菜（客家菜）师傅”三大工程工作，已在黄金镇、潘田镇、丰良镇、建桥镇四镇共开展五期南粤家政居家服务人员的培训工作，有228人参加培训；“粤菜（客家菜）师傅”工程等工作持续深入推进，取得良好的成效。

科学技术工作　培育壮大高新技术企业，积极推动创新性企业发展。一是培育和发展高新技术企业。2020年高新技术企业全县累计29家，共申报12家企业（新认定）。获批准认定广东省入库科技型中小企业25家，指导企业进行科技项目研发，形成科技成果转化48项。二是加强科技研发平台建设和产学研合作。2020年共申报市级工程技术研究中心两批次6家企业，3家通过认定，3家公示，丰顺县规上工业企业建立研发平台的比例53%。组织申报、指导实施省“大专项+任务清单”科技项目6项，其中2020年3项共获得省级科技专项经费150万元。指导推进宇星、华于、泰雅达等企业与华南理工大学、广东省材料与加工研究所、工信部电子五所等科研院校深入开展产学研合作，加快核心关键技术攻关，形成5G线路板、粉末冶金汽车部件、高效环保阻燃剂等高新技术产品。组织做好科技计划项目的实施与管理，做好实施完成项目的结题验收，结题验收10项。

（曾　炀）

【国有资产投资】　丰顺县国有资产投资有限公司下辖丰顺县电业发展有限公司（含八乡一级水电站、木头凹水电站和竹子坜水电站）是以水力发电、售电经营的企业，2020年度遭遇历史大旱，年降雨量严重减少，全年累计（以八乡水库数据）1092毫米，比2019年1988毫米减少896毫米，售电各项指标均大幅减少：全年完成上网1684万千瓦时，比2019年（4453万千瓦时）减少2769万千瓦时，售电（含税）收入834万元，比2019年（2206万元）减少1372万元，上缴销售税款96万元，比2019年（254万元）减少158万元。

设备、设施维护和项目完善　积极筹措资金，利用枯水时段完成下属木头凹水电站、竹子坜水电站陂头、圳道、前池水毁修复和清淤补漏维修工程，以及八乡水库设施完善等，全年共投入维修项目资金约95万元。完成八乡一级水电站增效扩容改造工程的结算和安全文明生产的标准化建设工作。

（陈达行）

【供电】 2020年是极不平凡的一年，面对突如其来的疫情影响，丰顺供电局坚持以习近平新时代中国特色社会主义思想为指导，扎实推进“六稳”“六保”工作，坚决贯彻梅州供电局党委、县委县政府决策部署，统筹抓好疫情防控和改革发展生产经营各项工作，实现“十三五”规划圆满收官。

电网连续安全稳定运行超过28年。完成购电量14.39亿千瓦时，同比增长2.33%；售电量14.01亿千瓦时，增长3.17%。当年电费回收率100%。历史首次获得地方政府公共服务评价第一名。连续两年荣获梅州供电局组织绩效考核“A”级佳绩。

落实上级重大决策部署坚强有力

坚决落实上级重大决策部署，坚决做到“两个维护”。慎终如始抓好疫情防控，第一时间成立应对疫情工作领导小组及6个专项工作组，始终坚守“零”疫情底线。坚决落实国家降电价政策，累计降低用户用电成本1197.92万元，惠及用户1.93万户。推进丰顺苏区振兴发展，完成建桥坝后、潭江大胜2个省定贫困村电网改造。特别是统筹全局资源，调集近200名施工力量，仅用10天完成大胜村1400户的电网改造和用户接收，解决近20年的历史遗留问题，创造“丰顺速度”。助力打赢三大攻坚战，投入1650万元完成省定贫困村37个户均扩容、2.6万表前线改造、29个低电压整治项目，村户均容量2.0千伏安以上，对口帮扶点芹寨洋村5户5名贫困人口全部脱贫出列，全县1.02万低五保户100%享受免费电。全额消纳4.18亿千瓦时清洁能源，完成节约电量480.52万千瓦时。

安全生产局面稳定向好

牢固树立安全发展理念，将安全作为一切工作的基础和前提。全面完成年度安全生产目标，全年电力事故事件同比减少58%，未发生五级及以上事件，未发生人为责任事件，未发生有责任的涉电公共安全事件。完成265项涉电公共安全隐患整改。成立梅州首个作业风险监控中心，视频关联率99.76%，区县局第一。在全市率先探索实践低压GIS，完成丰良、埔寨、汤南所共55个台区低压GIS普查、绘制。首次联合部队开展反事故综合实战演练，完成两会、国庆、高考等保供电任务。

管理创新取得关键突破

始终发扬“勇立潮头唱大风”的改革精神，改革创新取得关键性突破。全面完成“子改分”改革任务。平稳完成501名退休人员社会化管理移交。创新推行基层管理“两个到位标准”减负工具，探索信息化智能应用。开展政企合作，建成电力科普与法治教育展厅，打造梅州首个企业级青少年法治教育实践基地。成立“丰翼创新工作室”，搭建创新创效平台。《关于构建山区智能电网“最后一公里”管理新模式的创新探索与实践》荣获广东电网公司基础管理改进奖一等奖，《配电自动化终端电池智能监测装置研制》获得梅州供电局职工技术创新成果三等奖，《实现配电网自动化开关远方投退重合闸》被广东电力行业协会通报表扬。

电网建设成效明显

落实“稳增长”要求，全面完成电网建设投资1.1亿元。统筹全局“十四五”智能电网规划，梳理需求1060条，储备项目643个。推动紫琳学院电网规划成果纳入国土空间规划。配合做好110千伏丰南片区电网结构完善工程属地化管理工作。出台配网工程精细化管理方案，推动项目主人全过程参与工程建设。全力推进配网自动化建设，配网可转供率74%，馈线自动化覆盖率87%，配电终端在线率98.12%。自主攻克39回自愈线路投运，达成梅州首次故障自愈成功动作。

用户获得感进一步提升

加强现代供电服务体系建设，“获得电力”服务水平进一步提升。2019年丰顺统调负荷七创历史新高，最高达到27.99万千瓦，同比增长13.37%。全方位打造“多快好省”服务品牌，优化业扩报装全流程，全年中压及低压非居民业扩报装平均用时分别为31天、2.13天，同比下降46.79%、27.05%；优化业扩界面延伸，降低客户用电成本12.47万元。推行“三免”服务，实行报装资料清单制及“一证受理”。主动为257个小水电和517个专用变压器“诊断号脉”。推进充电基础设施建设，全年建设充电桩6台。实现电子证照信息共享应用，全业务进驻政务服务网、粤省事、粤商通三大政务平台，互联网渠道业务占比99.86%。

党的建设与员工队伍素质不断提升

落实激励各级干部新时代新担当新作为10项举措，干事创业氛围进一步加强。加大中青年干部和优秀年轻干部培养力度，干部结构进一步优化。新聘技术技能专家6人。完成296名高风险一线生产人员“保命”技能培训评估，中高级技术人才比例逐年提高，人才结构优化趋势明显。大力弘扬劳模工匠精神，广泛搭建技能提升平台，组织多种类业务技能比赛，收获一批茁壮成长的青年力量。与县司法局联合主办“学习贯彻习近平法治思想”主题文艺会演，举办《中华人民共和国民法典》讲座和普法知识竞赛。《青才任重　科技保安》视频登稿南网50Hz抖音号，《建桥坝后小水电自供区接管项目落成》被广东电网公司采编。践行青春志愿，开展“电力知识进校园”，服务丰顺“两美”城市创建。组织职工徒步活动，倡导健康生活、快乐工作。

（徐丽芹）

【招商和企业服务】　县招商中心自2020年成立以来，在丰顺县委、县政府正确领导下，认真贯彻落实市委、市政府招商引资工作的整体要求和部署。围绕加快构建“5311”绿色产业体系，打造“五星争辉”格局要求，以“重点产业、重点区域、重要客商”为主线，整合资源、创新方式，大力推动精准招商、专业招商，在招商引资工作中牢固树立“产业兴市、项目为王、企业第一”理念，强化招商引资主体责任，充分利用县内资源，扎实推进招商引资工作。在全市名列前茅。

主动靠前招商引资　开展“每月走出去”专题活动先后赴广州、深圳、东莞等重点城市考察、拜访商会、企业，企业类型涵盖智能制造、新材料、食品包装、物流等产业领域。全年组织开展招商引资活动25次，拜访企业超过50家；顺利签约项目21个，其中投资额超10亿元项目3个，3亿元以上工业项目共5个，亿元以上项目17个；签约项目计划投资总额达约81亿元。2020年丰顺县总部企业经济发展逆势上升，全年入库税收30867万元，同比增长35.9%，其中县级收入8236万元，同比增长40.5%，约占全县一般预算收入的1/7，各项指标均创历史新高；

做好重点招商工作　通过举办“三个一批”项目现场会、梅州丰顺招商引资“每季请进来”企业恳谈会暨丰顺万洋众创城招商中心开放活动和“客潮风情·魅力丰顺”文化旅游对口帮扶赴广州宣传推介活动，参加广博会共建产业园区推介活动、设置丰顺招商队驻深圳办公点等方式，主动向外宣传推介丰顺以及广州海珠（丰顺）产业园区优越便捷的区位环境、崇商重企的服务环境、精准有效的惠企政策、欣欣向荣的经济面貌，提升了丰顺在外知名度，强化企业到丰顺投资信心，扩宽了丰顺对外招商引资渠道，加强丰顺县与珠三角以及周边地区的经济交流合作，推进丰顺招商引资工作。

更新招商宣传资料 全面更新县招商引资的相关宣传资料。包括结合丰顺县实际重新制定《丰顺县招商引资若干规定》（优惠政策）和《广州海珠（丰顺）产业转移工业园项目入园评审办法》等相关政策，重新录制宣传推介丰顺的电视短片、微电影以及重新修编《丰顺县招商指南》《招商宣传邮册》，创新优化招商宣传形式多样化。

建立乡贤企业名录 为实施精准招商，建立客商联络库，招商中心不断梳理与珠三角地区企业和人员资源网，编制符合县产业招商政策的《乡贤企业名录》。收集掌握来自广州、深圳等发达地区116家乡贤企业的相关信息，其中房地产类企业46家、制造业企业46家、科技研发类型企业12家、建筑业以及租赁和商务服务企业各6家。接下来，招商中心将进一步完善重点招引名录，适时更新、扩充信息库，并且将结合丰顺县实际，不断筛选有在丰顺落户可能的企业，定期对符合招商要求的珠三角企业主动登门拜访、招商，切实做到提升招商效率，实施精准靶向招商。

坚持狠抓项目推进 （一）稳抓签约项目落地率。为了对签约项目和签约未动工项目进行常态化实地跟踪服务，招商中心制定《2020年招商引资重点企业跟踪服务表》，强化对已签约项目的服务。对签约项目实行定领导、定责任单位、定责任人、定进度的要求，全程跟踪服务，直至项目建成投产，进一步确保项目“引得进、落得下、投得快”。同时，中心制订《广州海珠（丰顺）产业转移工业园项目入园评审办法》，有力推动数个入驻万洋众创城项目的工作进度。（二）牢抓在建项目推进。以集中拜访来加快项目落户。结合丰顺县招商活动安排，招商中心定期梳理、筛选全县在谈重点项目信息，对到丰顺投资意向明确或已对接洽谈的重点企业，主动、密集上门拜访，有效地加快了双十科技、国际声谷等一批在建重点项目的工作开展进程。

（黄舒琅）

交通　通信

【交通运输工作】 2020年，丰顺县交通运输局在习近平新时代中国特色社会主义思想指引下，认真贯彻落实中共丰顺县委十三届九次全会、十次全会精神，在打好新冠肺炎疫情防控阻击战的同时，围绕乡村振兴战略和“五个百亿”投资工程计划，大力实施交通建设大会战，全面提升交通运输管理水平，为全县各项工作任务高质量科学发展奠定了坚实的交通基础。2020年度，单位先后获得“梅州市抗击新冠肺炎疫情先进集体”“丰顺县创建广东省文明城市工作先进集体”“县政协提案办理先进单位”等多项荣誉称号。局长罗灿雄被评为“梅州市抗击新冠肺炎疫情先进个人”。

疫情防控压实责任，强化担当 新型冠状病毒感染的肺炎疫情暴发以后，丰顺县交通运输局在县委、县政府的正确领导下，全力以赴打好交通运输领域疫情防控阻击战。及时成立新型冠状病毒感染的肺炎疫情防控工作领导小组，明确责任人和

工作职责，确保疫情防控责任落实。

（一）外防疫情输入。自2020年1月25日起，丰顺县先后设立汕梅高铁丰顺东站、建桥站，丰顺火车站，丰顺汽车客运站，附城客运站，丰良客运站、附城高速出口、丰顺高速出口、（汤南—揭阳）G206交界点、（埔寨—揭西）G235交界点、北斗服务区等11个联防联控检疫点，由县交通运输局会同卫健、公安以及当地镇政府等单位和部门抽调人员在11个联防联控检疫点值班值守，认真开展体温检测、疫情监测、登记核实等工作。2020年6月1日起，按照上级部署，丰顺县除汕梅高铁丰顺东站、建桥站、丰顺火车站、附城客运站、丰良客运站保留工作人员外，其余联防联控检疫点撤销，各站场严格按照常态化疫情防控措施部署做好体温检测、疫情监测、登记核实等工作。经统计，2020年度各联合检疫点投入工作人员数量达28654人次，排查人员数量达449588人次，其中排查国内重点疫区到丰顺人员数量602人、境外（含港澳地区）重点疫区到丰顺人员数量4人。

（二）抓好运输行业疫情防控。在外防疫情输入工作的同时，县交通运输局认真按照交通运输部“一断三不断”的要求，全力抓好做好应急保障各项工作，协调和推动交通运输行业应对新型冠状病毒感染的肺炎联防联控工作开展。积极督促指导交通运输企业做好疫情防御工作方面。要求交通运输企业成立新冠肺炎疫情防控应急领导小组，认真做好疫情防御工作，落实好交通站（场）等公共场所及营运车辆的清洁、消毒、通风等卫生防疫工作；指导城市公共交通企业做好疫情防御工作，落实好公交站场、公交车和出租车等公共交通工具的清洁、消毒、通风等卫生防疫工作，确保疫情防控工作落到实处，对守好梅州“南大门”起到了重要作用。

（三）积极推进疫苗接种。按照县疫情防控指挥部工作部署，县交通运输局积极组织和发动交通运输“两站一场”（即丰顺火车站、梅汕高铁丰顺东站及建桥站、丰顺县益丰交通汽车有限公司、中广丰运输公司）等从业人员接种疫苗，筑牢疫情防控坚实屏障。

项目复工统筹兼顾，全力推进　丰顺县新冠疫情缓解进入低风险等级后，县交通运输局积极谋划疫情防控和改革发展稳定各项工作，树立项目为王的思想，压实责任、挂图作战，全力保障交通项目建设复工和推进。2020年，推进全长624.93公里、总投资202.1亿元的高速公路、省道公路以及资源路、旅游路、产业路以及“四好农村路”建设项目42个，全年完成投资15.3亿元（其中高速公路2.3亿元、地养省道和农村公路13亿元）。国道235线（原省道224线）三合至潘田段改建工程、新高园至铜盘林场大宝山旅游景区改建工程、梅汕高铁丰顺东站广场配套工程等重点项目先后建成通车，完成上级下达的“四好农村路”建设决胜攻坚任务470.62公里。

（一）主攻高速公路建设。全力配合推进大丰华高速丰顺至五华段建设，至2020年年底丰顺县境内长约14.43公里已基本完成全线路面工程，大丰华高速项目的关键控制性工程——全长6336米的鸿图特长隧道（粤东第一长高速公路隧道）历时三年艰苦施工，预计2021年1月贯通，为项目2021年建成通车打下坚实基础；同时积极与省、市相关部门加强沟通协调，力争大丰华高速公路大埔至丰顺段2021年年底前动工建设，梅潮高速、丰顺至揭西高速列入建设规划。

（二）升级改造国省道干线。2020年全力加快全长138.6公里、总投资17.1亿元的6个国省道项目。其中国道235线（原省道224线）三合至潘田段2020年10月1日已建成试通车，省道233线大龙华至留隍北洞段等项目实现预期目标。

（三）打造资源路、旅游路、产业路。2020年全力加快全长110.83公里、总投资60亿元的14个资源路、旅游路、产业路项目。其中新高园至铜盘林场大宝山旅游景区改建工程、梅汕高铁丰顺东站广场配套工程等重点项目先后建成或完工，国道206线丰良镇奖坑至榕树塘新建工程、汤南镇海沟路新建工程等项目实现预期目标；国道235线（埔寨）至国道206（东里）连接线工程、丰顺县学院路、紫琳大道等一批重点新建工程正在开展前期工作。

（四）推进“四好农村路”建设决胜攻坚。2020年度上级下达丰顺县“四好农村路”建设决胜攻坚任务共470.62公里。其中县道砂土路改造项目1个2.47公里，乡、村道砂土路改造项目和200人以上自然村通硬化路项目315个合计462.35公里，通产业园项目3个合计5.8公里，2020年年底前已完成全部建设任务。

交通执法多措并举，成效明显　2020年，县交通运输局切实抓好年初制定的各项执法工作任务，确保全县道路运输市场安全、有序。全年共出动执法人员13317人次，执法车辆3795车次，检查车辆28790辆，立案630宗，结案630宗，卸载重量5918.21吨，罚款总额275.23万元。

（一）强化超限超载治理。一是加大重点区域治超力度，自2020年5月下旬开始，在省道227线（原县道072线）留隍镇设置临时治超检测点开展为期半年的超限超载专项治理行动。交通、交警和留隍镇各派出8名执法人员，全天候24小时开展流动治超行动，严厉打击“百吨王”、严格执行“一超四罚”。此外，在潭江镇丹竹洋村路段、留隍镇溪北村尖峰路段设置3个限高、限宽龙门架，限制超限车辆通行。二是提升科技治超水平，完成交通运输应急指挥中心和金贵大道、附城治超非现场执法监测点建设；此外，还加强治超站场建设和管理，在现有附城治超卸货场的基础上，再增加一个合山治超卸货场。三是严把源头治超关，积极推进重点货运源头技术监控、督促货运源头单位和运输企业履行安全生产主体责任。于10月26日将第一批已签订《丰顺县道路货物运输源头超限超载治理工作责任书》的源头治超货运企业60家在电视台和政府网站进行公示。一年来共出动执法人员716人次，走访货运源头单位147家次，对货运源头单位行政处罚170宗，罚款171.5万元。四是强化路面执法，制定《丰顺县深入开展货运行业乱象专项整治工作方案》，和公安交警建立长效联合治超机制，严厉打击超限超载车辆违法行为，全年共出动联合执法人员10282人次；出动执法车辆3520车次；立案267宗，结案267宗，卸载5918.21吨，公安总记分1461分，罚款总额215.61万元。

（二）开展专项整治行动，严厉打击道路旅客运输违法违规行为。根据省、市有关关于开展道路客运市场专项整治工作的文件要求，利用错峰和客运车辆出行高峰的时间，执法人员起早摸黑，对客运站、火车站、高铁站、旅游集散地、乘客集中出行路段、高速公路客运线路等重点区域重点路段开展专项整治行动，实施综合治理，依法查处非法营运、违法停靠、站外揽客等违法违规客运行为。全年共出动执法人员6156人，出动执法车辆1723

辆次，查处违法车辆197辆，罚款58.32万元（其中客运班车违法经营15辆、客运包车违法经营4辆，普通货运违规车辆69辆，非法改装44辆，驾培违法车辆1辆，无从业资格证47宗，其他涉道路运政违法车辆17宗）。

（三）强化路域整治，消除安全隐患。结合省、市路域环境整治方案和路政宣传月活动要求，成立领导小组，制定《丰顺县开展公路及公路两侧涉路违法行为综合整治专项行动方案》，按照方案要求对公路两侧违法设置广告标牌设施、建筑控制区内违法修建建筑物、地面构筑物等违法行为进行整治。全年共出动执法人员675人次，出动执法车辆183车次，路面巡查5820多公里，拆除违法广告标牌（条幅）857块/3260平方米；清理公路路障、杂物167处/3180立方米；查处污染公路路面车辆1辆。

（四）做好港航防汛应急巡查。全面加强全县航道行政执法，依法保护航道正常完好和水路运输市场正常秩序。执法队员坚持每月例行巡查2～3次，重点对丰顺县东山电站引航道、韩江航道，以及潭江、留隍、蔗溪口等渡口和渡船进行不定期执法巡查，有效消除汛期安全隐患。全年共出动执法人员286人，出动执法车辆96辆次，路面巡查韩江航道2800多公里。

公路管养提高效率，狠抓落实　县交通运输局地方公路管理站进一步转变观念，务实创新，以公路安全生命防护工程、绿色廊道建设等工作为重点，切实加强公路养护管理工作，提升建、养、管水平，确保地方公路安全畅通。

（一）公路安全生命防护工程工作。2020年投资1970万元，完成2020年部补助项目104条线路110.39公里隐患整治工作，实现交通安全基础设施明显改善、安全防护水平显著提高，公路交通安全综合治理能力全面提升。

（二）绿色廊道建设工作。全年共投入资金250万元，完成高铁边接线3.6公里及站前广场绿化建设。种植秋枫、黄槐、红花紫荆、香樟、海藻、大叶紫薇、川前柳、美丽异木棉等16种乔木，花卉及草皮约3.5万平方米，高水平打造提升城乡门户景观。

（三）地方公路建管养工作。全面提升公路路况质量，共投入资金23万元，完成县道072线潭江至东留段破损路面整修回填，新增（更换）标志牌50块。投入350多万元完成乡道117线和西岸线潭江大桥至东山电站段16.5公里路面挖补工程等；按要求委托第三方完成对全县省、县、乡公路共515座桥梁排查；停车区建设方面，基本完成省道228线葫芦礤停车区建设。

（四）水毁工程抢修工作。2020年，丰顺县地养公路累计水毁公路造成直接经济损失达257.47万元，冲毁防挡墙22处，上边坡塌方11920立方米/98处，被毁路面15240平方米/5.07公里，被毁路基8310平方米/5.41公里，局部毁涵洞14道。全年累计投入水毁抢修资金30多万元，出动抢修人员100多人次，投入机械10多台班。清除塌方淤泥1万多立方米，疏通修复局部毁涵洞14道，迅速恢复农村公路安全通行。

（五）危桥改造（加固）工作。2020年完成村道C461线乌石铺桥改造，改善当地农村交通设施和出行条件，彻底消除桥梁安全隐患，确保农村公路的安全畅通。

行业管理全面加强，监管到位　大力发挥交通运输部门先行官的作用，积极推进交通运输行业管理各项工作高质量科学发展。

（一）抓好运输行业管理各项工作。通过进一步完善行业管理机制，积极抓好机动车辆维修、驾驶员培训市场的专项治理工作，以及营运车辆经营资质年度查验的工作，全年共办理普通货车行政许可43宗。

（二）加强公共交通管理。2020年，县交通运输局按照丰顺县开展“美丽丰顺·美好家园”三年行动工作任务，结合丰顺县“迎国评”、创建文明县城工作方案要求，全力开展公交站亭（车）设施卫生整治，组织工作人员对县城内49个公交车站亭、牌进行专项排查整治，在城区新建公交站亭76个。

（三）深入抓好交通行业安全生产。加强水陆客货运输和交通建设领域的安全督查，在春运、“五一”、国庆等假期重点加大对易燃品、易爆品和危险品查堵力度，及时排查可能存在的隐患，严厉查处违法行为。加大对客货运输站场、建筑工地的日常监管力度，督促企业认真落实安全生产主体责任。通过认真做好各项工作，确保交通运输领域安全生产工作形势稳定。

（张志荣）

【公路事务】 2020年，丰顺县公路事务中心立足公路部门职能，结合公路实际，全力营造“畅、安、舒、美、绿”的道路通行环境。在国省干线公路建设、安全、养护、管理工作和“迎国评”为重点的国省道项目建设，担当作为，砥砺奋进，实现各项工作的平稳较快推进。

2020年，丰顺县公路事务中心实施项目共13个，全年累计完成投资3.28亿元。

（1）国道206线兴宁松陂至丰顺北斗石桥头（丰顺段）改建工程。全长37.76千米，于2017年10月动工，项目投资7.6亿元，至2020年10月已完成路面37.3千米，并于10月1日进行试通车，累计完成投资7.5亿元，完成98%。计划2021年3月组织交工验收工作。

（2）国道206线丰顺县石桥村至揭阳交界段沥青混凝土路面改造工程。全长12.5千米，总投资7512万元，于2019年6月动工，路面沥青铺筑以及附属工程人行道透水砖、花池带、路缘石铺筑已完工。

（3）国道235线丰顺潘田至县城段沥青混凝土路面改造工程。全长29.1千米，于2019年6月动工，项目投资9952.47万元，已全面完工。

（4）省道226线（原省道省道S228线）丰顺八乡山分水坳至汤坑段路面改造工程。全长24.5千米，项目总投资6806万元。2020年完成投资4000万元，计划2021年第一季度完成全部工程。

（5）国道206线丰顺县丰良大径口至北斗苏山段路面改造工程。该工程为兵营山盘山路段，为国道206线应急公路进行改造的新增加的项目。全线长13.4千米，工程总投资3324万元。正进行招标工作。

（6）国道235线丰顺县砂田丰埔桥至三合段公路改建工程。全长24.7千米，总投资5.3744亿元，初步设计已完成并报至省交通运输厅，等待批复。

（7）2020年丰顺县“迎国评”普通国省道干线公路路面改造工程。项目总投资约2718万元，于2020年9月底开工，国道235线、国道355线和省道233线项目已完工。

（8）丰顺县国家公路网命名编号及标志标线调整工程。项目总投资约147万元，项目已完工。

（9）国道235线（原省道224线）汤

南停车区新建工程。项目总投资约60.75万元，项目已完工。

（10）国道206线丰顺县北斗镇段、省道226线丰顺县八乡山段连续长陡下坡路段治理工程。项目总投资约41万元，项目已完工。

（11）丰顺县砂田镇穿圩段及周边连接线路面提升工程。项目总投资约390万元，项目已完工。

（12）国道206线山角平交整治工程。项目总投资约113万元，项目已完工。

（13）丰顺县公路事务中心“5G智慧公路”。项目总投资约100万元，已完成“5G智慧公路”设备采购和指挥中心室内装修工作。

公路养护

坚持“建养并重”方针，狠抓公路养护不放松，公路养护好路率、综合值逐年有所提高。全年累计完成清挖边沟113千米；清除路边坡塌方85处，共2.2万立方米；填补路基缺口和培路肩9650立方米；整修路肩边坡13530平方米；修补路面坑槽6880平方米；疏通桥涵排水55座；管养路树199.14千米；补植绿化带路肩草2670平方米，补划路面标线9160平方米。全线路面灌纵横缝、不规则裂缝55千米；对管养的54座桥梁进行二次安全隐患排查；养护车等机械设备完好率达到98%，无丢失或损毁。

路政管理

在开展日常公路管理工作中，坚持“内增素质、外树形象、依法治路、规范管理、文明执法、热情服务”的管理目标，履行保护路产、维护路权的职责，保障公路畅通；加强路政巡查，发现、制止违法案件，并及时告知执法局；切实维护好路产路权，做好窗口服务；规范标志、标线等完善工作，保持优良的路域环境；坚持依法行政，加强学习，加强作风建设，做到文明执法、遵纪守法；加大力度追缴损坏路产赔偿费。

丰顺县公路事务中心路政管理人员依法维护路产路权，积极整治公路的“脏、乱、差”现象，始终坚持做好日常巡查工作，参加公路巡查共1477人次，巡查公路里程共27770千米，清除各种违章占用公路145处／4432立方米，发出各种违章行为法律文书112份，移送交通综合执法局14宗案件，拆除违章广告标牌（条幅）1995平方米／145块，处理损害公路路产案11宗，路政许可审批6宗，其中公路路产赔（补）偿费收入56806元。实现公路完好、安全、畅通。在公路管理工作取得较大成效。

安全生产

坚持“安全第一、预防为主、综合治理”的工作方针，扎实推进安全生产“一岗双责”制度，强化宣传教育培训和应急演练力度，加大安全隐患排查治理，努力消除各类道路交通安全隐患。一是做好春节、清明、端午、国庆、中秋等重点假日与节会的公路保畅工作。二是积极应对汛期公路通畅。在雨季防汛特防期，加强值班值守，启动应急预案，积极采取有效措施抢险，有效保障公路畅通。三是专项活动开展得有声有色。6月开展“安全生产月”和“安全生产万里行”活动。四是坚持安全隐患排查与整治。坚持每月至少一次主要领导带队的安全隐患排查，由分管领导督办隐患整治。2020年累计排查隐患120处（项），并及时处置。一年来，未发生任何安全事故。

党建工作

丰顺县公路事务中心坚持“标本兼治、综合治理、惩防并举、注重预防”的基本方针，加强党的建设及班子建设、队伍建设，构建具有公路行业特色的党风廉政建设体系，全年未出现违法违纪违规案件。重视党建工作，推进党风廉政建设、思想政治建设、作风建设、纪律建设，培育和践行社会主义核心价值观，建设敬业廉洁的班子和高素质专业化公路队伍；加强意识形态工作，注重制度建设，提升干部职工的纪律意识，做到讲政治、守纪律、守规矩；深化政治理论学习，抓好党员干部职工的学习教育，开展学习贯彻中共十九届五中全会精神及学习《习近平谈治国理政》第三卷专题辅导报告会和纪教月活动，坚持党组织生活制度，确保成效，以党建引领公路事业发展。

（李瑞华）

【电信通信】 2020年，是极不平凡的一年。中国电信丰顺分公司以习近平新时代中国特色社会主义思想为指导，全面贯彻落实中共十九大和十九届二中、三中、四中、五中全会精神，深入贯彻习近平总书记系列重要讲话和重要指示批示精神，按照党中央、省、市、县重大决策部署，统筹发展与安全，践行初心使命，保持企业和谐稳定，公司整体发展呈加速增长态势，为立足新发展阶段、开创新发展格局奠定坚实的基础。

企业荣誉　荣誉感是一个团队的灵魂，高度重视荣誉选树工作。汤坑营业厅获评“丰顺县三八红旗集体”；丰顺分公司团支部获评中国电信广东公司2020年度先进基层团组织；分公司党委书记、总经理、县政协委员许穗在县政协十届五次会议提出的《加快智慧城市建设促进城市文明和谐》等2个提案被评为优秀提案；分公司彭庆初荣获2020年丰顺县创建广东省县级文明城市工作先进个人。

疫情防控　年初，面对突如其来的新冠肺炎疫情，公司党委坚决落实党中央、上级公司和地方政府的决策部署，快速动员，周密部署，严格落实各项防控措施，全力维护人民群众生命安全和健康，保障全县党政军各单位及广大用户的通信畅通。坚守岗位，闻令而动，全体一线维护人员24小时待命，零时延响应开通 县防控指挥部、人民医院等办公电话，100%完成政府各类应急电视电话会议联调维护，免费提供天翼云视频会议系统，推出防疫宣传服务、在线教育服务等线上线下十大服务举措，保障党政、医疗等重要防控部门的通信需求，为各政府单位在应急指挥、远程办公、为广大学子在线学习提供专属服务。一方有难、八方支援，公司5名党员干部深入社区共同开展疫情防控工作；全员献爱心捐善款支持疫情防控工作。同时，公司做好内部联防联控工作，统筹推进疫情防控与经营生产，企业各项工作平稳有序开展。

社会责任　积极响应县委县政府号召，主动履行社会责任。一是严格按照国务院“三电办”的工作部署，积极配合县公安局开展以打击盗窃和破坏电力电信广播电视设施犯罪行为的专项斗争行动，专门安排人员全程跟踪和协调综治、公安、工商、电力等8个单位的工作。二是积极参与义务植树、创文创卫、无偿献血等一系列社会活动，参与人数超过30人次。三是扎实做好对口扶贫村的帮扶工作，不定期走访贫困户，在中秋、春节等节日对扶贫对象开展上门送温暖活动。四是积极主动做好创文、“两美”工作，组织19名党员干部参加创文活动，争取资金105万元，开展线网、管线整治、迁移工作，美化城市空间。五是完成山地自行车大赛、2020年中国农民丰收节暨梅州丰顺农民直播节等多个活动的网络通信保障工作；100%完成政府各类电视电话会议联调维护工作，保证丰顺县各项活动、会议的网络畅通。

企业经营　2020年经营业绩持续向好。全业务收入完成107%；移动、宽带业务完成均排全市前列；一线人员实发薪酬同比提升18%。

网络建设　全年完成1500万元信息基础设施建设，打造丰顺县实力雄厚的信息经济，朝着建设网络强国的战略部署与“两个一百年”奋斗目标不断前进。一是巩固光网优势。持续深化光网覆盖，新建县城ODN主干光缆5条，新建光端口近5000线，全县光网覆盖率96%，为丰顺打造网络强县、推动信息化发展奠定坚实的基础。二是落实新基建：共建成5G基站46个，实现党政相关机构及主要商业区5G信号覆盖；开通4G基站12个，4G网络覆盖能力不断加强，实现全县4G信号全覆盖。三是优化网络成环，建设双路由，增强网络健壮，提升网络安全。超1000户OLT或汇聚交换机实现100%双路由上联；对500户以上的OLT等重要链路实施双路由改造，实现重要链路故障客户无感知。

信息化建设　全年投入2000万元服务地方信息化建设。一是配合完成12个市政道路工程的管道、杆线迁改工作。配合县委县政府及各镇村开展“创文创卫”整治工作和“美丽梅州·美好家园”的建设工作，完成线路迁移和隐患整治共260多处，为打造宜居宜业宜游的美丽梅州、美好家园做出应有的贡献。二是不断推进“平安丰顺”社会治安视频监控系统升级改造建设，为社会管理及“平安丰顺”建设提供强大的保障，助力政府打造宜居城市。

党团工作　一是构建大党建工作格局。各党支部以“绩效提升和能力提升”为抓手，以“压实责任、强化担当、提升能力、发挥作用”十六字要求融入部门和岗位职责，担当作为；创新工作方法，通过开展党员积分管理、基层党支部示范点、党建指导员建设、严格执行“三会一课”等，基层组织力得到增强；从严落实责任制，实施分层级、分维度全面从严治党责任制考核，管党治党主体责任得到落实。二是构建大监督工作体系。纪委委员从3人增加到5人，配备兼职纪检监察员1名，各党支部纪检委员、兼职纪检人员共10名，壮大纪检力量，“末梢”监督更加有力；开展纪委书记廉洁宣讲、“树立正确业绩观、绩效观”大讨论活动、纪律教育月活动；开展迎巡自查自纠及整治整改工作。三是深化党建带团建工作。组织开展系列专题学习、培训活动，开展团员骨干“云改数转·青春领航”专题培训，提升了团员青年的能力和活力，培养团队合作精神和工作激情，丰顺分公司团支部也荣获省、市公司2020年度先进基层团组织等称号。

工会工作　一是落实“五必访五必贺”常规慰问制度。全年共投入慰问金1.6万元，慰问老领导、80周岁以上老员工、困难党员共36人。二是坚持开展“夏送清凉”“冬送温暖”及业务发展鼓劲慰问活动。全年累计投入金额4.3万元，共慰问近500人次。三是发挥互助会作用，为员工排忧解难。全年共为79人次会员争取帮扶，累计获得15.67万元互助会资助金。四是坚持提升职工之家品牌形象，推进“四小”常态化管理。共筹集资金8.1万元对丰良小食堂进行修缮，为一线员工创造更加和谐、更加舒适的工作生活环境。五是坚持开展员工主题活动。开展“三八”女工拓展培训、“六一”亲子欢乐行活动等，舒缓员工压力，增强企业凝聚力。六是开展服务企业纪念活动，为服务企业30周年（男）/25周年（女）员工颁发服务企业荣誉证书及纪念品，重温企业发展历程，增进员工的企业归属感。

（周德孟）

【邮政通信】 2020年，丰顺邮政坚持以习近平新时代中国特色社会主义思想为指导，认真贯彻落实党中央、集团公司、省、市分公司工作要求，积极克服疫情影响，以“三个视角”找差距，以“三大规律”谋发展，围绕有效益规模发展目标，各项工作取得积极成效，收入、利润等目标任务全面完成。2020年，丰顺邮政坚持质量第一、效益优先，实现收入同比增长7.7%，利润同比增长7.8%，顺利完成全年收入目标任务。

金融业务逆势上扬　2020年，受疫情影响，丰顺金融市场竞争尤为激烈，面对不利局面，邮政公司通过扎实开展“补产”“追产”“增产”三项行动，做到调结构、稳规模、提质效，完成代理金融收入同比增长4.4%。一是业务结构调整成效明显。突出发展价值存款，大力发展大中间业务。二是项目获客能力提高。攻克了拆旧复垦项目，实现批量获客获金，有效拉动余额上规模。三是VIP客户贡献度提升。通过开展纳凉节、优惠换购、生日会等活动，强化VIP客户维护提升工作。四是邮银速协同发展。2020年，邮银双方紧密合作，开展多个业务协同发展，共同带动金融业务发展。

寄递业务提质增效　2020年，邮政公司通过进一步调整寄递业务结构，以重点项目、高效业务为抓手，抢占寄递市场。全年收入同比增长65.1%，市占率9.43%，同比提升6.63个百分点。一是“调结构”，国内特快业务发展提速。上半年，以防疫期间“避免人群聚集和接触”为营销点，开发教辅教材寄递业务，帮助10个中小学寄教材，落实疫情防控和助力复学复课。下半年，扎实推进“互联网+”行动，开发录取通知书、教育类档案寄递等高效项目，有效提高创收。二是“稳市占”，快包业务发展实现上量。通过积极开发新客户，抢占社会快递公司未复产的市场份额。三是发挥网络优势，助力脱贫攻坚。为潘田、留隍镇农村合作社提供运输服务，累计运送扶贫产品90多吨、1.6万多件，助力精准扶贫脱贫。

邮务类业务提质增效　受疫情影响，各种集邮营销活动受限，邮政公司及时调整发展策略。一是借力集邮网厅、集邮微商城等由线下销售向线上销售转型发展。二是引导员工客户关注集邮网厅平台，通过“每月上新日”产品、集邮周等做好产品营销推广工作，为下阶段集邮发展奠定良好的基础。三是加强政企合作函件业务，加快推进视频广告、邮包伴侣业务发展。

农村电商运营取得新突破　以“八个结合”为指导思想，从农村电商、金融等方面深度融合，为农村电商的深入发展打造良好的环境。一是扩大宣传渠道。通过抖音、微信朋友圈等平台上传特色农产品的宣传视频，将其推送到客户及亲朋好友的圈子，扩大丰顺特色农产品的宣传推广范围。二是扩大销售范围和规模。通过线上的邮乐购、极速鲜渠道以及线下的抛单、集订，扩大销售丰顺特色农产品的范围和规模。三是强化金融服务。及时准确切入农产品的产业链，为农产品合作社提供便利的资金结算服务和必要的现金流支撑，实现资金在邮政代理金融体系内循环流动。

普遍服务全面达标　邮政营业服务达标率、全程时限达标率、邮件和报刊妥投率、建制村直接通邮率、县以上党政机关《人民日报》当日见报率均100%。普服客户满意度98.07分，客户满意度在各县分公司中排名第一。平信丢失率以及普通给据邮件丢损率均为0。没有违反“两条红线”情况。2020年，机要通信保密安全，荣获全市邮政单位一等奖；全年没有发生重大质量事故，荣获“平安邮政先进单位”荣誉称号。

（翁荣太）

【移动通信】　2020年，在丰顺县委、中国移动梅州分公司党委的正确领导下，丰顺移动坚持以习近平新时代中国特色社会主义思想为指导，紧扣丰顺县政府一系列决策部署，加大投资力度，加快5G网络建设，巩固网络优势，持续提升服务质量，推动品牌焕新，全力加快全业务运营，推进信息化建设。截至2020年年底，公司网络覆盖率99.70%。至2020年，丰顺移动分公司连续21年被评为广东省守合同重信用企业。

5G发展步履不停，全力打造5G精品网络和5G业务

为把5G信号覆盖范围触角拉得更广、更深，让广大移动客户感受更优质的5G网络体验，丰顺移动牢固树立“责任、拼搏、争先、创新”的理念，持续加大5G投入，推动5G和4G协同，全力打造新一代信息基础设施。2020年实现45个5G站点开通，实现丰顺主城区5G信号全覆盖。完成8个新址新建站的开通，162个扩容站点建设交付，跟进9个商机社区、6个国标小区新建工作，新增端口8912个。解决多处无线弱覆盖问题。丰顺移动在县委县政府的领导下，在丰顺县各行业合作伙伴的鼎力支持下，积极融入地方经济社会发展大局，加快建设5G网络、云平台等步伐，更好满足人民日益增长的美好信息生活需要，推进智慧丰顺建设。精细化管理城市，助力丰顺县加快实现高质量发展。

信息化服务，筑牢疫情防控，助力复产复工复学

2020年年初，面对突如其来的新冠肺炎疫情，丰顺移动积极开展疫情期间通信服务保障工作，为疫情防控工作全力提供应急通信，确保政府权威信息及时发布。通过5G红外体温测温技术，可多人通行精准测温，有效替代原始体温枪，降低二次感染风险，从助力各行业复工复产；积极响应丰顺教育部门“停课不停学”的要求，为学校免费提供云点播、移动IPTV点播服务，帮助各学龄段学生在家安心学习。用信息化产品为学校连接起疫情中的知识桥梁。此外，为丰顺县6300位公职人员上架防疫视频彩铃，让手机终端成为传播科学防疫信息的重要窗口，提高全民防范意识。按照市委、市政府相关部门部署，通过10086端口向丰顺县群众发送各类疫情防控公益短信超200万条。

积极践行国有企业的社会责任担当移动在行动

（一）为全面展现丰顺移动服务水平，向客户传递公司优势服务，进一步诠释“全心全意，为您服务”的服务内涵，打造客户感知，丰顺移动持续组织开展“走进中国移动”活动之“走进智慧移动”客户体验活动，邀请丰顺VIP客户参加“走进智慧移动”、现场参观交流体验活动，提升客户服务感知和获得感。

（二）每年的“3·15”国际消费者权

益日，按丰顺县市场监督管理局、丰顺县消委会统一要求安排，丰顺移动积极参加国际消费者权益保护日主题宣传活动，为群众进行客户个人信息保护、防范通信信息诈骗等方面知识的普及宣传，营业窗口以客户为本，把好业务关口措施，全力维护客户通信消防正当权益。

（三）为深入贯彻习近平新时代中国特色社会主义思想和中共十九大报告中的“打造绿色生态人居环境、构建特色宜居城乡”理念，梅州市丰顺县大力开展卫生县城创建活动，丰顺移动积极响应当地政府号召，履行社会责任，身体力行加入到创卫大军，以实际行动推动县城大文明。

（四）自启动创文工作以来，丰顺移动积极响应县委、县政府的号召，优化服务环境，划分业务办理区、智慧家庭体验区、客户休息区、儿童休闲区，设置无障碍通道和禁烟标识，着力改善营业环境、提升服务质量，以窗口小文明推动城市大文明，积极支持本地文明城市建设。

（五）履行社会责任，回报社会。2020年圆满完成全国山地自行车联赛总决赛、“喜德盛杯”国际自行车邀请赛等大型项目活动通信保障工作。

（陈　雁）

【联通通信】 2020年，丰顺联通在县委、县政府的大力支持下，在上级公司的领导下，积极响应国家网络强国、互联网+行动、5G战略计划，丰顺联通积极响应市政府号召、落地省级分公司部署，致力加快本地信息基础设置尤其5G建设发展。加速5G行业应用创新（5G+工业互联网、5G+智慧执法和5G+智慧医疗、5G+智慧农业、5G+智慧教育）为丰顺县政府事业单位的信息化建设和企业与农村信息化应用普及提供更加优质、丰富的服务。

党建工作　坚持以习近平新时代中国特色社会主义思想为统领，深入贯彻中共十九届五中全会精神，落实新发展理念，持续推进“五新”联通建设，坚持以高质量党建引领高质量发展，公司党支部始终坚持党对企业领导不动摇、围绕经营发展不偏离、建强基层党组织不放松，持续推进党建工作与生产经营实践相结合，把党建成效转化为促进公司发展的内生动力和强大优势。加强学习，树立正气，做到诚信经营，全面落实上级公司党建要统领全局、融入全局、推动全局工作要求，实现业务发展全面提速。丰顺联通对口扶贫单位为砂田镇岳坑村，2020年丰顺联通开展“精准”扶贫方案帮扶项目，为岳坑村搭建“沃视通流动党员管理　平台”，该项目的投入使用使外出党员和老龄党员学习不掉线，实现“离村不离党、流动不流失”的愿望，进一步完善岳坑村新农村建设，加强村党支部党建管理。

生产经营　2020年丰顺联通坚持党建引领，坚定价值提升，总体经营稳定，规模和业绩平稳增长。累计完成年度预算98%，全市排名第三。

通信工程建设　2020年丰顺联通累计完成基础网络建设投资1040.25万元（其中5G基站室分建设投资737万元），投资完成率100.1%，其中光纤建设，含续建10个项目开通4G基站13站，新增NB基站3站，新增100M以上光纤接入用户数0.11万户（含光改迁转用户），较好地完成本地信息基础主要指标任务。基础4G覆盖不断增强。4G新建完善各场景覆盖，主要完成市区县城16站无线覆盖空洞4G补强（含大宝山、韩山旅游区、埔寨工业园等），新建丰华高速道路覆盖建设，服务民生网络覆盖得到进一步完善。

5G建设发展全市初显成效，2020年丰顺联通累计开通5G基站42站，完成丰顺县城5G基本覆盖（含县政府、丰顺中学、工业园、国土、喇叭厂等区域），完成年度5G网络建设开通目标；“梅州联通云数据中心”建成，是梅州市唯一家达T3+标准的数据中心，搭载5G数据切片和MEC（边缘云）技术，可个性化定制支撑各场景5G+网络智慧应用，下沉丰顺具备服务全县各级工业互联网合作和应用部署的双活运营能力，基于在开展的梅江区博敏电子PCB智能制造、大埔通美实业全果深加工5G+应用经验，可复制实现丰顺县汽配、电声等5G+工业互联网应用。

信息化建设　丰顺联通随5G网络加速、5G应用场景推广，加速5G行业应用创新：（一）5G+工业互联网。5G是新一代移动通信系统，5G与工业生产融合之后，逐步成为支撑工业生产的基础设施。5G与工业互联网融合应用八大类新型场景，分别为5G+超高清视频、5G+AR、5G+VR、5G+无人机、5G+云端机器人、5G+远程控制、5G+机器视觉以及5G+云化A国道GV等将助力丰顺实现制造业向智能化、服务化、高端化转型。（二）5G+智慧执法。利用5G的大带宽、低时延高可靠及海量连接特性，结合AI、大数据、IoT等支撑能力，打造立体5G+智慧执法应用系统，满足执法行业高清视频监控、灵活和快速部署、实时调度、广覆盖监控以及高可靠性保障的要求。（三）5G+智慧医疗。已实现5G在医疗健康领域包括远程会诊、远程超声、远程手术、应急救援、远程示教、远程监护、智慧导诊、移动医护、智慧院区管理、AI辅助诊断等众多场景的广泛应用，通过创新智慧医疗业务应用，节省医院运营成本，促进医疗资源共享下沉，提升医疗效率和诊断水平，缓解患者看病难的问题、提升人民健康水平、改善民生。（四）5G+智慧农业。助力“智慧农业”精效生产，数字驱动产业升级。推出无人机植保、高清视频监测、虫害识别、精准种植、智能预警等创新应用，实现农业产业数据驱动，精准化生产，效率提升。（五）5G+智慧教育。5G与人工智能、虚拟现实、全息互动教学的应用结合、物联网校园管理等可以提升区域教育资源的协作，助力丰顺教育智能化发展。丰顺联通5G应用场景推广将赋能千行百业创新升级。如5G新媒体、5G智慧建筑、5G智慧社区、5G智慧交通等。

（李玉宇）

城乡建设　环境保护

【住房和城乡建设】　2020年，县住建局坚持以习近平新时代中国特色社会主义思想为指导，坚决贯彻落实习近平总书记关于住房和城乡建设事业发展作出的重要论述和指示批示精神以及习近平总书记对广东工作作出的系列重要讲话和指示批示精神，紧紧围绕县委、县政府和上级部门决策部署，担当作为，攻坚克难，丰顺县住房和城乡建设各项工作取得新的进展和成效。

房地产市场平稳发展　2020年房地产在建楼盘有18个，总共发出预售证17宗，共4398套，预售面积54.6万平方米。丰顺县1—12月总共销售2864套，成交面积34.58万平方米成交金额21.3亿元，成交均价6176元/平方米，面积同比2019年增加46.72%，均价同比2019年下降4.16%。丰顺县房地产市场保持平稳运行，基本实现稳地价、稳房价、稳预期目标。

住房保障工作扎实推进　一是依法依规办好住房公积金业务，扎实做好住房公积金的运营和管理。全县缴存单位458个共17264人，新增缴存单位22个共317人；全县归集住房公积金预计3.63亿元，同比增长14%；累计归集预计21.98亿元；归集余额预计8.27亿元；发放贷款预计610户共1.4亿元，比2019年增长3%，累计支持户干部职工购（建）房贷款总额预计12.14亿元、6431户，收回贷款预计5.03亿元、3968户，贷款余额预计7.21亿元；办理提取公积金预计42136笔共2.76亿元，累计支取总额预计13.49亿元；实时存款预计1.26亿元，存贷比为86.9%。二是做好低保户住房困难补贴发放工资，对保障性住房实物配租住户和领取租金补贴住户进行年审，2020年对符合发放条件的66户发放廉租房租金补贴6.9万元。全年对个人申请原单位房改房办理不动产权证的房产信息进行核实271宗，出具未享受过房改售房等福利证明59份；办理经适房申请办理不动产权证6宗。三是积极推进物业管理工作。规范物业小区的管理工作，丰顺县登记的住宅小区共有31个，注册并实际开展业务的物业服务企业18家，已成立业主委员会的住宅小区3家。

市政民生保障项目稳步推进　一是稳步有效推进城镇老旧小区改造工作，积极推进县城区建设局宿舍等老旧小区改造配套基础设施建设项目和县城老县委宿舍老旧小区改造配套基础设施建设项目，2020年共改造10栋老旧小区宿舍，总投资约862万元。二是积极推进供水服务保障项目，加快建设总设计供水规模为14.6万吨/日、总投资估算约6.74亿元的丰顺新区供水工程项目，项目已完成投资约1.45亿元。三是以城建项目为主抓手，继续推进县城截污改造、雨污分流工程项目建设，增强县城区排水防涝能力，工程总投资约4997万元丰顺县城区新世纪片区截污改造工程于2020年12月已完成竣工验收；项目总投资约6376万元县城老城区（汤湖沟）污水截流改造工程于2020年9月开工，正在进行施工建设；项目总投资约9000万元县污水处理厂提升改造及管网建设工程（第一期）于2020年11月开工建设，正在进行施工建设。四是抓实燃气保障工作。截至2020年10月底，瓶装气企业销售量约为5000吨，较2019年同比增长0.9%，其中用户数约为5.3万户，商业用户560户；管道燃气覆盖民用户约为4万户，在册户数为1.74万户，已点火通气1.67万户。管道燃气企业2020年度预计供气量600万立方米，中低压管道长度192千米，燃气行业生产安全工作总体平稳。

乡村建设进一步加强　一是推进农村生活垃圾治理工作，全面完成“一县一场、一镇一站、一村一点”建设项目工程任务，村庄保洁覆盖率100%，各镇中转站相继投入使用；全县1516个自然村分别建成1个以上不同形式的垃圾收集点，强化农村生活垃圾无害化处理。完成13座镇级简易垃圾填埋场已整治工作，并顺利通过省、市验收销号，并通过公开招投标采购确认第三方委托运营公司，对实施就地封场的7个镇级填埋场进行后续运营维护。加快推进丰顺县农村生活垃圾治理市场化全覆盖，计划投入1亿元实施丰顺县城乡生活垃圾转运一体化PPP项目，已完成可行性研究报告的编制并通过专家评审会，正在准备立项及招投标相关工作。二是加快镇村生活污水处理设施建设。截至2020年11月底，留隍镇、丰良镇、谭江镇、埔寨园区4座镇级污水处理厂已正式运营；其余9座镇级污水处理厂也已全部建成，正在试运行阶段。敷设镇级污水管网81.85千米，镇级污水处理能力达到3.49万吨/日。已完成建制镇污水处理设施全覆盖的工作目标。结合新农村建设，已建成101座村级污水设施，完成128.2千米配套管网建设，已达到时序任务要求。实施丰顺县省定贫困村生态浮床项目，项目涉及11个镇21个省定贫困村60个站点，共敷设生态浮床13157平方米，于2020年8月全部建设完毕并通过验收。三是开展脱贫攻坚农村危房改造督战工作，组织各镇进行建档立卡贫困户住房安全问题摸底排查，丰顺县共有建档立卡贫困户5264户，其中已实施危房改造的共1815户，发现一户已脱贫户住房安全未保障，该户于2020年4月实施危房改造，已改造完毕，由县级补助改造资金4.35万元，全部全额拨付到位。其余3448户，暂未发现住房安全未保障问题。四是积极推进农村削坡建房排查整治工作，已完成排查并建立详细台账，正在制定实施方案。经对丰顺县7572户削坡建房风险点进行排查和边坡风险等级认定，丰顺县农村削坡建房风险点共7198户，其中极高风险29户、高风险776户、中风险3617户、低风险2776户，374户已搬迁。

建筑业加快转型发展 一是做好建筑市场监管工作，规范建筑市场各方主体行为。2020年在全县范围内开展排查工程建设领域勘察设计注册工程师、注册建筑师、建造师等专业技术人员约500人；处理违法违规“挂证”行为投诉9宗。全面推进在建项目用工实名制管理，丰顺县开通实名制系统管理账号的项目达27个，覆盖率100%。指导、监督工程招投标各方主体依法开展建设工程招投标工作，对丰顺县房建市政工程招投标领域营商环境进行整治，取消投标报名环节，取消部分招标文件的备案，落实招投标情况报告备案制度，2020年共开展房屋市政工程招标文件告知性备案5项，总投资10624.59万元。二是开展特殊工程的消防设计审查业务。2020年共受理20宗消防设计审查，总面积786837.15平方米。三是加大工程质量安全监管力度，深入实施城市建设安全专项整治三年行动，组织节后复工安全生产大检查、“五一”节前安全生产、组织开展全市房屋市政工程安全隐患大排查、“安全生产月活动”和“质量月活动”等9次专项大检查，确保丰顺县在建工地安全生产工作平稳有序。四是加强扬尘防治。住建局开展文明施工检查工作共53次，并对落实“6个100%”不到位的开出整改通知书（《广东省建设工程施工扬尘污染防治管理办法（试行）》规定，施工工地严格落实扬尘防治“6个100%”的措施要求：现场100%围蔽，砂土100%覆盖，路面100%硬地化现场100%洒水压尘，出工地车辆100%冲净车轮车身，暂不建设场地100%绿化），共开出整改通知书45份，约谈项目负责人1次，已全部整改到位。五是扎实开展建设工程消防验收工作，申请消防验收工作全部纳入“一窗受理”办理，严格按照消防验收规范做好现场验收，全年消防验收备案业务办结共15项。六是人防“结建”工作规范专业。2020年依法依规开展行政审批，全年共收取人防工程易地建设费22宗2029万元；审批防空地下室建设项目6宗43412平方米，其中自建5宗33191平方米（其中1宗为建缴项目：建11589平方米，缴5251.35平方米），按县政府会议纪要延后建设1宗4997平方米。截至2020年年底，丰顺县已竣工验收的人防工程12宗86451平方米，在建人防工程

30宗178346平方米；收取人防工程易地建设费总计1.52亿元。

重点领域改革不断深化　深化建筑业“放管服”改革，推进工程建设项目审批制度改革，优化审批流程，联合审批，缩短审批时限，优化营商环境。根据住建局职能，行政许可类服务事项24条，含实施清单数量46条，总体时限压减率从7.5%增加至91.3%。其中，即办件占比91.3%，就近办占比91.3%，纳入一窗受理事项数46条，可网上申办事项41条，优化后网办深度Ⅰ级占比100%。群众办事平均跑动次数从0.93次压缩至零跑动，服务的效率大大提高。2020年工程建设项目审批系统与市级完成对接并投入使用，为20家企业、单位共办理建筑工程施工许可证17件、人防凭证4件、消防工程验收7件。工程建设项目审批从立项用地阶段到消防验收，只需在工程建设项目审批系统一门式窗口办理即可，并且无须自己在网上上传材料申请，其中申请建筑工程施工许可证已实现电子证照出证。

城市治理规范化水平进一步提高　一是积极探索建立长效城市管理措施，启动“科学治理抓重点、集中整治攻难点、常态管理促长效”的工作方案，按照“前期宣传教育、先行规范引导、强化督促整改、重拳查违纠章”的管理方法，全面推行“强化宣传、注重引导、突破难点、防止反弹”工作举措，进行城区市容专项整治行动。2020年来共计全城大整治86次。二是强力整治突破难点。结合开展“创省文”专项整治，加强日常巡查，集中清理占道经营，严查乱搭乱建，规范广告门牌，2020年累计劝导梳理占道经营16470起，累计暂扣占道经营物品2154宗，累计清洗墙壁“牛皮癣”243处。累计配合相关职能部门治理违法建设31宗，对违建保持高压态势，实施“零容忍”。三是加强夜市摊点管理。与临时占用夜宵摊档主签订协议，要求夜市经营者应当在规定时间内开市、收市；保持摊点周围地面整洁、干净，收市后应及时清扫场地，确保环境卫生整洁有序。四是加大户外广告整治力度。加强对户外广告牌的管理力度，进一步提升城市立面环境，降低安全隐患，提升城市“颜值”。五是及时处理群众投诉。共收到信访、来访、网上投诉件等共93宗，已处理回复92宗，办结率98.92%。

（谢国锋）

【城市供排水】　在县委、县政府的正确领导下，丰顺县供排水服务中心坚持以习近平新时代中国特色社会主义思想为指导，认真学习贯彻中共十九大，中共十九届二中、三中、四中全会，习近平总书记对广东重要指示、批示和视察广东重要讲话精神以及省、市各级会议精神；高举习近平总书记新时代中国特色社会主义思想伟大旗帜，紧紧围绕县委、县政府确定的目标和工作任务。丰顺县供排水服务中心始终把安全供水、县城污水收集处理作为首要任务来抓。妥善解决好供水区域群众用水问题，促进县城供排水事业的稳步发展。2020年，丰顺粤海水务有限公司售水总量1022.93万立方米。

中心机构改革　根据中共丰顺县委机构编制委员会体制改革实施方案，丰顺县供水服务中心更名为丰顺县供排水服务中心，由公益三类事业单位调整为公益一类事业单位；丰顺县石联水库管理所、丰顺县虎局水利水电管理所由公益三类事业单位调整为公益二类事业单位；设立丰顺县城区水务合作管理所，为公益二类正股级事业单位。

供水发展　2020年丰顺县受秋、冬两季连旱的极端气候影响，降雨量同比减少5成，虎局水库水位70.81米，库容153.49万立方米，城区供水面临严峻局面，在县委、县政府及各职能部门的关心重视下，于11月启动实施抗旱保供水工程，从石联水库应急调水缓解城区供水紧张局面。为能长远解决丰顺县城区及丰顺新区的正常供水，按照县委、县政府的工作部署，经县发展和改革局批复同意实施《丰顺县新区供水工程》，项目总投资67444.8万元。由榕江支流八乡水河段引水，取水点位于梅丰水电站B厂库区，供水对象涉及汤坑镇、汤西镇、汤南镇、埔寨镇及北斗镇。建设日最大供水规模14.26万立方米/日，分两期建设现开展一期工程供水规模5万立方米/日。截至2020年12月30日，大罗村水厂完成挖方及回填21.19万方，引水隧洞累计进尺732.8米，清水隧洞累计进尺22.6米，管网工程累计埋设管道5069米。2020年度应完成形象投资额为20000万元，截至年底完成20001.38万元，超额完成年度投资目标。

加强水源水质安全管理　虎局水库作为全县城集中式饮用水水源地，根据《丰顺县虎局水库饮用水源水质保护管理办法》有关规定，建立和完善虎局水库的保护管理规划，确保集雨库区范围内的生态安全，切断污染源，保证水源水常年达到环境地表水Ⅱ类水质标准，配合环保局建立的集中式饮用水源区水源水质检验确保保护饮用水水源安全。

做好污水处理管网管理工作　2020年污水处理厂全年共处理污水1475.88万吨，削减COD总量526.18吨，削减总磷10.58吨，削减氨氮255.37吨，处理污泥2252.34吨，完成丰顺县的污染物总量减排任务。2020年投资建设：丰顺县新世纪片区截污改造工程，项目总投资4997.6万元，已以2020年12月竣工并投入运营。为进一步完善县城的污水收集，经县政府同意，县发展和改革局批复同意2021年计划投资实施：1.丰顺县城老城区（汤湖沟）污水截流改造工程；2.丰顺县污水处理厂提升改造及管网建设工程（第一期）；3.丰顺县新城区沿江雨污分流工程；4.丰顺县污水处理厂提升改造及管网建设工程（第二期）（内领片区雨污分流改造工程）；5.丰顺县污水处理厂提升改造及管网建设工程（第二期）（市政大道雨污分流改造工程），项目预计总投资约10858.41万元。

（张敬州　徐文畅）

【自然资源管理】　2020年来，县自然资源局在县委、县政府和上级自然资源主管部门的坚强领导下，围绕做好“六稳”工作、落实“六保”任务，深入贯彻落实中共十九大和十九届二中、三中、四中、五中全会精神和习近平总书记重要讲话、重要指示批示精神，全面履行自然资源管理职责职能，坚持守土有责、守土尽责，全面提升自然资源对全县经济社会发展的服务保障能力。

机关党建与队伍建设　一是力抓党建工作。全面落实主体责任和“一岗双责”，做好日常谈话提醒和婚丧喜庆报备工作；加强思想政治引领，筑牢意识形态主阵地。二是先进事迹不断涌现，朱文锋评选为2020年第三季度“梅州好人”；12月，经复查确认，自然资源局继续保留“广东省文明单位”称号，获得省颁发的荣誉奖牌。三是充分发挥党员干部在疫情防控中的先锋模范作用，成立应急先锋队，主动融入、积极配合挂钩汤坑镇内岭村做好疫情防控工作，坚决打赢疫情防控阻击战。四是深化机关建设。严肃认真开展省委第四巡视组反馈问题的整改落实工作，确保巡视整改工作落实到位。稳妥推进局属部分事业单位体制改革和自然资源所派驻属地管理工作，改革后自然资源局现有7个下属事业单位；进一步推动职权下放，局派驻16个自然资源所全面下放到乡镇，不再保留自然资源所。

空间规划与用途管控　一是优化空间布局。启动丰顺县国土空间总体规划（2020—2035年）编制工作，已初步形成国土空间格局，为全县重大战略任务、重大工程项目落地提供空间保障；做好详细规划，推进控制性详细规划编制工作；完成40个项目的修建性详细规划方案审批；完成全县224个行政村村庄规划评估工作，切实提升村庄规划编制质量和后续实施管理效率。二是强化用途管制。严格用地预审和规划选址，办理2宗《用地预审与选址意见书》；做好项目用地保障工作，全年共取得用地批复10个批次（含单独选址），批准面积共48.79公顷。三是严格规划建设管理。全年出具了32份用地红线图和38份规划条件；核发81份“建设工程规划许可证”；出具65份“建设工程验收合格书”。

资源开发与市场配置　一是土地收储有条不紊。2020年收回土地10宗，面积共2.37公顷；收储土地16宗，共134.52公顷。二是土地出让稳妥有序。进一步健全公示地价体系建设和管理，组织开展丰顺县公示地价体系建设，于10月通过市局组织专家验收组的评审验收；进一步规范全县土地供应程序，全年共出让土地使用权17宗，面积约71.01公顷。三是矿业秩序健康平稳。认真落实自然资源安全生产责任；加强日常巡查监管，未发生越层越界等矿产资源违法行为；依法实施采矿权审批登记，共完成采矿权审批登记7宗，其中新立登记2宗、延续登记3宗、变更登记2宗。

生态保护与生态修复　一是从严从紧执法。扎实做好2019年度和2020年前三季度土地矿产卫片执法工作，及时召开专题会议、印发工作方案、细化分解任务、落实“每日一报”制度，做到领导到位、协作到位、攻坚到位；积极开展农村乱占耕地建房问题摸排整治工作，已全部完成摸排；认真开展新增违法建设自查摸排整治工作，坚决遏制新增违法占耕行为；依法开展违建别墅专项整治工作，全部处置到位，并通过市级验收。二是深挖土地潜力。以目标为导向，超额完成市局下达的“三旧”改造年度任务，并完成3宗闲置土地处置任务和20公顷批而未供土地去库存任务。三是推进绿色发展。2020年，丰顺县汤南镇阳光兴业石场通过省厅绿色评审，正式被评为广东省绿色矿山；认真推进矿山地质环境恢复与治理，完成恢复治理面积8.01公顷，确保完成市局下达的年度任务。四是力抓水田垦造。全力配合省建工集团开展66.67公顷垦造水田任务；全力推进储备补充耕地项目整改工作，落实耕地占补平衡。五是力推拆旧复垦。全年丰顺县拆旧复垦立项总数为15个，总复垦面积约67.87公顷。其中，2019年度大龙华2个项目待交易，面积约10.73公顷；八乡等9个镇共11个项目已完成县级验收。

优化服务与民生保障　一是始终把人民群众生命安全放到第一位，全年未发生地质灾害引起的人员伤亡事故；加大地质灾害隐患点治理力度，完成41处中小型地质灾害隐患点的核减任务，并实施丰良镇仙洞中学等9处地灾隐患治理工程项目，治理进度走在全市前列，得到省市领导的肯定。二是持续推进自然资源领域扫黑除恶工作，积极稳妥做好信访和纠纷调处工作，确保全县自然资源信访形势总体平稳。三是扎实推进不动产登记存量数据整合质量提升工作，推进“房地一体”农村不动产确权登记发证工作；深入推进“放管服”改革工作，“一窗受理”“互联网+不动产登记”“不动产登记+金融服务”“不动产登记+房企服务”等工作稳步推进。四是推进政务服务事项下放，全面梳理并委托下放镇级实施权责清单事项193项，涵盖行政许可、行政处罚、行政强制等，进一步简政放权、重心下移。

（罗嘉胤）

【环境保护】 2020年以来，在丰顺县委、县政府的正确领导和市生态环境局的关心指导下，紧紧围绕工作中心，以中共十九大精神为指导，坚持依法行政，以实现“美丽丰顺、美好家园”为目标任务，坚守生态环保底线，强化污染减排，加强环境监督管理，推进污染防治，不断加大环境执法工作力度，全力推进生态文明建设。2020年县城区环境空气质量优良率98.9%。水环境质量达标率保持100%，其中，韩江赤凤交界断面平均水质长期保持Ⅱ类水标准，榕江北河龙溪断面年平均水质达到地表水Ⅲ类水标准。未发生重大环境安全事故，为丰顺振兴发展提供良好的环境保障。

疫情防控

面对突如其来的新冠肺炎疫情，根据上级关于做好新型冠状病毒感染的肺炎疫情防控的文件精神，环保局高度重视，成立组织机构，制订工作方案，加大宣传力度，做好干部职工自身防护，搞好环境卫生，密切关注。一是加强领导。县环保局认真组织学习贯彻习近平总书记在中央政治局常务委员会会议上的重要讲话精神和李克强总理批示精神，传达全国和省、市、县疫情防控工作会议精神，成立以局党组书记、局长为组长，分管副局长为副组长、各部门各单位主要负责人为成员的生态环境分局防控新型冠状病毒感染的肺炎疫情工作领导小组，并印发《梅州市生态环境局丰顺分局关于防控新型冠状病毒感染的肺炎疫情工作方案的通知》文件，对全局干部职工防疫工作及全县医疗废物环境管理工作进行全面部署落实，迅速转入战时状态。二是加强宣传。县环保局全面加强干部职工防疫管控等专项工作，加大环保局系统干部职工防疫宣传教育，提高干部职工健康意识和自我防护能力。为营造新型冠状病毒疫情防控宣传氛围，环保局在大门口悬挂横额、大厅宣传屏静态宣传有关疫情防控知识，利用“环保微信群”动态宣传通报有关疫情情况和有关知识，使各级党委、政府有关疫情防控的决策部署及时贯彻到位，确保党员干部认真履行职责，引导干部职工不信谣、不传谣，确保每个人对疫情心中有数，不恐慌。三是加强监测。按上级要求，县环保局多次组织环境监测人员对定点医院县人民医院污水进行采样监测。四是加强检查。疫情就是命令，防控就是责任。县环保局认真履行固定废物环境管理工作职责。通过组织环境执法人员多次到定点县人民医院污水检查污水处理设施是否正常运行，检查各项治污措施是否落实到位。并通过发函的形式，督促各镇（场）履行“属地管理”，加强镇、村卫生机构医疗废物及医疗废水管理，确保环境管理不留死角、全覆盖。五是加强管理。环保局认真落实各项疫情防控措施。切实做到干部职工、非本单位工作人员进入机关须测量体温、佩戴口罩，快递人员不得进入机关内部，每天向市局上报生态环境系统人员的身体状况；做到尽量少开会，能不开的一律不开；尽量减少人员往来，外地外单位一般性公务往来尽量婉拒，单位之间的沟通联系尽可能通过电话、互联网等方式开展，必要的请示汇报、公文往来尽可能集中起来、指定专人负责。聘请专业消杀毒公司，对各办公室、会议室、走廊、卫生间、车库、门坪大院等进行全方位消毒，确保干部职工的身体健康。六是加强关注。县环保局密切关注疫情动态，督促有资质的第三方环保机构做到：点对点收集医疗废物，专车运送，集中有效处置，建好台账，规范转移联单，严防医疗废物流失，确保不发生二次污染。

责任落实

坚持党政“一把手负总责，分管领导具体抓”，按照“属地管理”原则，落实辖区管理责任，把辖区（行业）内的环境保护工作责任落到实处，明确职责、部门联动、齐抓共管，强力推动生态环境保护工作发展。

总量减排

一是根据市对丰顺县主要污染物排放量进行核定情况，结合丰顺县经济、社会、人口、能耗等相关指标变化情况，对生活源、工业源、农业源的主要污染物排放总量进行核定，并以此为基础，制定了丰顺县年度主要污染物总量减排计划，稳步推进丰顺县减排进程。二是严格执行建设项目环保管理主要污染物排放总量前置审核制度，凡排放纳入国家总量控制的主要污染物的建设项目，没有核定主要污染物总量控制指标的，一律不予审批和验收。三是指导企业做好项目减排台账，督促完善污染治理设施规范化管理。四是继续推进全国第二次污染源普查工作。

环境监管

加强重点企业污染处理设施运行监管。对县生活污水处理厂、6家电镀配套车间等重点企业开展不定期执法监督和现场检查。严格监管县生活污水处理厂进出水浓度，加强固体废物集中处置管理，建立固体废物环境监管长效机制，实行危险废物网上申报登记、管理计划网上备案、电子转移联单，加强危险废物基础数据动态管理。对电镀、线路板等行业的危险废物及医疗废物实行规范化处置，确保环境安全。据统计，2020年全年共立案10宗，结案10宗，累计落实罚款89.2万元，结案率为100%。

管理服务

一是严格执行环境影响评价、环保“三同时”、污染物排放总量前置审核等制度。经审项目的环评执行率和“三同时”执行率均100%。2020年全年，县环保局共受理建设项目环评申报53份，审批46份，环评审批率为87%，其中报告书3份，报告表43份。暂未收到对建设项目环评审批的相关投诉。并按程序公开相关信息。积极组织企业参加国家排污许可证申领培训，指导企业网上申报等。8月完成2020年辖区内的登记发证任务共计706家，其中应核发46家，已核发46家。二是树立为民、务实、清廉的服务型政府机关形象。

信访宣传

县环保局重视环保信访，畅通信访渠道，强化值班制度，严格执行24小时值班制度，保证“12369”环保热线和梅州市政府“12345”电话畅通电，确保有投诉必受理，第一时间掌握群众有关环境问题的呼声和投诉。对来人来信来访，县环保局认真对待，热情接待，组织环境隐患和矛盾纠纷的深入排查，开展大调解活动，把矛盾解决在基层和萌芽状态，做到信访案件件件有落实、事事有回音。一年来，未发生因环境污染而引发的群体性事件，无重大案件发生。2020年，丰顺县共处理“12345”“12369”环保热线、梅州市信访业务管理、梅州市环境信访管理系统、丰顺县政府网集约化管理平台等信访投诉案件285件，做到件件都有落实回复，切实维护人民群众的合法权益。

坚持在发展中保护、在保护中发展，大力发展循环经济，全力抓好污染减排，充分利用横额、宣传栏、标语、网络、电视、报刊等载体，加大宣传力度，营造浓厚的活动氛围，促进环保工作开展。利用“世界环境日”、环境保护宣传月和安全生产月等，开展多种渠道的宣传活动。“六五”世界环境日，环保局联合丰顺县建桥镇人民政府、丰顺县创建广东省县级文明城市工作领导小组办公室、丰顺县开展“美丽中国·美好家园”三年行动工作指挥部办公室在建桥镇郑屋村举办“美丽中国·我是行动者——丰顺县2020年环境宣传月暨创建‘梅州市不留白色污染示范村’主题实践活动”。活动旨在让村民了解垃圾分类常识，倡导广大群众做环境保护的实践者，引导群众共同参与“示范村”创建活动，把“不留白色污染”变为行动自觉，进一步引导社会各界特别是农民朋友增强环保意识，用“绿水青山就是金山银山”理念，让更多的村民参与到生态环境保护中来，共同建设“美丽丰顺，美好家园”。

榕江北河整治

榕江北河揭丰交界龙溪断面继2017年、2018年、2019年平均水质达到地表水Ⅲ类水以上标准的基础上，2020年，环保局继续加大协调力度，通过各级各部门的共同努力，榕江北河水质逐年有所改善，全年平均水质也达到地表水Ⅲ类水以上标准，丰顺县完成市水污染防治攻坚战1号令规定的龙溪断面平均水质需达到地表水Ⅲ类水标准的目标任务。

六城同创

丰顺县全面部署国家卫生县城、省级文明县城、智慧城市、省级卫生强县、食品安全城市和广东省教育现代化先进县等“六城同创”工作。环保局紧跟上级部署，扎实开展工作。通过成立领导小组，制订工作方案，落实工作职责，开展具体工作等形式，履行好牵头单位与责任单位的职责，全力配合“六城同创”工作。环保局为创建省级文明县城、国家卫生县城做出一定的贡献。

环保队伍建设

环保局高度重视环保队伍建设，将队伍建设与“不忘初心、牢记使命”主题教育互相贯穿结合，思想上、认识上、行动上始终保护与党中央高度一致，增强“四个意识”，坚定“四个自信”，践行“两个维护”。一是认真贯彻落实上级党委的要求，全面把握主题教育的重大意义、目标要求和重点措施。二是明确“亲”与“清”的关系，构建亲商良好氛围，规范政商交往，服务企业长足发展。三是积极推进生态环境机构改革工作，根据梅州市委机构编制委员会关于印发《梅州市生态环境局各县（市、区）分局职能配置、内设机构和人员编制规定》的通知，丰顺分局内设办公室、政策法规股、综合股、污染防治股、执法股（加挂生态环境应急办公室牌子）。机构改革工作正在积极推进当中。四是局工会组织局会员前往汕尾市海丰红宫红场旧址、彭湃烈士故居、遮浪岛等地开展“接受革命传统教育　传承红色革命精神”主题活动。通过参观先贤烈士曾经工作、生活过的地方，现场听取革命传统教育，使生态环境工会会员受到一场实实在在的“红色熏陶”，纷纷表示受益匪浅，必须传承革命先辈们艰苦奋斗的革命精神，牢固树立为党和人民长期艰苦奋斗的思想，时刻保持旺盛的革命意志和坚韧的革命品格，自觉加强党性锻炼，锻造生态环境保护铁军，为坚决打赢污染防治攻坚战提供坚强的组织保障。

（黄立威　黄嘉蔚）

【市政公用事业管理】　2020年，县市政中心在县委、县政府的正确领导下，坚持以习近平新时代中国特色社会主义思想为指引，深入学习贯彻落实中共十九大和十九届四中、五中全会精神及习近平重要讲话重要批示精神，认真贯彻落实县委十三届第九次、第十次全委会关于“实施县城品质提升工程、着力推进公共服务设施提标扩面、环境卫生设施提级扩能、市政公用设施提档升级”精神，紧紧围绕县委、县政府的中心工作，真抓实干，多措并举，强力推进市容环境卫生综合治理，全面优化县城区生活环境，提升城市环境水平，为实现“财丰人顺、幸福丰顺”的宏伟目标而努力工作，县市政中心也被评为优秀单位。

圆满完成县委、县政府的工作任务

（一）全力以赴做好新冠疫情防控工作。2020年新冠肺炎疫情发生后，为坚决打赢疫情防控阻击战，在县疫情防控工作领导小组的直接领导下，市政中心坚持奋战在疫情防控第一线，恪尽职守，全力以赴开展疫情宣传，派出6位同志参加卡点轮值。防疫期间，每天对垃圾收集点、城市公厕、公园广场、农贸市场等进行消毒，严格落实消毒和防疫工作；在城区公园广场、农贸市场等人流密集的地方增设废弃口罩收集桶；做好环卫工人防护工作，穿工作服，戴口罩、手套，作业完成后及时洗手，换洗工作服，保持个人卫生；强化市场管理，加强食品安全的源头控制和清洁消毒，确保人民群众生命安全。为丰顺县疫情防控工作实现“零感染”而尽心尽责，环卫股被县委、县政府授予“三八红旗手集体”荣誉称号。

（二）做好“创建省级文明城市”“美丽梅州·美好家园”工作。为营造干净、整洁、宜居的县城人居环境，县市政中心在县委、县政府的坚强领导下，在“县创文办”的直接指导下，与兄弟单位一起努力，统一思想、齐心协力，克服一切困难，全力以赴做好“创卫”“创文”“创食”“两美”等各项工作，为丰顺县成功创建国家卫生城市和省文明城市做出应有的贡献。

（三）完成的重点民生工程。一是全力推进重点民生工程建设。全年累计投入1.3亿元对市政道路、农贸市场、园林绿化、环境卫生、路灯等基础设施建设和日常维修养护，其中：投入9500多万元对新世纪农贸市场进行标准化改造和市政道路铺设沥青路面；投入700多万元修建丰顺中学和206国道人行天桥；投入800多万元修建实验小学门前热电路和太平西路；投入530多万元对丰顺公园的东门重建、中华龙等进行修缮和景观灯光亮化；投入650多万元对损坏的市政路面和人行道进行修复；投入500多万元对市政道路及农贸市场等进行标画标识标线，规范停车，对损坏的护栏进行维修更换；投入99.4多万元对枯死的绿化树木花草及时进行补种并修剪遮挡路灯、路牌标识等存在安全隐患的绿化树木；投入200多万元对城区路灯进行维修养护，确保亮灯率98%以上，为丰顺县成功创建省文明城市打下坚实的基础。二是全面提升市容市貌，努力实现“人性化、精细化、智慧化”三化融合目标。按照县委关于市政公用事业管理的要求，积极开展农贸市场和背街小巷专项整治，全面清理卫生死角，确保垃圾日产日清，城区主次干道无垃圾、无杂物、无污水、无渣土；打捞清运水面漂浮物约254吨，确保河道整洁干净无漂浮物；强化厕所管理，确保公厕管理和服务达到标准，确保公厕干净无异味；加大环卫设施投入，投入100多万元购置一批垃圾分类桶、电动三轮保洁车、人力三轮垃圾车、果皮箱等环卫设施；积极推进垃圾分类工作，通过发放宣传资料、利用手机平台、微信、电视台等媒体进行广泛宣传，同时在“县财政局宿舍”和“顺景小区”开展垃圾分类试点工作，取得了良好的效果；全力推进垃圾处理费征收工作。丰顺县的垃圾处理费于2020年9月正式开征，派出工作人员到收费窗口现场解疑问题，确保政策的实施和保障群众的利益；强化余泥渣土巡查监管力度，做好无主余泥渣土的清理工作；切实加强对侨银公司的监管，有效提升环卫保洁服务质量；加强对园林绿化的养护管理，确保绿化植物的良好长势，景观效果优美；强化市场管理，加强消防安全监管和清洁消毒，建立疫情防控登记备案台账制度，定时喷杀清毒，确保市场卫生整洁，规范经营秩序，扎实推进市场文明协调健康有序发展。三是严格落实安全生产责任制。始终按照“安全第一，预防为主”的工作方针，突出风险管控，全面落实领导班子“一岗双责”，坚持每个月召开安全生产会议，在做好日常安全生产管理的基础上，深入开展安全隐患排查和整改治理，重点对安全风险点湖下垃圾中转站、五斗种垃圾填埋场、丰顺公园、南市场等区域进行抽查，有效推进安全生产工作常态化、长效化；切实加强对五斗种生活垃圾填埋场的监管力度，规范经营，完善信息登记制度，确保人员安全、生产安全。四是如期完成物业管理所机构改革工作。市场与物业管理所是负责全县国有农贸市场的管理服务工作，自收自支，收入来源全靠市场租金，工资经费严重短缺，人员毫无积极性，根据县机构改革方案，由三类事业单位改为二类事业单位，人员经费改为核补，最大限度地保障人员工资福利和办公经费，稳定了人心，激发了士气。

凝心聚气，努力提升城市管理水平

坚持和完善统筹城乡的民生保障制度，把满足人民日益增长的美好生活需要贯穿于城市管理服务工作中。2020年，积极争取国债资金，对新世纪片区的市政道路进行沥青路面铺设，积极参与垃圾分类等这些工作，得到县委、县政府和广大市民的认可，取得很好的成绩，获得“梅州市文明单位”和“丰顺县创建广东省文明城市工作先进集体”“丰顺县三八红旗手集体”“县政协承办提案先进单位”等荣誉，张斌、黄凯、罗之优被评为“县创建省文明城市工作先进个人”。

（陈雪丽）

【住房公积金管理】　2020年，在县委、县政府的正确领导和市中心的指导下，住房公积金丰顺分理处认真学习贯彻落实中共十九届四中、五中全会精神，学习习近平总书记出席深圳经济特区建立40周年庆祝大会和视察广东重要讲话重要指示精神，坚定“四个自信”，落实“两个维护”，自觉与党中央保持高度一致。严格按照《住房公积金管理条例》和市管委会有关规定，依法依规办好住房公积金业务，扎实做好住房公积金的运营和管理，实现住房公积金管理工作又好又快发展。2020年全县归集住房公积金3.53亿元，同比增长11%；发放贷款602户共1.39亿元，同比增长3%；提取公积金共2.87亿元，同比增长27%。

扎实推进住房公积金归集扩面工作　面对新冠疫情的影响，住房公积金丰顺分理处在抓好疫情防控的前提下，深入企业宣传发动，积极宣传公积金政策，切实开展住房公积金归集扩面工作，共发放宣传册1260份，截至年底，全县缴存单位320个共18845人，新增缴存单位28个共360人。

努力提高便民服务水平　住房公积金丰顺分理处通过进驻县综合行政服务中心，对提取公积金采取现场受理、现场审批、现场办结的“一站式”服务，进一步提升缴存职工的服务体验。大力推进政务服务“指间办”，通过宣传推广“梅州公积金”微信公众号以及“粤省事”小程序，引导干部群众通过线上办结部分提取业务，提高便民服务水平，简化办事手续，提高办事效率。在疫情防控期间采取网上邮件确认的方式，每月由公积金分理处人员代办单位住房公积金汇缴登记，极大减少人员之间的接触。同时为进一步推动“放管服”改革的深入开展，住房公积金丰顺分理处积极引导贷款职工办理签约对冲还贷业务或划拨还贷业务，签约率位居全市前列。进驻行政服务中心窗口连年被评为“文明窗口”。

依法依规办理业务　严格按照梅州市住房公积金管理委员会三届四次会议通过的管理规定办理公积金归集、提取、贷款业务，并依法审批。特别是严格按照“缴存单位依时缴存，银行准时存入，公积金实时建账管理”的目标要求，认真做好公积金数据对账复核，实时公开，接受监督。在提取方面，认真审核提取材料，对有嫌疑的提取，实行暂缓办理并对资料的真实性进行调查分析，防止违规提取的发生，规范住房公积金提取，防范化解资金风险。在贷款方面，严格按照住房公积金贷款规定，自受理之日起3个工作日内作出给予贷款或不予贷款的决定，10个工作日内完成审核工作，在银行交回放款资料后，不用排队等候即可放款。

认真做好住房公积金年度调整工作　根据2020年4月29日经县政府常务会议的决定：将住房补贴和交通补贴记入财政统发工资人员住房公积金缴存基数。由于计算数据比较多，工作量比较大，住房公积金丰顺分理处全体干部职工秉着对工作认真负责的态度，认真审核各财政统发单位职工的缴存数据，确保年度调整的缴存数据无误，较好地完成住房公积金年度缴存工作。

加强贷后管理，防范金融风险　2020年，分理处人员认真加强公积金贷后业务管理，及时跟踪贷款户还款情况，还款前及时提醒，一旦发现逾期情况，及时电话通知，督促其尽快还款。一旦发现有重复逾期的，及时上门做好督促落实，最大限度减少逾期发生，有效防范金融风险，逾期率控制在0.1%以内。

（李舒琴）

商品流通

【供销】　2020年，在县委、县政府的正确领导下，在省社、市社的精心指导和有关部门的支持帮助下，丰顺县供销联社深入贯彻落实习近平总书记关于“三农”工作的重要论述和对供销合作社工作重要指示批示精神，立足农村、服务“三农”，改革创新、扎实奋进，全力助推丰顺县扶贫攻坚和乡村振兴工作，各项工作取得新的成效。

疫情防控

供销联社认真贯彻习近平总书记关于防控新型冠状病毒肺炎的重要讲话、重要指示精神，建立完善应急处置机制，落实好人员情况摸查、个人卫生防护、公共场所消毒灭菌等具体措施，加强疫情防控信息宣传和正确舆情导向，协调组织好本系统相关工作，确保全县供销社系统企业粮、油、肉、菜等重点农副产品和春耕农资商品及生活必需品的正常供应，全力做好促生产、保供给、稳价格工作。疫情防控期间，全社上下联动、迅速摸排全县急需帮助销售的扶贫产品信息，通过对接扶贫帮扶单位及相关部门，多渠道帮助潘田镇中心村有机米、放养鸡，留隍黄沙坑村番薯等滞销农产品找到销路，销售额100多万元。

党建党廉

全年共开展领导干部讲党课4次，组织集中学习18次，以学习贯彻习近平新时代中国特色社会主义思想为主题主线，组织开展丰富多彩的学习教育、主题党日活动，严格落实“三会一课”。切实加强组织领导，全面落实“一岗双责”，细化分解责任，党组领导与各股室责任人每年签订党风廉政建设责任书。严格按照县委巡察组《关于对县供销合作社联合社党组巡察情况的反馈意见》的要求，县社党组迅速部署工作、开展好巡察整改党组扩大会议、专题民主生活会，成立整改领导小组，制定整改方案，找准根源，建立问题整改台账清单，制定具有可操作的整改措施和内容，进一步细化完善，明确责任领导、责任人、责任股室、完成时限等。2020年年底前，供销联社已全面完成巡察整改任务，整改工作取得显著成效。

稳步推进供销社综合改革工作　成立深化综合改革领导小组，加强统筹指导，审议推进重要改革事项；建立领导班子责任清单，及时加强工作指导和调度；成立清产核资小组，盘清家底，登记造册，土地、房产等重要证件一律统一管理，全面加强资产管理。供销联社创新合作模式，上下贯通，通过与省社直属公司推进产权联结、业务对接，组建丰顺新供销天润农产品有限公司，通过社有企业农资配送中心投资62万元入股广东天禾农资梅州农业科技股份有限公司，有效盘活县供销社资产，保障县社资产的完整性，综合改革工作效率得到全面提高。

全面推动助农服务示范体系建设　供销联社按时按质全面建设完成丰顺县县域供销社助农服务综合平台1个，完成砂田、留隍、建桥、汤坑、埔寨、黄金、小胜、丰良、八乡山、北斗、潘田、龙岗、大龙华、潭江、汤西、汤南镇级助农服务中心16个，并给予每个助农服务中心2万元奖补资金。同时，县域助农服务综合平台展示厅和消费扶贫馆已建设完成，并逐渐完善各项为农服务功能。

扎实开展“粤菜（客家菜）师傅”培训工程建设　2020年，供销联社“粤菜（客家菜）师傅”培训工程被县委、县政府列为县十件民生实事项目之一。通过与丰顺县丰泰职业培训学校、省供销电子商务高级技工学校、省供销财经职业技术学校签订“1+5+N”合作协议，先后在汤西、黄金、留隍、砂田和埔寨等镇组织开展“粤菜（客家菜）师傅”培训工程技能培训班，共培养出428名“粤菜（客家菜）师傅”，全面完成2020年度县委、县政府交给县供销社落实县十件民生实事项目中的目标任务，充分利用食用菌、八乡苦笋、建桥薯粉、汤南小菜、有机蔬菜等特色食材，开发特色客家菜肴。

努力构建现代经营服务网络　2020

年，供销联社在潭江镇成立“三位一体”新型基层供销社，通过和梅州客家村镇银行丰顺支行、丰顺县芹菜湖种植专业合作社签订生产、供销、信用“三位一体”战略合作协议，为种植户提供小额贷款、缴费充值、线上线下代购代售、信息咨询等全方位的金融服务。已帮助凤坪村茶农低息、无抵押贷款200多万元。通过社有企业，利用新型示范体系建设资金，与龙岗镇坪丰村村民委员会入股丰顺县山坑美农产品贸易有限公司，组建村级供销社，建设成为龙岗镇供销社助农服务中心，其中，供销联社社有企业持有股份40%，丰顺县山坑美农产品贸易有限公司50%，龙岗镇坪丰村村民委员会10%。

着力加强基层组织建设 供销联社多举措筹集资金，建设县域助农服务综合平台，在完成1个县域助农服务综合平台，16个镇级助农服务中心建设任务的基础上，投入195万元建设县重点农资物流仓储配送中心，投入50多万元对砂田、汤坑供销社原办公楼进行改造；争取县政府支持，划拨丰良中心卫生院、大龙华粮所综合门市、潭江粮食管理所3处国有土地用于助农服务中心建设；留隍供销社收归县联社管理。已恢复8个乡镇基层组织建设。开展农民合作社规范提升行动，领办创办各类农民合作社20家，不断提升农民合作社规模化、规范化水平。

勇于担当联农带农、助农为农服务主业主责 通过入股广东天禾农资梅州农业科技服务有限公司，参与丰顺县配方施肥、农机作业、统防统治等农业社会化服务规模达1511公顷，其中建桥镇水稻种植基地病虫害防治试点53.3公顷，丰良镇绿天源蔬菜基地统防统治试点26.7公顷，潭江镇顺兴茶叶基地40公顷，在建桥、丰良、龙岗、小胜和黄金镇飞播紫云英绿色肥料1万亩。2020年以来，供销联社新发展农村综合服务社3家，总数达5家，服务内容涵盖商品供应、电子商务、代理代办等多个领域。

聚焦助力丰顺县乡村消费扶贫 供销联社与丰鼎电子商务有限公司共同开发微信商城和“丰农优品”小程序，以及属下111个镇村电子商务服务站点，联合农业农村局，已帮助贫困户销售有机番薯、有机米、放养鸡、蜜柚、番薯粉等农产品500多万元。2020年国庆中秋双节前，通过县域助农服务综合平台，帮助贫困户销售蜜柚、有色米、番薯粉丝等扶贫产品近40万元。

启动建设供销社公共型农产品冷链物流基础设施骨干网 供销联社认真贯彻落实国家和省、市关于城乡冷链物流设施建设的决策部署和《广东省供销合作联社关于印发广东供销公共型农产品冷链物流基础设施骨干网建设总体方案的通知》文件精神，通过积极争取上级及相关部门在政策、资金和项目安排的支持力度，已完成丰顺公司注册、发改立项备案等相关手续。丰顺县骨干网规划库容约3万吨，项目占地面积约3.33公顷，计划投资1.8亿元。

（魏彩霞）

【烟草】 2020年，丰顺县烟草专卖局（分公司）在县委、县政府和梅州市烟草专卖局（公司）的正确领导下，坚持以习近平新时代中国特色社会主义思想为指导，认真贯彻全市烟草工作会议精神，以创建“五好县级局”为有力抓手，各项工作稳步推进、成效初显。先后荣获梅州市委市政府授予的“2019年度梅州市扶贫济困铜奖”“2020年梅州市先进集体”，丰顺县委、县政府授予的“2019年度丰顺扶贫济困银奖”，广东省公安厅、省教育厅、省精神文明建设委员会办公室、省司法厅和省交通运输厅联合授予的“2020年广东省交通安全文明示范企业”等荣誉称号。

党的建设　通过扎实学习教育、深入调查研究、边查边改、开展廉政教育等方式，加强了思想教育、阵地建设，全体党员干部在理论学习有收获、思想政治受洗礼、干事创业敢担当、为民服务解难题、清正廉洁做表率上初见成效。站稳政治立场。依托“三会一课”、专题党课、观看影片、专题辅导等形式，严格落实“第一议题”制度，精心组织开展纪念中国共产党成立99周年系列活动，切实学懂弄通习近平新时代中国特色社会主义思想和中共十九大精神。保持政治定力。凡涉及“三重一大”事项，均能落实好民主集中制，严格执行请示报告制度，推动上级各项重大决策部署在丰顺烟草落细落实。推进退休党员社会化管理移交工作，对现有15名退休党员的党籍进行梳理核查，已按规范流程转出退休党员组织关系。提升政治能力。促进党建与业务有效融合，通过领导班子挂点基层、带头讲党课，增强做好群众工作能力，同时加强党员干部日常监管，持续营造风清气正政治生态。

疫情防控

严格落实防控措施。扎实抓好单位职工健康管理、人员进出管理、防控应急物资储备等工作，落实疫情防控主体责任。积极响应政策号召。疫情期间派党员志愿者40人到对口帮扶大山背村驻点值守、入户宣传，组织爱心捐款2.3万元、25公斤装消毒液5桶等防疫物资，定向用于帮扶大山背村。支持烟农春耕战“疫”。先后为烟农、零售客户发放口罩380余个及体温计一批。针对因疫情防控不能及时返工的外省烟农，委托专人代为管理烟田，帮助购买生活用品送货并帮忙联系解决用工问题，赢得广大烟农一致称赞。

卷烟销售

稳状态保效益。在2020年疫情期间，丰顺县卷烟销售虽在年初受到一定程度影响，但通过完善卷烟市场投放宏观调控机制，促使卷烟销售市场保持有序平稳，与全县卷烟零售户们共同履行经济责任和社会责任，为全县社会零售回暖、实体门店经济提供有力支持，为丰顺当地经济增长、财政增收做出应有贡献。抓重点促提升。加强与零售客户的沟通力度，第一时间通知最新货源情况，指导客户合理库存与资金周转，稳步挖掘市场销售潜力。强落实赢支持。一是抓好零售户诚信互助小组提质增效工作，稳步推进文明吸烟环境建设。已在丰顺公园、县政府大楼、新世纪广场等区域设置室外吸烟点85个，建成留隍镇公共服务中心室内吸烟室1个，在5个“示范小组”设置消费者体验区25个。二是扎实推进“二十支”连锁零售网络建设，已建设完成投入运营的形象店1家，另有加盟店1家、合作店3家已于2019年12月底开门营业，运作良好。

烟叶生产

落实好合同签订工作。2020年共签订电子合同12份，落实种植面积119公顷，签订率100%。做好烟叶收购工作。丰顺县收购烟叶249吨，完成年度收购计划的99.60%。抓好烟基建设工作。重点是密集烤房项目摸底，全面掌握烤房现状，大力推广农机具使用。完善好示范片建设工作。在丰良镇仙龙村设立14.67公顷的县级优质烟叶生产示范点，以点带面，提升整体水平。执行好现代烟草农业技术。对生产各阶段关键环节严格把关，提升各项专业化服务水平，烟叶质量提升。干好促农增收工作。2020年实现公顷均增收3666元，同比增加259.2元/公顷。

专卖管理

依法履职，保持打假打私的高压态势。严厉打击涉烟违法犯罪活动，2020年共查办涉烟案件60宗（含2019年未结案件3宗），共查获涉案假烟3.25万支，案值3.83万元。非烟87.29万支，案值63.40万元；私烟3.08万支，案值2.19万元。查获制假原辅材料和工具一批，总价值11.77万元。综上涉案物品总值81.20万元，累计上缴财政罚没收入24.19万元。协助司法机关逮捕4人、判刑4人。已申报国标（四级）打假网络案件1宗。加强证件管理工作。全县共有持证卷烟经营户1911户，其中202 0年新办证351户，歇业126户，变更33户，延续289户，补办1260户，注销1户。

企业管理

重点抓好物资采购。2020年物资采购项目11个，涉及金额约293.7万元，其中公开招标4个，占比40%，严格按照采购制度及流程进行采购。认真落实办事公开。按照办事公开民主管理制度，制定公开目录，充分利用公开栏、座谈会等载体，切实保障职工“四权”落实，2020年共公开159项事务。弘扬榜样精神。组织各党支部以《“不忘初心、牢记使命”优秀共产党员先进事迹选编》为主要教材，认真学习优秀共产党员先进事迹。更新局（分公司）办公大楼优秀职工展示栏，让职工更深入了解、学习身边的榜样。建设法治烟草。高质量完成“七五”普法收官工作，抓好法治宣传培训教育、专卖案件审查、合同管理，扎实做好法律风险防控。着力岗位实践。以“四个突出”扎实推动新版标准的宣贯工作，推广落地对标工作、QC课题等精益管理成果，采取外派培训、开班授课、以会代训等方式，不断提高员工综合素质。强化安全管理。落实安全生产责任制，加强安全监管，2020年举行2次消防安全演练活动，巩固高效规范的安全防控机制。彰显社会责任。做好精准扶贫工作，2020年申请专项帮扶资金10.98万元，用于帮扶丰顺县留隍镇锡坑村购买文化广场健身器材和建设村道太阳能路灯。在扶贫济困日中党员带头捐款，募集捐款资金共1.21万元，已交至丰顺县慈善会统筹安排。2020年向挂点的11个贫困户捐赠报刊13份，积极向贫困户宣传党的政策。

（张谭荣）

【金叶发展公司】 2020年，丰顺县金叶发展公司以“提升企业的经营能力和综合竞争力”的工作思路，进一步真抓实干、攻坚克难，努力实施经济结构的战略性调整。2020年，公司按照县委、县政府的工作部署要求和公司2020年年初确定的经济任务，认真落实和积极推进各项任务，取得预期成效。2020年1月—12月公司完成收入121.81万元，同比增长6.19%；税收16.24万元；公司运行保持平稳发展的势头。

科学规划　2020年，公司坚持以习近平新时代中国特色社会主义经济发展思想，挖掘发展潜力，拓展发展空间，创造性地开展工作。严格规范流程，促进规范发展。在日常卷烟经营中，公司紧紧围绕“严格规范、富有效率、充满活力”的烟草销售总体目标要求，严格规范各项卷烟营销工作。规范营销人员日常行为工作流程，严格按照流程开展工作，逐步实现营销工作的规范化和标准化。2020年，公司门市部完成卷烟商品1月至12月销售收入65.5万元。加强门市销售竞争力，组织门市员工进行服务意识、销售知识、电脑操作等方面的培训，与多个零售业主建立下游的客户关系，经营业务人员本着“问一问就是上帝，买不买都做朋友”的态度做市场，既拓展经营渠道，又提高公司的知名度，切实加强门市销售竞争力。准确把握市场动态，有效促进市场需求预测工作。进一步加强对卷烟市场信息的收集，通过对客户意见的收集和需求的了解，及时掌握卷烟市场的信息，更好地把握市场真实需求，公司门市就调整范围进行零售终端调价。

队伍建设　加强企业内部建设，进一步提升企业的管理水平。围绕“班子建设、队伍建设、文化建设、内部监管、市场监管、证件管理、经营业绩、客户服务和规范经营”九个方面抓各个工作的落实，争取企业全面管理得到新的提升。另外，继续高度重视安全生产建设，促进公司安全、和谐发展。在工作中根据企业不同阶段的需要，不断推出新的管理制度来规范员工工作行为和经营行为，强化责任心和对企业的忠诚度教育，确保经营团队的健康发展。公司把队伍稳定作为制定制度的出发点，把锻炼队伍作为提升管理的根本点，把好的制度执行好，围绕巡察反馈意见，严格落实整改工作，对于不适应形势的制度及时进行重新修订，最大限度地做到以人为本，以保障广大职工利益。

（办公室）

财税　金融

【财政】　2020年，面对错综复杂的经济形势和新冠疫情的影响，丰顺县财政部门在县委、县政府的坚强领导下，坚持以习近平新时代中国特色社会主义思想为指导，认真贯彻落实中共十九届四中、五中全会精神，深入贯彻落实习近平总书记关于“促进区域协调发展，加快形成以国内大循环为主体，国内国际双循环相互促进的新发展格局的重要论述”和出席深圳经济特区建立40周年庆祝大会、视察广东重要讲话、重要指示精神，严格按照中央经济工作会议、全省财政工作会议和省委十二届九次全会、市委七届九次全会及县委十三届九次全会部署要求，围绕做好“六稳”工作、落实“六保”任务，坚持稳中求进工作总基调，坚定不移地贯彻新发展理念，积极应对疫情、经济下行、减税降费、房地产市场低迷等外部影响，加强统筹协调，攻坚克难，奋力拼搏，全力确保财政收支平稳运行。

财政收入　2020年，全县财政总收入568090万元，其中：一般公共预算收入73593万元、上级各项补助收入（含专款）389129万元、调入资金63490万元（其中：政府性基金调入45000万元、国有资本经营预算调入490万元、盘活存量资金调入18000万元）、债务转贷收入14191万元、动用预算稳定调节基金2622万元、上年结余25065万元。县级一般公共预算收入73593万元，比2019年同期70560万元增收3033万元，增长4.30%。（丰顺县增速排在全市第3位）。

财政支出　2020年，全县财政总支出561223万元，其中：一般公共预算支出545981万元、债务还本支出4193万元、上解支出11049万元。具体支出如下表：

2020年丰顺县一般公共预算支出表

表1 单位：万元

序号	支出科目	本年累计支出	2019年同期累计支出	比2019年同期	
				+-金额	+-%
1	一般公共服务支出	51746	53621	-1875	-3
2	公共安全支出	20847	20824	23	0.11
3	国防支出	85	-	85	-
4	教育支出	98392	94653	3739	4.0
5	科学技术支出	4388	6958	-2570	-36.93
6	文化体育与传媒支出	7015	6129	886	14.46
7	社会保障和就业支出	105786	86255	19531	22.64
8	医疗卫生与计生支出	76443	81318	-4875	-5.99
9	节能环保支出	10280	11022	-742	-6.73
10	城乡社区支出	28376	35698	-7322	-20.51
11	农林水事务支出	83305	83634	-329	-0.39
12	交通运输支出	35410	16909	18501	109.42
13	资源勘探信息等支出	612	2012	-1400	-69.58
14	商业服务业等支出	1963	469	1494	318.55
15	国土海洋气象等支出	4425	2636	1789	67.87
16	住房保障支出	9525	11202	-1677	-14.97
17	粮油物资储备支出	955	923	32	3.47
18	灾害防治及应急管理支出	3304	1606	1698	105.73
19	金融支出	40	-	40	-
20	债务付息、发行支出	3084	3968	-884	-22.28
21	其他支出	-	30	-30	--
合计		545981	519867	26114	5.02

收支相抵，结余6867万元。

贯彻新发展理念，推动经济高质量发展

2020年，丰顺县财政部门坚持贯彻新发展理念，继续深入推进供给侧结构性改革，落实上级减税降费各项政策，全力争取上级政策资金支持，服务县域经济发展。一是深入落实减负降费政策。积极落实国家减负降费政策，全年累计为企业减负降费2800万元，着实减轻企业负担，有力支持实体经济特别是制造业稳定发展。二是大力推进企业转型发展。为推动企业转型升级，丰顺县财政部门积极发挥资金扶持激励作用，推动丰顺县实体经济发展，全年累计拨付各类企业扶持资金6578万元。三是全力支持园区建设。全年筹集拨付扶持资金2000万元，用于完善广州海珠（丰顺）产业转移工业园基础设施建设；累计拨付9560万元用于丰顺新区征地和相应配套设施建设，其中拨付3000万元用于嘉应学院紫琳学院（丰顺）征地建设。四是狠抓交通基础设施建设。路通则财通。县财政部门积极争取各项资金来源，保障交通基础设施建设，全年累计投入3亿元。

优化支出结构，提升惠民利民水平

一是促进教育事业均衡发展。县财政部门坚持教育优先发展原则，积极筹措资金，落实相关政策，全年累计投入教育发展专项资金3740万元，累计拨付各学校公用经费、生均经费11001万元，累计拨付建档立卡学生、家庭困难学生的生活费、免学费补助资金3186万元，拨付学前教育发展资金及普惠性幼儿园生均经费1396万元，拨付丰顺县原民办教师和原代课教师生活困难补助资金999万元。二是加强公共医疗卫生体系建设。2020年来，为应对突如其来的疫情，县财政部门积极争取上级扶持资金，集中统筹财力，建立健全公共卫生体系建设和重大疫情防控救治体系建设，重点加强重症病区、发热门诊改造基建的投入，全年全县疫情防控累计投入3126万元。持续深化公立医院改革，全年累计投入公立医院建设资金3.8亿元，用于县人民医院升级改造、县中医院迁建、妇幼保健院扩建和县第二人民医院等建设。三是推进社会保障和就业体系建设。全年发放最低生活保障金5238万元，医疗救助金1699万元，五保金1895万元，困难残疾人生活津贴1057万元，重度残疾人护理补贴2730万元。拨付就业创业、技能提升、适岗补贴等资金累计878万元。四是支持文化旅游体育事业发展。全年全县文化旅游体育方面累计投入1886万元，极大丰富和改善了人民群众的文化生活和精神面貌。

补齐支农短板，支持乡村振兴战略

全面改善农村宜居环境、促进农民增收，着力发挥资金优势、履行财政监管职能。一是加快涉农资金支出进度。为更好地完成省级下达丰顺县2020年涉农资金支出任务，提高资金使用效益，也为2021年争取更多的上级资金支持，县财政部门积极发挥部门职能，联合相关部门较好地完成任务。全年共收到省级涉农资金42228万元，支出35388万元，支出率为84%。二是全力支持新农村示范工程建设。紧紧围绕县委、县政府连线成片、全域推进生态宜居美丽村庄建设目标，进一步加大上级专项资金争取力度，保障建设资金需求。全年累计拨付新农村示范村建设资金21900万元。三是积极落实各类强农惠农政策。全年累计拨付生态公益林效益补助资金6999万元，中小河流治理工程资金987万元，高标准农田资金1993万元，大中型水库移民后期扶持资金816万元。

发挥财政职能，助力打赢“三大攻坚战”

一是支持打赢精准扶贫精准脱贫攻坚战。积极筹集上级扶贫资金，完善财政扶贫开发政策，为丰顺县脱贫攻坚工作取得最后胜利提供了有力支撑。全年累计筹集拨付扶贫资金1134万元。二是支持打赢污染防治攻坚战。全力做好资金保障和政策落实工作，助推丰顺县环境污染治理工作顺利开展。在新能源汽车推广应用、截污工程、付榕江北河水质治理、镇级填埋场整治、污水、污泥处理等方面经费持续投入，全年累计拨付污染防治资金5812

万元。三是支持打赢防范和化解重大风险攻坚战。2020年，丰顺县共化解债务本金5042.89万元，其中：化解存量政府债务45.89万元，债券形式债务4993.1万元，或有债务3.9万元。新增债券81000万元，其中：一般债券10000万元，专项债券71000万元，比2019年增加63700万元。新增再融资债券4191万元。丰顺县各项债务均控制在债务风险警戒线内。

深化财政改革，提高服务和保障能力

一是深化财政国库管理制度改革。做好预算执行动态监控、实时在线联网监督工作。积极推进全省“数字财政”建设相关工作。二是深化财政预算执行监督管理制度改革。深入贯彻深化省级预算编制执行监督管理改革工作要求，积极主动对接“大专项+任务清单”模式，承接省级下放的审批权。加强对全县各单位国有资产的监管，整合资源，最大限度盘活国有资产，加大存量资金盘活力度，盘活可用资金。全年共盘活各项存量资金20681万元。三是深化政府采购管理制度改革。为提高政府采购管理信息化水平，进一步加大政府采购信息公开力度，根据《广东省2017年政府集中采购目录及采购限额标准》里面的集中采购机构采购项目的部分货物类及服务类，集中采购机构采购项目全面执行电子化采购平台采购为提高政府采购管理信息化水平，强化政府采购监督管理，全年全县采购预算金额32659万元，实际采购金额32224万元，节约资金435万元，资金节约率为1.33%。四是严格控制“三公”经费等支出。坚决执行严格厉行节约严控财政支出政策，进一步树立长期过“紧日子”思想，严格控制“三公”经费等一般性支出。2020年，丰顺县“三公”经费支出1555万元，同比减少3.85%。五是加强政府投资评审管理。在投资审核工作中，严格按照《财政投资评审操作规程》规定要求，严格执行定额规定，严把工作量和特殊材料、设备价格签证关，为全面、保质、按时完成投资审核工作提供保证。全年全县审核工程预决算284宗，送审金额达74219元，审定金额为62798万元，核减金额为11421万元，核减率为15.39%。

（朱浪锋）

【税务】 2020年，在市税务局党委和丰顺县委、县政府的正确领导下，县税务局紧紧围绕上级的工作部署，坚持以习近平新时代中国特色社会主义思想为指导，聚焦主题主业主责，以绩效管理为抓手，统筹推进疫情防控和服务经济社会发展，勇于担当，奋力拼搏，顺利完成全年各项工作目标。

统筹落实减税降费和组织收入上取得重大进展

积极统筹推进疫情防控和税收工作，聚焦“四力”要求，妥善处理好“减”与“收”的关系。2020年1月至11月，全县累计新增减税降费1.58亿元。其中：2020年出台的支持疫情防控和经济社会发展税费优惠政策新增减税降费1.12亿元；2019年年中出台政策在2020年翘尾新增减税降费4633万元。

在组织收入上，以“坚守底线、落实责任”为总基调对组织收入工作进行部署，依法依规做好组织税费收入工作。2020年全年累计组织收入23.44亿元，比2019年同期下降19.37%。其中，税收收入12.19亿元，同比减收1.06亿元，下降7.96%；规费收入11.25亿元，其中社保费收入10.85亿元，同比减收4.53亿元，下降29.45%。

税收服务发展大局有新作为

（一）落细落实疫情防控交出满意答卷。疫情发生以来，县税务局紧跟上级工作步伐，切实做好本系统疫情防控的部署、组织实施、督促指导工作。根据疫情发展制定各个时期疫情防控工作指引，研究疫情防控工作，部署防控措施，严格落实防控责任，做到防控有重点、宣传有声音、物资有保障、责任有落实。组建9支疫情防控党员先锋队和团员青年先锋队，开展百名党员助百企行动，300多人次党员干部积极投身到网格化管理的红旗居委、有关企业、办税场所等地参与社区防控工作。县税务局疫情防控服务工作被评为梅州“优秀战疫志愿服务项目”。（二）税收服务地区发展大局有新成果。充分运用税收大数据，主动作为，注重税收效应分析与本县政策对接，先后撰写复工复产分析及调研报告5篇，有针对性向县委、县政府提出意见建议，为促进丰顺经济社会发展提供税务智慧。

税费征管提质增效大力拓展“非接触式”办税渠道，创新“网上申请，线下邮寄配送发票”、代扣代缴个人所得税手续费电子退税等业务，积极调整催报催缴、延期申报、税款缓缴、行政处罚、认定非正常户和下户调查等征管措施，严格控制税务注销办理时间，将丰顺新办纳税人“套餐式”服务平均办理时长压缩到0.33小时，成为全市税务系统唯一业务办理实现“零超时”的单位。

在增值税发票管理方面，采取对现金管理、银行账户管理、发票开具、财务核算、推广税控收款装置、纳税意识等综合性的措施，克服以往单纯“以票控税”的单一模式，对“体外循环”现象实施有效监控。针对丰顺毗邻潮汕地区虚开虚受发票多发的特点，重点加强“三员”实名认证的管理，对身份证、电话号码登记为潮汕地区人员、外省人员和老龄人为法人的企业，在严格实现最高开票限额和离线开票时限的基础上，加大实地核查的深度与频率，充分发挥函调的作用，有效堵住无经营实体虚开虚大发票金额的漏洞。

在推进首次个人所得税年度汇算工作方面，围绕“事前提醒、信息预填、充分沟通、分类办理、便捷补退、事后抽查”的汇算操作主流程，确保个人所得税首次年度汇算平稳落地。县税务局首推的委托中介机构代理个税汇算申报做法，得到省税务局的肯定性表扬。

在非税收入征管职责划转方面，按照“平稳划转，有序推进”的原则，及时成立水土保持补偿费等四项非税项目征管职责划转工作专班，主动加强与兄弟单位的沟通协调，建立财政、社保、残联、工会部门联席制度，实现社保费和非税业务数据共享，确保完成好划转改革任务。

税收营商环境持续优化　对全县4个办税厅进行分类和规范化建设，并按照“双一百”考核标准验收。推进税银合作的深入持续发展，依法依规通过“银税互动”为全县纳税诚信企业享受诚信贷款红利。全年辖区内中小微企业通过贷款46笔，贷款金额4390万元。依托纳税服务综合管理系统、主题办税管理系统等，对办税等候时间、预约办税、主题办税等进行数据化管理。窗口开窗率100%，业务量为132876笔，实际预约数量7928笔、主题办税访问量3133笔，平均等候时间8.5分钟。

税收法治建设有新进展

全面落实“三项制度”。依托行政执法公示平台、办税大厅电子屏及宣传栏等渠道对执法结果进行公示。2020年，县税务局通过执法公示平台公示664篇次，其中行政许可641条、一般行政处罚23

条。深化风险导向下的“双随机、一公开”税务监管，注重多运用税收大数据开展案头风险分析，打击“假企业”虚开发票、“假出口”骗取退税、“假申报”骗取税费优惠等行为，维护良好经济税收秩序。2020年，通过开展实地核查、纳税辅导和风险排查，有效阻止了虚开虚受增值税普通发票、违规开具发票、房产税计税依据不一致、股权转让风险等违法行为10起，补征税款304.73万元，滞纳金63.17万元，合计入库367.9万元。

税务意识形态工作基础不断夯实

坚持宣传思想工作正确的政治方向，成立以党委书记、局长为组长的宣传思想工作领导小组，制定《税务系统宣传思想工作要点》和加强宣传思想工作任务分工表，健全全县税收宣传工作一体化领导工作机制。全年共召开意识形态工作专题研究会3次，组织各党支部召开关于意识形态专题学习会议，压实税务系统各级党组织意识形态工作主体责任。开通丰顺“微税课”等非接触式宣传方式，大力开展“云宣传”；组织开展全国第29个税收宣传月活动，集中深入宣传好支持疫情防控和经济社会发展的各项税费优惠政策及落实成效；开展宣传进农企、进行业、进商户、进社区、进学校、进企业“六进”活动，进行点对点滴灌式精准宣传。全年累计被人民日报数字传播、“学习强国APP”、中新网、光明网等各级媒体报道85篇，被省税务局网站采用24篇，被广东税务微信公众号采用8篇，厚植良好的税收舆论氛围。

大力开展文明创建活动

设立新时代文明实践所，将精神文明建设与新时代文明实践活动、模范机关创建、党建共建等工作相结合，建立健全“五个之家”阵地，并利用过道走廊打造一条以“家风+文明”百米文化主题墙，培育和形成具有丰顺税务特色的文化品牌，带动全局精神文明建设蓬勃发展。在全系统成立党团志愿者服务队，组织到门前责任“三包”环境卫生清洁和网格化管理的红旗居委疫情防控、卫生整治工作，全年共开展志愿服务38次，营造洁净的卫生环境，为全县成功创文创卫贡献税务之力。

（徐育敏）

【中国人民银行丰顺县支行】 2020年度，丰顺县共存有17家金融机构，其中银行机构9个（国家政策性银行机构1个，国有股份制商业银行5个、股份制商业银行1个，村镇银行1个，农村商业银行1个）。保险机构（支公司）7个，其中财险6个，寿险1个。证券公司（营业部）1个；金融营业网点80个，从业人员729人。

2020年度，丰顺县域各项存款余额204.22亿元，新增存款8.32亿元，同比增长4.27%；各项贷款余额109.6亿元，新增贷款13.24亿元，同比增长13.96%。存贷比为53.67%，创10年来新高。2020年，丰顺县股票基金交易额累计361亿元，同比增长40.62%，其中A股交易额累计245亿元，占总交易额67.87%。

2020年，丰顺金融系统全力支持打赢疫情防控与稳企业保就业“双战役”。中国人民银行丰顺县支行迅速开辟国库、现金等绿色通道，指导金融机构开辟防疫资金转账绿色通道，满足特殊时期现金流通及大额转账需求。抗疫期间，国库中国人民银行丰顺县支库共拨付防疫应急款27笔，金额2060万元。

为促进丰顺实体经济复工复产，中国人民银行丰顺县支行联合丰顺县金融工作局印发《丰顺金融“十二条”》，推出丰顺本地特色信贷产品支持本地企业复工复产。中国人民银行丰顺县支行运用“粤信融”、中征应收账款融资平台推动银企对接，促进融资34笔2.46亿元。推动防疫专项再贷款政策落地4120万元，发放专用额度再贷款5198万元。办理普惠小微企业贷款延期支持工具激励金额6396万元；办理普惠小微企业信用贷款支持计划金额470.8万元。2020年度，丰顺县金融支持实体经济案例有4例入围梅州市第一届金融支持实体经济十大典型案例。

中国人民银行丰顺县支行大力支持地方经济社会发展与民生改善。2020年提供征信企业查询75次，个人查询12019次。组织开展人民币、征信等金融知识户外宣传活动7次。办理银行企业账户备案1445户。

金融支持决战脱贫攻坚和乡村振兴成果丰硕。2020年，中国人民银行丰顺县支行累计发放再贷款1.03亿元，其中扶贫再贷款0.51亿元，为自2016年以来累放数位居全市第一。推广“村居E支付”工程支持乡村振兴（利用移动终端设备为农村群众办理医保、养老保险及公共事业代缴）。2020年全县共布放286台缴费终端，覆盖全县282个村、居委会。2020年，中国人民银行丰顺县支行联合丰顺县金融局成功打造潘田镇作为“示范镇”，移动支付便民服务点及缴费笔数在全市6县中排名第三。

（许珊珊）

【中国工商银行丰顺支行】 2020年新冠疫情发生后，丰顺支行认真贯彻落实党中央、国务院、总、省、分行及监管部门出台的各项政策，用好用足政策工具，加大对稳企业、保就业金融支持力度，积极帮助企业疏困解困，从信贷支持、金融服务、解决企业困境、金融创新等方面助力企业复工复产和经营发展，充分发挥国有银行服务地方实体经济发展的主力军作用。

2020年度主要经营情况

（一）截至12月末，各项存款实现快速增长。各项存款时点余额108765万元，较年初增加16579万元。其中：对公存款余额36985万元，较年初增加12467万元；个人存款余额71780万元，较年初增加4112万元。

（二）截至12月末，各项贷款余额129710万元，较年初增加20732万元。其中：公司贷款余额42647万元，较年初增加16357万元；个人贷款余额87063万元，较年初增加4375万元。

加大信贷投放力度 2020年以来，支行按照人行“增量、扩面、提质、降本”的部署和目标，加大对地方经济的信贷投放支持力度，强化对优质制造业、民营企业、重点企业以及产业链上的中小企业的金融支持，有力支持企业疫情防控和复工复产。至12月末，支行累计投放各类贷款5.81亿元。其中：累计投放公司贷款3.41亿元，累计投放小企业贷款1.21亿元，累计投放个人贷款2.4亿元。

支行积极支持政府重大招商引资项目落地，成功获批丰顺县中医院、丰顺县粤海水务、大丰华高速公路建设项目，涉及贷款金额5.55亿元，至12月末，共投放项目贷款27840万元，为企业减负稳岗提供重要支撑，较好发挥大行支持民营企业的“头雁”效应。

提升金融服务质效 为切实做好稳企业保就业金融服务工作，支行实时制定专属方案，发动全行力量，采用园区走访、银企对接、企业拜访、电话微信线上多种

方式，实现与企业精准对接，及时提供金融服务和融资需求。同时提高非接触业务覆盖面，通过优化系统设计、加大科技赋能等方式，在保证客户资金安全的情况下，将大部分业务办理由线下转为线上。

疫情期间，支行开通防疫期间应急资金支付结算资金划转“绿色通道”，2020年累计办理疫情防控专项资金支付2笔，共计拨付10万元。

疏解融资企业经营困境 （一）疫情发生后，支行积极响应国家政策，支持中小企业延期还本付息，做到应延尽延，合理运用续贷、再融资、展期、调整还款计划等方式解决企业资金难题。支行对当地几家重要大型民营企业等通过调整分期还款计划和下调执行利率解决其还款压力。至12月末，支行陆续为6户小微企业办理贷款展期共计530万元。

（二）支行切实降低企业融资成本，着力解决融资难、融资贵等问题。疫情发生后企业贷款利率均按政策范围内最低标准执行，12月末，支行人行银监口径贷款年度加权利率4.51%，较2019年下降29BP。

支持制造业、民营小微发展 2020年以来，支行紧紧围绕丰顺县县域现代产业体系和制造业现状，抓好支柱产业、重点客户的营销、维护和融资支持。大力推进先进制造业和民营企业贷款，持续做好制造业贷款动态管理和民营小微贷款推进工作。至2020年12月末，支行投放制造业和民营小微企业贷款共49户，余额9852万元，贷款余额较年初减少3073万元。

同时，围绕监管要求，为更好实现小微企业“增量、提质、降本”金融服务总体目标，支行利用总行大数据、系统优势推进普惠小微创新业务落地，针对不同融资渠道，融资场景，区分不同贷款方式，推出多个极具地方特色的融资方案。如创新推出线上“经营快贷”“抗疫贷”“e抵快贷”“税易贷”等线上普惠产品。至12月末，2020年以来支行共办理投放“经营快贷”35户2843万元、“e抵快贷”39户3968万元、“税易贷”12户716万元。

（简竞文）

【中国银行丰顺支行】 2020年，中国银行丰顺支行认真贯彻落实县委、县府的工作，立足丰顺实际，围绕构建“一区一带”发展新格局和中国银行省、市分行部署，坚持以党建为引领，坚持“两学一做”学习教育常态化制度化，认真组织员工学习宣传贯彻中共十九大会议精神、习近平总书记视察广东重要讲话精神；全年工作围绕总行战略目标，贯彻落实省行发展战略部署，突出“三比三看三提高”的标准，全力推动全年各项任务完成。

多措并举，不断扩大收入来源 2020年，支行高度重视省、市分行的考核方案，每季度组织全行员工认真研读方案内容，通过争揽各项低成本存款，加大贷款投放，积极叙做高收益产品，不断拓宽非息收入来源和渠道。

进一步紧盯市场，深化政银和银企合作，做大存款规模 支行牢固树立存款立行的意识，坚持“早抓抓早抓主动”的策略，积极做好核心客户的关系维护，防止大额资金和核心客户的流失；进一步密切政银合作，积极承接各项财政预算划拨资金，重点拓展政府产业基金、最大限度地争取政府财政资源，推动行政事业单位存款持续增长。截至12月末，对公存款余额23472万元，比2019年负增370万元。对私储蓄存款余额140231万元，比2019年净增5363万元。人民币零售贷款余额

44858万元，比2019年净增11153万元。

2020年支行强化内控合规建设工作　通过狠抓案件风险防范，组织全行员工观看案例警示教育片等相关活动，每季度做好员工行为异常排查和家访工作，加强对重点人员和重点业务的风险排查，加大反洗钱核查工作，不断提升员工主动合规意识和能力，确保支行无重大违规和反洗钱风险。

强化服务管理，提升服务技能　支行成立行长任组长的优质高效服务领导小组，制定和完善本行优质高效服务的具体措施和办法，每月对服务工作情况进行检查、通报、总结和提高。在上级部门支持下不断扩大业务服务功能，推出智能柜台、移动柜台等设备，向客户提供个性化、有特色、体贴入微的服务，努力提高电子化利用水平，引领客户需求，使客户体验满意度不断提升。积极组织党员、业务骨干到党建共建活动单位宣传支付结算、个人征信、反假货币、金融知识、反洗钱等主题宣传活动，派发大量金融知识资料，面对面接受业务咨询，受到社会各界好评。同时加强岗位练兵、提升服务技能。

积极担当社会责任，提升精准扶贫实效　全行在落实政府对口帮扶工作的同时，不断加强总行“公益中国”APP推广力度，积极参与丰顺“创文”工作，积极支持配合当地扫黑除恶工作，支行将持续加强动员组织，以实际行动体现担当社会责任。

严以履职，抓好作风，确保持续健康发展　一是加强支部建设，抓好“三会一课”制度落实，深入开展“两学一做”的学习教育，激发党员自主学习热情，唤醒广大党员的党章意识、纪律意识、规矩意识，通过立标杆、树典型，营造干事创业的良好氛围。二是支行班子成员以身作则，主动作为增强担当意识和责任意识，带头营销攻关、带头遵规守纪，切实做到守土有责、守土尽职。三是持续开展“守纪律、讲规矩、促廉洁”纪律教育学习活动及“反四风”等主题教育警示活动，带动全行员工改进工作作风，立足本职岗位和实际，提升工作成效，提高队伍战斗力和执行力。四是坚持群众路线，激发员工的工作热情。积极倾听员工心声，多从员工的角度出发，帮助员工解决实际问题，为员工减负减压，充分调动员工的积极性。

（张文佳）

【中国建设银行丰顺支行】　2020年，丰顺支行按照县委、县政府和市分行党委“疫情防控”的总要求，积极落实县委、县政府和市分行的决策部署，上下一心、攻坚克难，做好疫情防控和复工复产工作。在市分行党委领导下，紧紧围绕2020年工作目标，始终坚持“存款立行”的经营理念，以防风险、保合规，拓发展，扎实推进“三大战略”，推动业务高质量发展。

2020年，支行一般性存款时点余额164635.8万元，其中：企业存款余额62579.55万元，个人存款102056.25万元；各项贷款余额104952.58万元，其中：公司类贷款余额37426.91万元，个人贷款余额67525.67万元；个人类不良贷款351万元，不良率0.52%。实现中间业务净收入502.08万元。

加强党建引领　坚持落实“三会一课”制度，认真学习贯彻中共十九大精神、五中全会精神等，以“不忘初心、牢记使命”主题教育学习，以张富清同志为榜样，党员坚定理想信念，树立全心全意

为人民服务宗旨。2020年，与丰顺县人民政府签订《党建引领乡村振兴战略合作协议》《“信息进入户”暨建设银行“裕农通”普惠金融合作协议》。同时，结合党日活动等形式，组织全员进行业务知识、技能比赛以及各种劳动营销竞赛等活动，激发员工团队协作能力，营造“你追我赶”的良好氛围，助推支行业务高质量发展。

围绕县重点项目，加大资金投放　加强与政府沟通联系，积极跟踪广东新南方青蒿药业股份有限公司、广东青恒生物医药有限公司、留隍镇潮客十里项目及坚真文体中心等政府重点项目提供优质金融服务，2020年，为企业提供金融支持，其中：大中企业累计资金投放2.16亿元，为小企业提供普惠金融项目资金3170万元。

支持乡村振兴　为落实市分行乡村振兴战略工作要求，加快县分行乡村振兴业务发展，围绕市分行乡村振兴业务推动方案。（一）积极落实市分行与丰顺县人民政府签订《党建引领乡村振兴战略合作协议》《“信息进入户”暨建设银行“裕农通”普惠金融合作协议》工作部署，在“万小企扶万农户”活动中，近三年分行向省行争取到209万元，其中2020年争取到19万元，1万元的方式全部发放给丰顺县各乡镇建档立卡贫困户。（二）全力支持青蒿特色产业。在深入调研的基础上，支行谋划推动与丰顺县人民政府、广东新南方青蒿药业股份有限公司三方联合举行的“支持青蒿产业　振兴乡村经济”合作备忘录签约仪式，搭建“政银企”三方合作新平台，为农户给予首期200万元的青蒿种植补助、3000万元低息短期流动资金贷款，给予核心企业9000万元信贷支持，开创金融支持乡村振兴、扶持实体经济新模式，此模式适合在全市范围内复制推广，得到《梅州日报》、《南方日报》、《金融时报》、《建设银行报》等媒体的正面宣传及市长张爱军的批示。为更好地支持丰顺县人民政府工作，便于支行从上级行争取更多资源以支持丰顺县地方经济社会发展，实现互惠互利，进一步深化政企业合作。（三）加大乡村振兴宣传及便民服务。对部分行政村配置乡村振兴宣传广告以及设立村口银行外，又开通“裕农通”便民服务并搭建扶贫公益平台。同时，为省级现代农业产业园、省市级农业龙头企业提供金融服务支持，先后为梅州市瑞马奇食品有限公司、丰顺县汤南小菜、丰顺县风畲食品有限公司及丰顺县雅太郎食品有限公司授信放款，进一步助推乡村振兴发展打下良好的基础。

加强金融知识宣传　在驻点村丰顺县留隍镇石九村举行“乡村学堂”挂牌仪式，并在希望小学举办了一场主题为“金融知识进校园，联创共建爱的港湾”的乡村学堂培训活动，为村干部、村民、学生普及金融知识、乡村金融服务，提高全民反假、反诈骗能力，助推乡村振兴发展。

加强“两防”工作落实，确保业务稳健经营　认真落实预防腐败和案件防控工作，实现全年安全运营目标。2020年年初召开开展预防案件防控和预防腐败动员大会，进行工作部署和要求，做好疫情防控的同时始终把“两防”工作放在首位，为业务发展保驾护航。通过各种会议贯彻学习中共十九大会议精神以及十九届五中全会精神和《习近平谈治国理政》第三卷的学习，全面落实从严治党、从严治行的要求，扎实推进党风廉政建设以及预防腐败和案件防控工作。

（杨光生）

【中国农业银行丰顺县支行】　2020年，

中国农业银行丰顺县支行坚持以习近平新时代中国特色社会主义思想为指导，认真贯彻落实上级行各项工作部署，紧紧围绕丰顺县委、县政府的经济建设部署，坚持以党建为统领，强基础、促转型、控风险，促进各项业务实现持续稳健有效发展。至2020年12月末，全行本外币各项存款余额36.44亿元，比年初净增2.38亿元；各项贷款余额23.31亿元，比年初净增5.7亿元；实现中间业务收入3051万元，实现经营利润8627万元。

坚持党建引领，为改革发展提供坚强政治保障　贯彻落实新时代党的建设总要求，始终把党建引领摆在首要位置，充分发挥党建工作在各条线的引领作用。一是强化思想和理论武装。把学习贯彻习近平新时代中国特色社会主义思想、习近平总书记重要指示批示精神和中共十九届四中、五中全会精神作为长期政治任务抓紧抓好，全年先后组织开展5次党委中心组集中学习研讨，并通过扩大学习为基层党支部做示范。二是加强基层党组织建设。强化政治功能，深入推进“两学一做”学习教育常态化制度化，抓好“三会一课”、组织生活会、民主评议党员等制度落实，做好发展党员工作，推进基层党支部建设，增强党组织凝聚力和战斗力。三是抓好党建促经营工作。深化实施“书记、委员”项目、“外联共建”等工作，推进党建工作和业务工作深度融合，以党建工作质量提升带动各项工作上水平。

提高政治站位，全力做好疫情防控和金融服务工作　全面贯彻落实中央、地方政府、监管部门、上级行疫情防控工作要求，进一步提高政治站位，围绕做好“六稳”工作、落实“六保”任务，全力做好疫情防控和金融服务保障工作。一是春节期间开通疫情防控“金融绿色通道”，为政府机构、防疫相关企事业提供紧急取现、资金划转等应急金融服务。二是对受疫情影响的个人实施差异化信贷政策，对受疫情影响暂时失去收入来源的客户，灵活调整住房按揭、信用卡、农户贷款等个人信贷还款安排。三是加大对疫情防控相关领域的资金支持，帮扶受疫情影响的企业，为保障企业复工复产贡献金融力量。四是主动靠前服务，通过掌上银行、e掌通等数字化工具，为客户提供线上多元化金融服务。五是积极践行社会责任，爱心驰援武汉疫情防控，先后在全行筹集捐赠18561元，以实际行动全力支持抗击疫情。

推进金融扶贫，助力脱贫攻坚　支行围绕决战决胜脱贫攻坚，切实强化责任担当，围绕产业项目带动、小额扶贫信贷、消费扶贫、定点扶贫等重点，加强指引推动，深入推进金融扶贫各项工作有效落实，以金融力量助力脱贫攻坚。一是积极推进产业项目帮扶，产业（项目）扶贫贷款净增1户，贷款增量4385万元。二是精准投放小额扶贫贷款，围绕地方脱贫攻坚和乡村振兴规划部署，对于符合条件的贫困户，保证贷款投放效率。三是大力推进消费扶贫专项行动，支行通过员工食堂采购、员工节日慰问采购、上线扶贫商城、员工个人消费采购等方式，同时积极向客户推荐使用农行扶贫商城线上采购，促进交易量和带客量双提升。此外，支行深入政府、机关事业单位等推广发行使用“消费扶贫爱心卡”，配合政府构建消费扶贫新业态。四是加强对定点扶贫挂钩村帮扶，对支行扶贫挂钩点丰良镇仙洞村通过对贫困户开展扶贫慰问、协助村委开展扶贫宣传、送金融知识下乡等活动加强帮扶。

深化“三农”服务，支持乡村振兴战

略　支行把服务“三农”摆在突出位置，积极发展农村生产经营贷款和农户贷款业务，切实履行支农惠农的社会责任。充分利用“乡村好时贷”、农资e贷等支行新产品的优势，在县域重点结合现代农业产业园建设、“一村一品、一镇一业”，推进特色种养殖客户、农产品加工客户的营销拓展，加大对农业新经济主体和农业龙头企业的金融支持力度。至2020年12月底，全行涉农贷款余额16.55亿元。

推进线上线下渠道融合，提高普惠金融服务能力　支行不断优化服务方式，充分发挥本行创新产品优势，大力推行惠农e贷、惠农e商、惠农e付等新型产品，构建网络融资、线上支付、农村电商系列产品线。加快推进“一号工程”，实现“农银e管家”、聚合扫码、智付通POS对服务点的“全覆盖”，至2020年年底，全行注册聚合码商户2052户，一年来日均交易笔数达219万笔，累计交易金额近20亿元，沉淀资金日均存款8765万元，存款余额9696万元。

加强基础管理，提升风险管控水平　一是坚守资产风险底线，进一步强化信贷风险管理，加大清收力度，加强重点领域、重点客户的风险防控，密切关注客户的资金链、担保链风险，严控贷款逾期风险。二是落实好“一岗双责”，抓好党风廉政建设、三线一网格、保密管理、反洗钱等各项工作，确保依法治行、稳健经营、管人管事管业务管风险管到位。三是加强网点内部基础管理，配合县委、县政府做好文明创建工作，切实增强员工服务意识，狠抓制度落实，将文明服务要求化作员工的自觉行动。四是认真落实好防范和处置非法集资的各项工作，在全县形成抵制非法集资的深厚氛围，从源头上遏制非法集资发生。五是深入开展“断卡”行动专项活动，加强宣传和开展“涉诈、涉赌”账户排查工作，从源头上遏制电信网络诈骗，为维护客户权益、构建良好金融生态积极贡献力量。六是认真抓好辖内清廉金融文化建设活动组织推动工作，举办“清风学堂”讲座，开展反腐倡廉形势教育和警示教育，引导员工筑牢思想防线，营造风清气正的金融生态。

深入推动人文关怀，强化家园文化建设　一是高度重视员工身心健康，组织员工健康体检，组建篮球队、羽毛球等兴趣小组，丰富员工业余生活，营造团结、和谐、向上的企业文化氛围。二是积极组织开展各类企业文化活动，先后组织开展党员外出参观活动、员工厨艺大赛等团队活动，进一步增强全行凝聚力和向心力。三是关心员工的成长，加强对青年员工的关注和培养，召开青年员工座谈会、开展“三转合一”暨青年赋能演示比赛和中层干部岗位资格公开选拔工作等，激发青年活力和积极进取意识，提升队伍整体素质。

（黄美云）

【中国农业发展银行丰顺县支行】　2020年，农发行丰顺县支行按照年初工作目标，坚持政策性银行定位，以转型发展为主线，积极开展业务营销，支持疫情防控，助力复工复产，加强财务管理和风险防控，强化内部管理和队伍建设，做好安全保卫工作，各项工作有序开展。至2020年年末，各项贷款余额4.63亿元，日均贷款余额4.72亿元；各项存款余额3955万元，日均存款余额1.51亿元；贷款本息收回率100%；无不良贷款。

党建引领　加强班子建设，抓好中心组学习，开好支委会。聚焦主题教育，拓宽党员活动渠道。规范组织生活，落实

"三会一课"。对照目标任务，顺利完成支行党支部换届选举，与贫困村党支部开展了结对共建活动，完成1名预备党员转正、确定1名发展对象，规范合理使用回拨党费。严格落实党风廉政建设主体责任，落实领导班子成员"一岗双责"，扎实做好廉政党课、廉政谈话、节日期间紧盯"四风"、银企廉政共建等工作。

脱贫攻坚　助力脱贫攻坚，发放扶贫贷款4000万元。开展扶贫捐款，累计捐款8750元。帮扶贫困村，与挂钩贫困村党支部建立党建共建，帮助落实建档立卡贫困户疫情补助，支持贫困村党支部活动室建设。参与消费扶贫，向多个贫困地区购买农特产品共计16663元，帮助贫困群众发展生产和脱贫增收。

转型发展　全力支持疫情防控，投放应急贷款3000万元支持企业生产防疫物资。助力全面复工复产，投放流动资金贷款4000万元，支持生猪产业恢复产能。重点支持PPP项目，发放贷款8575万元，用于丰顺县全县域环境综合治理与修复项目。做好地方储备粮管理，发放地方储备粮贷款1408.9万元，完成6693吨稻谷轮换任务。

疫情防控　做好防控物资采购，准备好口罩、消毒水、酒精等防控物品。落实人员安排和防控知识宣传，严格落实疫情监测"日报告、零报告"等请示报告制度，确保工作正常运转。开展疫情防控文明实践活动，组织疫情防控党员志愿队到金湖村支援社区开展疫情防控工作。做好金融保障工作，引导客户采用电子渠道办理业务，及时维护客户网银账户，免收结算业务费和网银手续费。

防范风险　加强现有项目贷款的管理。及时足额收回到期贷款，合规合法支付工程进度款。规范贷款资金支付管理，督促企业加快项目信贷资金使用；配合地方政府做好政府隐性债务化解工作，提前收回部分贷款15026万元；全年累计对9个存量贷款客户及新营销客户进行信用等级评定，对7家企业进行了授信，对符合条件的3家企业进行集团客户关联认定并按集团客户管理，3个项目押品价值重评，做好贷款质量风险十二级分类认定及非信贷和表外信贷资产风险分类监测等工作；每月召开贷后管理例会，分析风险点，并制定相应防范措施。

基础管理　做好合规管理，做好各种检查整改工作，对自查要点进行深入自查，针对问题落实整改。严格落实会计内控制度，合理均衡安排财务开支，加强反洗钱工作，清理解决历史遗留问题。抓好办公综合，做好内外部公文收发、信息报送、保密和印章管理以及支行安全保卫。扎实开展各项宣传，加强公务用车管理、固定资产管理。

队伍建设　落实重要岗位人员轮岗工作。全年完成2个部门主管轮岗工作。组织员工参加各条线开展的业务培训。积极开展企业文化建设，开展"与健步同行，与健康同在"职工健步走、趣味运动会等。坚持谈心走访制度，认真开展员工家访活动，帮助员工解决实际困难。

（罗朝辉）

【丰顺农商银行】　2020年，县农商行在省联社和梅州市农商银行系统党委的正确领导下，坚持稳中求进总基调，严守防范化解风险工作底线，围绕"切实转换机制"一个中心，切实抓好全面从严治党、切实防范风险、加快"四个转型"三大工作，以服务"三农"、小微企业、县域经济为中心，以践行普惠金融为动力，聚焦业务发展，破解发展难题，推动改革创新，各项工作取得一定成绩。至2020年年末，全行资产规模90.45亿元，比年初增加5.51亿元，增长6.48%；负债规模79.89亿元，比年初增加4.97亿元，增长6.63%。所有者权益10.56亿元，比年初增加0.54万元，增长5.39%。各项存款余额77.41亿元，比年初增加4.62亿元，增长6.34%；各项贷款余额46.99亿元，比年初增加2.42亿元，增长5.44%。各项存款、贷款市场占有率为38.03%、43.40%，继续占据当地金融机构首位。全年实现财务总收入4.03亿元，财务总支出2.59亿元，经营利润18351.63万元，净利润10428.48万元。

转机制中心工作　2020年，商行结合当前工作需要，重点就以下方面推进“转机制”中心工作：一是加快流程组织架构改革，调整了部门设置。包括：撤销市场拓展部，新成立电子银行与科技信息部；原资金运营部并入计划资金财务部专营资金业务；营业部内下设公司银行部及普惠金融部；授信审批中心更名为授信审批部。通过本轮部门设置调整，进一步建立分工明确，权责清晰，运作协调，决策民主，制衡有效的公司治理体系。二是整合资源，调整信贷运营模式。结合当前信贷管理现状，银行以汤坑城区支行为试点，调整部分支行信贷运营模式，将丰城支行、汤坑支行、汤南支行、汤西支行、北斗支行、埔寨支行的表内贷款移交至营业部（普惠金融部），整合一支高素质的客户经理队伍，实现一定区域内的分理处资源、人力资源，形成合力和资源共享，保证营销的专业化。三是成立丰城支行清收大队，组织专门力量做好不良清收工作。银行将营业部、汤坑支行、汤南支行、汤西支行、北斗支行、埔寨支行的表外贷款移交至清收大队统一管理、统一清收，进一步加强做好银行的不良贷款清收压降工作。四是扎实推进“三定”工作。2020年度，银行着力推进人员“三定”方案，制定定编定岗定员管理实施细则，加强人工成本监控，提高效率和人均利润率，建立人员随管理规模和业务发展而增长的良性机制，逐步实现人力资源的优化组合。

疫情防控工作　春节以来，全社会爆发严峻的新冠肺炎疫情。作为服务民生的金融窗口单位，银行严格贯彻落实党中央疫情防控工作部署，建立健全疫情应对机制，制定疫情防控工作方案，明确各部门职责，统筹调度防控物资、行内信贷、舆情管理、运营管理、信息科技等资源，在疫情防控期间充分发挥好金融支撑保障功能，为打赢疫情防控阻击战贡献金融力量。2020年，银行共办理防疫重要物资企业贷款2户金额合计1177.43万元，办理延期还本贷款80户，对应贷款本金总额7.06亿元，办理延期付息贷款8户，对应调整延付利息金额271.94万元；运用支农再贷款以优惠利率累计发放了重点物资企业保障企业复工复产5户金额合计5877.94万元，为疫情防控重点企业和县域中小微企业度过疫情注入金融活水。

推进信贷业务转型　按照金融稳企业保就业，控风险促发展的工作部署，围绕支农支小政策要求，丰顺农商行始终坚持以服务“三农”为己任，高扬农村主力军的大旗，牢固坚持服务“三农”的市场定位不动摇，持续推进信贷业务转型。至2020年年末，全行各项贷款余额46.99亿元，较年初增长2.43亿元，增幅5.44%；其中涉农贷款余额36.62亿元，比年初增加3.87亿元，增幅11.81%，比各项贷款增速高6.37个百分点；全口径小微企业贷款余额25.83亿元，比年初增加2.93亿元，增幅12.58%，比各项贷款增速高7.14个百分点；普惠型小微企业贷款余额10.51亿元，比年初增加1.31亿元，增速14.22%，比各项贷款增速高8.78个百分点；贷款户数939户，比年初增加3户，已达到普惠型小微企业贷款“两增”指标。

文明创建成果纷呈 2020年度，恰逢丰顺县创建广东省文明县城验收之年，银行切实加强与县政府创文办保持充分的沟通联系，以提升服务水平、服务县域经济、服务居民生活为着力点，从文明服务建设、提升服务形象、文明基础设施、强化志愿服务四个方面着手，把上级工作要求和农商银行文明服务提升有机结合，有效促进了行业形象和经营效益稳步提升，圆满完成县委、县政府交办的各项创文工作任务。2020年度，银行创文工作得到县委县政府的高度认可，喜获梅州市精神文明建设先进集体、丰顺县创建广东省文明城市工作先进集体“双料”荣誉，文明创建工作成效显著。

（办公室）

【中国人民财产保险股份有限公司丰顺支公司】 2020年度，中国人民财产保险股份有限公司丰顺支公司认真贯彻落实中共十九大精神，遵循“求实、诚信、拼搏、创新”的企业文化精神，以市场为导向，以客户为中心，坚持“诚信、效益、规范经营”，坚持内强素质外强形象，认真实践科学发展观，重视保险企业的社会效益和经济效益，发挥保险的社会稳定器和经济助推器作用，为丰顺县经济、社会发展做出一定的贡献。

基本情况

丰顺支公司内设经理室、综合部、直销业务部、营销业务部、车商业务部和理赔分部，截至2020年年底，共有在职员工19人。

业务概述

2020年丰顺支公司总保费收入为4928万元，已决支付赔款金额为1911万元，表决利润586万元。

1.签订2020年度党风廉政建设岗位责任状，依法合规经营承诺书、计划生育责任状，制度约束员工行为。

2.实践“发展是第一要务”具体化。年初制订年度发展思路和目标，全体员工讲发展。一是抓个人业务发展。二是抓渠道合作发展目标，成立专门的团队，抓车行、修理厂、邮政、中石化等合作发展。三是经理室亲自抓大项目等司控业务发展。

3.推动智能化工作。一年来员工们已能熟练掌握手机线上化办公和手机操办业务，包括报价、出单等业务一条龙服务，大幅度提高了工作效率。

4.诚信为本，规范理赔服务。根据上级公司安排，支公司成立的理赔分部，专门负责车险理赔业务。

（罗芳凤）

【中国人寿保险股份有限公司丰顺县支公司】 2020年，中国人寿保险股份有限公司丰顺县支公司立足“成己为人，成人达己”的企业文化核心理念，紧紧围绕习近平新时代特色社会主义思想，以党建为统领，搭平台促发展，夯实工作作风、严把风险管控，努力提升保险保障服务。

经营情况 2020年，中国人寿丰顺支公司实现总保费9627多万元，全年共处理死亡给付、医疗给付赔款支出、伤残支出、满期给付、退保金、年金等等支出2384多万元，为丰顺县的经济发展和人民群众的生活安定起到良好的风险保障作用。

（一）配合县卫健局，组织并推进“银龄安康”行动。加强政府部门汇报沟通，联合卫健局和老龄股召开全县各镇分管计生领导和计生主任会议，推进“银龄安康行动”。政府为全县符合条件的11.9万人投保“银龄安康行动”老年人意外伤害综合保险。

（二）计生方面，政府为农村独生子女家庭、农村纯二女户家庭及计生困难家庭等三类计生家庭共80399户统一办理人身意外伤害综合保险。

抓党建　（一）深化落实责任，强化党建工作。坚持理论学习制度，每月集中学习不少于1次，坚持个人自学与集中学习相结合、理论学习与交流研讨相结合，以领导干部带头学，促进全体党员广泛学，组织党员学理论、谈体会，把学习成果转化为工作思路和具体举措。深入学习贯彻习近平新时代中国特色社会主义思想和中共十九大精神，认真开展“不忘初心、牢记使命”主题教育活动，坚持读原文、悟原理；设立党员工作示范岗，将示范岗桌牌放在醒目位置，促使党员在完成急难险重任务影响和带动身边群众。（二）深化责任意识，坚持锐意进取。将“责任”二字在工作中落地生根，真正把心思用在干事创业、促进业务转型升级上，集中精力，投入到支公司发展中去。坚决杜绝慵懒散漫、办事拖沓、不作为行为，直面问题和矛盾。同时，树立正确价值导向，进一步激发上进心和进取意识，把工作作为成长进步、实现价值的平台，不断提升能力素质和精神活力，始终保持锐意进取、奋斗不止的精神状态，以不甘人后、奋勇争先的志气，以昂扬向上、不畏艰险的锐气，推动支公司各项工作取得突破。（三）深化廉政意识，落实治党责任。认真履行党风廉政“一岗双责”职责。落实领导干部述职述廉、个人事项报告制度，进一步完善作风建设管理制度，加强对支公司经营监管，坚决纠正损害群众利益的不正之风。党支部全体成员带头坚持从严律已，讲操守，重品行，自觉抵制来自社会各方面的诱惑，牢筑风险红线，做到自重、自警、自省、自律。

抓服务　公司紧紧围绕做大做强队伍，强化人员管理培训，实现队伍经营自主化，加强风险防范，提升服务质量。为持续做好金融保险服务工作，持续提高保险服务能力，注重用人和人才培育，在公司发展的同时，也着眼于培育后续人才，培养具有良好服务意识的职工，为人民群众解答关于保险保障内容、理赔范围、理赔流程；客户服务中心以专业服务，认真解答办事群众的疑难问题，提出解决的办法和途径。

抓风控管理　（一）加强监督，教育常态化。丰顺支公司将实行风险警示教育常态化，通过支部会议、司务会、业务会议等，加大辖内内外勤关于组织纪律、工作纪律的宣传教育，持续抓好作风建设。（二）坚定理想信念，做好风控监管。坚定正确的政治方向，克服困难，创造条件，深入业务一线，把监管企业和服务群众结合起来，倾听群众意见，充分做好保险保障和服务工作；加强公司业务监管，保证合规经营，提升公司品牌形象。

（巫春林）

教科文卫

教　育

【概况】 丰顺县教育局位于丰顺县县城汶水河河滨顺风路1号，主要负责全县教育教学管理工作。2020年有公务员20人、事业编制16人。内设机构有办公室、计划财务股、基础教育股、职业教育与终身教育股、体育卫生与艺术教育股、德育与学校安全管理股、督导室（县人民政府教育督导室）、人事股、党务股（机关党委办公室）等9个股室，所属事业单位有县教师发展中心、县人民政府教育招生委员会办公室、勤工俭学办公室、县青少年宫。

2020年，丰顺县共有高（完）中7所，初中14所，九年一贯制学校12所，完全小学79所（其中有中心小学18所、面上完全小学61所、教学点93个），合计学生：高中学生数9102人，初中学生数20833人，小学学生数45150人；幼儿园119所（公办25所、集体办29所、民办65所），在园幼儿17701人（公办8989人、民办7785人）；教师发展中心1所；职业学校1所，学生1353人；特殊学校1所，学生30人（其中在校生21人、送教上门9人）；校外教育培训机构30家。全县公办教职工共有5791人，其中高中1269人、初中1561人、小学2645人、幼儿园182人、特殊学校9人、职业学校76人；专职督学47人。幼儿园教职工2306人（含民办幼儿园）。

顺利召开2020年丰顺县委教育工作领导小组工作会议 8月26日，县委书记、县委教育工作领导小组组长曾永祥在县迎宾馆一楼会议室主持召开2020年县委教育工作领导小组工作会议。会议强调：一要提高政治站位，坚持优先发展教育；二要聚焦问题短板，全力补齐提升；三要压实各方责任，形成强大合力。全面加强党对教育工作的全面领导，统筹协调全县各级各部门尽心尽责努力办好人民满意的教育。

落实党风廉政建设责任制和开展纪律教育学习月活动 健全完善“一把手”负总责、分管领导具体抓、职能部门抓落实的工作机制，切实推动党风廉政建设各项工作的深入开展。由局党组书记、局长与

局领导班子成员和各挂钩学校负责人，局领导班子与各股室负责人、各挂钩学校负责人，股室负责人与股室人员，签订《丰顺县教育局党风廉政建设责任书》，对党风廉政建设和反腐败工作进行责任分解，一级抓一级，层层抓落实。

切实做好学校疫情防控经费保障工作 县财政、教育部门进一步优化教育支出结构，统筹安排教育资金，下拨中小学（园）疫情防控物专项资金、普惠性民办幼儿园生均财政补助资金及民办幼儿园扶持资金486.21万元，为中小学（园）统筹推进疫情防控和复学复课、确保民办幼儿园平稳运转提供资金保障。

加快推进广东省教育研究院教育现代化实验区教育现代化进程 实验区紧紧依托广东省教育研究院的专业、培训和指导优势，以教育科研为引领，以信息技术与教育教学深度融合为抓手，扎实开展各项工作。加强教研教改，提升教学质量整体水平，4—6月分别组织由广东省教育研究院主办的语文、数学、英语、历史的线上教学教研活动。依托名校帮扶提升高中教育教学质量，南海区石门中学、广州五中等名校通过名师引领、点对点在线交流答疑、优质教育教学资源共享等方式全方位帮扶丰顺中学和球山中学。着力提升留隍实验区办学水平，6月10日，在教育局召开留隍镇调研工作交流会；6月12日，在留隍镇召开广东省教育研究院教育现代化实验区工作座谈会。

落实教育民生实事 全县学前教育生均经费补助最低标准由每生每年300元提高到400元，继续落实小学每生每学期575元、初中每生每学期975元的省定义务教育生均公用经费拨款标准，全县公办普通高中生均公用经费最低标准由每生每年500元提高到1000元。2020年顺利完成全年中小学、幼儿园“厕所革命”提升改造任务。全县中小学、幼儿园需提升改造的厕所项目学校共99所，涉及99个项目，已全部完成改造任务。

有序推进教育领域重大工程项目建设 丰顺县实验小学、实验幼儿园建设项目全面竣工交付使用，实验小学2020年9月顺利开学，实验幼儿园2020年11月顺利开园；汤坑镇平阳小学主体工程2020年国庆节已交付使用，运动场等附属工程2021年1月前可竣工交付；小胜中心小学教学楼、学生宿舍楼重建及附属工程2020年年底竣工交付使用；潘田第二学校教学楼、教师宿舍楼重建及附属工程已完成总工程量的90%，计划2021年3月竣工交付使用；丰良镇公立中心幼儿园新建项目已完成总工程量的90%，计划2021年2月前竣工交付使用；嘉应学院紫林学院（一期）建设项目围绕2022年9月实现首批招生的重要时间节点，以“头号工程”的高度、力度、强度推进工程建设各项工作。

做好教师招聘工作和培训工作 按照“公开、平等、竞争、择优”的原则，县人力资源和社会保障局、县教育局分两批次面向社会公开招聘教育系统事业单位工作人员331名（含3名硕士研究生）；为解决幼儿园缺编问题，招聘83名幼儿园合同制教师。组织全县中小学（幼儿园）教师参加广东干部网络学院组织的2020年继续教育培训工作和广东省教育厅组织的公需科目的培训及梅州市中小学教师全员培训工作，使广大教师在培训中提高业务水平和能力。

教育信息宣传工作 提升宣传高度，继续与丰顺县电视台合作办好专题栏目《相约杏坛》，共播出15期；微信公众号“丰顺教育”共发布1048篇文章，教育的

信息以快速准确的形式传递到广大师生和群众中。2020年共处理来人来电信访件10件、梅州民生1件、梅州市教育局民生23件、梅州市教育局转送信访件4件、省市县转送信访件10件，共48件。信访件已全部办理完毕，办结率为100%。

学前教育　全县独立设置幼儿园119所，其中公办25所、集体办29所、民办65所，共设692个教学班（含小学附设幼儿班）；在园幼儿17701人，学前（3—6周岁）幼儿三年毛入园率98.25%。

义务教育　全县完全小学79所，教学点93个，在校生45150人；小学适龄儿童入学率100%，小学五年保留率97.83%，小学毕业生升学率100%。12所九年一贯制学校，14所初级中学，初中学生数20833人；初中学龄人口入学率100%，初中三年巩固率（保留率）103.7%，初中毕业生升学率98.3%，九年义务教育完成率90%。

特殊教育　县特殊教育学校共有学生30人，其中在校学生21人、送教上门9人。

高中教育　2020年，全县共有7所高中，在校高中学生9102人。丰顺中学是广东省国家级示范性普通高中，为梅州市十所重点中学之一；全县有市一级普通高中5所，分别是华侨中学、丰顺县第一中学、东海中学、球山中学、黄金中学。实验中学是按照省一级学校标准配置的中学。全县普及高中阶段教育比率不断提高，2020年全县普通高中招生3071人，高中阶段毛入学率95.24%；普通高中毕业生3139人，升学率98.5%。

中职教育　全县有公办职业技术学校1所，在校学生1353人，2020年共开设计算机应用、航空服务、动漫制作、社会文化艺术等专业。继续加大与丰顺县培英电声有限公司、丰顺泰昌电声元件有限公司、旺兴达（丰顺）电子厂等县内十多家大企业的校企合作。积极做好丰顺县职业技术学校的招生工作，确保“毛入学率”达标，“普职比”大致相当。积极推进丰顺县职业技术学校多样化、多形式办学，扩容提质、上规模、上省重工作。

疫情防控工作　统筹做好教育系统新冠肺炎疫情防控工作，全力保障师生生命健康。成立返校复学工作专班，组织协调各相关单位做好春季学校复学验收工作，春秋季开学安全顺利完成。

体育工作　成功举办2020年“县长杯”校园足球联赛（小学、初中、高中）比赛和丰顺县中学生高中男子篮球锦标赛。成功举办丰顺县第46届中小学生田径运动会，共有来自全县46所学校的602名运动员参加14个大项、92个小项的比赛。成功承办2020年梅州市中学生篮球锦标赛，全市8个县（市、区）的多支队伍参加此次赛事，很好地展示了丰顺的形象。

学校德育安全工作　努力打造“平安校园”，6所学校被评为第四届“梅州市文明校园”，23所学校被授予“梅州市安全文明校园”称号，5家单位被评为首批梅州市中小学生研学实践教育基（营）地。6月，由于毒品预防教育工作成绩突出，丰顺县教育局禁毒宣讲团被省禁毒委员会评为“广东省最美禁毒团队”。丰顺中学、汤坑镇第一中心小学、汤坑中学、黄金中学4所学校全部通过“广东省安全文明校园”复检验收。积极组织学校参加广东省“书香校园”建设系列活动，实验小学被评为广东省“书香校园”，实验小学校长陈丽萍、汤西中心小学邱积成家长被评为广东省“点灯人”校园阅读推广人。积极开展扫黑除恶专项斗争工作，营造良好的教育教学氛围。

教研教学成绩 通过奖教制度和人才引进优惠政策，全面调动教师积极性，积极组织校长教师前往广州等先进地区学习考察，汲取经验，提高教学教研和管理水平。2020年高考达到重点本科分数线以上共122人，本科线以上共1115人。其中，丰顺中学达重点本科分数线以上共107人，优投率居全市重点中学第6名；本科线以上851人，本科上线率居全市重点中学第5名。2020年中考，全县东山中学线以上有42人，涉及学校达14所。2020年顺利完成国家义务教育质量监测工作，参测样本校共22所，其中小学14所、中学8所。

队伍建设 选拔任用3名校长、4名副校长，交流2名校长、1名副校长。全县面向社会公开招聘共320人（含研究生3人、学校管理人员8人），教师编制人员都充实到学校教学岗位。引进广州五中校长裘志坚、华东师范大学教授赵萍任丰顺教育顾问。

认真落实各项教育资助工作 严格落实各项教育资助政策。一是扎实做好脱贫攻坚教育保障工作。落实建档立卡家庭经济困难学生生活费补助发放工作，2020年春季学期共发放生活费补助465.65万元，惠及学生2731人；共发放丰顺县户籍外省学籍学生免学费补助2.25万元，惠及学生10人。2020年秋季学期共发放生活费补助475.25万元，惠及学生2695人；共发放丰顺县户籍外省学籍学生免学费补助23750元，惠及学生9人。

二是做好普通高中学生资助工作。（一）做好普通高中国家助学金发放工作。2020年春季学期共发放普通高中国家助学金260.6万元，惠及家庭经济困难学生2606人；2020年秋季学期共发放普通高中国家助学金258.8万元，惠及家庭经济困难学生2588人。（二）做好普通高中建档立卡等学生免学费补助工作。2020年春季学期享受建档立卡等免学费补助共502人，共免学费63.9万元；2020年秋季学期享受建档立卡等免学费补助共457人，共免学费58.48万元。（三）积极开展第十二届宋庆龄奖学金评选活动。丰顺县共有3名学生（丰顺中学胡懿、华侨中学曾心慈、丰顺一中彭祎）荣获该奖项，每人奖金2000元，共发放资金6000元。

三是做好中职学校学生资助工作。（一）做好中职学校国家助学金发放工作。2020年春季学期享受国家助学金学生85人，共发放资助资金8.5万元；2020年秋季学期享受助学金学生136人，共发放资助资金13.6万元。（二）做好中职学校国家免学费补助工作。落实中职学校国家免学费政策，2020年春季学期在校生1010人，共免学费176.75万元；2020年秋季学期在校生共1350人，共免学费236.25万元，所有学生均享受国家免学费政策。（三）开展中职国家奖学金的评选活动。开展2020年中等职业教育国家奖学金的评选活动，严格按照要求认真做好2020年中等职业学校国家奖学金的宣传、评审、填报、发放及材料报送工作，最终确定丰顺县职业技术学校曾宇佳同学获得2019—2020学年度的中职国家奖学金，发放奖励金6000元。

四是做好义务教育学生资助工作。2020年春季学期城乡寄宿学生生活费补助学生591人，共发放资助金36.45万元；城乡义务教育非寄宿学生生活费补助学生8495人，总共发放资助金240.65万元；秋季学期城乡寄宿学生生活费补助学生917人，共发放资助金56.76万元；秋季学期城乡义务教育非寄宿学生生活费补助学生7943人，共发放资助金225.66万元。

五是做好学前教育资助工作。全县2020年春季学期和秋季学期学前教育资助对象均为3300人，合计资助金额达330万元。

六是做好大学生资助工作。（一）做好生源地助学贷款工作。2020年共受理1000笔贷款需求，其中本专科937人、研究生27人，首次贷款人数为474人，共贷出801.34万元。（二）做好丰顺县家庭经济困难大学新生（省外全日制普通高校就读）资助工作，给予丰顺县户籍考入省外高校的每名困难新生不超过6000元的一次性资助，2020年共有4名学生申请资助，共发放资助金2.38万元。

全力做好对口帮扶工作　高度重视并用心用力做好帮扶工作，对口帮扶留隍镇口铺村，从2016年至2020年，教育局累计投入各类帮扶资金102.08万元。其中，2020年投入23.73万元。口铺村69户贫困户均达到“八有”（有稳固住房、有饮用水、有电用、有路通自然村、有义务教育保障、有医疗保障、有电视看、有收入来源或最低生活保障）标准，截至2020年12月30日，所有贫困户已全部脱贫退出。

教育装备　2020年，全县中学有理化生实验室181间、理化生仪器室120间、图书室38间、阅览室41间、电子阅览室25间、音乐舞蹈室44间、美术教室47间、计算机室66间、计算机10459台、网络多媒体教室850间，全县小学有科学教室87间、仪器室71间、图书室172间、阅览室86间、电子阅览室35间、音乐舞蹈室83间、美术教室82间、计算机室145间、计算机13662台、网络多媒体教室1461间。全县各类学校均按国家颁发的教学仪器配备标准和规范配备教学仪器，有普教仪器价值总金额19107.03万元。全县中小学有纸质图书306.99万册，电子藏书2040万册。

（黄少宏　黄接顺）

【丰顺开放大学】　2020年，丰顺开放大学以全民学习和终身教育理念为先导，认真开展远程教育、社区教育、继续教育各项工作，推进学历教育、非学历教育事业发展。丰顺开放大学每年春秋两季招生，2020年入学新学员385人，毕业学员699人。

基础发展

（一）根据学校师资紧缺现状和教学工作需要，按照2020年6月19日县政府协调会的会议精神，学校于2020年7月19日发布公开招聘外聘兼职教师的启事，7月26日在招聘不足的情况下，采取定向招聘形式。16名拥有相关专业职称的教授、教师等担任学校行政管理、文化产业管理、法学、会计学、学前教育、工商管理、建筑工程管理、物业管理等本、专科专业课程的教学和实践环节指导及其评审的兼职教师，聘用期为3年（2020年9月1日至2023年8月31日）。

（二）疫情防控。在校门口张贴“进入校园，请佩戴口罩并接受测温”，在办公楼前张贴“进入办公区域，请佩戴口罩”，在电梯口、楼梯口、食堂安装手部消毒喷雾机，并对全校进行全覆盖零死角的消杀，保障了教职员工及学员的生命安全。进一步加强各项考试疫情防控预案工作，学校根据相关要求积极推进开大及各合作高校考试预案和安排工作。考前形成《丰顺开放大学2020年春季学期期末考试期间疫情防控工作的方案》，在做好疫情防控要求的基础上，要求全体学员持三证佩戴口罩进校，并为全体工作人员及监考人员发放口罩，及时向南方电网、电信、汤坑镇城北派出所发放公函汇报考试相关情况，得到相关部门的大力配合支持，做到未雨绸缪，确保学校考试期间电力、网络的正常使用和校园的安全。

招生工作　2020年，在招生方面丰顺开大的主要做法包括：（一）成立领导小组，分组、分片区进行。以校长为组长的招生领导小组，根据实际情况，适时召开招生动员会、加温会、分析会等，为招生工作正常开展铺平道路。（二）未雨绸缪，掌握招生信息。在各乡镇的主要交通干道悬挂招生横幅，在报纸、杂志中夹带招生简章，在县电视台定时播放招生广告，在流量较多的微信公众号上发布招生消息。

教务教研

（一）教学管理。一是严格执行教学大纲。学校针对新时期教学大纲的要求，积极对教学计划、教学形式、教学环节的组织、教研活动、教师队伍建设工作进行了进一步调整和修改，实现教学管理的规范化、科学化、制度化。二是抓好各项环节的指导、管理。学校进一步抓好自学环节、辅导环节、作业环节、实践环节的管理、实现教务管理的制度化、规范化。三是强化服务意识。要求班主任利用QQ群、微信群，打造学员与班主任的有效交流平台，让学员的疑问和诉求第一时间能够得到解决，为学员提供更便捷、更贴心的教育教学指导服务。四是提升业务能力。教务处进一步加大对外聘教师、班主任的选派和培训工作力度，及时将学习任务和学校政策落实到学生中，加大对教材发放工作的管理，促进服务质量的提升。（二）“六网融通”人才培养。网络是开大教学和学习的平台。丰顺开放大学根据“六网融通”人才培养模式改革的需要，制定一系列新的规范、制度和办法。推行《网络核心课程设计规范》，对课程的整体布局、关键栏目、导航方式等做出统一规范。辅导教师把网上教学文件及教学资料整理到位，作为教学的重要内容，要求各专业的学员迅速学习，及时反馈学习情况，辅导员和教师对学员网上学习情况进行跟踪指导，督促学员完成学习任务，做好作业，并经常调阅学员网上学习时间记录，掌握学员学习情况，将上级发放的各种教学资料迅速传递给各学员，使他们能不断跟上进度，完成学业。逐月下发月度的网上教学统计数据，使得网上的过程性检查、督促作用更加明显，也使教师能根据这些数据更好地调整教学策略、管理方式、服务方式，改善网上教学效果。

就业服务　丰顺开放大学继续完善《关于推荐大中专毕业生就业工作的实施意见》，充分调动有关部门和教职工参与学员就业服务的积极性，帮助毕业学员顺利走上工作岗位，很好完成2020届学员的就业推荐工作。

（办公室）

【丰顺县教师发展中心】　丰顺县教师发展中心是2019年根据省市有关文件精神，结合本县实际情况，整合原县教师进修学校、县教育局教学研究室、县教育局电化教学仪器站、县教育局信息中心、县教育局学生助学管理工作中心组建成立的教育科研培训机构，系丰顺县教育局领导和管理的公益一类正科级事业单位。2020年，根据“研训一体”的工作要求，逐步形成研究—指导—培训—管理的联动机制，开辟一条教师研训新路径，较好地实现了研训效益的最大化。

创新发展，提高教育科研实效

（一）全力做好疫情期间线上教学工

作，实现“停课不停教、不停学”。3月2日至5月8日，在丰顺教育资源公共服务平台、丰顺电视台、丰顺发布、丰顺中学云课等平台同步发布的线上课程有1450节，其中小学课程有494节、初中课程460节、高中课程496节。

（二）认真落实义务教育阶段学业水平检测工作

扩大全县义务教育阶段学业水平检测覆盖面，3—9年级期末学业水平检测实行统一命题，抽取部分年级实行全县统一命题，统一网上评卷。

（三）实施“课题牵引”战略，推行“课题式研修”范式，引导教师步入智慧发展的轨道。出台《丰顺县教育教学研究课题管理办法》，不断强化课题研究的规范化管理，对所有规划课题实行动态监管。2019—2020学年度批准立项课题共329项，全县157名教师被评为年度丰顺县教育科研积极分子，并有8名教师被评为梅州市教学工作先进教师。

（四）认真组织、开展各类评比活动

组织各科教师开展教学能力大赛、优质课评选、创新实验展示、说课比赛、教学设计评选、核心教学片段评选、教学成果评选、优秀教学论文评选、优秀课例评选等和中小学生的征文比赛、手抄报评选、书法作品征稿、英语口语现场展示等活动。

（五）创新教研形式，增强教研实效

深入各高（完）中和部分初中、小学开展听课调研、专题调研，并充分利用主题党日活动，送教下乡至建桥中学、建桥中心小学、马图小学等，小学视导活动除了中心小学外，2020年已开始进入各中心小学的部分面上学校。

（六）课改领航全员发展。以区域推进“自主学习”课堂教学模式为主要抓手，领航教师的专业发展。成立“课程改革研究小组”，深入开展“自主学习”教学理论研究和操作体系建构；采用“蹲点到校、骨干示范、分片展示”等形式，探索与实践“自主学习”课堂教学模式构建；采取多种形式专题展评竞赛活动，激发自我成长的内驱力。同时成立丰顺县义务教育质量监测中心，构建区域教育质量监测体系，开展学业质量、学习素养、体艺素质等十多个门类的监测，为课程改革保驾护航。

（七）指导学校落实立德树人根本任务。为强化新时代文明进家庭的实践功能，落实立德树人的根本任务，提高父母对家庭教育的认识水平，明确职责，营造良好的亲子关系和家庭氛围，构建新型的家校共育体系，形成良好的社会新风尚，促进孩子人格的健康发展。汤坑镇第一中心小学组织开展的“蒲公英家校共育讲坛”于2019年12月开讲。“蒲公英家校共育讲坛”采用线下讲座与线上直播相结合的方式，共举办6期“蒲公英家校共育讲坛”活动，邀请著名教育专家、学校校长、优秀教师、优秀家长主讲，每期活动都引起社会很大的反响，获得家长的一致好评。

2020年，教学研究成果凸显。在各类教学比赛中，丰顺县教师中获省级二等奖有3人、三等奖有6人，市级一等奖74人、二等奖99人、三等奖4人，县级一等奖139人、二等奖219人、三等奖149人；学生获市级一等奖16人、二等奖19人、三等奖24人，县级一等奖62人、二等奖164人、三等奖316人。全县2020年中考尖子生分布均匀，城乡教育的均衡发展得到进一步推进。2020年高考，全县达到优先投档线（重本）以上共122人，比2019年增加21人，增长20.2%；本科线以上共1115人，比2019年增加112人，增长11.2%。

精准施训，力促教师专业发展

坚持“研训一体、按需培训”的理念，在“为教师专业发展服务”研训理念指引下，坚持走内涵发展之路，制定教师专业发展培训规划，完善培训机制，创新培训模式，精心策划、精准施训、精细化管理，有效提高教师教育科研能力，积极打造区域研修工作新特色、新亮点。

（一）积极开展师德师风培训。

将学习贯彻习近平总书记对教师的殷切希望和要求作为教师师德教育的首要任务和重点内容。加强师德养成教育，用“四有好老师”标准及“四个引路人”“四个相统一”“四个服务”等要求，统领教师成长发展，细化落实到教师教育课程中，引导教师以德立身、以德立学、以德施教、以德育德。

（二）充分发挥“研训一体”的机制作用，积极构建多维度的培训平台。2020年度分别选派校长、中小学和幼儿园教师、骨干教师等336人参加各级各类的培训。规范、引导各学校校本课程研究工作，有效开展校本培训，切实提升丰顺县学校校本研修的质量。抓严抓实中小学教师职务全员培训，2020年参训教师约5600人。为妥善解决工学矛盾，利用周末时间，采用分期、分批、分点、送培到校的方式开展全县教师信息技术应用能力培训，全县设39个培训点，共举办252场次，受训教师3563人，极大地提升县内教师的信息技术应用能力。开展科技创新教育教师培训，进一步推动丰顺县科学教育师资队伍建设，提高中小学学生的科学素养。

（三）名师引领高端发展。丰顺县特别注重名师资源的开发和利用，引领优秀教师实现高端发展，聘请本县资深优秀教师，建立市县“名师工作室”，形成名师带领工作室团队、工作室成员辐射所在学校和县内外教师专业发展的新格局。加强4个首届市级名师工作室的监督和管理，各工作室根据工作计划和任务清单有序开展各项研修活动。

科技引领，教育信息技术应用登上新台阶

一是全力做好疫情防控线上教学的技术保障工作。二是开展丰顺县教育公共服务平台（智慧教育平台）深度应用培训，大力推广平台使用，整合各类教育资源，提高效益。三是组织全县教师参加广东省“双融双创”强师工程线上培训，获得“优秀组织奖”。四是按照省厅工作安排，完成丰顺县“班班通”教学设备统计分析项目部署。

服务教学，加强教仪装备管理

（一）制定并实施《丰顺县中小学功能场室规范管理与使用的实施方案》和《丰顺县中小学功能场室规范管理与使用的实施方案》，使学校的教育技术装备管理工作有规可依、有章可循、有制可守。

（二）深入贯彻落实国家、省、市、县“双随机、一公开”监管工作精神、工作要求，组织开展中小学教育装备产品质量专项联合检查。

凝心聚力，推动实验区工作

广东省教育研究院教育现代化实验区（丰顺县·留隍镇）是广东省教育研究院、广东省合生珠江教育发展基金会和丰顺县人民政府合作建设项目，旨在加快推进丰顺教育现代化，探索经济欠发达地区教育现代化之路。2020年，实验区办公室组织教师参加由广东省教育研究院主办的语文、数学、英语、历史的线上教学教研活动，提升教学质量整体水平；依托佛山市南海区石门中学、广州市第五中学等名校，通过名师名校帮扶引领提升高中教育教学质量；开展省级立项课题研究，大力加强教研教改；组织县城和留隍镇中小学幼儿园教育科学交流活动，着力提升学校办学水平。

（罗敬奎）

【丰顺中学】 丰顺中学是广东省国家级示范性普通高中学校、广东省一级学校、广东省普通高中教学水平优秀学校、广东省现代教育技术实验学校、广东省体育（田径）传统项目学校、广东省（首批）安全文明学校、广东省绿色学校、梅州市十所重点中学之一。

办学规模

截至2020年9月，学校有67个教学班，学生3175人，教职工316人，其中特级教师1人、广东省名教师1人、中学高级教师116人、中学一级教师121人、研究生学历教师17人，专任教师队伍结构合理，整体素质优良。

工作情况

（一）党的组织建设情况及党支部规范化建设情况：1.加强党务工作者队伍建设和制度建设。2.抓好党组织活动阵地建设。建有党群活动室3个，开设红色书吧1个。

（二）党内政治生活开展情况：1.加强意识形态建设。学习并领会习近平总书记在教育工作会议上、在深圳经济特区建立40周年庆祝大会上的讲话等一系列精神，开展学习《习近平谈治国理政》第三卷系列内容的专题研讨活动，组织教职工师德师风专项学习教育，认真撰写各种学习笔记和心得体会。2.重视理论中心组学习，积极开展党员固定日活动。

（三）新型冠状病毒疫情防控工作：第一时间成立疫情防控工作领导小组，责任分工明确，防控工作有序开展，投入60多万元多渠道购置人脸识别仪等防控物质，所有教室均安装紫外线灯。疫情停课期间积极开展网络教学，录制网课1220节，视频总时长达379.59小时，流量达22.51万人次。

（四）切实抓紧抓好巡察整改工作：学校共召开3次党总支会议、1次巡察整改专题民主生活会，研究部署和推进整改落实工作，全面推进15个问题整改，所有整改问题已完成整改并长期坚持；共建立健全完善18项制度、规定、计划、方案等。

（五）完善硬件建设，提高服务教学能力。在县委、县政府和教育局的关怀下，学校不断完善硬件建设，2020年新建多功能演播厅1个、录播室1间。

办学成绩

在丰顺县委、县政府和县教育局的正确领导和大力支持下，经全校师生的共同努力，克服生源劣势，2020年高考超额完成任务目标，其中600分以上1人，高分优先投档线107人（不含地方专项67人），上线率8.12%（同比增长1.72%）。高分优先投档上线率在全市十所重点学校中排名第六，本科上线851人，上线率64.6%（同比增长5.6%），本科上线率居全市十所重点学校第五。其中，理科最高分谢子楠601分，文科最高分李柳丹584分。体育艺术类考生取得佳绩，陈雨欣音乐类总分532分，全省排名第314名；蔡逸琦音乐类总分530分，全省排名第336名；蔡琪裕美术类总分552分，全省排名第412名。

（罗空辉）

【华侨中学】 丰顺县华侨中学创办于

1957年，重建于1987年，是县内第一所全县性的侨办学校，是县一所规模较大的普通高级中学，梅州市一级学校，国家级高考定点考场。

2020年学校有31个教学班，学生人数1600人（其中普通高中生1350人、职业高中生250人），教职工139人，其中特级教师1人、中学高级教师65人、中学一级教师48人。

党建工作　全面贯彻落实习近平总书记出席深圳经济特区成立40周年庆祝大会和视察广东重要讲话重要指示精神，深入学习中共十九届五中全会精神，持续抓好“三会一课”“主题党日”和“两学一做”等党的组织生活形式，对巡视、巡察反馈问题和检视反思问题进行及时严肃认真的落实整改，并运用巡视、巡察整改成果转化和促进学校各项工作发展提高。

疫情防控　进一步落实疫情防控常态化要求，实行内宿生封闭管理，外宿生上学时段只进不出、放学时段只出不进的管理制度。每天实行晨检、午检、“零报告”和“日报告”制度。每月一次对校园进行全面消杀，确保校园环境安全。备齐备足防疫物资，做好校园体温监测和来访人员登记。

学校德育　学校坚持“德育为首，五育并举”的原则，全面落实“立德树人”的根本任务，坚持依法治校，健全各项规章制度。认真学习中共十九届五中全会精神，教育学生践行社会主义核心价值观，努力培育、传播正能量。

（一）出台班主任评优评先综合量化管理制度和五项评比制度，从体制机制上强化教师队伍管理，激活教师潜能，优化育人环境。召开班主任工作经验交流会议，互相取长补短，共同进步。开展“防溺水”专项家访活动，保证学生人身安全。

（二）完成高一新生军训、校运会、元旦文艺会演、校园安全演练等各项专题活动，促进学生德智体美劳全面发展。

（三）顺利完成绿色学校、创文、安全文明校园评估检查，进一步提升学校各方面的实力。

（四）夯实家校社联合基础，形成合力，切实提升学校德育实效。

教学教研　2020年9月，“梅州市罗文欢名师工作室”正式挂牌成立，发挥龙头示范作用，培育优秀教研团队。学校在落实教学常规工作的同时，通过“走出去、请进来”的教研活动，大力支持骨干教师外出参加培训，拓展教师培训渠道，不断提升教师业务水平。持续深入开展“新课标、新教材、新高考”研究活动，组织教师参加教学能力大赛、论文评比活动，实行集体备课制度，发挥集体力量，推广“三项工程”（青蓝传帮带工程、教师继续教育工程、名师引领工程）和岗位练兵活动。

办学成果　2020年，办学成绩稳中有进，鼓励全体教师积极参加各种业务学习及教育信息技术新技能培训，狠抓教学常规，创新教学方式，善教勤学，在教学教研及高考方面取得骄人成绩。2020年，教师获县级以上奖励23人次，其中刘裕席被评为县优秀德育工作者，高日雄被评为县学生资助工作先进个人，陈丽芳、彭康获县优秀教师奖，冯招灵、冯春清获省优秀教师奖，陈学写获市优秀班主任奖，罗伟玲被评为县优秀指导教师，巫秀青、蔡小容等7名老师获得2020年度县“教育科研积极分子”称号。2020年学生高考本科上线16人，专科线以上录取率为86%，被评为“丰顺县文明校园”。

办学条件　学校不断完善后勤安全保

障措施，由顺安保安有限公司、军穗物业公司和金笃公司中标参与安全管理和后勤服务。进一步完善明厨亮灶阳光食堂建设，实行值日行政人员陪餐制，内宿生宿舍全部实现空调化。改建科学楼一楼，修建报告厅、教研室、工会室。教室全部安装教学多媒体一体机，大大提升了教育现代化、信息化水平。

（林振兴）

【实验中学】 丰顺县实验中学是2017年9月新开办的一所完全中学，位于丰顺新区红狮宫，背靠206国道，面临榕江北河，校园占地8.92万平方米，总建筑面积7.66万平方米，总投资约2.8亿元。学校有4栋教学楼、4栋学生宿舍（配备空调）、2栋教师宿舍、1栋师生食堂、1栋体育馆，学校还拥有标准游泳池和400米环形跑道运动场。校园分为教学区、运动区、生活区，布局合理、设计美观。多媒体综合电教室、理化生实验室等功能场室一应俱全。通过智慧校园等项目建设，实现智慧化校园管理。2020年秋教职工246人，64个教学班（初中部28个班、高中部36个班），学生3462人（初中部1502人、高中部1960人）。

办学理念　学校严格遵循教育规律，全面贯彻国家的教育方针，以“明德、刻苦、务实、创新”为校训；坚持“因材施教、厚德崇文”的办学理念；努力形成严谨、高效、敬业、精细、优良的校风与学风；以“以法治校、以研兴校、以质强校”为管理理念；以“爱国、爱校、自爱”为教育理念；以“质疑、探究、评价、创新”为教学模式；提出“向管理要质量，靠教研上台阶”的指导方针，以教学质量为中心，全面推进素质教育。

德育工作　德育是学校教育的灵魂，是学生健康成长和学校工作的保障，学校自开办以来一直把德育工作放在学校教学工作的首位。围绕社会主义核心价值体系，以“三有三讲”（有感恩心、有责任心，有进取心，讲文明、讲礼貌、讲道德）为抓手，做好学生的德育工作。12月9日成立丰顺县实验中学中国少年先锋队工作委员会，加强学校少工委建设，切实发挥少先队在立德树人中的重要作用。

（一）加强养成教育。养成教育是学校德育工作的基础，学校以《中学生守则》《中学生日常行为规范》为准则，制定班级量化管理细则，对学生一日常规提出明确要求，使学生的行为规范最终能达到要求。

（二）加强班主任队伍建设。班主任队伍是学校德育工作的主力军，班主任工作直接关系学生的身心健康成长，关系学校德育工作的成败。学校坚持精选优秀教师担任班主任，严格对班主任工作的考核，充分调动他们的积极性，搞好班级管理工作。以上好班会课为突破口，每月一个主题，系统地进行思想品德教育，构建健全的班主任工作考核评估机制，真实、客观地衡量班主任工作。着力表彰在教书育人中成绩显著的班主任和德育工作者。

（三）大力开展德育主题活动。深入推进社会主义核心价值观进教材、进课堂、进头脑的主题教育实践活动，充分利用升旗仪式、班会课、德育课、礼仪课，对学生进行爱国主义、集体主义、法治安全和思想品行的教育。广泛开展学雷锋志愿服务活动，通过国旗旗下讲话、主题班会课，培养学生热爱祖国、热爱社会主义、热爱集体、热爱家乡、遵纪守法、文明礼貌，做时代新人。

（四）加强家校联系。加强学校、家庭、社会的联系，形成共同抓好德育工作的合力，是提高德育效果的有效方式。学校通过举办家长学校培训、家校联系、告家长书等形式对家庭教育的内容、方式、方法进行指导，及时向家长通报学校各方面的情况，宣传当前教育新理念、新方法，积极详细解释学校的新措施、新做法，使家长对学校有更全面的了解，同时提高家长的家庭教育水平。

师资建设　2020年，深入学习宣传贯彻中共十九大精神，以习近平新时代中国特色社会主义思想为指导，认真贯彻落实全国、省、市、县教育大会精神。进一步深化课程改革，打造师资队伍，以“明确职责，搞好服务，提高效率”的准则要求每一个班子成员每周集体学习管理理论知识，形成一支责任心强、业务过硬的干部队伍；狠抓教师的职业道德水平和法治、纪律观念建设，坚持以法治校，强化团队精神、敬业精神、奉献精神和创新精神；加强学校廉政风险防控机制的建设，强化级组管理。学校行政班子全部挂级到各个年级，并到级组办公室办公，加强学校与教师的人性化管理和有效联系；积极地创造条件做好骨干教师的培养工作和青年教师的帮扶工作，各科组都制定帮扶对象和帮扶目标，从备课、上课、常规管理及辅导等多方面给予指导，促进青年教师的成长。大批青年教师已经成为学校的教学骨干。

教学成果　2020年，学校在上级领导部门的正确指导下，经过各级领导、全体师生、全体家长的共同努力，克服生源基础差、首届压力大等困难，实现“低进高出”，超水平完成任务目标。在2020年首届高考、中考中取得喜人成绩，中考考生仅362人，总分700分以上72人，总分600分以上191人，有4名同学进入全县前十名，其中901班张静怡以773.5分被华师附中录取；高考考生493人，重本12人，本科以上126人，远超上级下达的100人任务。其中，音乐生罗家怡以全省第17排位被星海音乐学院录取。

教师获奖方面　罗盛忠获梅州市优秀教育工作者称号，黄淑芳获得梅州市优秀教学工作先进教师称号，张增有、马小芳、郑佳瑜等获丰顺县优秀教师称号，罗满玉、张锦雄、黎思霞获丰顺县优秀班主任称号，胡强、纪露露、何秋微等获丰顺县教改积极分子称号，郑丽娟获丰顺县优秀德育工作者称号，罗灿阳获丰顺县安全管理工作先进个人称号。

（陈庆娟）

【东海中学】　丰顺县东海中学建于1984年，是一所侨建县属完全中学、市一级学校。学校位于埔河文庙，依山傍水，风景秀丽，是一所环境优美、教学设施完善、校风良好的学校。学校占地面积6公顷，校舍面积达1万多平方米。自建校以来，学校坚持“德育为首，教学为主，育人为本”的办学原则，积极实施素质教育，走特色办学之路。

教学特色

学校在抓好教学的同时，充分发挥自身优势，积极探索“艺术特色”的新路子，着力培养和发展高中艺术（美术和音乐）教育，为高等艺术院校输送一大批优秀的学生。经过多年的实践、探索，学校高中艺术教学已初具规模，形成自己的特色，艺术教学的成绩在梅州市也名列前茅。2018年被广东省教育厅评为“广东省艺术教育特色学校”，被梅州市教育局评为2016—2018年梅州市优秀艺术特色学校。

学校德育

学校建立和健全由校长、党支部为核

心的德育工作领导机构。成立以校长、抓德育的副校长、政教处主任组成的德育领导小组，以及由年级组长、班主任、政治教师和生活管理教师组成的德育骨干队伍，健全和完善各项规章制度。全校教职工齐抓共管，充分发挥教书育人、管理育人、服务育人的功能，寓德育于教学和管理之中。

学校组织教师积极开展德育科研。根据学生身心发展不同阶段的不同特点，分年级实施《中学德育大纲》，深入、有效地开展爱国主义、集体主义和社会主义教育，培养学生科学的人生观和世界观以及正确的价值取向。发扬中华民族的优良道德传统，养成良好的道德情操、行为习惯和个性心理素质。加强对学生的爱国主义教育、理想前途教育、道德品质教育、行为规范教育和法治观念教育。搞好“三化”建设，建立德育基地，如校史室、本校师生美术作品陈列室等，形成良好的德育氛围。充分利用学校的特色教学，如美术展和文艺会演，通过寓教于乐的方式，提高学生的审美水平和鉴赏能力。

师资建设　加强教师的思想建设，关心教师的政治生活。多年来，学校切实加强社会主义精神文明建设，依据国家教育主管部门颁发的教师职业道德规范，在教师中开展职业道德建设，加强师德教育，做到“一个坚持，三个结合”。“一个坚持”即坚持正面引导，重视提高教师队伍的师德建设水平。“三个结合”，即把加强教师职业道德建设和建立教书育人机制结合起来；把加强师德的建设和加强法治观念，提高教师政治素质结合起来；把加强师德建设和校风、教风建设结合起来，逐步形成良好的教风。

经常鼓励教师特别是年轻教师要“双向成才”。学校鼓励教师积极参加培训、进修，努力提供教师培训、进修的机会，在资金上给予补助。如今，学校教师的学历达标率高中已达96%，初中达100%。学校制定奖励条例，对撰写论文、发表文章和得到各种荣誉称号的教师给予奖励。学校重视教师个人的发展，给教师提供表现的机会，每学期组织优质课评比活动，对优胜的教师给予一定的物质奖励和精神鼓励。以上做法大大提高了教师的自信心和成功感，使他们的创造需要、成就需要得到满足，让他们感到在教师岗位上，聪明才智同样可以得到发挥。

教学业绩　学校通过加强教师队伍管理和狠抓校风学风的建设，使教育教学质量有了很大提高，取得优异的成绩。中考和高考频传捷报，2020年共有60名考生考上重点中学，高考考上本科以上的有11人，教师中取得县级荣誉的共有30人次。

（徐永新）

【丰顺县第一中学】　丰顺县第一中学是一所完全中学，系梅州市一级学校，创办于清光绪二十九年（1903），是丰顺县历史最悠久的百年老校。学校包括丰顺县第一中学校本部和仙洞教学点。

2020年年底，学校有32个教学班，在校学生共计1485人，其中校本部28个教学班，含高中15个、在校生667人，初中13个、在校生680人，仙洞教学点4个初中教学班、在校生138人。全校教职工总数为134人，其中中学高级职称教师62人、中级职称教师49人。

做好疫情防控以及线上教学工作

2020年春，新冠肺炎疫情汹汹而来，学校全力以赴落实好各项防控措施，筑牢校园疫情防控线，保障广大师生员工生命安全和身体健康，疫情期间开展线上教学工作，3月后各年级分阶段错峰复学。

学校成立疫情防控工作领导小组，建立疫情防控工作联系网络，制定防控工作方案，包括学校突发公共卫生事件应急预案和开学工作方案。制定和完善防控工作“十制”，包括制定和完善学校传染病疫情及突发公共卫生事件报告制度、学生晨午检制度、因病缺勤缺课登记追踪制度、复课证明查验制度、学生健康管理制度、环境卫生检查通报制度、传染病防控健康教育制度、宣传制度、隔离制度、清洁消毒制度等10项制度。做好信息摸排与监测，精准开展信息摸排。对师生员工（含临代、保安、食堂人员等）假期流向和健康状况进行全覆盖精准摸排，全面准确掌握师生及与其生活关系密切的亲属涉疫情相关信息，如实填报《师生健康状况信息登记表》，建立师生健康台账。加强信息报送管理，严格落实疫情防控“日报告、零报告”制度，不迟报、漏报、瞒报。通过精准摸排筛查，在开学前，确定可返校工作和上课的师生员工名单，把好校园准入关。加强对口罩、测温仪、洗手液、消毒水等防疫物资的采购和贮存。

按照县局停课不停学的工作要求，疫情期间着力做好线上教学工作。2月10日之前，教师们已准备好教案、个人教学计划、线上授课计划，教研组长备好教研组计划、集体备课计划、各科课件，确保线上教学顺利开展。线上教学工作采用多种形式教学，保证学生学有所获，微信答疑、微课视频补充、直播教学、坚持阅读，拓宽学生知识面，优秀作业展评，培养学生好习惯。家校协同，保证育人有合力。以班级管理为阵地，倡导每个家庭创造一个优良学习的环境，鼓励家长引导孩子自我探索、认真学习，使家长在孩子的学习中担当积极的角色。最终目的是把家庭变成学生学习的一个重要场所，让每一名学生在隔空管理的状态下，通过结合多方力量协作，提高自律性，达到学习的实效。同时通过班群，让学生、家长共同学习学校即将推行的丰顺县第一中学学生量化管理条例，为新学期出台管理新条例做好思想和舆论上的宣传和动员。

加强学习教育，做好党建、党廉、意识形态工作

学校党支部立足实际，以政治建设为统领，以落实全面从严治党主体责任为主线，以规范党内政治生活为重点，以提高党员干部素质为根本，全面抓好党建、党廉、意识形态工作。

党支部以党的十九大精神、习近平新时代中国特色社会主义思想以及习近平总书记系列重要讲话精神为主要内容，抓好理想信念教育，牢固树立“四个意识”、坚定“四个自信”、做到“两个维护”“四个服从”，“不忘初心、牢记使命”主题教育工作会议重要讲话精神为主要内容。利用好“学习强国”APP，要求教职员工利用零散时间学习。理论学习中心组每个月要召开一次集中学习的专题研讨会，重点学习《习近平新时代中国特色社会主义思想学习纲要》等内容。

加强领导班子以及教师队伍建设

学校加强师德、师风建设。继续发扬“敬业、爱生、严谨、奉献”的优良教风。奖励勤奋苦干有业绩的教师，树立敬业爱岗为人师表的典型，努力塑造团结勤奋的领导班子形象、爱岗勤恳的职工服务形象、敬业勤勉的师表形象、进而达到立德树人、教书育人、管理育人、服务育人的目的。提倡爱教育、爱学生、爱自己、兢兢业业、无私奉献的高尚品德。

做好学生量化管理工作

为加强对学生的管理，复学后学校推行《丰顺县第一中学学生量化管理条例》。《丰顺县第一中学学生量化管理条例》让老师对学生的管理“有法可依，依法办事”。条例被印成精美小册子，教师、学生、家长人手一册。自复学以来，学生秩序井然，条例彰显成效。

领导重视，学校实施全封闭式管理

3月23日上午，丰顺县人民政府副县长钟凌玮率县调研组到丰顺县第一中学开展基础设施建设和教学工作调研，实地考察了校园基础设施，全面了解学校各栋楼房的建造历史和使用现状，并认真听取学校领导班子关于基础设施建设和教学工作情况的汇报，重点探讨收回出租商铺和改建学生宿舍的相关问题，为学校下半年实行封闭式管理筹划出切实可行的方案，并提出学校整体搬迁的构想。

5月底，校门楼一楼出租商铺以及校门楼教师工作用房腾退工作完成，田螺地教师公寓的重新装修工作完成。8月底，校门楼一楼学生食堂改建工作、校门楼学生宿舍改建工作完成。教室、学生宿舍安装空调，学生宿舍安装温泉水、更换新木床，配套设施基本完成。外聘生活教官对学生宿舍以及早晚修进行管理。

自9月新学期起，学校实施全封闭式管理。

（一）学校成立领导小组，制定方案，由政教处牵头，建立学校、年级、班级、宿管、食堂齐抓共管的工作机制。明确责任，落实工作。

（二）严格学生仪容仪表管理。要求学生在校期间应穿校服，佩戴校牌，文明守纪，讲究卫生。疫情期间，坚持戴口罩，勤洗手。

（三）严格就餐就寝管理。总务处根据实际情况，分高中部、初中部错峰就餐。所有学生在食堂就餐。严禁快递和外卖进入校园，严禁学生通过校园围墙“叫买”商品和食品。严格按照作息时间起床和就寝，入寝后不得串寝和在室外逗留，生活教官严加管理。

（四）严格校园进出管理。学生从返校上学到周末放假期间未经允许不得出校门。请假须班主任批准，家长接送。

（五）疫情期间实行严格体温晨午检制度管理。进入校门必须接受体温检测。有发热、咳嗽症状，建议返家观察。所有学生早晨、中午、晚上进入教学楼，须接受体温检测，有发热、咳嗽症状不得进入教学楼，安排至学校医务室留观。值班人员和班主任及时全面掌握有发热咳嗽症状学生情况，迅速按防疫工作流程处理，并及时通知家长。每日晨午检情况由各年级汇总学校统一上报。

（六）严肃违纪处理。学生违反量化管理规定，由政教处、年级组通知家长到校协同教育并回家自省。

经过近一个学期的校园封闭式管理，学校面貌发生巨大变化，社会反响良好。

2020年年底，丰顺县第一中学迁建工程被写进丰顺县“十四五”规划。

校园文化　学校本着“以人为本，和谐发展”的校园文化建设理念，高度重视校园文化建设，把校园文化建设纳入学校教育工作的重要议程，以创建“书香校园”为指导思想，不断加强校园文化建设，大力营造校园文化氛围，提升校园文化品位。成功举办第13届校园文化节、第37届学校运动会和2021元旦文艺会演。

（谢玉宏）

【球山中学】　丰顺县球山中学是县属普通完全中学，系梅州市一级学校，梅州市“语言文字规范化示范学校”和“德育示范学校”、广东省“书香校园”、广东省“依法治校达标学校”、丰顺县“安全文明校园”、丰顺县“文明校园”、“梅州市文明校园”。学校分东、西两个教学区，占地面积50650平方米，其中建筑面积28660平方米，两个校区相隔约1.5公里。2020年有35个教学班，学生1661人，教职工138人。

高考中考情况 2020年高考优先投档线以上2人，本科以上9人，95%的考生被高等院校录取。中考考上东山中学录取分数线12人，同比增加2人；考上曾宪梓中学录取分数线25人，同比增加4人；考上丰顺中学录取分数线57人，同比增加8人。

学校发展状况 一是加大资金投入，改善办学条件。继续采购教学一体机10台，同时给教师安装办公电脑，并于4月全部安装投入使用，实现教学一体机在学生教室全覆盖、教师办公电脑全覆盖。二是在留隍镇党委、政府的支持下，争取到乡贤朱孟依的资助，对学校进行有序分批施工改造，包括对每间学生宿舍加装1.5匹空调机1台，对学校两个校区的监控进行升级安装，对学生宿舍加装太空能热水供给系统，对学生宿舍、教学楼和教师办公室加装饮用水系统，操场改造（含东区5人制足球场）、防漏水工程、电线老化线路更换等；同时争取到留隍乡贤黄俊浩的支持，加装教室空调机72台，实现教室和学生宿舍空调全覆盖、学生宿舍热水供给全覆盖、学生宿舍和教学楼及教师办公室饮用水系统全覆盖。

学校管理 球山中学坚持以习近平新时代中国特色社会主义思想为指引，树立“立德树人，办人民满意的教育”的办学理念，实行依法依规治校。一是继续实施《球山中学工作纪律条例》《球山中学内宿生管理制度》，制定、完善《球山中学德育量化管理考核细则》并实施学生德育量化管理。二是大力抓常规管理，提高教学质量；坚持校本教研，提高课堂效率；严抓班级管理，强化安全卫生工作。三是开展习惯养成教育，以贯彻实施《中小学生守则》和《中学生日常行为规范》为准则，对学生进行爱国主义教育和良好的行为习惯教育，教育学生树立规矩意识，以理想前途教育、养成教育和安全教育为重点，以学生自我教育为中心，以体验教育为特色，促进学生健康全面发展，形成“文明、进取、合作、创新、和谐”的校园文化。四是认真做好疫情防控和学生返校工作，经过周密细致的谋划并精心做足做好准备，球山中学复课复学后确保师生健康安全，教育教学秩序井然。

教师队伍建设 坚持立德树人，力抓师德工作，建设和谐团队。球山中学强化师资队伍建设，提高队伍素质，改善队伍形象，建立健全师德建设规章制度，把师德作为学校教师考核评估的一项重要内容，确保师德教风建设活动的顺利开展。

（江远望）

【龙山中学】 丰顺县龙山中学位于丰顺县南端的汤南镇，创办于民国28年（1939）春，是一间侨建完全中学，经过三迁校址五易校名，办学规模和质量不断提高，2020年为“梅州市一级学校”。学校占地面积66667平方米，建筑面积22600平方米。校园布局合理，分教学区、运动区、生活区，设计美观。2020年有教学班32个，初中21个，高中11个，学生1595人，教职工118人。

学校管理 学校以“团结、感恩、求实、创新”的校训，持“创办适合学生成长的学校，培养适应社会需要的人才”的办学理念，秉承“内强素质、外树形象”

的办学宗旨，注重领导班子建设，采取半封闭式的管理模式；以师德师风建设为核心，以增强全体教师的教学技能为突破口，加强教师队伍建设，美化校园环境，创办“魅力初中、特色高中”办学新模式，努力打造龙中教育教学新品牌，取得较好的效果，中、高职考成绩逐年向好。

学校德育　在加强中考、高职考备考基础上，学校注重开展爱国、核心主义价值观、感恩、励志等意识形态教育活动，厚植学生爱国主义情怀，提升思想道德的修养，开展“有爱护航·感恩心连心”、各年级家长会等感恩系列活动，把感恩教育作为学校德育的重要内容。8月，学校出版《传承薪火育新人》校刊；9月，龙山中学被县精神文明建设委员会和教育局评为“丰顺县文明校园”。

在学校工作宣传方面，为打造“魅力初中、特色高中”新品牌，做好“内强素质，外树形象”的宣传工作，学校以“丰顺县龙山中学”公众号为平台，积极做好学校各项活动的宣传，得到上级部门和人民群众的一致好评。“迎新年、颂党恩”“禁毒教育走进龙山中学”“让红色基因代代相传”“龙山中学师德师风演讲比赛”“《民法典》普法微课堂在龙山中学开讲”等学校举办的活动或在丰顺县电视台播放，或在县教育局创办的“丰顺教育”公众号中发布，或在《梅州日报》上刊登，在社会上取得良好的效应，在教育同行中赢得较好的口碑。

办学成果　2020年中考、高职考取得理想成绩。其中九年级毕业班参加中考进入县重点线人数达79人。高职类高考取得骄人成绩，考生67人，本科入围人数5人，大专入围人数62人。较好的教学质量得到社会的认可和良好的口碑，职业高中部人数达560多人，创历史新高，各项教育教学工作呈现喜人的势头。

教师共有43人次荣获各类荣誉称号、证书，其中丘芸贞被评为梅州“最美教师”；罗汉斌、罗智腾、彭碧玲、李会春荣获“丰顺县优秀教师”称号；张锡玲获得“丰顺县优秀班主任”荣誉；罗晓畅被评为“丰顺县学校安全管理工作先进个人”；罗少畅被评为“丰顺县特殊教育工作先进个人”；傅学慎、吴素花、谢胡东获丰顺县教改积极分子称号。学生共有21人次荣获县级以上各类荣誉称号、证书，其中罗梓琪被评为“梅州市自强不息好少年”。

（罗明坤）

【龙泉中学】　龙泉中学创建于民国30年（1941）3月。曾改名为“埔寨中学”，1985年恢复“龙泉中学”校名。1988年6月县将“丰顺县冠山农业中学”并入龙泉中学，改称“丰顺县龙泉职业中学”（现为丰顺县职业中学龙泉分校）。龙泉中学是一所农村完全中学。

学校情况　龙泉中学占地面积6万平方米，校舍建筑面积14620平方米，学校建有教学大楼4幢（其中一幢为实验室，一幢为功能室，两幢为教室），图书馆1幢，大礼堂1座，办公楼1幢，食堂和学生宿舍1幢，教师宿舍楼4幢共80多套。学校有400米环形跑道的标准运动场。校园按花园式设计，布局合理，校园环境优美，校园绿化率100%。2020年全校15个班，其中高中职业教育3个班，学生670人，教职工60人。

教育教学成果　2020年，龙泉中学在上级党政的领导下，加强学校内部管理机制，全面贯彻教育方针，坚持“德育为首，教学为主，育人为本”的原则，全体教师发扬“勤、严、细、实”的精神，积极开展教育教研活动，教育教学成绩稳步提高，体育运动蓬勃发展，得到社会的肯定。2020中考取得较好成绩，成绩中上，考上东山中学、曾宪梓中学有4人。学校田径队2020年11月参加县第46届中小学田径运动会获得初中甲组第一名的好成绩。2020年教师共有16人次获国市县论文奖学科辅导奖或荣誉称号；学生有41人次获市县学科比赛奖或荣誉称号。

（谢群辉）

【丰顺县职业技术学校】 丰顺县职业技术学校是于1991年由梅州市政府批准开办的一所市级骨干职业技术学校，隶属于丰顺县教育局，是丰顺县唯一的公办职业技术学校，是梅州市职业技术教育先进单位，是梅州市农村劳动力技能培训转移就业定点培训机构。2020学校有学生1350人（含三年级实习生及分校学生），开设民航票务、安检地勤、动漫制作、社会文化艺术等专业；教职工50人，其中高级职称教师18人，中级职称教师20人，“双师型”教师19人。

学校规模 学校位于丰顺县城区，占地面积约2公顷，建筑面积1.6万平方米。其中教学楼1幢，实验楼1幢。学生宿舍2幢，学生食堂1幢，教师宿舍（含办公楼）1幢。现有教学设施设备包括：可使用课室15间，多媒体专用课室1间，电脑室4间，电子实验室1间，电拖实验室1间，音乐室1间，舞蹈训练室1间，会计模拟实验室1间等，功能室均配备多媒体电教平台。学校图书室1间，阅览室1间，电子阅览室1间，美术室1间，心理咨询室1间，卫生保健室1间，图书室藏书共4.3万册。200米环形4条塑胶跑道的田径运动场1个，篮球场2个，排球场1个，五人制足球场1个及羽毛球场2个。学校依山傍水，环境优雅，是读书求学的理想场所。

教育教学 学校全面贯彻党的教育方针，以培养“以教书育人为基础，以人民满意为根本，以师生发展为原则”的实用型技术人才为办学宗旨，与时俱进，开拓创新，坚持以德育为首，加强师生政治思想素质建设，加强法治教育、职业道德教育和竞争意识培训教育，形成“务实、创新、进取、合作”的良好校风。坚持以教学为中心，培养学生动手能力为目的，突出实践教学、技能教学，使学生学有一技之长，构建职业学校的办学模式和办学特色。以市场经济发展为导向，不断调整专业设置，2020年共开设动漫制作、社会文化艺术等专业。为落实教育部“关于做好2020年高职扩招专项工作”，使更多劳动者长技能、好就业的要求，学校从2020年秋季开始，扩大招生规模，创新办学模式，继续与其他教育机构签订联合办学协议，实现强强联合，开设的航空票务、安检地勤、动漫制作专业，为企业培养更多实用型技术人才和管理人才，体现“以服务为宗旨、以就业为导向”的办学方针。自开办以来，培养9705名适合市场需要的初、中级专业技术人才，遍布全省各地，深受用人单位的好评，并在各自的岗位上发挥积极作用，成为单位的佼佼者。学校师生参加各类竞赛（比赛）活动，上下一心，开展“不忘教育初心，牢记教育使命”的主题教育活动。

师资建设 学校以全面提高教师队伍素质为中心，不断加强专业教师的建设，培养中青年专业带头人和骨干教师为重点，建立有利于教师资源配置和优秀人才脱颖而出的有效机制。学校定期或不定期选派教师参加国家、省、市、县举办的各级各类专业培训和师德师风建设培训，加快“双师型”教师建设步伐。2020年，

学校共选派8人次参加各级各类专业培训和师德师风建设培训。

（徐名旺）

【汤西中学】 丰顺县汤西中学位于汤西镇和安村，创办于1956年秋，历办初中、高中、职中，是丰顺县一级学校、丰顺县安全文明校园。梅州市安全文明校园，广东省依法治校达标学校，嘉应学院实习基地，梅州市青少年校园足球推广学校。学校全面贯彻落实党的教育方针，全面实施素质教育，坚持全面发展的社会主义办学方向，秉承“文明奋发、勤学进取”的校训，以“办适合的教育，做最好的自己”为办学理念，发扬“崇德尚理、诚信友善”的校风和“严勤细实”的教风，树立“勤奋好学、团结进取”的学风，以“规范化、特色化、优质化、现代化”作为学校的办学目标。面对新的教育发展形势和学校现状，学校领导班子提出“走内涵式发展之路”的工作思路，在自身现有条件下，利用学校内部的资源，通过各种途径，深入挖掘和形成学校内部的发展潜力和发展机制，使学校内部迸发出勃勃生机，形成学校特色，推动学校可持续发展。

德育工作　为更好地开展“养成”教育，构建安全管理体系，构建校领导、政教、团委、年级组、班主任、教师及学生团体齐抓共管的“养成”教育、安全管理网络。同时，制定切实可行的工作计划，修订切合初中生年龄特征的《汤西中学班级量化管理评比方案》《汤西中学操行评分细则》《汤西中学一日常规》等相关制度，编印《汤西中学学生入学教育手册》，开展班级之星、校园之星等评比活动，对学生的日常行为提出具体要求，为教师的教育行为提供有力依据，为学校的检查考核提供严格标准。汤西中学利用国旗下讲话、班会课等固定的时间，进行“做个合格的中学生”“心存感恩”“远离毒品，珍爱生命”“珍爱生命·预防溺水”等主题教育活动，同时，还整合各种教育资源，邀请各类人员到校开展各类型有关法律法规、安全教育、素质教育等主题活动。

师资建设　学校与时俱进，开拓创新，狠抓教师的职业道德建设，不断增强教师的法治和纪律观念，坚持以法治校，强化团队精神、敬业精神、奉献精神和创新精神，同时通过以下方面努力提高教师的业务水平。

（一）提升教师专业素养。重视教师队伍和教学文化建设，培养一支具有现代教育理念，专业化发展的教师队伍，是学校走内涵发展道路的基本保证。加强教师学习培训，聘请名师专家到校讲学，鼓励教师“走出去”，参加各级各类的学习培训活动，接触最前沿最先进的教育教学理念，了解课程改革的进程和方向，将所学所获运用到自己的课堂之上。

（二）扎实开展好教研活动。立足于“常规化、个性化、常态化”的要求，教研组长依据学科特点，不断创新校本教研模式，组织教师做好集体备课和培训研讨工作。在学习、研讨和交流中集思广益，环环相扣，步步踏实。同时，学校积极参与县教研室的各类活动；加强中考备考与教师交流，首创与汤坑中学、汤坑镇第二中学、龙山中学实行“四校联考”，实现平台共享、资源共享、数据共享；开展优质公开课评比表彰活动，实现每学期均有50%以上的专任教师开公开课。

（三）规范课题研究。教导处制订课题研究管理制度，要求教学骨干带领教师们开展课题研究，将理论与实践相结合，在教学科研的舞台上演好自己的角色。

（四）发挥教师特长，做好校本研修，推动校本特色文化课程发展。学校立足于本身的实际，把教师培训、教育科研、教学研究、学校管理和校本课程的开发等有机地融为一体，既是一种关于教师和教育教学的行动研究，也是一种制度建设，更是一种健康向上的学校文化。同时，立足于学校所处的汤西镇，结合南宋著名教育家、思想家朱熹题词“落汉鸣泉”并镌刻岩壁而闻名古今的丰顺八景之一“揭岭飞泉”等名胜，开发“朱子文化”校本特色课程，规划建设“朱子文化园”；利用汤西镇独特的叶蜡石，发挥教师潜力，开展“篆刻”校本特色课程研究；重视教师特长爱好，布置“书法教室”，开设书法特色课程，以此丰富校本课程内容，推动校本特色课程发展。

教学成果　通过师生共同的努力，学校“静下心来办教育”“潜下心来育新人”，不断地总结、规划、探索和实践，取得一定的成绩。学校被评为丰顺文明校园，丰顺县四十六届中小学生田径运动会甲组团体总分第五名，2019—2020学年中学教学成果荣获三等奖。“丰顺县2020年‘县长杯’青少年校园足球赛体育道德风尚奖”。2020年县重点中学招生人数比2019年减少200人，丰顺中学只招700人，汤西中学108人参加中考，上东山中学线2人，上曾宪梓中学线7人，上丰顺中学线20人，其中陈文汶中考总分758.4分列全镇第一名，排在全县第十名，这对于一所乡村中学而言实属不易。实现学生“低进高出，高进优出”。

（办公室）

【汤坑中学】　丰顺县汤坑中学位于县城汶水桥头汤坑路1号，地处汶水河西岸，背靠金瓯山，面临汶水河，依山傍水，绿树葱茏，楼宇错落有致，环境优雅，是培育人才的理想场所。2006年2月，为促进教育全面协调发展，优化教育布局，丰顺县委、县政府、教育行政部门根据教育布局调整的需要，将汤坑镇第一中学、第三中学两间初级中学合并迁至原丰顺中学老校区，也是汤坑中学老校址，定名为“丰顺县初级中学”。同年5月将“丰顺县初级中学”恢复“汤坑中学”老校名，并于2006年秋季复办高中。2007年5月通过县一级学校评估，晋升为丰顺县一级学校，2008年5月被丰顺县教育局评为“美丽校园”。2014年，学校为迎接“教育强县”和市一级学校的评估验收，继续加大资金投入，加强教育教学设施等硬件建设，使学校的办学条件和环境得到很大的改变。同时，学校加强内部管理，使教风和学风均有较大的转变。2014年12月顺利通过省专家组对学校进行“教育强县”的“创强”验收。2015年2月通过市一级学校评估，晋升为梅州市一级学校。2017年秋季，高中停止招生。学校坚持依法治校，形成依法决策、民主管理相结合，管理科学化、制度化和规范化的格局，被广东省教厅认定为2018年省依法治校示范学校。2020年七年级招收新生1873人，全校共有师生3000多人。

德育工作　德育是实施素质教育的灵魂和核心，汤坑中学一直把德育工作放在学校工作的首位。为加强德育工作，学校不断探索创新，深化改革，从学校领导班子到一线的教职员工，上下团结一致，群策群力，全面推行“信心德育”，做好学生的德育工作，包括“文明礼仪教育”“好习惯养成教育”“励志教育”“感恩教育”“爱班、爱校、爱国教育”“珍爱自我教育”“惜时和理想教育”“榜样教育”等课题教育。

（一）建立和完善信心德育工作制度。首先，认真执行并实施《中共中央关于改革和加强中小学德育工作的意见》《中学德育纲要》《中小学德育工作规程》等政策法规，在学生中深入开展爱国主义教育，以及“三个好”（在校做好学生、在家做好孩子、在社会做好青少年）和“三个习惯”（良好的学习、行为、生活习惯）的养成教育等。其次，实行“德育工作领导小组”例会制度，定期召开会议，针对学校各方面的情况，讨论研究德育工作，对学生实施全方位、全过程、全员的德育管理和教育。期末做好优秀班主任、三好学生、优秀班集体等评选工作。

（二）发挥“信心德育”的特色。首先，培养老师“信心德育”的理论基础，以思想指挥行动。其次，通过班主任专题培训会议，提高班主任“信心德育的理论基础”。再次，要求教师多阅读有关“信心德育”的文章、案例，多撰写有关“信心德育”的论文、总结，让全体教师对“信心德育”有较深刻的感性认知。

（三）根据学生不同的年龄特征，利用黑板报、“学生信箱”、宣传栏等进行心理健康知识宣传，通过讲座、个别心理辅导等形式加强对学生的心理健康教育与疏导，消除学生的心理障碍，让学生快乐健康地成长。

（四）为加强家校联系，提高对学生教育的实效性，每周通过微信群、校讯通等媒体给家长发信息，强调安全、学习等事项。通过班主任主动家访、电访，及时与家长交流，共同探讨教育子女的最佳办法。通过给家长一封信的形式，及时掌握学校德育工作的中心任务和有关“安全健康教育”“信心德育”等内容，并要求家长在回执上写意见，使家校教育步调一致，更有实效。

师资建设　2020年，学校结合县委开展的党群众路线教育实践和学习中共十九届四中、五中全会精神等活动，与时俱进，开拓创新，狠抓教师的职业道德建设，不断增强教师的法治和纪律观念，坚持以法治校，强化团队精神、敬业精神、奉献精神和创新精神。为进一步增强党风廉政建设的针对性和实效性，学校加强学校廉政风险防控机制的建设，强化级组管理。为进一步提升教师的工作执行能力，学校的教师考评及专业发展中心，加强教学常规管理工作，引导年轻教师积极开展教研活动。学校行政领导全部挂级到各个年级，并到级组办公室办公，加强学校与教师的人性化管理和有效联系；为不断提高学校的办学质量，学校逐步建立并完善奖教奖学制度，对在教育教学过程中取得好成绩师生给予奖励，从而激活老师的工作热情。同时，学校要求教师特别是年轻教师不断提高综合素质，增强竞争意识和能力，并努力为教师参加培训、进修提供机会。大批年轻教师已经成为学校的教学骨干，成芸芸、李育琴、邱冬梅、廖梅娣、张瑞君、张宏被评为县优秀教师，丁艳、吕恺斌、丁彩霞被评为县优秀班主任。陈侃被评为县优秀德育工作者。李锦云被评为县安全管理工作先进个人。吕恺斌、何福珍、成芸芸、张红、林文敏、向君君、邱艳红、罗先凤、陈侃、房金凤、谢锐、罗春苹、谢伟忠、黄春红被评为县教育科研积极分子。张瑞君被评为梅州市教学工作先进教师。

教学成果　学校在狠抓师生德育工作的同时，坚持“以质量求生存，以创新谋发展，以务实出效益”的原则，坚持“以人为本，发展潜能”的办学理念，以“打造示范性中学，办人民满意学校”为办学目标，强化常规管理，深化教学改革，让学生的德、智、体、美、劳全面发展，教育教学质量稳步提高。在全县统一的教学质量抽测中，各个年级均取得优异成绩，2020年的中考成绩再上新台阶。2020年梅州“市长杯”青少年校园足球联赛中，汤坑中学获初中组第四名。在第十一届广东省规范汉字书写大赛活动中，吴滢滢、冯沁、徐雪获硬笔中学组县一等奖；巫灵瑶、陈子琪、张翔竣获硬笔中学组县二等奖；巫佳敏、吴琪、邱丽琼获硬笔中学组县三等奖。在参加梅州市“在家上学的故事”作品集活动中，黄伟伦、刘甄苑分别获文字类市二、三等奖。在第三十六届丰顺县青少年科技创新（创客）大赛活动中，工作成绩突出，学校被评为优秀组织单位，林伟燕、曾标雄、黄春红被评为优秀辅导员。

（彭锡壮）

【黄金中学】 丰顺县黄金中学创办于1959年，坐落在山清水秀、人文荟萃的黄金镇。2008年5月升格为完全中学，8月迁入由旅新侨领何侨生捐资兴建的新校区，广洋中学并入。学校花团锦簇，绿草如茵，占地面积22公顷，是全县校园面积最大的花园式学校。2010年12月被丰顺县教育局评为“丰顺县一级学校”，2012年3月被梅州市教育局评为“梅州市一级学校”，2012年12月被评为“梅州市德育示范学校”，2013年10月被评为“梅州市尊师重教先进集体”。2015年1月被评为“梅州市文明单位”，2015年9月被评为丰顺县高考工作先进单位，2015年11月荣获2014—2015学年度丰顺县初中教学质量三等奖，2016年11月被评为“丰顺县安全文明校园”，2017年3月被评为“梅州市安全文明校园”，2018年12月被评为“2018年广东省依法治校达标学校”，2018年12月被评为“广东省安全文明校园”。

2020年，全校有42个教学班（初中部每个级6个班共18个班，高中部每个级8个班共24个班），学生2445人（初中1064人，高中1381人，其中高一471人、高二457人、高三453人），教工198人。

设备设施　学校按省一级学校标准设计，建有各种现代场室。教学区、办公区、运动区、生活区布局合理，井然有序，是一所崭新的、现代化的、花园式的美丽学校。至2020年年底，学校已有420多台电脑，42个教室安装SEEWO电子白板、语音室1个、多功能电脑室5个，通用技术室1个、电子图书阅览室2个（140多台电脑）。所有办公室、教室都安装空调，另外校友捐资50台空调安装在毕业班宿舍，每位老师都配电脑。共有3栋教师宿舍150个教师住房，教师办公用房充足。由黄金中学校友捐款建造、投资180多万元的“黄金中学建校60周年纪念项目——文砚池”已竣工验收，学校的校容校貌又提升一个档次。由教育局专项拨款110多万元的黄金中学消防给水管道修复工程已竣工验收，解决消防工作的安全隐患问题。

领导关怀　2020年8月23日，丰顺县人民政府副县长钟凌玮，丰顺县教育局党组书记、局长李志奎，黄金镇党委书记刘震辉，黄金镇党委副书记、镇长刘远辉等参加2020年“黄金中学教育基金颁奖大会”。在大会上，副县长钟凌玮对黄金中学这几年来取得的成绩表示肯定，对受奖的学生表示祝贺，对乡贤谢小章表示敬意。

2020年5月13日，黄金镇党委书记

刘震辉、镇长刘远辉等到校看望并慰问九年级、高三级毕业班的师生，为师生们加油鼓劲、增强信心、提振士气。要求教师以强烈的责任心、事业心，尽心尽力、尽职尽责，全力以赴，打好高考、中考攻坚战。

教育教学成果　学校以“办好初中，发展高中”为目标，制订一套严格的教学管理制度，实行半封闭式管理，建立完善的班主任、科任工作责任制，对学生实行全方位、全天候的关爱和呵护，从而学校创造一次次的教育奇迹，也使黄金中学成为家长心中值得信赖的一所好的学校。2020年学校高考成绩持续攀升，再创佳绩：高考高分优先投档线10人，比2019年增加7人；地方专项计划13人，比2019年增加7人；本科以上100人，比2019年增19人。高考成绩实现连续10年攀新高。2020年中考考入市属重点中学线25人，考入县重点中学线的同学38人。2020年，师生荣获由黄金镇外出乡贤、深圳黄金同乡会荣誉会长、旅加拿大侨民谢小章捐资280万元+1200万元设立的“金秋—谢小章优秀师生奖励金”奖励的有163人次，奖励金共49.79万元。教师获县级以上奖励86人次，市级以上奖励7人次。学生获市级奖励3人次，县级68人次。

（办公室）

社会科学　文化

【文化旅游体育】　2020年，文化旅游体育局坚持以习近平新时代中国特色社会主义思想为指导，深入学习贯彻中共十九大，十九届二中、三中、四中、五中全会，省委十二届十一次全会，市委七届九次全会精神，全面贯彻落实习近平总书记出席深圳经济特区建立40周年庆祝大会、视察广东重要讲话和重要指示批示精神，紧紧围绕县委“1333”工作思路和“八个争先”的目标任务，统筹做好“六稳”工作，落实“六保”任务。成功创建“广东省全域旅游示范区”，被评为“备受欢迎的康养旅游目的地”，该局还被省委、省政府评为“广东省文明单位”，在梅州市群众文艺作品评选中荣获组织奖第一名。在坚持常态化疫情防控的基础上，着力推动现代公共文化服务体系建设，着力推动产业不断发展，扎实有效开展全域旅游工作，较好地完成全年各项工作任务。

携手共抗疫情

自省、市、县启动重大突发公共卫生事件一级响应以来，该局在县委、县政府的坚强领导和上级业务部门的精心指导下，迅速行动，坚决落实中央、省委、市委、县委关于疫情防控工作和景区景点宾馆酒店复工复产指导检查的决策部署，竭尽全力保障广大人民群众的身体健康和生命安全。

（一）及时传达学习中央、省、市、县有关疫情防控文件精神，采取有力的措施，拿出最好的状态，坚定信心、保持定力，坚决打赢疫情防控阻击战。

（二）下发通知，取消7场次春节文艺演出活动；4项群众体育比赛活动；停止审批群体性演出活动；全县16个镇文化站、261个行政村综合性文化服务中心、县文化馆、图书馆、博物馆、坚真纪念馆、体育场馆暂停对外开放；旅行社、景区景点、酒店旅社、网吧、KTV、电影院等所有聚集场所暂停营业。

（三）成立疫情防控工作领导小组，明确分工，压实责任，成立四个巡查专项组，对丰顺县27间酒店旅社、3间A级景区、10间KTV、19间网吧、3间电影院等进行逐间检查，指导各企业做好健康管理，造册登记。发挥党员先锋模范作用，共抽调72名党员干部职工到高速路口联合检疫，春运期间认真做好来往人员体温筛查，确保“不漏一车、不漏一人”。

（四）印制疫情防控宣传资料发放到各景区景点、酒店、旅行社、网吧、KTV、电影院等企业，加强宣传指引。局属事业单位、各企业等利用微信公众号、宣传栏、电子屏等方式进行线上线下扩大宣传。创作山歌对唱、诗歌、顺口溜、散文、词、三句半等以“打赢疫情防控战”为主题的文艺作品30个，加大广大人民群众对疫情防控的知晓率。并专题制作了抗疫歌曲《逆风的你》，激励所有抗疫的“逆行者”，致敬奋战在一线的勇士。

（五）牵头成立景区景点宾馆酒店复工复产疫情防控工作领导小组，制订《县文化广电旅游体育局关于做好景区景点宾馆酒店等企业复工的工作方案》，下设7个指导检查组，深入到各景区景点宾馆酒店检查疫情防控及复工复产工作，压实景区景点宾馆酒店疫情防控主体责任，做好复工准备工作，切实按照“四到位”“八个一”要求，建立住客信息登记、行踪排查、体温测量登记以及员工健康档案、设施及公共区域消杀记录等工作台账，切实做到出入口设专人值守，确保景区景点宾馆酒店疫情防控措施落实到位。

群众文体活动

2020年年初受疫情影响，线下文体活动暂停开展，结合工作实际，转变工作思路，创新工作机制，县文化馆、图书馆、博物馆等利用微信公众号等媒体平台开展线上文化活动。开展“戏曲进校园·进乡村”巡回演出14场次，开展2020年梅州市公共文化服务惠民演出2场次。举办全民健身日活动、2020年广东省青少年自行车（公路）锦标赛、“讯源杯”中国山地自行车联赛总决赛、足球超级联赛、男子篮球赛、羽毛球联赛、乒乓球赛、机关企事业篮球联赛等丰富多样的群体体育活动。2020年，单位组织和参与28场次的文艺文体活动，为广大人民群众送去丰富的文化精神食粮。

文艺创作

在梅州市群众文艺作品评选中荣获组织奖第一名，送评的作品中共有13个作品获得荣誉，分别是：罗文熙、彭佳良创作的相声《时代的车轮》获省二等奖、市一等奖；吴亚方、螃蟹创作的歌曲《爱你　我的祖国》获市一等奖；廖武、陈光华创作的歌曲《最美春光马图茶》获市一等奖；魏丹创作的舞蹈《春之韵》获市二等奖；陈光华、邹曼创作的歌曲《风坪茶歌》获市二等奖；张世琳创作的相声《家庭变奏曲》获市二等奖；彭佳良创作的小品《投其所好》获市二等奖；欧阳红创作的小品《老邱家发生的一幕》获市三等奖；谢广贤、熊艳华创作的歌曲《梨花雨》获市三等奖；欧雪华创作的相声《你拉黑我》获市三等奖；彭佳良创作的小品《善意的谎言》获市三等奖；彭佳良、房宝湘创作的歌曲《万千气象》获市三等奖；黄姗、胡诗慧创作的舞蹈《中华是一家》获市三等奖。

文体设施建设

一是不断提升公共服务能力。督促各镇对照广东省综合文化站评估定级标准加快完成整改，已完成全县261个行政村综合性文化服务中心全覆盖建设任务，均按要求实行免费开放。全力推进丰顺县体育事业的发展，根据梅州市振兴足球之乡足球场地建设要求，丰顺2020年足球场地建设任务数9块，丰顺县完成12块，较好的完成上级下达的任务。全县有1089个体育健身场地，社区体育公园6个，足球场地41块，社会体育指导员1466人，达到每万人15人以上的标准。全县常年参加体育锻炼的体育人口达到40.6%，人均体育场地达1.97平方米，年人均体育消费700元，体育进社区、进农村活动覆盖面超过80%（各社区、行政村）。

二是推进总分馆制建设工作。2020年，第三批总分馆制建设工作中，图书馆完成6个分馆、18个服务点建设；文化馆完成7个分馆、21个服务点建设。至2020年年底，图书馆已建成1个总馆、16个分馆、48个服务点，文化馆建成1个总馆、16个分馆、50个服务点，达到总分馆制建设覆盖率100%。

三是坚真文体项目稳步推进。积极推动丰顺县坚真文体中心项目建设力度，已完成投资2.5亿元，完成项目施工总进度的45%，计划于2021年12月底前建成并投入使用。

文物、文化遗产

积极做好名人故居（旧居）保护工作。市级文保单位“蓝田书院”及名人故居“英拉他信祖居”正在逐步推进中。2020年，丰顺县投入40多万元完成“蓝田书院”及名人故居“英拉他信祖居”的保护设计修缮方案。“埔河文庙”修缮工程已完成，“吴逸志旧居”“冯剑南故居”“绍阳书室”“曾史文故居”等工程正在施工中。丰顺县保存良好、较有历史价值的名人故居（旧居）共计19处，其中：故居15处，旧居2处，祖居2处；已活化利用4处，现状完好3处，需提升利用8处，需抢救维修5处。协助完成丰顺县43处客家围龙屋资料的规范整理、汇总和数据库录入等工作。完成不可移动文物名录的各项数据录入工作。“中共丰顺县革命委员会旧址”成功申报为梅州市第七批文物保护单位。列入各级文物保护单位共有50处，列入不可移动文物名录共有133处。完成对全县15个乡镇2020年度组织实施第一批、第二批及第三批农村建设用地拆旧复垦项目，复垦农用地面积106.7公顷，拆旧复垦地块775个范围内是否涉及有文物保护单位及文物点等文化遗产资源的核查工作。

“非遗”工作

全县已建成非物质文化遗产展示馆1个、县综合性传习中心1个、传习所7个；新增县级“非遗”项目代表性传承人8人；成功申报市级“非遗”项目2项。为非物质文化遗产能够得到更好的传承和保护，2020年，举办“文化和自然遗产日”市级“非遗”项目丰良山歌培训班（第一期）；结合“文化和自然遗产日”开展非遗“进社区、进景区”图片展2场，举办“非遗进校园·进乡村”图片巡回展9场。为实行“宜融则融、能融尽融”的原则，让“非遗”文化走进百姓视野，大宝山温泉旅游度假区以国家级非物质文化遗产“埔寨火龙”为内核，通过声、光、电和实物等形式，全方位地展示“千年火龙”山水实景演出，是丰顺“文化+旅游”的典型代表，成为丰顺县对外展示文化资源的重要窗口，通过文化和旅游相互融合，不断扩大“非遗”传播社会影响力。

做强体育运动事业

梅州市第九届运动会于2021年8月在梅江区举行，丰顺县积极备战第九届市运会，计划参加13个大项目的比赛。2020年7月开始组织聘请各项目相关教练开展选材集训工作，13个参赛队领队、教练、运动员及工作人员共计600多人。深入各中小学开展选苗活动，积极向上级体校输送优秀苗子，其中：田径13名，举重10名，跆拳道2名、乒乓球2名，武术套路省队2名。严格按要求做好2020年度省级运动员注册工作，共新增省级注册运动员5名。

文旅融合发展

2020年丰顺县全年接待游客624.57万人次，旅游综合收入34.46亿元，分别恢复至2019年的70%和42%，旅游直接从业人员和间接从业人员达到3万多人。

成功创建省级全域旅游示范区，下来，努力推进旅游产业发展，继续创建国家级全域旅游示范区。指导协助韩山历史文化生态区、粤东大峡谷景区、御逸温泉度假村成功申报国家AAA级旅游景区；指导金德宝凯悦温泉酒店申报星级饭店，引导千江温泉酒店四星级旅游饭店和风度温泉大酒店三星级旅游饭店做好评定性复核迎检工作；将大宝山旅游度假区打造成文化生态旅游经典景区；八乡山镇贵人村获评2020年“客家美食名村”。召开首届导游、旅游讲解员职业技能培训班，景区酒店对员工进行专业技能培训，以崭新的精神风貌和一流的服务水平迎接八方来客。“客潮风情·魅力丰顺”文化旅游对口帮扶宣传推介活动在广州成功举办，吸引珠三角地区游客；《维斯带你趣旅行》栏目到丰顺拍摄旅游宣传视频，在潮汕地区提升知名度。通过参加广州旅游博览会，南昌、泉州旅游推介会，第四届民族地区文旅产业发展论坛暨非物质文化遗产创新与发展大会等，进一步展示丰顺旅游景区、美食、乡村旅游点、风土人情的独特魅力，有力地帮助旅游企业产品走向市场，极大提升丰顺城市形象。

加强综合执法力度

全面加强执法检查力度。全年共出动执法人员1638人次，检查经营单位411家次，其中检查网吧182家次、歌舞娱乐场所94家次、电影放映场所35家次、旅游体育企业45家次、游泳池36家次、漂流12家次，对玻璃桥检查8家次，宗教场所检查3次；配合市局执法人员联合执法收缴非法光碟10张；配合县扫黄打非办联合执法，查处1家销售非法光碟，县“扫黄打非”办收缴暴力书籍25册；配合市局执法人员端掉黑电台1处；配合县公安局、埔寨政镇府和埔寨派出所联合执法，取缔黑网吧1家，收缴电脑32台。认真抓好“小片网”的整治工作，丰顺县仍有“小片网”10家，其中6家已实现与县网接入，有2家已直接接入市广电传媒网络。一年来，检查播出单位24次，暗访6次。加强对高危体育项目管理，加大对企业进行安全培训，提高安全防范意识。同时，进一步提高便民服务水平，

2020年办理行政许可8家、注销2家、续证6家、变更1家，办结率100%；及时处理投诉案件，收到旅游投诉件17宗，处理结果满意度100%。

（陈文利　徐美萱）

【史志工作】 2020年，丰顺县史志办公室在县委、县政府的正确领导和上级业务主管部门的指导帮助下，在各级各部门的关心支持和密切配合下，按照县委、县政府的统一安排部署和要求，以习近平新时代中国特色社会主义思想为指导，紧紧围绕全县中心工作大局，依法编史修志，进一步强化“存史、育人、资政”的使命担当，有序开展革命遗址大普查、红色文化宣传、革命简史编写、年鉴编纂和地情资料挖掘研究等工作，为全县经济社会全面发展提供坚实的文化支撑。

强化党的各项建设，切实提升机关党建引领力　2020年，县史志办以习近平

新时代中国特色社会主义思想为指导，认真贯彻落实习近平总书记在中央和国家机关党的建设工作会议上的重要讲话精神，以党的政治建设为统领，深化巩固“不忘初心、牢记使命”主题教育活动成果，不断增强“四个意识”，坚定“四个自信”、做到“两个维护”，着力抓好模范机关建设、制度建设，充分发挥党员领导干部的先锋模范作用，有序地开展各项工作任务。一是加强政治理论学习；二是严肃党内政治生活；三是推动主题教育常态化制度化；四是扎实推进模范机关创建活动；五是认真开展“灯下黑”“两张皮”整治活动；六是认真开展机关党组织和在职党员到村（社区）“双报到”活动；七是切实落实意识形态工作责任制；八是严格党员教育管理监督；九是持之以恒强化正风肃纪，深入推进反腐倡廉工作。

充分发挥部门职能，做好“东江革命根据地史料陈列馆”等史料布展审核工作　为纪念东江苏维埃政府暨红十一军成立90周年，丰顺县在东江第一次工农兵代表大会旧址上建设东江革命根据地史料馆，县史志办充分发挥部门职能，协助建设史料馆，认真多次组织审核布展史料，于2020年3月底完成布展史料审核工作，史料馆于11月20日开馆。另外，还协助维护曾史文故居、中共丰顺（临时）县委等，并做好相关布展工作。

《丰顺县革命老区发展史》付梓成书　根据市委办公室、市政府办公室2017年10月印发的《关于组织编纂〈梅州市各县（市、区）革命老区发展史〉的通知》有关要求，县委、县政府于2017年10月30日成立《丰顺县革命老区发展史》编纂委员会以及工作机构，并召开《丰顺县革命老区发展史》编纂工作会议，正式启动该书编纂工作。经过县史志办与县老促会等单位的共同努力，《丰顺县革命老区发展史》一书于2020年3月顺利出版。

开展《广东中央苏区丰顺革命简史》《中央苏区历史丛书·丰顺卷》《中共丰顺县地方历史第二卷（1949.10—1978.12）》编纂工作　一是《广东中央苏区丰顺革命简史》是借2021年中国共产党成立100周年、中央苏区正式成立90周年之际编纂，2020年6月完成初稿，上报市委党史研究室，市审核反馈后，已完成修改。二是按照上级党史工作部门和县委的工作部署，严格按照《地方党史二卷及专题资料编写编辑规范》，积极推进丰顺党史第二卷编纂工作。完成第四稿，经上级业务部门审查校对后，正对照反馈意见进行补充完善。三是按照省委党史研究室的工作部署，编写《中央苏区历史丛书·丰顺卷》，该丛书将为丰顺县进一步打响中央苏区品牌、加快推动丰顺振兴发展发挥重要作用。

广泛开展党史宣讲活动　丰顺县史志办依托丰顺丰富的红色文化资源，结合创文、创卫、中国道路宣传教育、结对共建村（社区）等工作，积极面向干部群众广泛开展党史学习教育、爱国主义教育活动。2020年，县史志办积极与镇、村及学校沟通联系，结合工作实际，分别深入到丰良镇、龙岗镇、汤坑镇、北斗镇、县武警中队和学校等，通过讲述革命历史、红色故事、专题学习等方式，广泛开展党史宣讲和送书活动，面向干部群众开展党史宣讲活动12场次，受教育人数1800多人次，激励干部群众铭记光辉历史，传承红色基因。

开展新一轮全县革命遗址大普查工作　丰顺县于2019年11月启动新一轮全县革命遗址大普查工作。丰顺县努力克服起步慢、工作多、人员少的困难，迎难而上，克服疫情的影响，迅速行动，主动作为，统筹兼顾，明确目标，采取有效措施，层层落实责任，明确时间节点，按时按质完成普查任务。各镇（场）上报的新一轮革命遗址普查数共有240多处，经县普查小组核定，为较大历史事件（人物）或建筑的遗址有160处，从中整理上报134处，比上一轮普查总数（39处）增加95处，省审核反馈确认108处，省列入红色革命遗址名录62处。红色革命遗址普查工作已告一段落，转入成果转换利用新阶段——规范做好广东省红色革命遗址入库信息及《广东省红色革命遗址大博览》编写工作。

积极参与名人故居（旧居）保护修缮等工作 丰顺县有12处名人故居（旧居），按照“保护为主，抢救第一，合理利用，加强管理”的文物工作方针，史志办积极参与深入挖掘名人故居（旧居），如曾史文故居。全面调查核实，把与名人有关的历史、红色文化资源以及其他有价值的资源进行系统梳理，让名人故居（旧居）等历史文化建筑“活”起来，助推丰顺苏区振兴发展。

成功举办纪念“东江苏维埃政府暨中国工农红军第十一军成立90周年活动” 2020年是东江苏维埃政府暨中国工农红军第十一军成立90周年。丰顺县于2020年11月20日在八乡山镇成功举办纪念东江苏维埃政府暨中国工农红军第十一军成立90周年活动，活动由梅州市委党史研究室、丰顺县委、县政府主办，由县史志办和八乡山镇具体承办，省、市、县相关领导等共150多人参加活动。活动举行了东江革命根据地史料陈列馆开馆揭幕仪式、党史知识讲座等。

全面推进自然村落历史人文普查工作 普查工作涉及全县17个镇场1422个自然村，工作繁重，意义重大。经过县、镇、村三级联动，共同努力，自然村落历史人文普查工作基本完成，《全粤村情》（丰顺卷）共四册均已送出版社，但因全省出版任务重，出版社审核工作量过大，导致丰顺县出版工作整体较为滞后，正在加紧与相关出版社的沟通联系，加快进度，确保按时出版。

按时按质编纂出版《丰顺年鉴》，做到一年一鉴，当年出版 按照一年一鉴的要求，史志办于3月收稿，采用边收集资料边撰稿的方法，开始分纂，再由地方志业务骨干总纂，设置编目，形成初稿，反复修改后送出版社审核，再修改、对红，方送印刷。《丰顺年鉴（2020）》已于12月初印刷出版。与此同时，县史志办还积极配合上级有关部门做好《梅州年鉴（2020）》丰顺部分、《广东年鉴（2020）》丰顺部分、《广东纪要》编纂工作。

充分发挥“存史、资政、育人”职能，指导编修志书 丰顺县史志办公室充分履行利用地方志资源、服务经济社会发展的重要职责，积极致力于加快地方志资源开发利用，在编写好县志和年鉴的基础上，积极开拓思路，开发地情资源，为建设新时期的丰顺做出更大的贡献。2020年指导编修《丰顺档案志》，已基本完成。

不断推进地方志数字化工作 丰顺县史志办认真抓好存量图书数字化入库及历史已数字化入库图书的审核校对工作，按时按质完成《丰顺年鉴》等书籍入库工作。

积极开发利用地情资源和年报制度，为丰顺县经济文化建设服务 县史志办充分利用史志工作成果，发挥特有的史实资源、信息优势，服务于社会发展和经济建设：一是积极向有关部门提供地情资料。二是认真更新丰顺地情信息网相关栏目设置和内容，积极开展地情资料征集和咨询服务，为各级领导决策提供资料。三是积极向上级部门、领导干部、知名人士、新闻媒体赠送志书、年鉴等大量地情资料，并与各市县兄弟单位进行交流，实现以志书、年鉴为媒，宣传丰顺，扩大丰顺的知名度，为人文资源、旅游资源开发和城镇规划、项目规划、宣传丰顺提供科学的历史依据和丰富的史料。

（肖晓春）

【档案工作】 2020年，在县委、县政府的正确领导和市档案局的具体指导下，丰顺县档案工作紧紧围绕省、市、县的决策部署，以习近平新时代中国特色社会主义思想为指导，深入学习贯彻中共十九大和十九届二中、三中、四中、五中全会精神，以档案馆新馆建设为契机，设计优化档案馆各类用房与设施，做好“十四五”档案事业谋划，坚持“依法治档、党要管档”，提高档案工作服务丰顺县经济社会发展的水平。

加强思想政治建设 2020年是全面建成小康社会的决胜之年，也是“十三五”规划的收官之年。县档案馆组织干部职工认真学习贯彻习近平新时代中国特色社会主义思想、中共十九大和十九届二中、三中、四中、五中全会精神，深入学习领会习近平关于推进国家治理体系和治理能力现代化、防范和化解重大风险、贯彻新发展理念等重要论述。2020年也是新中国历史上极不平凡的一年，新年伊始，举国上下打响了疫情防控阻击战，县档案馆认真学习领会习近平总书记关于新冠肺炎疫情工作的重要论述，贯彻人民至上、生命至上的理念，紧紧团结在以习近平同志为核心的党中央周围，发挥党员的先锋模范作用，把党的思想理论落实到具体实践。

全面推进新馆建设，主体浇筑完成 县档案馆现位于县行政中心大楼5楼和6楼部分区域，总面积1500平方米。档案库房等各类用房面积和功能配置均未达标。为深入贯彻落实广东省委办公厅、省政府办公厅《关于加强和改进新形势下我省档案工作的意见》和省、市档案事业发展“十三五”规划，丰顺县将档案馆新馆建设纳入丰顺县坚真文体中心（六馆六中心）项目统筹规划，其中档案馆位于综合楼7—10楼。自2019年1月正式动工建设以来，县档案馆按照《档案馆建筑设计规范》（JGJ 25-2010）、《档案馆建设标准》（建标103-2008）等标准紧盯档案馆设计、施工等环节、及时跟进项目进度，并于2020年12月上旬顺利完成档案馆所在楼层7—10楼的浇筑施工。

夯实档案业务基础，档案工作有序开展 2020年下半年，梅州市档案局精心组织开展梅州市县级综合档案馆业务建设评价工作。丰顺县档案馆通过开展评价工作，健全完善了档案业务基础：一是完善档案工作制度。更新完善档案资料保管、档案保密、档案销毁、库房管理、档案利用等制度，充分发挥制度的保障作用。二是定期对档案工作人员的业务培训，提高业务水平。三是严格落实档案库房安全管理制度。定期检查库房安全，检查档案霉变、虫蛀，保持库房干燥、清洁，做好温湿度记录、出入库房登记等台账记录。

加强档案接收进馆工作，进一步丰富馆藏资源 根据县委办公室印发的《关于做好2019年度文件材料归档和档案移交工作的通知》要求，2020年有移交进馆任务单位15个，县档案馆积极参与档案

接收方面的指导工作。截至2019年年底，县档案馆馆藏总量33109卷又45706件，馆藏总量比2010年（20344卷又3753件）增长81.9%；民生档案占馆藏比例54.1%。

扎实开展档案查阅利用服务，满足利用需求 近年来，县档案馆馆藏纸质档案数字化比例不断提高，为利用者学术研究、处理纠纷、著书立志、获取有关工龄或任职资历证明材料等提供更加便捷、高效的查阅利用服务。2020年在新冠肺炎疫情影响下，查阅咨询档案的人次不减反增，同比略微增加。一年来共接到县内、外群众关于档案查阅的咨询电话100多宗；共接待到馆查档群众250多人次，调阅档案300多卷。

加强推进档案数字化建设 县档案馆纸质档案数字化比例已达到馆藏总量的58.2%（以2010年为基数），馆藏永久档案数字化比例达80%以上。新一期纸质档案数字化工作已于2020年12月正式开展，计划新增扫描40万页。

广泛开展档案宣传工作 2020年是全面建成小康社会的决胜之年。丰顺县档案局（馆）围绕“档案见证小康路、聚焦扶贫决胜期”主题，于6月8日到汤西镇石江村组织开展2020年第13个国际档案日系列宣传活动。活动共发放各类宣传资料400多份。档案工作人员深入贫困户家中了解其生产生活困难，宣传介绍档案在人们工作和生活中的作用，讲解关于家庭档案建档的基本操作，倡导大家重视收集脱贫过程中产生的档案资料，用档案记录脱贫故事以及全面建成小康社会的伟大历程。因新冠肺炎疫情防控工作需要，为尽量减少人员聚集，丰顺县同时还开展线上宣传活动：一是在5月29日《悦读丰顺》报刊上刊发《丰顺：努力建立健全覆盖全县的档案体系，推进档案事业高质量发展》专题宣传，报纸共印刷1.5万份；二是在“学习强国”平台、人民日报民生网、半月谈网、南方时报南方+、羊城晚报、梅州日报掌上梅州、丰顺电视台、财丰民顺微信公众号进行宣传；三是邮寄《悦读丰顺》报刊、查档指南、宣传册、环保袋、宣传手册等宣传资料给17个镇（场），通过各镇（场）的对外服务平台进行宣传，极大扩大档案宣传的覆盖面，起到良好宣传效果。

（黄深文）

【广播电视】 2020年，县广播电视台以习近平新时代中国特色社会主义思想为指导，深入学习贯彻中共十九大和十九届五中全会精神，深入学习习近平总书记系列重要讲话精神和重要指示批示精神。在县委、县政府和县委宣传部的直接领导下，以积极占领意识形态主阵地为根本，始终坚持党管媒体原则和团结稳定鼓劲、正面宣传为主的方针，牢牢把握正确的政治方向和舆论导向，发挥各媒体间深度融合和聚合共振效应，使媒体融合工作成为宣传思想发动、意识形态引领、舆论生态构建的有力抓手，成为服务于全县党的建设和县委、县政府中心工作的有力支撑，为落实县委、县政府总体部署和工作部署、持续巩固脱贫攻坚成果、高质量推动经济发展、高标准推进乡村振兴、高品质加强城乡建设，加快建设“财丰民顺　幸福丰顺”提供强有力的宣传舆论氛围。

媒体融合深入推进 一是拓展媒体传播渠道。2020年，以县广播电视台为主体，完成对广播、电视、《悦读丰顺》报、“丰顺发布”APP移动客户端、“财丰民顺”“丰顺发布”微信公众号等县属主流媒体的整合，机构人员集中统一办公，

初步实现新闻“一次采集、多种生成、多元传播、全方位覆盖”，新闻舆论传播力、引导力、影响力、公信力不断提升。同时，依托省技术平台提供技术支撑和运营维护，按照县级融媒体发展要求，建成融媒体指挥调度中心并投入使用，采用高清采编播设备和全新运营模式，实现对县属主流媒体的统一调度管理，形成时效性强、公信力高的权威发声平台。10月，丰顺县融媒体中心建设通过省考核组的考核验收。二是持续激发队伍活力。进一步完善《丰顺县融媒体中心建设实施方案》和《丰顺县融媒体中心机构编制方案》，完成机构人员调整，明确职责分工，形成整体合力。进一步突出公益属性，夯实公益平台。同时，与广东省广播电视网络股份有限公司签署新时代文明实践进村入户合作协议，进一步深化融媒体平台及新时代文明实践中心、县级融媒体中心“一平台两中心”建设，推动建设高速数字骨干网络和光纤接入网络，实现文明实践进村入户，努力打通宣传群众、教育群众、关心群众、服务群众的“最后一公里”。

内外宣传稳健巩固　一是对内宣传突出重点。紧紧围绕县委、县政府中心工作，统筹做好各平台发布，实现新闻“一次采集、多种生成、多元传播、全方位覆盖”，在宣传丰顺县党的建设、疫情防控、复工复产、脱贫攻坚、乡村振兴、扫黑除恶、民生工程、文明创建等方面取得的显著成效。在电视频道、丰顺发布APP及微信公众号等平台直播2020年广东省青少年自行车（公路）锦标赛赛况，2020年中国农民丰收节活动，2020年“讯源杯”中国山地自行车联赛总决赛（广东·梅州丰顺）暨青少年自行车U系列赛赛况等，融媒体关注度持续提高，点击量超百万人次。全年，新闻中心采集播出新闻2262条。“丰顺发布”微信公众号发布宣传报道3523条/次，月平均阅读量28.2万。“财丰民顺”微信公众号发布宣传报道3523条/次，月平均阅读量8.6万。“丰顺发布”APP发布宣传报道3458条/次，阅读量200万+。同时，全力挖掘融媒体“新闻+政务+服务”功能，“丰顺发布”APP与粤省事、丰顺教育、气象、网信、医保、人社、惠民平台、政务服务平台、便民服务平台（天气、交通、美食、住宿）等单位进行信息对接，开通便民惠民服务功能。特别是疫情防控期间，“丰顺发布”APP为全县中小学生开通线上教学平台，上线专题视频2000多个，最高当日上线达100多万人（次），切实做到“停课不停学”，受众全县中小学生7万多人，得到家长的一致好评。同时，围绕县委、县政府的中心工作及县直各单位工作策划活动，制作新闻专题片《新时代文明实践》《党建先锋》《脱贫攻坚》《乡村振兴》《创建省文明县城》《疫情防控》《复工复产》《扫黑除恶》等100多期。滚动播出公益广告15万多条/次，融媒体中心的舆论引导功能和服务功能不断强化，收到良好效果。二是对外宣传提质增效。坚持团结稳定鼓劲、正面宣传为主的方针，加强与上级主流媒体沟通对接，大力宣传推介丰顺县工作亮点和闪光点。2020年，丰顺电视报道新闻被上级媒体平台采用501.5条。“丰顺发布”微信公众号发布新闻被上级媒体平台及其他自媒体采用800多条。“财丰民顺”微信公众号发布新闻被上级媒体平台及其他自媒体采用300多条。“丰顺发布”APP发布新闻被上级媒体平台及其他自媒体采用1000多条。据综合统计，2020年广播电视台发布的新闻被上级媒体平台及其他自媒体总采用2601.5多条，排在全市前列，及时全面深入讲好丰顺故事、传播丰顺好声音。

战“疫”宣传有声有色　一是压实宣传责任。新冠肺炎疫情发生后，广播电视台及时成立新闻宣传工作组制订《新型冠状病毒肺炎疫情防控新闻宣传工作方案》，强化协调配合，明确职责分工，形成工作合力，压严压实工作责任。同时，建立会商调度机制，完善新闻选题的分析、研判、策划，坚持日会商日交办，及时回应群众关切。二是做好统筹文章。发挥全媒体优势，在广播、电视、报纸、“两微一端”等平台开辟专栏，发挥“丰顺发布”APP移动客户端、微信公众号等渠道优势实行多端发布，凝聚起打赢疫情防控阻击战的强大正能量。加大疫情防控、复工复产、企业招工、脱贫攻坚等主题宣传报道力度，营造统筹推进疫情防控和经济社会发展工作的良好舆论氛围。在疫情防控期间，充分发挥全媒体记者的采集和融媒体矩阵的作用，全力开展疫情防控宣传。此外，利用遍布全县282个村的网格员、百姓通讯员的作用，线上线下立体宣传，营造疫情防控的浓厚宣传舆论氛围。

网络阵地有效扩展　狠抓经营管理，提升服务质量，从抓好内部管理、提升服务质量上下功夫，秉承用户至上原则，认真落实好广电惠民便民举措，想方设法为用户解决问题，以优质的服务赢得用户的信赖。注重抓好数字电视营业大厅服务窗口和部门工作人员的职业操守教育，不断增强广大干部职工服务社会、服务群众的意识，提高故障处置效率，树立良好的广电形象。2020年，新架主干线16千米，改造网络35处8.5千米，铺设新世纪网络管道、兰溪谷、金溪源小区新管道共5.5千米。排除光缆故障50多起，改装楼栋线路2000多户，新增用户500多户。

安全播出保障有力　坚持安全发展理念，以高度的政治意识和责任意识，把广播电视网络安全和播出安全工作作为全台工作的重中之重。认真抓好日常安全生产和安全播出工作，狠抓安全播出制度落实，强化播控机房管理制度，切实完善方案、预案和实践演练，实现安全播出工作监管全程全方位无缝隙化管理，确保春节、元宵、全国两会、中秋、国庆等重要时期、重要时段、重大节日安全播出“零事故”。

节目管理建章立制　一是坚持社会效益第一，正确把握宣传导向。严格执行“三审制”“重播重审制”“监听监看制”，确保广播电视节目宣传导向正确，内容格调健康向上，具有较高的思想性、艺术性和观赏性。二是规范广告发布，加大公益性广告宣传力度。规范广告播出内容、时段和时长，避免广告插播的随意性。同时，积极配合县创卫办、创文办、城管、公安、消防、林业、工商、司法、安监等部门，加大公益广告发布力度，全年共播出公益广告34350多条（次），为丰顺县经济发展、综治维稳和安全生产提供强有力的舆论支撑。

人力结构素质优化采取多层次培养、多通道发展、多步骤开发和多方面提升的用人机制，积极营造开发人才、使用人才、引进人才、留住人才的环境。2020年通过公开招聘形式，引进2名专业年轻记者、1名播音员，使广播影视队伍的人才结构和整体素质有较大幅度的优化和提升。

制播设备与时俱进　为加快推进县融媒体中心建设，投入资金600多万元，建设融媒体指挥调度中心，购置12套高清非线性编辑系统、1套电视高（标）清播出系统、直播系统、高清虚拟演播室系统、升级改造调频广播电台设备配套系统、15台4K超高清摄像机、农村应急广播大喇叭等，制播设备得到及时更新。

（李裕华）

医疗卫生健康

【概况】 2020年，丰顺县卫生健康局在县委县政府的领导下，在上级卫生健康主管部门的指导下，围绕2020年的主要工作任务，克难攻坚，筑牢思想防线，全力以赴打好新冠疫情防控“阻击战”、打赢精准扶贫“攻坚战”、打实强基建设“阵地战”、打胜卫生健康各项工作“常规战”。

【政治思想建设】 全面落实上级部署要求，积极参与做好疫情群防群控工作，充分发挥卫健系统基层党组织战斗堡垒作用和共产党员先锋模范作用，紧紧依靠人民群众，群防群治，全力打赢疫情防控阻击战。加强对党员干部，特别是领导干部的理论学习教育，巩固2019年开展“不忘初心、牢记使命”主题教育学习活动成果，把抗美援朝精神、改革开放干劲融合到弘扬抗疫精神中，让全县卫生战线的白衣战士时刻保持奋发向上的实干精神，时刻保持勇敢无畏的奉献精神。

加强党风廉政教育，结合医德医风教育和政风行风建设同步推进。一是制订《2020年党风廉政建设工作要点》《2020年度惩治和预防腐败体系建设工作意见》《2020年丰顺县卫生健康局党风廉政建设主体责任清单》《丰顺县卫生健康局2020年开展谈话提醒工作的实施方案》等，制订完善各项制度，明确责任，实现各负其责、齐抓共管，确保党风廉政建设工作落到实处。二是深入认真学习中共十九大精神和习近平总书记系列讲话精神等，不断提高广大党员和干部职工的政治水准和政策把握能力。三是做好谈话提醒工作，做到抓早抓小、防患未然。

【疫情防控】 自新冠肺炎疫情发生以来，丰顺县卫生健康局深入学习贯彻习近平总书记对新冠肺炎疫情防控工作的重要讲话和重要指示批示精神，坚决贯彻落实中央和省、市、县关于新冠肺炎疫情防控工作的部署要求，以党建引领为核心，充分发挥各级党组织和广大党员的战斗堡垒作用和先锋模范作用，发挥职能，全力以赴抓好疫情防控，坚决打好打赢疫情防控人民战争、总体战、阻击战，取得阶段性成效。全面落实“早发现”要求，持续开展对购买退热、止咳药品的人员的核查反馈工作。落实重点场所、重点人员防控，加强密闭通风不良场所的管理，保持社区防控“三人小组”常态化运作，加强基层社区网格化管理，实现基层疫情防控和日常管理有机结合。严格按照中央和省、市关于做好开学复课工作的各项要求，建立教育、学校、医疗机构、疾控部门四级联防联控机制。常态化开展健康知识普及教育，把党和政府开展防控工作的权威信息、防控知识及时传递到千家万户，多角度、全天候普及疫情防护知识。做好境外新冠肺炎疫情输入防控工作。认真落实医疗救治及医院感染防控工作，严格按要求设置预检分诊和发热门诊，加强对医务人员疫情防控和诊疗指南培训和落实情况新冠病毒核酸检测工作。派出4名医疗骨干支援湖北抗疫，圆满完成任务。同时还派出多名疾控人员支持省内、市内其他地区的抗疫工作。广泛开展爱国卫生运动，将爱国卫生运动与常态化疫情防控相结合，推动环境卫生网格化管理，把环境治理措施落实到社区、单位和家庭中。2020年全员培训预防接种120人，大流调培训258人（次），各场次演练7次，有效提高了公共卫生人员处置各类传染病预防控制能力。通过全系统动员、全员参与，科学防治、精准施策，截至12月21日，丰顺县新冠疫情防控做到“零确诊”，确保全县人民群众身体健康生命安全。在全市抗疫表彰大会上，卫健局被授予抗击疫情先进集体和先进基层党组织荣誉，县人民医院、县疾控中心以及10多名卫生工作者也同时被授予荣誉称号。

【精准扶贫】 县卫生健康局从2016年开始对口帮扶丰顺县潘田镇石坑村，投入自筹资金约250万元改善村基础设施。县卫生健康局驻石坑村工作队按照有关要求，认真按照省委、市委、县委有关精准扶贫精准脱贫的文件精神，积极配合各行业部门扎实推进脱贫攻坚八项工程，落实“三保障政策”，紧紧围绕帮扶石坑村及贫困户实现脱贫奔康的目标，以着力发展产业增收、资产增收、就业增收等帮扶项目，推动扶贫力量向贫困对象聚合，真扶贫、扶真贫，让贫困群众真正得到实惠。截至2019年12月，石坑村共有建档立卡贫困人口27户66人全部达到退出标准，经过4年帮扶，脱贫人口有安全饮水、有电用、有电视信号、有宽带网络、有稳定收入来源等“八有”情况全部达标，已实现“两不愁、三保障”，出色完成县委、县政府交给的精准扶贫攻坚任务。

【重点工程建设】 加强基层医疗卫生服务能力建设是广东省委、省政府的重点民生工程，丰顺县主要为4间县直医院的改扩建。包括：留隍镇中心卫生院升级建设为第二人民医院项目，2017年9月动工，2020年8月底完成装修并投入使用；中医院整体迁建项目，2018年9月动工，各项建设任务已完成，计划2021年1月下旬实现整体搬迁并投入使用；新建人民医院综合门诊楼项目，2018年9月动工，大楼按照施工组织计划推进，完成95%的建设任务，预计2021年1月竣工；妇幼保健院升级改造项目，新扩建业务楼已完工，在2020年12月底投入使用，改建工程也进入收尾工作。县“120”急救指挥中心升级建设工程也已基本完工，在进行内部装修和设备采购中；全县县镇两级医疗机构发热门诊、诊室已完成建设和改造工程。17间数字化预防接种门诊也完成建设任务，正在进行信息安装调试中，2021年可全部投入使用。2020年丰顺县卫生战线筑牢医疗救治、疫情防控、健康服务的三大阵地。

【医共体建设】 作为全市医共体改革试点县，丰顺县2020年全面推进医共体建设，一是建立医共体统一管理机制。丰顺县成立丰顺县医共体管理委员会，出台一系列配套政策，为医共体建设提供政策依据和支撑。二是建立医共体服务同质机制。加快县域医疗中心建设，推动优质医疗资源下沉，科学合理分配卫生资源，建立“互联网+医疗”系统。三是建立医共体利责共同机制。建立卫生人才向下流动通道和病人双向转诊绿色通道，提升镇级卫生院的服务能力。丰顺县16间镇级卫生院已全部完成标准化建设。完成公建规范化村卫生站254间，聘用村医共330人，实现全县263个行政村全覆盖。2020年11月底基层医疗机构门急诊占比82.8%，比2019年提高11个百分点。提升县医院专科能力，县人民医院能够开展冠状动脉等技术含量较高的介入治疗技术，多项技术填补丰顺县在该领域的技术空白，而且走在梅州市县级二甲医院的前列。2020年上半年县域参保居民年住院率72.1%，医保基金县域内支出率41.21%，两项指标均逐年提高。

2020年，大部分医疗机构业务仍保持增长。县人民医院1月至11月，门诊总诊疗人数348780人次，同比增长21.31%；出院病人数19511人次，同比减少2.42%，住院各类手术7844人次，同比增长20.42%。医院自身业务收入25963.49万元，同比增加3616.83万元，增长16.19%。县中医院1月至12月，门诊总诊疗人数105171人次，同比增长3.18%；出院病人数6616人次，同比减少16.2%，医院自身业务收入9233万元，同比与2019年持平。

【各项工作】 2020年年初突如其来的新冠疫情对卫生健康工作带来的巨大的挑战，除做好以上重点工作外，全县卫生健康工作者团结一心、坚守岗位、迎难而上，克服各种困难，做好卫生健康各项本职工作，坚决打胜工作任务“常规战”。

一是加强医疗质量管理，促进平安医院建设。定期组织开展医疗质量管理活动，加大医疗质量管理督导，保证医疗安全。加大院前急救建设和规范化治理，持续提升和完善医疗机构急救急诊服务能力。全县各级医疗机构内全年未发生重大医患纠纷事件。同时还扎实开展扫黑除恶专项斗争、“厕所革命”行动、行风建设专项行动等工作。

二是扎实推进各项中医管理工作。创建全国基层中医药工作先进单位成功通过国检。3名传统医学确有专长的医生顺利通过医师资格考核。提升中医药服务能力，2020年具备中医药服务能力及相应医疗康复能力的镇卫生院和村卫生站覆盖率100%。中医药健康管理全县老年人服务率52.76%，0—36个月儿童服务率72.04%。

三是结合疫情防控深入开展爱国卫生运动。不断丰富爱国卫生工作内涵，创新方式方法，推动从环境卫生治理，全面改善人居环境，加强公共卫生环境基础设施建设，巩固国家卫生县城创建成果，推进城乡环境卫生整治，推进卫生城镇创建，到12月底，留隍镇、汤南镇等8个镇成功创建省级卫生镇。

四是依法开展执法稽查工作，深入推进“放管服”改革。切实加大执法力度，以打击非法行医为重点，对疫情防控期间各医疗机构的预检分诊、发热门诊（发热诊室）、隔离留观室、感染防控、临床实验室、集中隔离留观场所、医疗废物管理处置、医疗污水处理方面存在的问题进行“回头看”，做好打硬仗、打持久战的准备。共出动监督执法人员4976人次，检查医疗机构1199家次，发出卫生监督意见书976份，立案查处4家。行政审批共受理申办事项2863件次，办结2863件，承诺期限内办结率100%。全部事项没有超时、出现黄牌和红牌的情况，窗口投诉次数为零。

五是加强慢非病规范管理。2020年1—11月，管理高血压患者17414人，规范管理13995人，规范管理率80.14%；管理糖尿病患者6066人，规范管理4740人，规范管理率78.14%；全县65岁以上老年人接受健康管理人数18605人，健康管理率34.19%，为老年人提供免费体检18605人。管理在册严重精神障碍患者3091例，规范管理率92.24%，服药（治疗）率78.16%。

六是全面履行公共卫生工作职能。法

定传染病报告管理可控，截至11月30日，丰顺县医疗机构法定传染病报告，无甲类，报告乙、丙类传染病2246例，同比减少14.92%，法定传染病报告率达到100%。免疫规划持续高接种率，2020年辖区内应建立预防接种证人数56283，辖区内已建立预防接种证人数56283，建证率100%；1—11月，全县适龄儿童国家免疫规划疫苗接种率95%以上，筑牢免疫屏障，无疫苗可控传染病发生流行。深入开展监测水质工作，建立健全饮用水水质卫生监测网，按监测工作方案，监测共543份，其中完成县水厂生活饮用水监测72份2520项次，份数合格率90.27%；农村集中式安全工程水质393份12576项次，份数合格率89.8%；二次供水12份，份数合格率83.3%。科学防控登革热，开展病媒生物监测。3—10月开展每月一次伊蚊的专项监测，共布放诱蚊诱卵器2700个，完成入户布雷指数调查15140户。

七是开展好妇女儿童保健服务工作。做好孕产妇保健、儿童保健管理工作，1—11月全县产妇总人数4708人，住院活产数4724人，产前检查4348人，产前检查率92.04%；农村住院分娩率达到99.98%，孕产妇系统管理率90.65%，新生儿疾病筛查率96.74%，7岁以下儿童保健管理率95%。做好农村妇女免费“两癌”筛查工作，共免费筛查人数2668人，有效地保障妇女健康，提高妇女生存质量。做好出生缺陷综合防控工作，1—10月全县唐氏筛查3362人，产前结构六大致命畸形筛查3166人，新生儿疾病筛查3835，新生儿听力筛查3753人。做好婚前、孕前健康检查，婚检5954人，免费孕前优生健康检查共4166人，对检查有疾病者均给予相关的健康咨询和指导。

八是加快卫生信息化建设。推动互联网医疗支持疫情防控。在抗击新冠疫情期间，为充分发挥互联网医疗服务优势，开展互联网诊疗服务，减少交叉感染，组织县人民医院、县中医院共22位医务人员加入微医集团互联网总医院，利用业余时间为群众提供远程诊疗和咨询服务。加快电子健康码建设。通过电子健康码实现身份认证及挂号、就诊、缴费、检验检查结果查询、取药、住院、体检、健康信息查询等相关服务。县人民医院、县中医院已完成电子健康码建设并已开始使用。县妇幼保健计生服务中心正启动电子健康码建设。加强网络与信息安全工作。在新冠肺炎疫情防控期间做好网络安全及个人信息保护工作，保障疫情防控有关信息系统的网络安全，强化在利用大数据支撑联防联控过程中的个人信息保护措施，提升关键信息基础设施和重要信息系统的安全防护能力。

九是持续做好其他卫生健康工作。无偿献血工作稳步推进，全年献血人数约2600人次，总血量达52万毫升。红十字会圆满完成疫情防控物资捐赠接收工作，共接收45批次防疫物资，折合人民币330万元，为丰顺县疫情防控工作提供有力的物资支援。积极开展健康教育宣传，播放卫健视窗栏目健康教育专题11期，各类健康教育宣讲15场次，发放宣传资料20万份，助力疫情防控科普。做好人口数据统计，总人口777653人，出生7075人，出生率为4.13‰，总和生育率为1.08，自然增长率为5.80‰。扎实开展新时代文明实践活动，助力丰顺县“创文”“创卫”成功。

（林少鹏）

【县人民医院】 丰顺县人民医院是一所

集医疗、急救、科研、教学、预防保健、康复为一体的“二级甲等综合医院”“爱婴医院”，是嘉应学院医学院、梅州市卫生职业技术学校教学基地。医院占地面积4万多平方米，业务用房建筑面积约3万平方米；截至2020年年底，全院在岗职工数为737人，其中：编制人数为444人，合同制人数为293人；卫生专业技术人员623人，正高职称9人，副高职称83人，中级职称140人，执业医师和执业助理医师165人，注册护士336人。编制床位数600张；住院科室15个：呼吸内科、心血管内科、神经内科、消化内科、感染性疾病科、普外科一区、普外科二区、骨科、神经外科、妇产科、普通儿科、新生儿科、康复医学科、眼耳鼻喉科、血液透析中心，其中：骨科、普外科、呼吸内科、心血管内科为梅州市医学重点专科。

2020年门诊总诊疗人数388010人次，同比增长15.3%；出院病人数21423人次，同比减少1.81%，其中：CD型病例10322例，同比增长104.76%；住院各类手术8539人次，同比增长19%，其中：三、四级手术2557例，同比增长55.8%；住院抢救成功率97.53%；病床使用率85.79%。医院自身业务收入约2.85亿元，同比增长15.85%。

筑牢常态化疫情防线　2020年，新冠疫情发生以来，丰顺县人民医院作为丰顺县新冠肺炎发热门诊重点医院，是全县防疫战役的主战场，防疫斗争工作直接关系到全县防控工作大局。在县委、县政府和县卫健局的坚强领导下，该院党政领导班子认真贯彻落实习近平总书记关于做好疫情防控工作的系列重要讲话和重要指示批示精神，切实把疫情防控作为最重要的工作来抓，迅速行动，全力应对，有力、有序、有效做好各项防控救治工作。一是对发热门诊和预检分诊处进行规范化改造；开设24小时发热门诊，严格执行发热门诊接诊和筛查流程，严控各排查关口。二是建设PCR中心实验室，开展新型冠状病毒核酸检测项目。三是紧急购置方舱CT，做到专机专用，避免交叉感染。四是加强防控物资管理，建立领用台账，确保科学防护、有效利用、避免浪费。全年发热门诊接诊5049人次，感染性疾病科收治医学隔离观察患者62人次，核酸检测有58678份，所有检测结果均为阴性，未发现有确认病例和疑似病例。

以评促建，医院综合服务能力进一步提升　一是“三甲医院”创建工作有序推进。2020年4月，医院编制床位经卫生主管部门批准增加至600张；同时，顺利通过三级综合医院审定，变更登记注册为三级综合医院，为创建三级甲等综合医院迈出关键一步。二是现代医院管理制度体系不断健全完善。进一步建立健全绩效考核评价体系、医院质量评价体系、医疗质量安全管理体系。三是综合服务能力不断提升。该院多措并举狠抓急危重症救治能力建设，不断提升危重症救治水平。重症医学科危重病人抢救成功率93%，全院住院急危重症抢救成功率97.36%；卒中中心建设步入正轨，成功开展颅内动脉瘤腔内栓塞术、脑梗塞拉栓术等高难度介入手术；胸痛中心建设成效突出，急性心肌梗死急诊介入治疗门球时间平均约35分钟，远远低于胸痛中心建设国际标准要求的90分钟，县外转诊率降低到1.5%以内；介入中心全年完成各类介入手术共987例，心血管内科成功完成101岁高龄患者介入治疗术，创粤东地区最高年龄介入手术；新生儿科顺利开科，为危重儿童和新生儿救治中心建设打下坚实基础。四是优势专科品牌影响力逐渐扩大。2020年，心血管内科被评定为梅州市临床重点专科；呼吸内科被评为全国呼吸与危重症医学科（PCCM）专科规范建设二级达标单位；介入中心完成国家介入医学专科机构与能力评估，达到评审标准。五是新技术不断突破，疑难重大诊治能力得到提升。心血管内科新开展的生物可吸收支架植入治疗冠心病，引领梅州市冠心病介入治疗进入可降解时代；普外二区开展的肝巨大癌肿的介入治疗、腹腔镜肾上腺肿瘤切除术等多项技术实现县域医疗领域的“零的突破”；眼耳鼻喉科成功开展“腺样体等离子射频消融术”，鼻内镜下双侧劝阻鼻窦开放术+鼻息肉切除术等技术填补了该院眼咽耳鼻喉治疗技术空白；骨科新开展的经皮微创置钉胸腰椎骨折闭合撑开复位钉棒内固定术、经椎间孔镜下腰椎间盘髓核摘除术等高难度手术，部分手术已达到省级医院水平。在辅助检查方面：检验科新开展微生物质谱鉴定等新的检测项目；药剂科新开展基因检测新项目，施行精准医学个性化用药；PCR中心实验室新开展的新冠病毒核酸检测技术等多项新技术，为临床诊疗提供更多技术支撑。六是医疗质量核心指标持续向好。2020年，入院诊断符合率99.15%；无菌手术切口甲级愈合率99.25%；无菌手术切口感染率0.25%；病理诊断准确率99.32%；择期手术患者术前平均住院日2.54天。

加强人才引进与科教工作　2020年，通过各种渠道面向全国招聘医护人员共31人，其中：博士生1名（签订意向协议）、本科学历19人，大中专学历11人。选派出医务人员到“三甲”医院进行培训学习10人次，参加全科医师规范化培训4人，参加市级以上学术交流、短期培训近100人次，邀请上级医院专家到院授课9场次。在神经外科、骨科、消化内科分别成立“教授工作室”，为上级医院的长期帮扶、面对面培养人才搭建良好的平台。2020年，申报省市科研课题项目10项，在省级以上刊物公开发表专业论文49篇，其中核心期刊有3篇。

医院信息化系统不断完善　进一步建立完善手麻系统、电子健康码系统等应用系统；进一步畅通电子病历系统、检验系统、医学影像管理系统、报告自助打印等各系统之间的连接；电子病历应用水平达到国家3级应用水平。

重点工程建设项目顺利推进新门诊综合大楼主体结构已完成，大楼已全面进入装修装饰阶段，将于2021年投入使用；“120”医疗急救指挥中心主体已进入装修收尾阶段；新感染科大楼建设项目已完成项目立项批复，项目的勘察、设计、监理已完成招标工作；内科综合大楼和专家楼建设工程已完成项目立项批复；完成旧门诊大楼装修和发热门诊规范化改造。

医改重点工作进一步深化　一是医共体建设进入新阶段。在县政府和县卫健局的统一协调下，丰顺县人民医院与9家乡镇卫生院（汤南镇、埔寨镇、北斗镇、八乡山镇、番田镇、砂田镇、小胜镇、大龙华镇）结成紧密型医共体，医共体总院于4月26日正式挂牌成立。二是进一步深化人事制度改革。制订出台《丰顺县人民医院绩效奖励考核及分配方案（试行）》和《专业技术职务聘任管理办法》。三是全面加强临床路径管理。利用临床路径信息管理系统，进一步规范诊疗行为，实现疾病诊疗同质化、规范化。2020年，临床路径病种增加到145个疾病，覆盖全院12个临床科室，2020年入径例数5224例，入径率69.8%，完成率80.3%。四是严格贯彻落实药品和医用耗材采购相关购制度。

医院药品99%通过深圳药品集团采购、广州药品集团采购、广东省药品电子交易平台进行交易采购；医用耗材采购于2020年9月加入梅州市耗材采购联盟，网上耗材采购占比超过90%。

加强党风行风建设工作　该院遵循全面落实新时代党的建设总要求，突出党建引领和政治保障作用，按照“抓党建、带队伍、促发展”要求，全面加强党的思想、组织、制度和廉政建设，不断开拓创新、锐意进取，推动党建工作与党风廉政建设有机结合，以优良的党风促进行风的不断改进，营造风清气正的干事氛围。一是将党建工作和党风廉政建设工作纳入每月绩效考核，实行月考核反馈、通报整改、兑现奖惩，不断推动党建工作全面进步、全面过硬，真正把落实全面从严治党的要求和反腐倡廉各项任务融入日常工作中。二是加强重点领域监控，从源头上杜绝不正之风的发生。对医疗设备采购、工程建设项目、后勤物资采购和医用耗材采购等重点领域实行重点监控，从项目申请的可行性论证、议价招标、合同签订、到验收等环节进行全程监控，确保合法合规、公开公正透明。三是加强诊疗行为监管。对诊疗过程中的合理检查、合理用药、合理治疗进行全程监管，杜绝医务人员的从业不正之风。

先锋模范作用突出　在2020年新冠肺炎疫情防控工作中，该院分别荣获市“先进基层党组织”“先进集体”荣誉称号。陈润森、张华雄、黄敏、张美琴4名党员先锋队队员积极加入梅州市第二批援助湖北医疗队，奔赴武汉前线开展医疗救治工作，并出色完成组织交给的任务，赢得当地患者的广泛赞誉，得到广东省援助湖北武汉应对新冠肺炎疫情医疗队指挥部的充分肯定，受到武汉东西湖区临时党委会和东西湖区方舱医院的表彰，分别被授予“先进标兵”和“优秀医务人员”荣誉称号。10月，曾政赐、李夏蕾、陈佳怡加入梅州市支援广州海关白云机场口岸现场核酸采样工作队，不畏艰辛，日夜奋战，为机场口岸一线疫情防控工作做出突出贡献。

（刘海捷　林育如）

【县中医院】　丰顺县中医院是一所政府举办的非营利性二级甲等综合医院。现有在编干部职工206人，其中高级职称27人、中级职称74人。设有中医内科、中医骨伤科、外科、妇科、麻醉科、理疗康复科、中风专科、理疗科、眼科、耳鼻喉科等临床科室，和检验科、放射科、B超室、血透室、胃肠镜室、碎石室等医技科室。2020年有编制床位299张。拥有螺旋CT、DR、四维彩超、腹腔镜、经皮肾镜、膀胱镜、C型臂、碎石机、全自动生化分析仪、麻醉呼吸机等大中型医疗设备20余台件，固定资产总值11071万元。

工作建设　丰顺县中医院以质量为目标，以医院管理为核心，强化医疗队伍建设。扶持特色专科建设，促进专病诊治水平的提高。2020年6月，丰顺县中医院的脑病科和骨伤科通过梅州市中医重点专科验收。2020年8月，丰顺县中医院骨科启动“无痛病房”；2020年12月15日，举办“国家区域（华南）中医脑病诊疗中心分中心”和“中西医结合脑卒中循证实践指南推广应用单位”挂牌仪式，成为广东省脑病重点专科协作单位。2020年门诊工作量10.5万人次，比上年度年增长2.3%；出院6671人次；病床使用率120%；医疗业务总收入9367万元。医疗服务质量满意度98%，全年未发生一起重大医疗事故。

新冠防控　2020新冠疫情期间，丰顺县中医院全员在“感控工作间”参加新冠肺炎感控线上培训，并在线上考核，合格率100%。开展定点医学隔离观察点工作，预检分诊、发热诊室医务人员严格按照防控标准穿脱防护用品。发热诊室、耳鼻喉科、眼科等重点科室在新冠疫情期间在感控督导员督导下安全地进行诊疗护理工作。

项目建设　丰顺县中医院规划建设用地面积28292平方米，规划建筑面积33670平方米（地上25690平方米、地下车库7980平方米），其中业务用房面积25500平方，一期设置病床300张，总投资2.2亿元，其中土建安装工程费用1.3亿元，采用EPC总承包，专用设施约4000万元，医疗设备约5000万元。

（一）门诊住院综合大楼建设情况。

2020年1—3月，在新冠疫情影响下，医院建设项目进度明显减缓。在市委市政府、县委县政府、市县卫健局、社会乡贤的大力支持下，于3月底复工。领导定期到施工现场参与相关设计建设指导工作，与施工方共同努力保质保量加快工程进度，正在收尾阶段。计划2021年4月整体搬迁。

（二）康复综合大楼建设项目建设情况。

2020年3月丰顺县中医院通过党支会议、院长办公会议，研究决定申请新建一栋康复综合大楼（地上13层，地下2层，建筑面积2.3万平方米，总投资9000万元），得到县委、县政府及主管局的大力支持，通过县发改局的立项申请，于2020年11月5日动工，正在进行打工程桩，下一步督促施工方加快施工进度。

（三）发热门诊楼建设情况。

根据上级文件要求，丰顺县中医院积极申报发热门诊建设项目，正在进行室内装修，预计2021年4月投入使用。

（徐晓辉）

【卫生防疫】　2020年是全面建成小康社会和“十三五”规划收官之年，也是谋划“十四五”规划关键之年。疾病预防控制工作在县委县政府和县卫健局领导下，以习近平新时代中国特色社会主义思想为指导，坚持党和国家预防为主卫生健康工作方针，坚持人民至上、生命至上，坚持问题导向，立足更精准更有效地防，推动疾控事业迈上新台阶。

新冠肺炎疫情防控　新年伊始，突如其来的新型冠状病毒肺炎疫情与每个人休戚与共。在这场没有硝烟的战“疫”中，县疾控中心认真贯彻落实习近平总书记重要指示批示精神，把人民群众生命安全和身体健康放在第一位。一是提高政治站位，加强组织领导。1月19日及时成立疫情防控领导小组，靠前指挥，实行全中心一盘棋，24小时双值班带班制度，全力投入疫情防控阻击战。二是科学防控，全力保障人民群众生命安全和身体健康。中心全体人员勇当“排雷兵”，深入社区、重点场所、病房，开展现场流行病学调查，与疑似病人密接，采集标本，排查病例；深入隔离区，实施消毒工作；跟踪数据，研判疫情走向和评估风险，提出策略和措施建议。三是主动请缨，白衣执甲。中心徐伟铎主动请缨驰援兴宁、曾泽桐驰援东莞；朱航江、刘胜辉、陈礼伟等参与口岸驻点、接送专班人员。四是助力全县复工复产复学。选派专业技术人员及时进驻工业园区，完成54家企业复工复产指导工作；深入全县各中小学校、托幼机构进行复学疫情防控指导。五是加强应急物资储备。中心多措并举，多渠道、多门路紧急采购补充防护物资、红外线体温检测仪、消杀药械等，特别是在市场脱销的口罩、防护服、手套等紧缺物资，有效提供物质保障。六是开展重点人员新冠疫苗紧急接种工作，全县累计接种1993剂次，为重点人员提供免疫保护，为新冠疫情防控提供新的策略。七是扩大宣传，增强群众防病意识。中心充分利用电视台、平板视频、LED、张贴海报和发放卫生知识等全方位开展新冠肺炎防控知识宣传，有效提升群众自我防病意识和社会信心。经统计，共排查疫情高发地到丰顺人员居家观察2042人；密切接触者集中医学观察19人，境外人员集中观察77人；累计采集核酸检测标本送第三方18338份，送市疾控中心1660份，送县人民医院2688份，县控中心检测713份；丰顺县防控新冠肺炎疫情实现零疑似、零确诊、零报告阶段性成效。2020年度中心荣获“梅州市抗击新冠肺炎先进集体”；2人荣获“梅州市抗击新冠肺炎先进个人”，1人荣获“梅州市优秀共产党员”称号。

补齐短板，提升服务能力　一是抓好卫生应急与检测综合楼建设项目。建立健全公共卫生应急管理体系建设，抓紧补短板、堵漏洞、强弱项，中心主动作为，科学规划，完成项目选址、可行性研究报告、立项申报等前期工作。二是抓好新冠肺炎病毒核酸实验室建设。为落实新冠防控常态化下的工作，中心启动新冠肺炎核酸实验室建设，2020年7月启动招投标采购工作，于9月30日完成建设投入使用。新冠肺炎核酸实验室达到P2建设标准，总建筑面积为120平方米，项目总投入资金422万元，其中基础建设80万元、设备180万元、污物安全通道专用电梯82万元、污水处理系统80万元、技术人员已完成培训6人，实现日检测量300人份目标要求。三是抓好大培训、大流调、大演练。2020年全员培训预防接种120人，大流调培训258人（次），各场次演练7次，有效提高了公共卫生人员处置各类传染病预防控制能力。

法定传染病报告　2020年，全县无甲类，报告乙、丙类传染病2317例，总发病率为468.28/10万，同比减少19.38%（2317/2874），法定传染病报告率达到100%，筑牢防疫大堤。

突发公共卫生事件　2020年发生2宗突发公共卫生事件，其中一宗是人感染欧亚类H1N1禽猪流感病毒亚型，属于丰顺县首例病例，中心果断处置，报告及时率100%，所有受威胁人群均解除医学观察，事件圆满解决。

免疫规划　2020年辖区内建证率100%（56152/56152），全县适龄儿童国家免疫规划疫苗接种率95%以上，其中乙肝5644/5718接种率98.71%；卡介苗4604/4604，接种率100%；脊灰5411/5475接种率98.83%；百白破6422/6500接种率98.80%；含麻疹成分疫苗7598/数7676接种率98.98%；流脑3279/3333接种率98.38%；乙脑5560/563198.74%；甲肝5494/5566接种率98.71%，无疫苗可控传染病发生流行，筑牢免疫屏障。

水质监测　建立健全饮用水水质卫生监测网，按监测工作方案，监测共543份，其中完成县水厂生活饮用水监测72份2520项次，合格65份，份数合格率90.27%；农村集中式安全工程水质393份12576项次，合格353份，份数合格率89.8%；二次供水12份，合格10份，份数合格率83.3%；其他66份。

登革热防控　根据方案，3—10月开展每月一次伊蚊的专项监测，共布放诱蚊诱卵器2700个，完成入户布雷指数调查

15140户。

地方病防治 2020年累计检测居民食用盐310份，居民碘盐覆盖率100%，合格305份，不合格5份，合格率98.39%；累计完成8—12岁儿童尿碘210份，尿中碘含量中位数为164.35ug/L；孕妇尿碘100份，尿中碘含量中位数为172.58ug/L。结果显示丰顺县人群碘营养处于适宜水平。2020年共监测改水工程水氟38份、检查8—12岁儿童氟斑牙15779人，结果显示水氟含氟量保持＜1.0mg/L，各病区村8—12岁儿童氟斑牙患病率＜30%，达到控制水平。

职业健康监护 2020年，完成接害职业人员健康体检250人（共17家企业），其中在岗人员232人、岗前人员18人，疑似职业病8人，职业禁忌9人，并对受检人员建立健康档案，向企业及个人提出了职业病防护建议。

（郑春良　刘万丰）

【县慢性病防治院】 县慢病院以中共十九大，十九届三中、四中、五中全会精神和习近平新时代中国特色社会主义思想为指导，以及省、市、县委、县政府工作部署，着力深化医疗卫生改革，以提高技术水平和服务质量，打造服务品牌，突出专科特色为重点，坚持慢性病工作“预防为主、防治结合”的方向。

加强党风教育，发挥党支部的领导核心作用、抓好学习

慢病院党支部深入学习贯彻中共十九大、十九届四中、五中全会精神、抓好思想政治工作，夯实党员干部思想基础。进一步学习贯彻新《中国共产党党章》、《中国共产党纪律处分条例》和习近平总书记系列重要讲话精神。通过学习新《中国共产党党章》《中国共产党纪律处分条例》，使全体干部职工更加明确如何做到廉洁行医、勤政为民，如何坚持救死扶伤和全心全意为人民服务的宗旨，如何树立正确的世界观、人生观、价值观，自觉抵制拜金主义，提高领导干部和职工的政治理论水平。

医院通过有计划地发展党员，使慢病院党支部党员队伍结构进一步优化，数量趋于合理，质量明显提高，先锋模范作用更加凸显。

开展党风廉政建设，营造风清气正的良好氛围

党风廉政建设严格按照县委、县纪委监委的统一部署和要求，结合医院工作实际，坚持党要管党的原则和从严治党的方针，坚持标本兼治，综合治理，扎实有效地开展工作，促进了慢性病防治工作快速的发展。

（一）深入开展反腐倡廉教育，营造风清气正的良好氛围。医院全体干部职工认真学习《廉政准则》，继续抓好党风廉政建设教育。

（二）围绕慢性病防治中心工作，加大监督检查力度。加强对工作制度和人、财、物管理等各项制度执行情况的监督检查，进一步提高制度的执行力。

（三）建立完善惩防体系，推行廉政风险防控管理。认真做好廉政风险防控管理工作，积极构建权责清晰、流程规范、风险明确、措施有力、制度管用、预警及时的廉政风险防控机制。

健全机制，完善制度，进一步提高医疗质量

加强学习《医疗事故处理条例》《中华人民共和国传染病防治法》《中华人民共和国药品监督法》《中华人民共和国执业医师法》《医疗质量安全管理制度》等有关卫生法律法规和各项规章制度，切实提高医务人员医疗事故防范意识和法律意识，进一步提高为人民服务的宗旨。

疫情期间做好预检分诊工作，严守疫情防控第一防线

2020年，新型冠状病毒感染的肺炎疫情突然来袭，医院全面投入疫情防控的战斗。为打赢这场无硝烟战斗，全院干部职工上下同心、众志成城，做好疫情的控制。预检分诊工作是整个防控战的第一道关卡，本院认真做好预检分诊工作，坚决打赢疫情防控阻击战。

按照县委、县政府和县卫健局及本院《新型冠状病毒感染的肺炎诊疗防控方案》要求和部署，院长罗林涛和班子成员带领相关科室主任，对单位进行现场勘察。并将预检分诊关口前移，预检分诊选址、人力调配、物品准备、工作人员防护、预检分诊流程制定等方面部署，严格排查发热患者，做到不漏诊、不误诊。

在疫情期间医院职工许智鹏接到上级安排，积极参与医学观察隔离点的抗疫工作。因工作积极、认真、负责，2020年被梅州市评为“抗击新冠肺炎疫情先进个人”称号，参与市医学观察隔离点的工作。

加强人才培养，提高专业技术水平

县慢病院始终把培养人才，提高专业技术水平为重点。2020年，选送3名医护人员到上级医院进修以及多次派医务人员到省、市参加医疗学习培训班。通过学习，使更多医护人员吸收新知识、新理论，掌握新技术、新方法，通过培训学习，切实提升医护人员的诊疗技术水平，做到更好地为患病服务。

积极做好“慢性病”防治工作

（一）结核病控制工作方面：

领导重视结控工作和政府承诺起了重要作用，上级主管部门支持结控工作，县财政配套经费及时到位，有力地保证结控项目的顺利实施，有效地控制丰顺县结核病的流行。

2020年，慢病院门诊免费检查可疑肺结核病人394例，同期完成疗程结核病患者221人，规则服药219人，规则服药率99%，达到项目工作指南要求。

资料管理：对初诊病人登记本、结核病人登记本、病人家属筛查登记本以及实验室登记本填写工整、正确。

经费、药品管理：进一步规范药品及相关物资的管理，做好药品专药专柜，专人管理，并及时发放和领取结控项目免费药品，严格做好出入库登记，严格做到日清月结、账物相符，杜绝失效浪费和差错事故的发生。

结核病宣传：一是3月20日开始在丰顺县电视台新闻栏目中，专题报道县慢性病防治院结核病防治工作现状，以及播放“携手抗疫防痨、守护健康呼吸”的宣传稿件2篇，连续播放30天。重点宣传国家免费治疗肺结核病人的优惠政策、结核病流行的严峻形势和对人民群众的危害及结核病防治其他知识，让更多的人了解结核病，掌握结核病防治知识，阻止结核病的传播，宣传结核病防治工作的长期性和艰巨性，动员全社会共同参与结核病防治工作。二是全县各医疗单位悬挂“携手抗疫防痨、守护健康呼吸”的宣传主题横幅，并印刷发放宣传单10万张，宣传画1万张，在全县范围内进行广泛的宣传，通过宣传使广大人民群众更加了解国家对结核病防治政策和防治知识。

2020年丰顺县有5所中学的5位学生确诊为结核病，县卫健局和慢病院联合学校及时开展学生结核病筛查工作，做到早发现、早诊断、早预防。同时继续做好学校结核病防治知识的传播，发展新增123

名结核病防治知识传播志愿者，积极开展形式多样百千万志愿者结核病防治知识传播行动。按照梅州市“十三五”结核病防治规划指标，根据国家卫健委、教育部《关于印发学校结核病防控工作规范（2017版）的通知》和《中小学生健康体检管理办法》要求，于8月20至30日对全县高中高一级新生、汤坑中学和第二中学初一师生进行新生入学结核病筛查。全县新生总人数20086人，已筛查人数16533人，筛查率82.3%。对筛查结果发现PPD强阳性的学生，通知到慢病院做胸部DR检查，按规范要求预防抗结核治疗。

（二）皮肤性病防治工作方面：

2020年，医院开展4次对辖区内性病诊疗业务的医疗机构性病病例报告质量准确率进行现场核查，对性病病例漏报开展调查，确保性病疫情报告的完整性、及时性、准确性，完成全县梅毒报告病例的核查和订正工作。继续加强全国性病管理系统和全国麻风病防治管理信息系统的录入及管理，完善性病和麻风病防治工作。

慢病院继续突出皮肤、性病治疗方面的特色，2020年慢病院皮肤性病科门诊诊治了各类病人约1.5万人次，发现各类性病23例，其中：淋病12例、非淋菌尿道炎（宫颈炎）10例、梅毒1例，并针对性伴侣开展跟踪监测工作，均按照规范进行治疗，也取得满意疗效。

（三）精神病防治工作方面：

严重精神障碍信息系统管理。丰顺县根据《严重精神障碍管理治疗工作规范》的要求，对全县严重精神障碍患者进行规范管理，做到及时录入、更新患者信息。截至2020年广东省精神卫生信息平台全县在册严重精神障碍患者3091例，其中：精神分裂症2676例，分裂情感性精神障碍76例，双相（情感）性精神障碍160例，癫痫所致精神障碍67例，精神发育迟滞110例，偏执性精神病2例。报告患病率6.3‰，管理率93.5%，规范管理率92.2%，服药（治疗）率78.2%，精神分裂症规律服药率67.3%，面访率85.2%。各镇卫生院对3091例在管患者加强随访管理，不断查询追踪失访和非在管的患者，提高管理率。评估3级以上的患者254例，做到1—2周随访一次，配合家属及时监护患者，指导家属做好护理工作。2020年，丰顺县未发生精神疾病患者肇事肇祸行为的发生。

严重精神障碍患者医疗救助工作。丰顺县继续实施“民生工程”严重精神障碍患者门诊医疗救助工作，对病情较轻需要服药的严重精神障碍患者，由县慢性病防治院实行门诊送医送药。按照梅州市基本医疗保险门诊特定病种严重精神障碍患者每月每人给予100元以及县民政局对丰顺县严重精神障碍患者每月每人给予150元的医疗救助费用的标准实行门诊送医送药，2020年，送医送药总人数为4201人次。通过医疗保险、医疗救助，解决了丰顺县严重精神障碍患者买不起药品的问题，有效地减少精神疾病患者肇事肇祸行为的发生。

对病情不稳定的严重精神障碍患者由梅州市第三人民医院、梅州市复退军人医院、丰顺县荣军医院进行收治。2020年，丰顺县住院病情不稳定的严重精神障碍患者为578例，市复退军人医院198例（其中安置本市、县“三无”人员住院患者16例、优抚对象12人），县荣军医院380例。

医院精神病防治工作主要以门诊治疗为主和心理咨询相结合，对个别精神病人设立家庭病床。2020年，门诊管治各类精神病共84例，其中：精神分裂症41例，情感性精神障碍18例，癫痫所致精神障碍5例，老年性精神分裂症4例，其他16例。这些病人规则治疗71人，治愈13人，显著好转61人，好转18人，治愈率为15.5%，为社会的和谐安定做出应有的贡献。

2020年12月，丰顺县在镇卫生院推行精神病长效针剂的使用，通过开展精神病长效针剂的使用，有效地减少丰顺县精神疾病患者肇事肇祸行为的发生。

（四）麻风病防治工作方面：

2020年，丰顺县继续巩固麻风病达标成果，加强门诊监测工作，及时发现病人和统计上报。2014年，丰顺县发现1例麻风病新病例，现转送到梅县区复乐医院接受治疗，医院麻防人员多次对其家属进行密切接受者的筛查及对周边人群进行流行病学的调查，通过筛查、调查没有发现新病例。

（五）慢性非传染性疾病病人发现和规范管理工作方面：

加强领导、全面管理。2020年，慢病院对全县各镇卫生院管理人员进行多次的业务培训。重点培训慢性病项目的各项管理工作，提高慢病管理人员的工作能力。

积极发现，加强随访。丰顺县继续加强高血压、糖尿病等慢非病的筛查及老年人健康管理工作，结合建立《居民健康档案》和老年人健康体检发现患者，根据各项慢病管理规范及时纳入规范管理。慢病院开展对镇卫生院的督导和管理，严格依照考核标准不断规范慢性病项目管理。2020年，16个镇卫生院完成原发性高血压、Ⅱ型糖尿病患者每年2次以上面对面的随访管理。定期把收集汇总后的患者信息数据上报至上级主管单位，同时反馈到患者辖区的卫生院，再由卫生院反馈至各村医进行行为干预、康复指导、随访和督导管理工作。

2020年已管理高血压患者17834人，规范管理12054人，管理任务完成率84.5%，规范管理率67.6%，血压达标人数15934人，血压控制率89.4%。已管理糖尿病患者6253人，规范管理4355人，管理任务完成率69.7%，规范管理率69.7%，血糖达标人数5351人，血糖控制率85.6%。2020年由于疫情的影响，全县65岁以上老年人总数为54417人，已建档39610人，接受健康管理人数21409人，健康管理率39.3%，为18605位老年人提供免费体检。

（六）认真做好医疗保险即时补偿工作

医院认真贯彻落实医疗保险即时补偿制度，解决广大人民群众的就医问题。2020年共办理结核病、精神病患者门诊即时补偿4672人次，医药总费用为62.74万元，办理即时补偿手续费用为43.79万元。通过医疗保险即时补偿，切实减轻丰顺县肺结核病、严重精神障碍患者的医疗费用，解决了结核病、严重精神障碍患者买不起药品的问题，也有利于结核病的发现和归口管治，有效地防止结核病在丰顺县流行和暴发，以及减少精神疾病患者肇事肇祸行为的发生。

（邱清妹）

社会生活

人力资源和社会保障

【概况】 自2020年以来，县人社局坚持以习近平新时代中国特色社会主义思想为指导，深入贯彻落实中共十九大精神，在县委、县政府的正确领导下，在市人社局的精心指导下，持续发力、攻坚克难，统筹推进疫情防控和人社事业高质量发展，在稳就业、促改革、兜底线、防风险方面取得新进展、新成效。

【就业局势稳定】 2020年，全县城镇新增就业2283人，完成年度任务2200人的103%；城镇失业人员再就业1871人，完成年度任务1800人的104%。其中，就业困难人员再就业202人，完成年度任务200人的101%；城镇登记失业率2.55%，控制在3%的目标以下。

（一）搭建供需交流平台稳就业保就业

精心搭建线上+线下供需交流平台，实现用工和就业双促进、双受益。设立24小时就业服务专员，主动收集丰顺县企业缺工岗位信息。2020年，累计组织开展线上+线下各类招聘活动共46场，参与企业375家，提供岗位信息2210个，协助企业解决用工3808人。为丰顺县6家生产、配送疫情防控急需物资的企业落实疫情防控期间一次性吸纳就业补助共计52人5.2万元。

（二）促进建档立卡贫困劳动力等重点群体就业

2020年，丰顺县有劳动能力建档立卡贫困劳动力5271人，有就业意愿人数629人，帮扶实现就业624人；克服疫情影响，稳定、拓展就业岗位，开发劳动就业、保洁、保绿等兜底安置类公益性岗位安置建档立卡贫困劳动力13人，续聘2017年公益性岗位合同期满建档立卡贫困劳动力31人；扶持建档立卡贫困户创业1人，发放创业担保贴息贷款10万元，一次性创业资助1万元。

一是成立外省在丰贫困劳动力就业稳岗工作专班，制定《促进外省在丰贫困劳动力稳岗就业行动方案》，落实主体责任，精准摸查底数，全力稳岗援企稳岗。根据上级部门推送的《外省贫困劳动力名单》，通过比对社保信息系统和电话联系等方式，了解外省籍贫困劳动力在丰就业情况，并同步建立实名制台账。推进贫困劳动力稳在岗位、稳在企业、稳在当地。共核实上级部门推送的外省在丰贫困劳动力1485人，核实在丰顺就业246人，落实吸纳贫困劳动力补贴13人共计6.5万元。

二是开发公益性岗位安置建档立卡贫困劳动力或就业困难人员就业。2020年，印发《关于丰顺县开发的第一批公益性岗位可申请延长补贴期限的通知》，引导各镇（场）对合同期满未实现稳定就业的2017年通过公益性岗位保洁员托底安置的建档立卡贫困劳动力续聘1年，加大就业扶贫帮扶力度稳定其就业收入；印发《关于开发兜底安置类公益性岗位保居民就业的通知》，引导各镇（场）加大公益性岗位开发力度，安置无法实现市场就业并被认定为就业困难人员或有就业意愿的建档立卡贫困劳动力。2020年，累计开发公益性岗位84个，累计安置有就业意愿但是难以转移就业的建档立卡贫困劳动力或就业困难人员57人。

（三）高质量推进“粤菜师傅”“广东技工”“南粤家政”三项工程

一是建立“粤菜师傅”培训基地，将“粤菜（客家菜）师傅”就业创业纳入政策扶持范围，共有31个三品一标认证产品，已有8家企业、12个农产品获省名牌产品，7家农业企业（专业合作社）入选市新一批“粤菜（客家菜）师傅”工程食材供应基地。自2020年以来，共开展“粤菜（客家菜）师傅”线上培训259人，线下培训607人，57人实现就业。《梅州日报》《南方日报》及各类媒体就丰顺县“粤菜（客家菜）师傅”工程发布相关文章35篇左右，专题宣传片10期。

二是县政府出台实施“广东技工”工程工作方案，举办“广东技工”专场招聘活动，提供就业岗位980人次，共有300余人与用工企业达成就业意向。全县已进行企业职工线上适岗技能培训1141人次，开展各类职业技能培训11353人次。

三是举办“南粤家政”培训工程启动仪式。人社局会同科工商务局、民政局、卫健局成立县家政服务行业协会筹备小组，为成立丰顺县家政服务行业协会做好前期工作。2020年，“南粤家政”培训工程共培训学员683人，完成年度任务的170%，线上培训70人次。

（四）加大就业扶持政策宣传，落实就业创业政策

一是积极开展政策宣讲会、上门入户送政策、进企业送政策等活动，为广大群众和企业提供面对面的“促进就业九条”政策、就业创业补贴申领及职业指导等咨询服务，充分宣传“劳动最光荣、幸福靠奋斗”的就业观念。二是通过线上+线下的方式，大力开展政策落实、服务落地活动，扩大就业创业政策信息的覆盖面，增强就业创业政策的知晓度，激发广大城乡劳动者的就业创业激情，营造“大众创业，万众创新”的良好氛围。2020年，为符合条件的大学毕业生、退伍军人、返乡创业者、登记失业人员发放一次性创业资助、租金补贴、创业带动就业补贴等创业类补贴共计16.2万元，发放创业担保贴息贷款9笔，共计170万元。

（五）扎实做好2020届高校毕业生就业工作

完成7名基层公共就业创业服务岗位招募高校毕业生计划，招聘17名高校毕业生到城乡社区服务，事业单位专项招聘高校应届毕业生10人。开展高校毕业生求职就业“百日攻坚”“百日冲刺”行动，2020年以来为高校毕业生共举办招

聘活动2场，共为41家企业发布1312个岗位信息，初步达成就业意向157多人。实施高校毕业生就业见习行动，计划发布就业见习岗位50个，已组织就业见习33人。

【社会保障工作】

（一）贯彻政策，完成减免退费任务

根据《关于阶段性减免企业社会保险费的实施意见》文件，贯彻落实阶段性减免企业社保费政策，精简退费流程，简化办事手续，及时协调解决阶段性减免企业社保费过程中遇到的各种困难。截至2020年11月底，阶段性减免企业社会保险费累计约7702.42万元，其中养老保险6475.37万元、失业保险139.18万元、工伤保险78.16万元、医疗保险1009.71万元，直接享受阶段性减免优惠的企业及个体工商户逾1950户。

（二）社会保险费征缴和支付工作

截至11月的各项社会保险费征收情况为：企业职工养老保险征收24004万元，机关事业单位养老保险征收21464万元，职业年金征收12367万元，失业保险征收531万元，工伤保险征收213万元，城乡居民养老保险参保人数245883人。

职工医疗保险共支付5718万元，城乡居民社会养老保险共支付18601万元，机关事业单位养老保险共支付36866万元。

（三）推进机关事业单位养老保险

在做好日常机关事业单位征缴工作的同时，为退休中人实现新办法计发待遇做好前期的各项准备工作。一是做好机关养老和职业年金正常征缴工作，督促各单位按月征缴。二是职业年金做实情况：2020年度已完成第一期职业年金做实任务。已完成所有退休中人和2014年10月—2015年9月在职人员职业年金做实和投资运营前补计息。累计征收做实本金60905008.33元，投资运营前补计息23364838.8元。

（四）加强稽核防范经办风险

一是制定《丰顺县社保局开展社会保险待遇领取资格核查专项行动工作实施方案》，成立专门的工作小组，并按照省局《关于印发〈全面推进以信息比对为主方式开展企业社会保险待遇领取资格认证工作的指导意见〉的通知》、市社保局《开展社会保险待遇领取资格核查专项行动工作实施方案》的通知文件精神对相关违规人员及时采取停止发放待遇、追缴违规领取待遇等措施。

二是丰顺县人民政府印发《丰顺县社会保险待遇领取资格核查认证部门联动工作方案》，充分应用各相关单位系统数据资源、各类外部数据资源，梳理制定全省各项数据信息即时比对和事后核查比对规则，加强与法院、司法局、卫生健康等单位联动，推进信息共享机制建设，着力解决当前信息共享不及时、不全面的问题。已形成常态机制，定期由各部门集中分享数据，人社局稽核股将可疑数据，下发到各业务股室核查，涉及违规领取待遇人员，及时停止发放待遇、按规定追缴违规领取待遇，确保社保基金安全。

（五）积极推进社保扶贫工作

城乡居保精准帮扶工作按照省、市的统一部署，正扎实、有序、按计划推进。丰顺县应参加城乡居保的贫困人数共计26106人，其中建档立卡贫困人员11255人，低保及特困人员9095人，重度残疾人员5756人；应享受城乡居保贫困人数为8902人（其中精准贫困人员4064人、低保及特困人员2625人、重度残疾人2213人），已经享受城乡居保贫困人数为

8902人（其中精准贫困人员4064人），已直接享受待遇人数为620人。其中2020年度对三类特殊人群政府财政代缴人数为17204人，财政代缴资金为209.39万元，已经全额到位。

【人事人才工作】

（一）2020年共组织实施4次事业单位公开招聘，合计招聘493人，其中专项招聘高校应届毕业生10人。组织8家单位、187人次县直事业单位改革培训、考试工作。疫情期间，落实选派驰援湖北一线医务人员共4人提高2倍工资待遇、临时性工作补助和在NCP防控期间卫生防疫津贴待遇，其中：提高2倍工资待遇共72540元；临时性工作补助共17400元；卫生防疫津贴共3952元，从赴湖北始至归来结束共发放补助93892元，并提高卫生防疫津贴标准。

（二）做好专业技术人员职称综合管理工作。已完成审核认定初级职称128名、评审初级职称13名、中级职称88名。2020年7月，丰顺县广东新南方青蒿药业股份有限公司获批设立广东省博士工作站。中小学中、初级教师职称评审委员会2020年5月重新核准备案，评委会入库217人，设专业组9个，分别为：语文组、数学组、英语组、理化生组、政史地组、图音体组、科学综合实践活动组、计算机信息技术电教组、幼儿园组；农林牧评委会分为3个专业组，组建丰顺县农林牧初级专业技术资格评审委员会，建立由43名业务骨干和专业技术人才组成的评委库；建筑工程评委会分为3个专业组，组建丰顺县建筑工程初级专业技术资格评审委员会，建立由55名业务骨干和专业技术人才组成的评委库。

（三）2020年共接收普通高校毕业生报到1889人，全年共接收高校毕业生报到1342人，其中：硕士研究生6人、本科612人、大专724人。接收和整理学生档案共3137份，共为476名高校毕业生提供档案转递服务。做好省人社厅派遣到丰顺县共25名2020年高校毕业生“三支一扶”志愿者的接收、安置工作和16名2018届“三支一扶”志愿者服务期满考核工作。

（四）认真落实省、市、县关于人才工作的文件精神，审批有关单位申报人才补贴工作。第一轮引进2020年急需紧缺人才4人。县人才驿站建设已通过市委组织部的验收，为县引才纳智发挥纽带作用。

【力构和谐劳动关系】　自2020年以来，劳动保障监察部门共接到群众来访来电来信投诉186件，案件受理128件，劳动保障监察立案6宗，已结案4宗，为34名劳动者追发工资报酬共44.15万元；其中1宗欠薪案件涉嫌拒不支付劳动报酬罪，已移送公安机关处理；办理人社部转来督办案件3件，3件督办案件已办结；通过协调等非立案方式解决劳资纠纷案件127件，为892名劳动者追发工资报酬共975.7万元。与2019年相比，接到群众来访来电来信投诉同比增长14.7%，案件受理同比增长21.3%，追发工资报酬金额同比增长16.2%，拖欠工资问题仍较突出。劳动仲裁部门处理劳动争议案件38宗，立案37宗，1宗未达到受理条件不予受理。其中立案案件：仲裁裁决10宗，以仲裁调解方式结案27宗，法定结案率100%，为当事人挽回经济损失448.74万元。

【推进行风建设】　人社局涉及“互联网+政务服务”工作的主要事项有行政许

可5项、行政给付11项、其他权利2项、公共服务68项，共计86项。直接面向企业、群众依申请办理的政务服务事项，包括行政许可、行政给付、行政确认、行政奖励、行政裁决和公共服务等6类，全力做好“一窗四办”工作。人社局一窗率达91.9%，马上办达59.3%，网上办、就近办、一次办100%。

（黄小慧）

【社会保险基金管理】 2020年，丰顺县社会保险基金管理局全面贯彻落实省、市社会保险政策法规，以“民生为先、民生为重、民生为本”的服务理念，积极提高社会保险服务能力和服务水平，完善各项社会保险管理服务机制，促进和谐社会保险关系的全面建设，切实提高对各项社会保险基金的监控和管理，立足全局抓服务，稳健推进民生实事办理，尽心尽力推进全县社会保险工作。

疫情防控，贯彻政策　疫情防控期间，切实将“疫情就是命令，防控就是责任”思想灌输至每个干部职工，增强政治意识，坚定政治自觉，保持政治定力，坚决贯彻落实习近平总书记重要指示精神，把打赢疫情防控阻击战作为最紧迫最重要的政治任务。坚决服从和执行县防控疫情工作领导小组及指挥部工作安排，严格执行个人服从组织、下级服从上级、局部服从全局的组织纪律，服从命令、听从指挥。

根据《关于阶段性减免企业社会保险费的实施意见》文件，贯彻落实阶段性减免企业社保费政策，精简退费流程，简化办事手续，及时协调解决阶段性减免企业社保费过程中遇到的各种困难。2020年，阶段性减免企业社会保险费累计约8410.3万元，其中养老保险7160.23万元、失业保险153.95万元、工伤保险86.41万元、医疗保险1009.71万元，直接享受阶段性减免优惠的企业及个体工商户逾1950户。

养老保险　截至2020年年底，企业职工养老保险征收26424万元。城乡居民社会养老保险有248763万人参保，征收11865万元，支出待遇2546万元。城乡居保精准帮扶工作按照省、市的统一部署，扎实、有序、按计划推进。丰顺县应参加城乡居保的贫困人员共计26106人，其中建档立卡贫困人员11255人、低保及特困人员9095人、重度残疾人员5756人；应享受城乡居保贫困人员为8902人（其中精准贫困人员4064人、低保及特困人员2625人、重度残疾人2213人），已经享受城乡居保贫困人员为8902人（其中精准贫困人员4064人），已按照111号文直接享受待遇人员为620人。其中，2020年度对三类特殊人群政府财政代缴人数为17204人，财政代缴资金为209.39万元，已经全额到位。

2020年在做好日常机关事业单位征缴工作的同时，为退休中人实现新办法计发待遇做好前期的各项准备工作。一是做好机关养老和职业年金正常征缴工作，督促各单位按月征缴。二是职业年金做实情况：2020年度已完成第一期职业年金做实任务。已完成所有退休中人和2014年10月—2015年9月在职人员职业年金做实和投资运营前补计息。累计征收做实本金60905008.33元，投资运营前补计息23364838.8元。

医疗保险　加强与县医疗保障局的交流沟通，配合医疗保障局做好医保改革工作，一是严格执行各项医保政策，认真做好按病种分值付费的实施和医保智能审核系统构建，认真排查不合理医疗费用。严格按照经办人员、复核人员、审核人员三级经办人员责任要求，做好“零星报销”待遇审核支付，每月及时对定点医疗机构上传的医疗费逐一进行审核。二是按照省、市文件精神，做好医保系统上线准备工作。

失业保险　失业保险征收444万元，全年共542人次享受失业保险，支出1025275.32元。根据《梅州市人力资源和社会保障局　梅州市财政局关于贯彻落实扩大失业保险保障范围的通知》文件精神，社保局积极贯彻落实阶段性失业补助金申领惠民工作，做好政策宣传工作。截至2020年年底，阶段性实施失业补助金政策惠及失业人员642人次，金额为532892元，2020年3—6月阶段性提高价格临时补贴标准，惠及失业人员154人，金额65757.5元。

工伤保险　工伤保险征收227万元，工伤待遇发放人数95人，发放金额229.97万元。

加强稽核防范经办风险　社保局制定《丰顺县社保局开展社会保险待遇领取资格核查专项行动工作实施方案》，成立专门的工作小组，并按照省局《关于印发〈全面推进以信息比对为主方式开展企业社会保险待遇领取资格认证工作的指导意见〉的通知》、市社保局《开展社会保险待遇领取资格核查专项行动工作实施方案的通知文件》精神对相关违规人员及时采取停止发放待遇、追缴违规领取待遇等措施。通过多单位联动以及分解追缴任务、电话回访、实地走访等多举措对违规领取待遇人员追缴的养老金，有效地维护了基金安全。

创新社保政策宣传方式　一是通过微信、网站等全方位、多角度、立体式开展惠企利民政策宣传工作，确保政策能够及时、全面、无盲区落实到丰顺县各行各业当中。二是加强窗口宣传功能，加大窗口人员业务培训力度，对来窗口咨询的群众做好细致的政策解读工作。三是利用县邮政宣传电子荧屏、人社局LED屏幕和电视台等载体长期宣传社保政策，开展失业保险宣传视频、惠企利民等多种政策长期宣传活动，同时动员全体干部职工通过微信朋友圈大力宣传社保政策。四是加大力度引导群众使用“广东省人社网上服务平台”和“粤省事”等APP小程序进行掌上办，让群众足不出户即可办成社保事项，让群众办事“零跑腿”。

（办公室）

社会保障

【民政】　2020年，县民政局在县委、县政府的正确领导和省、市民政部门的关心支持下，始终以习近平新时代中国特色社会主义思想为指导，深入学习宣传贯彻中共十九大和十九届历次全会精神及习近平总书记对民政工作的重要指示精神，围绕县委、县政府中心工作，认真贯彻落实省委、市委、县委全会和全国、省、市民政工作会议精神，凝心聚力，开拓进取，全面完成县委县政府和上级民政部门下达的各项目标任务。

疫情防控　自新冠肺炎疫情发生以来，县民政局认真贯彻落实习近平总书记关于新冠肺炎疫情防控工作的重要指示精神和省、市、县疫情防控工作部署，及时成立机构、制定方案、落实责任，将民政服务机构疫情防控作为重点，民政服务机构实行全封闭管理，认真落实困难群众疫情防控和基本生活保障，全力保障民政服务对象生命健康安全，坚决守住“民政服务机构不发生疫情”和“民政服务对象不因疫情影响而挨饿受冻”的“两条工作底线”。联合县卫生健康局发出《丰顺县民政局关于动员慈善力量依法有序参与新型冠状病毒感染的肺炎疫情防控工作的公告》，积极动员社会力量、爱心企业、爱心人士捐款，县慈善会累计接收捐款406.61万元。

社会救助 全面完成县十件民生实事涉及民政领域事项，城乡低保、特困人员供养、孤儿养育、残疾人两项补贴标准全面达标。截至2020年12月底，全县共有低保对象7869户，15488人，低保金全年支出5851.57万元。全县共有特困供养对象2156户2159人，特困供养全年支出2979.88万元。临时救助349户497人，临时救助支出106.87万元。低保专项治理成效显著。2020年，全县动态管理清理对象947户1922人，新增低保对象385户943人，实现“应保尽保，应退尽退”动态管理。兜底脱贫保障有力。截至2020年年底，扶贫部门提供完全丧失劳动能力和部分丧失劳动能力的相对贫困人口3305人，其中纳入低保1936人、特困供养1347人、孤儿5人、事实无人抚养儿童17人。

慈善和福彩 县慈善会围绕“安老、扶幼、助学、济困”的宗旨，通过赈灾济贫、扶残济困、助学兴教等公益事业积极开展慈善活动。注重弘扬慈善精神，宣传慈善先进典型，提升慈善活动的社会影响力，营造良好的慈善氛围。广泛募集慈善资金，认真组织实施慈善救助项目。2020年，县慈善会共接收捐款24070万元，其中慈善公益捐款8859万元、扶贫济困捐款15211万元。2020年，全县销售福利彩票950.98万元，提前超额完成市福彩中心下达的500万元年度任务。

社会福利和事务工作 2020年，全县共火化遗体3722具，火化率继续保持100%，接待丧属26813人次。殡葬惠民政策全面实施，共减免群众七项殡葬基本服务费493.41万元。清明暂停祭扫期间，及时开通网络祭扫系统，为群众寄托哀思提供平台。加快殡葬基础设施建设。投资150万元新建一栋骨灰楼，投资115万元新建一台高档火化炉，已竣工并投入使用。深入开展殡葬领域损害群众利益突出问题专项整治行动，违规建设公墓得到有效遏制。婚姻登记管理和流浪乞讨人员救助工作扎实开展。2020年，全县共办理结婚登记3753对，其中涉港澳台、华侨3对，涉外23对；离婚976对，补办结婚证680对，补办离婚证49对。县救助管理站全年共救助82人次，其中在站救助60人次、站外救助22人次，寻亲成功17人次。

基层政权和社区建设 全县所有村（居）100%完成村规民约、居民公约的修订完善工作。民政领域扫黑除恶专项斗争取得实效，通过市对县整治“把持基层政权、操纵破坏基层换届选举的黑恶势力问题”考核摘牌任务。全面加强基层政权建设，截至2020年12月底，实现村党组织书记“三个职位一肩挑”比例95%以上。2020年首轮全县3867名正常离任村干部的信息采集上报市联审备案。村（社区）“两委”违规发放津补贴专项治理工作取得实效，农村基层政治生态得到持续好转。提前谋划2021年村（居）换届选举工作。配合协同组织部门做好开展村（居）换届问题、难点村排查和整治工作。认真开展民主评议村（居）委会及村（居）委会成员工作。

养老服务 全面落实高龄老人津贴制度。“公建民营”养老机构供给侧改革稳步推进。积极推进民办养老机构——“颐和养老院”建设。扎实推进“社区居家养老工程”，全县有社区居家养老服务中心2个、居家养老服务站14个、老人活动中心9个、农村幸福院42个、长者饭堂1个。正在建设中的居家养老服务站有19个。着力加快敬老院改造升级工程建设，为全县的特困老人提供更安全舒适的居住环境，部分改造升级项目已竣工验收。

社会组织管理　着力推进社会组织信用综合监管，加强社会组织异常活动名录和严重失信名单的有效归集和依法公开。按照社会组织管理条例、信用管理办法、慈善法对社会组织进行登记和事后监管。2020年成立社会组织13家，注销7家。建立健全由民政部门牵头，政法、公安、外事、网信等相关部门组成的社会组织工作联席会议制度。加强与相关部门的沟通、协作配合，建立健全协作机制，进一步加大打击整治非法社会组织的工作力度。

区划地名　加强地名管理，严格地名命名更名审核审批。做好第二次全国地名普查成果转化工作。按照省普查办转国务院地名普查办相关档案验收通知要求，已对业务类175盒8615卷、成果类30盒68卷、其他类8盒23卷验收入库。同时，更新地名90条，新增地名36条，并及时录入“国家地名信息库”。完成丰顺与大埔、五华与丰顺、兴宁与丰顺等行政区域界线第四轮联合检查以及丰顺五华兴宁三县（市）交会点联合检查和镇级31条界线及16个三交点联检工作。

（朱柏新）

【医疗保障】　2020年，丰顺县医疗保障局以习近平新时代中国特色社会主义思想为指导，全面贯彻中共十九大和十九届历次全会精神，认真贯彻落实中央、省、市和县委、县政府系列决策部署，在梅州市医保局的关心指导下，坚持以人民为中心的发展思想，坚持保基本、可持续、全覆盖，坚持“尽力而为、量力而行”满足人民日益增长的美好生活需要，全力抓好基本医疗保险参保宣传发动、报销审核、基金监管和医药采购招标等工作，多措并举、优化服务，各项工作取得新的成效。

扩面征缴　为做好丰顺县2021年度参保缴费工作，丰顺县医疗保障局积极利用电视台、微信公众号和印制宣传资料等方式对参保缴费工作进行宣传，实行全覆盖式宣传以提高参保率。丰顺县电视台从10月开始每天播放基本医疗保险参保通告，微信公众号发表文章11篇，印制宣传资料共2万多份。同时，丰顺县医疗保障局联合社保、税务和银行等部门深入企业、乡镇、村（社区）进行宣传；通过举办现场咨询活动、派发宣传资料等多种方式进行政策宣传和讲解，让人民群众懂政策、了解政策，自觉、自愿进行参保。丰顺县2021年度城乡居民基本医疗保险基本实现全覆盖。

疫情防控　丰顺县医疗保障局实行特殊医疗保障政策，将确认疑似、确诊新冠肺炎等患者发生的医疗费用全部纳入医保基金支付范围，将医保门诊带药时间延长至3个月。加强与药品和医用耗材采购平台、生产和配送企业的沟通联系，为抗击疫情提供充足药品和医用耗材保障。明确核酸和抗体检测价格，并在做好检测试剂集中采购的基础上，对检测项目价格进行调整，降低检测价格。将新冠肺炎筛查对象、核酸检测排查人员符合规定的费用纳入医保支付范围，并实施定点药店购买发热药品实名登记制，有效地支持了疫情防控。全力支持复工复产，2020年2月至6月实施医保减半征收政策和缓缴政策，为1901家企业减负约794.79万元。

服务民生 一是积极开展困难群众医疗救助。丰顺县医疗救助经费投入合理、政策执行有力、资金落实到位、资金使用规范透明、对资金的监督及时准确。自医疗救助措施实施以来，在一定程度上缓解丰顺县困难群众的“看不起病、看病难”问题，提高城乡困难群众的生活质量。2020年度，丰顺县筹集医疗救助资金约4300万元，完成医疗救助达26231人次，救助金额支出2191.17万元，资助参保人数25891人，资助金额724.95万元，资助严重精神障碍患者住院医疗费用支出298.3万元。二是积极实施医保行业扶贫。丰顺县医保局通过与丰顺县财政、民政、农业农村等部门沟通和衔接，把丰顺县的困难群众全部纳入到基本医疗保险、大病保险和医疗救助中。2020年，丰顺县共资助建档立卡贫困人员14506人参加2021年度城乡居民基本医疗保险，资助参保率100%，做到应保尽保。2020年度，丰顺县建档立卡贫困人员医疗报销和救助情况：（一）医保报销情况：基本医疗保险报销人数为1780人，报销金额为2401.35万元；大病保险报销人数为686人，报销金额约为351.06万元。（二）医疗救助情况：应救助人数为1780人，已救助人数1780人，医疗救助率100%，医疗救助支出金额297.2万元，做到应救尽救，救助金额占应救助合规医疗费的82.88%。充分发挥医疗保障兜底作用，有效防止困难群众因病返贫。

基金监管 丰顺县医疗保障局牢固树立防堵并举理念，成立专项治理工作小组，针对可能出现的安全风险，研究基金监管措施，畅通社会公布举报渠道，广泛发动群众参与监督，形成制度支撑、社会监督、部门联动、群众参与的基金监管长效机制。坚持日常监督与专项活动协调推进，在落实日常巡查与不定期抽查的基础上，通过深入开展“打击欺诈骗保，维护基金安全”集中宣传月活动等，提升震慑力度、保持高压态势，打击违法行为，营造维护基金安全人人有责的社会氛围。

药品带量采购 根据省、市工作要求，丰顺县医疗保障局认真督促并监管丰顺县各定点医疗机构对广东省、深圳、广州平台的上线品规进行全面上线采购。2020年度，丰顺县各定点医疗机构采购总品规数27698个，采购总金额14043.62万元。其中线上采购品规数25544个，采购金额13897.61万元；线下采购品规数2154个，采购金额146.01万元。通过交易平台集团采购，有效预防和遏制药品购销领域腐败行为，降低医疗机构运行成本，切实减轻患者医药费用负担。

（办公室）

镇（场）建设

汤坑镇

【概况】 汤坑镇位于县城东南部，位处北纬23°46′、东经116°11′，地处丰顺、揭阳交界处，也是连接梅州、汕头市的交通枢纽，上距梅州市58千米，下离汕头市85千米，属县城所在镇，是全县政治、经济、文化中心，也是梅州市对外开放的重要窗口。汤坑镇于2004年10月由原汤坑镇、东联镇和附城镇等三镇合并而成，全镇总面积为233.23平方千米，已建成城区面积约为25平方千米，下辖11个居委会、32个村，户籍人口约146568人，其中农业人口65890人，非农业人口80678人。

【疫情防控】 2020年年初，新冠肺炎疫情暴发。从1月26日起，全镇干部职工、村（社区）干部停止休假返岗，迅速行动、联防联控，有力、有序、有效地推进疫情防控工作，全镇没有发生一例确诊和疑似病例。据统计，全镇共设立各类检查关口100多个，抽调镇干部、各村（社区）“两委”人员、志愿者1000余人24小时蹲点值守，对出入的车辆和人员进行逐一排查和监测，并劝返走亲访友的来访人员，累计排查北京到丰顺人员19人，湖北到丰顺人员890人次；劝导群众推迟或取消婚嫁等宴请活动25起，从简办理丧事35起；累计发放张贴各类宣传单共计14万余份，张贴悬挂疫情防控宣传标语、横幅500多条，并在宣传过程中与群众签订《防御新冠肺炎文明实践承诺书》达6300余份，营造起打赢疫情防控阻击战的浓厚氛围，全力以赴打赢“防疫战”。

【经济建设】 汤坑镇把统筹推进疫情防控和经济社会发展各项具体任务抓到位抓到底，鼓励各类企业克服疫情影响，积极盘活农村人才、土地、交通等资源，大力发展“一村一品”，发展食用菌、优质茶叶等名优产品，利用温泉资源和地利优势，发展温泉旅游、民宿民居和农家乐等产业，不断提升经济发展的质量。同时，全镇征拆干部担当实干、攻坚克难，完成五斗种建筑消纳场、乡道Y051东里至段桥路面改造工程、进华路升级改造、大丰华高速公路（丰顺至五华）、西气东输、大东田二期、五斗种地块和206国道升级改造征地拆迁工作，科学有序地推进赤草路升级改造、东里村集体土地征收工作，为县城项目建设提供用地保障。全镇规模以上工业企业产值24.9亿元，对比2019年同期27.7亿元，减少10.1%。2020年度全年，全镇民营企业总收入约99亿元，总产值约92亿元，其中工业总产值约83亿元，工业增加值约13亿，均比2019年同期有所回落。

【党的建设】 思想政治理论学习 2020年，汤坑镇组织党委理论中心组集中学习15次，并利用党员大会、干部职工会议、座谈会等各种场合组织党员干部职工加强学习。全镇各党（总）支部用好红色资源、传承苏区精神，全年开展各类专题党课210多场次。结合“创文”“创卫”志愿活动、党组织和党员“双报到”等开展主题党日活动370多场次，开展新时代文明实践宣讲活动50多场次，不断推动习近平总书记重要讲话精神进企业、进农村、进机关、进校园、进社区。

党委领导班子和干部队伍建设 汤坑镇党委认真落实省委第四巡视组关于巡视丰顺的反馈意见，坚持问题导向，对关于基层党建、选人用人、民生投入等方面4大项31小项逐一对照，并对县委第五轮村级巡察发现的问题深刻剖析根源，坚持有则改之，无则加勉，立行立改。通过巡视反馈，防微杜渐，建立长效机制，制订《汤坑镇村级党组织工作规程》《汤坑镇党委政府领导同志党风廉政建设岗位职责》等相关文件。

同时，汤坑镇党委落实党要管党从严治党责任，全面加强党风廉政建设。强化制度的刚性约束，执行民主集中制，自觉维护制度的严肃性和权威性。定期召开党委会研究党风廉政建设和反腐败工作，镇党委书记及其他领导班子成员大力抓好分管工作范围内的党风廉政建设工作，严格落实“一岗双责”。12次组织全镇党员干部学习《中国共产党章程》、中央八项规定、新修订的《廉政准则》和《纪律处分条例》等党纪政纪法规制度，并用先进典型进行示范教育，用反面案例进行警示教育，通过强化纪律约束，加强日常监督。

基层党组织规范化建设 持续抓好党群服务中心规范化标准化建设，着力解决村社区办公区设置不规范和服务党员群众场所不足的问题。规范各村社区党组织工作规程，扎实开展“三会一课”组织生活纪实管理，推动“四议两公开”工作落实。根据优中选优的原则，对在脱贫攻坚、“创文”“创卫”、疫情防控等重点工作中表现突出的党员干部大胆使用，对存在问题较多的村开展专项整顿。抓好“三会一课”，不断发挥“学习强国”平台、微信新媒体等各类学习教育载体作用，并充分利用镇委党校和各分教点的教育培训作用开展培训活动。通过“百日攻坚”行动，完成32个村中29个村的党组织书记“三个一肩挑”工作，完成率90.6%。提前谋划新一届村级“两委”班子初步人选，扎实推动村社区“两委”换届工作开展。全镇43个村社区党（总）支部换届选举工作已经完成，均实现组织意图。积极探索增强“两新”组织党建工作新途径，大力推进“两新”组织党建工作，不断扩大各领域基层党的组织和工作覆盖面，全镇有“两新”党组织共20个、党员127人。

【城乡建设】 征地保障 汤坑镇完成五斗种建筑消纳场、乡道Y051东里至段桥路面改造工程、进华路升级改造、大丰华高速公路（丰顺至五华）、西气东输、大东田二期、五斗种地块和206国道升级改造征地拆迁工作，科学有序地推进赤草路升级改造、东里村集体土地征收工作，为县城项目建设提供用地保障。

生态宜居美丽乡村建设　深入开展“百村示范、千村整治”工程，推进美丽乡村创建“五美”专项行动，大力推进农村人居环境整治，软硬结合、内外兼修提升乡村品位，重点打造特色浓、乡村美、产业旺的汤坑镇美丽乡村示范项目。

国土资源管理　抓好抓实乱占耕地摸排工作，建立台账，为整治存量、解决问题奠定基础，保障农民合理的建房需求，对占耕建房行为保持“零容忍”高压态势，做到早发现、快查处，发现一起，拆除一起，决不手软，坚决将违建遏制在“萌芽”中，确保违法占用耕地、违法建筑零增长。全镇已强制拆除违法占用耕地5宗。

【环境整治】　提升全域环境　以创建国家卫生县城为抓手，按照“网格化”管理要求，全力推动16个村（社区）构建卫生保洁长效机制，积极探索由保洁公司对镇垃圾运载和村卫生保洁进行承包，切实加大环境整治投入，2020年全镇环境整治和农村垃圾处理共投入资金500多万元。

抓好污染防治　全面落实镇村“河长制”。加强河长巡河和发现问题整改，至2020年12月，全镇共召开镇村两级河长会议10次，镇级河长巡河479人次，村级河长巡河1024人次；联合有关部门严厉打击无证采砂行为，组织开展河湖执法督查工作，现场制止违法行为30余次，完成山塘、水库、河道清漂面积26.05公顷，清理河流长度32.42千米，打捞淤泥、垃圾、漂浮物共3116.41吨，全面清理水源地保护区的垃圾和污染源，水域环境得到持续改善。加大大气污染防控力度，严格抓好春节、元宵节、清明节、中秋节、国庆等节假日期间烟花爆竹禁燃工作落实，加强森林防灭火网格化管理工作，严防山火发生。

【脱贫攻坚】　2020年是全面建成小康社会目标实现之年，也是全面打赢脱贫攻坚战收官之年。一年来，汤坑镇以求真务实的工作作风实现脱真贫真脱贫，截至2020年11月，全镇精准扶贫建档立卡贫困户有549户、1447人，其中4个省定贫困村有贫困户156户、438人；县重点帮扶村12个，有贫困户329户、945人；分散贫困村有16个，有贫困户64户、64人。按照相对贫困村相对贫困户退出标准，全镇相对贫困户脱贫549户、1447人，脱贫率100%，贫困人口退出549户、1447人，退出率100%，按现行标准全部脱贫退出，脱贫攻坚路上没有落下一户一人，已实现绝对贫困人口“清零”。

【民生工作】　坚决兜牢基本民生，全力落实好十件民生实事。深入开展“回头看、回头帮”，落实好数据信息核实补正和动态更新，完善就业帮扶、产业帮扶、消费帮扶和社会保障兜底等长效机制，确保全面小康路上不漏一户、不落一人。通过加强领导、广泛宣传、统筹协调，圆满完成创建广东省文明县城的各项工作任务。在2020年12月被广东省精神文明建设指导委员会成功授予“广东省县级文明城市”荣誉称号。开展第七次全国人口普查工作，摸清人口数量、结构和分布情况，全面查清人口数量、结构、分布等重要信息并高质量完成小区划分、信息登记、采集、核查等工作，共划分普查小区575个，共登记调查7.3万户，人口22.2万人，其中户籍人口14.5万人；扎实推进“粤菜（客家菜）师傅”“广东技工”“南粤家政”三项工程，积极推动高校毕业生、农村劳动力、残疾人、异地务工人员、退役军人等重点群体多渠道就业创业。坚持依法治镇，全面铺开“一村（社区）一法律顾问”工作，积极开展“七五”普法工作，妥善化解矛盾纠纷，维护社会稳定。认真贯彻落实中央、省、市、县对扫黑除恶专项斗争的各项决策部署，坚决做到“有黑扫黑、无黑除恶、无恶治乱”，确保扫黑除恶专项斗争工作取得实效；积极推进“中心+网格化+信息化”制度建设，充分发挥网格员作用，排查化解各种不稳定因素。严格落实安全生产责任制和“一岗双责、党政同责”制度，加强安全隐患排查和整治，特别是加强烟花爆竹、石场、危化物品等重点领域、行业安全监管，坚决遏制重特大安全生产事故发生。认真做好社会保险扩面、农村医保、低保、五保、残疾和大病救助等工作，完成农村危房改造、农村安全饮水、农村道路管护等工作。

建设精神文明　积极做好文化站省评“特级站”和本站图书读物增购更新工作，文化站藏书量达2万多册，乡镇文化站和村图书室实行免费开放。积极开展各类文化体育活动，全镇全年共组织大型文艺演出3场次、音乐演奏晚会5次；组织企业、工厂、学校等大型文体活动8场次；组织文体协党员、少儿二胡、少儿琵琶、少儿美术书法、老人健身、舞蹈分别培训1—2次，文艺创作培训2次。认真做好镇村公共文化服务免费开放工作，认真实施“2131”工程，全镇32个行政村共放映电影64场；组织文化、“非遗”保护文艺晚会2场，灯谜和象棋赛活动各4场次；组织参加县“县长杯”足球赛和篮球赛。在做好新冠肺炎疫情防控工作的基础上，认真做好文化惠民和新时代文明实践活动等。

提升社会保障　认真做好社会保险扩面、农村医保、低保、五保、残疾和大病救助等工作，截至2020年12月，全镇低保户人数2172人，特困户人数191人，百岁老人人数20人，孤儿人数6人，重度护理补助人数1696人，困难生活补助人数735人。新型农村合作医疗参保人数为102624人，参合率96.3%，达到全县平均水平之上。城乡居民基本养老保险参保缴费计划数7270人，已完成缴费人数4426人，完成率60.88%。落实好残疾人生活救助补贴、重度残疾人护理补贴，全镇残疾人总人数2365人，发放困难残疾人补贴730人，重度残疾护理补贴1695人。

综治信访　汤坑镇各村（社区）已实现“网格化”巡逻防控机制，116名网格员共排查录入已办结网格事件4082宗，其中安全隐患类3226宗、违法犯罪类47宗、矛盾纠纷类809宗，确保社会和谐稳定。

（钟寿禄　王三灵）

北　斗　镇

【概况】　北斗镇地处榕江北河上游，位于丰顺县中西部，距县城9千米。东与汤坑镇交界，西北与兴宁市、五华县接壤，南接汤西镇，北联建桥、丰良两镇，其中206国道、大丰华高速、梅汕高速、广梅汕铁路、梅汕高铁穿境而过，交通区位优势明显。全镇总面积90.29平方千米，境内四面高山环绕，其中山地9000公顷，耕地366.2公顷，林地面积7333.33公顷，森林覆盖率达88%。下辖8个行政村，2020年总人口17860人，常住人口4120人；镇内基础产业为农业，主要作物为水稻和番薯，特色产业为茶叶和红花茶油。2020年全镇经济总体平稳，全镇社会生产总值21428.79万元，同比增长0.4%。财政拨款预算收入939.09万元，同比减少10.45%；农村人均收入10575.02元，同比增长6.5%。

【疫情防控】 新冠肺炎疫情发生以后，北斗镇始终坚持以人民至上、生命至上的最高原则，第一时间响应应急警报，建立健全领导体系，严格部署防控措施，多方筹措防疫物资，坚决打好疫情防控阻击战、持久战。根据疫情防控不同阶段的工作要求，严格执行“外防输入、内防反弹”等各项措施，有效发挥“大数据+网格化”管理模式，迅速组织党员干部、工作人员和志愿者开展路口值守、入户排查、宣传劝导和环境消杀等疫情防控工作，形成上下一心、齐抓共管的防控工作格局，确保了全镇疫情“零发生”。在抓好疫情防控的同时，有序推进复工复产复学。加强对接服务，成立镇督查小组协助辖区企业学校解决因疫情带来的实际困难，坚决做到疫情防控和复工复产复学“两手抓、两手硬、两不误、两同时”，确保疫情防控、复工复产复学“双战双赢”。

【改革提效】 坚持和加强党的全面领导，以政府机构改革为契机，加快政府职能转变，切实增强履职能力，不断提高政务服务水平。一是加强学习教育，强化政治引领。引导党员、干部学深悟透习近平新时代中国特色社会主义思想，深入学习贯彻习近平总书记在深圳经济特区建立40周年庆祝大会上和在广东考察时的重要讲话精神以及十九届四中全会精神，确保学习教育走深走实。坚持理论与实践相结合，切实把中共创新理论转化为改革创新、推动事业发展的实践动力。二是推进乡镇体制改革，提升基层治理能力。依照乡镇机构改革方案要求，承接“两个下沉”，对接“两个平台”，对工作机构进行优化重组，举行乡镇体制改革集中挂牌仪式，积极推进机构改革工作，确保乡镇体制高质量高效率完成。三是强化廉政建设，筑牢思想防线。严格落实党风廉政建设责任制，常态化开展警示教育，力戒形式主义和官僚主义，“三公”经费逐年下降，干部作风持续改进。全面推动从严治党向纵深发展，营造风清气正的政治生态，为实现高质量发展提供坚强的政治保障。

【乡村振兴】 坚持以项目建设为引擎，推动脱贫攻坚与乡村振兴有效衔接，精准发力“五大振兴”促进乡村全面振兴发展。一是坚持项目建设引领经济发展。加快交通基础设施建设，围绕项目征地、拆迁、协调三大工作任务，确保北斗镇域内大丰华高速、206国道改建工程等重点项目无障碍施工。在“四好农村路”示范镇建设基础上，重点实施乡道128线18.9千米升级改造工程和通200人以上自然村道路10.79千米升级建设，为北斗发展全域旅游、实现乡村振兴打通交通运输“最后一千米”。加快农业农村经济持续发展。依托“一村一品、一镇一业”政策，鼓励支持福稻生态科技公司、文发农林有限公司等一批优质农业项目发展壮大。发挥嘉洪农林有限公司在省内农业、林业龙头企业的优势，突出抓好特色高山茶、中草药等重点产业，实现一、二、三产业深度融合。二是推进环境整治扮靓美丽乡村。深入开展“三清三拆三整治”专项行动、大力实施“两美行动”和村庄清洁行动，在农村生活垃圾、污水处理、厕所卫生治理方面取得新成效。加大建筑外立面整治力度，加强规划设计、整治修缮，实现沿街沿路建筑物旧貌换新颜。三是壮大农业产业盘活文旅资源。培育大周湖农业观光旅游产业园、福稻生态科技公司等重点项目，加快建设瑞泰四季果园、年年春家庭农场、南防背香柠综合家庭农场等观光采摘农业项目，加快推进镇级助农服务中心建设，全力推进旅游示范点基地建设，着力构建全域旅游，将一村一景串珠成链形成集红色教育、观光休闲、生态康养为一体的旅游业发展态势，让乡村“美丽资源”转化为“美丽经济”。四是加强文化建设倡导文明新风。建成运行新时代文明实践站、县图书馆北斗分馆和县文化馆北斗分馆，完成乡镇二级文化站升级改造，完善农村书屋，提升公共文化服务水平，满足群众精神文化需求。组织评选年度“道德模范”“好媳妇”“最美庭院”等优秀典型评选表彰活动，深入推进社会主义核心价值观建设、营造良好社会风气、推进乡村振兴，提升乡风文明。

【三大攻坚战】 聚焦全面建成小康社会目标，固根基、补短板、强弱项，坚定不移打好打赢三大攻坚战。一是坚决打好脱贫攻坚战。北斗镇持续围绕产业发展、就业扶贫、教育扶贫、社保兜底等扶贫政策，累计投入使用扶贫“631”财政资金388.14万元，县级扶贫资金50万元，多措并举打赢脱贫攻坚战。截至2020年6月，实现相对贫困户131户，贫困人口366人脱贫退出，省定贫困村拾荷村、县重点贫困村下溪村全部达标退出，退出率100%。二是坚决打好污染防治攻坚战。全面推进河长制工作，加强河道清理和镇村河长履职，确保榕江北河北斗断面水质考核全面达标。全面摸清农用地土壤污染状况，加快农村面源污染防治，化肥农药减量化行动、畜禽粪便无害化处理，持续改善土壤环境质量。着力推进庆瑶镇级污水处理厂，北斗、拾荷村级污水处理设施运营工作提质增效，进一步改善镇域水体水质和地下水污染情况。三是坚决打好防范化解重大风险攻坚战。扎实做好“六稳”工作，不断增强政府性债务管理和预算管理，切实防范化解财政金融风险，严厉打击电信诈骗、非法集资行为，促进全镇经济持续平稳发展。

【社会民生】 践行以人为本的理念，加大民生投入，加强基层管理，不断提升服务水平，扎实做好保障和改善民生工作。一是推动民生工作落实落细。严格按照“区不漏房、房不漏户、户不漏人、人不漏项”的原则，圆满完成第七次全国人口普查工作。推进体育事业蓬勃发展，北斗镇代表队在县第五届“县长杯”乡镇足球联赛中勇夺冠军，激发群众体育健身的热情，全民健身事业迸发新活力。做好特殊困难群体帮扶工作，全面落实社会救助兜底保障政策。加强教育工作管理，扎实做好民办代课教师生活困难补助发放工作。完善常态化疫情防控机制，提高公共卫生应急能力。做好“稳就业”“保就业”工作，帮助114名劳动年龄内有劳动能力和就业意愿的建档立卡贫困人口完成就业。二是深化“平安北斗”创建。森林防火工作期间，北斗镇始终保持森林防火高压态势，组织镇村干部严格落实网格化管理，多措并举狠抓森林防火，实现“零火情”目标。不断完善应急管理工作，加强信息报送和提升应急处置能力，不断提升防灾减灾救灾能力，切实保障人民群众生命财产安全。健全社会矛盾纠纷化解机制，积极预防和妥处各类信访突出问题，完善“综治中心+网格化”管理模式，不断提升基层治理精细化水平。加大普法力度，组织镇村干部学习新修订《中华人民共和国民法典》及涉农法律法规。持续推进扫黑除恶专项斗争，严厉打击各类违法犯罪活动。

（谢俊健 廖涓婷）

汤 西 镇

【概况】 汤西镇位于丰顺县境西南部，县城汤坑的西郊，与梅州市相距72千米，与揭阳市相距35千米，与汕头市相距78千米。全镇总面积196.26平方千米，下辖12个村民委员会和1个社区居民委员会，共有104个村民小组。总人口13217户、60349人，党员1278人。全镇共有3所中学，10所小学和5个教学点，2间公办幼儿园，共有教职工427人，在校生6348人。

【经济情况】 2020年全镇财政收入1958.31万元，比减19.85%；财政支出1956.31万元，比减19.93%。全镇规模以上工业企业7家，产值15.32亿元。

【党建工作】 紧紧围绕习近平新时代中国特色社会主义思想，全面推进加强党的基层组织建设三年行动计划，突出抓好党的组织体系建设，加强镇村干部队伍建设。一是强化理论学习。组织干部深入学习贯彻习近平总书记系列重要讲话精神及上级相关会议精神，持续开展“不忘初心、牢记使命”主题教育活动。组织党员干部学习《中国共产党农村基层组织工作条例》，赴大埔三河坝、彭湃故居、叶剑英纪念园等学习参观。坚持学习教育、调查研究、检视问题、整改落实同步推进。二是加强干部队伍建设。严格执行上级相关制度，严把选人用人关，选优配强镇中层干部。年内，共提拔干部28人，职级晋升8人，正副股级中层干部20人；（完成村党支部换届情况）村级党组织书记“三个职务一肩挑”比例100%，新调整补充村级后备干部63名。三是深化乡镇体制改革。镇党委、政府设置10个综合性办事机构和综合治理委员会、公共服务委员会、综合行政执法委员会、应急管理委员会、规划建设委员会等五大工作平台，均已挂牌并正式运转。

【重点项目建设】 大丰华高速公路汤西段完成85%的总工程量，已完成桥梁及各项路基工程，沥青铺设基本完成，鸿图嶂隧道钻通建成2.9千米；乡道117线升级改造全面完成，全面提升交通通达水平，有效助推新岭、大罗、新兴等村的脱贫攻坚工作。盘活区域内文化旅游资源，推进揭岭飞泉快速旅游干线的土地征收工作，截至年底，已丈量10多公顷。基本完成丰顺新区供水项目一期大罗供水厂9.87公顷征地任务，供水工程于6月正式动工建设，供水厂、隧洞、供水管线正在有序施工中，有力推进供水保障工程建设，满足居民生活用水需求。

【基础设施建设】 投入629万元，完成11.78千米广湖上中路，和安村村道扩宽、汤西中学路重建、安全至新村村道扩宽，河西村大坑肚风门岽、安丰仙人岩，南礤村背门洋，大罗村华上大塘肚、岭下下坷，新兴村牛牯塘等南礤村龙岭寨、双鹿村上围等14条（段）路的硬底化建设，完成和安村路灯、大罗村新美桥、伯公前桥建设；投入665万元，推进双鹿文化活动中心、大罗村华下综合文体服务设施、和安村上村、下村小公园，双湖村广湖、双鹿村老寨文化活动广场及双湖村广湖、湖陂公厕等建设；投入106.76万元，推进和安下村黄土岭、河西村安丰、傅屋老虎堂、高砂、锡滩、双鹿大洪塘、大罗村下坷、新兴村王爷坑、新南长江等总长7.94千米的水圳建设。

【美丽乡村建设】 采用EPC模式推进新农村建设，累计投入3080多万元：新岭村村道4.2千米沥青铺设已完成；大罗村、新兴村“一河两岸”工程、大罗村华下综合文体服务设施，双鹿村将军第维修保护等项目正在实施中。“五新五美”美丽宜居新岭村建设得到扎实推进，2020年5月6日以来，新岭村各片共出动1800多人次，清拆危房230多处7000多平方米，其中左岭140处4660多平方米，莲塘片拆除28处1230平方米，栅仔片拆除38处850平方米，新寨片拆除14处330平方米。新岭村清理村道及路边杂草6400多米，清理地面杂草垃圾1.8公顷，清理水沟4000多米，铺设污水管网1000米。甲溪水碧道绿道建设全面完成。

【脱贫攻坚】 省政协、省自然资源厅、花都区教育局、花都区新雅街道、县委办等帮扶单位继续加大投入，通过强化基层党建、小额信贷、入股分红、消费扶贫、光伏发电、种养产业等多项帮扶举措，与各单位驻村工作队的不懈努力下，全镇贫困户375户1008人全部实现脱贫，四个省定贫困村都已退出，脱贫率和退出率为100%。

【环境卫生整治】 每季度向各村发放环境保洁工作经费24.85万元，全镇保洁队伍人员增加至155名，投入8.8万元对中转站生活垃圾车厢进行更新维修，并新购置800个分类垃圾桶。积极开展“六乱”整治工作，对省道228线尤其是汤西桥头至石江村委段进行规范整治。拆除人行道违规搭建铁皮400多处，拆除违规搭建广告牌185处，清理人行道障碍物92处，清运垃圾62车。

【生态环境保护】 一是落实森林防火责任制。配备28名护林，建立责任制，加强林业巡查、宣传力度，严惩林业乱砍滥伐行为，一年来共发停工通知书4份，处罚1宗。二是加强环保工作力度。加强对辖区的工业企业的巡查力度，共开展巡查25次，其中与县环保、工商等部门联合对辖区内工业企业开展执法检查行动12次，关闭非法企业2家。做好辖区内排污单位的登记工作，完成155家清理整顿类、86家排污类企业登记。三是落实“河长制”工作责任制。投入22.85多万元开展清漂专项行动，清理水域面积约4.85公顷，打捞清运漂浮物10次约618吨，确保水质稳定提升。四是抓好污水处理厂（站）建设。扎实抓好11个污水处理厂（站）的规划建设与运营工作，新兴村海洋、石江村屋场、新岭村新寨、蕉潭上新屋、双鹿村下曾5个建成并投入运行；南礤村下新屋、新岭村莲塘、大罗村岭下3个村已完成安装正在调试；大罗主村动工建设；新岭村栅仔、蕉潭主村等村完成选址。五是加强国土管理。严防严控严打“两违”行为，一年来，拆除3宗违法违章建筑，面积约300平方米。做好2019年度、2020年度卫片图斑整改工作，完善用地手续11个，复耕复绿图斑点27个，总整改合计面积12.44公顷。完成3000户农村占耕建房摸排工作。

【社会治理】 一是全力做好新冠肺炎疫情防控。通过实行网格化管理和三人领导小组制度，切实加强领导、强化宣传、排查稳控、强化督查等举措，一年来，全镇排查对象达到10万多人次，重点地区监测对象共计338人，核查上级交代的有出入境记录人员共计32人，发烧核查人员达到250多人。劝导群众不聚会、不参加民俗（含婚丧喜庆）活动达到400多场次。二是坚持抓好社会综治维稳。全镇共排查调处各类矛盾纠纷173件（含民生网访咨询），其中镇村调处67件，成功调处63件，成功率达94.03%，民生网访106件，全部及时答复并着手解决。三是全力抓好安全生产工作。组织安全生产及消防安全检查113场次，共出动436人次，检查单位场所126个，发现安全隐患78宗，现场整改4宗，限期整改74宗，均已按要求完成整改，整改率100%。报送重点安全隐患4宗，已完成整改4宗，共投入整改资金约1.3万元。

【民生保障】 社会保障：2020年以来调查核实59周岁以上退役士兵362名；办理五保136名，每月发放五保供养资金16.08万元；列入低保1195名，每月发放保障金36.14万元；扎实做好残联和老龄工作，为408位低保残疾人办理生活补贴，每月发放残疾人生活补贴7.14万元；为859位重度残疾人办理护理补贴，每月发放残疾人护理补贴20.18万元；对2位孤儿落实儿童福利政策；慰问疾困妇女和困境儿童42人次。

文化教育：非物质文化遗产绩苴歌传习所正式挂牌，完成综合文化站评估定级。镇文体服务中心共设10个功能室，藏书总量达到1.5万册。投资998.09万元完成石江中学教学楼重建及运动场改造工程。投入资金140多万元完成大罗幼儿园的改造建设。总计投入270多万元用于提升中心小学办学条件。全镇中小学校、学前教育条件得到进一步提升。

（党政综合办公室）

汤南镇

【概况】 汤南镇位于梅州市的最南端、潮汕平原的西缘，榕江北河贯穿其中，拥有丰富的地热资源，是丰顺新区温泉宜居城的核心区，距丰顺县城中心3千米，距揭阳市中心25千米，国道206线、国道235线、梅汕高速路、广梅汕铁路畲汕线通过镇境，交通网络较发达。全镇包含8个行政村和1个社区，总面积46.32平方千米，户籍人口52380人，其中95%以上为罗姓，语言以潮汕方言为主。主要生产米面制品、扬声器等，2020年规模以上工业总产值为3.82亿元。特色美食有手工面线、菜粄和菜脯等。在多处历经沧桑却深有韵味的古建筑风貌中，以城堡式建筑为特色的种王上围最为著名，其结构独特、布局新奇，已有350年历史，2015年被广东省人民政府列为第八批广东省文物保护单位，具有较高的研究和开发价值。2020年全镇财政总收入21472.69万元，其中一般公共预算财政拨款收入1972.69万元，政府性基金预算财政拨款收入19500万元。

【党的建设】 2020年培养发展党员16人，35岁以下9人，大专以上文化程度8人。扎实推进“两学一做”学习教育常态化制度化，全年召开镇党委班子会30余次、理论中心组学习12次，组织全镇党员干部学习《中国共产党章程》、新修订的《廉政准则》和《纪律处分条例》等党纪政纪法规制度，开展大宝山文化教育基地主题党日活动，并用先进典型进行示范教育，用反面案例进行警示教育，抓好党员教育培训。组织各党组织学习贯彻落实《中国共产党支部工作条例（试行）》《中国共产党农村基层组织工作条例》等，提高支部工作科学化水平。按照县委、县政府的统一部署和要求统筹做好辖区村（居）“两委”推荐人选的摸底排查、人选推选和人选考察等各项换届筹备工作，抓好基层干部队伍建设。严格落实中央八项规定，持续纠治“四风”，推进正风肃纪反腐，全年共查访11人次，开展谈话提醒38人次，立案审查9人。

【疫情防控】 面对突如其来的新冠肺炎疫情，汤南镇迅速成立疫情防控指挥部，出台《汤南镇防控新型冠状病毒感染的肺炎疫情指挥部工作方案》，镇领导班子成员包村负责，镇干部、医生、民警成立疫情防控三人小组，分片包户，全面开展宣传摸排工作。入户发放《给汤南镇广大村民的倡议书》等宣传资料1.4万余份，登记监管返乡外来人员600余名，劝阻取消聚集活动6场次，严格管控公共经营场所，劝散聚集人群。并在适当时机深入企业开展暖企行动12场次，推动企业复工复产。常态化落实各项防控措施，开展农贸市场、垃圾堆放点、学校等重点场所专项消毒共100多场次，在镇辖区主干道悬挂疫情防控横幅56条，张贴海报近300张，在电视台轮播疫情防控视频，利用流动音箱广播疫情防控音频，推动群众做好个人防控措施。

【项目建设】 征地拆迁工作持续推进，于2020年6月30日顺利完成嘉应学院紫琳学院首期项目用地约43.87公顷的交地工作，项目征地拆迁任务约133.33公顷，截至年底，累计完成丈量土地78.5公顷、地上建筑物1821.62平方米、坟墓783座。2020年度完成景观大道征地面积1.97公顷，大辽崇2.91公顷、国际声谷项目3.77公顷。海沟路基本建成，河堤景观路、110千伏汤金线线路迁改工程、坚真文体中心、红狮宫文化体育公园、汤南中心幼儿园、汤南镇中心卫生院门诊大楼改扩建工程等项目都在有序进行中。

【人居环境】 农村厕所革命和“三清三拆三整治”行动深入推进，基本实现省定贫困村创建新农村示范村和连线连片生态宜居美丽乡村项目建设目标任务。与此同时，大力推进“两美”行动、依法整治“六乱”现象、严厉打击占用耕地建房行为、建设“四好农村路”等多措并举，镇村面貌全面改善。营造“文明健康、有你有我”良好氛围，开放各村综合性文化服务中心，规范化标准化建设“扫黄打非”基层站点，举办“迎中秋、庆国庆”象棋邀请赛、评选“最美家庭”“好媳妇”传播文明风尚，文明乡风更加浓厚。抓医疗食品卫生、新增分类垃圾桶、落实日常环卫保洁制度，公共卫生水平不断提高。汤南镇获评省级卫生镇、市级文明镇，新楼村获评梅州市文明村。

【生态保护】 常态化落实河长制，做好河道、山塘、水库日常巡查、清漂工作，扎实推进河流“清四乱”“五清”专项工作，建立“河长+警长”工作机制，从严从快打击非法采砂等违法犯罪行为。日常巡查82家畜禽养殖户，提升群众环保意识和法律法规意识，调动社会力量参与环保工作，长效开展榕江北河畜禽养殖污染治理，全面排查辖区内中小企业的污染治理情况，规范运用17个农村生活污水处理站，持续加强农用地、建设用地、固体废物污染防治和红火蚁、草地贪夜蛾等生物病虫防治工作，污染防治攻坚战取得有效进展。

【脱贫攻坚】 2020年全镇建档立卡相对贫困户436户、1242人全部达到“八有”标准，有劳力贫困户年人均收入达到16001.46元，无劳动能力贫困户均实现政策性兜底保障，脱贫率100%，脱贫攻坚圆满收官。精准扶贫工作开展以来，截至2020年，共收到各级财政扶贫专项资金2000多万元，“631”资金使用率达到100%，主要用于保障义务教育、基本医疗和住房安全，发展鸽子、蛋鸡等农业养殖产业，投资光伏发电产业，以奖代补推动就业等多方面，提高贫困人口收入。

【民生保障】 汤南红狮幼儿园投入使用，汤南中心幼儿园新建工程正加快立项和招投标，龙山中学师生宿舍楼和食堂、就正小学建设有序推进。汤南镇中心卫生院改扩建工程已完成主体楼和附属楼主体结构建设。持续做好580户低保户、789位残疾人等困难人员的保障帮扶工作。38194人参加医疗保险，养老保险总参保人数为18367人。基本民生保障水平全面提高。农村集体产权制度改革基本完成，房地一体测量工作进入收尾阶段，农民权益得到进一步保障。完善产业扶贫、就业扶贫等长效机制，开展职业指导、就业援助等工作，动员劳动力参加农村电商人才、粤菜（客家菜）师傅等技能培训，村民收入得到提高。

【安全稳定】 汤南镇始终坚持生命至上、安全第一，切实加强汛期安全防范工作，全面筑牢森林防火墙，深入开展安全生产、消防、交通安全隐患排查，严格落实24小时值班、领导带班制度，保障人民群众生命财产安全。2020年共办理“12345”政府服务热线工单66件，镇、村两级人民调解委员会调解邻里纠纷、土地纠纷、生产生活上的各类矛盾纠纷112宗。全年未发生较大以上事故，食品药品安全状况良好，信访形势总体平稳，社会治理全面加强，扫黑除恶专项斗争向纵深发展。新楼村获2020年广东省“民主法治示范村（社区）”称号，群众安全感不断提升。

（党政综合办公室）

埔寨镇

【概况】 埔寨镇位于丰顺县最南端，总面积95.38平方千米，地处“两市两区两县”交界处，东南与揭阳市蓝城区的龙尾镇、揭东区的玉湖镇相邻，西与揭西县的五经富镇及丰顺县的八乡山接壤，北与汤南镇、汤西镇交界，交通区位优势明显。埔寨镇是华侨之乡、文化艺术之乡和革命老区，有国家非物质文化遗产——“埔寨火龙”和省级非物质文化遗产——“埔寨纸花”。1998年，广东省文化厅授予埔寨镇“广东省民族民间艺术之乡”称号。2000年，埔寨镇被文化部授予“中国民族民间艺术之乡”称号。2016年，埔寨镇获得文化部命名的2014—2016年度“中国民间文化艺术之乡”称号。

埔寨镇内溪流纵横交错，四周群山环抱，属亚热带季风气候，全年气候暖和，日照充足。温泉和矿产资源丰富，主要有铜矿、铁矿、锡矿、稀土矿、高岭土、花岗石、石墨等，都具有较高的开采价值。

埔寨镇行政区辖埔南、埔北、塔下、茅园、万安、横坑、学枫、采芝、埔西9个村委会和埔龙社区，46个村民小组。户籍人口约46480人。

2020年，全镇工业总产值67608万元，同比下降34.7%。

【党的建设】 创新开展党员过“政治生日”“七个一”活动。加强村党组织班子队伍建设，稳步推进村“两委”换届工作完成，平稳有序推动村党组织书记“三个一肩挑”工作。举办村党组织书记培训班、后备干部培训班、党员轮训班等各类培训。深入开展革命传统教育和党史、国史、改革开放史教育，组织党员干部到龙岗马图爱国主义教育基地学习。

【基础设施】 埔寨镇全力以赴做好交通、水利等基础设施建设，不断优化发展环境。

致力于“四好农村路”项目建设。按照“四好农村路”三年攻坚行动，高度重视农村公路的扩宽与修复工作，加快推动完成通乡镇和建制村“畅返不畅”路段整治改造，将“四好农村路”建设工作常态化，不断补齐基础短板，确保完成农村公路高标准建设目标。新铺设水泥硬底化村道3千米，扩宽公路5千米。全面完成乡道270线长坑至茅园、乡道294线长坑至塔下、乡道019线东光桥至大柯等砂土路硬底化改造任务，完成里程约4.2千米。

“厕所革命”持续推进。2020年埔寨新建改建无害化卫生户厕共11座，验收2座标准公厕。

扎实推进集中供水工程。已铺设污水管网约6千米，建好污水处理设施8座。

不断推进污水整治。整治生活垃圾、生活污水、水体污染141宗。

【园区建设】 土地征收持续推进。其中塔下竹山首期供应给立盛高科技项目地块10公顷已完成征收，8.2公顷填土地块已征收约5.33公顷；讯源总部大厦地块项目2.67公顷已完成征收；万洋众创城已完成征收约50公顷，首期已供地26.67公顷，为企业顺利落户奠定坚实基础。

配套设施不断完善。加快推进园区基础设施建设，5G信号基本实现全覆盖。交通路网基本成型，科技路已建设完毕，工业大道建设、供水设施不断完善，海珠路、振兴路土地征收工作正加紧实施中。电网路线不断优化，已完成湖光支线改迁工程，园区营商环境进一步改善。

【民生保障】 增强社会保障能力。2020年度埔寨镇城乡居民医疗保险参保任务为36182人次，至年底已完成参保27213人次，完成率75.21%。深化社会救助网格化管理服务建设，扎实推进医疗、教育、住房、就业及临时救助工作，推动社会救助“全覆盖”。落实公益性岗位政策，帮助家庭贫困人员实现就业，至年底已安置建档立卡贫困户家庭人员3名。做好60周岁以上人员基本养老保险待遇信息核查，切实摸清贫困人员参保情况，确保及时核发待遇。

【扶贫开发】 埔寨镇下辖9个行政村和1个社区，户籍人口约4.8万人，共有2个省定相对贫困村、2个县重点帮扶村、5个分散面上村。全镇共有相对贫困户423户、1198人。其中，已脱贫423户、1198人，脱贫率100%。退出423户、1198人，退出率100%，退出相对贫困村2个，退出率100%。

【科教文卫】 教育方面：教育事业和教学实绩不断取得突破，吴晓冰、李新军多名教师荣获县级各项荣誉，曾纬斌、卿永好等多名学生荣获市级、县级各项荣誉。强化基础设施建设，不断改善教学环境，三友中学新修缮2栋教学楼、1栋办公大楼，修建围墙和改善校园厕所，约投入资金50万元；万安小学教学楼重建工程已完工启用。埔寨镇义务教育适龄儿童（少年）共161人，其中在校生145人，非在校生3人，义务教育落实率为97.93%。

文化方面：切实做好埔寨火龙、纸花、走马灯等非物质文化遗产传承与保护，新建丰顺县综合性传习中心，已投入使用。

卫生方面：2020年春季村庄清洁行动战役与疫情防控战役、爱国卫生运动联合展开，在镇域范围内实施城乡环境大整治，清理各类垃圾和卫生死角，发动各村开展“两美”城乡环境大提升行动，营造良好的人居环境。

【农业农村】 自开展新农村创建工作以来，埔寨镇共统筹争取上级资金2755万元，全面推进“三清三拆三整治”、污水处理设施、农村道路硬底化等项目，贫困村村容村貌得到极大改观，群众生活生产水平取得长足进步。基础设施建设基本建成、“三清三拆”稳步进行、“厕所革命”持续推进、环境卫生质量显著提升。

【生态保护】 抓实农用地保护。全力以赴开展土地矿产卫片违法图斑整改工作，及时完善相关用地审批手续，推动落实复耕、复绿工程，确保按时按质完成整改工作；开展涉林非法洗砂专项整治行动，严厉打击挖泥土制砂的违法行为，强化日常巡查，严防死灰复燃。2020年以来，共查处涉林非法洗砂行为1宗，涉及林地面积0.2公顷，已停止作业并进行复绿。全面核查2020年图斑工作，对辖区内违规使用林地、破坏森林资源的违法行为进行追踪，发现一单处理一单，截至年底，发现并处理2起乱砍滥伐事件，扣留车辆2辆。

强化水污染治理。完善河长制管理机制，建立“河长+警长”“河长+检察长”工作机制，聘用河道保洁员、巡河员加强巡查，健全完善工作台账、建立巡查督办工作机制。持续做好“清四乱”、“五清”、清漂等河流治理工作，对河道滩涂、内坡、堤岸及外坡建筑垃圾和生活垃圾等死角进行全面清理。扎实开展河道综合整治工作，对未取得合法用地和规划建设手续而非法占地堆砂洗砂行为坚决取缔。

推进畜禽养殖整治。常态化开展家禽家畜疫病、流行病学调查监测和非洲猪瘟排查工作，督促养殖户做好日常场所消毒及家禽家畜强制免疫。2020年以来，共排查家禽168万头次。扎实开展2020年春季家禽、家畜的强制免疫工作，完成禽流感、口蹄疫疫苗发放和注射（猪6800头次、家禽45万头次）。严把生猪检疫电子出证审核关，同时做好生猪调运现场瘦肉精检测工作，完善检疫记录及日常报表登记等台账资料。

【社会治理】 受理群众来访65宗，调解成功53宗，排查各类矛盾纠纷197宗，成功化解185宗。切实将劳资纠纷解决在镇村一级，成功化解18宗劳资纠纷，为61名农民工解决欠薪工资1159484元。落实联防联护责任，分别与揭东区玉湖镇，蓝城区白塔镇、龙尾镇，揭西县五经富镇建立镇与镇平安边界管理机制和应急机制，共同签订《管理维护协议书》。社会治安环境逐步改善，在全镇主要路口安装监控设备40多个，成立村级治安巡防队，配备巡逻摩托车，与镇综治中心、派出所形成治安联防机制。深化“中心+网格化+信息化”和村级人民调解委员会作用，按照约1000名村民为1个网格的标准，科学将全镇划分为41个网格，每个网格配备1名网格员，负责各网格日常工作开展。

【安全生产】 结合安全和消防工作网格化管理，定期排查辖区危险化工品、非煤矿山等行业安全隐患，共出动检查组30余人次，排查场所70多家，整改隐患12处，整改率100%。开展以“消除事故隐患，筑牢安全防线”为主题的安全生产宣传月活动，稳步推进市挂牌督办火灾高风险区域整改工作。重点排查、整治校车各类安全隐患问题，针对源头运输企业加强监督管理，与辖区6家源头运输企业签订道路交通安全责任书。

【作风建设】 深化改革、从体制机制上堵塞滋生不正之风的漏洞，以改革的办法固化作风建设成果，要求全镇职工干部提高政治站位、增强政治定力，不断维护党的形象，巩固党的创造力凝聚力战斗力。联合多部门着力排查党员干部和行使公权力的公职人员涉黑涉恶等腐败问题线索，查出涉黑涉恶腐败及其“保护伞”。

（办公室）

埔寨农场

【概况】 埔寨农场位于丰顺县最南端，与蓝城区龙尾镇、揭西县五经富镇二市三县交界处，交通方便，气候暖和，环境独特，原是梅州地区唯一能种植橡胶生产的省属国有农场。全场总面积6.8平方千米，辖区有半岭管理区、大塘管理区及1家场企业，全场总户数585户，总人口2587人，其中农业人口2056人、非农业人口531人。农村耕地面积104.47公顷。

【党的建设】 一是贯彻落实《县委党的建设工作领导小组2020年工作要点》《丰顺县加强党的基层组织建设三年行动计划实施方案（2018—2020年）》的情况。

2020年，农场以“基层党建全面进步全面过硬”为主题，全面完成软弱涣散基层党组织整顿工作，认真开展基层党组织达标创优评定，完善党委书记抓基层党建述职评议考核工作，挖掘先进典型，打造党建品牌，着力解决先进典型示范作用不明显、党建质量整体不高等突出问题。农场党委高度重视党建工作，对照文件精神、工作要求和农场实际情况，明确目标责任，狠抓落实确保党的基层组织建设全面进步、全面过硬。

一是加强组织建设，增强党组织的凝聚力、战斗力、创造力。建立和落实机关党建工作责任制。场党委将党建工作目标层层下达，建立目标考核机制，党政一把手亲自抓，相关负责人逐项抓落实，不定期地对系统各支部组织开展活动情况进行检查，切实做到党建工作年初有计划、半年有检查、年终有总结，并做好党建研究和信息报送工作，全年按时报送党建工作简报，全面完成党报党刊和其他学习资料的征订任务。强化党员管理工作。严格落实发展党员，严格执行相关制度。落实专人认真做好党费收缴管理工作。具体工作中做到勤检查，多核实，按标准足额收缴，并定期公布党费收缴情况，自觉接受监督。

二是加强作风建设、反腐败斗争。埔

寨农场进一步加强干部队伍监督管理。严格落实各项党纪党规，不断强化作风建设，积极预防干部违纪违规，意识完善制度建设。建立人员去向告知制度，请假制度。以制度约束，强化干部纪律意识，增强对工作的责任感。

三是加强政治理论学习。农场党委及各党支部开展学习教育活动，严格落实“三会一课”“党委理论中心组学习”等相关制度，学习习近平新时代中国特色社会主义思想、中共十九大精神和习近平总书记系列重要讲话精神，坚持从实际出发，对全场党员领导干部的学习内容、要求等作出安排，增强学习教育的针对性和实效性。

四是推进村党组织书记“三个一肩挑”工作和村“两委”换届工作。成立埔寨农场“三个一肩挑”工作领导小组，由组长张振华、副组长陈华良分别带队，到大塘、半岭管理区开展摸底调查和召开党员大会，宣传“三个一肩挑”相关政策要求。通过摸底调查和充分物色人选。确定上报县委组织部“三个一肩挑”人选。根据上级工作安排开展村“两委”换届筹备工作，埔寨农场共有2个管理区开展村“两委”换届工作。通过成立领导小组、制定工作方案、集中宣传、业务培训、推选候选人预备人选、明确纪律要求、请示批复、联审、考察、公示等工作措施，做好了换届准备工作。下辖大塘管理区、半岭管理区党支部于2021年1月13日召开换届党员大会进行换届选举。经选举，下辖大塘、半岭管理区党支部顺利产生新一届村“两委”领导班子，并于2021年1月28日经党委研究，对管理区干部进行任命。

【疫情防控工作】 一是强化组织领导。成立疫情防控领导小组，明确责任，细化分工，严格按照县委、县政府安排部署，充分调动各改管理区积极性，统筹全场做好疫情防控工作，提供坚强组织保障。

二是加大疫情防控宣传工作。领导干部带头组织党员贯彻落实梅州市新型冠状病毒感染的肺炎疫情防控指挥部3号公告。村发挥基层党组织战斗堡垒作用，组织党员张贴发放宣传单、通过LED、微信、横幅等方式加强宣传效果。疫情期间共发放《倡议书》《温馨提示》《告知书》《通告》等宣传资料共500余份。

三是开展辖区内湖北来丰人员及企业复工返回务工人员摸查排查。实行疫情防控网格化管理，采取每星期两次定期排查和根据派出所提供外来人员数据随机排查相结合的方式，由场干部、村医。派出所成立三人行动小组，累计排查走访重点地区到丰顺人员500多人。

四是领导干部带头组织党员干部联合相关部门在国道335线埔寨农场段开展24小时不间断设卡值班工作，确保疫区车辆人员、有发热症状人员不进入丰顺境内，守住丰顺疫情防控“南大门”。

五是抓复产复工，确保各项措施到位。按照习近平总书记“在做好防控工作的同时，统筹抓好改革发展稳定各项工作”的重要指示要求，积极服务辖区内复工复产工作，深入各企业对接复工复产有关事项要求。对6家饲料企业按特殊行业要求管理，在确保达到前提下有限帮助其复工复产，对4家砖厂，积极协助其同县自然资源局对接，做好复工复产准备工作。

【绿色产业饲料园征地工作】 农场党委高度重视丰顺县绿色产业饲料园征地工作，对涉及和揭阳市交界处征地工作，场领导干部和管理区干部多次组织协商到揭阳市揭东县就征地问题开展交涉，经努力对存在问题达成共识，为征地工作扫除了障碍，大力推进丰顺县绿色产业饲料园征地工作。

【巡察巡视整改工作】 一是根据《省委第四巡视组关于巡视丰顺的反馈意见》涉及的问题，建立整改领导小组，制定《埔寨农场关于省委第四巡视组反馈意见的整改落实工作方案》，把抓好巡视整改作为坚决维护习近平总书记核心地位、维护党中央权威和集中统一领导的政治要求和具体行动，坚持目标导向、问题导向、成果导向相统一，即知即改、立行立改，真改实改、全面整改，扎实做好巡视“后半篇文章”。二是落实整改县委第一巡察组巡察埔寨农场党委反馈意见，建立了埔寨农场落实委第一巡察组巡察埔寨农场党委反馈意见整改领导小组，研究制定《埔寨农场关于县委第一巡察组反馈意见的整改落实工作方案》和整改落实清单，逐条逐项进行落实整改。

【脱贫攻坚工作】 埔寨农场扶贫工作在县委、县政府的正确领导下，紧紧围绕“三年攻坚、两年巩固，到2020年如期完成脱贫攻坚任务”的总体目标，扶贫工作取得良好的成效。埔寨农场本轮精准扶贫建档立卡贫困户23户、65人，县重点帮扶1个村，贫困户22户、64人；分散贫困村有1个，贫困户1户，1人；至年底已经全部脱贫。

【乡村振兴发展工作】 一是财政、招商情况。埔寨农场财政收入、招商引资稳定、持续增长。丰顺新区埔寨农场绿色饲料产业园企业投产数不断增加，带动当地经济的较快发展，实现农场的二次腾飞。二是农业生产情况。一是种植业。农场坚定地走特色农业发展道路，依托新南方药厂，大力发展青蒿和名贵树木种植产业此外农户通过柑橘等经济作物的种植，也切实得到利益和实惠。二是水产业。全场整合可利用的土地、山塘等资源，结合本地实际情况，大力发展水产养殖业，加大力度对水产业的管理，2020年水产养殖业发展态势良好，村民鱼塘养殖丰收在望。三是加强基层设施建设。埔寨农场把农村医疗卫生工作作为农村建设的一项重要内容，持续加大对农村医疗卫生事业的投入。半岭管理区和大塘管理区医疗卫生站已建设完成，为当地村民提供更好的医疗救助服务。修复完善水利设施。2020年4月投入16万元开工建设冷水坑水库坡头修复工程。

【安全生产、森林防灭火工作】 埔寨农场党委坚持党的领导，以问题为导向，把党的建设与征地拆迁、安全生产、森林防灭火等工作有机结合，积极探索新形势下党建引领的新路子，筑牢基层战斗堡垒，凝聚基层党员力量，发挥党员的先锋模范作用。一是基本完成丰顺县绿色饲料产业园海大企业征地任务，正在积极开展海大企业征地丈量工作。二是2020年埔寨农场大力开展安全生产专项监督检查工作，分管领导和安全员定期对辖区内企业工厂安全生产工作进行专项督查，同时组织企业负责人，参加县级安全生产工作培训，进一步提高了辖区内企业工厂预防事故能力。三是通过严格落实巡山护林制度，全年辖区内无火情发生。

【意识形态工作】 场党委始终坚持党管意识形态，把意识形态工作作为农场建设重要内容，不断加强领导，强化措施，成立机构，分解任务。把意识形态工作摆上重要议事日程，成立场党委书记张振华为组长，场党委副书记陈莲、党委委员陈华良为副组长，各部门负责人为成员的意识形态工作领导小组。意识形态工作场党委书记张振华是第一责任人，副书记陈华良具体负责，实行“一岗双责”，抓好意识形态工作，将意识形态工作列入党建年度工作和党组中心组学习内容。2020年共召开意识形态专题部署会议2次，开展中心组理论学习11次。

【文明创建工作】 埔寨农场不断创新工作方式方法，加强宣传，制定宣传栏、宣传单，通过横幅、LED、微信等方式宣传文明创建工作，同时通过环境卫生整治、“三清三拆三整治”活动，美化了村容村貌，优化了人居环境。

【经济建设与社会发展】 2020年度场农村社会总户值3221万元，农村年人均纯收入9980元。

（一）经济建设。埔寨农场为丰顺打造全省最大绿色饲料生产基地作出埔农应有的努力和贡献农场党委借势绿色饲料产业园建设的机遇，以加快振兴发展为龙头，全力推动经济发展。一是通过土地房屋征收工作，为绿色饲料产业园的发展奠定坚实的基础，完成园区的基础设施建设。二是埔寨农场聚焦培育发展绿色饲料产业园。在县委、县政府的领导和支持下，完善绿色饲料产业园基础设施建设，不断提升绿色饲料产业园品味，吸引大北农、双胞胎等优质饲料企业落户埔寨农场。

（二）社会发展。场党委非常重视“平安农场”建设，加强治安岗亭的管理，在主要路段安装监控视频，全年在全场无重大事故发生，人民生活安定，干部通过走访群众，密切的联系群众，及时化解群众反映的热点、难点问题，如土地纠纷、道路纠纷等。一个安定的农场，为企业的落户、经济的发展奠定了坚实的基础。二是科教文卫方面。农场通过新时代文明实践所、站，开展新时代文明实践活动，繁荣农村文化事业，丰富群众文化生活。把文化建设作为社会主义新农村建设的重要环节来抓。三是社会救助。农场牢固树立“以民为本，为民解困”的理念，保障农村困难群众的基本生活，解决苦难群众的实际困难。

（三）精神文明建设。场党委在抓好经济建设的同时，加大精神文明建设力度，着力提高全民素质，加强法律知识的宣传，增强全民参与综治守法意识，提高全民守法的自觉性。广泛开展创文明村、户的竞赛活动，坚决抵制各种赌博活动。求知、求美、求净，群众生活出现新思维，积极在群众中倡导文明健康的民风，对去群众进行村规民约和相关法律法规教育，强化群众法治观念。形成团结互助、邻里和睦、平安和谐的好风气。

（刘　宇）

八乡山镇

【概况】 八乡山镇位于广东省东部、梅州市南部、丰顺县西南部，地处丰顺、五华、揭西三县交界的莲花山脉中段，于2003年9月由上八乡山镇和下八乡山镇合并而成，总面积193.62平方千米，下辖15个行政村共2.3万人，是东江苏维埃政府和广东省区域内唯一一支列入中央红军序列的军级建制部队——红十一军的诞生地。

2020年，八乡山镇在县委、县政府的坚强领导下，坚持以习近平新时代中国特色社会主义思想为指导，按照市委书记陈敏提出的“打造五星级的旅游名镇”和县委书记曾永祥提出的“生态经济发展新标杆”目标任务，积极抢抓省推动老区苏区振兴发展带来的重大历史机遇，统筹推进乡村振兴、脱贫攻坚、生态旅游、交通基础设施、基层党建等工作，推动全镇经济保持平稳健康发展、社会大局和谐稳定。当前，八乡山镇拥有中国特色景观旅游名镇、国家地理标志保护产品（八乡山番薯）、广东省休闲农业与乡村旅游示范镇、省教育强镇、省卫生镇、2020年省级“一村一品、一镇一业”茶叶专业镇、梅州市“四好农村路”示范镇、市文明镇、市红色文化名片、丰顺县生态宜居美丽乡村示范镇等荣誉称号。

【生态资源】 八乡山镇属亚热带季风气候，年平均气温18.7℃，境内山峦重叠，奇峰耸立，森林覆盖率88.5%，生态公益林占比94.6%，拥有较多的生态茶园、峡谷资源、水库资源，辖区内15个行政村中有14个“全国第一批绿色村庄”和1个广东省首批“国家森林乡村”，是客家世界的“香格里拉”。较有代表性的有粤东大峡谷云卷峡（八乡山大峡谷）、海拔1277.4米的鸿图嶂、粤东电视高频转播台、千亩大水库、万亩绿茶园、誉为“中国富士山”的尖山、天堂庵、广善寺、文昌祠等。

【红色热土】 八乡山镇是粤东较早建立地下党组织，成立赤卫队武装的红色土地，是东江苏维埃政府和广东省区域内唯一一支列入中央红军序列的军级建制部队——红十一军的诞生地，当年省委、东江特委创建的十块革命根据地之一。为擦亮这张梅州市红色文化名片，八乡山镇把握省级“红色村”党建示范工程建设契机，结合省定贫困村创建社会主义新农村及生态经济发展新要求，抢抓中央、省、市、县政策红利，充分挖掘红色资源，努力克服疫情雨季等不利影响，全力推进小溪至滩良红军路等各项工程建设。仅用6个月先后完成党群服务中心、红色文化长廊、东江革命根据地史料陈列馆新建+布展、革命旧址群修缮等工作。项目建设资金7400多万元，于2020年11月20日成功举办纪念东江苏维埃政府暨中国工农红军第十一军成立90周年活动。其间，澎湃孙女澎伊娜，古大存之孙古汉援和省、市、县相关领导共同为“东江革命根据地史料陈列馆”开馆揭幕，彰显了八乡山镇抢抓历史机遇，打造新时代红色文化教育基地，用心用情推动红色土地绿色发展的有力担当，得到省、市、县领导的高度肯定及赞扬。

【农业农村】 围绕“五个振兴”，坚持以“产业为基、洁净为先，文化为魂”，扎实推进滩良、银河两个省定贫困村创建社会主义新农村示范村建设，以点带面，统筹推进小溪、和乐、贵人、戏潭、龙岭、硿尾6个面上村的生态宜居美丽乡村建设。2020年，全镇15个行政村达到干净整洁村标准，其中龙岭、高基、硿尾、尖山、方吉、银河、和乐、马山8个村达到美丽宜居村标准，滩良村达到特色精品村标准；深入实施农业供给侧结构性改革，积极落实《丰顺县乡村振兴综合改革试点实施方案》，推动构建小农户与现代农业发展联结机制，推进土地制度改革和农村集体产权制度改革，加快构建新型农业社会化服务体系。2020年度“一村一品”实施项目马山村、银河村番薯种植基本完成，投入资金约160万元，流转耕土地28.67公顷，年产量约397.5吨，年产值约397.5万元，临聘农户800多人次，有效促进带动农村经济发展，进一步擦亮“八乡山番薯”国家地理标志保护产品金招牌，正积极开展八乡山番薯申报“全国名特优新农产品”和“丰顺苦笋烹饪制作技艺”申报市级非物质文化遗产保护名录工作，不断打造农业竞争新优势，让农民分享更多发展红利。2020年8月，获评“2020年省级‘一村一品、一镇一业’专业镇（茶叶）”。

【疫情防控】 疫情防控期间，累计发放《倡议书》《致返乡乡亲的一封信》等宣传资料共计1.4万余份，悬挂横幅200多条，并利用广播、微信群等方式进行全覆盖、无缝隙宣传新型冠状病毒感染的肺炎预防知识；全面落实网格管理责任，对湖北返乡人员进行地毯式排查；大力实施爱国卫生运动，组织防疫员对公共场所、污水沟、垃圾桶、垃圾池进行消毒喷洒防控工作，出动人数合计823人次，使用消毒粉150公斤；对大峡谷景区，各类餐饮店、旅馆、美容美发室、棋牌室、文化活动中心、农家书屋等进行关停，取消拜神等大型群众民俗活动6场，涉及2430人；组织镇村干部、派出所民警、卫生院医务人员、退役军人、党员志愿者等386人（党员292人）在入镇域5个山门设立疫情防控临时检测点，累计检测车辆5750多辆，劝返740多辆；关爱弱势群体，对分散供养五保户、独居老人、孤儿进行体温测量等健康检查，协助解决实际生活困难。

【全域旅游】 全面贯彻落实《丰顺县打造八乡山镇五星级旅游名镇三年行动计划（2019—2021）》，以“八乡山旅游黄金圈”为抓手，扎实推动各点建设。其中，八乡山大峡谷累计完成年度投资3300万元，2021年计划投资5000万元，国家AAAA级旅游景区创建步伐不断加快，旅游辐射带动能力持续增强；田园牧歌休闲农业产业园累计完成年度投资4800万元，2021年计划投资5000万元，茶园、红薯基地完成建设，园区各项工程建设稳步推进；天峦湖养生社区累计完成年度投资1.5亿元，2021年计划投资1.5亿元，继续推进休闲广场、商业街、高层住宅等工程建设。

【脱贫攻坚】 2020年是脱贫攻坚决战决胜之年，八乡山镇紧紧围绕“两不愁三保障一相当”工作目标，党委主要领导率先垂范，高效落实遍访制度，一线部署、全面推动脱贫攻坚各项工作，从聚焦产业、消费扶贫逐步提高造血功能，到教育、最低生活保障、医疗、保险、住房、饮水等各项政策落实，再到后疫情时期的巩固脱贫成效，全方位决战决胜脱贫攻坚。累计筹集各类扶贫资金约1148万元，2019年年底实现2条省定相对贫困村和114户285名建档立卡相对贫困人口全部脱贫出列。

【环境治理】 聚焦“广东省卫生镇”创建目标任务，统筹结合新农村建设、人居环境综合整治、“两美行动”等工作要求，高位部署、全面推动，累计组织1780人次开展爱卫统一行动，286人次开展圩镇“六乱”专项整治；拆除危旧房屋1410处（间）、81625平方米，清理5822处，整治2860处，清理沟渠14330米；完成40千米的污水管网铺设，建成污水处理设施16个，垃圾转运站1个，配套垃圾收集车1辆、分类垃圾桶960个；建成公共厕所36个，无害化户厕6个；开展水域岸线管护保洁，累计清理河段长度约16.45千米，清理水域面积达到55公顷，镇区绿化覆盖率30.1%、下水道管网覆盖率90%、水质达标率100%、食品安全量化分级管理覆盖率95%、病媒生物预防控制效果达C级要求等，镇容镇貌得到不断提升，2020年12月，获评“广东省卫生镇”。

【精神文明】 高度重视精神文明建设，深化群众精神文明创建，培育社会文明新风，积极助力丰顺创建广东省县级文明城市；八乡山镇文化站完成升级改造，由省定三级升为二级并初步列入一级再提升计划；在乡村振兴的背景下文化体育设施也不断提高，新增4个社会足球场和2个校园足球场，戏潭、龙岭村拟配套建设文化体育广场，文化文体设施不断完善，群众幸福感不断提升；2020年实现15个行政村创建省文明村全覆盖。

【社会民生】 坚持以为人民为中心，积极配合上级部门推动十件民生实事工作落实。2020年新型农村合作医疗参合率达97%，征收参保费448万多元。全年累计为62户五保户发放五保供养金和护理费67.36万元，为574名低保人员发放低保金183.86万元，为330名重度残疾人员发放护理补贴93万元，为147名困难残疾人员发放生活补贴30.87万元，为86名优抚对象发放优抚优待金92.85万元，为51名重点优抚对象购买合作医疗14280元，累计发放节日及各种慰问金4.1万元。

【社会治理】 以稳定社会为目标，人民满意为标准，落实领导责任制为主线，扎实推进“平安八乡”建设。不断巩固和深化扫黑除恶成果，全力推进扫黑除恶斗争取得压倒性胜利，形成扫黑除恶常态化措施；落实主体责任，打击治理电信网络新型违法犯罪，对本地涉诈人员开展摸排管控；时刻紧绷安全之弦，深入开展重点行业安全生产专项整治、农村房屋安全隐患排查等专项行动，切实做好隐患排查和整改；严厉打击各类违法犯罪活动，完成刑事破案2宗，协助林业公安破获偷猎野生动物案件1起，抓获吸毒人员1名，处理违法犯罪嫌疑人17名，收缴非法枪支3支，极大地提升人民群众生活安全感；发挥综治信访“中心+网格化+信息化”机制作用，积极主动地化解矛盾和问题，2020年以来，成功化解滩良丰庄电站纠纷、尖山村樟树排山林纠纷、贵人村大湖塘山林纠纷等历史遗留问题，累计调处矛盾纠纷84起。

【巡察整改】 不折不扣抓好省委巡视、村级巡察工作，高度重视巡视巡察反馈问题，成立整改落实工作领导小组，建立问题清单、责任清单、任务清单及整改台账，高标准完成省委反馈意见整改问题总共4大块30个问题；完成村级巡察反馈意见整改问题总共12方面52个问题，建立健全完善3项规章制度、2项工作计划、1项方案等，有力推动巡视巡察整改取得实效，提升党组织全面从严治党和社会治理能力。

【党的建设】 深入实施党的基层组织建设三年行动计划，坚持以习近平新时代中国特色社会主义思想武装头脑，广泛开展学习贯彻习近平总书记出席深圳经济特区建立40周年庆祝大会和视察广东重要讲话精神、中共十九届五中全会精神、党章党规党纪等专题培训，强化理论武装。其间，镇党委书记主持理论中心组学习16次，带头讲党课5次，开展党员培训班6次，培训党员800多人次，党员培训覆盖率100%；全年培育并选举好30名新的党支部委员，吸收8名党员，发展18名入党积极分子；把握新时代基层党组织建设新定位、新要求，围绕实现村党组织书记、主任、集体经济组织负责人“三个一肩挑”和“两委”交叉任职，拿出过硬措施，多措并举，深入抓好基层党组织“头雁”工程，巩固基层党组织领导地位。2021年1月5日全面完成党支部换届选举工作，年龄结构进一步优化，文化素质进一步提升。其中，村党组织书记15名（1名女性），平均年龄47周岁，较上届年龄下降12岁；支部委员58名（12名女性），平均年龄46周岁，较上届年龄下降7岁。

【党管武装】 坚决落实党管武装政治责任，以习近平总书记强军思想和关于新形势下加强国防和军队建设系列重要讲话精神为根本遵循，贯穿国防教育、民兵整组、征兵各项工作：完成18周岁青年兵役登记任务数，登记率100%；圆满完成夏秋季征兵体检政审任务，荣获“2020年度征兵工作先进单位”，党委书记陈志国荣获“2020年度征兵工作先进个人”。

（徐纬龙）

丰 良 镇

【概况】 丰良镇地处丰顺县北部山区，原为丰顺县老县城，是全国重点镇、广东省中心镇，距汤坑（县城）31千米。东北邻龙岗，东连潘田，西南接北斗，西接建桥，西北与梅县水车、径义接壤。镇内国道206线长16千米，途经7个村委会，国道355线长9千米，途经3个村委会。总面积249.61平方千米，山地面积2.13万公顷，耕地面积1800公顷，其中水田1533.33公顷。圩镇建成面积约2.5平方千米，镇政府设在大坝开发区。

丰良镇现辖莘桥、复兴、成东、成西、小椹、黄粗、布新、九龙、丰溪、西厢、丰京、双溪、太平、璜溪、丰田、三山、兵营、仙上、仙洞、新洞、仙龙、下山22个村民委员会和1个社区居民委员会。2020年年底，总户数13792户，总人口65216人，其中农业人口46893人、非农业人口18323人。

丰良镇属山区，四面高，中间低，形成狭长带形小盆地，在海拔100—400米之间，千米以上山峰有韩山岽、九龙嶂。主要河流：丰良河，由西溪（建桥河和大椹水）、南溪（璜溪水）水汇于圩市，东流4.5千米入产溪，为韩江支流；仙洞溪，流经仙洞片5个行政村15千米入产溪。全镇属南亚热带气候，气候温和，冬季有霜冻，年均气温20.6℃，年均降雨量1500—1700毫米。温泉资源主要位于圩市中心河畔，水温95℃，日自流量约1500立方米，日可开采量5000多立方米。镇内有稀土矿、高岭土、钾长石。

2020年，丰良镇社会总产值预计7.32亿元，同比增长0.9%。其中，农业总产值预计3.89亿元，同比增长2.1%；工业总产值预计2.26亿元，同比增长—1.7%；服务业总产值1.17亿元，同比增长2.6%。基本完成上级下达的各项控制性目标任务。

【基础建设】 丰良镇紧紧抓住发展这个主题，用活“两大政策”，坚守“两条底线”，紧握“三大抓手”，抓好交通、水利等基础设施建设，不断优化发展环境。

（一）圩镇建设：为进一步推进城镇化建设，提高居民生活水平，镇党委政府坚持以高起点规划、高标准建设、高质量发展的宗旨，按照“合理布局、突出重点，重在实效”的方针，结合“‘一心一轴、两廊三片七组团’的空间结构”总体规划（2014—2030年），全力改善丰良镇基础设施建设，完成奖坑—东华—三板桥，丰龙路—新大街—新城路，大坝新城区西效大道、新园路、府前路等主要街道共约10千米的柏油路面铺设，并对丰良镇普济桥（高桥）及周边实施亮化工程，大大提升丰良镇圩镇的整体面貌。

（二）交通建设：2020年，对圩镇范围内主要交通道路进行铺设沥青路面升级改造，实现城区内柏油路面的有效连通；协助做好丰顺县国道206线兴宁松陂至丰顺北斗石桥头段（丰顺段）改建工程，加快推进“四好农村路”建设。坚持以人为本，着力改善民生，加快推进村道路升级改造工程，实现村级与县道、国道的相连，实现村村通公交，方便群众出行，促进经济发展。

（三）市政建设：2020年，实施“三村一社区”垃圾清运及保洁服务项目，进一步提高环境综合整治水平和效率。垃圾日产日清，实现“村收集，镇转运，县处理”全覆盖。镇污水处理厂自运营一切工作正常，月均处理污水量12万吨。继续深入推进古驿道森林康养生态园产业发展项目、韩山历史文化生态区等示范项目。积极推进九龙嶂革命教育基地、丰顺一中迁址新建项目、教堂水库工程、规划新建丰良中心卫生院医技综合大楼等重点项目建设进度。

（四）水利建设：一是中小河流治理方面：丰良镇积极贯彻落实全县山区中小河流治理工程的工作部署和工作要求，2020年全力推进中小河流治理，2019—2020年村村通自来水工程前期勘测（设计）工作已完成80%。九韩片生态清洁型小流域综合治理工程已开工，预计2021年6月底前可完工。通过中小河流治理工程，切实提高丰良镇抵御洪涝灾害的能力，营造城区水景观，实现水利现代化，对保障经济社会可持续发展、维护社会和谐稳定具有重要意义。二是解决春节期间自来水供需矛盾方面：春节期间返乡人员多，供水规模远远满足不了居民需要，丰良镇党委、政府主动作为，接通布新自来水厂作为圩镇补充水源，并钻深井安装抽水机，有效缓解春节圩镇居民用水。同时，切实做好防汛抗旱、地质灾害防治工作。

【社会保障建设】 一是不断加大对社会养老保险、城乡医疗保险等的宣传力度。全镇参加2020年度城乡居民医疗保险人数为50320人，参保率95.78%。二是全面落实优抚政策和方针，维护和保障优抚对象、贫困家庭及残疾户的生产和生活，经常走访和了解他们的生活状况，实行全镇弱势群体社会帮扶或救助工作动态管理。2020年丰良镇完成已领取养老保险人员认证审核8361人次。

【社会事业发展】 一是全力推进复工复产工作。认真落实县委、县政府的工作要求，多措并举抓落实，为2020年农业生产开好头、起好步，积极做到防疫和春耕两不误；同时，积极引导支持企业共克时艰、共渡难关，全力帮扶企业复工复产，助力企业内防输出、外防输入，帮助企业查找复工复产痛点、难点，为企业支招、帮企业脱困、助企业复产。二是大力推进村村通自来水项目建设。2019年、2020年村村通自来水工程前期勘测工程已完成。大椹水治理工程已全面完工，准备验收。三是持续做好丰良镇土地监督管理工作。完成2019年度卫片60个图斑核查、整改、复耕复绿工作以及2020年度镇集体建设用地拆旧复垦第一批次5.33公顷立项报批工作，开展乱占耕地建房摸排和整治工作。四是推进农业事业发展。丰良镇新增“一镇一业、一村一品”企业3家，持续推进22个村农村集体产权改革工作。五是应急管理体系建设不断完善。丰良镇应急指挥平台和应急救援物资仓库等建设基本完成。六是全力抓好殡葬改革、食品药品安全管理和布鲁氏病防控、打假打私、团委、妇联、工会等工作，为丰良振兴发展提供稳定的社会环境。

【科教文卫】 丰良镇各中小学校坚持“让学生成长、让家长放心、让社会满意”的办学思想，以教学常规管理为切入点，加强校风、学风、教风、师德建设，强化师生疫情防控、消防安全、森林防火和食品安全意识。镇各中小学校教学教研工作、体育卫生工作和安全工作都取得令人满意的成果。9月6日在丰一中大礼堂召开2020年度教育工作暨奖教奖学大会，镇党政主要领导、各村（居）委、中小学校负责人，及部分教师代表、学生代表共500多人参加会议，对全镇“幼教之星”“教师”“学生”和部分学生家长代表共140多人进行表彰奖励，共发放奖教奖学金5万多元。进一步营造尊师重教氛围，不断激发全镇教育工作者的积极性和创造性，激励学生发奋成才。

全力做好疫情防控工作。积极开展防疫宣传工作，丰良镇制作用本地方言录制的宣传广播，利用镇防疫宣传车流动到城区主干道等地点播放；镇政府大喇叭坚持每天广播，23个村利用文明实践音箱全天广播、护林员摩托车广播宣传队到镇各片区流动广播。镇广播电视台全天滚动播放防控新型冠状病毒宣传工作字幕。2020年，悬挂防疫宣传横幅，张贴个人防护54字守则，印发防疫宣传广播稿3万多份。镇主要领导靠前指挥，班子成员带头落实各项制度，群策群力，上下同心，夺取防控疫情的阶段性胜利。

持续抓好环境综合整治工作。结合上级创文创卫部署，丰良镇抓好制度建设，建立实行镇包村、村包片，党员干部包户，结合“三清三拆三整治”、“美丽丰良·美好家园”城乡环境大提升行动和村庄清洁行动春季战役，扎实推进人居环境综合整治，铁腕整治“六乱”。充分发挥示范带动效应，全力推进“百村示范、千村整治”工程，2020年有7个村达到干净整洁村标准，14个村达到美丽宜居村标准，1个村三山村达到特色精品村。制定印发“五清”专项行动方案，开展摸底调查，定期巡查、督促、检查，确保在年底前达到“五无”目标。落实河长巡河、护河、管河职责任务，开展清漂专项行动，清理垃圾达20多吨。同时，制定各水库汛期应急方案，严格执行汛期值班制度，确保汛期安全。

开展红色革命遗址、名人故居等普查工作，积极推进九龙村柑子窝红色遗址群古大存办公旧址、郑光汉烈士故居、榕树塘永昌居——中共丰顺（临时）县委成立地（旧址）修缮工作。2020年度开展新时代文明实践活动8场次。做好农村文化场所管理工作，镇文化站配合相关部门做好体育场地和围龙屋普查统计工作，同时指导各村做好农家书屋管理等工作。开展

“客都好乡贤”“百佳乡风文明村”、疫情期间先进典型人物、文明家庭、创文先进个人等评比工作和“护苗2020·绿书签”征文活动。推进“扫黄打非”工作站点的规范化建设工作，宣传、文化部门多次到KTV、网吧、书店等场所进行“扫黄打非”工作检查。认真做好新洞、下山、布新、成西、九龙、兵营、黄粗等村的文明村居创建工作。

【综治维稳】 深入推进社会治安综合治理工作，充分发挥58个网格作用，全面掌握全镇各网格情况动态。2020年，丰良镇镇一级调委会调解矛盾纠纷共48宗，村级调解矛盾纠纷共58宗；办结县级以上转来的信访案件和镇级信访件合计18件，切实做到了矛盾不上交、纠纷不激化、无越级上访，最大限度地把各类矛盾解决在萌芽状态。镇村干部网格员积极参与纠纷调解，对涉法涉诉案件纠纷积极引导当事双方正确运用法律途径维权。积极开展全面排查，准确掌握严重精神障碍患者底数情况，做好诊断评估、救治救助、分类管理和信息交换工作；推进社区康复、社区戒毒工作，继续推进“一村（社区）一法律顾问”工作，积极开展法律咨询、普法宣传、人民调解和法律援助等各类工作。

【脱贫攻坚】 丰良镇党委政府和各驻村工作队扎实推进精准识别、精准扶贫工作，紧扣精准扶贫、精准脱贫这条工作主线，通过党建引领、产业增收、消费助力、就业帮扶等方式，同步推进基础设施建设和基本公共服务能力建设，脱贫攻坚成效显著。2020年，丰良镇520户建档立卡贫困户全部达到脱贫标准，脱贫率100%，7个省定贫困村均已退出贫困村行列。全镇实施户帮扶项目1761个，村帮扶项目42个，实施产业扶贫项目287个，其中小椹村自动化养鸡场、丰京村“两园两站”、西厢村商用公益综合中心等项目均提高农村经济收入。

实施乡村振兴战略循序渐进、因村制宜、精准施策，科学把握节奏力度，加快乡村振兴进度。结合具体设计方案，打造各具本地特色的生态宜居美丽乡村。丰良镇正深入推进连线连片三山等10个村创建新农村示范村，扎实推进村道硬化、集中供水、雨污分流、垃圾处理、标准化卫生站、行政村电子商务服务点等基础设施建设。在规划实施与执行过程中，既按镇总体规划有力推进，又突出重点，找准各村产业发展的突破口与切入点，让规划在乡村实践探索中形成良性互动、有机结合。

【旅游开发】 吃透老区苏区振兴发展的支持政策，大力发展富民兴村产业，努力把丰良打造成为以温泉旅游、客家民俗文化体验、生态田园风光为特点的特色城镇。继续深入推进古驿道森林康养生态园产业发展项目、韩山历史文化生态区等示范项目。带动农家乐、民宿、特色种养、林下经济的发展，努力打造丰良镇经济发展新的增长点。

【党的建设】 （一）压实责任，政治建设持续推进。一是坚守政治立场。学习习近平新时代中国特色社会主义思想，结合《习近平谈治国理政》第三卷的出版，镇领导班子成员到各挂点支部讲党课，各支部书记组织党员干部读原书、谈体会、讲认识。二是提升政治定力。召开警示教育会议暨领导干部党章党规党纪教育培训班，镇党委书记、纪委书记上专题党课，播放警示教育片，全体机关干部职工和村“两委”干部达到全覆盖。三是涵养政治生态。坚持党管意识形态不动摇，牢牢把握意识形态工作主导权。全年召开意识形态专题工作会议5次；完成“扫黄打非”工作站和文化站规范化建设。

（二）理论武装，思想建设常态化开展。一是常态化开展学习教育。落实党委会议第一议题学习制度，分次完成对《习近平谈治国理政》第三卷19个专题的逐一学习及习近平总书记系列重要讲话精神和中央、省、市、县重要会议精神的传达学习。二是标准化建设镇委党校。严格按照“六有”标准，配备党校教师18人、大型培训课室1个（可容纳300人）和小型培训课室2个（可容纳50人）；已挂牌的镇场党校分教点23个。三是规范化用好红色资源。推进九龙村柑子窝、古大存办公旧址及郑光汉烈士故居等红色革命遗址群、丰顺（临时）县委旧址和爱国主义教育基地等建设。

（三）夯实根基，组织建设更加巩固。一是开展“三个一肩挑”攻坚战。成立工作领导小组，采取领导班子成员挂点“一对一”指导推进。二是开展村“两委”换届选举工作。12月底前已完成22个村、1个社区支委换届选举工作。三是开展党组织优化设置。撤销中共仙洞中学支部并入丰一中党支部；因党员人数过少不符合支部设置条件，撤销中共九龙嶂茶业有限公司支部及中共丰良粮食储备库支部。四是开展发展党员工作。按期100%完成发展党员计划，共发展党员27人；培养入党积极分子111人；推动全镇党员广东党建云平台登记，已激活人数1601人，占总数98.29%。五是开展政治生活。坚持民主集中制度；严格执行领导干部过双重组织生活制度；认真落实“三会一课”和主题党日活动；落实好村（社区）党组织书记述职评议，23个村（社区）中11位书记被评为“好”等次。六是开展省委第四巡视组关于基层党建工作方面反馈问题的整改工作。

（四）严格把关，队伍建设取得新突破。一是完成行政机构改革。设置十大办公室、五大委员会，做到有人员、有办公场所；按照《关于进一步规范股级干部选拔任用工作的通知》的要求，提拔正股2人、副股2人，转任正股7人、副股6人。二是增加新生力量。新进公务员4人，事业干部5人，“三支一扶”志愿者2人，基层社区工作者1人。三是加强干部管理。实现公务员、事业干部档案核实100%；重点查找干部登记备案信息是否及时备案或变更等6个方面的问题；统计2016年以来国家工作人员因私出国（境）专项整治情况：在编在职92人，已备案92人；统一保管镇村干部出入境相关证件22份。四是做好服务工作。推进国有企业退休人员社会化管理，共接收14个国企90位退休人员；完成本单位机关离退休干部服务管理系统登记工作，共77人；配合做好正常离任村干部信息核实登记。

（五）强化监督，作风建设不断加强。一是勤抓教育。认真开展廉政宣传和以“严守政治纪律，践行‘两个维护’”为主题的纪教月活动，组织镇、村干部约140人次到梅州市委党校文化教育基地参观学习。二是提升认识。加强对干部的日常教育和监督管理，把抓早抓小、动辄则咎、全面从严治党的要求落到实处。全镇开展谈话提醒共113人次，其中日常谈话103人次，提醒谈话10人次。三是加强党风廉政建设。落实“一岗双责”，签订党风廉政建设责任书58份、承诺书33份。

镇纪委立案4宗，结案4宗，了结6宗，给予党内警告5人，严重警告1人，留党察看1人，收缴农村干部群众退回涉农领域违纪违规资金2万多元。四是落实中央八项规定精神。要求全镇党员干部举办婚丧喜庆事宜必须向镇纪委报备。

（党政办）

建 桥 镇

【概况】 建桥镇位于梅州市丰顺县西北部，东接丰良镇，西与兴宁、五华县相邻，南连北斗镇，北与梅县区接壤，离县城37千米，与梅州市相距51千米（高速），206国道贯穿全镇，在建梅汕高铁（丰顺段）预留越行站设在建桥镇岗围村。全镇总面积94.1平方千米，山地面积8364.67公顷，林地面积5718.6公顷，耕地面积825公顷，其中水田732.07公顷。镇政府设在建桥村下坝。

【自然环境】 全镇地处南北两山高耸，一水直流地势。境内群山环抱，南部有海拔897米的鸡公髻岽，东部有韩山高巅，海拔1047米。发源于兴宁市境内的建桥溪，由西向东横境内平川，在丰良莘陂与大椹溪汇合流入丰良河。建桥属南亚热带季风气候，一年常绿，四季分明，气候温和，雨量充沛、阳光充足，无霜期长。镇内森林、水力、矿产（优质石板、钾长石、河沙为主）资源丰富。

【政区人口】 全镇辖新和、三和、建桥、建安、三社、环东、岗围、郑屋、环中、环西10个行政村。2020年，全镇共有5679户、30661人。

【经济概况】 2020年，全镇完成社会生产总值22663万元、同比增长3.7%，完成农业生产总值7618万元、同比增长7.2%，完成工业生产总值2092万元、同比增长2.7%。全镇经济运行稳中向好，国、地税均圆满完成年度计划任务。

【农业】 全镇以农业为主，农作物主要有水稻、花生、玉米、甘薯、马铃薯，经济作物主要有大豆、西瓜、冬瓜、蔬菜等。镇党委、政府高度重视农业发展，全力助推科技兴农。2020年，全镇完成农村集体产权制度改革，成立10村级股份经济合作联合社；定期检测农产品样本农药残留，加强农产品安全监管；大力推动一批新型职业农民培训，大力发展“一村一品”工程，建桥沙田柚、环西和三社红肉蜜柚、建安米粉、郑屋薯粉丝等初具规模，有效带动农民掌握新技术、提高收入，辐射效应明显，村集体和农民经济实力稳步增强。

【林业】 境内林业资源丰富，林木资源主要有马尾松、湿地松、竹和灌木林。镇党委、政府继续强化镇级专职护林队和村级应急扑火队的管理，加强森林火灾监控巡查，实现全年零火灾；加强伐木捕禽巡查监管工作，严厉打击乱砍滥伐、乱捕滥杀、破坏森林生态的违法违纪行为。2020年，全镇共完成森林抚育650.13公顷，完成炭汇林备耕人工种植68.03公顷。

【水利交通】 建桥镇有山塘5座、水库4座、小水电站7座。镇水利部门坚持依法治水，加强对山塘、水库的安全隐患排查，有效防治洪涝洪毁灾害；继续全面推行河长制工作，严厉打击“乱占”“乱采”“乱堆”“乱建”违法行为；村村通自来水工程及小型水库移民后期扶持工程建设项目等工作稳步推进；中小河流域治理管护持续加强，修缮陂头水圳，打造和保障水清、河畅、岸美的生态环境。梅汕高铁建桥站正常运营，为周边的群众提供快捷的出行方式。高铁安置区建设有序推进，解决被征收房屋农民住房问题。

【计划生育】 2020年，全镇计划生育人口出生率9.75‰，计划生育率73.75%，自然增长率6.17‰。在新时期，坚持计划生育基本国策，依法实施全面两孩政策，改革创新计划生育工作，认真组织开展计生新条例学习宣传活动，加强流动人口计生服务，做好计生困难家庭慰问工作。

【文教卫生】 镇党委、政府积极落实文化惠民工程建设，完善镇综合文化站场地设施，大力宣传并认真践行社会主义核心价值观，扎实做好新时代文明实践活动，成功举办各类文体活动；继续推进建桥镇11人制以上足球场建设工作。坚持把教育摆在优先发展的地位，持续加大教育投入，积极开展奖教奖学活动，不断巩固和提升“教育强镇”成果。2020年以来，中小学、幼儿园软硬件设施不断完善，教育教学质量不断提高，教师安教乐教，学生愿学乐学，尊师重教蔚然成风。据统计，2020年建桥中学报考学生人数240人，上县重点线学生39人，上重点线率16.25%，其中，有7人考上梅县东山中学、梅州曾宪梓中学等市重点学校。镇级卫生院门诊大楼和配套设施重新升级改造，增设中医理疗科；全镇10个村卫生站全面运营，大力推进爱国卫生运动，重点加强新冠肺炎疫情防控，加强妇幼保健工作，组织送医送药下乡、下乡义诊等活动，服务群众水平能力进一步提升，医疗环境得到进一步改善，人民的健康意识不断增强，健康水平不断提高。

【社会保障】 镇全面落实城乡居民保险、救灾救济、特困救助、低保核发、五保供养、优抚和残疾人权益保障工作。2020年年底全镇有低保户372户、672人，全年发放低保金约216万元，五保供养74人（其中集中供养3人，分散供养71人），发放五保金约72万元。2020年度全镇参加城乡医疗保险20225人，完成任务比例86.88%。

【脱贫攻坚】 建桥镇切实落实“三保障”政策，建立农村低收入群体社会保障体系，强化教育、医疗、低保以及危房改造等政策落实，对无业可扶、无力脱贫的贫困人口给予政策性保障兜底。把泥砖房改造作为脱贫攻坚的硬任务来抓，全面核查和推进农村危房改造。完善农村低保对象的认定，全面核查、动态保障农村低保对象。加快推进农村低保与扶贫在政策、对象、标准、管理等方面的有效衔接。建桥镇注重因户制宜、精准施策，为每一户贫困户打造脱贫致富最佳方案，百香果产业示范基地、冬种马铃薯、优质水稻种植、红肉蜜柚种植、光伏发电等项目已稳步实施。大力改善贫困村的生产生活条件，对定点贫困村的农田水利、饮水安全、村民用电、村内道路等基础设施进行优化改造；扎实做好小额信用贷款扶贫保底项目，为贫困村发展奠定坚实的基础。

【乡村振兴】 以县委、县政府大力实施“百村示范、千村联动、万众行动”为新起点、新动力和新契机，扎实推进社会主义新农村建设，持续推进人居环境综合整治、“三清三拆三整治”、乡村振兴和美丽宜居乡村建设工作。加快推进实施污水处理厂项目，已在建镇级污水处理厂1座、村级污水处理设施9座，其中5座纳入连线连片美丽宜居乡村建设。加大人力物力和资金投入，对人居环境综合整治工作进行地毯式整改，将“三清三拆三整治”工作融入日常生活工作中，同时不断加大宣传力度，从而提高村民的环保意识、卫生意识以及垃圾分类意识。充分依托好山好水、人文景观等自然资源优势，因地制宜培育发展乡村特色产业，继续稳步推进美丽宜居乡村建设，打造出郑屋村美丽宜居乡村示范点，开创“郑屋村——十里花溪”的良好局面。

【综合治理】 全面加强资源监管工作，建立完善县、镇、村巡查网络系统，加强对违法用地、违规建设的整治，完成拆旧复垦项目2公顷，加强地质灾害防治，不断加大耕地保护资金投入，在新和村大力推进耕地开发工作，共有建设规模用地31.27公顷，经过验收补充等地22.6公顷。全面加强安全生产管理工作，狠抓安全生产、消防、食品药品的监管工作，严格执行“党政同责、一岗双责、齐抓共管、失职追责”，督促各村、企业单位签订安全生产责任书，推行网格化管理，广泛开展宣传教育活动，深入开展“打非治违”犯罪行为，一年来共开展35多次安全生产隐患排查行动，及早发现问题，及时整改落实，实现安全生产零事故。夯实全面从严治党主体责任，强化机关作风督查，狠抓落实巡视巡察问题整改，严格执纪审查，深化扶贫领域腐败和作风问题专项治理。2020年镇纪委共初核各类问题线索6条，党纪立案3宗，已办结3宗，给予党纪处分3人。全面加强综治信访工作，创新社会管理，建立健全扫黑除恶专项斗争工作机制，继续巩固法治镇创建工作成果，充分发挥“中心+网格化+信息化”作用，全力做好维稳工作，全年镇级信访维稳中心共受理案件97宗，收到群众信访来访11宗，其中上级交办10宗，答复率100%，村级调解成功案件104宗，此外，在加强刑事释放人员安置帮教、社区矫正在册人员管理、加强精神病患者日常排查管护、推行“一村一法律顾问”、打击涉毒涉盗行为等方面均取得显著成效，有力维护建桥镇社会治安和谐稳定。

【党的建设】 建桥镇党委高度重视、认真落实2020年县委提出的党建重点工作。一是认真落实新时代党的建设总要求，坚定不移推进全面从严治党向纵深发展、向基层延伸。认真学习党内法规、工作条例和习近平新时代中国特色社会主义思想、习近平总书记出席深圳经济特区建立40周年庆祝大会和视察广东重要讲话重要指示精神、中共十九届五中全会精神，组织党委理论中心组学习16场次，全镇干部政治学习12场次，各党支部累计学习100多场次，培训党员干部3000多人次，巩固深化“不忘初心、牢记使命”主题教育成果。二是不断完善学习场地，在已经具备11个党校教育基地的基础上，将郑屋村的廉政长廊打造成一个廉政教育基地，作为党校的现场教学点。三是抓细抓实疫情防控工作，主动靠前、全力投入，成立11个党员先锋队，发动493人参与疫情防控工作。每天安排一支党员先锋队服务于建桥高铁站，把常态化疫情防控作为各项工作的前提和基础，同时统筹好疫情防控与经济社会发展，做到同部署同推进。四是全领域推进“头雁”工程，2020年以来，共选拔出后备干部44名，其中有6名年轻化、高素质、高学历的后备干部当选为村党组织书记，“蓄水储粮”让基层党组织不断焕发生机活力。五是持续推进党校建设，完善党校场所硬件设施，对行政村的党群活动中心进行完善，扩建了新和、环东、环西村的会议室和办公室。六是扎实做好巡视整改工作，明确整改目标，细分整改任务，将整改工作与全镇的重点项目建设、民生项目建设相结合，通过努力，至年底已整改完毕。

（朱顺金）

龙 岗 镇

【概况】 龙岗镇位于丰顺县北部山区，靠近丰梅边界处，东邻大龙华镇、黄金镇，西南连接丰良镇、北与梅县 梅南镇接壤，与梅州市区相距62千米，距县城汤坑38千米，县道028线横贯集镇，于丰良接国道206线至梅州市或县城汤坑，有县道949线（龙岗—马图—梅县梅南）长42千米。全镇总面积111.88平方千米，耕地面积859.33公顷，其中水田749.91公顷、旱地109.42公顷，人均耕地0.04公顷，山地面积9000公顷。镇政府设在龙华路28号。

全镇下辖松江、新华、新合、梅桥、吉演、上林、松梅、江坑、田坑、坪丰、马图11个行政村，共56个自然村，在册户数5657户，总人口22950人。2020年，全镇有机关干部、职工共79人，村“两委”干部共51人。

2020年，龙岗镇社会总产值2.53亿元，其中，农业总产值1.13亿元，工业总产值6341万元，其他总产值2301万元，财政收入为6418万元。

【自然资源】 龙岗镇属山区，四面高山环抱，群峰连绵，蜿蜒围绕，地势西北高、东南低，山脉由东北向西南走向，北部有北山嶂，连接望州岽、阿婆岽、洋西坑岽、三凹岽、新茶亭岽、关壬凹岽、双髻岽；西北部有角公顶岽；东部有扁嶂岽；南部有丰良塔山。龙岗镇为亚热带气候，全年气候温和，雨量充沛，阳光充足，四季常青。主要河流为丰良河，从丰良双溪村入境，流经龙岗镇10千米，流入黄金镇后为产溪，其他水流有族祖村的胡胜坑，石垅岽的大坑，三坑肚的三坑，古祥岽的洋西坑等。

【全面抗疫振兴乡村】 2020年疫情突如其来，为切实保障龙岗镇人民群众生命财产安全，镇党委、政府部署安排多项措施进行应对。成立防控工作领导小组布置各项防控工作，要求各部门、各村高度重视，提高政治站位，对新型冠状病毒感染的肺炎疫情防治工作严抓落实。安排各部门、各村迅速行动，由驻村领导带队，统筹驻村工作组、村干部对外出务工、学生等返乡人员和企业春节离开龙岗返工人员情况进行详细摸排统计，并将摸排统计情况上报，做到底子清、情况明。在上级部门的指导下以及全镇干部群众共同努力下，守住防线，守护人民群众的健康安全。

受疫情影响，本地部分农产品销售受阻，为更好帮助各企业、农户解决销售难题，龙岗镇开展线上直播带货活动。其中，由广东农产品采购商联盟秘书处、梅州市农业农村局主办的“书记+镇长联播线上推梅州嘉应茶”直播活动在龙岗镇马图村马山生态茶园基地举行，通过直播间，书记、镇长亲自向网友大力推荐本地好茶，为促进经济发展开创新模式。同时，按政策协助企业申请资金，解决困难，为企业尽快复工复产提供保障。

另外，还依托广东省农业科学院茶叶研究所、市、县农业局等单位和部门的专家教授，在马图开展茶叶生产加工技术培训会。通过茶叶技术的交流培训，加强农技人员对茶叶产前、产中、产后各环节的指导、服务与监控；大力推行科技入户工程，真正让农户掌握相关的农业生产技术，并在改进栽培技术的基础上，推进精加工，加强产品推介，不断提升产品质量和知名度，使马图绿茶成为具有明显地方特色、品牌优势和市场竞争力的农业主导产业。龙岗镇生态茶园、特色果园、南药基地、现代养殖场等农业产业不断壮大，“一镇一业”“一村一品”逐渐走向成熟。其中，省、市级农业龙头企业有4家，专业合作社有50多家，为乡村振兴发展提供充足的动力。

【党建工作】 巩固落实“不忘初心、牢记使命”主题教育成果。自启动“不忘初心、牢记使命”主题教育以来，龙岗镇充分利用镇党校及新时代文明实践中心等载体，组织广大党员干部学习贯彻习近平新时代中国特色社会主义思想、中共十九大精神及中共十九届四中、五中全会精神，开展领导干部带头讲党课36场，组织基层党组织书记全员培训3次，组织全镇党员集中学习培训5次，使基层党员能自觉用习近平新时代中国特色社会主义思想武装头脑、指导实践、推动工作。确保按照省、市、县《关于巩固深化“不忘初心、牢记使命”主题教育成果的若干举措》的通知文件精神，巩固好主题教育成果，把教育成果转换为便民利民的实际行动。

实施基层党组织“头雁”工程。龙岗镇认真贯彻落实《龙岗镇村级后备干部培养管理实施方案》，培养一支政治素质好、综合素质好、带头作用好、工作作风好、群众评价好的村级班子后备人选队伍。通过大力实施“头雁工程”培育乡村振兴领路人，进一步提高基层组织战斗力。

全面推动村党组织书记“三个一肩挑”、村“两委”干部交叉任职和村“两委”换届工作。龙岗镇认真贯彻落实《龙岗镇加强党的基层组织建设三年行动计划实施方案（2018—2020年）》，全面推动村党组织书记“三个一肩挑”和村“两委”干部交叉任职工作，全镇所有村均实现“三个一肩挑”。同时，根据省、市、县对村“两委”换届工作部署，龙岗镇认真传达贯彻部署文件精神，研究分析全镇村“两委”换届筹备工作情况及问题，周密部署下一步工作，确保全镇村“两委”换届健康有序进行。

完善基层组织建设，不断强化党风廉政建设。龙岗镇坚决贯彻落实县委、县政府对基层廉政建设的部署，切实按照《关于贯彻落实〈丰顺县基层正风反腐三年行动方案（2018—2020年）〉有关要求的通知》，制定工作方案，统筹职能部门，按照时间节点开展三年行动，不断完成基层党风廉政建设。同时，省委第四巡视组到丰顺开展巡视，县委第六巡察组到龙岗开展村级巡察，借助本次工作的契机，龙岗镇查缺补漏，严抓整改落实，不断深化全面从严治党，巩固落实“不忘初心、牢记使命”主题教育成果，持之以恒正风肃纪，营造风清气正的政治生态。

【基础设施】 大力开展道路工程建设。近年来，不断加快推进农村交通道路建设，并取得了较大成效。一是全面启动村道拓宽项目，在坪丰实施3千米、新合实施3.1千米、田坑实施2.6千米的村道扩宽项目，扩宽村道至4.5米，全面推进“村村通”建设工作；二是投资500多万元新建江坑至坪丰农场的旅游经济线路建设工程；三是配合县交通局做好丰顺县省道242线（原县道949线）马图至江坑段公路路面改建工程，全长13千米。四是完成砂土路改造，为村民出行提供便利。2020年，龙岗镇建设砂土路改造8条，完成路面26.311千米。

强化环境卫生整治。全面落实人员、经费、设备，健全城乡环境综合治理长效机制，加大投入完善环卫基础设施，形成“户分类、村收集、镇转运、县处理”的农村垃圾处理机制。同时，发动全镇干部群众积极参与到整治村容村貌、创建卫生城镇、塑造宜居环境的活动中，利用群众力量对“两违六乱”现象进行综合整治。龙岗镇在11个行政村共兴建78个垃圾收集点、30个垃圾屋，放置1200多个塑料垃圾回收桶，购置垃圾清运车5部和保洁板车17辆，基本实现龙岗镇农村生活垃圾收集处理全覆盖，提升人居环境，增强群众幸福感，为建设美丽龙岗创造有利条件。

完善新农村工程建设。以贫困村和省级新农村连线连片生态宜居美丽乡村建设项目为抓手，不断完善垃圾污水处理、安全饮水、道路交通、“三线”整治等基础设施配套工程，提升服务村民水平。同时，2020年度面上村农村公共厕所17座已完成，通过在农村居民集中居住地、村民活动中心、村入口等新建农村公共厕所，为群众带来便利，进一步完善新农村建设的基础设施。

【文化惠民】 积极筹资，开展奖教奖学工作。为巩固教育创强工作成果，营造龙岗镇尊师重教的良好氛围，推动全镇教育事业再上一个新台阶，在乡贤们的大力支持下，本着奖教奖学的理念，龙岗镇开展2020年度奖教奖学颁奖大会，对考取省、市、县重点学校以及在县统测中名列前茅的学生给予奖励，对教师取得殊荣奖项的给予奖励。本次大会共发放奖教奖学金共计7.85万元，推动奖教奖学形成一种长效机制，营造尊师重教的氛围，同时，在镇财政困难的情况下，仍不断加大学校软硬件投入，优先安排镇级财政资金解决学校教育创强复评遗留资金缺口，为龙岗镇教育事业发展开创新局面。

因地制宜，推动农村文体卫事业健康发展。不断加大文化设施投入，筹资20万元兴建公共电子阅览室，在11个村兴建农家书屋和村级文化活动室，在梅桥村新建梅桥足球场，还在部分村新增健身器材等文体设施，进一步丰富了群众的文体生活。同时，积极开展创建文明村镇、创建卫生镇工作。一方面，龙岗镇参照《广东省文明村镇创建标准》中的组织领导、创建活动、乡风民风、文化生活、人居环境、负面清单6项测评项目，对标对表，开展文明村镇创建。另一方面，为进一步创造良好的人居环境，培育社会文明卫生新风，提高全民素质，积极开展爱国卫生运动，推动卫生镇创建工作。

利用资源，促推红色旅游与美丽乡村相结合。在解放战争时期，马图村留下见龙居、得震楼、西华寺等红色革命遗址。充分利用这弥足珍贵的红色革命资源，结合绿色生态环境，推动长效发展。规划3个项目均已启动，其中，在“中央苏区丰顺革命史料陈列馆（一期）主体工程”已完成的基础上，继续推进中央苏区丰顺革命史料陈列馆二期工程，包含红色主题馆、马图村党群众服务中心、烽火印记等项目。同时，不断完善新农村连片示范村等项目建设，深挖红色资源，将马图村成打造成为名副其实的“看遗址，逛茶山，游美丽乡村”的爱国主义教育基地。

【民生建设】 大力做好脱贫攻坚。严格按照深调研、真落实的工作思路，深入田间地头，因地制宜，精准施策，为贫困户打造最佳的脱贫致富产业。一是开展特色种植，利用市财政帮扶资金77.7万元在松梅村开展1.33公顷大棚温室培养种植蔬菜和绿萝，通过合作社运营管理，吸收有劳动力贫困户参与种植，实现村集体长远有效增收。二是合作建设黄牛养殖场。通过投入80万元，与企业合作建设2个350平方米标准大棚及配套设施黄牛养殖场，采取合作社运营模式，聘请专业技术人员进行管理，吸收有劳动力贫困户参与黄牛养殖，发动松梅村劳动力种植玉米、牧草等青饲料，形成“公司+合作社+农户”发展模式，带动和影响周边形成连片黄牛养殖产业发展。三是开展2期“一户一策”种养扶持。根据16户贫困户各自实际和意愿开展种养殖业，通过家门口的放养和散养，为每户贫困家庭产生经济效益5000多元。四是在坪丰村统筹开发230千瓦光伏发电项目，种植青柠檬、救心菜，以长短结合的方式，实现造血扶贫功能。通过一年来努力，坪丰、松梅两个省定贫困村在广州日报社、广州市妇联的帮扶下，在镇、村干部的共同努力下，相关扶贫工作顺利通过省、市、县考核，为助力脱贫攻坚、决战收官之年贡献力量。

大力落实“河长制”工作。为进一步保护辖区内水生态环境，全面开展水面漂浮物清理专项行动工作，重点清理丰良河新华段以及江坑支流全域等，清理河流长度4.1千米，清理河流面积6万余平方米，打捞清运漂浮物约63.42吨，镇级河长巡河144次，村级河长巡河528次。同时，实行“一河一档一策”的河道管理办法，全面地掌握所管河道周边的污染源，积极推动水域、镇村生活和养殖污水、农村生活垃圾及污水综合防治，促进丰良河龙岗段的河流水生态环境进一步改善，确保实现辖区内河畅、水清、岸绿、景美的生态环境。同时，加大对盗取河沙等违法违规行为的监管力度，全面落实好河长制工作。

大力加强安全生产和消防管理。严格落实安全生产“党政同责”，全年镇党政主要领导带队检查安全生产工作14次，分管领导20次，确保排查安全隐患及时整改；同时，深入推进消防安全网格化、精细化管理，以村书记主任、镇驻村工作组、村民小组长、村民形成基层消防管理合力，切实做好重特大火灾事故的预防。其中，为进一步推进消防宣传进农村，在马图村开展全市消防宣传进农村试点工作，通过开展全镇干部、村书记主任及网格员宣传培训活动，邀请市、县消防大队到马图村组织开展消防应急演练，制作消防宣传小册子等系列活动营造良好宣传氛围。同时，通过完善马图村文物保护单位（见龙居）消防安全设施等，进一步夯实镇火灾防控基础，推动消防宣传进入千家万户。另外，镇农业部门积极配合县相关部门严格落实农产品质量和食品安全监测，确保人民群众舌尖上的安全。

大力加强综治管理。龙岗镇主动出击，通过向社会公布有奖举报电话、设置举报箱等方式深挖犯罪线索，开展办结案件“回头看”，对近年来已办理的涉黑涉恶举报线索案件进行“回头看”，对收集的控告举报线索中是否存在涉黑涉恶及“保护伞”线索进行逐一排查，全面梳理涉黑涉恶犯罪线索。龙岗镇共接到群众举报涉恶线索1宗，收到上级移交的群众举报线索7宗。通过开展“涉黑涉恶在办案件百日攻坚战”，将未办结的“治乱”点案件线索于2020年6月全面完成核查办结，切实做到“有黑扫黑、无黑除恶、无恶治乱”。同时，综治中心充分发挥网格员的作用，积极开展矛盾纠纷日常排查和专项排查工作。2020年，全镇共排查调处各类矛盾纠纷72宗，其中各村综治工作站共排查调处各类矛盾纠纷有62宗，成功调处60宗；镇综治中心共受理调处各类矛盾纠纷和信访案件共10宗，成功调处9宗，充分发挥镇综治信访维稳中心组织协调作用，真正做到将95%以上矛盾纠纷化解在镇一级。

大力加强法治建设。为进一步维护群众生活长治久安，还不断深入建设法治政府。一是开展“七五”普法活动，与司法局、学校多方联动，加强法律宣传教育，提高全民学法、懂法、用法水平。二是认真落实“一村一法律顾问”工作，2020年以来龙岗镇法律顾问开展法律咨询、普法宣传、人民调解和法律援助等各类工作共计176次，为基层群众提供法律援助的保障。三是加强执法人员法治宣传培训，开展执法人员资格考核，运用法治思维和法治方式贯彻落实新发展理念，不断把法治政府建设向纵深推进。

大力加强国土资源管理和农村集体产权制度改革。一是切实落实耕地保护目标责任。镇、村逐级签订耕地保护目标责任书，将耕地保有量和基本农田保护面积列为政府考核目标。大力推进拆旧复垦工作，龙岗镇复垦农用地总面积为3.71公顷，经过县级验收组对项目进行竣工验收后，进一步完善对复垦农用地的管理。二是加大执法监察工作力度。加强巡查制度，每周安排3天巡查，对公路沿线、重要节点、重点村加大巡查频率，做好巡查记录，并发布《龙岗镇人民政府关于整治农村乱占耕地建房问题的通告》，对各村进行排查，坚决打击农村乱占耕地建房问题。三是加强对地质灾害点的监管与整治。通过各方努力争取到上级地质灾害点整治资金，对龙岗学校、坪丰村西边地质灾害点进行整治，根除隐患，保障人民群众生命财产安全。四是主动作为落实历史补充耕地整改工作。按照市、县整改目标任务，迅速组织人员分工协调，主动承担完成可整改的历史补充耕地整改工作。五是扎实开展农村集体产权改革。通过对农村集体资产进行清产核资，将集体资产按照资源性、经营性、非经营性分类登记，实行台账管理，逐步构建归属清晰、权能完整、流转顺畅、保护严格的农村集体产权制度。龙岗镇农村集体经济组织数为182个，成员认定已全部完成，折股量化和章程制定正在稳步推进中。

大力加强社会保障工作。龙岗镇坚持维护优抚对象、贫困家庭、五保户、残疾户、留守儿童和复退军人的生活保障，实行弱势群体社会帮扶及救助工作动态管理，使困难群众得到有效救助。同时，积极做好农村养老保险申领认证、就业服务工作；做好城乡居民基本医疗保险和城乡居民基本养老保险的征缴工作；主动推进农村“普惠金融”体系建设，大力宣传金融知识及打击非法集资行为，全面维护农村金融稳定；切实开展打假打私工作，维护龙岗市场稳定。

大力加强征兵和人口普查工作。为保障征兵工作的有序进行，龙岗镇广泛发动宣传，扩大居民群众对征兵条件及各项优惠政策的知晓率，动员各村适龄青年响应国家号召，踊跃报名应征，确保高质量完成征兵指标任务。同时，全面落实第七次全国人口普查，加强组织领导，统筹人员分工，强化普查工作保障，全力参与做好中国特色社会主义进入新时代后的一次重大国情国力调查。

大力加强森林资源保护。为更好保护龙岗绿水青山，龙岗镇通过印发《龙岗镇森林防火应急预案》，制定森林防护管理制度，落实护林防火日常巡查，确保龙岗镇森林资源的管护。同时，通过镇林业站扎实做好碳汇林改造、森林防火、野生动物保护、林业病虫害防治、防火宣传等工作，保护青山，推动龙岗镇森林覆盖率持续提高，让龙岗生态环境得到绿色保障。

（温舒振　刘国扬）

潘　田　镇

【概况】　潘田镇位于丰顺县中部，素有“两个之最”的美誉：一是地理位置居全县最中心。东邻留隍镇，西接丰良镇，南壤汤坑镇，北连黄金镇，与县城汤坑相距28千米，国道235线和国道355线贯穿境内，交通便利。二是平均海拔全县最高，达426米。全镇总面积146.04平方千米，镇政府设在潘新社区居民委员会。

【自然资源】　潘田镇四面环山，中间成高山小平原，整个地势由中间向四面倾斜，属丘陵地带。南北两溪及吉畲溪流经镇域，注入韩江。潘田属亚热带季风气候区，气候温和清爽，光照充足，雨量充沛，年平均气温20.8℃，无霜期长，四季常青。主要资源有：森林、水力、矿产（以瓷土、高岭土、铅锌矿、铜矿、锡矿为主），矿源分布广、品位高，有较好的开发前景。

【政区人口】　镇行政辖流坑、华亭、石坑、松柏、中心、潘田、填江、铁坑、集群、新东、上吉、新联、新南13个村民委员会和潘新社区居民委员会，共100个村民小组。全镇共8011户，41796人。

【发展思路】　2020年，潘田镇在县委、县政府的坚强领导下，以习近平新时代中国特色社会主义思想为指导，深入学习贯彻中共十九大及历次全会精神、习近平总书记视察广东重要讲话和对广东工作的一系列重要批示指示精神，着力抓好稳增长、调结构、促改革、优环境、惠民生、防风险各项工作，全镇上下一心、迎难而上，综合实力稳步提升，城乡面貌日新月异，经济社会保持平稳健康发展，基层组织建设不断加强，社会和谐稳定呈良好态势。

【经济概况】　在各级党政的正确领导下，主动适应经济新常态，寻求发展新机遇，克难攻坚，稳中求进，团结和带领广大干部群众奋发进取，推动经济社会各项事业快速发展。2020年，全镇农村社会总产值达19184万元，同比增长5%；工农业总产值18200万元，其中工业总产值1538万元，同比增长7%；农业总产值17530万元，同比增长6%；农村人均收入15542元，同比增长7.1%。经济社会发展主要目标任务基本完成。

【农业生产】　紧紧抓住现代农业产业发展趋势，狠抓水稻、烤烟、番薯等经济作物种植。2020年水稻面积1320公顷，产量9374吨；番薯种植面积228.27公顷，产量4225吨；烟叶种植面积111.13公顷，产量236吨；产量逐年上升。一是持续发放奖励补贴。按照每公顷补贴标准1225.5元，全镇种粮直补涉及1225.2公顷农田全部足额发放补贴。二是为农业生产保驾护航。深入推进农产品质量安全监管工作，实施对全镇9个农资门店、3个一类农产品质量安全监管主体、78个二类农产品监管主体的全面监控，并与各项主体签订安全生产协议，定期进行抽检。三是稳扎稳打土地确权颁证工作，已圆满完成确权工作，颁证率100%。四是充分发挥本地优越的气候、土壤等自然条件，打造以百香果、高山番薯、云雾绿茶、优质大米、有色米等特色农产品为主的生产基地，扩大“计划种植、合同收购”和“公司+基地+农户”的产业化经营模式推广范围，促进农业产业高质量规模化发展，繁荣农村产业经济。

【人居环境】 持续投入不断完善配套设施设备，确保垃圾日产日清，并且每年定期开展宣传和集中整治活动。完成了辖区内中小河流整治工作，建立“河长+警长”工作机制，对流域进行全面防控，保护流域生态环境。2020年，全镇组织人居环境整治集中行动15次，悬挂宣传横幅25条、树立宣传牌12块、张贴发放宣传资料1000多份。开展巡河工作800多人次，发现并整改问题30个。实施河道清漂专项行动2次专项清理行动27次，累计清洁河道48.92千米，清理各类漂浮物497.2吨。

【脱贫攻坚】 潘田镇集中力量脱贫攻坚，取得了突破性进展。一是推广光伏扶贫。全镇建成村级光伏电站18个，预计每年为贫困户增收3000元左右。二是建设扶贫车间。填江村活动中心改造升级的党建扶贫车间正式运营，车间主要接受服装加工订单，工人工资按件计算，贫困户经培训上岗后每月收入超过2000元，能够有力地巩固脱贫成果。三是借助电商平台激发消费动力，助销农产品。中心村通过与丰顺县丰鼎电子商务有限公司合作，激发各地消费者消费动力，扩大特色农产品高山番薯、富硒有色米、丝苗米、小黄姜等市场销路，农业产业发展带动贫困户增收脱贫格局初步形成。

【乡村振兴】 完成全部村的高标准农田建设，建成10千米一河两岸休闲碧道、新建农村道路8.46千米、路灯201杆、公厕17座、垃圾屋37个、村村通集中供水点10个、村级综合性文化活动场所5个、实施美化绿化36905平方米，有效改善农村基础条件。建立路长体系，有效治理道路“脏、乱、差、堵”问题。推动“四好农村路”建设和开展圩镇提升工程，至2020年，拟建的8条总长10.841千米砂土路已完成其中3条共2.26千米，圩镇范围内公路全部完成柏油路面的铺筑，“四线合一”完成第一期改造项目，为振兴发展注入坚强的推动力量。

【社会保障】 坚持以人民为中心，推动社会救助、养老服务、就业引导、优抚等工作取得新突破，社会事业蓬勃发展。2020年，全镇低保户385户、660人，五保户140人全部实现应保尽保；全镇养老保险参保率98%，其中45—59周岁参保率100%；城镇新增就业人数完成全年任务，城镇登记失业率控制在3%以下；优抚对象176人全部落实优抚政策，556户军属、烈属和退役军人家庭悬挂退役军人光荣牌工作全部完成；实施医疗救助700多人次，共计发放医疗救助金70多万元。

【公共事业】 一是全年开展新时代文明实践活动12次。努力培育和践行社会主义核心价值观，推动习近平新时代中国特色社会主义思想更加深入人心。二是顺利通过“广东省卫生镇”验收工作，进一步提高群众卫生意识，改善城乡人居环境。三是推动教育资源再升级。已开展潘田第二学校教学大楼重建工作，加强学校教学条件建设和保障，全面提升潘田教育教学水平。

【社会治理】 2020年，全镇排查并成功调处化解各类矛盾纠纷144宗；收到并核查各类涉黑涉恶线索摸排表56份；与14个村（社区）分别签订禁毒、禁赌专项责任书并对全镇4个易制毒场所严加监控；组织召专题学习会议、技能培训、应急演练等共计17场。同时，潘田镇还通过各类渠道大力开展宣传工作，全年共组织镇村干部观看警示教育片3次，发放宣传彩页1500余份，重点区域悬挂宣传标语150条、横幅30条、大型宣传牌47幅，并通过有线电视长期播放公益广告和教育知识片。

【意识形态】 认真贯彻落实中央和省、市、县委意识形态工作责任制，建立健全意识形态领域学习调研、定期分析研究、定期报告并抓好贯彻，签订《意识形态工作责任制责任书》，制定《2020年度意识形态工作要点》，镇领导班子开展意识形态工作专题研究会议2次，开展意识形态专题调研1次，专题部署意识形态工作1次。充分利用市县镇级媒体报道潘田镇在基层党建、抗击疫情、脱贫攻坚、扫黑除恶等工作动态，同时在各类公共场所，设置广告牌、张贴海报、悬挂横幅、LED电子屏等，积极宣传全民战疫主题“爱国卫生运动”、“文明健康、有你有我”、社会主义核心价值观、党风廉政建设等内容，引导广大干部群众传播社会正能量。

【党的建设】 潘田镇狠抓干部队伍建设，着力提升党组织的战斗力和凝聚力。一是进一步巩固“不忘初心、牢记使命”主题教育成效，认真组织全体党员干部开展《中国共产党支部工作条例》《中国共产党农村基层组织工作条例》《中国共产党党员教育管理条例》《中国共产党纪律处分条例》《中华人民共和国民法典》和《习近平谈治国理政》第三卷等相关条例、书籍集中学习共42场，发放相关条例、书籍2100多本。以学习强素质、以素质强能力、以能力促工作。二是落实好党委中心组学习计划，开好民主生活会，进一步深化业绩考核制度，激发干部干事创业的热情，形成一个讲学习干实事的氛围。三是抓好村级干部队伍建设，加强对村级党员干部的管理教育，特别是要抓好村级后备干部队伍的建设，做好村级后备干部的筛选和培养，为潘田的进一步发展提供高素质的村级后备人才。

【政治生态】 深入学习贯彻习近平新时代中国特色社会主义思想，坚决落实中共十九大全面从严治党战略部署，进一步加强基层党风廉政建设，不断建立健全基层不敢腐、不能腐、不想腐的长效机制，确确实实把潘田镇正风反腐各项任务落到实处。全年共开展谈话提醒共72人次，处理问题线索3条，合并调查处理后党纪立案3件3人。同时，以构建惩防体系为核心，规范建立健全各项规章制度文件4份，并组织各部、各单位门签订《党风廉政建设责任书》53份，组织镇机关党员干部职工、村“两委”干部签订《廉洁承诺书》161份。

【疫情防控】 2020年，面对突如其来的新冠肺炎疫情，扎实开展各类宣传和排查管控工作，镇村干部带头落实疫情防控责任，面向群众做好宣传解读工作，当好宣传引导志愿者，引导公众正确理解、积极配合、科学参与疫情防控。累计发放《公告》《通告》和《防疫新冠肺炎54字守则》《倡议书》《公开信》等宣传资料2.8万余份，悬挂疫情防控宣传横幅108条，张贴海报1300多张，制作独立宣传牌16块，在全镇营造浓厚的防疫控疫宣传氛围，保持“零感染、零疑似”，并有序推动复工复产，统筹协调好社会经济发展工作。

（党政办）

大龙华镇

【概况】 大龙华镇位于丰顺县东北部，毗邻梅县区、大埔县，东接小胜、砂田镇，西连龙岗镇，南邻黄金镇，北靠梅江区西阳镇、大埔银江镇，与县城汤坑镇相距53千米，与梅州市区相距50千米。全镇总面积220.39平方千米，下辖16个行政村，总人口21904人。镇内生态环境优越，植被覆盖率高，水能资源和矿产资源丰富。2020年被评为“广东省卫生镇”。

【经济】 2020年全镇社会生产总产值2.76亿元，比2019年增长4.9%；财政收入（含上级预算内拨款）3242.08万元，比2019年增长23.1%；经济运行呈现稳中有进、稳中向好态势。

【产业】 全镇产业结构以第一产业为主，支柱产业是种植业和水力发电。代表性农作物有绿茶、番薯、辣椒，其中番薯粉丝、辣椒酱、石门绿茶、长梗高山绿茶是本地支柱产业。镇内有柑橘园、沃柑园、茶园、柚园等种植园。较大规模水电站有杨梅渊水电站和黄潭围水电站，进入技改扩容阶段。立足生态优势，大力推动大田村亲水平台“网红坝”、湖心岛、控肚绿美古树乡村、华东村百果园生态观光种植基地、龙溪生态旅游度假区生态休闲旅游项目建设。

【脱贫攻坚】 2020年脱贫攻坚全面完成。全镇186户526名贫困人员全部实现脱贫，4个省定贫困村实现退出，脱贫退出率100%。87户丧失劳动力或部分丧失劳动力贫困家庭纳入最低生活保障，41户五保户纳入兜底保障，实现全镇贫困人口合作医疗、养老保险100%覆盖。投入资金149万元新建成华东村、龙北村2个光伏发电项目，持续为村集体及贫困户增收。

【人居环境】 深入推进“三清三拆三整治”人居环境整治，全镇累计“三清理”共894处，“三拆除”3043间共67539平方米，“三整治”共175宗。积极推进“厕所革命”，新建公厕34座，完成新建或改建无害化卫生户厕9座，村容村貌焕然一新。加快完善生活垃圾收运处理体系，建成33个标准垃圾屋，16个行政村配备37名专职保洁员。推动7座村级污水处理设施建成，日处理能力500吨的镇级污水处理站进入试运行阶段，镇村环境卫生得到有效保障。扎实推进河湖专项综合整治，投入40余万元，开展河道垃圾清理、生态修复专项行动22次，显著提升水生态底蕴。

【基础建设】 完成大田、田东主干道和主要巷道沥青路面改造工程和“四网”整治项目，涉及线路23条，共36.8千米“四好农村路”建设和县道950线升级省道233线路面改造全面完成。新建长布坝休闲广场、篮球场，动工建设长度3千米的径门村龙溪河岸护坡休闲绿道。

【民生保障】 实施奖教奖学，对全镇120余名教职工给予节日慰问，发放2万余元慰问金。119名贫困学生获得助学资助补助，推动1所乡村学校少年宫落户长布小学，形成乡村教育发展“新格局”。扎实完成农村集体产权制度改革，有序推进折股量化、确权登记、颁发股权证，改革活力、政策福利进一步释放。高质量推进第七次全国人口普查工作，圆满完成人口普查数据比对复查。

【亮点工作】 全镇完成拆旧复垦交易5.82公顷，待交易10.73公顷，7.13公顷进入验收阶段。投入工作经费196.3万元创建“广东省文明镇”工作，开展环境综合整治570余次，病媒生物防治消杀4次，镇村环境卫生面貌大为改善。抢抓丰顺老区苏区文化振兴发展机遇，推动“省特级文化站”创建工作。镇综合文化站总建筑面积1100平方米，内设图书室、创作室、器乐活动室等10个免费开放功能室，藏书量达1.5万多册，外围建有文化广场和健身广场共计4100余平方米，配套设施完善。“省特级文化站”创建工作经市级单位审批通过，取得阶段性进展。

【社会治理】 全力推进扫黑除恶专项斗争，在2019年扫黑除恶重点地区考核验收工作中，整治成效显著，顺利“摘帽”。狠抓信访和矛盾纠纷调处工作，大力开展法治宣传，无群体性上访事件发生。成立35人综合应急救援队伍，建成2个应急救援物资仓库。深入开展安全生产隐患排查和专项整治，全年无重大安全事故发生。

【基层党建】 深入实施党的基层组织建设三年行动计划，全面完成16个行政村“两委”换届选举工作和“三个一肩挑”工作。建立健全常态化学习教育机制，推动“不忘初心、牢记使命”主题教育向纵深发展。扎实推进基层党支部标准化、规范化建设，加强后备干部培养和党员发展工作，深入推进党风廉政建设和反腐败斗争，以省委巡视整改和7个村村级巡察整改为契机，推动基层党建全面进步和全面过硬。

（谢伟雷）

黄 金 镇

【位置面积】 黄金镇位于县东北部，总面积158.42平方千米，东界留隍镇，西邻龙岗镇，南连潘田镇，北接小胜、大龙华镇。山地面积1.39万公顷，耕地面积1266.67公顷。镇政府设在黄金圩镇。

【自然环境】 境内四面群山环抱，南部的鸳鸯寨为最高峰，海拔383米；全镇一半属山区，一半属水涝地区。丰良、大龙华和径门3条小溪汇集至境内成产溪，自西北向东流，在留隍站口汇入韩江。黄金镇属亚热带季风气候，气候温和，雨量充沛，地势低，属典型水涝地区。

【经济概况】 2020年镇财政收入2345.08万元。全镇农村社会总产值从2019年的4.07亿元增加到2020年的4.13亿元，增长1.47%；人均年收入从11583元增加到

12149元，增长4.89%。

【辖区人口】 镇行政辖径双、清溪、望楼、俄湖、启明、松青、遍沙、双灵、三合、三联、龙山、嶂背、湖田、光明、深田、东坑、芹寨洋、埔东、埔头角、杨石、隍洞、坑尾、罗江、黄金24个村委会，1个黄金中心社区居委会。2020年年底全镇有8386户，38371人。

【交通通信】 2020年完成国道235线、罗江路和53千米砂土路建设并全线通车；有序推进省道233线（留隍经黄金到大龙华段）、乌石铺大桥、松青大桥以及永记观光大桥建设；积极开展大丰华高速和梅潮高速前期的各项工作，力争早日动工建设。镇内设有邮政支局、电信支局，移动、联通、电信网络信号覆盖全镇25个行政村（中心社区），各村实现无线高速局域网全面覆盖。

【市政建设】 2020年黄金圩镇有沿江街、建新街、中兴街、金山街、金塘街、金华街、湖田街7条街道，逐步形成商业区、行政区、农贸区、住宅区等功能齐全的新集镇。投入1000多万元，占地约1.2万平方米的黄金文体综合广场，已投入使用。

【扶贫开发】 镇建档立卡贫困户414户、1203人，相对贫困人口及相对贫困村均达到退出标准，退出率100%。在防止返贫监测和帮扶工作上，全镇412户贫困户都已经购买扶贫返贫救助责任保险；同时，因地制宜，精准施策，为贫困户打造最佳的脱贫致富产业，投入27.78万元，发展番薯、水稻、散养等项目，产值高达65.9万元；投入706万元发展光伏产业，2020年发电100万千瓦，预计收益40多万元。销售方面鼓励贫困地区搭载淘宝、拼多多、千鲜汇等电商平台，建立线上销售渠道，搭建订单销售平台销售农特产品，完善物流进村服务模式，提升物流快递服务速度，同时引进广东金田生物科技有限公司为镇扶贫产业销售提供有力物流支撑，丰顺县文田种养农民专业合作社为镇贫困户提供技能培训、劳动力转移等方面，为消费扶贫的推进，提供技术支撑；2020年11月29日，黄金镇联合梅州市日报社、梅州市交通运输局成功举办“赴圩节”，吸引2万多名游客到黄金镇消费购物，促进消费扶贫工作。

【旅游产业】 完成投入2000多万元的鸳鸯寨森林公园一期工程，二期工程已完成登山道、牌坊建设，将继续完善配套设施、观光道路等工程建设，有力夯实绿色旅游经济基础。逐步推进丰顺龙鲸河旅游发展有限公司总投资10亿元、首期投资3亿元，总面积约1266.67公顷的龙鲸河乡村旅游景区（含坚真森林公园规划区）的大型农业生态旅游产业项目。成功引进竹海渔乡田园综合体项目，打造总占地200公顷，总投资16亿元，以休闲、观光、旅游、种养为一体旅游开发。

【文化教育】 镇内有完全中学1间（黄金中学），完全小学3间，教学点9个，幼儿园4所。为构建现代文化服务体系建设步伐，丰富公共文化产品，提高文化供给能力，推动文化事业科学、全面发展，全镇共打造1座综合文化大楼和24间农家书屋。2020年黄金中学再创佳绩，288人参加高考，重本以上23人（比2019年增加14人），其中省统重本9人，地方专项14人；本科以上101人（比2019年增加30人）。

【党建工作】 强化政治建设，坚决做到“两个维护”。一是在思想政治引领上着力，健全完善“第一议题”制度，抓好抓实中心组学习，通过抓10次中心组学习，组织开展专题党课80场次，一体推进“全镇党员进党校”“党课开讲啦”，对全镇党员干部分期进行培训，深入学习贯彻习近平新时代中国特色社会主义思想，认真贯彻落实习近平总书记出席深圳经济特区建立40周年庆祝大会和视察广东重要讲话重要指示精神，认真贯彻落实中共十九届四中五中全会精神，全镇1300多名党员干部进一步增强“四个意识”，坚定“四个自信”，做到“两个维护”。二是在聚焦问题整改上着力。对省委巡视、县委巡察问题和上年度抓基层党建述职评议考核县委点评问题，带头领办、交办、督办，以钉钉子精神推动整改落实。三是在优化政治生态上着力。深化警示教育、以案促改，从思想、政治、组织、作风、纪律等方面进一步加强党组织建设。

【综治维稳】 充分发挥镇村两级人民调解组织在社会和谐稳定中的“第一道防线”作用。2020年黄金镇共调解各类纠纷89起，调解成功89起，调解成功率100%。其中镇调委会调处80件，调解成功80件。村级调委会调处9件，成功9件。不断推动新时代人民调解工作的创新发展，实现矛盾不上交、不激化，保障人民群众合法权益，维护社会公平正义、和谐稳定。

【农业种植】 境内土地大部分属黄土壤，适合种植水稻，经济作物有南姜、甜玉米、鱼藤、甜竹笋等。黄金镇积极发展柠檬（尤力克）、番薯、梅片种植、优质水稻等绿色产业，全面完成光明、埔头角农田垦复项目，成功引进丰顺县金英种养专业合作社等企业实施丝苗米种植项目。黄金镇以丰顺县成功创建全国绿色食品原料（甘薯）标准化生产基地为依托，积极引导各贫困村开展番薯种植绿色扶贫产业，打造现代农业产业发展。

【林业资源】 境内林木资源丰富，有林面积1.29万公顷。全镇盛产竹子，有竹林面积约0.67万公顷，素有“竹乡”之称，2007年被市评为“竹具专业镇”。黄金镇充分利用、开发黄金竹资源禀赋，坚定不移地走“绿水青山就是金山银山”的绿色发展道路，积极推动现代竹产业发展，谱写竹乡振兴新编章。

【水利河道】 投入192万元实施黄金镇丰良河广洋段疏浚清理工程，对河道进行清淤疏浚，有效整治了河道环境。2020年度，开展河湖专项行动23次，查处非法采砂、堆砂行为5宗，扣押非法采砂车辆3辆，有效打击“乱采”“乱堆”行为。全年，镇级河长巡河459次、村级河长巡查1104次。

【圩日贸易】 黄金镇设有圩场1处——黄金圩，逢3、6、9为圩日。是全镇及潘田、留隍、大龙华、小胜、潮安等地农副产品集散地。

【名优特产】 研发丰顺特产黄金可口姜糖系列产品、金竹牌姜茶（颗粒饮料）、金竹牌柚皮糖等系列产品。黄金可口姜糖采用生姜提炼姜汁，配以高级淀粉精制而成，肉质细腻，柔韧透明，味道甜中带辣，是走亲访友的馈赠佳品。

（文及明　江泽彬）

留 隍 镇

【概况】 留隍镇位于丰顺县东北部，居潮州、梅州、揭阳三个地级市之间，广东省第二大江——韩江纵贯镇域，县内与汤坑、潘田、黄金、小胜和潭江等5个镇接壤，距离县城汤坑镇40千米、潮州市区40千米、汕头市区65千米、揭阳市区50千米。在春秋战国属百越地，汉时隶属南海郡揭阳县，北宋宣和三年（1121）揭阳县城设于此，南宋绍兴二年（1132）撤销揭阳县城，并入海阳县。宋末皇帝赵昺到万江古庙求神庇护并于此留宿，取“万江庙小可留皇”而将万江改称留皇。后为躲避元朝追查，将“留皇”各加左耳旁而成“𨸹隍”，𨸹隍之名便沿袭至今。明清初隶属潮州府海阳县；清乾隆三年（1738）划入丰顺县。2004年10月原东留、茶背两镇并入留隍镇，全镇总面积428.23平方千米，下辖36个行政村和1个社区，人口10.5万人。先后获得广东省中心镇、广东省生态示范镇、广东省青榄专业镇技术创新试点单位、广东潮客小镇特色小镇创建工作示范点、全国重点镇、第三批国家新型城镇化综合试点地区、第二批全国特色小城镇等众多荣誉称号。

【资源优势】 留隍镇地形以低山丘陵为主，地势北高南低，地貌形态较为简单，沿江两岸自然生态环境保护良好，乡村生态环境保持良好，森林覆盖率40%以上。具有丰富温泉资源、水力资源、生态资源、矿产资源。东留鹿湖天然温泉含有丰富的氡等有利于保健养生的元素，平均水温65摄氏度，日溢流量3880吨，水质好、水温高、流量大。留隍区域内水力资源丰富，有大小水电站64座，总装机11.4万千瓦时，包括有留隍“韩江小三峡”之称的韩江枢纽水利工程（东山电站），总装机容量7.5万千瓦时，年发电量3.11亿瓦时。区域内河沙、瓷土、稀土、叶蜡石、铅锌矿、多色辉绿岩等矿产资源储量丰富。

留隍春夏季节盛产枇杷、杨梅、龙眼、荔枝等水果，秋冬季节盛产青榄。全镇青榄种植面积2533公顷，总产近5万吨，主要品种有香榄、三棱榄、青皮榄、甜橄榄等。1999年特色产品“铜峰牌”青榄获全国第三届水果展销会“中华名果”称号，“大乌脐、青边”枇杷获广东省“优质水果”奖。全手工艺又具有除湿功能的留隍草席颇受人喜爱，于2016年9月入选梅州市非物质文化遗产代表性项目名录。同时，留隍还有留隍云片糕、留隍姜糖等传统特色食品。

【经济社会发展】 2020年，留隍镇社会总产值达到17.8亿元，同比增长11.04%；农业总产值4.8亿元，同比增长3.8%；工业总产值5.6亿元，同比下降41.78%；固定资产投资3.77亿元，同比增长61.8%；完成税收收入2384万元，其中中央级收入804万元，省级收入408万元，县级收入1172万元；财政总收入5008.89万元，其中一般公共预算收入3836.89万元。

【党建工作】 严格落实管党治党主体责任，始终把党的建设摆在首位，按照新时代党的建设总要求和组织路线，以政治建设统领党的各项建设，全面从严治党不断深入。一是注重思想政治建设，提高改革发展的引领力。坚持把学习贯彻中共十九大精神、习近平总书记系列重要讲话精神作为首要政治任务，作为基层党支部“三会一课”长期主题，作为领导干部教育培训的必修课，坚持深入学习贯彻中共十九届五中全会精神、习近平总书记出席深圳经济特区建立40周年庆祝大会讲话精神和视察广东重要讲话、重要指示精神。二是提高政治站位，打好疫情防控“阻击战”。认真贯彻落实习近平总书记关于疫情防控的重要批示指示精神和省、市、县相关工作部署，留隍镇及时成立疫情防控处置工作领导小组，制定新型冠状病毒感染的肺炎疫情防控工作方案和紧急情况处置预案，明确为疫情防控工作提供制度保障。发挥基层党组织战斗堡垒作用和党员先锋模范作用，各党支部带头，组织党员群众自发参与疫情防控和复工复产工作，开展防控工作以来全镇共设置村级临时劝返站33个，劝返人员约11550人；参与疫情防控工作的党员干部共计2000多人，党员捐款1958人次共174950元，形成全镇党员干部积极投身疫情防控和复工复产的工作格局。三是围绕队伍提升，增强基层组织战斗力。严格按照《丰顺县加强党的基层组织建设三年行动计划实施方案（2018—2020年）》的部署要求，严格落实“三会一课”制度，定期召开支部大会、支委会、党小组会，按时上党课，按要求召开民主生活会和组织生活会。抓好党员发展工作，严把入党审核关特别是政治关，2020年共吸收积极分子38名，接受预备党员29名。加强党员干部教育培训，充分发挥镇委党校作用，全年组织党员干部培训12场共计2300人次。抓好“头雁”工程，2020年4月开始集中开展推动村党组织书记“三个一肩挑”百日攻坚行动，全镇村（社区）“三个一肩挑”任职比例由8%提升至100%，为决胜全面建成小康社会、决战脱贫攻坚、推动乡村振兴提供了坚强的组织保证。四是聚焦从严治党，营造风清气正“好氛围”。镇党委积极落实主体责任，强化责任担当，充分落实“一岗双责”，在落实党风廉政建设方针、政策和重大部署上以身作则，严格执行党章党规党纪，深入推动党风廉政建设工作，制定2020年党风廉政建设学习教育计划、工作计划及党风廉政建设责任清单，把党风廉政建设责任分解到领导班子，并与37个村党支部签订《留隍镇党风廉政建设责任书》，细化主体责任，确保党风廉政建设一岗双责落到实处。同时加强廉政宣教。引导干部职工特别是党员干部将廉洁意识内化于心外化于行，筑牢思想道德防线，2020年留隍镇召开警示教育会议3场，观看警示教育片2场，发出纪律宣传画册4070份。此外，切实抓好问题整改，认真落实县委第三巡察组巡察反馈问题整改，坚持问题导向，注重“靶向治疗”，狠抓整改落实。按照要求制定整改方案，列出整改台账，明确整改措施，限定整改期限，及时召开巡察整改工作专题民主生活会，反馈的35个问题已完成整改并长期坚持。

【机构改革试点】 留隍镇自2019年8月被确定为丰顺县行政管理体制改革试点镇以来，先后制定出台《关于深入推进留隍镇行政管理体制改革试点的实施方案》《关于调整丰顺县留隍镇职能机构编制的通知》《关于印发贯彻落实〈关于深入推进丰顺县留隍镇行政管理体制改革试点的实施方案〉政策措施工作方案》等文件，各项改革试点工作正在按上级要求稳步推进。一是加强组织领导，全力推动行政体制改革工作。成立以党委书记为组长，其他党政领导班子为副组长，各单位部门负责人为成员的留隍镇深化乡镇体制改革完善基层治理体系工作领导小组，制定并印发《留隍镇深化乡镇体制改革组织实施工作方案》，全力推进留隍镇行政管理体制改革工作。根据《中共丰顺县留隍镇委员会留隍镇人民政府职能配置、内设机构和人员编制规定》设置党政工作办公室9个，同时对改革后的机构部门负责人和部门人员进行重新安排调整，转任6名正股级干部，新提拔任用3名正股级干部，把想干事、能干事的干部调整到重要岗位，为留隍镇党政工作机构配齐配强人员。二是突出重点，全面激发改革活力。按照“既要放得下，又要接得住、用得好”“能放则放、宜放则放、依法放权”的原则，留隍镇全面梳理县级管理权限，提出具体下放权力需求清单202项，其中行政许可8项，行政处罚163项，行政强制9项，行政检查18项，行政征收2项，行政给付1项，公共服务事项类及其他1项。三是改造留隍镇文体活动中心一、二楼作为政务服务办公室和便民服务中心使用，构建“两中心、两平台”，探索一站式便民服务功能，推进规范化建设。四是综合行政执法队设立城市管理、交通管理、文化旅游管理、市场管理、农业农村管理5个行政执法分队，分别行使城市、交通、文化旅游、市场、农业农村等领域的行政执法管理权限，实现统筹辖区内派驻和基层执法力量实行联合执法的“一支队伍管执法”。五是创新财政管理模式。在县委县政府的大力支持下，留隍镇乡贤在丰顺县注册的总部经济企业产生的县本级税收收入，以2017年、2018年、2019年县本级税收的平均值为基数，从2020年起，超过基数部分县本级收入的50%返还给留隍镇。

【强农惠农】 立足生态农业根本，围绕农业增效、农民增收的目标，发展农业特色产业，推动农业稳步发展。一是严格落实惠农政策。按要求发放耕地力保护补贴、基本农田保护补助金、生态公益林补偿金，进一步加强涉农资金使用管理。二是推广优质粮种，提高粮食产量。2020年全镇谷物种植面积累计2679.2公顷，水稻杂交良种播种面积2589.4公顷，占比96%，全年粮食总产14763吨，同比2019年略有增长。三是大力发展茶产业。鼓励茶农扩大茶叶种植面积，引进改造新品种，改进产茶制茶工艺，提升茶叶质量，提高经济效益，实现以茶兴农、以茶富民。四是做强做大橄榄产业。发挥“青榄专业镇”优势，扩大橄榄种植规模，扶持青榄产销专业合作社、裕兴橄榄庄园等龙头企业，培育优质品种，探索深加工方法，增加橄榄附加值，提升品牌知名度。

【基础设施】 一是加快推进中小河流域治理。蔗溪中小河流治理工程、西洞溪中小河流治理工程、凤凰溪中小河流治理工程已基本完工。二是加快推进交通公路建设。韩江东留段堤岸综合整治工程已正式动工建设；中排闸道路新建工程和留隍大桥东至东山水电站道路改造工程、环城公路四车道拓宽改造工程已经完工；环市至葛布、田坫和葛布大桥至九河、富足至高华、环城路至溪南村后山等多条“四好农村路”已完成建设，沥青铺设总长约52千米；西洞接待驿站建设和进城大道改造工程已经完工，县道072线长林段一级公路新建一期工程、葛布至潮州赤凤段公路改造工程已建成投入使用。

【重点项目建设】 留隍镇以特色产业为核心，以项目为抓手，着力谋划实施涉及产业、交通、环保、医疗、教育、新农村建设等20多个重点项目。留隍潮客文化广场及地下停车场已建成向群众开放；幼儿园扩建工程已顺利竣工交付使用；东留农贸市场已完成主体工程建设；丰顺县第二人民医院门诊楼已经挂牌启用；宋代古镇项目一期已完成，二期正在加快建设；军塘湖湿地公园正在加快推进之中；古善堂修缮工程已经完成主体建设；红岽山文化公园已经完成主体建设；潮客康养小镇已完成首期53.33公顷建设用地调规，已完成土地流转约26.67公顷，凤凰溪碧道一期工程已完成，凤凰溪水闸已经安装完毕，茶背生态工业园规划建设已经正式启动，正在做规划设计、土地调规、征地放线、登记造册等前期工作。

【城乡风貌】 按照《丰顺县开展“美丽丰顺·美好家园”三年行动计划》的工作部署，积极推进“两美”提升工程，加快改善城乡人居环境，实现美丽与发展共赢。一是抓好农村人居环境综合整治。加强路边、水边、村边、屋边、山边环境综合整治，深入开展“厕所革命”专项行动，推动生活垃圾分类处理，努力改变农村“脏、乱、差”现状；扎实推进“三清三拆三整治”工作，现已拆除危、旧、弃房、旧猪牛栏及乱搭乱建、违章建筑等1562间，共计面积51498平方米。二是全面落实“河长制”。层层签订责任书，明确责任分工，积极开展巡河工作；加强盗采河沙整治工作，组织专门队伍加强对盗采河沙的日常巡查管控，开展专项整治打击行动，有效遏制了非法盗采河沙行为，进一步规范了留隍镇河道管理秩序；切实做好城乡污水处理工作，加快镇级污水处理厂和村级污水处理站规划建设，镇级污水处理厂已经运营，管网铺设工作已完成总进度的95%，已投入使用的污水处理站有7个：黄沙坑2个，茶背1个，九河1个，田玷1个，砂汤2个。三是加大“两违”管控打击力度。抓好全镇“两违”日常巡查管控，将违建情况进行登记造册，通过严把水、电、网络、电视安装审批关，严厉打击违法用地和违规建设行为，规范留隍镇建设管理秩序。四是做好护林防火工作。积极开展新一轮绿化大行动，完成造林抚育近6666.67公顷；加大护林防火宣传力度，张贴2000多份防火宣传标语，悬挂200多条横幅，树立100多个防火警示牌，利用林业广播宣传车、移动音响播放防火知识，有效增强广大群众的防火意识；加强队伍建设，重新组建一支专兼职护林防火队伍，明确责任分工，加强培训演练，增强综合素质，确保做好森林防灭火工作和伐木毁林捕禽巡查监管工作。五是加快推进美丽乡村建设，“五村连片、十村联动”省级新农村连片示范建设工程、省定贫困村和连线连片生态宜居美丽乡村项目进展顺利，推动镇区有效扩容提质，城乡人居环境加快改善，实现美丽与发展共赢。

【脱贫攻坚】 根据省、市、县脱贫攻坚工作部署，留隍镇以壮大村集体经济、增加贫困户收入为目标，切实在精准扶贫、精准脱贫方面全面发力，着力实施产业、金融、就业帮扶，夯实脱贫攻坚基础，集中力量打赢脱贫攻坚战。截至2020年年底，本轮精准扶贫建档立卡贫困户961户、2408人，9个省定相对贫困村，贫困户445户、1190人；27个分散面上村（其中4个县直重点帮扶村，贫困户296户、871人），贫困户516户、1218人。达到脱贫标准的贫困户961户、2408人，脱贫率100%，贫困户退出961户、2408人，退出率100%，退出相对贫困村庄9个，退出率100%。留隍镇严格按照深调研、真落实的工作思路，深入田间地头，党政一把手带头到贫困村调研脱贫攻坚工作，深入贫困户家中，了解贫困户的确切需求，因地制宜，精准施策，为贫困户打造最佳的脱贫致富产业，2016年以来留隍镇开展392个项目，涉及产业、培训、基础设施建设、慰问等类型；项目资金合计5626.73万元，资金类别："631"资金2954.95万元、其他资金2671.78万元。

【特色小镇】 按照上级决策部署，结合留隍镇发展定位，委托广东城乡规划设计院、珠江规划院、广东旅道设计公司等权威设计单位和规划专家团队，对《留隍镇土地利用总体规划（2014—2030）》《留隍镇风貌设计及主要空间街路景观整治设计》《广东潮客小镇发展规划》等进行整合提升，多规合一，做好《留隍镇红崇山文化公园总体规划》《留隍镇军塘湖湿地公园总体规划》《留隍镇西山释迦崇片区概念性规划》等规划编制，不断优化提升发展思路，进一步明确留隍、东留、茶背6个片区协调发展、联动发展的思路。留隍片区以军塘湖湿地公园、红崇山文化公园、宋代古街、万江古庙建设为重点，以点带面、串珠成链，推动老城区功能品位双提升，打造宜居宜业宜游新镇区；东留片区在鹿湖温泉度假村AAAA级景区和"惠仁圣寺"的基础上，以潮客小镇建设为中心，优化提升温泉度假养生和康养文化养生产业；茶背片区以释迦崇和生态工业园为核心，依托释迦崇优美的自然生态资源和黄礤老苏区红色文化资源，通过"红+绿"融合发展，打造生态旅游和产业融合发展示范区。

【社会保障】 一是落实重点民生保障工作。推行全民参保计划，落实城乡居民医保政策，截至2020年，参保人数为77958人；全镇在册低保户982户1944人，五保户406户406人，保障政策全部落实到位；发放80周岁以上老人高龄补助金2168人433600元。二是教育事业稳步发展。充分利用乡贤对教育工作的慷慨捐资和大力支持，全面加强教育工作，巩固教育创强成果。2019—2020学年留隍镇义务教育学生应入学人数321人，实际入学317人，入学率98.75%，没有因贫辍学，2019—2020学年秋季发放贫困学生生活费补助496人，含19名技工院校学生；2019—2020学年秋季发放贫困学生生活费补助494人，含19名技工院校学生，落实率100%。三是积极开展文明实践活动。以建设镇村新时代文明实践所（站）为载体，举办9次新时代文明实践活动，丰富了广大群众精神文明生活。四是落实全民健身理念。不断完善公共体育健身设施，组织开展各类群众体育活动，积极参加县级足球、篮球等各项比赛，留隍镇在2020年第四届"县长杯"乡镇足球联赛中获得冠军，在丰顺县"中邦杯"机关、企事业单位篮球联赛中获得第五名。五是关注青少年妇女和卫生健康工作。充分发挥团委、妇联的桥梁和纽带作用，认真做好扶助贫困学生上大学工作，关爱青少年和留守儿童，维护合法权益；推动村级卫生站规范化建设和乡村卫生一体化管理，健全乡村医疗卫生服务网络，提高基层卫生服务能力。

【平安留隍】 紧紧围绕创建"平安留隍"的总体目标，一是创新社会治安综合治理。狠抓综合治理服务平台建设，积极推进"中心+网格化+信息化"工作，加强矛盾纠纷排查，落实重点信访案件领导包案责任制，提升办案结案率，尽力将矛盾化解在基层，解决在萌芽状态，竭力维护社会和谐稳定。截至2020年年底，综治信访中心共受理案件40宗，已办结40宗，办结率100%，答复率100%。二是抓好安全生产工作。认真落实安全生产“一岗双责”，建立完善各类预警和应急机制，管控重点领域，消除安全隐患，提升平安创建工作水平。全年共进行各类检查138次，加强地质灾害隐患点整治，对全镇37个地质灾害隐患点进行再排查，汇总基本信息，统一管理。

（许有锌）

潭 江 镇

【概况】 潭江镇地处丰顺县东北部，韩江中游，距梅州市68千米，距县城74千米。东邻饶平县新塘镇，西接本县砂田镇和小胜镇，南与潮安县凤凰镇相连，北与大埔县洲瑞镇、高陂镇和桃源镇接壤。镇域面积为217.71平方千米，其中：有山地1.91万公顷，水田536.67公顷。县道072线公路和县道027线公路纵横贯穿全镇，广东第三大河——韩江自北向南穿过全镇，把潭江镇分为东、西两岸。

全镇辖1个社区居委和18个村委，233个村民小组，总人口3.3万多人，其中凤坪畲族村950人（畲族608人）。是梅州市唯一的少数民族（畲族）聚居地，也是著名的革命老区。

【经济发展】 2020年，潭江镇实现社会生产总值5.87亿元，同比增长1.5%，其中农业产值2.98亿元、工业产值2.89亿元，分别增长1.52%、1.28%，城乡居民年人均纯收入达到15124元，增长4.6%。2020年，潭江镇通过引导成立茶叶流通协会，投入资金推进茶叶产业园建设，推进茶农、茶企提升制茶技术，党政主要领导直播带货加强市场推广，春茶产量达600吨，产值达1.5亿元，实现量增价涨。

【农业发展】 除传统农业外，茶叶是潭江镇农业特色产业，茶叶种植主要分布在较高寒的凤坪、银溪、箭竹、官上、官溪、官下、社輋、然新8个村，以凤坪和银溪两地茶叶较为出名，素有“高山云雾出名茶”之称。近年来，潭江镇茶叶产业飞速发展，茶园面积和茶叶产量逐年提升，据调查统计，全镇茶园面积2066.67公顷，古茶树3.6万多株，潭江镇作为丰顺县茶叶发展集聚镇示范点，茶叶资源丰富、种茶历史悠久，茶文化独具韵味，其中凤畲茶叶公司所产茶叶连续3年荣获广东省十大好春荣誉称号，茶叶主导产业发展呈现良好态势，知名度进一步提升，茶农收入显著提高，此外，还有丹竹洋村的红薯、粉輋村的百香果、富溪村的马水橘等优质农产品，受到市场的青睐。

【工业发展情况】 陶瓷业：潭江镇瓷土资源十分丰富，生产陶瓷已有300多年的历史，产品畅销东南亚和欧美等地，素有“陶瓷乡”的美称。2005年，潭江镇被省科技厅认定为红陶专业镇。潭江镇结合辖区内陶瓷产业现状，充分利用本地区丰富的瓷土资源优势和“红陶专业镇”品牌，深入开展“暖企”行动，为企业发展解决一批困难和问题，陶瓷企业出口份额大增。

水电建设：潭江镇东西两岸较低，全境均为丘陵山地，溪流都汇入韩江，形成丰富的水力资源。潭江镇充分利用水资源的优势，大力发展水电资源，辖区内有37宗小水电站，发电量达到2.8万千瓦时，为全镇安全饮水、农田灌溉、水利工程建设和水土保持提供强有力的资源保障。潭江镇还有2宗小（1）型水库（凤坪水库设计库容123万立方米，主汛期库容20万立方米左右）；1座粉峯山塘。

【文教事业建设情况】 潭江镇共有中学2间，其中潭江中学学生360人，教职工45人，潭山学校约300人，教职工约45人；小学4间，其中教职工总数为130人，潭江中心小学学生约900人，官溪小学约330人，大胜小学约280人，凤坪畲族小学有学生97人，教职工5人，学校结合实际设有畲语、畲族舞蹈、茶艺表演等课程；2020年，潭江镇投入372万元对大胜村幼儿园和官溪下村幼儿园进行升级改造，并转制为公办幼儿园，不断完善学前教育公共服务体系，让教育真正“从娃娃抓起”。

潭江镇坚持教育优先发展的理念，积极实施“科教兴镇”战略，逐步形成以学前教育、基础教育均衡协调持续健康发展的良好格局，教育教学水平再上新台阶。

【城乡建设】 大力推进基础设施建设。一是投入750万元完成圩镇坚真大道挖补和沥青铺设及圩镇其他路段的升级改造，县道027线圩镇至凤坪21千米裁弯取直及铺设沥青工程和乡道182线竹至上墩10.8千米沥青铺设工程已全面完工，同时，全方位推进“四好农村路”建设，加快消灭农村沙土路攻坚战，共计投入2100多万元对全镇40条农村沙土路进行水泥硬底化，总里程数达到47.8千米，已完成任务的84%，进度全县第一。二是投资2000多万元的中心镇污水处理厂及管网建设项目已建成运营，有效的遏制河流污染，极大地改善城乡人居环境并达到减排效果。三是投入150多万元实施韩江圩镇段河堤抛石护脚除险加固工程，为圩镇堤围安全提供有效保障。四是村村通自来水工程全面完工，解决群众饮水难的问题。

持续改善生态居住环境。一是抓好河道保护工作。打好“碧水”保卫战，落实好全面推行河长制工作，2020年村级污水处理厂建成10个，截污治污能力得到提升；投入资金，常态化开展河道清淤、清漂工作，清淤、清漂面积达12万平方米，河道更加干净、美丽。二是严控森林防火形势。持续加强森林资源保护力度，通过充实和调整护林防火队伍，在高火险期内，加强对重点道路、重点地段和重点人员的严格管控，实现24小时值班和每日巡查相结合，同时抓好森林防火宣传教育工作，坚决消除各种火灾隐患，防火形势安全稳定。三是整治农村人居环境。2020年是农村人居环境整治三年行动收官之年，潭江镇村庄垃圾处理率、公路列养率、人畜分离率、无害化卫生户厕普及率、村村通自来水项目完成率实现“5个百分之百”。落实农村生活垃圾“村收集，镇转运、县处理”的处理机制，积极推进生活垃圾分类。基本完成农村“三清三拆三整治”。建成村级污水处理站10座，52个自然村实现污水收集处理。推进农村“厕所革命”，累计建设卫生公厕25座。新农村和美丽宜居乡村建设再上新台阶，2020年投入1000多万元，以补齐基础设施短板为抓手，完成一批惠民建设项目，群众的幸福指数也越来越高。四是推动民族地区发展。2020年10月10日，第四届民族地区文旅产业发展论坛暨非物质文化遗产创新与发展大会成功举办，凤坪畲族村作为大会其中一个重要的活动节点，受到上级领导和国内民族专家学者的好评。潭江镇党委把握党对民族地区推进乡村振兴的好机遇，筹措和争取项目资金1000万元，落实“十个一”发展举措，完善凤坪畲族村基础设施建设，重新挖掘梳理了畲族文化资源，提升畲族村人居环境，做大畲族村茶叶产业，在努力下，该村获得首批“广东省少数民族特色村寨”命名。

【社会事业建设】 脱贫攻坚成效明显。自脱贫攻坚战打响以来，全镇上下始终坚持把习近平总书记关于扶贫工作的重要论述和上级的重要部署作为决战脱贫攻坚的根本遵循和行动指南，举全镇之力攻坚克难，投入2000多万元扶贫资金，经过精准扶贫、对口帮扶工作，全镇265户、826人贫困人口实现全部脱贫，5个省定贫困村，一个县重点帮扶村全部实现退出，贫困村人均可支配收入超过1.3万元，279名无劳力建档立卡贫困户全部纳入政策兜底，“两不愁三保障”认真贯彻执行，“八有”标准不折不扣落实，脱贫攻坚取得明显成效，接下来将进一步巩固脱贫攻坚成果，完善长效机制，进一步防止和减少返贫现象的发生。

平安建设更加扎实。潭江镇党委高度重视信访工作，定期研判相关问题，一批信访积案得到有效化解。2020年以来全镇共接待信访149人次，受理案件83宗，成功调处81宗，调处成功率97.5%。加强司法所、派出所等基层政法综治组织建设，处理治安案件6宗，数量呈逐年下降趋势。扎实开展“一村（社区）一法律顾问”工作，积极开展七五普法工作，群众学法、知法、守法的意识有所提高。认真组织涉黑涉恶线索排查工作，将开展专项斗争与强化基层组织建设、化解历史矛盾紧密结合起来，确保全镇社会局势安全稳定。

安全应急防线更加牢固。严格履行安全生产“党政同责、一岗双责”责任制，加强应急管理“四个一”建设，完善高效救援体系，不断提高应急水平。落实好常态化疫情防控的各项措施，提高突发公共卫生事件应急处置能力；强化应急队伍建设，2020年下半年，扑灭山火1宗，成功解救因车祸被困人员3宗3人，受到周边群众点赞；紧盯重点行业领域，深入开展安全生产专项整治行动，共出动检查人次400余人，检查各类场所200多家，发现各类隐患21处，并已全部整改完成；扎实开展“安全生产月”和“安全生产万里行”系列活动，提升企业和个人安全生产意识；持续强化食品安全管理，确保人民群众“舌尖上的安全”。

【党的建设】 全面加强基层党组织建设。一是狠抓理论学习。坚持知行合一、学以致用，利用党委理论学习中心组、镇委党校等平台，以中共十九大、十九届五中全会、习近平总书记出席深圳经济特区建立40周年庆祝大会和视察广东重要讲话重要指示精神、《习近平谈治国理政》第三卷为重点，使全镇党员干部经常受教育；督促各支部落实好“三会一课”，推进“两学一做”学习教育常态化制度化；深入发掘党内政治生活的资源，利用“学习强国”“广东党建云”APP平台、微信群、公众号等新媒体平台，有效地组织开展学习教育培训工作。二是强化党的领导核心地位。实施“头雁”工程，推动全镇村党组织书记、村委会主任及村集体经济组织负责人“三个一肩挑”；全镇19个村（社区）党群服务中心规范设置工作全面完成，规范“四议两公开”工作（党支部会提议、“两委”会商议、党员大会审议、村民代表会议或村民会议决议；决议公开、实施结果公开）；落实好乡镇体制改革工作，以不断健全党的全面领导制度为出发点，优化机构设置，合理调整人员岗位，做到“人岗相适、人尽其才”；完成机关企事业单位和“两新”党支部和村“两委”换届工作。三是发挥党员先锋模范作用。充分发挥基层党组织战斗堡垒作用，开展疫情防控、困难帮扶、植树造林、爱国卫生、送医下乡等主题党日活动。在“战疫”中，党组织和广大党员冲锋在前，充分发挥中流砥柱作用，党群联动形成以自管自治促疫情防控的有利局面，招募党员志愿者上百人，建立党员志愿服务站20多个，群众纷纷自发捐款捐物，党群连心，疫情防控工作取得阶段性胜利。四是激发人才活力。做好新形势下发展党员工作，按照“控制总量、优化结构、提高质量、发挥作用”的总要求，2020年发展党员14名；加强村级后备干部培养工作，全镇19个村（社区）共培养后备书记、干部78人；善用“职级并行”制度，激励机关干部干事创业；深入开展“五小”场所建设，积极开展机关文体活动，让乡镇干部感受到组织的温暖。支持团委、妇联、工会工作，潭江镇青年战疫志愿突击队获梅州市“优秀战疫志愿服务组织（团队）”称号，镇妇联组织被评为县“三八红旗手”集体；做好党管武装工作，2020年有8名有志青年应征入伍。五是确保意识形态安全。围绕“传思想、传政策、传道德、传文化、传技能”的主线，积极开展主题宣讲，围绕防疫、乡村振兴等内容开展志愿服务活动30余次，党组织的凝聚力和向心力不断增强；不断强化阵地管理，投入资金加快官下村龙溪跻宁新时代文明实践站建设，让传统的祠堂焕发新的活力；牢牢把握意识形态工作话语权、领导权，深入践行社会主义核心价值观，弘扬主旋律，传播正能量，持续壮大主流思想舆论，确保意识形态安全。六是从严管党治党。全面落实“一岗双责”，把加强党风廉政建设放在更加突出的位置上，落实“抓早抓小”工作机制，2020年全镇共开展日常谈话147人次，提醒谈话24人次。深入推进扶贫领域腐败和作风问题专项整治，处置案件线索9条，转立案8宗8人。发挥案件警示教育作用，结合实际落实纪教月“六个一”措施，全镇党员干部的纪律意识和底线意识进一步增强。七是扎实落实好巡视巡察整改。2020年1月，县委第六巡察组对潭江镇潭江、溪西等13个村（社区）巡察情况进行反馈，潭江镇积极促各村（社区）完成好反馈问题整改任务，在接受本次巡察中，共反馈67个问题，已完成整改67个，整改完成率100%；扎扎实实落实好省委巡视整改工作，针对四大方面的27项问题研究制定56条具体措施，制定《整改落实工作方案》，明确整改责任和整改期限，全面推进巡视整改工作落实真到位、见实效。

（党政办）

砂 田 镇

【概况】 砂田镇地处丰顺县东北部，距县城汤坑86千米，距梅城53千米，东邻潭江镇、大埔县洲瑞镇，西接大龙华镇，南连小胜镇，北与大埔县银江镇接壤，全镇总面积146.25平方千米，其中山地面积1.2万公顷，耕地面积577.83公顷，境内四面群山怀抱，西北面莲花山脉主峰——铜鼓峰，为粤东最高峰；中间盆地，金沙河自北部向南流经砂田圩镇。

砂田镇下辖占山、占上、占中、占下、砂田、新塘、岳坑、大坑、荐坪、黄花、茜坑、南溪、南洋、南坑、沙溪、铜峰16个村民委员会和金砂社区1个居民委员会。2020年年底全镇共有4574户，总人口19541人。

砂田镇土质肥沃，植被较好；属亚热带海洋性气候区，一年常绿，四季分明，气候温和，年均气温21.5℃，雨量充沛，年降雨量1352毫米，阳光充足，霜雪少。镇区森林、水力、高岭土、矿产（稀土、花岗岩为主）资源丰富，大部分尚未开发利用，有较好开发前景。自然生态环境优异，野生物、动植物种类繁多，为发展山区经济提供宝贵条件。

【旅游景区】 粤东第一峰——铜鼓峰。位于砂田镇西北部，海拔1559.5米，为粤东第一高峰。铜鼓峰顶端方圆，形如铜鼓，山势险峻，巍峨壮观，具有千姿百态的奇石景观，最具形象的有“玉石佛手”“仙人取宝”“金龟下山”等；在海拔1100米处，还有世界上海拔最高的客家围龙屋。登山可观日出日落，俯视群山云海；东望韩江凤凰山，西闻鸿图茶片香，南俯潮州湘子桥，北视阴那铁树花，为夏秋探奇、观光旅游的好去处。

教授之乡——黄花村。黄花村全村总人口1100多人，共有30多名专家、教授出自黄花村。其中著名数学家李国平院士，于1955年当选为中国科学院首批学部委员；其他著名教授有：华南理工大学教授李铭盘，华中科技大学教授李德华，武汉大学教授李小川、李健行，华中师范大学教授李工宝等，是名副其实的“教授村”。黄花村方圆约1.5平方千米，四面环山，群峰竞秀，林木茂盛，地理环境非常独特，素称“狮象把水口，龙虎守山门”。黄花村主要景点有：李国平院士故居、客家特色民居、笔峰、笔蘸墨池、原始森林公园、仰山公祠、将军庙、黄花天池、水口生态美景。黄花村于2008年被评为“广东省特色旅游村”，2010年被评为“全国生态文化村”，2014年被评为“广东名村”和“广东省卫生村”，2016年被评为“广东省文明村”，2019年被评为“国家森林乡村”，2020年被评为第六届全国文明村。

【经济状况】 2020年，砂田镇经济社会持续健康发展，经济态势良好，社会生产总值、工业生产总值、农民人均纯收入、全社会固定资产投资、财政总收入等各项指标稳中有进，全年全镇农村经济总收入1.65亿元，工业总产值3531万元，农村人均纯收入12769元，圆满完成各项目标任务。

【交通公路】 2020年，对圩镇街道约3.2千米进行整治提升、雨污分流、铺设柏油路，对通往“粤东第一峰”旅游景区必经之路砂田圩镇至沙溪香碓下6.8千米道路铺设柏油路，对“教授之乡”黄花村村道2千米、铜峰旅游景区2千米道路进行升级改造，铺设柏油路面，进一步促进乡村旅游发展，对辖区内25条共38.68千米的砂土路进行硬底化改造，对027县道（砂田通往潭江、留隍、大埔方向）进行升级改造，建设占中村“十里碧道”、圩镇休闲步道、南溪村休闲步道和黄花村休闲河堤。

【精准扶贫】 一是采取“精准扶贫+公司（合作社）+基地+农户”的发展模式，引进广东汤南小菜食品有限公司种植李果约4公顷，祥盛种植专业合作社种植百香果约3.33公顷，因地制宜建设5个光伏发电站，保证每年贫困户可获得稳定收入，增加村集体经济收入，同时还为农户提供了就业机会。全镇贫困户共有128户321人，至年底全部达到脱贫标准，脱贫率100%，4个省定贫困村（黄花、占中、占山、南坑）均已退出贫困村行列。二是建立返贫机制，县直相关部门为128户贫困户购买扶贫返贫保险，从医疗、意外伤亡、住房、教育、产业等方位保障贫困户的脱贫成效，有效防止返贫现象的发生。三是积极组织有劳动力的贫困户开展技能培训，培训率100%，开发12个公益性就业岗位，优先安排贫困户就业。四是大力拓展种植黄花富硒水稻，挖掘有市场、有潜力的梅州柚和丰顺茶，助推砂田镇经济进一步发展，夯实脱贫攻坚成果。

【社会保障】 投入资金改造敬老院，安装消防自动喷淋系统和休闲健身器材，购买空气能热水器、电视、衣橱以及残疾人康复器材等，建设残疾人康园中心；为全镇低保户189户395人发放低保救助金1457933元；为全镇五保户76人发放五保供养金647100元，其中有7名半失能的特困人员月人均护理标准为423元；为全镇困难群众4人发放临时救助金37700元；为优抚对象106人106户发放抚恤补助金945499.4元；为231名重度残疾人及117名困难残疾人发放护理补贴和生活补贴共832145元。在砂田镇的敬老院中，集中供养五保户9人，敬老院工作人员4人，已实行常态化疫情防控管理和全天候值班制度，为特殊人群提供安全卫生的宜居环境，送出人文关怀和社会救助，打造幸福小镇。

【旅游发展】 持续推进“红色+绿色+特色”乡村旅游。擦亮粤东第一峰（铜鼓峰）和教授之乡（黄花村）旅游名片，发挥“一山一水一村一人一传承”山水人文资源优势，弘扬砂田传统民俗“菜花灯”，结合闽粤赣边区纵队第一支队司令部旧址、梅埔丰革命烈士纪念碑、陈永年烈士故居（番衍楼）炮楼、四角楼、紫荆围等红色特色资源优势，构筑成生态旅游与美丽乡村串珠成链，发展以“吃农家饭、住农家院、赏农家景；循革命足迹、忆红色征程”为主线的红色文化、生态旅游特色小镇。

【精神文明建设】 一是砂田镇黄花村举办2020年中国农民丰收节暨梅州丰顺农民直播节。活动以“庆丰收、迎小康”为主题，分为“庆丰收”“晒丰收”“乐丰收”“享丰收”四部分，重点体现农耕文化场景、民间民俗庆丰收文化展演、农特产品展示、民间美食、“非遗”文化展示，旨在通过全方位、多角度的直播推介及媒体宣传，进一步提高丰顺各镇产品知名度，支持和鼓励广大农民群众通过直播带货触网销售，助农增收。

二是持续推进文明实践宣传教育活动。按照“六进”（进机关、进校园、进社区、进企业、进农村、进网络）工作思路，组建由党委书记参与的理论宣讲团，结合新时代文明实践活动开展集中宣讲。组织开展家风家教主题宣传暨“看见幸福‘阅’出梦想”亲子阅读活动、禁毒宣传活动、“文明健康有你有我”公益广告宣传、纪念中国共产党建党99周年“不忘初心、牢记使命”主题党日、“党群齐参与、共建砂田美”全民两美志愿服务活动、诚信主题系列实践活动、“我们的节日·七夕”主题活动、丰顺县庆祝2020年中国农民丰收节暨梅州丰顺农民直播节活动、学习贯彻中共十九届五中全会精神宣讲报告会等新时代文明实践活动共210多场次。

三是持续推进文化宣传阵地建设严格按照标准建设砂田综合文化站为一级文化站、县文化馆图书馆分馆，并设立占中村、南溪村和茜坑村为服务点，加强文化队伍专业培训，提升文化服务能力，为群众提供更多选择、更优服务的文化宣传阵地，不断满足群众日益增长的精神文化需求。同时，积极申报闽粤赣边区纵队第一支队司令部旧址、梅埔丰革命烈士纪念碑、陈永年烈士故居（番衍楼）、李国平院士故居为县级爱国主义教育基地，修缮建设南溪村黄岗坪土楼为镇党校现场教学点、镇红色文化现场教学点，传承红色文化、传播砂田正能量。

四是持续推进文明镇村创建工作。更高水平推进“两美”行动，在整治、保护、提升、培育上下功夫，形成党员带头、群众参与、常态行动的良好态势，充分结合创建文明镇村工作，以精雕细琢、精耕细作的工匠精神高质量推进砂田镇“两美”行动。立足实际，严格依照文明镇村建设要求，以开展创建活动树新风、丰富文化生活促和谐、改善人居环境美乡村等方面入手，多措并举，扎实推进文明镇村创建工作长效化、常态化，呈现出良好的发展态势，取得一定的成绩，其中砂田镇成功获评2019—2020年度梅州市文明镇，占中村成功获评2019—2020年度梅州市文明村，黄花村成功获评第六届全国文明村，鼓舞砂田镇创建文明镇村的士气，进一步坚定创建文明镇村的决心。

【生态环境】 牢固树立绿水青山就是金山银山的发展观念，做好生态平衡保护。一是扎实推进“河长制”工作，加强河道巡查力度，严厉打击非法偷采河沙行为，做好“五清”（清淤、清占、清围、清污、清障）工作，清除“四乱”（乱占、乱建、乱推、乱采），留住“绿水”，保护水资源。深入开展环境综合整治。二是持续推进“三美化一提升”。倡导“造一条彩带、保一片蓝天、守一方净土、添一片青山、护一泓清水”，在公共区域种植本土树木花草455株，完成封山育林350公顷，粉刷完整旧房111间，更换完整旧房瓦顶14间，安装菜园篱笆3600米，安装中国结太阳能路灯1000余盏，建设11个休闲活动场所，绿化美化亮化环境，提升砂田颜值。三是开展生活垃圾生活污水专项整治。全面推行“户收集、村集中、镇转运、县处理”的生活垃圾处理模式，累计已建成村级垃圾池18个，放置垃圾收集点476个，配备农村保洁员65名，实现生活垃圾“日产日清日净”；大力推进“厕所革命”，因地制宜，合理规划，农村卫生户厕普及率100%，累计已建设19个公厕，8座污水处理站及1座镇级污水处理厂。四是进一步推动圩镇扩容提质。做好“一镇一市场”民生工程后期管理维护工作，继续完善圩镇肉菜市场基础设施，完善市场管理制度，优化市场环境；加强督促检查和考核，深入整顿和规范市场秩序、维护环境卫生，加强圩镇环境综合整治和管理，提高群众生活便利度。五是配合县水务局推进村村通自来水工程，推进铜峰村村村通自来水工程，已完成项目立项；配合县水务局做好岳坑水、荐坪水中小河流建设、砂田村崩岗治理工程、沙溪村中小河流建设；投入30多万元，对茜坑、南溪、占下、砂田、南洋的村开展河道清杂工程。

【新农村建设】 一是持续推进“三清三拆三整治”。砂田镇累计已清理房前屋后乱堆乱放635处，清拆危旧房1023间39840.75平方米，整治溪流、圳渠淤泥47

千米，环境卫生干净整洁，村容村貌焕然一新，呈现一片生态宜居新农村新气象。二是开展圩镇专项整治。坚决取缔乱摆乱卖和占道经营行为，统一制作店铺招牌80个，拆除违章建筑115处，建设雨污分流4千米，铺设沥青3千米，划分停车区域5处，确保店铺和农贸市场规范经营，行人和车辆有序出行。三是开展公共区域专项整治。根据各村辖区内道路、溪流、圳渠分布情况，结合实际，科学安排，实行网格化管理，落实谁管辖谁负责，确保路畅、岸绿、水清。四是开展房前屋后专项整治。党员干部带头示范，鼓励群众主动参与，围绕“三清一改”，开展村庄清洁行动、“两美”行动和爱国卫生运动，做到“环境卫生我要清、乱堆乱放我要整、乱搭乱建我要拆、不良习惯我要改”，形成“户户支持，人人参与”的良好氛围。

【基层治理】 一是持续开展扫黑除恶专项斗争工作，充分利用各种舆论宣传工具，广泛宣传开展扫黑除恶专项斗争的目的和意义，积极排查扫黑除恶线索，对民间借贷、经济纠纷、非法占用林地、非法采矿、水污染等案件中涉黑涉恶线索、幕后“保护伞”以及行业监管漏洞，深入开展摸排工作。二是推进法治镇村建设。镇政府继续聘请律师顾问，落实一村（社区）一法律顾问工作，做好“七五”普法，加大法治宣传教育力度。三是扎实开展安全生产、交通、消防、烟花爆竹、危险民爆物品等专项整治活动，确保砂田镇安全生产形势良好。四是强化综治信访工作，发挥综治信访“中心+网格化+信息化”机制作用，维护社会和谐稳定。五是做好地质灾害防御工作，对砂田镇23个地质灾害隐患点、630个削坡建房点发出避险明白两卡，同时做好防灾避灾宣传工作；建立起网格化管理制度，落实责任到户到人，加强巡查，做到汛前要排查、汛中要巡查、汛后要加强管理；及时发布有关灾情讯息的发布，确保群众人身和财产安全。六是成立镇级应急分队，制定应急方案，增强综合应急防灾能力。七是切实做好森林防火工作，加大森林防火宣传力度，加强野外火源管理，确实把野外火源管住、管严、管死，确保不发生大的森林火灾。八是推进生猪集中屠宰工作，引导建设生猪集中屠宰厂，强化生猪及生猪产品检疫，强化生猪调运监管，确保群众吃上放心肉。

【党的建设】 一是持续深入学习宣传贯彻习近平新时代中国特色社会主义思想、中共十九大精神以及习近平总书记重要讲话精神。坚决抓实学习贯彻工作，牢牢把握学懂弄通做实的要求，按照中央统一部署，推动中共十九大精神和习近平总书记重要讲话精神学习宣传贯彻往深里走、往实里抓。认真开展“不忘初心、牢记使命”主题教育，坚持不懈把学习宣传贯彻中共十九大精神引向深入，不断开创砂田工作新局面。把学习宣传贯彻党的十九大精神与学习贯彻习近平总书记对广东工作重要指示批示精神紧密结合起来，深入开展了多形式、深层次、广覆盖的学习培训、宣传宣讲活动，形成学习宣传贯彻的良好氛围。

二是狠抓党校规范化建设，扩宽教育培训载体。贯彻落实好《2019—2023年全国党员教育培训工作规划》，由镇党委书记亲自抓，将原有党校进行全面升级改造，完善党校建设的硬件要求，坚持“尊重历史”和“传承历史”并重的方针，将黄冈坪土楼设为砂田镇党校现场教学点。

坚持创新与传承的教学原则，分期分批对全镇党员进行集中轮训，组织各党组织书记到年底前至少讲一次党课，同时把学习贯彻习近平新时代中国特色社会主义思想作为第一课题，丰富教育培训内容，创新形式，扩宽教育培训载体，抓好党员集中培训，使广大党员进一步坚定理想信念、增强党心观念、发挥先锋模范作用。砂田镇党校共组织8场培训班，600多人次参加培训，使广大党员进一步坚定理想信念、增强党性观念、强化改革意识、提升工作能力、发挥先锋模范作用。

三是党建引领，全面推动村党组织“三个一肩挑”和村“两委”干部交叉任职工作。砂田镇共有16个行政村，“三个一肩挑”工作启动前，仅有6个村是“三个一肩挑”，比例37.5%，通过充分发挥基层党组织的战斗堡垒作用，切实选优配强村“两委”班子，夯实基层党建工作基础。在此项工作推进过程中，深入各村进行调研摸底，全面掌握各村实际情况并有针对性开展谈心谈话，及时掌握个人思想情况，形成“在位1分钟、干好60秒”的良好思想氛围。砂田镇共调整12个村党组织，更换村党组织书记、主任14人，全镇“三个一肩挑”比例100%。村党组织书记和村“两委”干部现平均年龄比上届平均年龄分别下降12.17岁和1.9岁，“一肩挑”比例、交叉任职比例、年龄和学历均得到明显优化。

四是抓党建促脱贫攻坚引领乡村振兴。以“干”字当头，以“实”字为先，充分发挥以党建促脱贫攻坚引领乡村振兴。充分发挥农村基层党组织战斗堡垒作用，全镇干部扑下身、沉下心、扎下根做好占上村、占中村、占下村、砂田村、南溪村、黄花村的六村连片整村规划，充分发挥“乡村连片治理”的区域性特点，整合优势资源，统一规划布局，优势互补，六村同步，打造美丽乡村建设新画卷。在乡村振兴实施过程中强化党组织的领导。发挥党员先锋模范作用，以乡村振兴为新起点，调动全体党员和群众动起来、干起来、干好起来，一同比责任、比志气、比执行、比落实，一起拼搏、一起奋斗，向全镇人民交上了一份令人自豪、问心无愧的“乡村振兴”答卷。

五是全力推进疫情防控，发挥党组织战斗堡垒作用。坚持以习近平总书记关于新冠肺炎疫情重要讲话和重要指示精神为指导，坚决贯彻落实党中央决策部署，深入贯彻落实省、市和县委、县政府关于疫情防控的工作部署，坚持人民至上、生命至上，以镇党委为核心，串联各村（社区）党支部，织牢织密疫情防控网，团结带领全镇干群全心全意、全神贯注、全员发动、全面行动做好疫情防控工作，确保人民群众生命安全和身体健康。全面动员广大党员发扬不畏艰险、无私奉献的精神，坚持挺在前面、守在一线，坚决不动摇、不退缩，做到哪里疫情防控任务险重哪里就有党组织坚强后盾，就有共产党员当先锋、作表率，让党旗在防控疫情第一线高高飘扬。在防疫期间共组织发放防疫宣传资料1万多份，出动党员志愿者值班轮岗300多人次，卡点测量体温400多人次，全镇有523名党员自愿捐款共59818元，社会各界和广大群众热心捐赠“抗疫”资金约15万元、口罩30550只及医用手套、红外测温仪、医用酒精等一批，在全镇上下的共同努力下，辖区内没有出现一例新冠肺炎确诊或疑似病例，在这场“疫考”中交出一份让人民群众满意的答卷，以实际行动切实维护人民群众的生命健康权。

六是落实巡察整改，执行力显著增

强。砂田镇党委认真落实巡察反馈，落实巡视巡察整改立行立改问题共64条，全部完成整改，整改完成率100%。同时在落实整改工作中，对存在苗头性倾向性问题的村（居）负责人开展谈话提醒，让党员干部绷紧纪律之弦。落实省委第四巡视组反馈意见整改，镇党委围绕4大方面23项30个内容的问题逐条认真分析、逐项对照检查，研究制定整改方案和完善各项规章制度，明确各部门整改的具体责任和整改标准。共召开4次党委（扩大）会议，部署、研究落实整改工作，全面推进23项30个内容问题整改，已完成30个内容整改，共建立健全完善5项制度和方案。通过整改，筑牢砂田镇党员干部的底线意识，进一步提高廉洁意识，牢固树立底线意识和红线意识，时刻自重、自省、自警、自励，严格依规依纪依法开展工作，不忘初心、牢记使命，做一名忠诚干净担当的新时代干部、合格的共产党员。

【荣誉】

砂田镇被梅州市精神文明建设委员会评为梅州市文明镇。

砂田镇被丰顺县人民政府征兵办公室评为2020年度征兵工作先进单位。

砂田镇在丰顺县第四次全国经济普查中被评为优秀集体；砂田镇妇联在开展新时代文明实践活动之丰顺县“最美家庭”“美丽庭院”“好媳妇”“书香家庭”系列活动中被评为“优秀组织奖”。

砂田学校被评为2020年广东省“绿色学校”。

砂田镇党委书记邱茹莉被梅州市国防动员委员会评为优秀基层武装部政治教导员。

砂田镇党委委员、武装部部长朱旭龙被丰顺县人民政府征兵办公室评为2020年度“征兵工作先进个人”。

（党政办）

小 胜 镇

【概况】 小胜镇位于丰顺县东北部，韩江中游西岸，东临潭江，西毗大龙华，南连黄金，北接砂田；镇区距梅州68千米，离县城72千米，境内三坑、硃坑、小溪3个村毗邻韩江。全镇总人口约1.7万人，总户数3596户；下辖11个行政村，155个自然村；总面积75.69平方千米，山地约6600公顷，林地面积约6046.67公顷，耕地面积465.8公顷。

【经济概况】 2020年，全镇农村经济总收入1.33亿元，工业总产值2810万元，固定资产投资2617万元，农村人均纯收入10352元，圆满完成各项目标任务。

【自然资源】 境内自然资源丰富，主要有水力、林、竹木和瓷土等，为加快振兴发展注入强大动力。主要经济作物有水稻、木薯、龙眼、香蕉、橄榄、竹子、紫胶等。水利资源也得到较好利用，有马鞍山水库、大南水库、石坑水库、白坟下山塘、田窝山塘、荐江塘山塘等大小山塘水库6座，库容100万立方米以上2座（马鞍山水库、大南水库），在防洪、防旱、灌溉、发电等方面发挥了积极作用，全镇开发水电装机容量共4800千瓦。

【脱贫攻坚】 2020年，镇党委始终把脱贫攻坚工作作为第一政治任务、第一民生工程，重点抓、持续抓、反复抓。着力打造百香果、猕猴桃、哈密瓜等农产品种植基地和光伏发电项目，促进农民增收、农村发展。至2020年6月底，全镇109户、227人高质量脱贫，脱贫率100%，实施扶贫项目12个，下拨扶贫专项资金200多万元，全镇2个省定贫困村田背村、礤下村全部出列。

【美丽乡村建设】 一是以建设“坚真碧道”为主线，带动周边乡村旅游。以小胜溪为主轴，结合水景、岸景、休闲绿道、诗画田园等建设，推动沿岸新农村建设，致力打造“碧水、蓝天、绿岸、青山”的醉美小胜画卷。二是谋划推动融健康养生、农耕体验、有机农场为一体的南坑红色农场，积极推进“文旅、农旅、养旅”融合发展，带动发展周边乡村旅游，吸引广大游客体验农耕生活。三是强治“六乱”、力促“两美”。积极组建成立综合执法队，联合规建办对圩镇及其周边环境“六乱”现象严肃整治，有效营造干净整洁和谐小胜。对圩镇进口的坚真大道和圩镇街道进行强势整拆，同时铺打柏油路面，道路两旁种植杜鹃花、加装火炬灯等，圩镇街道面貌焕然一新。

【人居环境】 一是顺应百姓意愿，参照城市做法，对全镇域的各家各户，实行生活垃圾“收运保分”机制，放置垃圾收集点120多个，配备农村保洁员，有效实现日产日清。二是大力实施美丽家园、美丽庭院建设，全力推动“三清三拆三整治”工作开展，第一轮确认拆除面积7679.6平方米，第二轮申拆面积5232平方米，两轮总面积12911.6平方米。通过开展“三清三拆三整治”，“清”出新面貌，“拆”出新发展，“治”出新风尚。三是紧紧把握拆旧复垦政策机遇，把拆旧复垦工作作为改变农村面貌的一场革命运动，第一轮拆旧复垦立项面积约4万平方米，第二轮拆旧复垦前期摸查工作正在紧张进行，拆旧复垦盘活农村的闲置土地资源，一定程度上解决建设美丽乡村资金来源问题。

【社会民生】 全镇共有低保户184户、382人，每年发放低保金937550元；五保户59户，每年发放五保金额484500元；重度、困难残疾人228人，每年发放补助340900元；全年发放高龄补助511人共102200元、优抚人员82人共817961元，发放现役军人家庭优待金39692元。社会保障持续升级，医保缴费、城乡居民养老保险、新农保代扣代缴等工作成效明显。“三农”基础不断夯实，“四好农村路”建设成果喜人，农村安全饮水工程、高标准化农田项目顺利推进，医疗卫生服务体系逐步完善，农作物虫病防治稳步实施。

【精神文明建设】 一是创新和尝试社会治理新模式，逢周日发布《小胜一周微闻》，引领和影响带动广大党员和群众，以及外出乡贤和社会各界人士，以更大热情参与小胜镇乡村振兴发展各项事业。已发布微闻51期，阅读量约为10万人次。二是实施“三好一正”工程，与市山歌剧团合作，以李坚真大姐真实革命事迹为题材，筹拍山歌剧《初心》，培养一批文艺人才，深入各村进行演出，大力繁荣镇村文化。三是积极组建成立“梅州市丰顺县小胜见珍教育基金会”，关注小胜教育，打造教育强镇，推动小胜多出人才，出好人才。在全镇上下共同努力下，镇村文体事业持续健康发展。

【党建工作】 深入学习贯彻习近平新时代中国特色社会主义思想和中共十九大及十九届历次全会精神，深入贯彻落实习近平总书记出席深圳经济特区建立40周年庆祝大会和视察广东重要讲话重要指示精神。巩固拓展“不忘初心、牢记使命”主题教育成果，坚持“两学一做”学习教育常态化制度化和“第一议题”学习制度，2020年，共开展理论中心组学习12次，党委会学习26次。18个党支部坚持把学习习近平新时代中国特色社会主义思想作为“三会一课”的长期主题，一年来共开展集中学习累计700余次。认真落实领导干部普遍直接驻点联系群众，全年收集群众意见建议90多条、解决各类问题170多件。扎实推进基层党建工作。开展村“两委”干部培训12期，850人次，打造4个党建示范点。

（杜金喜）

名 录

组织机构及负责人

中共丰顺县委员会

书　记：曾永祥

副书记：廖茂忠

常　委：林　剑　曹志辉　梁玉辉

凌晓文　罗小平　石远平

张晓山　廖月芝　陈少洲

丰顺县人大常委会

主　任：邱翠茂

副主任：刘超平　陈诺文　曾命城

吴伟明　林楚辉　刘雪峰

丰顺县人民政府

县　长：廖茂忠

常务副县长：郑春鹏

副县长：罗裕权　罗小天

钟凌玮　李吉祥　曾小丽

处　级：郑奕雄（市管二级调研员）

朱报正（市管四级调研员）

政协丰顺县委员会

主　席：黄建斐

副主席：陈美琼　蔡运林　曾庆珠

陈新化　郭春山　陈春妮

党组成员：郑春鹏（保留副处职）

傅伟芳（市管四级调研员）

秘书长：谢录丰

中共丰顺县纪律检查委员会

书　　记：凌晓文

副 书 记：王　琳　王湘阳

常委会委员：谢淑娟　黄祖东　邓春帆

朱传讯

丰顺县监察委员会

主　任：凌晓文

副主任：王　琳　王湘阳

监委委员：谢淑娟　黄祖东　李小宁

中共丰顺县委办公室
主　任：石远平
常务副主任：傅丽文
副主任：罗宗裕　李　威
县纪委监委派驻组组长：杨　润

丰顺县机关事务管理局
副局长：陈双福　李蕊青　李逊浩

中共丰顺县委组织部
部　长：曹志辉
常务副部长：李显益
副部长：黄小舟　黎新辉　马文腊
　　　　朱耀辉（兼职）

中共丰顺县委宣传部
部　长：林　剑
常务副部长、县网信办主任：张加钦
副部长、县新闻出版局（版权局）局长：
　　　　邱伟杰
副部长、县广播电视台台长：李森权
副部长、县文明办主任：刘　烨

中共丰顺县直属机关工作委员会
书　记：谢悦练
副书记：朱志友　刘海燕

中共丰顺县委政策研究室
主　任：朱德平
副主任：徐增辉　蔡汉祥　吴焕鑫

丰顺县机构编制委员会办公室
主　任：黄瑞剑
副主任：黄祖景　郑雁鸿　黄正发

中共丰顺县委统战部
部　长：廖月芝
常务副部长、县侨务局局长：陈奕鹏
副部长、县民宗局局长：陈武炜
副部长、县工商联党组书记：陈洁华
副部长、县委台港澳办（台港澳事务局）主任（局长）：张世奖

中共丰顺县委党校
校　长：曹志辉
常务副校长：吴建军
副校长：曾令权

丰顺县史志办公室
主　任：卢胜文
副主任：简光瑞　曾杏美

丰顺县国家保密局
局　长：邱劲铭

县人大常委会办公室
主　任：吴裕强
副主任：黎绍庆　丘奕芬

县人大常委会选举联络人事任免工作室
主　任：马建生
副主任：蔡满文

县人大常委会法制工作室
主　任：刘钦泰
副主任：郑伟平

县人大常委会监察和司法工作委员会
主　任：朱报锋
副主任：陈秋丽

县人大常委会财政经济工作委员会
主　任：黄忠明
副主任：邱淑民

县人大常委会预算工作委员会

主　任：吴剑锋

副主任：连细芝

县人大常委会城乡建设环境与资源保护工作委员会

主　任：郑建忠

副主任：叶细庄

县人大常委会农业农村工作委员会

主　任：徐文生

副主任：吴小铧

县人大常委会教育科学文化卫生和华侨宗教工作委员会

主　任：吴道远

副主任：徐玉茹

县人大常委会社会建设工作委员会

主　任：徐柳明

副主任：陈爱辉

丰顺县政府办公室

主　任：谢定雄

党组副书记：张壮生

副主任：陈新云　罗剑峰　杜嘉雄　罗　坤

党组成员、县纪委监委派驻组组长：刘旺权

丰顺县政务服务数据管理局

局　长：罗　铭

副局长：王湘辉　邹　瑜　李思思

丰顺县应急管理局

局　长：罗长军

副局长：陈声丢　陈照阳

政协丰顺县委员会机关

办公室主任：谢录丰

办公室副主任：杨　静

提案科科长：刘集贤

提案科副科长：杨星

文史科科长：陈其旭

文史科副科长：蔡东霞

提案专委会主任：朱开华

提案专委会副主任：张小芳

文化和文史资料专委会主任：朱焱桥

文化和文史资料专委会副主任：蔡丹红

经济专委会主任：吴振群（11月退休）

经济专委会副主任：谢丽君

农村和农村专委会主任：张炽礼

农村和农村专委会副主任：曾学军

科教卫体专委会主任：杲粤平

科教卫体专委会副主任：王柳欣

社会法制和人口资源环境专委会主任：徐海生

社会法制和人口资源环境专委会副主任：陈声礼

港澳台侨外事专委会主任：陈红伟

港澳台侨外事专委会副主任：詹国双

丰顺县总工会

主　席：陈诺文

常务副主席：刘盛生

副主席：罗旭娜

共青团丰顺县委员会

书　记：王凌凌

副书记：徐德林　张超丽

丰顺县妇女联合会

主　席：罗丽娜

副主席：马惠兰　徐育琴　罗燕兰（挂职）　刘慧慧（兼职）

罗日红（兼职）

丰顺县归国华侨联合会
主　席：张镇有

丰顺县工商联
主席、总商会会长：邱俊旋
党组书记、常务副主席：陈洁华
党组成员、专职副主席兼秘书长：蔡伟彬

丰顺县文学艺术界联合会
主　席：彭汉如
副主席：何宝玉　简国敦

丰顺县残疾人联合会
党组书记：张环琪
理事长：罗　灏
副理事长：张暹春

丰顺县关心下一代工作委员会
主　任：刘德姜
常务副主任：巫自华
副主任：马文腊　李献强　梁干辉
黄晓阳　江智强

丰顺县老区促进会
会　长：陈修忠
副会长：陈辉祥　钟廷壁
黄光心（兼秘书长）
李少级　廖金发

丰顺县坚真老干部（老年）大学
校　长：卢广甜
常务副校长：蔡礼轩
副校长：曾献跃

中共丰顺县委政法委员会
常务副书记：郑春李
专职副书记：吴洪段　易锦洲
专职委员：曾宇宁　刘向新　黄　程
黄佳龙　黄梦瑶　何道明
曾瑞华

丰顺县公安局
党委书记、局长：罗小天
党委副书记、政委：刘辉林
党委委员、常务副局长：罗勇胜
党委委员：罗　欣　冯柳勋
党委委员、副局长：李毅峰　彭展兴
副局长：魏耀阳　张　波
党委委员、县纪委监委驻局纪检组组长：
魏泽权

丰顺县公安局森林分局
局　长：黄云峰
教导员：曾令广

丰顺县人民检察院
党组书记、检察长：周福香
副检察长、代理检察长：
李炎飞（11月26日任党组书记，12月18日任副检察长、代理检察长）
党组副书记、副检察长：戴志勇
党组成员、副检察长：黄丽玲　郑旭芳
党组成员、检委会专职委员：邹贵鹏
党组成员、政治部主任：李　欣

丰顺县人民法院
党组书记、院长：毛嘉鹏
党组副书记、副院长：吴木生
党组成员、副院长：廖俊洪　郑志刚
党组成员：刘振环
党组成员、政治部主任：徐春瑶

丰顺县司法局
党组书记、局长：徐淑斌
党组成员、副局长：陈爱宁　刘及华
张加席
党组成员、政工办主任：卢宝敏

丰顺县消防救援大队
大队长：李　官
教导员：梁晓华
副大队长：李锐波

武警丰顺中队
中队长：欧寿松
政治指导员：古竞发

丰顺县退役军人事务局
局长：罗旭丰
副局长：徐国信　谢贤亮

丰顺县发展和改革局
局　长：张良生
副局长：谢伟豪　陈春晓　曾德胜
王志健

丰顺县市场监督管理局
党组书记、局长：徐显涛
副局长：郑春广　巫书平　徐国南
徐雪光　蔡征涛

丰顺县审计局
局　长：徐名阁
副局长：刘兆陆　张晓明　曾文权

丰顺县统计局
局　长：蔡　君
副局长：李东升　范伟东　徐名暹

丰顺县农业农村局
党组书记、局长：杨永亮
党组副书记、副局长：李书灵
党组成员、派驻农业局纪检组组长：
邹学平
党组成员、副局长：刘文勇　刘　斐
刘宋大　王长青
副局长：罗燕波　曾玉花　杜卓贤
黎杰武　黄建华

丰顺县林业局
局　长：李华锐
副局长：郑立文　刘　斐

丰顺县水务局
局　长：徐江生
副局长：林庆丰　张炳坤　冯远欣

丰顺县科工商务局
局　长：王象山
副局长：彭洪胜　胡玉富　罗英顺
刘国钦　邱文丽

丰顺县国有资产投资有限公司
总经理：邱荣辉

广东电网梅州丰顺供电局
党委书记：谢钦朋
总经理、党委副书记：刘少华
党委委员、副总经理：徐显蒲　陈　捷
罗华荣

丰顺县招商和企业服务中心
党组副书记、副主任：
张　哲（主持全面工作）
党组成员、副主任：曾命良　罗绍松

丰顺县交通运输局
党组书记、局长：罗灿雄
党组副书记、副局长兼地方公路管理站站长：曾令冰
党组成员、副局长：吴武城　罗泽宏
党组成员、县纪委监委派驻组组长：谢金润

丰顺县公路事务中心
党委书记、主任：罗伟光
党委委员、副主任：罗哲、黄济荣

中国电信股份有限公司丰顺分公司
总经理：许　穗
副总经理：邹岳龙　李敏

丰顺邮政分公司
总经理：蔡淑君
副总经理：徐振光　张东明　李爱平

中国移动通信集团广东有限公司丰顺分公司
总经理：张健东
副总经理：杨宇栋

中国联合网络通信有限公司丰顺县分公司
总经理：臧　鸿

丰顺县住房和城乡规划建设局
党组书记、局长：赖建军
党组副书记、副局长：刘辉忠
党组成员、副局长：刘荣华　许日山
杜戴标　徐　彬
副局长：吴宁金

丰顺县供排水服务中心
主　任：陈俊林
副主任：徐名仓　陈生活

丰顺县自然资源局
党组书记、局长：徐奕禄
副局长：徐显淳
党组成员、总规划师：陈海捷

丰顺县环境保护局
局　长：黄业宏
副局长：陈茂荣　刘尔堵

丰顺县市政公用事业管理中心
党组书记、主任：丘世务
党组成员、副主任：张　斌　饶东升　彭豪杰

梅州市住房公积金管理中心丰顺县经办业务分理处
主　任：黄稳鑫
副主任：陈增平

丰顺县供销合作社联合社
党组书记、主　任：张亮宏
党组成员、副主任：刘辉稻

广东烟草梅州市有限公司丰顺县分公司
局长、经理：涂　勇
副局长：邹　煌
副经理：田君同　李龙乔

丰顺县金叶发展公司
经　理：罗育辉
副经理：江亮华

丰顺县财政局
党组书记、局长：黎委托
党组副书记、副局长、县国有资产监督管理局局长：王宁州
党组成员、副局长：杨家业　罗鸿辉　张喜堂

党组成员、县纪委派驻县财政局纪检组
组长：郑春铃

丰顺县税务局
党委书记、局长：陈喜望
党委副书记、副局长：罗大军
党委委员、副局长：吴顺荣
党委委员、纪检组组长：蔡润泉

中国人民银行丰顺县支行
行　长：李义宏
副行长：张成良

中国工商银行丰顺支行
行　长：罗　漩
副行长：刘奕涛

中国银行股份有限公司梅州丰顺支行
行　长：宋文进
副行长：钟其良　陈锦润　李玉钦
胡文彬

中国建设银行股份有限公司梅州丰顺支行
行　长：吴永斌
副行长：黄济坚

中国农业银行股份有限公司梅州丰顺县支行
党委书记、行　长：徐建雄
党委副书记、副行长：田嘉志
党委委员、纪委书记：陈　明
党委委员、副行长：李于路　姚志刚

中国农业发展银行丰顺县支行
行　长：丘瑞和
副行长：许海洋

广东丰顺农村商业银行股份有限公司
董事长：何镇新
行　长：周杰明
副行长：张云泉
党委委员：罗苑华

中国人民财产保险股份有限公司丰顺支公司
经　理：林绍宝
副经理：徐　珩

中国人寿保险股份有限公司丰顺县支公司
副总经理（主持工作）：李东桦

丰顺县经济开发区管理委员会
党工委书记　主任：杨愉兆
党工委副书记　副主任：叶永超
党工委委员、副主任：黄德明
副主任：朱洲丹
刘哲军（海珠对口帮扶工作队挂职）

丰顺县教育局
县委教育工委书记、局党组书记、
局长：李志奎
县委教育工委委员、党组副书记、
副局长：黎足年
县委教育工委委员、党组成员、县纪委监委派驻教育局纪检监察组
组长：张顺舟
副局长：陈秋远
县委教育工委委员、党组成员、副局长：
李万福

丰顺县开放大学
校　长：张振华
副校长：曾小皇　张春灵

丰顺县教师发展中心
主任：冯习创
副主任：吴锦荣　徐　伟　张小忠

丰顺县丰顺中学
校　长：徐文丰
副校长：曾建明　罗志烽　徐秋红
　　　　张万春

丰顺县华侨中学
校　长：陈名晓

丰顺县实验中学
校　长：吴丽璇

丰顺县东海中学
校　长：廖茂镖

丰顺县第一中学
校　长：张裕煌

丰顺县球山中学
校　长：陈镇源

丰顺县龙山中学
校　长：罗金鹏

丰顺县龙泉中学
校　长：张小青

丰顺县职业技术学校
校　长：郑泽昌

丰顺县汤西中学
校　长：罗少哲

丰顺县汤坑中学
校　长：谢　锐

丰顺县黄金中学
校　长：彭恩铁

丰顺县科学技术协会
主　席：罗卫胜
副主席：陈俊辉　黎伟东

丰顺县气象局
局　长：夏泽雄
副局长：张小石

丰顺县文化广电旅游体育局
局　长：马扬闲
副局长：邱金水　陈加助　张国良
　　　　叶春晖　罗井泉

丰顺县档案馆
馆　长：罗宗裕
副馆长：叶武明　邱嫦雯

丰顺县融媒体中心
主　任：李森权
副主任：朱明海　李　迅

丰顺县卫生健康局
党组书记、机关党委书记、局长：林延钊
党组副书记、机关党委副书记、副局长：
　　　　陈福凑
党组成员、县纪委派驻纪检组组长：
　　　　陈宗典
党组成员、副局长：周健人　陈东生
县人民医院院长：李铁锋
县中医院院长：刘　阳
县妇幼保健院院长：陈　彬
县疾病预防控制中心主任：郑春良
县慢性病院院长：罗林涛

丰顺县人力资源和社会保障局

党组书记、局长：朱耀辉
党组副书记、副局长：林超祥
党组成员、副局长：张卡铝　王淑芬
党组成员、社保局局长：李志坚

丰顺县社会保障局

局　长：李志坚

丰顺县民政局

党组书记、局长：张小欣
党组副书记、副局长：徐名纵
党组成员、副局长：何广海　巫雪芬
党组成员：刘明华（保留副科职）

丰顺县医疗保障局

党组书记、局长：彭要曾
党组成员、副局长：李牡丹　刘　愈

丰顺县汤坑镇

党委书记：陈文俊
党委副书记、镇长：蔡礼堂
人大主席：徐比邻
副 书 记：钟　锐
党委委员：张展江　王建祥　徐益泉
彭意重　徐代俊　徐凤娇
黄武雄
人大副主席：杨　华
副 镇 长：徐东辉　罗　彪　钟寿禄

丰顺县北斗镇

党委书记：刘旭良
党委副书记、镇长：罗锦涛
人大主席：黄荣奖
党委副书记：吴洪波　徐定军
委　　员：黄剑森　黄汉京　丘春妹
陈建华　冯丰足
人大副主席：谢俊健
副 镇 长：黄光常　谭国深

丰顺县汤西镇

党委书记：饶富将
党委副书记、镇长：陈泰象
人大主席：郑汉山
党委副书记：罗惠雄　陈兴富
党委委员：罗春迈　杨晓霞　徐位南
陈静波
人大副主席：曾文铚
副 镇 长：罗春迈　陈俊才　卢锦山

丰顺县汤南镇

党委书记：罗炳元
党委副书记、镇长：徐小维
人大主席：徐华森
党委副书记：蔡国彪　罗延泽
党委委员：徐小林　丁海容　刘俊添
陈琳海　吕宇海　黄纯峰
人大副主席：巫旭明
副 镇 长：曾庆瑞　叶韩杰

丰顺县埔寨镇

党委书记：谢定雄
党委副书记、镇长：陈明言
人大主席：谢　旭
党委副书记：张锡林　陈雄辉
党委委员：陈鹏峰　彭捷源　冯丰足
张锡钦　张一航
人大副主席：张惠君
副 镇 长：罗文海　叶碧玉

丰顺县埔寨农场

党委书记、场长：胡金辉
党委副书记：陈　莲
党委委员：陈华良

丰顺县八乡山镇
党委书记：陈志国
党委副书记、镇长：朱素明
党委副书记：马扬敢 邱海艇
党委委员：马扬谷 陈振添 蔡燕华
陈彩苹 文意明
人大副主席：朱志华
副 镇 长：马扬谷 曾庆溢
黄森文（人选）

丰顺县丰良镇
党委书记：彭水利
党委副书记、镇长：朱杭洲
人大主席：黎仁凯
党委副书记：吴洪山 吴金谋
党委委员（含人选）：吴程林 张敏敏
张新乐 刘伟光
陈振坤 彭喜辍
冯文凯 谭国思
彭国森
人大副主席：郑素玲
副 镇 长：蓝日蕉 朱洪清 彭建清

丰顺县建桥镇
党委书记：谢仕华
党委副书记、镇长：刘创贵
人大主席：张透影
党委副书记：王金校 刘仪商
党委委员：王则杉 李苑平 赖惠超
何海南 王妙伦 汤伟明
刘文山
人大副主席：王路之
副 镇 长：王则杉 黎小灵 杨森茂

丰顺县龙岗镇
党委书记：吴鹏鸟
党委副书记、镇长：吴育钦
人大主席：彭兆祥
党委副书记：王希广 吴敏林
党委委员：彭艳奎 吴 辉 饶德州
陈培进 张 萌
人大副主席：李天德
副 镇 长：彭艳奎 谢冬宜 简志留

丰顺县潘田镇
党委书记：杨 昆
党委副书记、镇长：巫银海
人大主席：陈献威
党委副书记：张春梅 刘坚
党委委员：罗振鸿 陈武生
彭杏华（人选） 郑武玲
徐显泓
纪委书记：徐显泓
人大副主席：张敬华
副 镇 长：罗振鸿 刘锦轩
刘锐锋（人选）

丰顺县大龙华镇
党委书记：张幸辉
党委副书记、镇长：杜京杰
人大主席：黎许华
党委副书记：陈雄伟
党委委员：朱加灶 邓 敏 简国潘
彭中兴 彭世钒 洪陆丰
人大副主席：刘德伟
副 镇 长：朱加灶 杨锦花 吴 杉

丰顺县黄金镇
党委书记：刘震辉
党委副书记、镇长：刘远辉
人大主席：刘 录
党委副书记：饶增森
党委委员：彭淡水 林伟根 朱志中
刘辉远 刘 遥
人大副主席：陈志铠
副 镇 长：彭淡水 林晓冰

丰顺县留隍镇

党委书记：张晓山
党委副书记、镇长：许能洪
人大主席：刘锡奇
党委副书记：刘亿钦　邹学平
党委委员：郑培钦　吴伶俐　郑绍迎
　　　　　蔡建兵　江奕帆　刘武庆
　　　　　黄文立　范政委（人选）
　　　　　周爱瑜（人选）
副 镇 长：郑培钦　胡伟国　刘兆源
　　　　　郑木水（人选）

丰顺县潭江镇

党委书记：卢科峰
党委副书记、镇长：彭晓东
人大主席：张　剑
党委副书记：王子颖
党委委员：廖宪平　刘耀文　范文建
　　　　　张建兵　杨琴英　杨伟浩
人大副主席：邓礼文
副 镇 长：廖宪平　廖铭东　官前进

丰顺县砂田镇

党委书记：邱茹莉
党委副书记、镇长：陈垡生
人大主席：林庆超
党委副书记：饶富胜　廖海堤
党委委员：宋慧丹　彭展能　林雪琼
　　　　　朱旭龙　秦　聪
人大副主席：张铭军
副 镇 长：宋慧丹　李浩淼　李育富

丰顺县小胜镇

党委书记：黄洪伟
党委副书记、镇长：彭剑峰
人大主席：李小丽
党委副书记：邹耀山　钟伟强
党委委员：钟健雄　李玉程　李燕妮
　　　　　陈文斌　张　晴
人大副主席：李长江
副 镇 长：钟健雄　李伟平　钟旺龙

2020年度获国家、省、市级表彰的先进单位和先进个人名录

2020年度丰顺县获国家级先进单位一览表

表2

单位名称	授予时间	授予单位（会议）	荣誉称号
丰顺县	2020年8月	全国爱国卫生运动委员会	国家卫生县城
广东省丰顺县汤西镇南礤村	2020年11月	中央精神文明建设指导委员会	全国文明村镇复评合格
广东省丰顺县砂田镇黄花村	2020年11月	中央精神文明建设指导委员会	第六届全国文明村镇
丰顺县关心下一代工作委员会	2020年11月	中国关工委、中央文明办（纪念中国关工委成立30周年暨关心下一代工作表彰大会）	全国关心下一代工作先进集体
丰顺县教育局	2021年1月	教育部基础教育质量监测中心	2020年国家义务教育质量监测实施“优秀组织单位”
丰顺县汤西中心小学	2021年1月	教育部办公厅	2020年全国青少年校园足球特色学校

2020年度丰顺县获国家级先进个人一览表

表3

姓名	授予时间	授予单位（会议）	荣誉称号	单位职务
杜伟良家庭	2020年12月	中华全国妇女联合会	全国最美家庭	丰顺县潘田中学总务处副主任
邱小凤	2020年12月	中华全国总工会	全国优秀工会工作者	广东深华药业有限公司工会主席

2020年度丰顺县获省级先进单位一览表

表4

单位名称	授予时间	授予单位（会议）	荣誉称号
丰顺县实验小学	2020年5月	广东省教育厅、广东省宣传部、广东省精神文明建设委员会办公室	广东省“书香校园”
丰顺县教育局	2020年6月	广东省禁毒委员会	广东省最美禁毒团队
丰顺县人民医院	2020年11月	广东省总工会	2015—2019年工会女职工工作先进集体
国家税务总局丰顺县税务局第一税务分局	2020年11月	共青团广东省委员会	2018—2019年度广东省青年文明号
丰顺县	2020年12月	中共广东省委、广东省人民政府	广东省文明城市
丰顺县汤坑镇第一中心小学	2020年12月	中共广东省委、广东省人民政府	广东省文明校园
丰顺县东留中学	2020年12月	广东省教育厅办公室	第十三届广东省中小学“暑假读一本好书”先进单位
广东省梅州市丰顺县	2020年12月	中共广东省委 广东省人民政府	第六届广东省文明城市（县级）
丰顺县自然资源局	2020年12月	省委、省政府	第六届广东省文明单位
梅州市丰顺县建桥镇郑屋村	2020年12月	中共广东省委 广东省人民政府	2018—2020年度广东省文明村镇
丰顺县自然资源局	2020年12月	中共广东省委 广东省人民政府	第六届广东省文明单位
丰顺县文化广电旅游体育局	2020年12月	中共广东省委 广东省人民政府	第六届广东省文明单位
国家税务总局丰顺县税务局	2020年12月	中共广东省委 广东省人民政府	第六届广东省文明单位
梅州市丰顺县汤坑镇第一中心小学	2020年12月	中共广东省委 广东省人民政府	第二届广东省文明校园
梅州市丰顺县汤南镇新楼村	2020年12月	中共广东省委 广东省人民政府	广东省文明村镇复评合格
汤西镇大罗村	2021年1月	广东省委全面依法治省办、省委农办、省司法厅、省民政厅	2020年广东省“民主法治示范村（社区）”

2020年度丰顺县获省级先进个人一览表

表5

姓　名	授予时间	授予单位（会议）	荣誉称号	单位职务
张华雄	2020年3月	中共东西湖方舱医院临时委员会、武汉东西湖方舱医院	先进标兵	神经内科副主任医师
黄　敏	2020年3月	中共东西湖方舱医院临时委员会、武汉东西湖方舱医院	先进标兵	消化内科主管护师
陈润森	2020年3月	中共东西湖方舱医院临时委员会、武汉东西湖方舱医院	优秀医务人员	呼吸内科副主任医师
张美琴	2020年3月	中共东西湖方舱医院临时委员会、武汉东西湖方舱医院	优秀医务人员	心血管内科护士
陈润森	2020年4月	中共湖北省委、湖北省人民政府	新时代“最美逆行者”	人民医院呼吸内科副主任医师
张华雄	2020年4月	中共湖北省委、湖北省人民政府	新时代“最美逆行者”	人民医院神经内科副主任医师
黄敏	2020年4月	中共湖北省委、湖北省人民政府	新时代“最美逆行者”	人民医院消化内科主管护师
张美琴	2020年4月	中共湖北省委、湖北省人民政府	新时代“最美逆行者”	人民医院心血管内科护士
冯招灵	2020年5月	广东教育学会、中学生物教学专业委员会	优秀生物教师	华侨中学教师
杜伟良家庭	2020年9月	广东省妇女联合会	广东省五好家庭	丰顺县潘田中学总务处副主任
陈润森	2020年10月	中共广东省委、广东省人民政府	广东省抗击新冠肺炎疫情先进个人	人民医院呼吸内科副主任医师
徐名瑯	2020年10月	中共广东省委、广东省人民政府、广东省军区	“爱国拥军模范”	广东代米生物科技有限公司董事长
冯春清	2020年10月	广东省侨界仁爱基金会	优秀教师	华侨中学教师
李雪峰	2020年12月	中共广东省委、广东省人民政府	广东省劳动模范	人民医院心血管内科主任
杨永亮	2020年12月	广东省人民政府	广东省重点国考断面水质达标攻坚工作中表现突出的先进个人	农业农村局局长
黄业宏	2021年1月	广东省生态环境厅	重点国考断面水质达标攻坚工作中表现突出个人	梅州市生态环境局丰顺分局局长

2020年度丰顺县获市级先进单位一览表

表6

单位名称	授予时间	授予单位（会议）	荣誉称号
中共丰顺县委宣传部	2020年7月	中共梅州市委 梅州市人民政府	2019年梅州市创建全国文明城市工作先进单位
丰顺县纪委监委机关	2020年12月	梅州市人民政府	2019—2020年度梅州市文明单位
中共丰顺县直属机关卫生健康局委员会	2020年12月	中共梅州市委	梅州市抗击新冠肺炎先进基层党组织
丰顺县人民医院党总支	2020年12月	中共梅州市委	梅州市抗击新冠肺炎先进基层党组织
丰顺县公安局	2020年12月	中共梅州市委、梅州市人民政府	梅州市抗击新冠肺炎疫情先进集体
丰顺县交通运输局	2020年12月	中共梅州市委、梅州市人民政府	梅州市抗击新冠肺炎疫情先进集体
丰顺县科工商务局	2020年12月	中共梅州市委、梅州市人民政府	梅州市抗击新冠肺炎疫情先进集体
丰顺县卫生健康局	2020年12月	中共梅州市委、梅州市人民政府	梅州市抗击新冠肺炎疫情先进集体
丰顺县疾病预防控制中心	2020年12月	中共梅州市委、梅州市人民政府	梅州市抗击新冠肺炎疫情先进集体
丰顺县汤坑镇人民政府	2020年12月	中共梅州市委、梅州市人民政府	梅州市抗击新冠肺炎疫情先进集体
丰顺县人民医院	2020年12月	中共梅州市委、梅州市人民政府	梅州市抗击新冠肺炎疫情先进集体

2020年度丰顺县获市级先进个人一览表

表7

姓　名	授予时间	授予单位（会议）	荣誉称号	单位职务
陈喜望	2020年7月	中共梅州市委、梅州市人民政府	2019年梅州市创建全国文明城市工作先进个人	国家税务总局丰顺县税务局党委书记、局长
黄立欣	2020年12月	中共梅州市委、梅州市人民政府	梅州市抗击新冠肺炎疫情先进个人	丰顺县公安局汤坑派出所副所长
蔡智丞	2020年12月	中共梅州市委、梅州市人民政府	梅州市抗击新冠肺炎疫情先进个人	丰顺县公安局刑事侦查大队副大队长
罗灿雄	2020年12月	中共梅州市委、梅州市人民政府	梅州市抗击新冠肺炎疫情先进个人	丰顺县交通运输局党组书记、局长
赖润诚	2020年12月	中共梅州市委、梅州市人民政府	梅州市抗击新冠肺炎疫情先进个人	丰顺县科工商务局对外贸易股职员
刘兆源	2020年12月	中共梅州市委、梅州市人民政府	梅州市抗击新冠肺炎疫情先进个人	丰顺县留隍镇人民政府副镇长
陈　媛	2020年12月	中共梅州市委、梅州市人民政府	梅州市抗击新冠肺炎疫情先进个人	丰顺县埔寨镇人民政府生态环境保护办公室主任
杨　华	2020年12月	中共梅州市委、梅州市人民政府	梅州市抗击新冠肺炎疫情先进个人	丰顺县汤坑镇人大副主席
黄瑞珍	2020年12月	中共梅州市委、梅州市人民政府	梅州市抗击新冠肺炎疫情先进个人	卫生健康局副局长、一级主任科员
许智鹏	2020年12月	中共梅州市委、梅州市人民政府	梅州市抗击新冠肺炎疫情先进个人	丰顺县慢性病防治院职工
张伟鑫	2020年12月	中共梅州市委、梅州市人民政府	梅州市抗击新冠肺炎疫情先进个人	卫生健康局疾控股负责人
张华雄	2020年12月	中共梅州市委、梅州市人民政府	梅州市抗击新冠肺炎疫情先进个人	人民医院神经内科副主任医师
张美琴	2020年12月	中共梅州市委、梅州市人民政府	梅州市抗击新冠肺炎疫情先进个人	人民医院心血管内科护士
黄　敏	2020年12月	中共梅州市委、梅州市人民政府	梅州市抗击新冠肺炎疫情先进个人	人民医院消化内科主管护士
曾泽桐	2020年12月	中共梅州市委、梅州市人民政府	梅州市抗击新冠肺炎疫情先进个人	疾病预防控制中心医师
范剑波	2020年12月	中共梅州市委、梅州市人民政府	梅州市抗击新冠肺炎疫情先进个人	疾病预防控制中心传防科科长、主管医师
罗志贤	2020年12月	中共梅州市委、梅州市人民政府	梅州市抗击新冠肺炎疫情先进个人	汤南镇中心卫生院院长、内科副主任医师
马扬闲	2020年12月	中共梅州市委、梅州市人民政府	梅州市抗击新冠肺炎疫情先进个人	文化广电旅游体育局党组书记、局长
徐德林	2020年12月	中共梅州市委、梅州市人民政府	梅州市抗击新冠肺炎疫情先进个人	团县委副书记

主题索引

索引说明

一、本索引采用主题分析方法，款目按汉语拼音字母（同音字按声调）顺序排列。

二、文中的类目题、分目题用黑体排版，其余用宋体排版。表格在其款目后注明“表”。

三、索引款目后的数字表示内容所在的页码，数字后面的拉丁字母（a、b）表示栏别（即版面的左右栏）。

四、同一主题的内容在文中多次出现的，在其款目后用不同的页码标明。

五、本索引对“特辑”“社会和民生热点话题”“大事记”“名录”等篇不做内容主题分析。

A

安全管理　166b　173b
安全生产　310a
安全稳定　307b

B

八乡山镇　313b
保密工作　107b
保障工作　116b
北斗镇　300b
标准化厂房建设　178a
兵役征集　166a
埔寨农场　310a
埔寨镇　307b

C

财税　金融　227a
财政　227a
参与社会治理　159b
参政议政　125b　146b
残联　148b
产业　333b

城市供排水 214b
城乡风貌 340a
城乡建设 298b 343a
城乡建设 环境保护 211b
充分发挥统筹职能 171a
出入境与往来港澳台管理 156a
创建文明城市 179b

D

大龙华镇 333a
档案工作 271a
党的建设 298a 305b 308a 310b 316b 320b 332b 344b 349b 353a
党的建设 51b
党的思想建设 52a
党的政治建设 51b
党的组织建设 52a
党风廉政建设 181a
党管武装 317a
党建工作 303a 324b 326a 336a 337b
党校工作 106a
党政机关 54
道路交通管理 156b
灯谜协会 148a
第七次全国人口普查工作 181a
电信通信 206a
东海中学 254b
队伍建设 133b 144b 160a 176b
队伍建设进一步加强 161a
对外经济贸易和旅游业 50a
调研宣传与信息 156b

E

2020 年丰顺县一般公共预算支出表（表） 228
2020 年丰顺县委主要事项、重要会议概况 54a

F

发展和改革工作 171a
发展思路 330b
法律援助工作 162b
法院 160b
法制审核工作 162a
法治 152
法治丰顺建设 154a
丰良镇 317a
丰顺开放大学 247b
丰顺名人 48b
丰顺农商银行 239b
丰顺县第一中学 255b
丰顺县坚真老干部（老年）大学 13b
丰顺县教师发展中心 248b
丰顺县人民代表大会 114b
丰顺县人民政府 117a
丰顺县职业技术学校 260a
丰顺中学 251a
扶残助残 150b
扶贫开发 308b 320a 335a
服务大局 158b
服务民营企业 146b
服务青年工作 138a
服务设施 151b
妇联 139a
附：2020 年度丰顺县委、县委办主要文件目录 82b
疫情防控 127a

G

改革提效 301a
概况 51b 126b 135a 144a 152a 155a 158b 160b 161a 165a 167a 168a 168b 177a 178a 243a 275a 288a 297a 300b 303a 305a 307b 310a 313b 317a 322a 325a 330a 333a 337a 351b

概览 48
各项工作 277a
工商联 145b
工业 193b
工业发展情况 342b
工业和建筑业 49b
公安 155a
公共法律服务工作 162b
公共服务 178a
公共事业 332a
公益诉讼检察 159b
公证工作 163a
攻坚克难 167b
共青团 137b
供电 197b
供销 222b
固定资产投资 49b
关爱帮扶困难妇女儿童 141a
关心下一代工作 108a
光彩事业 146b
广播电视 272b
国际声谷项目 177b
国内贸易 50a
国有资产投资 197b
竭诚为民 167b

H

红色热土 314a
户政管理 155b
华侨中学 251b
环境保护 217a
环境卫生整治 304b
环境整治 299a
环境治理 315b
黄金镇 334b
黄金中学 264a

J

公路事务 204a
机构编制工作 97b
机构改革试点 338b
机关党建规范化 180a
机关事务管理工作 89a
基本情况 48a
基层党建 334b
基层治理 349a
基础建设 317b 334a
基础设施 308a 327a 339b
基础设施建设 303b
计划生育 323a
纪检监察 126b
纪律严明 167b
绩效考核群众满意度调查工作 181a
家庭文明建设 141b
监督工作 116a
检察 158b
简述 137b 139a 142b 145b 148b
建桥镇 322a
践行“两个维护” 127b
交通 通信 200b
交通公路 346b
交通和邮电业 49b
交通通信 335a
交通运输工作 200b
教科文卫 243
教育 243a
巾帼建功行动 140a
金融和保险业 50a
金叶发展公司 226b
经济 171
经济 333a
经济发展 342b
经济发展 49a
经济概况 322b 330b 335a 351b
经济管理 171a
经济建设 297b
经济建设与社会发展 313a
经济开发区 177a
经济情况 303a
经济社会发展 337b
经济状况 346b
精神文明 316a

精神文明建设 347b 352b
精准扶贫 276a 347a
就业扶贫 149b
就业局势稳定 288a
举办蜂场管理和蜂产品技术培训班 143b
举行县十五届人大五次会议 114b
聚集主责主业 179a
聚焦民生工程 176
军事 165

K

开展“健康素养”进校园暨“青少年预防近视”健康科普知识讲座 143b
开展“科技为民、奋斗有我”宣传活动 143a
开展丰顺县 2020 年“全国科技工作者日”宣传活动 143a
开展志愿服务活动 143b
康复服务 149a
科 协 142b
科工商务 193b
科教文卫 309a 319a
科学技术和教育 50a
困难帮扶 136b

L

老促会工作 111b
理想信念教育 145b
力构和谐劳动关系 291b
联通通信 210a
联谊交流 144b
粮食和物资储备 172a
亮点工作 334a
林业 187b 322b
林业资源 336b
留隍镇 337a
龙岗镇 325a
龙泉中学 259b
龙山中学 258b
落实、安全生产、森林防灭火工作 312b
落实丰顺县绿色产业饲料园征地工作 311b
落实文明创建工作 313a
落实巡察巡视整改工作 312a
落实疫情防控、服务企业复工复产工作 311a
落实意识形态工作 312b
旅游产业 335b
旅游发展 347b
旅游景区 346a
旅游开发 320b
履行“一岗双责” 180b
履职方向 124b
履职为民 125b
绿色饲料园 177b

M

矛盾纠纷化解机制 153b
梅州丰顺万洋众创城项目 178a
美丽乡村建设 304a 352a
民生保障 305a 307a 308b 334a
民生工作 299b
民生建设 328a
民事、行政检察 159a
民政 293b
民主监督 125a
名优特产 336b
“命脉工程”工作 138a

N

美协 147a
农业 49a 322b
农业 林业 水利 气象 181b
农业发展 342b
农业农村 309a 314b
农业农村工作 181b
农业生产 330b
农业种植 336b

P

潘田镇 330a
品牌战略 175a
平安留隍 341b
普法宣传工作 163a

Q

评优评先 136b
其他工作 137a 145b
气象 192a
强农惠农 339b
侨界帮扶 145a
侨联 144a
球山中学 257b
全面从严治团 138b
全面抗疫振兴乡村 325b
全体委员会议 124a
全域旅游 315b
群众团体 135

R

人居环境 306b 331a 333b 352a
人口、人民生活和社会保障 50b
人力资源和社会保障 288a
人民调解工作 164a
人民武装 165a
人事人才工作 291a
日常监督 129a
荣誉 351a

S

三大攻坚战 302a
“三个一批”项目现场推进会 177a
森林公安 157b
砂田镇 345b
商（协）会建设 146a
商品流通 222b
商事制度改革 175a
社会保险基金管理 292a
社会保障 149b 323b 331b 341b 347a
社会保障 293
社会保障工作 290a
社会保障建设 318b
社会科学 文化 265a
社会民生 302b 316a 352b
社会生活 288
社会事业发展 318b
社会事业建设 344a
社会治理 305a 309b 316b 332a 334b
社区矫区帮教工作 163b
摄协 148a
审查调查 130b
审计 178a
审判执行质效取得“四升一降”成效 160b
生态保护 306b 309a
生态环境 348b
生态环境保护 304b
生态资源 314a
省委巡视整改落实工作 181b
石协 148b
实验中学 253a
史志工作 268b
市场监督管理 172b
市域社会治理现代化试点工作 153b
市政公用事业管理 220a
市政建设 335a
书协 147b
双拥工作 169a
双拥共建 166b
水利河道 336b
水利交通 323a
水务 189b
税务 230b
司法改革取得新进展 161a
司法行政 161a
司法为民迈出新路径 160b

思想建设 135b 165a
思想政治建设 137b 139b 142b 144a 275a
思想政治教育 179b

T

潭江镇 342a
汤坑镇 297a
汤坑中学 262a
汤南镇 305b
汤西镇 303a
汤西中学 261a
特色小镇 341a
特殊教育 149b
体制改革 132a
同心抗疫 139b
统计 179b
统计法制宣传 180b
统计调查分析 181a
统战工作 101a
团结联谊 125b
推动牵头工作 172a
推进行风建设 291b
推进重点项目建设 171b
退役军人服务中心工作 170a
退役军人事务 168b
脱贫攻坚 299b 304a 307a 315b 323b 331a 333b 340b 352a
脱贫攻坚工作 312a

W

维护妇女儿童合法权益 140b
维护国家安全和社会稳定 152b
维权维稳 137a
维权宣传 145a
卫生防疫 282b
位置面积 48a 334b 342a 345b
文化、卫生和体育 50b
文化惠民 327b
文化教育 335b
文教事业建设情况 343a
文教卫生 323a
文联 146b
文体活动 136a
污水处理厂 177b
武警 168a
舞协 148a

X

行政复议与应诉工作 162a
圩日贸易 336b
维护市场秩序 175b
文化旅游体育 265a
物价调控管理 172a
辖区人口 335a
县纪委十三届五次全会 126b
县慢性病防治院 284a
县人民医院 278b
县人民政府办公室工作 119b
县委办公室工作 86a
县委政协工作会议 124b
县政府主要工作 117a
县政务服务数据管理工作 121b
县政协 124a
县中医院 281b
乡村振兴 301b 324a 331b
乡村振兴发展工作情况 312a
项目建设 306b
项目审批服务 171b
消防救援 167a
小胜镇 351b
新农村建设 349a
信访维权 150b
刑事检察 159a
宣传工作 92a
宣传文体 151a
巡察整改 316b

Y

烟草 224b

严打、扫黑除恶　153a
严厉打击刑事犯罪活动　155b
医共体建设　276b
医疗保障　295a
医疗卫生健康　275a
依法行政工作　162a
依法治县工作　161b
移动通信　209a
疫情防控　143a　144b　152b　157a　172b　275b　297a　301a　306a　315a　332a
疫情防控工作　161b　180b
疫情防控和支持企业复工复产　135a
意识形态　332a
音协　148a
楹联学会　148b
应急管理工作　123b　168b
优抚安置工作　169a
邮政通信　208a
园区道路　177b
园区建设　308b

Z

战备训练　165b
招商和企业服务　199b
召开县科协第五次代表大会　143b
镇（场）建设　297
争取项目资金　171b
政策研究室　105a
政法　152a
政法队伍形象建设　154b
政区人口　322b　330b　342a　346a
政治生态　332b
政治思想建设　152a　167a　178b
政治协商　125a
政治巡察　131b
直工委工作　96a
志愿服务工作　138b
治安管理　155b
智慧新警务　157a
中共丰顺县委　54a
中国工商银行丰顺支行　233a
中国建设银行丰顺支行　235b
中国农业发展银行丰顺县支行　238b
中国农业银行丰顺县支行　236b
中国人民财产保险股份有限公司丰顺支公司　241a
中国人民银行丰顺县支行　232b
中国人寿保险股份有限公司丰顺县支公司　241b
中国银行丰顺支行　234b
“中心+网格化+信息化”建设　153b
中心工作　115
重点工程建设　276a
重点项目建设　303b　340a
重点项目落地　177b
住房公积金管理　221b
住房和城乡建设　211b
抓班子强组织　168a
抓备战谋打赢　168a
抓后勤强保障　168a
抓纪律正风气　168a
抓教育红思想　168a
专项工作常态化　154a
专项行动　156a
专项调查　150a
专项整治　129b
资源和环境　50b
资源优势　337a
自然环境　322a　325b　334b
自然条件　48a
自然资源　330a　346a　351b
自然资源管理　215b
自身建设　117a　126a
综合　49a
综合治理　324a
综治维稳　320a　336a
总工会　135a
组织工作　89b
组织建设　136a　150b
作风建设　131a　310a
作协　146b